KURZLEHRBÜCHER
FÜR DAS JURISTISCHE STUDIUM

———

Petersen
Medienrecht

D1664275

Medienrecht

EIN STUDIENBUCH

von

Dr. Jens Petersen

o. Professor an der Universität Potsdam

4. Auflage

Verlag C. H. Beck München 2008

Verlag C. H. Beck im Internet:
beck.de

ISBN 978 3 406 58061 1

© 2008 Verlag C. H. Beck oHG
Wilhelmstraße 9, 80801 München
Druck und Bindung: Nomos Verlagsgesellschaft
In den Lissen 12, 76547 Sinzheim

Satz: Reemers Publishing Services GmbH, Krefeld

Gedruckt auf säurefreiem, alterungsbeständigem Papier
(hergestellt aus chlorfrei gebleichtem Zellstoff)

Vorwort zur vierten Auflage

Die Neuauflage wurde wieder vergleichsweise rasch erforderlich, nachdem der Gesetzgeber das Telemediengesetz erlassen und den so genannten „zweiten Korb" im Rahmen des Urheberrechts verabschiedet hat. Schließlich sind zwischenzeitlich wichtige Entscheidungen des Bundesverfassungsgerichts ergangen, welche die verfassungsrechtlichen Grundlagen betreffen. Da das Medienrecht aber überhaupt nur sinnvoll von den verfassungsrechtlichen Grundlagen her verstanden werden kann, habe ich diesen Abschnitt insgesamt überarbeitet und stark erweitert. Angesichts der Fülle der Kammerbeschlüsse des Bundesverfassungsgerichts, deren Bedeutung diejenige amtlicher Entscheidungen nicht erreicht, habe ich mich dazu entschlossen, die Kammerbeschlüsse nurmehr mit „BVerfG-K" zu zitieren, um deutlich zu machen, dass es sich nicht um eine Senatsentscheidung handelt. Auf europarechtlicher Ebene wurden die Folgen der Rechtsprechung des Europäischen Gerichtshofs für Menschenrechte sowie die Fernsehrichtlinie stärker berücksichtigt. Auch im öffentlichen Medienrecht wurden zahlreiche größere Änderungen vorgenommen. Schließlich erforderte die Novellierung des Telekommunikationsrechts eine grundlegende Umarbeitung.

Ganz besonderen Dank schulde ich Herrn Assessor Hannes Arndt, der eine Vielzahl äußerst hilfreicher Vorschläge unterbreitet hat. Insbesondere hat er mich bei der allfälligen Angleichung an die neuen Regelungen des Urheberrechts sowie des Telemedien- und Telekommunikationsgesetzes unterstützt.

Potsdam, im Juli 2008   *Jens Petersen*

Inhaltsverzeichnis

2. Teil. Das Bürgerliche Medienrecht

3. Teil. Das Medienwirtschaftsrecht

4. Teil. Das öffentliche Medienrecht

5. Teil. Das Medienstrafrecht

Abkürzungsverzeichnis

GG	Grundgesetz
GRUR	Gewerblicher Rechtsschuzt und Urheberrecht
GRUR Int.	Gewerblicher Rechtsschutz und Urheberrecht, Internationaler Teil
GWB	Gesetz gegen den unlauteren Wettbewerb
h. M.	herrschende Meinung
Hk-BGB	BGB-Handkommentar
Hrsg.	Herausgeber
hrsgg.	herausgegeben
Hs.	Halbsatz
i. S. d.	im Sinne des/der
i. V. m.	in Verbindung mit
JA	Juristische Arbeitsblätter
JMStV	Jugendmedienschutz-Staatsvertrag
Jura	Juristische Ausbildung
JuS	Juristische Schulung
JuSchG	Jugendschutzgesetz
JZ	Juristenzeitung
K&R	Kommunikation und Recht
KG	Kammergericht
KUG	Gesetz betreffend das Urheberrecht an Werken der bildenden Künste und der Photographie
KUR	Kunst und Urheberrecht
LG	Landgericht
LPG	Landespressegesetz
LSpSt	Lizenzspielerstatut
MA	Der Markenartikel
MarkenG	Gesetz über den Schutz von Marken und sonstigen Kennzeichen
MDR	Monatsschrift für deutsches Recht
MDStV	Mediendienste-Staatsvertrag
MMR	Multimedia und Recht
Münch.-Komm.	Münchener Kommentar zum BGB
NJW	Neue Juristische Wochenschrift
NJW-CoR	Computerreport der Neuen Juristischen Wochenschrift
NJW-RR	NJW-Rechtsprechungs-Report Zivilrecht
Nr.	Nummer
NVwZ	Neue Zeitschrift für Verwaltungsrecht
NZV	Netzzugangsverordnung
OLG	Oberlandesgericht
OVG	Oberverwaltungsgericht
PTNeuOG	Postneuordnungsgesetz
RdA	Recht der Arbeit
RStV	Rundfunkstaatsvertrag
RGBl.	Reichsgesetzblatt
RStV	Rundstaatsvertrag
RTkom	Zeitschrift für das Recht der Telekommunikation und das Recht der elektronischen Medien
RuF	Rundfunk und Fernsehen
Rz.	Randziffer
S.	Satz; Seite
SigG	Signaturgesetz
Slg.	Sammlung
SpuRt	Sport und Recht
StGB	Strafgesetzbuch
StPO	Strafprozessordnung
TDG	Teledienstgesetz
TDDSG	Teledienstedatenschutzgesetz
TMG	Telemediengesetz
TKG	Telekommunikationsgesetz

TKV	Telekommunikations-Kundenschutzverordnung
TUDLV	Telekommunikations-Universaldienstleistungsverordnung
UFITA	Archiv für Urheber-, Film-, Funk- und Theaterrecht
UrhG	Gesetz über Urheberrecht und verwandte Schutzrechte
UWG	Gesetz gegen den unlauteren Wettbewerb
VersR	Versicherungsrecht
VG	Verwaltungsgericht
vgl.	vergleiche
VVDStRL	Veröffentlichungen der Vereinigung der Deutschen Staatsrechtslehrer
VwGO	Verwaltungsgerichtsordnung
WRP	Wettbewerb in Recht und Praxis
WuB	Wirtschafts- und Bankrecht
WuW	Wirtschaft und Wettbewerb
WuW/E	Wirtschaft und Wettbewerb/Entscheidungssammlung zum Kartellrecht
WZG	Warenzeichengesetz
ZHR	Zeitschrift für das gesamte Handels- und Wirtschaftsrecht
ZIP	Zeitschrift für Wirtschaftsrecht
ZRP	Zeitschrift für Rechtspolitik
ZUM	Zeitschrift für Urheber- und Medienrecht
ZUM-RD	Zeitschrift für Urheber- und Medienrecht – Rechtsprechungsdienst

Literaturverzeichnis

Bamberger, Einführung in das Medienrecht, 1986.

Beater, Medienrecht, 2007

Beucher/Leyendecker/v. Rosenberg, Mediengesetze. Rundfunk, Mediendienste, Teledienste, 2. Auflage 2005.

Branahl, Udo, Medienrecht, Eine Einführung, 4. Auflage 2002.

Dörr/Kreile/Cole (Hrsg.), Handbuch Medienrecht – Recht der elektronischen Massenmedien, 2008.

Dörr/Schwartmann, Medienrecht, 2006.

Fechner, Medienrecht, 7. Auflage 2006.

Fischer, Medienrecht und Medienmärkte, 2008.

Hager, J. in: Staudinger, Kommentar zum Bürgerlichen Gesetzbuch, § 823 C (Das Persönlichkeitsrecht), 1999, zit. Staudinger-Hager, § 823 C Rz.

Von Hartlieb/Schwarz, Handbuch des Film-, Fernseh- und Videorechts, 4. Auflage 2004.

Herrmann/Lausen, Rundfunkrecht, Fernsehen und Hörfunk mit neuen Medien, 2. Auflage 2004.

Hesse, A., Rundfunkrecht, 3. Auflage 2003.

Hoeren, Grundzüge des Internetrechts, 2. Auflage 2002.

Hoeren/Sieber (Hrsg.), Handbuch Multimedia Recht, Rechtsfragen des elektronischen Geschäftsverkehrs, Loseblattsammlung, 13. Auflage 2006.

Kloepfer, Informationsrecht, 2002.

Kübler, Medien, Menschenrechte und Demokratie – Das Recht der Massenkommunikation, 2008.

Paschke, Medienrecht, 2. Auflage 2001.

Ricker/Schiwy, Rundfunkverfassungsrecht, 1997.

Ring, Medienrecht, Band I-IV, Loseblattsammlung, 93. Lieferung 2006.

Roßnagel (Hrsg.), Recht der Multimediadienste, Loseblattsammlung, 8. Lieferung 2006.

Schürmann/Nobel, Medienrecht, 2. Auflage, Bern 1993.

Schwiwy/Schütz, Medienrecht, Lexikon für Wissenschaft und Praxis, 3. Auflage 1994.

1. Teil. Grundlagen des Medienrechts

§ 1. Medienrecht als Ordnungsgesichtspunkt

Literatur: *Beucher/Leyendecker/v. Rosenberg*, Mediengesetze, 1999; *Branahl*, Medienrecht. Eine Einführung, 4. Auflage 2002; *Fechner*, Medien zwischen Kultur und Kommerz – zur Rolle des Staates in der neuen Medienwelt, JZ 2003, 224; *Groß*, Medienlandschaft im Umbruch, 1986; *Gounalakis*, Konvergenz der Medien – Sollte das Recht der Medien harmonisiert werden?, Gutachten C zum 64. DJT 2002; *ders.*, Regulierung von Presse, Rundfunk und elektronischen Diensten in der künftigen Medienordnung, ZUM 2003, 180; *Hilgendorf*, Juristenausbildung und neue Medien, JZ 2005, 365; *Hoeren*, Zur Einführung: Informationsrecht, JuS 2002, 947; *Holznagel*, Konvergenz der Medien – Herausforderungen an das Recht, NJW 2002, 2351; *Kitz*, Das neue Recht der elektronischen Medien in Deutschland – sein Charme, seine Fallstricke, ZUM 2007, 368; *Kloepfer*, Informationsgesetzbuch – Zukunftsvision?, K&R 1999, 241; *Kübler*, Legitimationsfragen der Medienregulierung, AfP 2002, 277; *ders.*, Medien, Menschenrechte und Demokratie, 2008; *Ladeur*, Der prozedurale Schutz der Medienfreiheit, ZUM 2004, 1; *Lecheler*, Einführung in das Medienrecht, Jura 1998, 225; *Luhmann*, Die Realität der Massenmedien, 3. Auflage 2004; *Mayer-Schönberger*, Information und Recht, 2001; *ders./Lazer*, Governance and Information Technology, 2007; *Mückl*, Die Konvergenz der Medien im Lichte des neuen Telemediengesetzes, JZ 2007, 1077; *Paschke/Busch*, Massenmediale Äußerungen zwischen rechtsgeschäftlicher Verschwiegenheitspflicht und grundrechtlicher Äußerungsfreiheit, AfP 2005, 13; *Petersen*, Medienrecht und Informationsrecht, 2005; *ders./Schoch*, Einführung in das Informationsrecht und das Medienrecht, Jura 2005, 681; *Prinz/Peters*, Medienrecht im Wandel, Festschrift für Engelschall 1996; *Rehbock*, Medien- und Presserecht, 2005; *Schiwy/Schütz* (Hrsg.), Medienrecht. Lexikon für Wissenschaft und Praxis, 3. Auflage 1994; *Schlink/Wieland*, Rechtsprobleme der Organisation neuer Medien, Jura 1985, 570; *Schoch*, Konvergenz der Medien – Sollte das Recht der Medien harmonisiert werden?, JZ 2002, 798; *Schürmann/Nobel*, Medienrecht, 2. Auflage 1993 (zum Schweizer Recht); *Sieber*, Rechtsinformatik und Informationsrecht, Jura 1993, 561; *Spindler*, Haftungsrechtliche Grundprobleme der neuen Medien, NJW 1997, 3193; *Stammler*, Paradigmenwechsel im Medienrecht, ZUM 1995, 104; *Stock*, Medienfreiheit als Funktionsgrundrecht, 1985; *Stürner*, Medien zwischen Regulierung und Reglementierung – Sanktionen gegen Medien?, AfP 2002, 283; *Tettinger*, Neue Medien und Verfahrensrecht, 1980; *Windsheimer*, Die „Information" als Interpretationsgrundlage für die subjektiven öffentlichen Rechte des Art. 5 Abs. 1 GG, 1968.

Die zunehmende Bedeutung des Medienrechts hängt nicht zuletzt damit **1** zusammen, dass uns die modernen Massenmedien auf Schritt und Tritt im Alltag begleiten.[1] Dies führt zu teils eigenständigen und neuen Fragen, teils aber auch nur zu der Notwendigkeit, neue Lebenssachverhalte alten Rechtsregeln und Prinzipien zu subsumieren.

I. Definition und Stellung des Medienrechts

Das Medienrecht gilt typischerweise als Querschnittsbereich und ist insoweit **2** dem Steuer- oder Umweltrecht nicht unähnlich.[2] Es steht nicht neben dem

---

[1] Zur Entwicklung des Medienrechts *Fechner*, Medienrecht, Rz. 2f.

[2] *Paschke*, Medienrecht, Rz. 3; für das Informationsrecht (dazu sogleich) ebenso *Hoeren*, Grundzüge des Internetrechts, S. 1; siehe aber auch unten Rz. 29 f.

Zivil-, Straf- und öffentlichen Recht, sondern vereint Aspekte dieser klassischen Materien unter dem Blickwinkel der Medien. Damit ist jedoch nicht einmal annäherungsweise eine Definition gewonnen. Ebenso leer laufen müssen Eingrenzungsversuche der Art „Medienrecht ist das Recht der modernen Medien", weil sie tautologisch sind. Richtig daran ist nur, dass die Medien selbst Erkenntnisinteresse des Rechtssuchenden sind. Dieser Befund gewinnt jedoch erst in negativer Abgrenzung an Farbe, indem diejenigen Sachverhalte als medienrechtlich irrelevant ausgeschlossen werden, in denen Medien mitwirken, ohne normativ im Mittelpunkt zu stehen. Medienrecht ist so gesehen also die Gesamtheit aller Rechtsfragen und Probleme, die aus dem jeweiligen Medium als solchem resultieren.[3] Das bedeutet, dass nicht die Verwendung eines Mediums den Fall eo ipso zu einem medienrechtlichen machen würde:

> BGH NJW 2002, 363: Der Beklagte richtet bei einem Internet-Auktionator eine Angebotsseite mit einer Fahrzeugbeschreibung ein, um ein Kraftfahrzeug zu verkaufen. Der Beklagte legte den Startpreis gemäß den Allgemeinen Geschäftsbedingungen des Auktionators auf 10 DM fest und gab eine Erklärung des Inhalts ab, dass er bereits zu diesem Zeitpunkt die Annahme des höchsten wirksam abgegebenen Kaufangebots annehme. Der Kläger gab unter seinem Benutzernamen wenige Sekunden vor Auktionsende mit 26 350 DM das letzte und höchste Gebot ab. Der Auktionator teilte dem Kläger daraufhin per E-Mail mit, er habe den Zuschlag erhalten. Der Beklagte, der zu einem Verkauf des Kfz nur zum Preis von etwa 39 000 DM bereit war, lehnte die Lieferung mit der Begründung ab, es sei noch kein Vertrag zustande gekommen.

3   Der Bundesgerichtshof hat dem Kläger Recht gegeben, da der Beklagte den Antrag des Klägers durch die mit der ausdrücklichen Erklärung verbundene Freischaltung der Angebotsseite rechtsverbindlich angenommen habe. Die Entscheidung,[4] die im Schrifttum durchaus Kritik erfahren hat,[5] illustriert vor allem eines: die Geltung der allgemeinen Prinzipien der Rechtsgeschäftslehre ungeachtet der Verwendung moderner Medien beim Vertragsschluss.[6] Demgemäß handelt es sich auch nicht um ein medienrechtliches Problem oder gar einen „medienrechtlichen Fall", nur weil der Computer als Medium verwendet wird oder eine **Internet-Auktion** im Mittelpunkt steht. Es geht nämlich nicht um spezifische Folgefragen des Internet oder des gewählten Übermittlungsweges.[7]

4   Dasselbe gilt etwa für **Fernabsatzgeschäfte**, die trotz der Verwendung moderner Medien keine eigentlichen medienrechtlichen Fragen aufwerfen.[8] Bei Fernabsatzgeschäften[9] ergibt sich die Schutzbedürftigkeit des Verbrauchers daraus, dass der Vertragsgegenstand schwer einsehbar ist, der Verbraucher gegenüber der Person des Vertragspartners häufig im Unklaren ist und dem-

---

[3] Etwas allgemeiner *Bamberger*, Medienrecht, S. 23.

[4] Zu ihr *Hartung/Hartmann*, MMR 2001, 278, 284; *Lettl*, JuS 2002, 219.

[5] Vgl. nur *J. Hager*, JZ 2001, 786, 791; *ders.*, JZ 2002, 506.

[6] *Petersen*, Jura 2002, 387, 390. Monographisch dazu *Glatt*, Vertragsschluss im Internet, 2002; *Bierekoven*, Der Vertragsschluss via Internet im internationalen Wirtschaftsverkehr, 2001; *Cheng*, Die Anwendbarkeit des bürgerlichen Gesetzbuches auf den modernen elektronischen Vertragsabschluss im Internet, 2004; *Rehse*, Der Vertragsschluss auf elektronischem Wege in Deutschland und England, 2005; *Rudolph*, Vertragsschluss im elektronischen Geschäftsverkehr, 2005.

[7] Vgl. aber BGH NJW 2004, 3102; OLG München NJW 2004, 1328; AG Menden NJW 2004, 1329; AG Moers NJW 2004, 1330. Zur geschäftsmäßigen Internet-Auktion mit preisgebundenen Büchern OLG Frankfurt NJW 2004, 2098; vgl. LG Memmingen NJW 2004, 2389, zur Versteigerung über die Internet-Plattform eBay.

[8] Zu den Rechtsfragen im Zusammenhang mit dem so genannten Postident-Verfahren BGH NJW 2004, 3699; *Möller*, NJW 2005, 1605.

[9] Dazu *Wendehorst*, DStR 2000, 1311; *St. Lorenz*, JuS 2000, 833; *Riehm*, Jura 2000, 505.

zufolge auch die Rechtsverfolgung erschwert ist.[10] Daher steht dem Verbraucher nach § 312 d Abs. 1 BGB ein gesetzliches Widerrufsrecht (§ 355 BGB) bzw. ein Rückgaberecht i. S. d. § 356 BGB zu. Fernabsatzverträge sind in § 312 b Abs. 1 BGB legaldefiniert; zu beachten ist das Ausschließlichkeitserfordernis, so dass vor allem Geschäfte über Internet oder Online-Dienste in Betracht kommen.[11] Die Verletzung vorvertraglicher Pflichten im E-Commerce[12] (vgl. § 312 e Abs. 3 S. 1 BGB) kann einen Anspruch aus §§ 311 Abs. 2, 241 Abs. 2, 280 Abs. 1 BGB nach sich ziehen,[13] woran man beispielhaft sieht, dass die hier diskutierten Probleme nicht solche des Medienrechts,[14] sondern des Allgemeinen Schuldrechts sind und dorthin gehören.[15] Selbst wenn sich das Widerrufsrecht gegen einen Pay-TV-Abonnementsvertrag richtet,[16] so ändert das nur den Lebenssachverhalt, ohne ihn dadurch freilich zu einem medienrechtlichen Fall zu machen.[17] Einzuräumen ist freilich, dass der Vertragsschluss im Internet durchaus Gefahren birgt, die letztlich aus der Verwendung des Mediums resultieren.[18]

1. Medienrecht und Informationsrecht

Dieser erste Eingrenzungsversuch ist freilich insofern noch rudimentär, als er die Medien einstweilen unklassifiziert voraussetzt, ohne sie klar zu untergliedern. Dabei soll es zunächst auch bleiben, um zu gewährleisten, dass der eingeschlagene Weg – und damit die Thematisierung des Medienrechts überhaupt – nicht vollends in die Irre führt. Greift man den Begriff des Mediums auf, so scheint dies in die Einsicht zu münden, dass die Behandlung des Medienrechts insgesamt in eine Sackgasse führt: Ist nämlich das Medium nicht mehr als ein **Mittel**,[19] so fragt sich, welches der zugehörige **Zweck** ist. Dieser besteht in erster Linie in der Informationsbeschaffung und -verarbeitung.[20] Dann aber fragt sich, ob nicht im jeweiligen Rechtsgebiet begrifflich zum Ausdruck kommen muss, welcher Bereich letztlich Zurechnungsendpunkt des Erkenntnisinteresses ist.[21] Wäre dies nur vom Zweck begrenzt, so müsste es

---

[10] *Grigoleit*, NJW 2002, 1151.

[11] Zum Vertragsschluss im Internet und sonstigen Berührungen mit dem Allgemeinen Teil des BGB vgl. *Petersen*, Jura 2002, 387.

[12] Rechtsvergleichend dazu *Spindler/Börner* (Hrsg.), E-Commerce-Recht in Europa und den USA, 2002; *Gounalakis* (Hrsg.), Rechtshandbuch Electronic Business, 2003; zum JPR *Pfeiffer*, JuS 2004, 282.

[13] Hk-BGB/*Schulte-Nölke*, § 312 e Rz. 12.

[14] Demgegenüber sieht *Paschke*, Medienrecht, Rz. 284, im Verbraucherschutz ein wesentliches Regelungsziel verwirklicht; zu seinem Ansatz sogleich unter 4.

[15] Vgl. nur *Petersen*, Allgemeines Schuldrecht, 2. Auflage 2005, Rz. 207.

[16] So lag es im Fall BGH NJW 2003, 1932.

[17] Vgl. auch BGH NJW 2003, 1665.

[18] Lesenswert dazu *J. Hager*, Festschrift für Georgiades, 2005, S. 205 ff.

[19] Zu Recht baut *Stock* in seiner Habilitationsschrift (Medienfreiheit als Funktionsgrundrecht, 1985) auf der wörtlichen Bezeichnung und damit auf der „Kategorie der *Vermittlung*" auf (Medienfreiheit als Funktionsgrundrecht, S. 1; Hervorhebung auch dort).

[20] Es ist freilich schon schwierig anzugeben, was überhaupt Informationen im Rechtssinne sind; vgl. *Welp*, IuR 1988, 443, 445; *Hoeren*, Grundzüge des Internetrechts, S. 1; vgl. auch *Druey*, Information als Gegenstand des Rechts, 1995; das ist jedoch ein Problem des Informationsrechts und kann daher hier außer Betracht bleiben.

[21] Vgl. auch *Petersen*, Medienrecht und Informationsrecht, 2005 (Veröffentlichungen der Potsdamer Juristischen Gesellschaft, Band 9).

nicht Medienrecht, sondern Informationsrecht lauten.[22] Dies ist im Schrifttum in der Tat unternommen worden.[23] Neuerdings wird verschiedentlich bewusst nicht das Medienrecht, sondern das Informationsrecht in den Mittelpunkt der Untersuchung gestellt.[24] Dieser Ansatz knüpft an das Phänomen der **Informationsgesellschaft** an.[25] Dieser Begriff legt jenseits seiner vordergründig soziologischen Bedeutung[26] auch das Vorhandensein rechtlicher Herausforderungen nahe.[27]

a) Abgrenzungsschwierigkeiten und Schwerpunktsetzung

6   Eine klare Grenzziehung zwischen Medien- und Informationsrecht ist schwerlich möglich.[28] Die Schnittmenge beider Gebiete oder – genauer gesagt – die Behandlung der jeweiligen Themen durch unterschiedliche Autoren je nachdem, ob sie von Medienrecht oder von Informationsrecht sprechen, ist sehr groß.[29] Die Schwerpunktsetzung ist zwar unterschiedlich.[30] So erfasst das Informationsrecht neben dem Umgang mit Kommunikationsdaten[31] etwa auch Beweisverwertungsverbote im Strafrecht,[32] die für das Medienrecht keine besondere Bedeutung haben. Allenfalls Aussageverweigerungsrechte zugunsten bestimmter Gruppen des Medienbereichs, wie etwa der Journalisten (vgl. § 53 Abs. 1 Nr. 5 StPO),[33] könnten dem Medienstrafrecht im weitesten Sinne zugeordnet werden,[34] werfen aber letztlich auch keine spezifisch medienrecht-

---

[22] Überblick zum Informationsrecht von *Hoeren*, JuS 2002, 947.

[23] Soweit ersichtlich erstmals von *Sieber*, NJW 1989, 2569; siehe auch *Bechtold*, Vom Urheber- zum Informationsrecht, 2002.

[24] Vor allem von *Kloepfer*, Informationsrecht, 2002; ähnlich *Mayer-Schönberger*, Information und Recht, 2001, S. 8 ff., 19 ff.; mit dem Modell der Rechte *an* Informationen, das aus mehreren Elementen besteht, die sich zueinander nach den Regeln eines beweglichen Systems verhalten (S. 229). Vgl. auch *Sieber*, NJW 1989, 2569; *dens.*, Jura 1993, 561, 568; *Hoeren*, NJW 1998, 2849.

[25] *Kloepfer*, Informationsrecht, S. V: „Informationsrecht ist das spezifische informationsbezogene Recht der Informationsgesellschaft." Siehe zu Deutschlands Weg in die Informationsgesellschaft auch den gleichnamigen, vom Deutschen Bundestag herausgegebenen Bericht der Enquete-Kommission Zukunft der Medien in Wirtschaft und Gesellschaft, 1998; siehe weiterhin den Sammelband von Tauss/Kollbeck/Mönikes (Hrsg.), 1996, sowie Leipold (Hrsg.), Rechtsfragen des Internet und der Informationsgesellschaft, 2002. Speziell zu den Rechtsfragen der europäischen Informationsgesellschaft *Kloepfer*, EuR 2000, 512; ferner *Wanckel*, Persönlichkeitsschutz in der Informationsgesellschaft, 1999. Näher zur Informationsgesellschaft und den noch ausstehenden Reaktionen des Rechts *Mayer-Schönberger*, Information und Recht, S. 4, 7 ff. Zur zögerlichen Schaffung von Transparenz im öffentlichen Sektor, *Schoch*, NVwZ 2006, 872, 877.

[26] Skeptisch daher *Noack*, Medien und Gesellschaft – Folgen der Kommunikationsrevolution, Internationale Politik 11/1996, S. 11.

[27] Zutreffend *Schoch*, VVDStRL 57 (1998) 158, 208: „Auch ohne die verbalen Übertreibungen der Politik ist zu erkennen, dass Staats- und Verwaltungsrecht im Staat der Informationsgesellschaft neuen Herausforderungen ausgesetzt sind."

[28] Näher *Petersen/Schoch*, Jura 2005, 682. Zur Allianz von Medienrecht und Informationstechnik siehe den von *Roßnagel* herausgegebenen Sammelband (2001).

[29] Teilweise wird Informationsrecht auch als ein in einem sehr weiten Sinne zu verstehendes Medienrecht gedacht, so etwa *Druey*, Information als Gegenstand des Rechts, 1995, S. 442; dazu *Mayer-Schönberger*, Information und Recht, 2001, S. 22.

[30] Vgl. nur *Kloepfer*, Datenschutz in Redaktionen, AfP 2005, 118.

[31] Vgl. nur BVerfG NJW 2006, 976.

[32] *Kloepfer*, Informationsrecht, § 8 Rz. 216. Zur informationsrechtlich bedeutsamen Frage des Informationsabrufs in einem so genannten Mailboxsystem siehe *Jäger*, StV 2002, 243.

[33] *Fechner*, Medienrecht, Rz. 525.

[34] Insofern kann auf das einschlägige Schrifttum verwiesen werden.

lichen Fragen auf.[35] Andererseits beschäftigt sich das Medienrecht vergleichsweise stärker mit denjenigen Folgefragen, die keinen Bezug zur gewünschten
Information aufweisen, etwa mit wettbewerbsrechtlichen Problemen, wenn
zum Beispiel die Informationserteilung zum Anlass genommen wird, uner-
wünscht zu werben. Da diese jedoch auch im Informationsrecht nicht ganz
außen vor bleiben, bringt dies keine trennscharfe Unterscheidung mit sich.[36]
Dem Informations- und nicht dem Medienrecht zuzuordnen sind aber das
Informationsfreiheitsgesetz,[37] das Verbraucherinformationsgesetz[38] und das
geplante Informationsweiterverwendungsgesetz.[39]

Es dürfte sich vielmehr vor allem um eine Frage der **Perspektive** und des   7
jeweiligen Erkenntnisinteresses handeln. Während Informationsrecht das Recht
vom Blickwinkel der Informationsgesellschaft aus betrachtet,[40] ist für das Medienrecht die Übermittlung der Information und der daraus resultierenden
Folge- und Begleitprobleme von Interesse. Es ist nicht Aufgabe der vorliegenden
Darstellung zu entscheiden, welcher Ansatz vorzugswürdig ist. Der skizzierte
perspektivische Ansatz, der im Folgenden noch näher dargestellt wird,[41] zeigt
ohnedies, dass es keine zwangsläufige Überlegenheit des einen oder anderen
gibt. Man muss sich nur vor dem Missverständnis hüten, dass das Informationsrecht deshalb den Vorzug verdient, weil es im Wortsinne radikaler ist, indem es
von der Wurzel – der Information eben – ausgeht.[42] Denn mindestens ebenso
problemträchtig wie der Ausgangspunkt sind die Übermittlungsschwierigkeiten,
die sich aus dem Medium ergeben.[43] Ebenso wenig lässt sich sagen, dass das
Informationsrecht die modernere Klassifikation sei und als solche das Medienrecht abgelöst habe. Zwar ist das Informationsrecht aufs engste mit dem Internet
verflochten und womöglich sogar eine juristische Reaktion darauf. Jedoch führt
dies mitnichten zu einer Exklusivität, weil das Internet als Medium mit Selbstverständlichkeit auch einen zentralen Gesichtspunkt des Medienrechts darstellt.

b) Informationspflichten

Als Informationsrecht im engeren Sinne können etwa **Informations-**   8
ansprüche angesehen werden,[44] die in den Pressegesetzen der Länder (vgl.
§ 4 LPG) geregelt sind.[45] Danach sind die Behörden verpflichtet, Presse- und

---

[35] *Paschke*, Medienrecht, Rz. 324, zählt sie demgegenüber zu den Rechtsgrundsätzen des
Medienrechts im Interesse der Gewährung der Kommunikationsfreiheit.

[36] Vgl. auch *Beater*, AfP 2005, 227.

[37] Zu ihm *Schmitz/Jastrow*, NVwZ 2005, 984.

[38] Instruktiv *Schoch*, Jura 2007, 354, 355.

[39] Dazu *Schoch*, NVwZ 2006, 872.

[40] Vgl. auch *Mayer-Schönberger*, Strukturbereinigung – Informationsrecht auf der Suche
nach sich selbst, Juridikum 2000, 23.

[41] Unten Rz. 29 f.

[42] Grundlegend zu den öffentlich-rechtlichen Rahmenbedingungen einer Informationsordnung *Schoch*, VVDStRL 57 (1998) 158.

[43] Auf einen interessanten Zusammenhang weist *Stephen L. Carter* hin, der den Protagonis-
ten seines Romans The Emperor of Ocean Park (deutsch: Schachmatt, S. 845) sagen lässt: „Das
Recht der Bürger auf Information entspricht bis auf die letzte Dezimalstelle der Fähigkeit der
Medien, von Skandalen zu profitieren."

[44] Aus zivilrechtlicher Sicht dazu monographisch *Bruns*, Informationsansprüche gegen
Medien, 1997.

[45] Weiterhin ist die Herausgabe und Verwendung von Unterlagen mit personenbezogenen
Informationen zu nennen; vgl. etwa BVerwG NJW 2004, 2462; siehe auch *Gola*, NJW 2004,
2428.

teilweise[46] auch Rundfunkvertretern die zur Erfüllung ihrer öffentlichen Aufgabe erforderlichen Auskünfte zu erteilen. Damit wird vorausgesetzt, dass die Medien eine Befugnis zur Gewährleistung der Berichterstattung im öffentlichen Interesse benötigen.[47] Dieser Anspruch veranschaulicht die zwischen Medien- und Informationsrecht bestehende Schnittmenge.

9   Im weiteren Sinne könnte man auch die **Impressumspflicht**[48] nennen, die an verschiedenen Stellen[49] normiert ist und gewährleisten soll, dass größtmögliche Transparenz bezüglich der Urheberschaft von Medieninhalten besteht, damit die davon Betroffenen auch im Hinblick auf zivil- oder strafrechtliche Verfolgung einen Adressaten für entsprechende Rechtsbehelfe finden. In dieselbe Richtung weisen die Kennzeichnungsvorschriften für die Anbieter von Mediendiensten.[50] Auch in diese Richtung kann man von Informationsrecht sprechen, was freilich auch zeigt, dass dieser moderne Begriff schillernd ist.

2. „Das Medium ist die Botschaft"

10   In diesem Zusammenhang aufschlussreich ist eine kultursoziologische Beobachtung, die in der aphoristischen Zuspitzung „Das Medium ist die Botschaft" bekannt geworden ist.[51] Diese scheinbare Identifikation von Form und Inhalt bedeutet in Wahrheit, dass „jedes neue Medium einen unverwechselbaren Diskurs begründet, indem es dem Denken (...) eine neue Form zur Verfügung stellt."[52] Man könnte ergänzen, dass jedes neue Medium eben auch neue Rechtsprobleme hervorbringt, die freilich deshalb nicht notwendigerweise medien*rechtlich* sein müssen. Das Medium stellt also zunächst nicht mehr und nicht weniger als eine tatsächliche Kategorie dar, aus der keine rechtlichen Folgefragen resultieren. Diese scheinbar banale Trennung zwischen **Faktizität** und **Normativität** ist bedeutsam für die Frage, ob es ein eigenständiges Medien*recht* gibt, die wiederum eng zusammen hängt mit der bislang noch kaum berücksichtigten Problematik der Prinzipien eines solchen Rechts.[53]

Sachlich treffender als „Das Medium ist die Botschaft" erscheint ohnehin die Aussage „Das Bild ist die Botschaft". Diese Verkürzung lenkt den Blick nämlich darauf, dass angesichts der überragenden Bedeutung von Bildern, deren Veröffentlichung den Inhalt mitunter vergessen lässt, zumindest aber im Bewusstsein des Lesers und Betrachters ungleich stärker wirkt, gerade die **Bildberichterstattung** zu einem der drängendsten Probleme des Medienrechts wird.[54] Gerade

---

[46] Z.B. § 4 LPG Sachsen und Hamburg, § 51 Mediengesetz Baden-Württemberg.

[47] *Paschke*, Medienrecht, Rz. 285 ff., sieht darin einen die Massenmedien privilegierenden Rechtsgrundsatz des Medienrechts verwirklicht.

[48] Zum Begriff *Paschke*, Medienrecht, Rz. 378; zum Impressum bei Mediendiensten *Ory*, AfP 1998, 465.

[49] Siehe nur § 8 LPG.

[50] Vgl. § 7 TMG mit den Neuregelungen der Haftung für Internetprovider (Abs. 1), freilich ohne Prüfungspflicht bezüglich übermittelter oder gespeicherter Informationen (Abs. 2).

[51] Der Satz stammt von *Marshall Mc Luhans*, wird aber oft fälschlich *Neil Postman* zugeschrieben; vgl. *Postman*, Wir amüsieren uns zu Tode, Urteilsbildung im Zeitalter der Unterhaltungsindustrie (Amusing ourselves to Death, Public Discours in the Age of Show Business), 6. Auflage 1985, S. 17.

[52] *Postman*, S. 19.

[53] Zu dieser Problematik bezogen auf das Bürgerliche Recht *Petersen*, Von der Interessenjurisprudenz zur Wertungsjurisprudenz, 2001.

[54] Zu Bildinformationen im Medienrecht *Beater*, AfP 2005, 133.

entstellende Bildunterschriften sind geeignet, Halbwahrheiten zu vermitteln,[55] deren Publikation Persönlichkeitsverletzungen nach sich ziehen kann.[56]

3. Medienrecht als eigenständiges Rechtsgebiet?

Gibt es somit keinen vorgegebenen Bereich des Medienrechts in trennscharfer 11 Abgrenzung zu anderen Gebieten, die letztlich der Komplexität der modernen Informationsgesellschaft in rechtlicher Hinsicht Rechnung tragen sollen, so beantwortet sich damit auch zum Teil die Frage, ob das Medienrecht ein eigenständiges Rechtsgebiet darstellt.[57] Es ist dies mit Gewissheit nicht in dem Sinne, dass es selbständig neben dem Zivil- oder Öffentlichen Recht stehen könnte.[58] Vielmehr veranschaulicht das Beispiel des Informationsrechts, dass es eher ein Aspekt der Lebenswelt ist, unter dem das dazu gehörige und daraus entwickelte Recht betrachtet wird. Aus der großen praktischen Bedeutung folgt nicht notwendigerweise die Anerkennung als eigene Disziplin. Es gibt daher keinen spezifisch „medienrechtlichen Fall", d. h. einen Lebenssachverhalt, der aus sich heraus nur mit genuin medienrechtlichen Vorschriften gelöst werden könnte. Insofern sind auch Begriffe wie „**Internetrecht**" o.ä.,[59] die implizieren, dass es ein eigenes Recht für das Internet geben würde, irreführend.[60] Gleiches gilt für den vielfach anzutreffenden Begriff **Multimediarecht**.[61] Auch Medienpolitik ist der Sache nach zumeist Wirtschaftspolitik.[62] Selbst ein neuartiges und denkbar vielschichtiges Medium wie das Internet schafft kein eigenes Recht, wohl aber mitunter die Notwendigkeit, dem neuen Lebenssachverhalt punktuell durch neue Vorschriften zu begegnen. Dabei handelt es sich aber, wie an unserem Ausgangsbeispiel gesehen, nicht selten um die alten Vorschriften und – nicht minder wichtig – Prinzipien, die durch das moderne Medium in neuem Licht erscheinen, dadurch aber nicht zu medienrechtlichen Regelungen oder Rechtsprinzipien werden.

In den Vereinigten Staaten hat *Lawrence Lessig* eine vieldiskutierte Theorie entwickelt, wonach der „**Code**" selbst Recht darstellt.[63] Er bezieht sich dabei wesentlich auf die „Architektur" des virtuellen Raums, die keine eigene vorfindbare Natur habe, sondern genuin eigenen Gesetzmäßigkeiten gehorche, die man als Recht bezeichnen müsse. Dieses beeindruckende Konzept eingehend zu würdigen, ist in diesem Rahmen nicht möglich. Zu bedenken ist jedoch, dass

---

[55] Vgl. *v. Becker*, AfP 2005, 247 („Können Bilder lügen?").

[56] Eingehend *Hoeren/Nielen*, Recht der Aufnahme, Gestaltung und Verwertung von Bildern, 2004; rechtsvergleichend *Bartnik*, Der Bildnisschutz im deutschen und französischen Zivilrecht, 2004.

[57] Medienrecht als Paradigma „modernen" Rechts behandelt *Rebe*, Festschrift für M. Rehbinder, 2002, S. 321.

[58] Ebenso *Fechner*, Medienrecht, Rz. 5.

[59] Vgl. *Hoeren*, Grundzüge des Internetrechts; *Kröger/Gimmy*, Handbuch zum Internetrecht, 2. Auflage 2002; *Eichhorn*, Internet-Recht, 3. Auflage 2003; *Köhler/Arndt/Fetzer*, Recht des Internet, 6. Auflage 2006.

[60] Zum Internet im Lichte neuer Gesetze *v. Bonin/Köster*, ZUM 1997, 821.

[61] Vgl. nur *Geppert/Roßnagel* in der Einführung der Textsammlung TeleMediaR, 6. Auflage 2006, S. XV; zum Begriff Multimedia siehe nur *Salmony*, in: Internet- und Multimediarecht (Hrsg. Lehmann), S. 3 f.; zur multimedialen Kommunikation in Wirtschaft und Gesellschaft *Bullinger*, ZUM 1996, 749.

[62] *Bullinger/Mestmäcker*, Multimediadienste: Struktur und staatliche Aufgaben nach deutschem und europäischem Recht, 1997, S. 88.

[63] *Lessig*, Code and other Laws of Cyberspace, 1999.

die Gleichung „*Code is law*"[64] die Gefahr naturalistischer Fehlschlüsse birgt, weil letztlich von einem Sein auf ein Sollen geschlossen wird. So wichtig für die Operationalisierbarkeit des Rechts die Hinwendung zum Lebenssachverhalt ist, so wenig lassen sich die Ebenen von Faktizität und Normativität vermengen.

4. Prinzipien des Medienrechts?

12   Mit dem zuletzt angesprochenen Verweis auf die Prinzipien ist ein wichtiges Indiz gegen die Anerkennung als eigenständiges Rechtsgebiet angesprochen. Es geht dabei um die Frage, ob es so etwas wie allgemeine Prinzipien des Medienrechts gibt. Ohne dass dies hier abschließend in allen Einzelheiten ausgebreitet werden könnte – Prinzipien lassen sich in aller Regel erst und nur aus den dogmatischen Feinheiten des jeweiligen Bereichs ableiten –, kann bereits festgestellt werden, dass es zumindest keine signifikanten Grundprinzipien des Medienrechts gibt.[65] Grundprinzipien wie die Privatautonomie im Zivilrecht, den Vorrang und Vorbehalt des Gesetzes im Öffentlichen Recht, das Schuldprinzip des Strafrechts oder auch nur das Prinzip der Besteuerung nach der Leistungsfähigkeit im Steuerrecht, drängen sich im Medienrecht, vorsichtig gesprochen, zumindest nicht auf.[66]

13   Damit ist freilich nicht ausgeschlossen, dass es auch im Medienrecht im Einzelfall Gesichtspunkte gibt, die über einen eng begrenzten Sachverhalt hinaus verallgemeinerungsfähig sind. Ob sich jedoch Prinzipien im Sinne der Methodenlehre[67] ausmachen lassen, ist fraglich. Dieser Frage wird in jedem zu behandelnden Teil des Buches gesondert nachgegangen. Hier soll jedoch bereits die These aufgestellt werden, dass es keine allgemeinen Grundprinzipien des Medienrechts mit gleichsam universeller Geltung gibt, sondern dass allenfalls partielle Leihgaben und Zufluchtspunkte anerkannter Rechtsgebiete als Prinzipienersatz herhalten müssen bzw. in Anspruch genommen werden.

5. Kein Sonderrecht der Medien

14   Daraus erhellt, dass das Medienrecht entgegen verschiedentlich geäußerter Ansicht[68] auch kein Sonderrecht in dem Sinne darstellt, wie etwa das Handels-

---

[64] So wörtlich *Lessig*, Code and other Laws of Cyberspace, S. 6; Hervorhebung auch dort.

[65] Insoweit verhält es sich möglicherweise schon im Ansatz anders, als man vom Standpunkt des Informationsrechts als Oberbegriff entscheiden kann. So stellt *Kloepfer* (Informationsrecht, § 4 „Grundideen und Strukturprinzipien der rechtlichen Informationsordnung") unter dem Postulat der **Informationsgerechtigkeit** verschiedene materielle Subprinzipien, wie das informationspolitische Vorsorgeprinzip und das Kooperationsprinzip zusammen (Rz. 3). Ob dies freilich mutatis mutandis auch auf das Medienrecht anwendbar ist, erscheint fraglich. Siehe zur so genannten Informationsgerechtigkeit auch *Hoeren*, NJW 2002, 3303. *Kübler*, Medien, Menschenrechte und Demokratie, spricht hingegen im Vorwort vom Recht der Massenmedien als einem „von durchgängigen Prinzipien beherrschten Rechtsgebiet".

[66] Zustimmend *Dörr/Schwartmann*, Medienrecht, Rz. 26.

[67] Grundlegend dazu *Canaris*, Systemdenken und Systembegriff in der Jurisprudenz, 2. Auflage 1983, passim.

[68] So vor allem *Paschke*, im Vorwort zu seinem Lehrbuch zum Medienrecht („Sonderrecht der Massenkommunikation"); zu ihm sogleich näher. Ähnlich *Kübler*, Medien, Menschenrechte und Demokratie – Das Recht der Massenkommunikation, im Vorwort und S. 7, unter Hinweis auf die spezifischen Besonderheiten und komplexen Funktionszusammenhänge bei Presse- und Rundfunk.

recht als Sonderprivatrecht der Kaufleute angesehen wird.[69] Denn anders als dieses knüpft es nicht an eine bestimmte Kodifikation mit Geltung für einen bestimmten dort näher festgelegten Verkehrskreis an, sondern macht lediglich ein **Konglomerat** von einzelnen Rechtsnormen[70] und – entscheidender noch – Lebenssachverhalten aus. Die Zuordnung zum Medienrecht ist weithin nicht mehr als eine Zuweisung aufgrund branchenspezifischer Kennzeichen. Aber auch auf dieser Grundlage führt es nicht zu einer Anerkennung eines Sonderrechts für eben jene Branchen, die schwerpunktmäßig mit oder an bestimmten Medien arbeiten.

a) Medienrecht als Rechtsdisziplin und Recht der Massenkommunikation

Ein Gegenkonzept hat – soweit ersichtlich als erster[71] – *Paschke* vorgelegt, der 15 das Medienrecht als eigene Rechtsdisziplin begreift. Dabei erkennt er, dass das Verständnis als eigene Rechtsdisziplin damit steht und fällt, dass „die Regelungsmaterie von einem übergreifenden, eben disziplinbildenden Regelungskonzept getragen wird".[72] Dieses erblickt er im Phänomen der Massenkommunikation,[73] die den rechtssystematischen Bezugspunkt der rechtlichen Ordnung des Medienwesens bilde. Das Medienrecht sei „disziplinübergreifend von übereinstimmenden Regelungszielen" getragen.[74] Medienrecht ist danach das **Sonderrecht der Massenkommunikation**[75] und wird von ihm definiert als „Inbegriff der rechtlichen Ordnung der Massenkommunikation durch die Massenmedien".[76] Medienrecht wird damit zum Rechtsbegriff, der durch den Bezug zum Phänomen der Massenkommunikation als „verständnisleitender Kristallisationskern für die wissenschaftliche Kategorienbildung" mehr sei als eine „Zusammenstellung heterogener, systemflüchtiger Normen aus unterschiedlichen Rechtsgebieten".[77]

b) Kritik

Es ist jedoch zweifelhaft, ob das Phänomen der Massenkommunikation ge- 16 eignet ist, das Medienrecht auf die Ebene eines eigenständigen Rechtsgebiets zu heben. Dabei stört weniger das Fehlen einer eigenständigen Kodifikation,[78]

---

[69] *Paschke*, Medienrecht, Rz. 566 ff., behandelt darüber hinaus das von ihm so genannte Medienhandelsrecht. Seine Prämisse, dass dieses „wie das Handelsrecht insgesamt eine Rechtsmaterie ist, deren Regelungskonzeption und Gegenstandsbereiche keine klaren Konturen aufweisen", ist freilich etwas vage.

[70] Vgl. auch *Branahl*, Medienrecht, S. 13.

[71] Nämlich bereits in der ersten Auflage seines Buchs, 1993.

[72] *Paschke*, Medienrecht, Rz. 3 f.

[73] Siehe dazu bereits *Wolf*, Medienfreiheit und Medienunternehmen, 1985, S. 49 ff.

[74] *Paschke*, Medienrecht, Rz. 265. Auch *Kübler*, Medien, Menschenrechte und Demokratie, rückt das Presse- und Rundfunkrecht als das „Recht der Massenkommunikation" in den Vordergrund seiner Darstellung.

[75] Mitunter wird beispielsweise auch von einem „Sonderarbeitsrecht der Medienunternehmen" gesprochen (so *Dörr/Schwartmann*, Medienrecht, Rz. 434), da auch Medienunternehmen als Tendenzbetriebe eingestuft werden können; näher *Bezani/Müller*, Arbeitsrecht in Medienunternehmen, passim.

[76] *Paschke*, Medienrecht, Rz. 4.

[77] *Paschke*, Medienrecht, Rz. 22. Siehe auch *Paschke/Busch*, NJW 2004, 2620, 2623, zur Entwicklung eines „medienrechtlichen Sonderrechtsbehelfs".

[78] In diesem Sinne konzediert auch *Paschke*, Medienrecht, Rz. 2, dass das Medienrecht „keine in dem Sinne normativ geprägte Rechtsdisziplin bezeichnet, dass sich über ihren Inhalt im Wege einer Textexegese Aussagen treffen ließen." Aber das hängt nicht nur mit dem Fehlen eines Mediengesetzbuchs, sondern dem Mangel systematischer Fundierung zusammen.

wovon im Folgenden noch näher die Rede sein soll, weil auch eine solche allein noch nicht garantieren würde, dass sich durch ein System konsistenter Binnenverweisungen weiterführende Aussagen über nicht unmittelbar geregelte Fragen entnehmen ließen. Vielmehr ist bedenklich, dass die Massenkommunikation zunächst nicht mehr als eine lebensweltliche Erscheinung darstellt und damit für sich betrachtet noch keinen Bezug zur normativen Ebene aufweist, sondern in der bloßen Faktizität verharrt. Daher kann sie auch nicht ohne weiteres als „rechtssystematischer Bezugspunkt" fungieren. Für einen rechtssystematischen Bezugspunkt müsste aber die Frage nach dem System des Medienrechts gestellt werden.[79] Die entscheidende Kluft liegt nämlich wiederum im Fehlen einer **Prinzipienebene**. Der entscheidende Beweis für das Vorliegen einer eigenständigen Rechtsdisziplin mit wissenschaftlichem Geltungsanspruch hätte auch insoweit nur durch den Nachweis von Rechtsprinzipien geführt werden können, die über den jeweiligen Teilbereich hinaus gelten.[80]

17   Ebenso wenig lässt sich das Medienrecht als „Sonder-Unternehmensrecht der Massenmedien" bezeichnen.[81] Dass die Massenmedien von Unternehmen bestimmt wurden, mochte bis vor wenigen Jahrzehnten noch zutreffen, weil Buchdruck und Zeitungswesen nun einmal eine bestimmte Infrastruktur voraussetzen. Allerdings ist auch seinerzeit mit gutem Grund nicht angenommen worden, dass es sich um ein Sonder-Unternehmensrecht handelt. Aber spätestens im Zeitalter des Internet kann praktisch jeder ohne nennenswerten Aufwand weltweite Aufmerksamkeit erregen. Es bedarf keines Unternehmens im weitesten Sinne, so dass dem Sonder-Unternehmensrechts-Ansatz die erforderliche Aussagekraft und Leistungsfähigkeit fehlt.[82]

LG Kiel NJW 2007, 1002: Ein enttäuschter Liebhaber stellt Nacktfotos seiner früheren Freundin ins Internet, die er zuvor teils mit ihrem Einverständnis, aber unter der Bedingung aufgenommen hat, sie sogleich zu löschen. Auf den Bildern vermerkt er Telefonnummer und Adresse der Abgebildeten, die daraufhin kompromittierende Anrufe erhält.

Das Gericht hat einen Schmerzensgeldanspruch in Höhe von 25 000 Euro aus §§ 826, 253 Abs. 2 BGB zugesprochen. Zudem hat es dem Feststellungsantrag stattgegeben, dass der Beklagte alle späteren Schäden zu ersetzen habe. Hintergrund war die derzeitige Unmöglichkeit der Löschung sämtlicher Dateien, auf denen die Bilder weltweit gespeichert sind. Für den Fall, dass dies eines Tages technisch möglich sein sollte, wollte das Gericht Vorsorge treffen. Exakter wäre freilich die Zuerkennung von Geldersatz statt des Schmerzensgeldes gewesen.[83] Auf dieser Grundlage hätte dann auch deutlich mehr, womöglich das Doppelte, zugesprochen werden können,[84] weil die Bindung an die einschlägigen Schmerzensgeldtarife weniger streng gewesen wäre und allenfalls wertungsmäßig beachtet werden müsste.

Der Fall illustriert, dass mit sparsamsten technischen Mitteln eine weltweite Publizität erreicht werden kann, die früher in der Tat nur unter großem

---

[79] Dazu sogleich unter Rz. 29 ff.

[80] A. A. *Beater*, Medienrecht, Rz. 8.

[81] So aber *Beater*, Medienrecht, S. V f., Rz. 2 ff. und passim; *ders.*, JZ 2005, 822. Zustimmend *Kübler*, Medien, Menschenrechte und Demokratie, S. 7 Fußnote 7.

[82] Zur Leistungsfähigkeit als maßgeblichem Kriterium juristischer Theoriebildung *Canaris*, JZ 1993, 377 ff.

[83] Dazu unten § 3 Rz. 7 ff.

[84] Vgl. nur den ähnlich gelagerten Fall OLG Hamm NJW-RR 2004, 919; dazu unten § 4 Rz. 32 ff.

Aufwand und womöglich nur durch Unternehmen denkbar war. Zugleich zeigt der Fall, dass es wiederum die allgemeinen Institute des geltenden Rechts sind, mit Hilfe derer der Fall zu lösen ist. Allerdings ist es der Gesichtspunkt der notwendigen Medienberührung, der ihn für den vorliegenden Zusammenhang besonders interessant macht, weil die konkrete Schadenstiefe eben nur über das Medium möglich ist. Gleichwohl besteht kein Anlass, von einem Sonderrecht oder gar einem „Sonder-Unternehmensrecht" zu sprechen. Der Sachverhalt veranschaulicht gerade, dass es eines Unternehmens heutzutage gar nicht mehr bedarf, um Inhalte weltweit zu verbreiten.

II. Vielfalt der Medien

Bisher war nur pauschal von den Medien die Rede. Die Frage ist daher, **18** welche Medien es genau sind, von denen das Medienrecht handelt. Wurde der Begriff und spezifische Gehalt des Medienrechts soeben definitorisch eingegrenzt auf diejenigen Fälle, die rechtliche Folgefragen der Medien als solcher zum Gegenstand haben, so ist der Begriff der in Betracht kommenden Medien vergleichsweise weit. Es geht dabei nicht mehr nur um die **Printmedien** mit den klassischen Fragen des Presserechts, sondern längst um mehr. Erfasst wird insbesondere das gesamte Film- und Fernsehrecht sowie der große Bereich des **Internet** und der **Telekommunikation**.[85] Schon aufgrund dieser Vielfalt wird das Medienrecht weithin als inhomogen, indisparat und diffus angesehen. In diesem Zusammenhang ist eine These von *Niklas Luhmann* bemerkenswert, die lautet: „Was wir über unsere Gesellschaft, ja über die Welt, in der wir leben, wissen, wissen wir durch die Massenmedien".[86] Wenn man in Rechnung stellt, dass er vordringlich an das Medium Buch und weniger an Fernsehen und Internet gedacht haben dürfte und seiner Ansicht damit auch vor den so genannten Neuen Medien schon eine gewisse Plausibilität zukam, erscheint sie aus heutiger Sicht treffender denn je.[87]

III. Rechtsquellen und Gebiete des Medienrechts

Dieses Vorurteil gewinnt weiter an Nahrung, wenn man sich die denkbar **19** unterschiedlichen Rechtsquellen des Medienrechts vergegenwärtigt.[88]

1. Rundfunkstaatsvertrag und Telemediengesetz

Zu nennen ist zunächst der Staatsvertrag für Rundfunk und Telemedien **20** (**Rundfunkstaatsvertrag**, RStV), in dem der Bereich des Rundfunks seit 1987

---

[85] Vgl. auch *Weiss*, Das Internet und die klassischen Medien, 2003.
[86] *Luhmann*, Die Realität der Massenmedien, 3. Auflage 2004, S. 9.
[87] Siehe auch *Eugen Biser*, Zur Situation des Menschen im Medienzeitalter, 1988, der auf den den Medien eigenen „Verfremdungseffekt" hinweist.
[88] Instruktiver Überblick in der Textsammlung TeleMediaR, 6. Auflage 2006.

staatsvertraglich geregelt ist.[89] Des Weiteren ist das neue Telemediengesetz (TMG)[90] von besonderer Bedeutung, das die bisherigen Regelungen des Mediendienste-Staatsvertrags (MDStV), der in allen Ländern einheitliche Rahmenbedingungen für die verschiedenen Nutzungsmöglichkeiten der darin geregelten elektronischen Informations- und Kommunikationsdienste schaffen sollte (§ 1 MDStV), übernommen hat, soweit die Bestimmungen des MDStV nicht im Rundfunkstaatsvertrag aufgegangen sind. Darüber hinaus sind durch das Telemediengesetz auch die Kernbereiche des am 1. 8. 1997 in Kraft getretenen Informations- und Kommunikationsdienstegesetzes – das Teledienstegesetz (TDG) sowie das Teledienstedatenschutzgesetz (TDDSG)[91] – ersetzt worden. De lege lata stellt vor allem das **Telemediengesetz** einen Schwerpunkt dar, zumal es die wirtschaftlichen Rahmenbedingungen, d. h. insbesondere die Modalitäten des Angebots und der Durchführung von Telemediendiensten regelt.[92] Das Anliegen des Gesetzes besteht vor allem darin, die unterschiedlichen Regelungen von Telediensten und Mediendiensten unter dem Oberbegriff der Telemedien zu vereinheitlichen und auf diese Weise die im Bereich des Jugendschutzes bereits früher begonnene Entwicklung fortzuführen.[93] Damit ist bereits die Frage nach der Konvergenz der Medien angesprochen, die uns im Folgenden noch näher beschäftigen wird.[94] Die inhaltlichen Anforderungen des früheren MDStV sind nunmehr im VI. Abschnitt des neuen Staatsvertrags für Rundfunk und Telemedien geregelt. Hinzukommt das **Telekommunikationsgesetz** (TKG), das wesentliche Grundlagen des Medienrechts bereithält.[95]

2. Prüfungshinweis

21   Allerdings ist vor der analogen Anwendung vermeintlich spezieller medienrechtlicher Vorschriften immer zu prüfen, ob sich der Fall nicht ungeachtet der medienrechtlichen Einkleidung und der Verwendung moderner Massenmedien unter Rekurs auf allgemeine Regelungen des Bürgerlichen und des Öffentlichen Rechts lösen lässt. Das zeigt folgendes Beispiel:

> KG MMR 2006, 393: Eine Fernsehmoderatorin nimmt die Betreiberin einer Meta-Suchmaschine auf Unterlassung persönlichkeitsrechtsverletzender Äußerungen im Internet in

---

[89] Zum öffentlich-rechtlichen Rundfunkauftrag nach dem Siebten und Achten Rundfunkänderungsstaatsvertrag *Degenhart*, K&R 2005, 295. Der Zehnte Rundfunkänderungsstaatsvertrag soll am 1.9.2008 in Kraft treten und bringt eine Reform der Landesmedienanstalten (siehe § 13 Rz. 19 ff.) und Neuregelungen für digitale Plattformen mit sich; hierzu *Ritlewski*, ZUM 2008, 403. Mit dem Elften Rundfunkänderungsstaatsvertrag erfolgt u. a. die Anpassung der Rundfunkgebühren (vgl. § 2 Rz. 26 ff.). Für erhebliche Kontroversen sorgt gerade von Seiten privater Verlage und Fernsehsender der Entwurf zum Zwölften Rundfunkänderungsstaatsvertrag, der u.a. den (gebührenfinanzierten) Online-Auftritt der öffentlich-rechtlichen Rundfunkanstalten regeln und im Jahr 2009 in Kraft treten soll. Nicht zuletzt die EU-Wettbewerbshüter stehen dem Entwurf kritisch gegenüber.

[90] Hierzu *Kitz*, ZUM 2007, 368 ff.; *Roßnagel*, NVwZ 2007, 743 ff.; *Spindler*, CR 2007, 239 ff.

[91] Zum Datenschutz im Internet *Zscherpe*, K&R 2005, 264. Kritisch zu den Begrifflichkeiten im Datenschutzrecht *Schild*, MMR 2007, V ff.

[92] *Roßnagel*, NVwZ 2007, 743, 746.

[93] Hierzu *Mückl*, JZ 2007, 1077, 1080 ff.; *Spindler*, CR 2007, 239, 240 ff.; kritsch zur Umsetzung sowie alten und neuen Abgrenzungsproblemen *Kitz*, ZUM 2007, 368, 369 ff.

[94] Rz. 24 ff.

[95] Allgemein zu den Grundlagen der Neuen Medien der Überblick bei *Ring*, Medienrecht, sub F.

Anspruch, weil man mit ihrer Hilfe auf Seiten mit mutwillig gefälschten Nacktfotos der Moderatorin gelangt.

Da die Meta-Suchmaschine hier vermittels einer speziellen Software („Crawler" bzw. „Spider") auf die Datenbanken von Suchmaschinen zugreift und die Internetseiten und ihnen zugrunde liegende Metatags durchsucht und entsprechend katalogisiert, liegt die Anwendung der Vorschriften des TMG nahe.[96] Indes wollte der Gesetzgeber des Teledienstegesetzes, dessen Vorschriften im Telemediengesetz aufgegangen sind, die Haftung bezüglich des von einer **Internetsuchmaschine** wiedergegebenen Inhalts ausweislich der Gesetzesmaterialien gerade nicht regeln.[97] Vielmehr gehen Rechtsprechung[98] und Lehre[99] davon aus, dass insoweit keine planwidrige Unvollständigkeit vorliegt[100], die mit den Vorschriften des TMG ausgefüllt werden könnte. Es liegt daher ein entsprechend §§ 823, 1004 BGB[101] zu beurteilender Fall der allgemeinen Störerhaftung vor.[102] Während die Vorinstanz eine Sperrung der Einträge verfügt hatte,[103] scheiterte die Betroffene letztlich aus prozessualen Gründen, die hier nicht weiter verfolgt werden müssen.[104]

Neben den bundes- und landesrechtlichen Gesetzen[105] und den einzelnen **22** Pressegesetzen finden sich in zahlreichen allgemeinen Kodifikationen – etwa dem Bürgerlichen Gesetzbuch – Vorschriften, die zumindest eine medienrechtliche Konnotation aufweisen. Mitunter ist es der zu regelnde Lebenssachverhalt, aus dem sich medienrechtliche Berührungen ergeben. So ist etwa das Urheberrecht nicht unbedingt ein Teil des Medienrechts, dennoch aber unentbehrlich für dessen Verständnis und vollständiges Bild.[106] Gleiches gilt für das Kartellrecht, im Rahmen dessen sich bereits der Begriff „Medienkartellrecht" etabliert hat, von dem später noch die Rede sein wird.[107]

Zuletzt darf auch der Einfluss internationaler Abkommen und Verträge sowie die Prägung des Medienrechts durch das Europäische Gemeinschaftsrecht nicht außer Acht bleiben, wobei allerdings regelmäßig die Umsetzung in nationales Recht notwendig ist.[108] Die wesentlichen supranationalen Gesichtspunkte dieses rechtlichen Überbaus werden jeweils dort erörtert, wo die europäischen Vorschriften maßgeblich das nationale Recht determinieren.[109]

---

[96] Zu ihnen näher im Rahmen der Verantwortlichkeit im Internet; unten § 18 ff.

[97] Vgl. auch Art. 21 Abs. 2 der Richtlinie 2000/31/EG – E-Commerce-Richtlinie, ABLEG Nr. L 178 vom 17. 07. 2000.

[98] BGH WRP 2004, 899, 901; dazu *Hoffmann*, MMR 2004, 530.

[99] *Spindler*, NJW 2002, 921, 924; *ders.*, CR 2007, 239, 245.

[100] Vgl. *Canaris*, Die Feststellung von Lücken im Gesetz, 1964, S. 17 ff.

[101] Zu ihnen im Einzelnen unter § 7.

[102] Vgl. auch BGH NJW 2004, 3102, 3105 (dazu *Hoeren*, MMR 2004, 668); BGH NJW 2003, 2525 zur so genannten Buchpreisbindung; BGH NJW-RR 2003, 1685.

[103] LG Berlin MMR 2005, 324; 785.

[104] Näher *Spieker*, MMR 2007, 395.

[105] Überblick über die frühe Mediengesetzgebung der Länder bei *Schlink/Wieland*, Jura 1985, 570, 576.

[106] Dazu näher unten § 10.

[107] Unten § 9 vor I.

[108] *Cole*, in: Dörr/Kreile/Cole (Hrsg.), Handbuch Medienrecht, S. 83 ff., auch zur Frage der begrenzten Regulierungskompetenz der EG (S. 85 f.)

[109] So etwa durch die Fernsehrichtlinie; siehe § 8 Rz. 35, § 9 Rz. 61, § 15 Rz. 1 ff. Auch der Bereich der Netzregulierung durch das Telekommunikationsgesetz ist maßgeblich durch gemeinschaftsrechtliche Vorgaben geprägt, vgl. *Schoch*, JZ 2002, 798, 803; *Mückl*, JZ 2007, 1077, 1078; siehe § 14.

23   Es war bereits die Rede davon, dass es keine einheitliche Kodifikation des Medienrechts, geschweige denn ein einheitliches **Mediengesetzbuch** bzw. **Informationsgesetzbuch** gibt.[110] Vielmehr besteht ein versprengtes, in sich disparates Regelwerk, von dessen einzelnen Teilen nicht mit Bestimmtheit nach normativen Kriterien gesagt werden kann, dass es sich um spezifisches Medienrecht handelt. Es nimmt daher nicht wunder, dass es Bestrebungen und Diskussionsansätze gibt, das Medienrecht einheitlich zu ordnen bzw. zu harmonisieren.[111] Damit ist nicht zuletzt die Frage nach der Konvergenz der Medien berührt.

IV. Konvergenz der Medien und Konvergenz des Rechts

24   Der Begriff der Konvergenz beruht im Ausgangspunkt auf einem technischen Phänomen, das jedoch (medien-) rechtliche Fragen nach sich zieht.[112] Er besagt, dass im Zuge der Entwicklung der Informationstechnik nicht mehr unbedingt an der herkömmlichen Unterscheidung zwischen den jeweiligen Medientypen festgehalten werden müsse und sich dies auch auf die rechtlichen Rahmenbedingungen der Medienorganisation auswirken könne oder sogar müsse.[113] Vermittels digitaler Technologie können nicht nur traditionelle, sondern über die technischen Veränderungen im Bereich der elektronischen Kommunikation auch neue Kommunikationsdienste in Gestalt von Tönen, Bildern oder Zeichen angeboten werden. Unter Konvergenz ist nach *Gounalakis* ein Transformationsprozess zu verstehen, „bei dem die medialen Subsektoren Rundfunk, Mediendienste, Teledienste und die ihrer Verbreitung dienenden Telekommunikationsdienstleistungen sich einander annähern und teilweise untereinander verschmelzen".[114] Die Austauschbarkeit der technischen Netzplattformen für die Vermittlung solcher Kommunikationsdienste, sei es durch terrestrische Funkfrequenzen,[115] durch Satellitentechnik oder durch Breit- oder Schmalbandkabel, kennzeichnet die so genannte Konvergenz der Übertragungswege.[116] Grundlage der Konvergenz ist freilich die **Digitalisierung der Übertragungswege.**[117] Damit einhergehen wird womöglich eine Konvergenz der Dienstleistungsangebote.[118] Ferner werden in abseh-

---

[110] Gearbeitet wird freilich an einem „Informationsgesetzbuch" (IGB) auf der Grundlage eines Beschlusses des 62. Deutschen Juristentages; vgl. *Kloepfer*, K&R 1999, 241; *dens.*, Informationsrecht, S. VI.

[111] Vgl. nur *Holznagel*, NJW 2001, 2351. Der 64. Deutsche Juristentag befasst sich in der Abteilung (!) Medienrecht mit der Frage: „Konvergenz der Medien – sollte das Recht der Medien harmonisiert werden?". Siehe dazu auch *Schoch*, JZ 2002, 798 ff.; *Michel*, MMR 2005, 284.

[112] Vgl. *Holznagel*, NJW 2002, 2351 f.; zu den denkbaren Erscheinungsformen der Konvergenz, je nach dem Gegenstand der Betrachtung vgl. *Fischer*, Medienrecht und Medienmärkte, S. 193 ff.; *Mückl*, JZ 2007, 1077, 1078.

[113] *Stürner*, AfP 2002, 283.

[114] *Gounalakis*, Konvergenz der Medien – Sollte das Recht der Medien harmonisiert werden?, Gutachten C zum 64. DJT 2002, S. 134. Vgl. auch *Mückl*, JZ 2007, 1077 ff.

[115] Zu den Prozentzahlen *Hesse*, ZUM 2000, 183, 186.

[116] Vgl. *Eberspächer*, in: Eberspächer/Ziemer (Hrsg.), Digitale Medien und Konvergenz, 2001, S. 1; *Bartosch*, ZUM 1998, 209 f.; *Holznagel*, JZ 2001, 905 f.; *Schoch*, JZ 2002, 798, 799.

[117] *Schoch*, JZ 2002, 798, 800; *Fischer*, Medienrecht und Medienmärkte, S. 194.

[118] *Schulz*, in: Hoffmann-Riem/Schulz/Held, Konvergenz und Regulierung, 2000, S. 20.

barer Zeit die Endgeräte unabhängig von der jeweiligen Netzplattform einsatzfähig, in weiterer Weise nutzbar und damit ebenfalls konvergent sein.[119] Die Konvergenz entwickelt sich somit mehr und mehr zum Schlüsselwort einer Debatte,[120] die derzeit das Medienrecht beherrscht.[121]

1. Grenzen der Konvergenz

Es darf freilich nicht übersehen werden, dass die Konvergenz der Medien **25** zunächst nur einen technischen Sachverhalt beschreibt. Die Frage ist, ob damit über den deskriptiven Zusammenhang hinaus normative Konsequenzen oder Postulate einhergehen (müssen).[122] Das wird, soweit ersichtlich, mehrheitlich bejaht,[123] um zu gewährleisten, dass das Recht seiner Ordnungsaufgabe im Hinblick auf die Komplexität der Lebenssachverhalte gerecht werden kann.[124] Die Konvergenz der Medien soll daher auch zu einer „**Konvergenz des Rechts**" führen.[125] Im bisherigen Regelungskonzept wird freilich zwischen der Ebene der Tele-, Rundfunk- und Mediendienste einerseits und der Netzebene andererseits unterschieden. Während auf der Netzebene eine gesetzliche Regelung in Gestalt des Telekommunikationsgesetzes besteht,[126] ist auf der erstgenannten Ebene schon die Gesetzgebungskompetenz unterschiedlich; für Rundfunk- und Mediendienste liegt sie bei den Ländern, für Teledienste beim Bund.[127] Nicht zuletzt aus dieser Zersplitterung wird der im Schrifttum erhobene Vorwurf der mangelhaften **Konvergenztauglichkeit** der Medienordnung abgeleitet.[128] Auch das Telemediengesetz, das dem Phänomen der Konvergenz Rechnung zu tragen versucht, indem es die begriffliche und rechtliche Vereinheitlichung von Tele- und Mediendiensten vorantreibt, stellt allenfalls einen weiteren Schritt in diese Richtung dar.[129] Zum einen bringen dessen inhaltliche

---

[119] *Schulz*, Stellungnahme zur Anhörung „Konvergenz und Medienordnung" des Unterausschusses Neue Medien vom 3. 7. 2000, S. 6.

[120] Siehe auch *Hoffmann-Riem/Schulz/Held*, Konvergenz und Regulierung.

[121] Vgl. bereits *Ladeur*, Die Regulierung von Telekommunikation und Medien im Zeitalter ihrer Konvergenz, Rtkom 1999, 68.

[122] Siehe etwa zum Verhältnis von Konvergenz und Konzentration *v. Danwitz*, ZUM 2002, 769.

[123] Ein schwieriges Sonderproblem betrifft dabei die kartellrechtliche Frage, ob die Konvergenz der Medien womöglich zu einem übergreifenden Markt der Medien führt. Der für das Kartellrecht zentrale Marktbegriff würde damit vereinheitlicht, so dass etwa die Anzeigenmärkte der Printunternehmen mit der Hörfunk- und Fernsehwerbung und sogar den Internetwerbemärkten zu einem gemeinsamen Multimedia-Werbemarkt verschmelzen könnten. Das ist derzeit noch Zukunftsmusik; vgl. *Trafkowski*, Medienkartellrecht, S. 44 ff. Immerhin zeigt sich an diesem Beispiel, dass die allgemein hoch gehaltenen Vereinheitlichungsdesiderate im Detail schwer(lich) zu realisieren sind und auch das Zauberwort der Konvergenz hier wenig auszurichten vermag; die dogmatische Grundlagenarbeit kann es jedenfalls nicht ersetzen.

[124] *Schoch*, JZ 2002, 798, 799 ff.; *Gounalakis*, Konvergenz der Medien, Gutachten C zum 64. DJT, 2002, S. 70.

[125] So zutreffend *Schoch*, JZ 2002, 798, 800.

[126] Zum Telekommunikationsgesetz unten Vierter Teil § 14.

[127] Vgl. *Spindler*, CR 2007, 239, 240. Siehe zur Gesetzgebungskompetenz noch unten im Vierten Teil § 13.

[128] Vgl. *Schoch*, JZ 2002, 798, 802.

[129] Kritisch *Roßnagel*, NVwZ 2007, 743, 746; zum „konservativen und restaurativen" Charakter des neuen TMG *Hoeren*, NJW 2007, 801 ff. sowie zu verbleibenden und neuen Abgrenzungsproblemen *Kitz*, ZUM 2007, 368, 369 ff.; positiver *Mückl*, JZ 2007, 1077 ff.; *Spindler*, CR 2007, 239 ff.

Neuregelungen über die Schaffung des einheitlichen Begriffs der Telemedien hinaus kaum Neues und zum anderen ist der Anwendungsbereich des TMG beschränkt. Davon ausgenommen sind nämlich gemäß § 1 Abs. 1 TMG neben dem Rundfunk, zu dem auch Live-Streaming und Webcasting gehören (vgl. § 2 RStV), die Telekommunikationsdienste unter Einschluss der Internet-Telefonie, sofern sie ganz in der Signalübertragung bestehen (§ 3 Nr. 24 TKG), sowie die telekommunikationsgestützten Dienste (§ 3 Nr. 25 TKG). Eine klare Grenzziehung zwischen Rundfunk und Telemedien gestaltet sich jedoch gerade im Medium Internet immer schwieriger.[130]

26   Man muss sich bei der Konvergenzdebatte über eines im Klaren sein: Die Konvergenz ist zunächst nur ein tatsächlicher Befund, aus dem nicht zwangsläufig etwas Rechtliches folgt. Gewiss kann man mit Fug aus der bestehenden Konvergenz der Medien eine Konvergenz des Rechts in dem Sinne postulieren, dass die Rechtsordnung gleichsam gleichziehen müsse. Indes dürfen aus der Faktizität der Konvergenz keine **normativen** Aussagen gezogen werden, jedenfalls nicht in dogmatischer, sondern allenfalls in rechtspolitischer Hinsicht. Andernfalls würde vom Sein auf ein Sollen geschlossen und damit das Risiko naturalistischer Fehlschlüsse eingegangen. Gegen rein rechtspolitische Postulate ist dagegen nichts zu erinnern, weil damit zu einer größeren Entsprechung zwischen Rechtsordnung und Lebenswelt gefunden wird, ein gerade im Medienrecht nicht zu unterschätzendes Desiderat.[131]

2. Konvergenz als Rechtsprinzip?

27   Nimmt man das Konvergenzpostulat ernst, so stellt sich sogleich eine Frage, die ein Problem aufgreift, von dem bereits weiter oben die Rede war und das jetzt exemplifiziert werden kann, wo es zunächst nur als Hypothese bestand. Es geht um die Prinzipienhaftigkeit des Medienrechts, also um das Grundproblem, ob es überhaupt Prinzipien des Medienrechts gibt. Diese Frage durchzieht, so sagten wir, die gesamte Beschäftigung mit dem Medienrecht. Folgerichtig kann sich das Medienrecht hier erstmals daran erproben. Wenn nämlich die Konvergenz als Schlüsselbegriff der modernen medienrechtlichen Durchdringung der Rechtsordnung fungiert, so fragt sich, ob der Konvergenz nicht selbst Prinzipienrang zukommt.

28   Voraussetzung dafür wäre, dass sie mit einer gewissen Allgemeingültigkeit gedacht werden könnte.[132] Das scheint bei der Konvergenz der Fall zu sein, weil es allem Anschein nach gerade ihre Universalität ist, die sie überall auffindbar sein lässt und aus der heraus sich Folgerungen ziehen lassen könnten. Dabei muss jedoch das beachtet werden, was soeben[133] betont wurde. Danach handelt es sich bei der Konvergenz zunächst und vor allem um etwas Faktisches, das sich aus der technischen Gestaltungsmöglichkeit der Medien selbst ergibt, aus der jedoch nichts Normatives gefolgert werden darf. Es ist aber nachgerade die Eigenart der Prinzipien, dass sie auf der normativen Ebene zur Geltung

---

[130] *Mückl*, JZ 2007, 1077, 1078; *Bullinger*, JZ 2006, 1137, 1139.

[131] Ein bemerkenswerter Versuch einer stringenten dogmatischen Ausarbeitung am Beispiel des Kartellrechts wurde von *Zagouras*, Konvergenz und Kartellrecht, 2002, unternommen. Vgl. auch *Schulz/Jürgens*, Die Regulierung von Inhaltsdiensten in Zeiten der Konvergenz, 2002.

[132] Zum Ganzen eingehend *Canaris*, Systemdenken und Systembegriff in der Jurisprudenz, 2. Auflage 1983, S. 10 ff.

[133] Unter 1 a. E.

kommen. Das bedeutet, dass die isolierte, also noch nicht in der Rechtsordnung konkret hergestellte, sondern vorläufig als bloßes Postulat bestehende Konvergenz kein Prinzip des Medienrechts sein kann. Als solches müsste sie nämlich als dogmatische Kategorie und nicht lediglich als rechtspolitisches Desiderat bestehen. Somit sind auch **Konvergenzargumente** mit Vorsicht zu bewerten. Sie weisen auf rechtspolitische Programme hin und können keine weitergehenden Folgerungen nach sich ziehen. Daher werden sich Konvergenzargumente nicht selten als bloße Ad-hoc-Hypothesen entpuppen, denen keinerlei dogmatische Aussagekraft zukommt.[134]

V. Perspektivisches Verständnis des Medienrechts

Das Medienrecht wird, wie eingangs[135] festgestellt, häufig als ein so genanntes **Querschnittsthema** angesehen, d. h. es steht angeblich nicht als selbständige Disziplin neben Zivil-, Straf- und Öffentlichem Recht, sondern markiert nur einen Querschnitt eines jeden der drei. Dabei muss man sich im Klaren darüber sein, dass der Begriff des Querschnitts weniger aussagekräftig ist, als es den Anschein hat, ja genau genommen gar nichts bedeutet und nur unzureichend beschreibt. Die Kennzeichnung als Querschnittsthema bleibt zumeist schon die Antwort auf die nahe liegende Frage „Querschnitt wovon?" schuldig. Zumindest müsste sie sogleich bekennen, dass es letztlich nur um einen Querschnitt aus der Lebenswelt geht. Damit hat sie aber außer einer gewissen alltagstheoretischen Plausibilität wenig für sich. Daher soll diesem Topos ein perspektivisches Verständnis des Medienrechts entgegen- bzw. an die Seite gestellt werden, das bereits verschiedentlich aufleuchtete. **29**

1. Der relevante Blickwinkel

Das Medienrecht lebt mit der Crux, dass es sich mit etwas buchstäblich Vordergründigem befasst, eben dem Umstand, dass die Medien heute allenthalben im Vordergrund stehen. Ob sich daraus freilich ein normativ fundiertes Erkenntnis- und Forschungsinteresse ergibt, ist damit noch nicht gesagt. Gewiss bringt die zunehmende Komplexität durch Verwendung von Medien („Vernetzung") Probleme mit sich, die auch und gerade rechtlich von Bedeutung sind. Dass aber diese sich gleichsam potenzierenden Schwierigkeiten auch genuine *Rechts*probleme wären, kann, wie eingangs festgestellt, nicht ohne weiteres behauptet werden. **30**

Aus unseren bisherigen Feststellungen, vor allem aus der Negation des Medienrechts als eigenständigem Rechtsgebiet,[136] lässt sich freilich eher die These ableiten, dass das Medienrecht weniger ein Querschnittsbereich als vielmehr die Summe der Rechtsregeln ist, die sich aus einem bestimmten Blickwinkel ergeben. Die Perspektive, die sonach das Forschungsinteresse lenkt, ist die Verwendung der Medien. Es geht also um Fragen, die gerade aus der Verwendung von Mitteln zur Kommunikation resultieren. Die Tatsache, dass in einem bestimmten Lebenssachverhalt **Kommunikationsmittel** verwendet **31**

---

[134] Zur Ad-hoc-Hypothese bei der juristischen Theoriebildung *Canaris*, JZ 1993, 377 ff.
[135] Oben Rz. 1.
[136] Oben Rz. 11.

werden und sich daraus rechtlich zu entscheidende Interessenwiderstreite ergeben können, ist der für das Medienrecht relevante Blickwinkel,[137] aus dem die Rechtsfragen zu betrachten sind.[138] Diese werden damit nicht automatisch zu medienrechtlichen. Andernfalls wäre ihre Behandlung in den „anerkannten" Rechtsgebieten des Zivil-, Strafrecht und Öffentlichen Rechts dann überflüssig und sachwidrig, wenn das Problem erst einmal als ein genuin medienrechtliches erkannt wäre – eine groteske Folgerung, wenn man nur an das Rundfunkrecht oder das allgemeine Persönlichkeitsrecht als anerkannte und unverzichtbare Kategorien des Öffentlichen Rechts bzw. des Zivilrechts denkt.

2. Der Blick auf die Medien als Erkenntnisinteresse

32   Das perspektivische Verständnis des Medienrechts wertet dieses auch nicht ohne Not ab. Es beugt nur der modisch gewordenen Inflationierung von Rechtsgebieten vor, die letztlich vor allem Markt- und Geltungsinteressen bedienen sollen. Der Aspekt des Medialen ist durchaus ein anerkennenswertes Forschungsinteresse, weil er der zentralen **Ordnungsaufgabe** des Rechts dienen kann. Andernfalls würde die Darstellung des Medienrechts gleichsam einem performativen Selbstwiderspruch unterliegen, weil sie einen Teil des Rechts schildern wollte, den es vorgeblich nicht gibt. Dieses perspektivische Verständnis des Medienrechts stellt daher auch keine Geringachtung der Materie dar, wie man geneigt sein könnte zu denken. Denn auch wenn es so aussieht, als lasse sich das Medienrecht auf diese Weise gleichsam an den Rand drängen, beschäftigt es sich doch mit einem Gegenstand von größter praktischer Bedeutung. Nur bringt es wenig ein, dem durch Definitionsversuche von der Art „Medienrecht ist das Recht der Mediengesellschaft" Bedeutung abzugewinnen, weil damit – abgesehen von der tautologischen Grundausrichtung – etwas vorgeblich Normatives ohne inhaltliche Untermauerung nur faktisch beschrieben wird.

3. Leistungsfähigkeit des perspektivischen Verständnisses

33   Ein solches perspektivisches Verständnis des Medienrechts vermag auch zu erklären, warum wir heute Zusammenhänge dem Medienrecht zuordnen, die maßgeblich aus einer Zeit stammen, die das Medienrecht begrifflich noch gar nicht kannte und in der man nicht einmal geahnt hätte, dass bestimmte Rechtsnormen – man denke nur an die verfassungsrechtlichen Grundlagen des Art. 5

---

[137] Aus gutem Grund bezeichnen *Dörr/Schwartmann*, Medienrecht, S. 32 ff., den dritten Teil ihres Buchs mit dem Titel „Medienrecht nach medialen Erscheinungsformen".
[138] Einen vom hier vertretenen Standpunkt aus aufschlussreichen, wenngleich nicht mit ihm identischen Ansatz verficht *Neil Postman* (Wir amüsieren uns zu Tode, 2. Auflage 1985), der sein 2. Kapitel überschreibt mit „Medien als Epistemologie" und darin die These vertritt, dass „Wahrheitsbegriffe jeweils sehr eng mit den *Perspektiven* bestimmter Ausdrucksformen verknüpft sind" (S. 34; Hervorhebung nur hier). Wahrheitsdefinitionen rühren demnach zumindest partiell aus dem Eigenart der Kommunikationsmedien her, durch welche die Informationen verbreitet werden (*Postman*, S. 27). Von daher hält er „die Perspektive eines Mediums" für kulturtragend (S. 29). – Ohne diesen Ansatz unreflektiert auf das Medienrecht zu übertragen, ist daran außer der Zentrierung der Perspektive bemerkenswert, dass das Medium und nicht die Information in den Mittelpunkt gerückt wird und somit womöglich auch das Medienrecht als Erkenntnisgegenstand aufschlussreicher ist als das Informationsrecht, ohne daraus, wie eingangs hervorgehoben, eine Überlegenheit des einen gegenüber dem anderen herleiten zu wollen.

GG – dereinst einmal als Medienrecht bezeichnet würden.[139] Wer sich dem-gegenüber auf den Standpunkt stellt, dass das Medienrecht ein eigenständiges Rechtsgebiet sei, müsste nachgerade behaupten, dass dies der Sache nach immer schon da gewesen und lediglich als solches unbemerkt gewesen sei – ein absurder Ansatz. Vielmehr betrachten wir in einer Zeit, in der die Massenmedien ebenso wichtig sind, wie der eigene Computer, das Recht folgerichtig auch unter dem Gesichtspunkt der Medien, mithin perspektivisch. Es wird also, um das Beispiel aufzugreifen, die Rechtsprechung des Bundesverfassungsgerichts zu Art. 5 GG unter dem Blickwinkel des Medienrechts untersucht, wie dies sogleich im nächsten Kapitel unternommen wird.

4. Korrektur des medienrechtlichen Selbstverständnisses

Gewiss lässt sich sagen, dass das Medienrecht älter als die modernen Medien **34** sei.[140] Dafür spricht immerhin, dass es bereits in der frühen Rechtsprechung des Bundesverfassungsgerichts entscheidende Aussagen zu Sachverhalten gibt, die heute überwiegend dem Medienrecht zugeordnet werden.[141] Sofern der Begriff Medienrecht jedoch impliziert, dass es ein Recht der Medien als solches gibt, ist das fragwürdig. Das Medienrecht als solches ist schwerlich tauglicher Gegenstand des Erkenntnisinteresses, sondern nur in seinen vielfältigen Erscheinungsweisen im Privatrecht, Strafrecht und im Öffentlichen Recht. Eher ließe sich sagen, dass es Fälle und Normen gibt, die wir heute auch unter dem Gesichtspunkt des Medienrechts betrachten und bewerten, womit sie, wie gesagt, nicht aus dem Zivil-, Straf- oder Öffentlichen Recht herausfallen, sondern nur in anderem Licht betrachtet werden. Mit dem hier vorgetragenen Verständnis wird im Übrigen keine kopernikanische Wende behauptet, sondern eher einem hybriden Selbstverständnis des Medienrechts entgegengewirkt, indem die Dinge perspektivisch zurechtgerückt werden.

VI. Der Systemgedanke im Medienrecht

Die bisherigen Überlegungen zeitigen auch in einem anderen, für den metho- **35** dologischen Stand des Medienrechts bedeutsamen Bereich Konsequenzen. Dabei geht es um eine Frage, die im medienrechtlichen Schrifttum bezeichnenderweise noch ebenso wenig behandelt wurde wie die Prinzipiendebatte. Es handelt sich um den – wenngleich soweit ersichtlich auch noch nicht erhobenen, aber nichts-destoweniger diskutablen – **Systemanspruch** des Medienrechts.[142] Die Frage

---

[139] *Kloepfer* meint daher – bezogen auf das Informationsrecht –, dass dieses älter ist, als die modernen Informationstechnologien (im Vorwort seines Informationsrechts, S. V).

[140] Anlehnung an das soeben (vorige Fußnote) zitierte Wort von *Kloepfer*.

[141] Dazu im nächsten Paragraphen.

[142] Zur Parallelproblematik im Informationsrecht weiterführend und bedenkenswert *Mayer-Schönberger*, Information und Recht, 2001, S. 232, der eine „Wiederentdeckung" des Informationsrechts anregt: „Dabei ist allerdings nicht mehr ein Systemrecht de lege ferenda anzustreben, sondern zu erkennen, dass bereits die bestehenden Normen in einem informationsrechtlichen Modell strukturell gleichartiger subjektiver Rechte an Informationen erfasst werden. In diesem Sinne verstanden erlaubt Informationsrecht die Überwindung der Wertungswidersprüche von ähnlichen Rechten an Informationen und kann Normsetzer und Rspr. einen Maßstab zu einer einheitlichen, kohärenten Rechtsfortbildung an die Hand geben."

lautet also, ob es so etwas wie ein System des Medienrechts überhaupt gibt. Dieser Forschungsgesichtspunkt hat auch das Steuerrecht, mit dem das Medienrecht, wie gesagt, gelegentlich verglichen wird und das nachgerade sprichwörtlich für seine Systemdefizite zu sein scheint, nachhaltig betroffen.[143]

36   Bei Zugrundelegung des perspektivischen Verständnisses scheint dies a limine ausgeschlossen. Wenn die Klassifizierung als Medienrecht nämlich nicht mehr als eine Frage der Betrachtung anderer Rechtsmaterien ist, scheint ein eigenes System des Medienrechts eine zu kühne Vorstellung, als dass es sich um mehr als eine Illusion handeln könnte. Da die Systemproblematik in engem Zusammenhang mit der Suche nach Rechtsprinzipien steht, muss zunächst nochmals der möglichen Prinzipienlosigkeit des Medienrechts nachgegangen und diese zum perspektivischen Verständnis ins Verhältnis gesetzt werden.

1. Prinzipienarmut und perspektivischer Ansatz

37   Der hier vertretene perspektivische Ansatz und die mögliche System- und Prinzipienlosigkeit des Medienrechts stehen nämlich in einem Bedingungsverhältnis zueinander, weil es sich andernfalls um bloße Behauptungen handeln würde. Denn erst wenn sich herausstellt, dass es keine genuinen Prinzipien gibt, rechtfertigt sich das perspektivische Verständnis des Medienrechts vollends. Dann fehlt es nämlich an übergreifenden Gesichtspunkten, die das gesamte Medienrecht durchziehen. Dieses bleibt dann ein Konglomerat unterschiedlicher Gebiete. Medienrecht ist dann nicht mehr – aber freilich auch nicht weniger! – als ein **Ordnungsgesichtspunkt**. Umgekehrt wäre das Medienrecht mehr als eine Frage der eingenommenen Perspektive, wenn es strukturtragende Merkmale gibt, die im Medienzivilrecht, Urheberrecht und im Medienkartellrecht, um nur einzelne Teilbereiche zu nennen, existieren. Dann könnte man durchaus von einem großen Ganzen mit Systemanspruch sprechen. Dass es daran fehlt, kann einstweilen nur als Arbeitshypothese vorangestellt werden und ist bei der Behandlung der genannten Teilbereiche und der übrigen Abschnitte zu erörtern.

2. Offenes System des Medienrechts?

38   Demnach scheint es keine theoretische Möglichkeit zu geben, von einem System des Medienrechts auszugehen. Systematische Argumente wären folglich niemals genuin medienrechtliche, sondern immer nur solche, die sich aus der Binnensystematik desjenigen Gebiets ergeben, auf das aus Sicht des Medienrechts gerade geschaut wird. Bevor jedoch das Medienrecht voreilig dem Verdikt der Systemlosigkeit unterworfen wird, muss die in der Methodenlehre diskutierte und etablierte Figur eines offenen Systems erörtert und in Betracht gezogen werden. Mangelt es dem Medienrecht nämlich vorderhand an der erforderlichen Geschlossenheit, so bliebe immerhin die Möglichkeit eines offenen Systems, deren Besonderheit gerade in der Betonung der Unabgeschlos-

---

[143] Siehe zum Systemdenken im Steuerrecht nur *Tipke*, StuW 1972, 1 ff.; vgl. auch *Petersen*, Unternehmenssteuerrecht und bewegliches System, 1999.

senheit, der Entwicklungsfähigkeit und Modifizierbarkeit des Systems liegt.[144] Offenheit bedeutet so gesehen die **„Wandlungsfähigkeit** der Rechtsordnung selbst".[145]

Dies scheint auf das Medienrecht in besonderer Weise zuzutreffen, ist doch **39** dieser Teil der Rechtsordnung in herausgehobenem Maße wandlungs- und entwicklungsfähig, weil er stets mit den durch die faktischen Umwälzungen im Medienbereich gestellten neuen Herausforderungen zurecht kommen und Schritt halten muss. Das Medienrecht, so könnte man weiter argumentieren, muss naturnotwendigerweise „offen" sein, um die durch die neuen Medien gestellten Probleme angemessen lösen zu können. Warum sollte man dies nicht durch die Charakterisierung als offenes System methodologisch verbrämen können?

Aber ganz so leicht geht es nicht. Die Offenheit ist nämlich zunächst nicht **40** mehr als eine Eigenschaft des Systems[146] und nicht des in Frage kommenden Rechtsgebiets. Damit ist jedoch das System als „teleologische Ordnung allgemeiner Rechtsprinzipien"[147] vorausgesetzt. Diese Grundbedingung ist aber im Hinblick auf das Medienrecht gerade in Zweifel gezogen worden. Dies wird im Einzelnen zwar noch näher dargestellt; einstweilen muss es jedoch bei der Zwischenfeststellung bewenden, dass das Medienrecht keinen – sei es auch mit seiner vermeintlichen Offenheit begründeten – Systemanspruch erheben kann.

3. Folgerung für die Darstellung

Stellt sonach das Medienrecht kein eigenständiges Rechtsgebiet, sondern die **41** Summe der rechtlichen Aspekte dar, die sich unter dem Gesichtspunkt der Verwendung und Einschaltung von Medien ergeben und somit allerdings einen sinnvollen Ordnungsgesichtspunkt, so bedeutet dies nicht, dass die Grundeinteilung in Zivilrecht, Strafrecht und Öffentliches Recht für die Darstellung nicht zugrunde gelegt werden könnte. Im Gegenteil: Da das Medienrecht wesentlich eine Frage der Blickrichtung ist, geht es im Folgenden darum, unter dem Gesichtspunkt der medienspezifischen Probleme das Zivilrecht, das Strafrecht und das Öffentliche Recht zu betrachten. Aus den bisher angestellten Hypothesen folgt dabei, dass die **Leitgesichtspunkte** der einzelnen Gebiete, die in medienrechtlicher Hinsicht zu betrachten sind, als mögliche Prinzipien des Medienrechts ins Visier genommen werden müssen. Zugleich ergibt sich aus den bisherigen Überlegungen, dass die Darstellung nicht in dem Sinne medienorientiert verlaufen wird, dass die einzelnen Medien mitsamt der daraus resultierenden Rechtsfragen behandelt werden, sondern die Darstellung den Rechtsgebieten folgt, deren medienrechtliche Berührungen gleichsam schlaglichtartig aufgehellt werden. Das bedeutet etwa, dass ein so wesentlicher Aspekt wie die Verantwortlichkeit im Internet schwerpunktmäßig im strafrechtlichen Teil be-

---

[144] *Canaris*, Systemdenken und Systembegriff in der Jurisprudenz, 2. Auflage 1983, S. 61 m. w. N.
[145] *Canaris*, S. 64; Hervorhebung nur hier.
[146] *Canaris*, S. 61.
[147] *Canaris*, S. 61.

handelt wird, weil dort die maßgeblichen Zurechnungsprobleme liegen,[148] obwohl die einschlägigen Vorschriften des Telemediengesetzes auch für die zivilrechtliche Haftung gelten.

42   Dennoch macht den kleinsten Teil dessen das Medienstrafrecht aus, das der Vollständigkeit halber gleichwohl mitbehandelt wird. Im Mittelpunkt steht das Zivilrecht. Dieses lässt sich unterteilen in die medienrechtlichen Bezüge zum klassischen Bürgerlichen Recht (Beispiel: Unterlassungsansprüche) und das Medienwirtschaftsrecht. Letzteres behandelt die wettbewerbs- und kartellrechtlichen Fragen des Medienrechts sowie Teile des Urheberrechts. Im Folgenden soll aber mit einem in jeder Hinsicht grundlegenden Teilbereich begonnen werden, nämlich den verfassungsrechtlichen Grundlagen des Medienrechts.

§ 2. Verfassungsrechtliche Grundlagen

Literatur: *Badura*, Rundfunkfreiheit und Finanzautonomie, 1986; *Bethge*, Der Grundversorgungsauftrag des öffentlich-rechtlichen Rundfunks in der dualen Rundfunkordnung – Eine verfassungsrechtliche Analyse, Media Perspektiven 1996, 66; *ders.*, Rundfunkfreiheit und öffentlich-rechtlicher Organisationsvorbehalt, 1987; *Börner*, Organisation, Programm und Finanzierung der Rundfunkanstalten im Lichte der Verfassung, 1984; *ders.*, Der Zugang der Presse zum Rundfunk und das Wettbewerbsrecht, 1985; *Bullinger*, Kommunikationsfreiheit im Strukturwandel der Telekommunikation, 1980; *Ehmke*, Verfassungsrechtliche Fragen einer Reform des Pressewesens, Festschrift für Adolf Arndt, 1969, S. 77; *Faßbender*, Das jüngste Rundfunkgebührenurteil des BVerfG, NVwZ 2007, 1265; *Forsthoff*, Der Verfassungsschutz der Zeitungspresse, 1969; *Gaede*, Neuere Ansätze zum Schutz der Pressefreiheit beim „Geheimnisverrat durch Journalisten", AfP 2007, 410; *Geiger*, Die Grundrechte der Informationsfreiheit, Festschrift für Adolf Arndt 1969, S. 119; *Gersdorf*, Staatsfreiheit des Rundfunks in der dualen Rundfunkordnung der Bundesrepublik Deutschland, 1991; *ders.*, Der verfassungsrechtliche Rundfunkbegriff im Lichte der Digitalisierung der Telekommunikation, 1995; *ders.*, Der Rundfunkbegriff. Vom technologieorientierten zum technologieneutralen Verständnis, 2007; *Goehrlich/Radeck*, Neugründung und Grundversorgung – die Rundfunkordnung in einer dritten Phase?, JZ 1989, 53; *Gounalakis*, Sind Rundfunksender zur Ausstrahlung „nationalistischer Wahlwerbespots" verpflichtet?, NJW 1990, 2532; *ders.*, Elektronische Kopien für Unterricht und Forschung (§ 52 a UrhG) im Lichte der Verfassung, 2002; *ders./Wege*, Öffentlich-rechtlicher Rundfunk hat seinen Preis, NJW 2008, 800; *Hager, J.*, Die Mephisto-Entscheidung des Bundesverfassungsgerichts, Jura 2000, 186; *Heldrich*, Persönlichkeitsschutz und Pressefreiheit, Festschrift für Heinrichs, 1998, S. 319; *Herrmann/Lausen*, Rundfunkrecht, 2. Auflage 2004; *Hesse*, Grundzüge des Verfassungsrechts der Bundesrepublik Deutschland, 20. Auflage 1999; *Hoffmann-Riem*, Rundfunkfreiheit durch Rundfunkorganisation, 1979; *ders.*, Massenmedien, in: Benda/Maihofer/Vogel, Handbuch des Verfassungsrechts der Bundesrepublik Deutschland, 1984, Teil 1, S. 389; *Hohmann-Dennhardt*, Freiräume – Zum Schutz der Privatheit, NJW 2006, 545; *Klaes*, Informationsauftrag und Programmautonomie des Rundfunks unter den Bedingungen der Digitalisierung und im Zeitalter von „Multimedia", 2005; *Kloepfer/Michael*, Das Stasi-Unterlagen-Gesetz und die Pressefreiheit, 1993; *Knothe*, Die neuen Institutionen des Rundfunkstaatsvertrages zwischen Rechtsaufsicht und Staatsfreiheit, 2000; *Kübler*, Marktversagen und Meinungsfreiheit, Festschrift für Mestmäcker, 1996, S. 243; *Kunig*, Die Pressefreiheit, Jura 1996, 589; *Lerche*, Werbung und Verfassung, 1967; *ders.*, Verfassungsrechtliche Aspekte der inneren Pressefreiheit, 1974; *ders.*, Fernsehabgabe und Bundeskompetenz, 1974; *ders.*, Verfassungsrechtliche Fragen zur Pressekonzentration, 1971; *ders.*, Presse und privater Rundfunk, 1984; *ders.*, Aktuelle Grundfragen der Informationsfreiheit, Jura 1996, 561; *ders.*, Einschränkung der Pressefreiheit durch Richterrecht?, Festschrift für Schweizer, 1999, S. 45; *ders.*, Aus dem Fragenkreis der Drittsendungen, Festschrift für W. Lorenz, 2001, S. 183; *ders.*, Auslandsoffenheit und

---

[148] Monographisch dazu *Gasser*, Kausalität und Zurechnung von Information als Rechtsproblem, 2002.

nationaler Rundfunkstandard, Festschrift für Everling, 1995, S. 729; *ders.*, Bemerkungen zur Auseinandersetzung um die rundfunkmäßige Grundversorgung, Festschrift für Kriele, 1997, S. 357; *Möstl,* Politische Parteien als Medienunternehmer – Eine Beurteilung aus verfassungsrechtlicher Sicht, DÖV 2003, 106; *Nipperdey,* Boykott und freie Meinungsäußerung, DVBl 1958, 445; *Papier,* Über Pressefreiheit, Der Staat 13 (1974), S. 399; *Paptistella,* Zum Rundfunkbegriff des Grundgesetzes, DÖV 1978, 495; *dies.*, Medientechnische Neuentwicklungen und Rundfunkbegriff, DÖV 1978, 750; *Pestalozza,* Der Schutz vor der Rundfunkfreiheit in der Bundesrepublik Deutschland, NJW 1981, 2158; *Raue,* Literarischer Jugendschutz, 1970; *Ricker/ Schiwy,* Rundfunkverfassungsrecht, 1997; *Scheuner,* Pressefreiheit, VVDStRL 22 (1965) 68; *Schmidt-De Caluwe,* Pressefreiheit und Beihilfe zum Geheimnisverrat i.S. des § 353 b StGB – Der Fall „Cicero" und die Entscheidung des BVerfG, NVwZ 2007, 640; *Schoch,* Öffentlichrechtliche Rahmenbedingungen einer Informationsordnung, VVDStRL (1998) 158; *Scholz,* Private Rundfunkfreiheit und öffentlicher Rundfunkvorbehalt, JuS 1974, 294; *Schlink,* Abwägung im Verfassungsrecht, 1976; *Schuppert,* Grundrechte und Demokratie, EuGRZ 1985, 525; *Smend,* Das Recht der freien Meinungsäußerung, VVDStRL 4 (1928) S. 50; *Starck,* „Grundversorgung" und Programmauftrag des öffentlich-rechtlichen Rundfunks, Festschrift für Stern, 1997, S. 777; *Starke,* Informantenschutz zwischen Pressefreiheit und staatlichem Strafverfolgungsinteresse, AfP 2007, 91; *Stock,* Medienfreiheit als Funktionsgrundrecht, 1985; *Wasmuth,* Bemerkungen zum Rechtsschutz bei Klagen gegen Pressemitteilungen von Ermittlungsbehörden, NJW 1988, 1705; *Wieland,* Freiheit des Rundfunks, 1984; *Windsheimer,* Die „Information" als Interpretationsgrundlage für die subjektiven öffentlichen Rechte des Art. 5 Abs. 1 GG, 1968; *Wufka,* Die verfassungsrechtlich-dogmatischen Grundlagen der Rundfunkfreiheit, 1971.

Man kann ohne unzulässige Überhöhung oder pathetische Übertreibung von **1** der Geburt des Medienrechts aus dem Geiste des Artikels 5 GG sprechen. Die dort verankerten Grundrechte schaffen gleichsam die Rahmenbedingungen für alles, was man überhaupt unter dem Medienrecht verstehen kann.[1] Sie werden deshalb auch als **Kommunikationsgrundrechte** bezeichnet.[2] Die Meinungsfreiheit, mit der man die Grundrechte des Art. 5 Abs. 1 GG zusammenfassend bezeichnet,[3] ist – mit der bekannten Formulierung des Bundesverfassungsgerichts – für die demokratische Ordnung des Grundgesetzes „schlechterdings konstituierend".[4] Dasselbe kann man von ihrer Bedeutung für das Medienrecht sagen.[5] Im Folgenden werden nur die wichtigsten Grundrechte behandelt, wobei nicht übersehen wird, dass es noch eine Vielzahl weiterer grundgesetzlicher Berührungen mit dem Medienrecht gibt, wie etwa die Problematik der Teilhabe an der Sendezeit zur Ausstrahlung von Wahlwerbesendungen etc. belegt.[6]

I. Die Informationsfreiheit

Die Informationsfreiheit, die als Abwehrrecht konzipiert ist,[7] bedeutet nicht **2** mehr und nicht weniger als „das Recht, sich selbst zu informieren".[8] Sie ist die

---

[1] Vgl. bereits *Rupp,* AöR 101 (1976) 161, 165 ff.
[2] *Schuppert,* EuGRZ 1985, 525; *Fechner,* Medienrecht, Rz. 59 ff., unter der Überschrift „Mediengrundrechte".
[3] *Hesse,* Grundzüge des Verfassungsrechts der Bundesrepublik Deutschland, § 12 I 5.
[4] BVerfGE 7, 198, 208; 25, 256, 265.
[5] Vgl. auch BVerfGE 20, 56: „Der Grundgesetzgeber hat sich, indem er die freiheitliche demokratische Grundordnung geschaffen hat, für einen freien und offenen Prozess der Meinungs- und Willensbildung des Volkes entschieden." Aus der neueren Rechtsprechung BVerfG-K NJW 2002, 2939 zum TV-Duell der Kanzlerkandidaten.
[6] BVerfG NVwZ-RR 2006, 369.
[7] *Lerche,* Jura 1995, 561.
[8] BVerfGE 27, 71, 81.

Freiheit der Rezipienten[9] und garantiert dem Einzelnen, sich „aus allgemein zugänglichen Quellen" ungehindert zu unterrichten. Insofern stellt gerade die Informationsfreiheit ein wesentliches Mediengrundrecht dar, weil sie nicht nur „Voraussetzung demokratischer Publizität"[10], sondern Bedingung des Medienrechts überhaupt ist. Ein verfassungsunmittelbarer Informationsanspruch gegenüber staatlichen Stellen besteht indes grundsätzlich[11] nicht.[12] Jedoch umfasst das Grundrecht aus Art. 5 Abs. 1 S. 1 GG ein gegen den Staat gerichtetes Zugangsrecht, „wenn eine Informationsquelle, die im staatlichen Verantwortungsbereich liegt, auf Grund rechtlicher Vorgaben zur öffentlichen Zugänglichkeit bestimmt ist, der Staat den Zugang aber verweigert."[13] Die Informationsfreiheit soll nicht zuletzt die **Informationsvielfalt** gewährleisten und herstellen.[14] Folgerichtig steht die Informationsfreiheit nicht nur gleichwertig neben der Meinungs- und Pressefreiheit, sondern ist als deren Gegenstück ebenso konstituierend für die demokratische Ordnung. Neben dieser institutionellen Komponente[15] ist der individualrechtliche Bezug für das Medienrecht wichtig,[16] weil mit der oben[17] angedeuteten Vielfalt der Medien auch die von Art. 5 Abs. 1 S. 1 GG geschützten Quellen zunehmen und dem Einzelnen Chancen eröffnen: „Zudem ist in der modernen Industriegesellschaft der Besitz von Informationen von wesentlicher Bedeutung für die soziale Stellung des einzelnen. (…) Mit zunehmender Informiertheit erkennt der Bürger Wechselwirkungen in der Politik und ihre Bedeutung für seine Existenz und kann daraus Folgerungen ziehen."[18]

BVerfGE 90, 27: Der ausländische Mieter einer Wohnung begehrt vom Vermieter die Duldung der Anbringung einer Parabolantenne zum Empfang von Sendern seines Heimatlandes.

3   Grundsätzlich besteht zugunsten des Eigentümers ein zivilrechtlicher Beseitigungsanspruch aus § 1004 Abs. 1 BGB, sofern der Eigentümer die Beeinträchtigung seines Eigentums nicht ausnahmsweise dulden muss, § 1004 Abs. 2 BGB. Eine solche Duldungspflicht könnte sich unter dem Gesichtspunkt des vertragsgemäßen Gebrauchs i. S. d. § 536 BGB ergeben.[19] Zu diesem kann nämlich auch die Anbringung einer **Parabolantenne** gehören,[20] weil und sofern dies die einzige praktikable Möglichkeit darstellt, das verfassungsrechtlich

---

[9] *Schoch*, VVDStRL 57 (1998) 158, 188.

[10] *Hesse*, Grundzüge des Verfassungsrechts der Bundesrepublik Deutschland, § 12 I 5 b, aa).

[11] Ausnahme: BVerwGE 118, 270 (Informationsanspruch aus Art. 12 Abs. 1 GG wegen staatlicher Auftragsvergabe; zur Bedeutung des Art. 12 GG marktbezogener Informationen des Staates BVerfGE 105, 252. Vgl. auch *Thun*, Verfassungsunmittelbarer Auskunftsanspruch der Presse gegenüber staatlichen Stellen?, AfP 2005, 30 ff.

[12] *Schoch*, in: Kloepfer (Hrsg.), Die transparente Verwaltung, 2003, S. 49 ff.; a. A. *Scherzberg*, Die Öffentlichkeit der Verwaltung, 2000, S. 341.

[13] BVerfGE 103, 44.

[14] *Lerche*, Jura 1996, 561. Zur Förderung des Pluralismus auf europäischer Ebene *Gounalakis/Zagouras*, JZ 2008, 652 ff.

[15] Näher dazu *Pauli*, Der Schutz von Presse und Rundfunk vor dem Zugriff staatlicher Verfolgungsorgane, 1988.

[16] Die institutionelle und individuelle Schutzrichtung betont BVerfGE 27, 71, 81.

[17] § 1 Rz. 18.

[18] BVerfGE 27, 71, 81.

[19] So konstruiert die zivilgerichtliche Rechtsprechung, der das Bundesverfassungsgericht folgt; skeptisch insoweit *Canaris*, Grundrechte und Privatrecht, 1999, S. 62; *Diederichsen*, AcP 198 (1998) 182.

[20] Zuletzt dazu BGH NJW 2004, 937.

gewährleistete Grundrecht der Informationsfreiheit auszuüben.[21] Besteht also etwa kein Kabelanschluss oder kann der ausländische Mieter nur auf diese Weise Heimatprogramme empfangen, so kann ihm die Duldung nicht versagt werden, wenn und weil er andernfalls nicht oder nur unter unverhältnismäßigen Anstrengungen in der Lage wäre, sich angemessen zu informieren.[22]

1. Quelle und Medium

Dabei ist der Begriff der Quelle i. S. d. Art. 5 Abs. 1 S. 1 GG aufschlussreich,[23] **4** denn man könnte ihn, auf den vorliegenden Zusammenhang bezogen, durchaus mit Medien übersetzen. Damit soll keinem modischen Modernismus das Wort geredet werden. Es entspricht vielmehr dem historischen Schutzzweck, die staatlicherseits verordnete Beschränkung der Mediennutzung in Gestalt von Abhörverboten für ausländische Rundfunksender aufzuheben.[24] Das Bundesverfassungsgericht spricht beispielhaft von „Zeitungen und anderen **Massenkommunikationsmitteln**".[25] Damit wird nachgerade ein Synonym für den Begriff der Medien formuliert. Auch wenn es so scheint, dass gerade die Informationsfreiheit mit ihrer Ausfüllung durch die Rechtsprechung des Bundesverfassungsgerichts ein Beleg für die Zentrierung des Informationsbegriffs und damit für eine notwendige Hinwendung zum Informationsrecht im oben beschriebenen Sinne wäre, zeigt sich, dass die Bezeichnung als Medienrecht dem ohne weiteres gleichrangig ist, weil die Information gerade durch das Medium zum Empfänger gelangt und dessen Recht – mit den Worten des Bundesverfassungsgerichts[26] – letztlich auch „die schlichte Entgegennahme von Informationen" ist.

Die Informationsfreiheit enthält einen maßgeblichen Zeitfaktor. Für die **5** meisten Medien ist die Aktualität des Erscheinens bzw. der Rezeption von ausschlaggebender Bedeutung. Die Nachricht ist oft nur wenige Stunden neu und damit der Information und Verbreitung wert. Daher kann die durch staatliche Kontrolle bedingte Verzögerung der Zustellung eines Mediums durchaus einen Eingriff in die Informationsfreiheit darstellen.[27]

2. Allgemeinzugänglichkeit

Für die Informationsfreiheit kommt es auf die Allgemeinzugänglichkeit an.[28] **6** Diese ist nach tatsächlichen Kriterien zu bemessen.[29] Dafür reicht es freilich aus, dass die Informationsquelle an irgendeinem Ort allgemein zugänglich ist,

---

[21] Zur Rechtstheoretischen Fundierung dieser Rechtsprechung *Canaris*, Grundrechte und Privatrecht, S. 60 f.

[22] Zu den in diesem Rahmen maßgeblichen Abwägungsgesichtspunkten *Mehrings*, NJW 1997, 2275.

[23] Informationsquellen sind nach BVerfG NJW 2001, 1633 auch Gerichtsentscheidungen.

[24] Vgl. BVerfGE 27, 71, 80.

[25] BVerfGE 27, 71, 83; Hervorhebung nur hier.

[26] BVerfGE 27, 71, 82 f.

[27] BVerfGE 27, 88, 98· „Geht eine Zeitung dem Leser erst geraume Zeit nach ihrem Erscheinen zu, dann werden Vergleiche mit anderen Zeitungen und eine sinnvolle Verarbeitung der in der Zeitung enthaltenen Informationen oft nicht mehr möglich sein." – An dieser Wendung zeigt sich auch das Verhältnis Information-Medium als möglichen Bezugspunkten der rechtlichen Beurteilung.

[28] Zu ihr instruktiv *Lerche*, Jura 1996, 561, 565 ff.

[29] BVerfGE 27, 71, 84.

mag sich dieser auch außerhalb des Inlands befinden.[30] Allerdings muss der Zugriff auf die jeweiligen Informationen in rechtmäßiger Weise erfolgen.

> BVerfGE 66, 116: Der Journalist Wallraff hat sich zum Zweck der Recherche für ein Enthüllungsbuch über die Bild-Zeitung unter falschem Namen in deren Redaktion eingeschlichen, indem er eine Zeitlang als deren Redakteur tätig war.

7   Das Bundesverfassungsgericht ist einer Berufung des Journalisten auf die Informations- und Pressefreiheit entgegengetreten und hat die Beschaffung der Informationen für rechtswidrig gehalten. Insbesondere die Informationsfreiheit gewährleiste nur das Recht, sich aus allgemein zugänglichen Quellen ungehindert zu unterrichten, nicht aber das rechtswidrige Einschleichen in Redaktionsräume.[31] Wenn der Bundesgerichthof in diesem Fall noch Raum für eine „Abwägung gesehen hatte, welche die Meinungsfreiheit Wallraffs mit einbezog",[32] so verdient dies keine Gefolgschaft.[33] Das Verhalten des Journalisten war zivilrechtlich als vorsätzliche culpa in contrahendo (§§ 280 Abs. 1, 311 Abs. 2 BGB) zu werten und als solche rechtswidrig. Zugleich handelt es sich um eine Verletzung des Persönlichkeitsrechts der betroffenen und in dem Buch dargestellten Redakteure sowie der Zeitung, die insoweit gleichfalls Persönlichkeitsschutz genießt.[34] Auch dem so genannten **investigativen Journalismus** sind damit durch die allgemeinen Gesetze Grenzen gesetzt.[35]

II. Die Pressefreiheit

8   Die Pressefreiheit (Art. 5 Abs. 1 S. 2 Hs. 1 GG) ist nicht etwa nur ein bloßer Unterfall der Meinungsfreiheit,[36] sondern ein eigenständiges Grundrecht,[37] das „die institutionelle Eigenständigkeit der Presse von der Beschaffung der Information bis zur Verbreitung der Nachricht gewährleistet".[38] In den Schutzbereich der Pressefreiheit fällt auch die Tätigkeit einer Presseagentur.[39] Ebenso wie die Informationsfreiheit stellt die Pressefreiheit also gleichermaßen eine institutionelle Garantie und ein Individualgrundrecht dar.[40]

1. Äußere Pressefreiheit

9   Die äußere Pressefreiheit geht auf das Reichspressegesetz von 1874 zurück, in dem der Presse weitgehender Schutz vor staatlicher Einflussnahme verspro-

---

[30] In concreto (BVerfGE 27, 71) war dies die Leipziger Volkszeitung in der damaligen DDR.
[31] BVerfGE 66, 116, 137.
[32] BGHZ 80, 25.
[33] *Canaris*, JuS 1989, 168 f.
[34] *Larenz/Canaris*, Schuldrecht II/2, § 80 II 4 b; IV 1.
[35] Vgl. auch *Steffen*, AfP 1988, 117; *Kramp*, AfP 1988, 114; *Holzer*, AfP 1988, 113.
[36] Zum Spannungsverhältnis mit dem Persönlichkeitsschutz *Heldrich*, Festschrift für Heinrichs, 1998, S. 319.
[37] Teilweise (etwa *Paschke*, Medienrecht, Rz. 191 ff.) werden Presse- und Rundfunkfreiheit unter dem Oberbegriff Medienfreiheit abgehandelt.
[38] BVerfGE 10, 118, 121; in dieselbe Richtung – zum Ausschluss eines Pressevertreters von Gerichtsverhandlungen – BVerfGE 50, 234, 240.
[39] BVerfG-K NJW 2006, 2836.
[40] Instruktiv zur Pressefreiheit *Kunig*, Jura 1996, 589.

chen wurde.[41] Diese Grundsätze wurden im Spiegel-Urteil des Bundesverfassungsgerichts weiterentwickelt und für die weitere Dogmatik wegweisend.

BVerfGE 20, 162: Die Redaktionsräume des Hamburger Nachrichtenmagazins Spiegel wurden auf Betreiben des damaligen Verteidigungsministers Strauß aufgrund eines angeblich landesverräterischen Artikels („Bedingt abwehrbereit") durchsucht, der Chefredakteur und einige leitende Redakteure in Untersuchungshaft genommen, etwa 30 000 Unterlagen wurden beschlagnahmt und das Erscheinen der nächsten Ausgabe massiv gefährdet.

Auch wenn die Verfassungsbeschwerde des Spiegels infolge Stimmengleich-   10
heit – vier gegen vier – erfolglos blieb,[42] hat das Gericht wesentliche und für die Pressefreiheit weiterführende Leitlinien aufgestellt. Hervorgehoben hat es die Notwendigkeit einer freien, regelmäßig erscheinenden Presse.[43] Diese stehe gleichsam als „ständiges Verbindungs- und **Kontrollorgan**" zwischen dem Volk und seinen gewählten Vertretern".[44] Zu diesem Zweck müssten sich in privatrechtlichen Organisationsformen arbeitende Presseunternehmen im gesellschaftlichen Raum frei bilden können. Der Staat hat danach in der gesamten Rechtsordnung überall, wo eine Vorschrift die Pressefreiheit tangiert, dem Freiheitserfordernis Rechnung zu tragen.[45] Der Kernsatz lautet: „Sie (sc. die Pressefreiheit) garantiert das Institut ‚Freie Presse'."[46]

Diese Grundsätze wurden im Wesentlichen bestätigt durch einen Aufsehen   11
erregenden Fall, der von Anfang an mit der Spiegel-Entscheidung verglichen wurde:

BVerfG NJW 2007, 1117: Im Politmagazin Cicero erschien ein Bericht über einen Terroristen, in dem aus geheimen Papieren des Bundeskriminalamts zitiert wurde. Im Zuge der staatsanwaltschaftlichen Ermittlung wegen Beihilfe zum Geheimnisverrat (§ 353 b StGB) gegen den Verfasser des Beitrags und den Chefredakteur wurden dessen Wohnräume und die Redaktionsräume der Zeitschrift durchsucht und Datenträger sowie Notizen und Schriftstücke beschlagnahmt.

Das Bundesverfassungsgericht sah in der Durchsuchung und Beschlagnahme einen nicht gerechtfertigten Eingriff in die Pressefreiheit, deren Grundrechtsträger sowohl der Redakteur als auch der Chefredakteur ist. In der Verschaffung staatlichen Wissens über die im Bereich der journalistischen Recherche hergestellten Kontakte liege ein Eingriff in das Redaktionsgeheimnis, dem neben dem Vertrauensverhältnis der Medien zu ihren Informanten eigenständige Bedeutung zukomme.[47] Bei der Auslegung des § 353 b StGB sowie der strafprozessualen Vorschriften über die Durchsuchung und Beschlagnahme als allgemeine Gesetze sei der Schutzgehalt des Art. 5 Abs. 1 GG zu berücksichtigen.[48] Zwar sind Journalisten nicht von Verfassungs wegen

---

[41] Zur Geschichte der Presse *Fechner*, Medienrecht, Rz. 637 ff. Die Entwicklung der Pressefreiheit zeichnet *Kübler*, Medien, Menschenrechte und Demokratie, S. 8 ff., nach.

[42] Zum Verfahren und dem Hergang im Einzelnen *Schöps*, Die Spiegel-Affäre des Franz-Joseph Strauß, 1983, S. 183 ff., dort auch zu den Sondervoten, S. 200 ff.

[43] BVerfGE 20, 162, 174. Der „Spiegel" konnte übrigens trotz der genannten Durchsuchung und Beschlagnahme am Freitagabend dank der Hilfe konkurrierender Blätter, insbesondere der Bild-Zeitung (!), welche die Pressefreiheit gefährdet sahen, am Montag darauf planmäßig erscheinen; näher zum Ganzen *Schöps*, S. 7 ff.

[44] BVerfGE 20, 162, 175.

[45] BVerfGE 20, 162, 174.

[46] BVerfGE 20, 162, 175 f.

[47] So wörtlich unter Verweis auf BVerfGE 66, 116, 133; 107, 299, 331.

[48] BVerfGE 111, 147, 155. Zum Spannungsverhältnis zwischen Pressefreiheit und polizeilicher Befugnis *v. Knobloch*, Pressefreiheit und Gefahrenabwehr, AfP 2006, 301 ff.

generell von strafprozessualen Maßnahmen ausgenommen.[49] Hier jedoch wurde insbesondere dem grundgesetzlich verbürgten **Informantenschutz** nach Ansicht des Gerichts nicht hinreichend Rechnung getragen.[50] Inwieweit Journalisten sich überhaupt wegen Beihilfe zum Geheimnisverrat strafbar machen können, hat das Gericht allerdings ausdrücklich offen gelassen.[51]

2. Innere Pressefreiheit

12   Für das Medienrecht aufschlussreich ist aber auch die innere Pressefreiheit. Nicht weniger bedeutsam als die soeben behandelte „Freiheit vom Staat"[52] (äußere Pressefreiheit) ist für den vorliegenden Zusammenhang die innere Pressefreiheit.[53] Diese meint die Unabhängigkeit der Journalisten und Redaktionen sowie die **Pressekonzentration.**[54] Bei der inneren Pressefreiheit geht es nicht um den Schutz vor staatlicher Einflussnahme, sondern um die Herstellung der Bedingungen für freie und chancengleiche Konkurrenz auf dem Pressemarkt.[55] Um diese zu gewährleisten, muss teilweise sogar – scheinbar paradox – der Staat die Pressefreiheit von Monopolunternehmen beschneiden, um auf der anderen Seite einzelnen Journalisten oder ganzen Redaktionen innerhalb der Presseunternehmen ihren Status zu sichern.[56] Dessen ungeachtet betont das Bundesverfassungsgericht, dass die Presseunternehmen in geistiger und wirtschaftlicher Konkurrenz zueinander stehen, „in die die öffentliche Gewalt *grundsätzlich* nicht eingreifen darf."[57] *Lerche* hat sich in diesem Zusammenhang zutreffend für eine „maßvoll institutionelle Deutung der Pressefreiheit" ausgesprochen, die nicht ohne weiteres aus der Aufgabe der Kommunikationsfunktion auf die Befugnis zu Eingriffs-Ermächtigungen durch den Gesetzgeber schließt.[58] Auf die Gefahr wirtschaftlicher Monopolisierung und Verflechtung wird im Rahmen der Behandlung des Medienwirtschaftsrechts zurückzukommen sein.[59]

3. Schutz der Unterhaltungspresse

13   Eine für das Medienrecht wichtige Vorfrage besteht darin, ob auch die Unterhaltungspresse in den Schutzbereich des Art. 5 Abs. 1 S. 2 Hs. 1 GG

---

[49] BVerfGE 107, 299, 331.

[50] Zustimmend *Starke*, AfP 2007, 91 ff.; siehe auch *Gaede*, AfP 2007, 410 ff.

[51] Ob im Falle einer bloßen Veröffentlichung des Geheimnisses durch einen Journalisten Beihilfe zum Dienstgeheimnisverrat vorliegt, ist streitig; vgl. *Rotsch*, Der Schutz der journalistischen Recherche im Strafprozessrecht, 2000, S. 124; *Dunkhase*, Das Pressegeheimnis, 1998, S. 177; *Brüning*, NStZ 2006, 253, 255; *Behm*, AfP 2000, 421, 424; *Rogall*, NJW 1980, 751; kritisch *Schmidt-De Caluwe*, NVwZ 2007, 640, 644 f.; für eine diesbezügliche Einschränkung auch *Gaede*, AfP 2007, 410, 412 ff.

[52] *Hesse*, Grundzüge des Verfassungsrechts der Bundesrepublik Deutschland, § 12 I 5 b cc.

[53] Ausführlich dazu *Weber*, Innere Pressefreiheit als Verfassungsproblem, 1973.

[54] Grundlegend zur Pressekonzentration *Lerche*, Verfassungsrechtliche Fragen zur Pressekonzentration, 1971.

[55] Zur Begriffsklärung näher *Marx*, NJW 1972, 1547 f.; vgl. auch *Rüthers*, DB 1972, 2471; *Hensche-Kittner*, ZRP 1972, 177.

[56] Vgl. BVerfGE 20, 162, 176 („doch ließe sich etwa auch an eine Pflicht des Staates denken, Gefahren abzuwehren, die einem freien Pressewesen aus der Bildung von Meinungsmonopolen erwachsen können."). *Hesse*, Grundzüge des Verfassungsrechts der Bundesrepublik Deutschland, § 12 I 5 b cc a. E., spricht insoweit einprägsam von einer „Freiheit durch den Staat".

[57] BVerfGE 20, 162, 175; Hervorhebung nur hier.

[58] *Lerche*, Verfassungsrechtliche Aspekte der „inneren Pressefreiheit", 1974, S. 112.

[59] Bei der Behandlung des Kartellrechts; vgl. unten § 9.

einbezogen ist. Denn gerade die Unterhaltungspresse ist seit je Gegenstand und Anlass vielfältiger medienrechtlicher Streitigkeiten gewesen, worauf im Rahmen der Behandlung des Bürgerlichen Medienrechts zurückzukommen sein wird.

Im Schrifttum wurde bisweilen bestritten, dass auch die Boulevard- und Unterhaltungspresse von der Pressefreiheit erfasst sei.[60] Dem ist jedoch das Bundesverfassungsgericht im so genannten **Soraya-Beschluss** entgegengetreten, der auch im Hinblick auf die vom Gericht an anderer Stelle[61] betonte Wahrheitspflicht als notwendigem Korrelat zur Berichterstattungsfreiheit aufschlussreich ist.

BVerfGE 34, 269: Eine Zeitschrift veröffentlicht ein Interview mit der äußerst publikumswirksamen iranischen Prinzessin Soraya, ohne dass ein Gespräch mit ihr geführt worden wäre. Das Interview war vielmehr von Anfang bis Ende von der Zeitschrift erfunden.

Das Gericht hat sich für einen weiten und formalen Pressebegriff entschie- **14** den, der nicht auf die so genannte seriöse Presse beschränkt ist.[62] Allerdings hält das Gericht zugleich einen tendenziell geringeren Schutz der bloßen Unterhaltungspresse für möglich. Im Rahmen der gebotenen **Abwägung** dürfe berücksichtigt werden, ob ein Thema zu Informationszwecken der politisch interessierten Öffentlichkeit von der Presse ernsthaft und sachbezogen erörtert werde „oder ob sie lediglich das Bedürfnis einer mehr oder minder breiten Leserschicht nach oberflächlicher Unterhaltung befriedigt."[63] Entsprechendes hat das Bundesverfassungsgericht auch wenig später für den Rundfunk postuliert, weil andernfalls die Gefahr einer grundrechtsfremden Bewertung und Lenkung durch staatliche Stellen entstünde.[64]

Die praktische Bedeutung des Schutzes der Unterhaltungspresse für das **15** Medienrecht darf nicht unterschätzt werden. Im Gefolge des Soraya-Beschlusses kam es zu einer Vielfalt von ähnlich gelagerten Fällen, in denen es um die immer gleichen Motive erfundener Interviews ging und die schließlich das Arsenal zivilrechtlicher Reaktionsmöglichkeiten maßgeblich geprägt haben. So gesehen ist die im Soraya-Beschluss begründete Erweiterung der Schutzrichtung des Art. 5 GG ein Meilenstein auch für das private Medienrecht, von dem in einem späteren Abschnitt zu handeln ist.

BVerfG-K AfP 2006, 354: Ein sehr prominenter Angehöriger des Hochadels, der im Ausland wegen krasser Geschwindigkeitsüberschreitung zu einem Fahrverbot verurteilt worden war, wehrte sich gerichtlich gegen die Wort- und Bildberichterstattung über den Vorfall.

Das Bundesverfassungsgericht sah darin im Einklang mit dem Bundesgerichtshof[65] und dem Kammergericht[66] keine Verletzung des von Art. 2 Abs. 1 i. V. m. Art. 1 GG gewährleisteten Persönlichkeitsrechts. Zwar kann die Berichterstattung über eine Straftat oder Ordnungswidrigkeit wegen der damit verbundenen Prangerwirkung das Persönlichkeitsrecht des Täters beeinträchtigen.[67] Das gilt nach Ansicht der Kammer auch bei leichten Verfehlungen. Grundsätzlich ge-

---

[60] So vor allem *Hesse*, Grundzüge des Verfassungsrechts der Bundesrepublik Deutschland, § 12 I 5 b cc; a. A. *Scheuner*, VVDStRL 22 (1965) 1, 68 f.

[61] BVerfGE 12, 113, 130.

[62] *Canaris* gibt freilich zu bedenken, dass ein erfundenes (!) Interview von vornherein nicht dem Schutzbereich des Art. 5 Abs. 1 GG unterfällt; vgl. *Larenz/Canaris*, Schuldrecht II/2, § 80 I 5.

[63] BVerfGE 34, 269, 283; skeptisch *Lerche*, Festschrift für Schweizer, 1999, S. 56.

[64] BVerfGE 35, 202, 222 f.

[65] BGH AfP 2006, 62.

[66] KG NJW 2004, 3637.

[67] BVerfGE 35, 202, 226; dazu näher unter § 3 Rz. 26 ff.

bühre indes dem Informationsinteresse im Hinblick auf die tagesaktuelle Berichterstattung der Vorrang, sofern die Beeinträchtigung des Persönlichkeitsrechts in
einem angemessenen Verhältnis zur Bedeutung des Fehlverhaltens steht. Im
Rahmen der Abwägung ist insbesondere zu berücksichtigen,[68] ob die Berichterstattung allein die Neugier des Publikums befriedigt oder die öffentliche
Meinungsbildung berührt.[69] Allein die Tatsache der Prominenz des Betroffenen
generiere noch kein **normativ schutzwürdiges Interesse** der Öffentlichkeit.[70]
Hier jedoch lag ein krasser Verkehrsverstoß vor, der zu einer abstrakten Gefährdung anderer Personen geführt hatte. Zudem hatte der Verurteilte als prominenter Vertreter des Hochadels schon wiederholt das Interesse der Medienöffentlichkeit durch eigenes Fehlverhalten auf sich gezogen. Daher begegnete die Wort-
und Bildberichterstattung[71] letztlich keinen verfassungsrechtlichen Bedenken.[72]

4. Wirtschaftliche Begleittätigkeit

16   Da sich Presseunternehmen zum wesentlichen Teil durch Anzeigen finanzieren, ist für sie entscheidend, dass der Schutz der Pressefreiheit auch den
Anzeigenteil der Zeitung erfasst. Das Anzeigenwesen stellt gleichsam „das
wirtschaftliche Rückgrat der Presse" dar.[73] Ob es richtig ist, dies mit dem
Charakter der Anzeige als von Art. 5 GG geschützter Nachricht zu begründen,[74] erscheint zweifelhaft.[75] Es ist eher Ausfluss wirtschaftlicher Betätigungsfreiheit als **Funktionsbedingung** einer freien, finanziell und damit auch in der
Meinungsbildung autarken Presse. Auch dieser Punkt stellt eine zentrale verfassungsrechtliche Grundbedingung des Medienwirtschaftsrechts dar, auf die
zurückzukommen sein wird.[76]

III. Die Rundfunkfreiheit

17   Unter allen in Art. 5 GG aufgeführten Grundrechten hat die Rundfunkfreiheit die Entwicklung des Medienrechts vielleicht am meisten geprägt.[77] Das
Bundesverfassungsgericht selbst hat im Fernsehurteil den Oberbegriff der

---

[68] Die Argumentation des Bundesverfassungsgerichts entspricht der hier (§ 3 Rz. 18 ff.)
vertretenen Ansicht, wonach der Begriff der Person der Zeitgeschichte ein Typusbegriff ist,
der sich aus den Merkmalen der Prominenz und des Nachrichtenwerts zusammensetzt.
Ähnlich auch OLG München AfP 2000, 438.

[69] BVerfGE 1, 285, 288.

[70] BVerfG-K AfP 2001, 212.

[71] Zu ihr unter verfassungsrechtlichen Gesichtspunkten BVerfG-K AfP 2000, 349; 2001, 212.

[72] Zur Vereinbarkeit der Entscheidung mit dem Urteil des Euröpäischen Gerichtshofs für
Menschenrechte (AfP 2004, 348; dazu näher unten § 3 a. E.) siehe BVerfG AfP 2006, 356 a. E.

[73] *Hesse*, Grundzüge des Verfassungsrechts der Bundesrepublik Deutschland, § 12 I 5 b cc.

[74] So BVerfGE 21, 271, 278 f.

[75] Skeptisch insoweit auch *Hesse*, Grundzüge des Verfassungsrechts der Bundesrepublik
Deutschland, § 12 I 5 b cc; zum Rundfunkrecht in Europa die gleichnamige Monographie von
Holznagel (1966).

[76] Zu einer rundfunkrechtlichen Parallele *Degenhart*, Öffentlich-rechtlicher Rundfunk und
Freizeitparks, 2001.

[77] Instruktiv *Ladeur/Gostomzyk*, JuS 2002, 1145; eingehend *Herrmann/Lausen*, Rundfunkrecht, 2. Auflage 2004; instruktiv *Gersdorf*, Grundzüge des Rundfunkrechts, 2003. Vgl. zur
Entwicklung auch *Kübler*, Medien, Menschenrechte und Demokratie, S. 13 ff.

„unentbehrlichen modernen Massenkommunikationsmittel" verwendet[78] und damit die medienrechtliche Konnotation deutlich erkennbar gemacht, ohne freilich vor der Notwendigkeit zu stehen, dies als eigene Rechtsmaterie zu begreifen.[79] Übereinstimmung bestand im Ausgangspunkt darüber, dass unter . Rundfunk nicht nur der traditionelle Hörfunk, sondern auch und gerade das Fernsehen zu verstehen ist.[80] Hinzu kommen – mit unterschiedlichen Akzenten von Seiten des Schrifttums im Einzelnen[81] – die in den letzten Jahrzehnten durch die **Digitalisierung** eröffneten neuen Möglichkeiten der Telekommunikation,[82] wie der Teletext, Bildschirmtext, Videotext,[83] das Pay-TV bzw. Pay-per-view, das „Near-video-on-demand"[84], das „Video-on-Demand"[85] und das interaktive Pay-TV-System,[86] die ebenfalls zum verfassungsrechtlichen Rundfunkbegriff gehören.[87] Eine „Internet-Freiheit" als eigenständiges Grundrecht, wie sie verschiedentlich propagiert wird,[88] besteht dagegen nicht.[89]

Aus alledem erklärt sich die immense Bedeutung der Rundfunkfreiheit,[90] **18** zumal schon früh gesehen wurde,[91] dass mit der Entwicklung des Kabelfern-

---

[78] BVerfGE 12, 205, 260. Wenig später spricht das Gericht vom Rundfunk als einem „neben der Presse stehenden, mindest gleich bedeutsamen, unentbehrlich gewordenen Massenkommunikationsmittel und Faktor der öffentlichen Meinungsbildung".

[79] Zum Medienrecht als eigenständiges Rechtsgebiet und den Gründen, die dagegen sprechen, oben § 1 Rz. 11 ff.; *Paschke*, Medienrecht, Rz. 20, 191 ff., verweist demgegenüber auf die verfassungsrechtliche Verbürgung der Sonderstellung der Massenmedien im Kommunikationsprozess". Das ist nicht zu bezweifeln, führt jedoch auch nicht zwangsläufig zur Anerkennung eines Sonderrechts.

[80] BVerfGE 12, 205, 260.

[81] Siehe dazu den jeweiligen Diskussionsstand bei *Ricker/Schiwy*, Rundfunkverfassungsrecht, B Rz. 55 ff.

[82] Vgl. dazu *Bismark*, Neue Medientechnologien und grundgesetzliche Kommunikationsverfassung, 1982, S. 88; siehe auch *Reinemann*, ZUM 2006, 526, insbesondere zur interaktiven Fernbedienung.

[83] Zu den letztgenannten *Schlink/Wieland*, Jura 1985, 570 f.

[84] Siehe dazu *Rother*, Medienspiegel Nr. 16, vom 11. 4. 1994.

[85] Vgl. *Bullinger*, Kommunikationsfreiheit im Strukturwandel der Telekommunikation, 1980, S. 34 f.

[86] Zu der Frage, ob im Hinblick auf all diese Neuerungen der Rundfunk nicht zu einem allgemeinen und nicht mehr regulierungsbedürftigen Wirtschaftsgut geworden ist, siehe *Holznagel*, ZUM 1996, 16; *Eberle*, ZUM 1995, 249. Man wird im Gegenteil aus der Vielfalt auf eine Regulierungsnotwendigkeit schließen dürfen.

[87] Grundlegend *Gersdorf*, Der verfassungsrechtliche Rundfunkbegriff im Lichte der Digitalisierung, 1995; *ders.*, Der Rundfunkbegriff, (Lit.-Verz.), der den Weg vom technologieorientierten zum technologieneutralen Verständnis nachzeichnet und die – insbesondere europarechtlichen – Vorgaben eindringlich (S. 25–52) analysiert. Zum so genannten Rundfunkprivileg und dessen Reichweite *ders.*, ZUM 2007, 104.

[88] *Mecklenburg*, ZUM 1997, 525, 542.

[89] *Gounalakis/Rhode*, Persönlichkeitsschutz im Internet, 2002, Rz. 241; siehe zum Verhältnis von Rundfunk und Internet *Degenhart*, ZUM 1998, 333; *ders.*, Der Funktionsauftrag des öffentlichen Rundfunks in der „Digitalen Welt", 2001, S. 54 ff.; ferner *Determann*, Kommunikationsfreiheit im Internet, 1999. Auch die öffentlich-rechtlichen Rundfunkanstalten drängen vermehrt ins Internet; zum Leidwesen der privaten Verlage und Sender, wie die massiven Proteste gegen den ersten Entwurf zum Zwölften Rundfunkänderungsstaatsvertrag zeigen.

[90] Vgl. nur BVerfG-K NJW 2004, 672.

[91] Vgl. nur *Hesse*, Grundzüge des Verfassungsrechts der Bundesrepublik Deutschland, bereits in der 11. Auflage 1978: „Dieses Grundgebot (sc. die Gewährleistung der Vielfalt bestehender Meinungsrichtungen in möglichster Breite) ist auch der ausschlaggebende Maßstab für die verfassungsrechtliche Beurteilung bestehender oder *künftiger* gesetzlicher Regelungen, wenn die technische Entwicklung (Kabelfernsehen) in absehbarer Zeit zu einer erheblichen Erweiterung des Programmangebotes führen sollte." (Hervorhebung nur hier).

sehens eine erheblich größere Bedeutung der Rundfunkfreiheit einhergehen würde. Der verfassungsrechtliche Rundfunkbegriff[92] umfasst nach *Gounalakis*[93] „auch neue Medienformen, die an die Allgemeinheit gerichtet sind und einen nicht unerheblichen Beitrag zur individuellen und öffentlichen Meinungsbildung leisten." Ohne Übertreibung kann man diejenigen, die sich um das Verständnis des Art. 5 GG im Allgemeinen und die dogmatische Entwicklung der Rundfunkfreiheit im Besonderen verdient gemacht haben, zu den Wegbereitern des modernen Medienrechts zählen,[94] als es den Begriff in dieser modernen und bisweilen modischen Form noch nicht gegeben hat.

1. Tendenzfreiheit und Binnenpluralismus

19   Im Unterschied zu seiner Haltung gegenüber den Presseunternehmen, denen es zugestand, die Grundrichtung einer Zeitung unbeeinflusst zu bestimmen, hat das Bundesverfassungsgericht den Rundfunkanstalten aufgegeben, allen Tendenzen Raum zu geben[95] und nicht eine bestimmte zu verfolgen.[96] Das Gericht hat dabei seit jeher die Bedeutung der „binnenpluralen Organisation" und der einzelnen Rundfunkanstalten hervorgehoben.[97] Dieses Postulat war zunächst auf die öffentlich-rechtlichen Einrichtungen zugeschnitten.[98] Entsprechend seinem Funktionsauftrag enthält § 11 RStV für den öffentlich-rechtlichen Rundfunk eine Beschränkung, wonach Online-Angebote nurmehr programmbegleitend angeboten werden dürfen.[99] Schon früh wurde für möglich und prinzipiell zulässig gehalten, dass auch eine privatrechtlich verfasste Vereinigung als Rundfunkbetreiber in Betracht kommen kann, „wenn sie nach ihrer Organisationsform hinreichende Gewähr bietet, dass in ihr in ähnlicher Weise wie in der öffentlich-rechtlichen Anstalt alle gesellschaftlich relevanten Kräfte zu Wort kommen und die Freiheit der Berichterstattung unangetastet bleibt."[100] Damit war der Weg für das heute nicht mehr hinweg zu denkende **Privatfernsehen** geebnet.[101]

---

[92] Zu ihm in der Differenzierung kommunikativer Dienste *Bullinger*, AfP 1996, 1 ff., *Hoffmann-Riem*, AfP 1996, 9 ff.

[93] *Gounalakis*, Konvergenz der Medien, S. 137.

[94] Zu nennen sind etwa *Lerche*, Presse und privater Rundfunk, 1984, sowie dessen frühere Arbeiten zum Rundfunk- und Verfassungsrecht; vgl. *dens.*, Werbung und Verfassung, 1967; *dens.*, Fernsehabgabe und Bundeskompetenz, 1974; *Badura*, Rundfunkfreiheit und Finanzautonomie, 1986.

[95] Speziell zur Rolle der Kirchen siehe *Lorenz*, Das Drittsendungsrecht der Kirchen insbesondere im privaten Rundfunk, 1988.

[96] BVerfGE 59, 231, 258: Rundfunkfreiheit „ist keine uneingeschränkte Tendenzfreiheit".

[97] BVerfGE 59, 231, 258; vorbereitet in BVerfGE 12, 205 (Fernsehurteil). Daneben hat das Gericht im Zusammenhang mit der Möglichkeit privater Rundfunkbetreiber (dazu sogleich im Text) auch eine „außenpluralistische" Vielfalt für zulässig gehalten; vgl. BVerfGE 57, 295, 324 f.

[98] Siehe insbesondere *Lerche*, in: Bullinger/Kübler (Hrsg.), Rundfunkorganisation und Kommunikationsfreiheit, S. 61 ff.

[99] *Dörr/Zorn*, NJW 2005, 3114, 3117, zu den diesbezüglichen Neuerungen.

[100] BVerfGE 12, 205, 262; zur Effektivität der Aufsicht über den Privatrundfunk BVerfGE 73, 118, 152 ff. Vgl. auch *J. Fechner*, Die Aufsicht über den Privatrundfunk in Deutschland, 2003.

[101] Siehe aber auch *v. Danwitz*, ZUM 2002, 769, zur Sicherung der Meinungsvielfalt im Privatfernsehen; vgl. auch *Rodewald*, Durchsetzung von Programmbindungen und Programmgrundsätzen gegenüber Privatrundfunkanstalten, 1996.

BVerfG DVBl 2008, 507: Das hessische Privatrundfunkgesetz sah ein absolutes Verbot für politische Parteien vor, sich an privaten Rundfunkunternehmen zu beteiligen. Die Bundestagsabgeordneten der SPD, die sich seit jeher im Medienbereich betätigen, griffen die betreffende Regelung im Wege eines Normenkontrollverfahrens an.

Das Gericht hat die betreffende Regelung für verfassungswidrig erklärt; sie **20** verstoße nicht nur gegen Art. 21 GG, sondern auch gegen Art. 5 Abs. 1 S. 2 GG, der nicht zuletzt eine **gleichgewichtige Vielfalt** im Gesamtangebot des Sendegebiets gewährleisten soll,[102] um die Zusammenballung publizistischer Macht zu unterbinden.[103] Der Grundsatz der **Staatsfreiheit** des Rundfunks gelte auch für die Beteiligung politischer Parteien,[104] die sich auf die Rundfunkfreiheit berufen können,[105] an der Veranstaltung und Überwachung des Rundfunks.[106] Zwar sei der Gesetzgeber befugt und mit einem weiten Gestaltungsspielraum ausgestattet,[107] zu verhindern, dass Parteien einen bestimmenden Einfluss auf die Programmgestaltung oder Programminhalte gewinnen. Ein absolutes Beteiligungsverbot ist jedoch eine unangemessene Gestaltung der Rundfunkfreiheit und daher unzulässig, zumal es auch unschädliche geringfügige Beteiligungen betreffen würde. Schließlich bedeutet das Prinzip der Staatsfreiheit und Überparteilichkeit des Rundfunks selbst für den Staat **kein striktes Trennungsverbot**,[108] sondern angesichts der allfälligen Entsendung von Vertretern in die rundfunkrechtlichen Aufsichtsgremien eher ein **System der Staatsferne**.[109]

2. Duale Ordnung des Rundfunks und Grundversorgung

Allerdings hat das Bundesverfassungsgericht in einem weiteren Rundfunk- **21** Urteil schon vorausschauend die Möglichkeit und Gefahr der „Eigengesetzlichkeit des Wettbewerbs"[110] erkannt und durch entsprechende Leitlinien Vorsorge getroffen.[111] Dabei wurde uneinheitlich beurteilt, ob die allfällige Meinungsvielfalt durch ökonomischen Wettbewerb gesichert werden könne[112] oder nicht.[113] An den Gesetzgeber gewandt, forderte das Gericht, dass der Gefahr begegnet werde, dass „auf Verbreitung angelegte Meinungen von der öffentlichen Meinungsbildung ausgeschlossen werden und Meinungsträger, die sich im

---

[102] BVerfGE 74, 297, 327; 83, 238, 324; 114, 371, 387.

[103] BVerfGE 57, 295, 323; 73, 118, 160; 95, 163, 172; 97, 228, 258; 114, 371, 389.

[104] BVerfGE 73, 118, 165; 85, 264, 287; 107, 339, 361. Zu den Beteiligungsformen *Schuler-Harms*, in: Morlok/v. Alemann/Streit (Hrsg.), Medienbeteiligungen politischer Parteien, 2004, S. 29 ff.

[105] *Kunig*, in: Isensee/Kirchhof (Hrsg.), Handbuch des Staatsrechts, Band III, 3. Auflage 2005, § 40 Rz. 92; Nieders. Staatsgerichtshof DVBl 2005, 1515, 1517; zur Meinungsfreiheit BVerfGE 90, 241, 246.

[106] Monographisch *Reffken*, Politische Parteien und ihre Beteiligung an Medienunternehmen, 2007; allgemeiner *Schindler*, Die Partei als Unternehmer, 2006.

[107] BVerfGE 57, 295, 321; 83, 238, 296; 90, 60, 94; 114, 371, 387.

[108] BVerfGE 73, 118, 182.

[109] BVerfGE 88, 25, 35.

[110] BVerfGE 57, 295, 322.

[111] Siehe auch *Laschet*, Programmgrundsätze für den kommerziellen Rundfunk, 1994.

[112] In diese Richtung *Möschel*, Festschrift für von Gamm, 1990, S. 627; *Mestmäcker*, Gutachten zum 56. Deutschen Juristentag, 1986, Band 2, O, S. 9 ff.; *Niewiarra*, AfP 1989, 636.

[113] Skeptisch insoweit *Lerche*, AfP 1984, 183; *Kübler*, NJW 1987, 2961; *Jarras*, Kartellrecht und Landesrundfunkrecht, 1991; *Hoffmann-Riem*, Rundfunkrecht neben Wirtschaftsrecht, 1991.

Besitz von Sendefrequenzen und Finanzmitteln befinden, an der öffentlichen Meinungsbildung vorherrschend mitwirken."[114] Man muss nicht erst auf das Nachbarland Italien blicken, um die Weitsichtigkeit dieser Einschätzungen zu würdigen.[115]

a) Die duale Rundfunkordnung

22   Im so genannten vierten Rundfunkurteil, das zum niedersächsischen Landesrundfunkgesetz erging,[116] hat das Gericht schließlich zur dualen Ordnung des Rundfunks Stellung genommen. Inzwischen hatten sich nämlich die Bundesländer in ihren Landesmediengesetzen mehrheitlich für die Möglichkeit des Privatfernsehens neben dem öffentlich-rechtlichen Rundfunk entschieden. Wenn jedoch neben dem öffentlich-rechtlichen Rundfunk auch private Rundfunkanbieter bestehen könnten, so sei es doch nach wie vor dessen Aufgabe, die „unerlässliche ‚Grundversorgung'" zu gewährleisten, da nur die so genannten **terrestrischen Programme**[117] praktisch die ganze Bevölkerung erreichen[118] und sie damit zu dem erforderlichen Informationsangebot in der Lage sind.[119] Diesem Grundgedanken der Sicherung der Programmvielfalt entspricht es zugleich, im Bereich des privaten Rundfunks auch nicht kommerziell orientierten Anbietern entsprechende Frequenzen zuzuteilen, die vor allem den lokalen und regionalen Bedürfnissen eher als gewinnorientierte Veranstalter Rechnung tragen können.[120]

b) Der Begriff der Grundversorgung

23   Mit dem Begriff der Grundversorgung hat ein zentraler, die weitere medienrechtliche Diskussion maßgeblich mitbestimmender Terminus in die Debatte

---

[114] BVerfGE 57, 295, 322 f.; vgl. auch *Gounalakis/Wege*, NJW 2008, 800, 803 f., zur gesellschaftlichen Funktion des Rundfunks zur Bereitstellung von „Orientierungswissen" über die Realität.

[115] Vgl. *Habermas*, Süddeutsche Zeitung vom 15. 3. 2003, S. 20: „Südlich der Alpen ist das plebiszitäre Elend zu besichtigen, das der Erosion der Öffentlichkeit auf dem Fuße folgt."

[116] Siehe dazu den Band „Das Niedersächsische Rundfunkgesetz vor dem Bundesverfassungsgericht", Dokumentation der Schriftsätze und des Urteils vom 4. November 1986, hrsgg. von *Hoffmann-Riem/Starck*, 1987.

[117] Mit dem terrestrischen Fernsehnetz erreichten die öffentlich-rechtlichen Rundfunkanstalten schon Mitte der achtziger Jahre fast 98%, d. h. etwa 23 Millionen Wohnungen, der Fernsehhaushalte; vgl. *Mook*, WuW 1986, 777. Die terrestrischen Frequenzen sind freilich knapp, so dass in Zukunft das im Aufbau befindliche Breitbandkabelnetz das wichtigste Verbreitungsmedium für die privaten Rundfunkanbieter werden dürfte; vgl. auch *Schlink/Wieland*, Jura 1985, 570, 571, zur Telekommunikation in Breitbandnetzen, das auch für die Einspeisung herangeführter Satellitenprogramme von Bedeutung ist; vgl. *Engler*, in: Hans-Bredow-Institut (Hrsg.), Internationales Handbuch für Rundfunk und Fernsehen 1988/89, Teil B, S. 61, 66; skeptisch gegenüber der Verkabelungspolitik *Groß*, Medienlandschaft im Umbruch, 1986, S. 10 ff.

[118] Zu den Rechtsfragen der Nutzung terrestrischer Rundfunkfrequenzen siehe *Eberle*, Rundfunkübertragung, 1989, S. 9 ff., 128 ff.

[119] BVerfG EuGRZ 1986, 577; vgl. auch *Daufeldt*, Duale Rundfunkordnung im digitalen und europäischen Medienzeitalter, 2002.

[120] BVerfG-K NVwZ 2007, 1304, 1305 zur Zulassung so genannter „Lernradios" in der Trägerschaft einer staatlichen Hochschule.

Einzug gehalten.[121] Was genau darunter zu verstehen ist, bleibt oft im Dunkeln.[122] Die Grundversorgung wurde bis in die jüngste Zeit ins Feld geführt, wenn es darum ging, Schieflagen auszugleichen, die dadurch entstanden waren, dass private Anbieter eigene kommerzielle Interessen verfolgten und das öffentliche Interesse dadurch beeinträchtigt zu werden drohte. Bezeichnenderweise ist das Argument der Grundversorgung gerade im Zusammenhang mit Unterhaltungssendungen im weiteren Sinne, vor allem der Übertragung von Fußballspielen bei großen Turnieren, ins Feld geführt worden.[123] Darauf wird im Zusammenhang mit den medienrechtlichen Fragen der Vermarktung von Sportveranstaltungen und der Zuteilung von Senderechten zurückzukommen sein.[124] Auch im Telekommunikationsrecht spielt der Gesichtspunkt der Grundversorgung eine Rolle und hat dort sogar Eingang in das Gesetz gefunden (vgl. § 2 Abs. 2 Nr. 5 TKG), das auf der Grundlage des Art. 87 f GG erlassen wurde, der gleichfalls dem Gedanken der Grundversorgung Rechnung trägt.

c) Die Grundversorgung als Prinzip des Medienrechts?

Aus dieser Vielfalt von Ausprägungen des Gedankens der Grundversorgung   24
lässt sich mit Fug die Frage ableiten, ob nicht die Grundversorgung ein Prinzip des Medienrechts darstellt. Schließlich wurde bereits oben[125] die Frage nach den Prinzipien des Medienrechts gestellt. Die vielschichtige Verwendung des Begriffs der Grundversorgung impliziert immerhin, dass der Begriff mit einer gewissen Allgemeinheit gedacht werden kann. Bezogen auf das Informationsrecht ist zudem schon vertreten worden, dass die informationelle Grundversorgung ein Strukturprinzip des Informationsrechts darstellt.[126]

Gleichwohl wird man die Grundversorgung nicht als Prinzip des Medien-   25
rechts ansehen können. Zunächst handelt es sich dabei nur um ein Postulat, vermöge dessen ein bestimmter Mindeststandard verwirklicht werden soll. Das ergibt sich etwa aus dem genannten § 2 Abs. 2 Nr. 5 TKG. Dagegen mag man einwenden, dass gerade die positiv-rechtliche Fundierung des Begriffs in dieser Vorschrift, die ihrerseits auf einen Verfassungsauftrag (Art. 87 f GG) zurück-

---

[121] Siehe dazu *Niepalla*, Die Grundversorgung durch die öffentlich-rechtlichen Rundfunkanstalten, 1990; *Libertus*, Grundversorgungsauftrag und Funktionsgarantie, 1991; *Seither*, Rundfunkrechtliche Grundversorgung und Kurzberichterstattungsrecht, 1993; *Hege*, Zugang zu den Medien und das Recht auf Grundversorgung, in: Die Zukunft der Medien hat schon begonnen – Rechtlicher Rahmen und neue Teledienste im digitalen Zeitalter (hrsgg. von Prütting u.a.), 1998, S. 21; *Bethge*, Media Perspektiven 1996, 66; *Goerlich/Radeck*, JZ 1989, 53.

[122] Siehe nur die lakonische, aber nicht unzutreffende Definition von *Schwarzkopf*, in: Neue Medienstrukturen, Neue Sportberichterstattung, hrsgg. von Hoffmann-Riem, 1988, S. 23: „Grundversorgung ist ein sehr amtlich klingender Begriff, der besagt, dass die öffentlich-rechtlichen Anstalten verpflichtet sind, ‚Rundfunk für alle‘ anzubieten, d.h. sowohl für Mehrheiten als auch für Minderheiten.“

[123] Näher zum ganzen *Petersen*, Fußball im Rundfunk- und Medienrecht, 2001, S. 30 ff. Auch für die künftigen Online-Auftritte der öffentlich-rechtlichen Rundfunkanstalten, die im Zuge des Zwölften Rundfunkänderungsstaatsvertrages reglementiert werden sollen, werden die Begriffe der Grundversorgung und Programmqualität ins Feld geführt. Nicht nur von Seiten der Presse, die die Pressefreiheit in Gefahr sieht, sondern auch unter wettbewerbsrechtlichen Gesichtspunkten – im Hinblick auf die Gebührenfinanzierung – sehen sich die Entwürfe hierzu einiger Kritik ausgesetzt.

[124] Dazu unten bei der Behandlung des Medienwirtschaftsrechts im Dritten Teil.

[125] § 1 Rz. 12 f.

[126] Von *Kloepfer*, Informationsrecht, § 4 Rz. 3, 28 ff.

geht, ein starkes Indiz für die Anerkennung als Rechtsprinzip darstellt.[127] Dennoch handelt es sich bei der Grundversorgung nicht um ein Prinzip des gesamten Medienrechts. Die Grundversorgung spielt hauptsächlich im öffentlichen Medienrecht eine tragende Rolle.[128] Aber selbst dort wird man sie schwerlich als eigenständiges Prinzip ansehen können. Denn sie ist letztlich nur die medienrechtliche Ausformung der **Daseinsvorsorge**, die der Staat dem Einzelnen garantiert.[129] Damit spricht zum einen wenig dafür, die Grundversorgung als ein tragendes Strukturprinzip für das gesamte Medienrecht anzusehen. Zum anderen liefert dies einen Beleg für das hier vertretene[130] perspektivische Verständnis des Medienrechts. Die Grundversorgung ist gleichsam die medienrechtliche Erscheinungsform der Daseinsvorsorge; im Hinblick auf das Medienrecht bedeutet Daseinsvorsorge Grundversorgung als Mindestgewähr informationeller Zugriffsmöglichkeiten des Bürgers.[131]

3. Staatsfreiheit und Rundfunkgebühr

26   Eine weitere Ausprägung der Rundfunkfreiheit ist der **Grundsatz der Staatsfreiheit** des Rundfunks.[132] Hierbei kommt es insbesondere im Bereich der Finanzierung des öffentlich-rechtlichen Rundfunks zu einem Spannungsverhältnis zwischen staatlicher Einflussnahme und der Programmautonomie des Veranstalters.[133] Der öffentlich-rechtliche Rundfunk ist im Wesentlichen von Rundfunkgebühren abhängig, die unabhängig von den Nutzungsgewohnheiten der Empfänger zu entrichten sind.[134] Damit der öffentlich-rechtliche Rundfunk seine Aufgaben im dualen System erfüllen kann, muss nicht nur die Bereitstellung der entsprechenden Mittel gewährleistet sein, sondern er muss auch vor der Einflussnahme auf das Programm gesichert sein.[135]

BVerfGE 90, 60: Fernsehteilnehmer verlangten vom Bayerischen Rundfunk die Rückzahlung des so genannten „Kabelgroschens“, der nach ihrer Auffassung kein Teil der Rundfunkgebühr sei, weil er nur zur Finanzierung von Kabelpilotprojekten gedacht war.

---

[127] In diese Richtung argumentiert *Kloepfer*, Informationsrecht, § 4 Rz. 28, wenn er die Grundversorgung mit Rundfunk über das Rundfunkrecht hinaus als „Konkretisierung der hoheitlichen Daseinsvorsorgeverantwortung in bezug auf Information" ansieht.
[128] Auch *Paschke*, Medienrecht, Rz. 373, der an sich von der Möglichkeit übergreifender Rechtsgrundsätze des Medienrechts ausgeht, sieht die Pflicht zur Grundversorgung als „bereichsspezifische, nicht medienübergreifende Pflicht" an.
[129] Vgl. auch das Zitat von *Kloepfer*, Informationsrecht, § 4 Rz. 28.
[130] Ausführlich oben § 1 Rz. 29 ff.
[131] *Paschke*, Medienrecht, Rz. 221 ff., bezeichnet darüber hinaus als „Strukturprinzipien der Rundfunkfreiheit" die Staatsfreiheit, die Erforderlichkeit positivrechtlicher Ordnung und die Bindung an den Parlamentsvorbehalt. Aber auch wenn man die Rundfunkfreiheit als Unterfall der Medienfreiheit begreift (*Paschke*, vor Rz. 191) wird man die genannten „Strukturprinzipien" nicht ohne weiteres als solche des Medienrechts ansehen können, weil sie eher weite Teile des Staatsrechts als des Medienrechts betreffen.
[132] BVerfGE 57, 295, 320; 59, 231, 255; 73, 118, 164 ff.; 74, 297, 349.
[133] Zum Spannungsfeld zwischen Programmautonomie und Informationsauftrag in der modernen Medienkultur siehe *Klaes*, Informationsauftrag und Programmautonomie des Rundfunks unter den Bedingungen der Digitalisierung und im Zeitalter von „Multimedia", 2005.
[134] BVerfGE 87, 181, 201.
[135] Zur Frage der Deckungsgleichheit von rundfunkrechtlichem (§ 2 Abs. 1 RStV) und verfassungsrechtlichem Rundfunkbegriff BVerwG NJW 2006, 632: keine Pflicht zur Entrichtung von Rundfunkgebühren beim Empfang von Ladenfunk in einem Geschäft.

Der Kabelgroschen entsprach zwar den verfassungsrechtlichen Voraussetzungen einer Sonderabgabe.[136] Die im Rundfunkstaatsvertrag enthaltene Rechtsgrundlage entsprach aber nicht den Anforderungen des Art. 5 Abs. 1 S. 2 GG. Das Bundesverfassungsgericht präzisierte in diesem Fall eine Reihe verfassungsrechtlicher Maßgaben für den öffentlich-rechtlichen Rundfunk. Danach bedeutet Rundfunkfreiheit vor allem **Programmfreiheit**,[137] also Freiheit von unmittelbaren und mittelbaren Einflüssen durch Dritte auf das Programm,[138] die zu einer Selbstzensur führen könnten. Die medienpolitische Konkretisierung des Rundfunkauftrags ist daher von der Gebührenfestsetzung zu trennen (**Trennungsgebot**). Art. 5 Abs. 1 S. 2 GG ist nicht nur ein staatsgerichtetes Abwehrrecht gegen die Gängelung der Kommunikationsmedien,[139] sondern richtet sich auch gegen Indienstnahmen durch „gesellschaftliche Mächte", wie das Gericht es ausdrückt.[140] Zu den subtilen Steuerungsmitteln des Staates gehört nicht nur die Frequenzzuteilung,[141] sondern auch die Finanzierung. Der Staat hat daher eine **Finanzgewährleistungspflicht**. Da die werbefinanzierten Privatsender keinen so strengen Anforderungen unterliegen, kann der öffentlich-rechtliche Rundfunk seiner besonderen Verantwortung für ein kulturell und auf Information ausgerichtetes Programm nur dann entsprechen und seine Konkurrenzfähigkeiten aufrechterhalten, wenn seine Finanzierung gesichert ist.[142]

Die Entscheidung über die Finanzausstattung darf demnach nicht zur politischen Einflussnahme auf das Programm missbraucht werden. Das schließt eine **Bestands-** und **Entwicklungsgarantie** des öffentlich-rechtlichen Rundfunks ein,[143] die zugleich eine **Finanzierungsgarantie** ist.[144] Um Einflussnahmen auf die Programmgestaltung im Wege finanzieller Beschränkungen entgegenzuwirken, sind dem Gesetzgeber Bindungen auferlegt,[145] so dass seine bestehenden medienpolitischen und programmleitenden Entscheidungen begrenzt sind.[146] Aber auch eine freie Festsetzung durch die Rundfunkanstalten ist nicht angängig, weil dadurch die Rundfunkteilnehmer über Gebühr belastet werden könnten.[147]

Eine wesentliche Rolle spielt daher für die Gebührenfestsetzung die rundfunk- und politikfrei zusammengesetzte Kommission zur Ermittlung des Finanzierungsbedarfs der Rundfunkanstalten (**KEF**). Die Rundfunkanstalten melden bei ihr den jeweiligen Finanzbedarf nach Maßgabe ihrer Wirtschaftlichkeit und Sparsamkeit an. Die KEF empfiehlt danach eine Gebührenfestsetzung nach den Grundsätzen der **Programmneutralität** und **Programmakzessorietät**. Von dieser Empfehlung dürfen die Länder im Rahmen der Gebührenbewilligung nur bei „hinreichend nachprüfbaren Tatsachen" abweichen, die eine unangemessene Benachteiligung der Gebührenzahler erkennen lassen.

27

---

[136] BVerfGE 67, 256, 275; 81, 156, 186.
[137] BVerfGE 59, 231, 258.
[138] BVerfGE 73, 118, 183.
[139] BVerfGE 57, 295, 320.
[140] BVerfGE 12, 205, 262. Die politischen Dimensionen der Gebührenfestsetzung veranschaulichen *Gounalakis/Wege*, NJW 2008, 800 ff.
[141] BVerfGE 83, 238, 323.
[142] BVerfGE 74, 297, 325.
[143] BVerfGE 73, 118, 158; 74, 297, 324; 83, 238, 298.
[144] BVerfGE 87, 181, 198.
[145] BVerfGE 74, 297, 342.
[146] BVerfGE 12, 205, 262; 57, 295, 321.
[147] BVerfGE 87, 181, 202.

28   Diese Maßgaben hat das Bundesverfassungsgericht nunmehr bestätigt.[148] Auch das **gestufte Verfahren** der Bedarfsfeststellung begegnet keinen verfassungsrechtlichen Bedenken, so dass weiterhin nach der Bedarfsanmeldung der Rundfunkanstalten (1. Stufe) eine externe fachliche Kontrolle durch die KEF erfolgt (2. Stufe) und erst auf der Basis der überprüften und erforderlichenfalls geänderten Bedarfsmitteilung die Gebührenentscheidung vom Gesetzgeber ohne Berücksichtigung programmatischer oder medienpolitischer Zwecke getroffen wird (3. Stufe). Um auch nur versteckte Eingriffe in die **Programmautonomie** zu vermeiden, ist die Entscheidung nachvollziehbar zu begründen. Insbesondere seien die Aussagen nicht „durch die Entwicklungen von Kommunikationstechnologie und Medienmärkten überholt." Die fortschreitende **Digitalisierung** und die zunehmende Konvergenz der Medien ändert also an dem Verfahren nichts, zumal sich die Wirkungsmöglichkeiten des Rundfunks dadurch vergrößert haben.[149]

IV. Aspekte der Kunstfreiheit

29   Die Kunstfreiheit (Art. 5 Abs. 3 GG)[150] kann in medienrechtlichem Zusammenhang ebenfalls Bedeutung erlangen.[151] Allerdings spricht es gegen die Einschlägigkeit der Kunstfreiheit in medienrechtlichem Zusammenhang, wenn nicht einmal der Betroffene selbst für eine Verfremdung o.ä. die Kunstfreiheit in Anspruch nehmen möchte.[152] Ohne die vielfältigen und unergiebigen Versuche zu definieren, was Kunst ist, nachzeichnen zu müssen, kann es hier mit einer Entscheidung des Bundesverfassungsgerichts und einer aktuellen Entscheidung des Bundesgerichtshofs bewenden,[153] die medienrechtliche Fragen der Kunstfreiheit exemplarisch veranschaulichen und deren Angriffspunkt an späterer Stelle noch einmal aufgegriffen werden wird.[154]

BVerfGE 30, 173: Klaus Mann zeichnete in seinem Schlüsselroman „Mephisto" ein verklausuliertes, aber durchschaubares Bild seines ehemaligen Schwagers Gustav Gründgens, das diesen als persönlich unangenehmen Karrieristen in der Zeit des Nationalsozialismus karikierte.

---

[148] BVerfG NVwZ 2007, 1287.

[149] Der Entscheidung insbesondere unter medienpolitischen Gesichtspunkten zustimmend *Gounalakis/Wege*, NJW 2008, 800 ff.; *Wiedemann*, ZUM 2007, 806. Kritisch dagegen *Faßbender*, NVwZ 2007, 1265, 1267 ff., vor allem im Hinblick auf die Rechtfertigung der „Zwangsalimentierung" unter dem Gesichtspunkt der Wahrnehmung des Grundversorgungsauftrags durch die öffentlich-rechtlichen Rundfunkanstalten und der Rechtsentwicklung auf europäischer Ebene. Die Anpassung der Rundfunkgebühren für die Gebührenperiode 2009 bis 2012 erfolgt im Zuge des Elften Rundfunkänderungsstaatsvertrags.

[150] Allgemein dazu *Würkner*, Das Bundesverfassungsgericht und die Kunstfreiheit, 1994.

[151] Zum Spannungsfeld der Meinungsfreiheit, Kunstfreiheit und den neuen Medien siehe *Pichler*, AfP 1999, 429.

[152] BVerfG-K NJW 2002, 3767.

[153] Vgl. hierzu und zu weiteren Entscheidungen aus diesem Bereich auch *Wanckel*, NJW 2006, 578; *Ladeur/Gostomzyk*, NJW 2005, 566. Zum Verhältnis der Kunstfreiheit zum Jugendmedienschutz BVerfGE 83, 130 (Josefine Mutzenbacher); dazu unten § 16 vor I. Allgemein zur Kunstfreiheit als Rechtfertigung für die Verbreitung pornographischer Schriften *Liesching/M. v. Münch*, AfP 1999, 37.

[154] Die Rede ist von BGHZ 50, 133; dazu unten beim postmortalen Persönlichkeitsschutz, der hier folgerichtig außer Betracht bleibt. Zu den – behaupteten – Parallelen zwischen den „Mephisto"-Entscheidungen und der Debatte um Martin Walsers Buch „Tod eines Kritikers", *Henne*, NJW 2003, 639.

Das Bundesverfassungsgericht hat die Verfassungsbeschwerde gegen das 30 Urteil des Bundesgerichtshofs, das die Verbreitung untersagte, mit Stimmengleichheit zurückgewiesen. Es sah in der Veröffentlichung eine Verletzung der Menschenwürde (Art. 1 GG) des Verstorbenen,[155] dessen Persönlichkeit auch nach seinem Tod nicht jeden Schutzes entbehrt. Das ergibt sich aus der **Schutzgebotsfunktion** der Grundrechte.[156] Auf der anderen Seite war die Kunstfreiheit des Schriftstellers und des Verlags[157] zu berücksichtigen,[158] da es sich bei dem Roman fraglos um ein Kunstwerk handelt.[159] Die allfällige Abwägung zwischen der Kunstfreiheit und dem Persönlichkeitsrecht fiel im Ergebnis zu Lasten des beklagten Verlags aus.[160] Damit wurde allerdings nicht hinreichend in Rechnung gestellt, dass es sich ausweislich einer unmissverständlichen Äußerung des Autors um einen Typus und kein Porträt des Schauspielers Gründgens handelte.[161] Vielmehr dürfte die Kunstfreiheit erst und nur durch das Persönlichkeitsrecht begrenzt sein, wenn das Werk geradezu die Absicht verfolgt, eine bestimmte Person zu verunglimpfen.[162] Vor allem aber hätte das Gericht fragen müssen, ob das Verbot des Romans von Verfassungs wegen geboten war.[163] Das wäre nach alledem zu verneinen gewesen.[164]

BVerfG NJW 2008, 39: Die ehemalige Freundin des Autors und deren Mutter fanden sich in dem Roman Esra von Maxim Biller auf unvorteilhafte und ehrverletzende Weise erkennbar porträtiert. Dem Verfasser wurde insbesondere vorgeworfen, Intimitäten aus der früheren Beziehung zur Klägerin zum Gegenstand seines Werks gemacht zu haben.

Das Bundesverfassungsgericht bestätigte das Verbot des Romans teilweise. 31 Dem allgemeinen Persönlichkeitsrecht der Klägerinnen gebührt hier zumindest im Hinblick auf die Freundin des Autors, nicht aber bezüglich ihrer Mutter, nach Ansicht des Gerichts der Vorzug vor der grundgesetzlich garantierten Kunstfreiheit. Die Bewertung der Schwere der Persönlichkeitsrechtsverletzung bemisst sich an einer kunstspezifischen Betrachtung, mit welcher der betref-

---

[155] Art. 2 Abs. 1 GG war demgegenüber nicht einschlägig, weil er nur einem Lebenden das Recht auf freie Entfaltung seiner Persönlichkeit verbrieft; BVerfGE 30, 173, 194; *Larenz/Canaris*, Schuldrecht II/2, § 80 VI 1 b; anders, aber unrichtig BGHZ 50, 133, 143.

[156] *Canaris*, AcP 184 (1984) 231 f.; *ders.*, Grundrechte und Privatrecht, 1999; *Larenz/Canaris*, Schuldrecht II/2, § 80 I 3; VI 1 b.

[157] Die Kunstfreiheit schützt neben dem „Werkbereich" auch den „Wirkbereich" des künstlerischen Schaffens und steht damit grundsätzlich auch allen Personen zu, die daran mitwirken, ein Kunstwerk geschäftsmäßig zu vertreiben, sofern dies dem künstlerischen Konzept dient und nicht allein der Durchsetzung kommerzieller Interessen gegenüber dem Künstler, BVerfG-K NJW 2006, 596, 597 m. w. N.

[158] So bereits BGHZ 50, 133, 144, in der mit der Verfassungsbeschwerde angegriffenen Entscheidung.

[159] Zu den einzelnen Definitionen bezogen auf den vorliegenden Fall *J. Hager*, Jura 2000, 186, 189.

[160] Freilich aufgrund Stimmengleichheit im Senat, so dass die Verfassungsbeschwerde zurückgewiesen wurde. Neuerdings OLG Hamburg AfP 2004, 375 (Verbot des Romans „Das Ende des Kanzlers", solange darin ein Attentat auf den gegenwärtigen Bundeskanzlers dargestellt wird; zu dieser Entscheidung *Ladeur/Gostomzyk*, KUR 2004, 161. Siehe auch KG NJW-RR 2004, 1419; OLG München ZUM 2003, 1487 (dazu unten § 5 Rz. 23 f.); lesenswert *Seitz*, ZRP 2005, 141.

[161] So das Sondervotum von *Stein*; vgl. BVerfGE 30, 173, 200, 211.

[162] Vgl. das Sondervotum von *Rupp-v. Brünneck*; BVerfGE 30, 173, 218, 225 f.

[163] *Larenz/Canaris*, Schuldrecht II/2, § 80 V 1 c; Problematisch vor diesem Hintergrund auch LG München ZUM 2003, 692; dazu *v. Becker*, ZUM 2003, 875.

[164] Ebenso *J. Hager*, Jura 2000, 186, 190.

fende Handlungszusammenhang zum Wirklichkeitsbezug ins Verhältnis gesetzt werden muss: Je stärker die Übereinstimmung zwischen Urbild und
Abbild ist, desto schwerer wirkt die Persönlichkeitsrechtsverletzung. Zwar
reicht schon nach der vorangegangenen Entscheidung des Bundesgerichtshofs
die bloße Erkennbarkeit der betreffenden Personen nicht ohne weiteres aus für
den geltend gemachten Unterlassungsanspruch,[165] da es dem Künstler grundsätzlich möglich sein muss, eigene Erfahrungen und persönliche Bekanntschaf-
ten in sein Werk einfließen zu lassen.[166] Etwas anderes gilt jedoch dann, wenn
damit eine schwere Persönlichkeitsrechtsverletzung einhergeht, da diese durch
das Grundrecht der Kunstfreiheit nicht mehr gerechtfertigt ist.[167] Dabei ist
freilich immer zu berücksichtigen, dass fiktionale Figuren in Ermangelung
entsprechender Wirklichkeitstreue auch keine Persönlichkeitsrechte berühren
können.[168] Ohne eine solche Verselbständigung können indes konkrete Persönlichkeitsrechte beeinträchtigt sein. So lag es hier, zumal der Autor das
literarische Abbild gegenüber dem realen Urbild in Gestalt der früheren
Freundin des Autors durch die Schaffung von Kunstfiguren im Wege künst-
lerischer Verfremdung nicht hinlänglich verselbständigt hatte.[169]

V. Zensurverbot und allgemeine Gesetze

32   Zumindest am Rande bedeutsam für das Medienrecht[170] sind das Zensurverbot des Art. 5 Abs. 1 S. 3 GG sowie die Schranken des Art. 5 Abs. 2 GG.
Letztere spielten schon bei der vorgenannten Entscheidung eine Rolle, weil
auch die vorderhand schrankenlosen Grundrechte des Art. 5 Abs. 3 GG nicht
unbeschränkt gelten, sondern insbesondere in den Grundrechten Dritter eine
Schranke finden, mit denen sie zum schonendsten Ausgleich im Sinne praktischer Konkordanz gebracht werden müssen.[171]

1. Das Verbot der Zensur

33   Das Verbot der Zensur ist gerade für das Medium Film von Interesse.[172]
Zensur bedeutet bei Filmen das generelle Verbot, Filme der Öffentlichkeit
ungeprüft zu präsentieren.[173] Es geht regelmäßig mit dem Gebot einher, der-

---

[165] BGH NJW 2005, 2844; dazu *Wanckel*, NJW 2006, 578.

[166] Vgl. nur BVerfGE 83, 130, 138.

[167] BVerfGE 30, 173, 195; 67, 213, 228; 75, 369, 380.

[168] Staudinger/*Hager*, § 823 C Rz. 130; *Larenz/Canaris*, Schuldrecht II/2, § 80 V 2 c; *Busch*,
AfP 2004, 203, 209; *Ladeur/Gostomzyk*, ZUM 2004, 426, 431; *v. Becker*, KUR 2003, 81, 89.

[169] Die vom Bundesverfassungsgericht aufgestellten Kriterien haben jedoch in der Literatur
– trotz teilweiser Zustimmung zum Ergebnis der Entscheidung – einige Kritik erfahren, vgl.
Ladeur, AfP 2008, 30 ff.; *Neumeyer*, AfP 2007, 509 ff.; *v. Becker*, K&R 2007, 646 ff.

[170] *Paschke*, Medienrecht, Rz. 320 ff., hebt das Zensurverbot sogar auf die Ebene der
tragenden Rechtsgrundsätze des Medienrechts zur Gewährleistung der Kommunikationsfreiheit.

[171] BVerfGE 30, 173, 190; 67, 213, 228; 83, 130, 139.

[172] Nicht von ungefähr befasst sich die einschlägige Entscheidung BVerfGE 33, 52 mit dem
DEFA-Film „Der lachende Mann". Zu den Grenzen der Printzensur *Busch*, ZUM 2004, 203;
Ladeur/Gostomzyk, ZUM 2004, 426; *dies.*, NJW 2005, 566.

[173] Eingehend *Erdemir*, Filmzensur und Filmverbot, 2000.

artige Filme zuvor einer Behörde zu Zensurzwecken vorzulegen. Verboten ist demnach die **Vorzensur**.[174] Eine derartige Präventivkontrolle ist unzulässig.[175] Das Zensurverbot ist nicht berührt, wenn die in einem allgemeinen Gesetz[176] vorgesehenen Rechtsschutzmöglichkeiten ausgeschöpft werden, wie sich aus dem Nebeneinander des Zensurverbots aus Art. 5 Abs. 1 S. 3 GG und der Schrankenbestimmung des Art. 5 Abs. 2 GG ergibt.[177] Insbesondere steht eine Gerichtsentscheidung, wonach eine bestimmte Persönlichkeitsverletzung zu unterlassen ist, keiner behördlichen Vorprüfung bzw. Genehmigung des Inhalts einer Veröffentlichung gleich.[178]

Grundsätzlich zulässig ist dagegen die Nachzensur, die nachträgliche Eingriffe in die Verbreitung bereits veröffentlichter Inhalte betrifft.[179] Art. 5 Abs. 1 S. 3 GG verbietet aber nur die staatliche Zensur, nicht die Selbstzensur. Eine Institution wie das so genannte Hays-Office, das eine amerikanische Selbstzensur der Filmindustrie war und in der großen Zeit der Hollywood-Studios jeden Film vorab vor allem im Hinblick auf angeblich moralisch anstößige Szenen begutachtet und gegebenenfalls beanstandet hat,[180] ist also auch hierzulande zulässig. In diesen Zusammenhang gehört die **Freiwillige Selbstkontrolle** der **Filmwirtschaft** (FSK),[181] die 1949 von der Spitzenorganisation der Filmwirtschaft gegründet wurde.[182] Sie gewährleistet einen gewissen Vertrauensschutz zugunsten der Filmschaffenden, indem sie diese von strafrechtlichen Sanktionen durch ihre Freigabe freistellt[183] und damit sicherstellt, dass nicht gegen straf- oder jugendschutzrechtliche Vorgaben verstoßen wird.[184]

Entsprechendes existiert in Gestalt der **Freiwilligen Selbstkontrolle Fernsehen** (FSF).[185] Ihre Aufgabe veranschaulicht ein Streit, der sich an der Fernsehausstrahlung des Spielberg-Films „Der Soldat James Ryan" entzündete, den ein Privatsender um 20.15 Uhr ausstrahlen wollte, obwohl dieser im Kino erst ab 16 Jahren zugänglich war, was im Allgemeinen bedeutet, dass er im Fernsehen erst nach 22.00 Uhr gezeigt werden darf. Da der Film viele brutale Szenen enthält, die gerade Jugendlichen vorenthalten werden sollten,[186] die in der so

34

---

[174] Zutreffend *Raue*, Literarischer Jugendschutz, 1970, S. 18 (Hervorhebung auch dort); die Arbeit ist im Übrigen grundlegend zum Jugendschutzvorbehalt in Art. 5 Abs. 2 GG, dessen Bedeutung angesichts der Weiterentwicklung und insbesondere der Privatisierung der Massenkommunikationsmittel zugenommen hat; näher zum Jugendmedienschutz unten § 16.

[175] BVerfGE 33, 52: „Schon die Existenz eines derartigen Kontroll- und Genehmigungsverfahrens lähmt das Geistesleben."

[176] Dazu sogleich Rz. 36.

[177] BVerfG-K NJW 2006, 2837, 2838.

[178] Vgl. auch schon BVerfGE 33, 52, 71.

[179] Vgl. BVerfGE 87, 209, 232; *Fechner*, Medienrecht, Rz. 152.

[180] *William H. Hays*, US-Generalpostmeister a.D., wurde Präsident dieser nach ihm benannten Behörde, der „Motion Picture Producers and Distributors of America Inc." Große Regisseure haben sich seit jeher einen Spaß daraus gemacht, die kleingewirkten Vorgaben über die Länge von Kussszenen etc. zu umgehen.

[181] Zur Freiwilligen Selbstkontrolle Multimedia-Diensteanbieter (FSM) siehe das Kapitel zum Jugendmedienschutz; instruktiver Überblick bei *Sellmann*, MMR 2006, 723.

[182] *Paschke*, Medienrecht, Rz. 446. Siehe auch *Suffert*, Rechts- und Verfassungsmäßigkeit der Freiwilligen Selbstkontrolle bei Film und Fernsehen unter besonderer Beachtung des Zensurverbots, 2002.

[183] *Von Hartlieb/Trinkl*, in: v. Hartlieb/Schwarz (Hrsg.), Handbuch des Film-, Fernseh- und Videorechts, 4. Auflage 2004, Kapitel 15 Rz. 1.

[184] Zu ihnen unten § 16.

[185] Zu ihr näher *v. Gottberg*, TV-Diskurs 1998, 54; *ders.*, TV-Diskurs 1997, 12.

[186] Zum Jugendmedienschutz näher unten § 16.

genannten „prime time" zwischen 20 und 22 Uhr erfahrungsgemäß noch eine beachtliche Zuschauergruppe darstellen, wurde um eine Ausnahmegenehmigung gestritten. Die FSF erstattete daraufhin ein Gutachten,[187] auf Grund dessen das Verwaltungsgericht Berlin entschied, dass der Film in einer um die besonders brutalen Szenen gekürzten Fassung gezeigt werden dürfe.[188] Die Medienanstalt Berlin-Brandenburg[189] wendete sich gegen diese Entscheidung. Das Oberverwaltungsgericht Berlin verlangte eine nochmalige Kürzung der Gewaltszenen des Films um zwei Minuten sowie die Erteilung einer Ausnahmegenehmigung. Obwohl die Genehmigung nicht erteilt wurde, wurde der Film um 20.15 Uhr gesendet. Der Sender riskierte damit ein Bußgeld auf der Grundlage des Rundfunkstaatsvertrages in Höhe von bis zu einer halben Million Euro. Freiwillige Selbstregulierung und externe Zwangsregulierung können also letztlich durchaus ineinander greifen.[190]

35   Für die Presse ist der 1956 gegründete **Deutsche Presserat** als Instanz der freiwilligen Selbstkontrolle maßgeblich, der vor allem über Beschwerden über einzelne Presseorgane richtet.[191] Die Tätigkeit des Presserats und sein Beschwerdeverfahren sind durch Art. 9 GG gedeckt. Seine Mitglieder können sich auf das Recht freier Meinungsäußerung berufen, weshalb die Entschließungen des Presserats unabhängig von ihrer Qualifizierung als Rügen, Hinweise oder Missbilligungen keine Zwangsmittel im Sinne einer staatlichen Zensur darstellen.[192] Auch die Bezeichnung des Gremiums suggeriert gegenüber dem Bürger nicht den Eindruck, der Presserat übe hoheitliche Befugnisse aus.[193] Das hat jedoch zur Folge, dass sich seine Aussagen an den allgemeinen Regelungen messen lassen müssen und insbesondere zivilrechtliche Unterlassungs- oder Schadensersatzansprüche nach sich ziehen können.

OLG Frankfurt, Urteil vom 30.6.2008 – Az. 16 U 126/07: Der Beschwerdeausschuss des Presserats hatte öffentlich einen Verlag gerügt, in dessen Jahrbuch ein Testbericht zur Wirksamkeit und Verträglichkeit von Neurodermitis-Cremes erschienen war, in dem nach Ansicht des Kontrollgremiums nicht hinreichend deutlich auf den bestehenden Krebsverdacht bei einigen der Produkte hingewiesen wurde. Der Presserat sah hierin einen schwerwiegenden Verstoß gegen die Sorgfaltspflichten nach dem Pressekodex, der als berufsethischer Prüfungsmaßstab für die journalistische und publizistische Arbeit fungiert. Die Verbreitung dieser Rüge griff der Verlag im Wege der Unterlassungsklage an.

Das Oberlandesgericht verneinte im Gegensatz zur Vorinstanz[194] einen quasi-negatorischen Unterlassungsanspruch des Verlages analog §§ 1004 Abs. 1, 823 Abs. 1 BGB. Es ordnete die Rüge nicht als unwahre Tatsachenbe-

---

[187] *Ladeur*, ZUM 2002, 859, spricht anschaulich von „Regulierter Selbstregulierung" im Jugendmedienschutz; siehe zur Selbstregulierung im Medienrecht ferner *Schulz/Held*, Regulierte Selbstregulierung als Form modernen Regierens, Arbeitspapiere des Hans-Bredow-Instituts Nr. 10, 2002; *Hoffmann-Riem*, Regulierung der dualen Rundfunkordnung, 2000, S. 262 ff.; *ders.*, Modernisierung von Recht und Justiz, 2000, S. 15 ff.; *Schulz*, MMR 1998, 182; allgemein zur Selbstregulierung *Di Fabio*, Produktharmonisierung durch Normung und Selbstüberwachung, 1993; *ders.*, NVwZ 1995, 1.

[188] VG Berlin ZUM 2002, 758. Siehe jetzt OVG Berlin NJW 2003, 840.

[189] Zur Funktion der Landesmedienanstalten unten § 13 Rz. 19 ff.

[190] Zur Selbstkontrolle der Printmedien *Schweizer*, Festschrift für Herrmann, 2002, S. 121.

[191] Siehe dazu *Ulmer*, AfP 1975, 838; eingehend *Bermes*, Der Streit um die Presseselbstkontrolle: Der Deutsche Presserat, 1991.

[192] OLG Hamburg, Urteil vom 17. 12. 1959 – 3 U 141/59; bestätigt durch OLG Köln AfP 2006, 374; OLG Bonn AfP 2006, 198.

[193] OLG Köln AfP 2006, 374, 376; OLG Bonn AfP 2006, 198.

[194] LG Frankfurt a. M. ZUM 2007, 663; kritisch auch *Wiggenhorn*, AfP 2007, 416 ff.

hauptung ein, die geeignet sei, den Ruf des Verlages als seriöses Presseorgan nachhaltig zu gefährden. Den angegriffenen Äußerungen konnte mit hinreichender Deutlichkeit entnommen werden, dass sie nicht auf den Wahrheitsgehalt des zugrunde liegenden Testberichts, sondern lediglich auf den fehlenden Warnhinweis bezogen. Die Werturteile, die im Vorwurf einer Sorgfaltspflichtverletzung wegen des nach Meinung des Gremiums dringend notwendigen, aber nicht hinreichend deutlichen Hinweises auf den Krebsverdacht liegen, überschritten nicht die Grenze unzulässiger Schmähkritik, sondern dienten der Auseinandersetzung in der Sache. Das Gericht weist darauf hin, dass die Richtigkeit oder Angemessenheit der Entscheidung des Beschwerdeausschusses für die Frage, ob diese Entscheidung bei der Veröffentlichung zutreffend weitergegeben wurde, unerheblich sei. Daher hatte das Recht des Verlages am eingerichteten und ausgeübten Gewerbebetrieb sowie der ihm zukommende Unternehmenspersönlichkeitsschutz[195] im Rahmen der gebotenen Abwägung hinter die zu berücksichtigende Meinungs- und Pressefreiheit des Deutschen Presserats gemäß Art. 5 Abs. 1 GG zurückzutreten. Hieran zeigt sich einmal mehr, dass die Lösung medienrechtlicher Problemstellungen den allgemeinen Rechtsinstituten folgt.[196]

2. Die Wechselwirkungslehre

Komplexer als das Zensurverbot ist die Problematik der allgemeinen Gesetze **36** i. S. d. Art. 5 Abs. 2 GG. Dieser schwierigen verfassungsrechtlichen Frage kann hier nicht im Einzelnen nachgegangen werden. Hier soll nur die in diesem Zusammenhang herausgearbeitete Wechselwirkungslehre herausgegriffen werden, nach der eine Begrenzung der in Art. 5 GG garantierten Grundrechte nur eingeschränkt möglich ist; das Gesetz, das ein Grundrecht einschränkt, wird vielmehr seinerseits im Lichte der Bedeutung dieses Grundrechts gesehen. Es kommt so zu einer Wechselwirkung, durch welche die „allgemeinen Gesetze" zwar nach ihrem Wortlaut das Grundrecht beschränken, „ihrerseits aber aus der Erkenntnis der wertsetzenden Bedeutung dieses Grundrechts im freiheitlich demokratischen Staat ausgelegt und so in ihrer das Grundrecht begrenzenden Wirkung selbst wieder eingeschränkt werden müssen."[197] Diese schwierige Lehre sei anhand eines Beispiels veranschaulicht,[198] das bereits einführt in Fragen des Bürgerlichen Medienrechts, vor allem die Grundzüge des allgemeinen Persönlichkeitsrechts, die im folgenden Abschnitt näher dargestellt werden.

BVerfGE 35, 202: Der Beschwerdeführer, der in den Soldatenmord von Lebach verwickelt war, will verhindern, dass in einer ZDF-Dokumentation sein Name genannt und sein Gesicht gezeigt wird. Der Beschwerdeführer war wegen des Verbrechens von Lebach, das die Öffentlichkeit ungeheuer heftig erregte, zu einer Freiheitsstrafe von mehreren Jahren verurteilt worden, stand aber kurz vor der Entlassung aus der Haft.

Das Bundesverfassungsgericht hat dem Beschwerdeführer Recht gegeben, weil **37** sein **Resozialisierungsinteresse** angesichts der bevorstehenden Entlassung Vorrang vor dem Informationsinteresse der Bevölkerung habe. Das Gericht betont im Ausgangspunkt das Spannungsfeld zwischen Persönlichkeitsrecht des Be-

---

[195] Zum Unternehmenspersönlichkeitsrecht siehe § 4 Rz. 63 ff.
[196] Vgl. bereits § 1 Rz. 11 ff.
[197] BVerfGE 7, 198, 207 f.; skeptisch etwa *Nipperdey*, DVBl 1958, 445, 449.
[198] Instruktiv auch BVerfG-K AfP 2005, 169, zur Durchsuchung von Redaktionsräumen.

schwerdeführers und der Freiheit der Berichterstattung durch den Rundfunk.[199] Die Rundfunkfreiheit werde hier durch die §§ 22 f. KUG,[200] die allgemeine Gesetze i. S. d. Art. 5 Abs. 2 GG und ihrerseits verfassungsgemäß seien,[201] eingeschränkt. Allerdings dürften die §§ 22, 23 KUG die Rundfunkfreiheit nicht übermäßig einengen. Andererseits verwirklichten die genannten Vorschriften die Verfassungsgarantie des Persönlichkeitsschutzes.[202] Das Gericht kommt auf der Grundlage einer umfassenden Abwägung der widerstreitenden Grundrechte zu dem Ergebnis, dass das Informationsinteresse der Öffentlichkeit hier zurückzustehen hat: „Die Ausstrahlungswirkung des verfassungsrechtlichen Schutzes der Persönlichkeit lässt es jedoch nicht zu, dass die Kommunikationsmedien sich über die aktuelle Berichterstattung hinaus zeitlich unbeschränkt mit der Person eines Straftäters und seiner Privatsphäre befassen."[203]

Aufschlussreich an dieser Formulierung ist, dass das Gericht hier selbst den Begriff der Kommunikationsmedien verwendet und so den medienrechtlichen Bezug dieser wegweisenden Entscheidung hervorhebt.[204] Damit wurden die verfassungsrechtlichen Grundlagen für einen Bereich geschaffen, der uns im Folgenden beschäftigt und gleichsam ein Herzstück des privaten Medienrechts darstellt.[205] Der Bundesgerichtshof hat im Übrigen unter Berufung auf das zuletzt dargestellte Urteil entschieden, dass Presseagenturen bei Vorliegen eines entsprechenden Informationsinteresses der Öffentlichkeit über bestimmte Personen auch unter Namensnennung entgegen dem Willen des Betroffenen berichten dürfen.[206]

OLG Frankfurt a. M. NJW 2007, 699: Der als „Kannibale von Rotenburg" bekannt gewordene Kläger wendet sich gegen die Verfilmung seines Lebens und seiner blutigen Tat. Der von der beklagten Produktionsfirma selbst so angepriesene „Real-Horrorfilm" basiert auf dem Geständnis des noch nicht rechtskräftig Verurteilten. Dieser fühlt sich in seinem Persönlichkeitsrecht verletzt. Die Beklagte berief sich auf die Freiheit der Kunst.

38   Das Gericht hat dem Kläger Recht gegeben und die Verbreitung und den Vertrieb des Films untersagt. Der mutmaßliche Täter werde in seinem Persönlichkeitsrecht verletzt, ohne dass die Beklagte sich auf die Kunstfreiheit berufen könne, weil es sich nicht um Kunst handele, sondern vielmehr um Unterhaltung. Die Entscheidung verdient keine Zustimmung. Als relative Person der Zeitgeschichte, die der Kläger durch die öffentlich gemachte Tat geworden ist,[207] muss er auch die Verfilmung seiner Tat hinnehmen, soweit sie durch sein Geständnis und die Medienberichterstattung öffentlich geworden ist. Das schließt auch die Schilderung seines Werdegangs ein, sofern nicht kompromittierende Details erfunden werden. So wäre es unzulässig und auch nicht mit der Ausübung des Grundrechts der Kunstfreiheit zu rechtfertigen, wenn der Film beispielsweise, um die Rohheit der Gesinnung zu veranschaulichen, zeigen

---

[199] BVerfGE 35, 202, 218 f. Siehe dazu auch *J. Hager*, Jura 1995, 566, 569.

[200] Gesetz betreffend das Urheberrecht an Werken der bildenden Künste und der Photographie vom 9. 1. 1907 (RGBl. 1907 S. 7). Die zitierten §§ 22, 23 KUG zählen zu den wichtigsten Vorschriften des privaten Medienrechts; auf sie wird bei der Behandlung des Persönlichkeitsrechts noch zurückzukommen sein.

[201] BVerfGE 35, 202, 224.

[202] BVerfGE 35, 202, 225.

[203] BVerfGE 35, 202, 226 f.

[204] Zu diesem Aspekt des Lebach-Urteils auch *Beater*, Zivilrechtlicher Schutz vor der Presse als konkretisiertes Verfassungsrecht, 1996, S. 71 f.

[205] Zur Fortsetzung des Lebach-Falles *Fechner*, Medienrecht, Rz. 148.

[206] BGH GRUR 2007, 350.

[207] Dazu näher im folgenden Paragraphen.

würde, wie der heranwachsende Täter Tiere gequält und anschließend verspeist hätte. Derartige fiktionale Anreicherungen wären in der Tat geeignet, das auch dem Straftäter – umso mehr dem nur Verdächtigen – zustehende Persönlichkeitsrecht zu verletzen. Wäre die Entscheidung des Gerichts zutreffend, so könnte das in letzter Konsequenz dazu führen, dass der mit dem Film erzielte Gewinn an den Täter nach § 812 Abs. 1 S. 1 Alt. 2 BGB ausgekehrt werden müsste, wenn und weil es sich um einen Eingriff in den Zuweisungsgehalt fremden Rechts handeln würde.[208] Es wäre jedoch nicht hinnehmbar, den Täter auf diese Weise von seiner Untat profitieren zu lassen.[209] Dass der sonach prinzipiell zulässige Film geschmacklos ist, steht auf einem anderen Blatt, doch ist das vor allem eine Frage des Jugendschutzes,[210] dessen Maßgaben die nötige, aber eben auch hinreichende Grenze ziehen.

LG Koblenz NJW 2007, 695: Es ging um die Verfilmung der Entführung des Bankierssohns Jakob von Metzler. Der Entführungsfall hatte vor allem auch durch die Verurteilung der verantwortlichen Ermittler Bekanntheit erlangt, die durch Androhung von Schmerzen gegenüber dem Entführer dem Versteck des (bereits toten) Opfers auf die Spur zu kommen hofften.

Nach Ansicht des Gerichts setzt sich der Film in seriöser Weise mit den **39** Umständen der Entführung und der für eine demokratische Gesellschaft zentralen Frage auseinander, ob die Androhung und Zufügung von Schmerzen zur Rettung des Opfers als letztes Mittel zulässig ist oder sein kann. Gerade dieser Beitrag zur öffentlichen Diskussion rechtfertige es, nach Abwägung des Persönlichkeitsrechts des Betroffenen mit der Kunst- und Rundfunkfreiheit der beklagten Rundfunkanstalt, der Kunst- und Rundfunkfreiheit den Vorrang einzuräumen. Interessant ist insbesondere der Hinweis des Gerichts, dass der Täter selbst durch Veröffentlichung eines Buches und einen Internetauftritt seine Person und Tat in der Öffentlichkeit präsent hielt und sich daher nicht darauf berufen konnte, „mit der Tat allein gelassen zu werden".[211]

VI. Schutz des Fernmeldegeheimnisses

Zu den für das Verständnis des Medienrechts relevanten Grundrechten und **40** damit verfassungsrechtlichen Grundlagen zählt schließlich auch Art. 10 GG,[212] der in seinem Anwendungsbereich das ebenfalls in Betracht kommende Recht auf **informationelle Selbstbestimmung** verdrängt.[213] Umgekehrt erfasst dieses – und nicht Art. 10 GG – den Schutz von nach Abschluss des Übertragungsvorgangs im Herrschaftsbereich des Kommunikationsteilnehmers gespeicherten Verbindungsdaten.[214] Der Schutz des Fernmeldegeheimnisses ist gerade in jüngerer Zeit

---

[208] Zur Gewinnabschöpfung unten, § 6 V.
[209] Zur prinzipiell zulässigen Möglichkeit von Exklusivvereinbarungen siehe unten § 8 Rz. 14.
[210] Siehe dazu unten § 16.
[211] So das Landgericht wörtlich im Urteil.
[212] Dazu *Sievers*, Der Schutz der Kommunikation im Internet durch Artikel 10 des Grundgesetzes, 2003.
[213] BVerfGE 67, 157, 171; 100, 313, 358; siehe dazu insbesondere *Mayer-Schönberger*, Information und Recht, 2001, S. 122 ff. Grundlegend zum Recht auf informationelle Selbstbestimmung BVerfGE 65, 1. Vgl. *Schiedermair*, in: Dörr/Kreile/Cole (Hrsg.), Handbuch Medienrecht, S. 285 ff.
[214] BVerfG NJW 2006, 976.

in den Blickpunkt gerückt, weil gerade das Abhören von Telefongesprächen, die Journalisten mit ihren Informanten führen, von zunehmender Bedeutung ist. Nicht nur für Journalisten, sondern auch für Rundfunkanstalten ist dies von vitalem Interesse, da sie im Rahmen ihrer Recherche auf Informationen angewiesen sind, die ihnen in der Regel nur unter dem Siegel der Verschwiegenheit und in der Gewissheit der absoluten Vertraulichkeit mitgeteilt werden.[215]

BVerfG NJW 2003, 1787: Zwei unterschiedlichen Verdächtigen kamen die Strafverfolgungsbehörden dadurch auf die Spur, dass sie ihre Mobilfunkanschlüsse und insbesondere die Gespräche mit Journalisten aufzeichneten. Diese selbst sowie das Zweite Deutsche Fernsehen (ZDF) hielten dies für rechtswidrig. Die Behörden beriefen sich auf die Einhaltung der §§ 100 a, 100 b StPO, § 12 FAG.

41 Obwohl die Grundrechte auf juristische Personen des öffentlichen Rechts grundsätzlich nicht anwendbar sind,[216] konnte hier auch das ZDF als öffentlich-rechtliche Rundfunkanstalt die gerügten Grundrechtsverletzungen im Wege der Verfassungsbeschwerde geltend machen, da es insoweit durch Art. 5 Abs. 1 S. 2 GG geschützt ist.[217] Darüber hinaus kommt nicht nur für die betroffenen Journalisten, sondern auch zu Gunsten des ZDF die Berufung auf den Schutz des Fernmeldegeheimnisses aus Art. 10 GG in Betracht. Der funktionelle Zusammenhang zwischen Pressefreiheit und Fernmeldegeheimnis ist in der Rechtsprechung schon seit längerem anerkannt.[218] Entsprechendes gilt für die Rundfunkfreiheit, zu der im Interesse der Funktionsfähigkeit des Rundfunks auch die **Informationsbeschaffung** gehört.[219] Daher ist es den staatlichen Stellen verwehrt, in die Vorbereitung von Sendungen Einblick zu nehmen.[220]

42 Das Fernmeldegeheimnis schützt nicht nur die **Kommunikationsinhalte**, sondern auch die konkreten Umstände der Telekommunikation, also auch die Personen, zwischen denen der Telekommunikationsverkehr stattgefunden hat.[221] Es geht nicht zuletzt um die freie Telekommunikation; daher muss auch die vertrauliche Nutzung des Kommunikationsmediums in der Erwartung möglich sein, dass staatliche Stellen sich nicht in die Verbindung einschalten.[222] Dabei kommt es nicht darauf an, wer Betreiber der Übertragungs- und Vermittlungseinrichtungen ist.[223] Daher lag in beiden Fällen hier ein Eingriff in den Schutzbereich des Fernmeldegeheimnisses vor.[224]

---

[215] Näher zum Schutz des Fernmeldegeheimnisses, insbesondere bei juristischen Personen, unten § 4 Rz. 63 ff.

[216] BVerfGE 21, 362, 369; 61, 82, 101.

[217] BVerfGE 31, 314, 322; 59, 231, 254; 78, 101, 102.

[218] BVerfGE 100, 313, 365.

[219] BVerfG NJW 2003, 1787, 1788. Zum privatrechtlichen Schutz von Informationserlangung siehe *Canaris*, JBl 1991, 205.

[220] BVerfGE 66, 116, 133; 77, 65, 75.

[221] BVerfGE 67, 157, 172; 85, 386, 396.

[222] BVerfGE 100, 313, 358.

[223] BVerfG NJW 2002, 3619, 3620.

[224] Erhellend insoweit BVerfG NJW 2003, 1789: „Gerichtliche Entscheidungen, die es den Strafverfolgungsbehörden ermöglichen, sich auf Grund des vorhandenen Datenmaterials detaillierte Kenntnis von den Umständen der Telekommunikation eines Betroffenen zu verschaffen, greifen in den Schutz des Fernmeldegeheimnisses ein. Solche Verbindungsdaten werden bei der digitalisierten Kommunikation automatisch und generell festgehalten und müssen deshalb nicht speziell für Zwecke der Strafverfolgung erfasst werden. Durch die Übermittlung solcher Daten erlangen die Strafverfolgungsbehörden Kenntnis von den Umständen der Telekommunikation. Dies ermöglicht – sofern die Daten sich wie vorliegend auf ISDN- oder Mobilfunkanschlüsse beziehen – ein detailliertes Bild über die erfolgten Kommunikationsvorgänge."

Jedoch waren die Verfassungsbeschwerden letztlich nicht begründet, weil die **43** Voraussetzungen der Auskunftserteilung nach den §§ 100 a StPO, 12 FAG vorlagen. Speziell im Hinblick auf § 12 **Fernmeldeanlagengesetz (FAG)** ist allerdings dessen tatbestandliche Weite in Rechnung zu stellen,[225] wegen derer im Schrifttum mannigfache Bedenken gegen die Vorschrift geltend gemacht worden sind.[226] Gerade bei den vorliegend relevanten schweren Straftaten (vgl. auch § 100 g StPO) sieht das Bundesverfassungsgericht aber seit jeher die Aufklärung und Wahrheitsermittlung im Strafverfahren als ebenso wesentlichen Auftrag der Rechtsstaatlichkeit an.[227] Da es vorliegend kein milderes, gleich geeignetes Mittel der Überwachung und Ermittlung gab, hat das Gericht eine Verletzung des Art. 10 GG letztlich abgelehnt.

Auch einen Verstoß gegen Art. 5 GG hat das Bundesverfassungsgericht **44** letztlich abgelehnt: „Bei der Gewichtung der Medienfreiheit im Verhältnis zu dem staatlichen Interesse an der Strafverfolgung ist zu berücksichtigen, dass die betroffenen Handlungen auf beiden Seiten der Erlangung von Informationen zielen, ohne dass einem der dabei verfolgten Interessen abstrakt ein eindeutiger Vorrang gebührt. (…) Vielmehr ist es angesichts der Vielgestaltigkeit der durch überkommene und ‚neue' Medien beeinflussten öffentlichen Kommunikation und der darauf bezogenen Aktivitäten und Akteure Sache des Gesetzgebers, über die Anlässe und Reichweite einer Freistellung von Journalisten oder Medienunternehmen von strafprozessualen Maßnahmen zu entscheiden."[228]

VII. Medienfreiheit und Menschenwürde

Es mag überraschen, dass ausgerechnet das wichtigste Grundrecht erst gegen **45** Ende dieses Abschnitts behandelt wird, aber die Diskussion um das Span-

---

[225] Bezüglich des Funktionswandels der Vorschrift sind in rechtstheoretischer Hinsicht sowie im Hinblick auf den Einfluss der Digitalisierung auf die Reichweite der Vorschrift folgende Ausführungen des Gerichts (BVerfG NJW 2003, 1790) von Interesse: „Die Eingriffsintensität der Übermittlung von Verbindungsdaten hat infolge der seit In-Kraft-Treten des § 12 FAG im Jahre 1928 erfolgten technologischen Neuerungen stark zugenommen, da immer mehr Daten für Zwecke der Strafverfolgung nutzbar geworden sind. Zum Zeitpunkt der Verabschiedung des Fernmeldeanlagengesetzes wurde der Telefonverkehr noch manuell vermittelt. Gegenstand der Auskunft konnten nur Wahrnehmungen des Vermittlungspersonals und die von ihnen für Abrechnungszwecke angefertigten Aufzeichnungen sein. (…) In der analogen Telekommunikationstechnik wurden die für eine Verbindung notwendigen Schaltungen durch elektromagnetische Stellgeräte bewirkt, die nach Ende der Verbindung in ihre Ausgangsposition zurückgingen. Damit war § 12 FAG für Zwecke der Strafverfolgung bedeutungslos geworden. Dies hat sich geändert, seit die analoge Vermittlungstechnik durch Einführung der digitalen Technik ersetzt worden ist. Für jede Kommunikationsbeziehung wird im digitalen Netz ein Datensatz erzeugt, der der rechnergesteuerten Herstellung und Aufrechterhaltung der Verbindung dient. (…) Infolge der Digitalisierung stehen damit nunmehr in erheblichem Umfang Verbindungsdaten zur Verfügung, die für einen gewissen Zeitraum auch für Zwecke der Strafverfolgung nutzbar sind."

[226] Vgl. *Kleszczewski*, StV 1993, 382, 386; *Eisenberg/Nischan*, JZ 1997, 74, 82; *Reimann*, DuD 2001, 601, 602; *Pöppelmann*, AfP 1997, 485, 493; *Welp*, Überwachung und Kontrolle, 2000, S. 85 ff.; *ders.*, GA, 2002, 535. Siehe auch *Janz*, JuS 2003, 1063 (dazu *Eichhorn*, JuS 2004, Heft 1, S. XXIV).

[227] BVerfGE 29, 183, 194; 77, 65, 76; 80, 367, 375.

[228] BVerfG NJW 2003, 1794; dazu *Kugelmann*, NJW 2003, 1777.

nungsverhältnis von Medienfreiheit und Menschenwürde datiert vor allem aus jüngerer Zeit. Vor allem fernsehgerechte Selbstinszenierungen des Alltags („Big Brother") entfachen mehr und mehr das Interesse der Fachöffentlichkeit.[229] Das Neuartige und Abschreckende an derartigen Formaten besteht in der Kommerzialisierung und Ökonomisierung des Menschen an sich.[230] Bislang konnte man der Programmfreiheit noch Rechnung tragen, weil – zumindest nach Ansicht des überwiegenden Schrifttums[231] – keine Verletzung der Menschenwürde festgestellt werden konnte. Es ist aber wohl nur eine Frage der Zeit, wann auch diese Grenze überschritten wird. Fernsehshows, in denen sich die Teilnehmer freiwillig menschenunwürdigen Bedingungen aussetzen, gewinnen jedenfalls an Breitenwirkung und Akzeptanz,[232] wie der Blick auf andere Länder vergegenwärtigt.

46   Möglicherweise wird sich das Problem aber von selbst weitgehend lösen bzw. entschärfen. Denn es hat sich herausgestellt, dass sich Werbekunden der Nahrungsmittelindustrie aus nahe liegenden Gründen dagegen verwahrt haben, dass ihre Spots in einem Werbeblock ausgestrahlt werden, der Ekel erregende Szenen unterbricht. Hier zeigt sich nicht nur wiederum, dass die Werbung das wirtschaftliche Rückgrat des Privatfernsehens darstellt. Vielmehr offenbart sich darüber hinaus eine Tendenz zur effektiven **Selbstregulierung**. Denn die Privatsender, die sich eben noch auf die verfassungsrechtlich verbriefte Rundfunkfreiheit berufen haben, geben erfahrungsgemäß ohne weiteres den Einsprüchen ihrer Werbekunden nach und setzen die betreffenden Sendeformate ohne Umschweife ab.

VIII. Vertraulichkeit und Integrität informationstechnischer Systeme

47   Das Bundesverfassungsgericht hat den Grundrechtsschutz darüber hinaus in einem nicht nur informationsrechtlich, sondern auch medienrechtlich relevanten Bereich gewährleistet. Denn der Rechtsschutz setzt bei den vom Gericht so genannten „informationstechnischen Systemen", also nicht zuletzt den Computern selbst an, so dass in der Tagespresse alsbald von einem „Computer-Grundrecht" gesprochen wurde.[233] In der Tat legt das Gericht gleich im ersten Leitsatz fest, dass das allgemeine Persönlichkeitsrecht, das sich aus Art. 2 Abs. 1 i. V. m. Art. 1 Abs. 1 GG ergibt[234] und von dem noch eingehend die Rede sein wird,[235] „das Grundrecht auf Gewährleistung der Vertraulichkeit und Integrität informa-

---

[229] *Di Fabio*, Schutz der Menschenwürde durch allgemeine Programmgrundsätze, 2000; *Dörr*, „Big Brother" und die Menschenwürde, 2000; *ders.*, Festschrift für Herrmann, 2002, S. 21; *Gersdorf*, Sonderdruck RTKom, 2000; *Frotscher*, „Big Brother" und das deutsche Rundfunkrecht, 2000; *Huster*, NJW 2000, 3477.

[230] *Di Fabio*, Schutz der Menschenwürde durch allgemeine Programmgrundsätze, 2000, S. 30 ff.

[231] Vgl. *Dörr*, Festschrift für Herrmann, 2002, S. 33.

[232] Siehe zur Menschenwürde aus rechtsphilosophischer Sicht *Spaemann*, Über den Begriff der Menschenwürde, in: Das Natürliche und das Vernünftige, 1987, S. 77 ff.

[233] *Kerscher*, Süddeutsche Zeitung vom 28. 2. 2008, S. 1 f.; *Prantl*, ebenda, S. 4.

[234] Vgl. nur BVerfGE 54, 148, 153; 65, 1, 41; 99, 185, 193; 101, 361, 380; 106, 28, 39; 114, 339, 346.

[235] In § 4.

tionstechnischer Systeme umfasst". Dieses Grundrecht ist also eine **Ausprägung des allgemeinen Persönlichkeitsrechts**, wodurch eine Schutzlücke geschlossen wird, weil und sofern die Art. 10 GG, der die unkörperliche Übermittlung von Informationen an individuelle Empfänger mit Hilfe des Telekommunikationsverkehrs schützt,[236] und Art. 13 GG, der freilich keinen von den Zugriffsmodalitäten unabhängigen lückenlosen Schutz vermittelt,[237] „dem durch die Entwicklung der Informationstechnik entstandenen Schutzbedürfnis nicht hinreichend Rechnung tragen."[238] Schon jetzt lässt sich sagen, dass das Urteil einen Meilenstein des Informations- und Medienrechts markiert.

BVerfG NJW 2008, 822: Die Verfassungsbeschwerden richteten sich gegen eine Regelung des nordrhein-westfälischen Verfassungsschutzgesetzes, durch welche die Verfassungsschutzbehörde nicht nur zum heimlichen Beobachten und sonstigen Aufklären im Internet, sondern auch zum heimlichen Zugriff auf informationstechnische Systeme ermächtigt wurde.

Das Gericht hat die weit reichende Regelung für nichtig erklärt und der **48** bereits vorher im Schrifttum kontrovers diskutierten[239] Möglichkeit von Online-Durchsuchungen Zügel angelegt.[240] Danach ist die heimliche Infiltration eines informationstechnischen Systems grundsätzlich unter den **Vorbehalt richterlicher Anordnung** zu stellen. Sie ist demnach nur zulässig, wenn tatsächliche Anhaltspunkte einer konkreten Gefahr für ein **überragend wichtiges Rechtsgut** bestehen.[241] Das sind neben Leib, Leben und Freiheit der Person auch „solche Güter der Allgemeinheit, deren Bedrohung die Grundlagen oder den Bestand des Staates oder die Grundlagen der Existenz der Menschen berührt."[242]
Interessant ist für den vorliegenden Zusammenhang, dass das Urteil die Medien selbst in den Blick nimmt[243] und so über den informationsrechtlichen Gehalt hinaus einen spezifisch medienrechtlichen Zusammenhang im oben genannten Sinne hergestellt, weil die Probleme aus dem Medium als solchem resultieren,[244] ohne dass damit freilich ein Fundament für ein eigenständiges Medienrecht bereitet würde.[245] Wichtig ist die Feststellung des Gerichts, dass aufgrund der zunehmenden Verbreitung vernetzter informationstechnischer Systeme mit den dadurch begründeten neuen Möglichkeiten der Persönlichkeitsentfaltung auch eine **Persönlichkeitsgefährdung** für den Bürger einher-

---

[236] BVerfGE 67, 157, 172; 106, 28, 35; zur Erstreckung auf die Kommunikationsdienste des Internet BVerfGE 113, 348, 383.

[237] Vgl. BVerfGE 113, 29, 45; ebenso das Gericht jetzt unter Rz. 194 im Einklang mit *Beulke/Meininghaus*, StV 2007, 63, 64; *Gercke*, CR 2007, 245, 250; *Schlegel*, GA 2007, 648, 654; a. A. *Rux*, JZ 2007, 285; *Schaar/Landwehr*, K&R 2007, 202; *Buermeyer*, HRRS 2007, 392, 395.

[238] Zu Abgrenzungsproblemen bei der Bestimmung des Gewährleistungsbereichs des neu geschaffenen Grundrechts *Kutscha*, NJW 2008, 1042, 1043.

[239] *Hofmann*, NStZ 2005, 121; *Hornung*, DuD 2007, 575, 579; *Warntjen*, Jura 2007, 581; *Hansen/Pfitzmann*, DRiZ 2007, 225; siehe zu Ermittlungen im Vorfeldbereich auch *Möstl*, DVBl 2007, 581; *Volkmann*, JZ 2006, 918.

[240] Deren Effektivität bezweifelt *Kutscha*, NJW 2008, 1042, 1044.

[241] Monographisch aus dem früheren Schrifttum *Germann*, Gefahrenabwehr und Strafverfolgung im Internet, 2000.

[242] Leitsatz 2 des Urteils.

[243] Siehe nur Rz. 172 des Urteils.

[244] Vgl. oben § 1 Rz. 2.

[245] § 1 Rz. 31. Interessant ist auch die faktisch und nicht normativ geprägte Wendung der „technischen Konvergenzeffekte" (Rz. 176 des Urteils; vgl. auch oben § 1 Rz. 11).

geht,[246] die durch die Verbindung mit dem Internet noch vertieft wird.[247] Deshalb erweist sich auch das Recht auf informationelle Selbstbestimmung nicht als hinreichend,[248] wenn es um den heimlichen Zugriff auf informationstechnische Systeme durch Dritte geht,[249] weil mit der Nutzung der Medien zwangsläufig neue höchstpersönliche Daten generiert werden.

Die vom Bundesverfassungsgericht herausgearbeiteten Anforderungen an die Zulässigkeit von Online-Durchsuchungen hat der Bundesgesetzgeber inzwischen aufgegriffen. Geplant ist u. a. eine Änderung des BKA-Gesetzes mit dem Ziel einer effektiveren Bekämpfung des internationalen Terrorismus.[250] Der in § 20 k BKAG-E vorgesehene heimliche Zugriff auf informationstechnische Systeme ist hierbei teilweise wortlautgetreu an die strengen verfassungsgerichtlichen Vorgaben angelehnt. Danach ist ein verdeckter Eingriff insbesondere unter Richtervorbehalt gestellt und ausschließlich zum Schutz der zuvor genannten überragend wichtigen Rechtsgüter zulässig.

---

[246] Rz. 177 ff.; dazu bereits BVerfGE 65, 1, 41.

[247] Rz. 179.

[248] Zu ihm BVerfGE 65, 1, 41 ff.; 84, 192, 194; im Urteil unter Rz. 196 ff. Zur Verletzung des Rechts auf informationelle Selbstbestimmung bei der automatisierten Erfassung von Autokennzeichen BVerfG NJW 2008, 1505.

[249] Siehe auch *Warntjen*, Heimliche Zwangsmaßnahmen und der Kernbereich privater Lebensgestaltung, 2007; vorher bereits *Duttge*, JZ 1996, 556.

[250] Vgl. die Begründung zum Entwurf eines Gesetzes zur Abwehr von Gefahren des internationalen Terrorismus durch das Bundeskriminalamt, Bundesrats-Drucksache 404/08, S. 1.

2. Teil. Das Bürgerliche Medienrecht

Den Begriff Bürgerliches Medienrecht gibt es eigentlich genauso wenig wie 1
es das Medienrecht überhaupt nach den Vorstellungen der Begründer des
Bürgerlichen Gesetzbuches gibt. Was damit gemeint ist, zeigt sich vor allem
exemplarisch. Es geht um alle diejenigen Beispiele aus dem Schuldrecht, die aus
heutiger Sicht zumindest auch dem Medienrecht zugeordnet werden. Sie bleiben nichtsdestoweniger genuin bürgerlich-rechtliche Fragen, die sich lediglich
auch unter dem Gesichtspunkt des Medienrechts stellen. Im Mittelpunkt steht
dabei die Entstehung und Dogmatik des allgemeinen Persönlichkeitsrechts.[1]
Dieses wiederum ist von den besonderen Persönlichkeitsrechten, namentlich
dem Recht am eigenen Bild abzugrenzen, mit dem hier begonnen wird. Des
Weiteren ist in diesem Zusammenhang der negatorische Ehren- und Persönlichkeitsschutz zu behandeln. Dabei kommt es vor allem auf den Unterlas-
sungs- und Berichtigungsanspruch an. Dort gerät die medienrechtsrelevante
Unterscheidung zwischen Tatsachenbehauptung und Werturteil ins Blickfeld.
Diese wird – ebenso wie die Wahrnehmung berechtigter Interessen – später
noch verschiedentlich eine Rolle spielen. Schließlich stellen sich unter dem
Blickwinkel der Anspruchskonkurrenz bereicherungsrechtliche Fragen. Auch
wenn man diese vielleicht am wenigsten mit dem Medienrecht in Verbindung
bringt, wird sich zeigen, dass es auch dort durchaus Fallgestaltungen gibt, deren
Betrachtung unter dem Blickwinkel des Medienrechts aufschlussreich ist.[2]

Den Abschluss der Untersuchung dieses Teils wird dann ein Anspruch
bilden, der aufs Engste mit dem Medienrecht zusammenhängt, nämlich der
Gegendarstellungsanspruch.

Allerdings kann das hier so genannte Bürgerliche Medienrecht auch andere 2
Sachverhaltsgestaltungen als den Schutz gegen Medienveröffentlichungen oder
Gewinnherausgabeansprüche etc. erfassen. Im Einzelfall kann es sogar ein
sachenrechtlicher Fall sein, der vom Blickwinkel des Medienrechts aus weit
reichende Fragen aufwirft, wie folgendes Beispiel belegt.

BGH NJW 2003, 3762: Die Beklagte bietet kostenpflichtige Mediendienste in Form eines
schnellen Internetzugangs sowie einen Stadtinformationsdienst an, bei denen die Datensignale
nach Encodierung, also Umwandlung in Fernsehsignale, über einen Fernsehkanal des örtlichen Breitbandkabelnetzes verbreitet werden. Diese Mediendienste können nur durch Installation eines von der Beklagten zur Verfügung gestellten, mit individueller Kennung ausgestatteten Kabelmodems decodiert werden. Darüber hinaus erfordert der Internetzugang ein
Telefonmodem, damit die Daten über die als Rückkanal genutzte Telefonleitung angefordert
werden können. Die Klägerin ist Betreiberin eines ihr errichteten Breitbandkabelnetzes,
über das sie die angeschlossenen Wohnungen entgeltlich mit Rundfunkprogrammen beliefert.
Sie hat mit der Grundstückseigentümerin einen entsprechenden Gestattungsvertrag geschlossen. Nachdem auch die Beklagte mit einem Bewohner der von der Klägerin verkabelten
Wohnanlage einen Nutzungsvertrag über ihre Mediendienste abgeschlossen hat, nimmt die
Klägerin sie auf Unterlassung der Signaldurchleitung, hilfsweise auf Untersagung, den mit der

---

[1] *Paschke*, Medienrecht, Rz. 278 zählt – von seinem Ansatz (zu ihm § 1 Rz. 12 f.) folgerichtig – den Persönlichkeitsschutz „zu den unbestrittenen Zielen des Medienrechts".

[2] Zur Anpassung des privaten Medienrechts an die „Unterhaltungsöffentlichkeit" *Ladeur*,
NJW 2004, 393.

Klägerin vertraglich verbundenen Empfängern Zugangsmöglichkeiten zu den Mediendiensten durch ihr Kabelnetz zu verschaffen, in Anspruch.

3   Der Bundesgerichtshof hielt die Klage nur im Hilfsantrag für begründet. Insoweit hat die Klägerin einen Anspruch aus § 1004 Abs. 1 BGB, weil sie als Eigentümerin des Breitbandkabelnetzes – Scheinbestandteil des Grundstücks nach § 95 BGB – nicht dulden muss, dass es die Beklagte ohne ihr Einverständnis unentgeltlich gewerblich nutzt, indem sie nicht nur als Content- oder Service-Provider eigene oder fremde Inhalte verteilt bzw. zur Nutzung vermittelt (vgl. auch § 2 Nr. 1 TMG), sondern sich darüber hinaus auch als Access-Provider vertraglich verpflichtet,[3] den Kunden über das Kabel Internetzugang zu ermöglichen.[4] Entscheidend ist, dass die gewerbliche Nutzung über die bloße Signaldurchleitung hinausgeht und damit in die Rechte des Eigentümers aus § 903 BGB eingreift,[5] ohne dass dieser nach § 1004 Abs. 2 BGB zur Duldung verpflichtet ist. Die Signaldurchleitung als solche sieht das Gericht dagegen nicht als Eigentumsbeeinträchtigung an,[6] da sie „den von der Klägerin selbst in Ausübung ihrer Eigentumsbefugnisse getroffenen Dispositionen entspricht."[7] Daher war die Klage im Hauptantrag unbegründet.

§ 3. Das Recht am eigenen Bild

Literatur: *Ahrens*, Die Verwertung persönlichkeitsrechtlicher Positionen, 2002; *Amelung/ Tyrell*, Zur Behandlung des Rechts am eigenen Bild in der neueren strafrechtlichen Rechtsprechung, NJW 1980, 1560; *Andenaes*, Der Frieden des Privatlebens, UFITA 1960, 30; *Bungart*, Dingliche Lizenzen an Persönlichkeitsrechten, 2005; *Enst-Moll*, Das Recht am eigenen Bildnis – vor und vor allem nach dem Tode, GRUR 1996, 558; *Frömming/Peters*, Die Einwilligung im Medienrecht, NJW 1996, 958; *Götting*, Persönlichkeitsrechte als Vermögensrechte, 1995; *Gounalakis/Rohde*, Persönlichkeitsschutz im Internet, 2002; *Günther*, Zur Notwendigkeit der Anerkennung nicht spezialgesetzlich normierter Persönlichkeitsrechte, UFITA 2004, 323; *Heidenreich*, Die Einwilligung Minderjähriger bei Eingriffen in das Recht am eigenen Bild und in sonstige Persönlichkeitsrechte, AfP 1970, 960; *Helle*, Besondere Persönlichkeitsrechte im Privatrecht: Das Recht am eigenen Bild, das Recht am ausgesprochenen Wort und der Schutz des geschriebenen Wortes, 1991; *ders.*, Bemerkungen zum Recht am eigenen Bild als Unterfall des allgemeinen Persönlichkeitsrechts, AfP 1986, 25; *ders.*, Das Recht am eigenen Bild im allgemeinen Persönlichkeitsrecht, AfP 1993, 704; *ders.*, Die Einwilligung beim Recht am eigenen Bild, AfP 1985, 93; *ders.*, Die Einwilligung zum Eingriff in das Recht am eigenen Bild, AfP 1990, 259; *Kohler*, Der Fall der Bismarckphotographie, GRUR 1900, 196; *Legler*, Das Recht am eigenen Bild auf der Datenautobahn, CR 1998, 439; *Lenz*, Das Recht am eigenen Bild des Polizeibeamten im Einsatz bei Demonstrationen contra Pressefreiheit, BayVBl. 1995, 164; *Lettl*, Allgemeines Persönlichkeitsrecht und Medienberichterstattung, WRP 2005, 1045; *Mayer-Schönberger*, Information und Recht, 2001, S. 36 ff.;

---

[3] Aus der früheren Judikatur des Bundesgerichtshofs zu vergleichbaren Fragen der Pay-TV-Durchleitung bereits BGH NJW 1996, 2656 (dazu *Kohl*, LM H. 11/1996, § 26 GWB Nr. 88); siehe ferner OLG Hamburg AfP 2000, 371.

[4] Siehe dazu *Roßnagel/Meier*, Recht der Multimedia-Dienste, § 3 MDStV, Rz. 14–18; vgl. auch *v. Bonin/Meier*, ZUM 1997, 821, 822.

[5] Vgl. auch *Gerauer*, GRUR 1988, 672, 673.

[6] Vgl. auch OLG Hamburg NJW-RR 2002, 550 (dagegen *v. Reinersdorff*, MMR 2001, 528).

[7] BGH NJW 2003, 3763, mit ausführlicher Darstellung der technischen Gegebenheiten und Voraussetzungen; a. A. *v. Reinersdorff*, MMR 2002, 222, 225. Lesenswert zur Entscheidung der Vorinstanz (OLG München MMR 2004, 49) *von der Osten*, MMR 2004, 51; zur Entscheidung des BGH siehe auch *Dierck*, MMR 2004, 31.

Müller, Konkurrenz von Einwilligungsberechtigten in der Neufassung des § 22 KUG, ZUM 2002, 202; *Neumann-Duesberg*, Bildberichterstattung über absolute und relative Personen der Zeitgeschichte, JZ 1960, 114; *Peifer*, Individualität im Zivilrecht, 2000; *Poll*, Die Entwicklung des „Rechts am eigenen Bild", ZUM 1988, 454; *Prinz*, Der Schutz der Persönlichkeitsrechte vor Verletzung durch die Medien, NJW 1995, 817; *ders.*, Geldentschädigung bei Persönlichkeitsverletzungen durch Medien, NJW 1996, 953; *Puttfarcken*, Zulässigkeit der Veröffentlichung des Barschel-Fotos, ZUM 1988, 133; *Söder*, Persönlichkeitsrechte in der Presse, ZUM 2008, 89; *Whitman*, The Two Western Cultures of Privacy: Dignity Versus Liberty, Yale Law Journal 2004 (113) 1151; *ders.*, Enforcing Civility and Respect: Three Societies, Yale Law Journal 2000 (109) 1279.

Zunächst ist das Recht am eigenen Bild zu behandeln.[1] Auch wenn es sich **4** dabei letztlich um eine besondere Ausprägung bzw. einen Unterfall des allgemeinen Persönlichkeitsrechts handelt,[2] geht es diesem doch als lex specialis vor, weil es in § 22 KUG eine besondere Regelung erfahren hat.[3] Nach § 22 S. 1 KUG dürfen Bildnisse nur mit Einwilligung des Abgebildeten verbreitet oder öffentlich zur Schau gestellt werden. Die Vorschrift ist anerkanntermaßen ein Schutzgesetz i. S. d. § 823 Abs. 2 BGB.[4] Ohne Einwilligung dürfen Bilder bzw. Bildnisse nur unter den Voraussetzungen des § 23 Abs. 1 Nr. 1 bis 4 KUG[5] verbreitet oder zur Schau gestellt werden.[6] Den aus medienrechtlicher Sicht wichtigsten Fall stellt § 23 Abs. 1 Nr. 1 KUG dar, wonach Bildnisse aus dem Bereich der Zeitgeschichte ohne Einwilligung des Betroffenen verbreitet werden dürfen. Damit stellt sich die Frage, wer unter welchen Umständen als Person der Zeitgeschichte anzusehen ist.

I. Personen der Zeitgeschichte

Für die Bestimmung der Person der Zeitgeschichte hat die Rechtsprechung[7] **5** eine Unterscheidung aus dem Schrifttum aufgegriffen,[8] die danach differenziert, ob jemand losgelöst von einem bestimmten Ereignis oder Vorfall bekannt geworden ist oder erst infolgedessen. Im erstgenannten Fall handelt es sich um eine so genannte absolute Person der Zeitgeschichte, im zweiten um eine relative.

1. Absolute und relative Personen der Zeitgeschichte

a) Absolute Personen der Zeitgeschichte

Absolute Personen der Zeitgeschichte sind demnach alle Prominenten, die **6** gleichsam jeder kennt, wohingegen relative Personen der Zeitgeschichte solche sind, die in Abhängigkeit von einem bestimmten Ereignis, also beispielsweise

---

[1] Zum Recht am eigenen Bild und seinen Beeinträchtigungen im Internet *Gounalakis/Rohde*, Persönlichkeitsschutz im Internet, 2002, Rz. 51 ff.

[2] *Helle*, AfP 1986, 25; *Lettl*, WRP 2005, 1045, 1051.

[3] *Larenz/Canaris*, Schuldrecht II/2, § 76 II 4 d; 80 I 6 b; 81 III 4 d.

[4] Vgl. nur OLG München NJW 1988, 915, 916; *Helle*, Besondere Persönlichkeitsrechte im Privatrecht, 1991, S. 50.

[5] Siehe dazu auch *Peifer*, Individualität im Zivilrecht, 2000, S. 257.

[6] Näher zur Einwilligung in diesem Zusammenhang *Helle*, AfP 1985, 93; *ders.*, AfP 1990, 259.

[7] Erstmals BGH NJW 1965, 2148; das Bundesverfassungsgericht wendet die Unterscheidung auch auf die Wortberichterstattung an; vgl. BVerfG-K NJW 1997, 2669; 2000, 2190.

[8] Grundlegend insoweit *Neumann-Duesberg*, JZ 1960, 114.

durch einen Unfall, eine Entführung, Rettungstat oder ein sonstiges Ereignis, über das in den Medien berichtet wurde, bekannt geworden sind. Während der Bundesgerichtshof eher zurückhaltend mit der Qualifizierung als absolute Person der Zeitgeschichte ist, verfahren die Oberlandesgerichte tendenziell großzügiger.[9] Zu den absoluten Personen der Zeitgeschichte gehören insbesondere Staatsoberhäupter, herausragende Politiker sowie Monarchen,[10] aber auch bekannte Erfinder[11] oder führende Industrielle.[12] Gleiches gilt für berühmte Wissenschaftler[13], Schauspieler[14] und berühmte Sportler.[15] Dabei dürfte es keinen Unterschied machen, ob ein vormals weltbekannter Sportler, wie etwa Max Schmeling,[16] nach Jahrzehnten kaum mehr in Erscheinung tritt, weil sein Name immer noch praktisch jedem bekannt ist.[17] Andernfalls wäre seine zeitgeschichtliche Bedeutung schließlich auch nicht absolut, sondern temporär.[18]

b) Relative Personen der Zeitgeschichte

7   Relative Personen der Zeitgeschichte werden demgegenüber durch ein einmaliges Geschehen bekannt.[19] Bei ihnen ist die Veröffentlichungsbefugnis **thematisch begrenzt**,[20] d. h. die Verbreitung wird in zeitlicher, räumlicher und thematischer Hinsicht durch das Ereignis, das die Person bekannt gemacht hat, begrenzt.[21] Zu berücksichtigen ist also, dass man nicht durch ein bestimmtes Bild zur relativen Person der Zeitgeschichte wird, sondern nur in Abhängigkeit von einem bestimmten Ereignis.[22] Allerdings kann jemand u. U. als Partner[23] eines Prominenten zur relativen Person der Zeitgeschichte infolge gemeinsamen Auftretens werden.[24] Etwas anderes gilt freilich, wenn sich die Person bereits seit einiger Zeit[25] von dem Prominenten getrennt hat.[26]

c) Schutz der Privat- und Familiensphäre

8   Mitunter übersehen oder zumindest verkürzt dargestellt wird der Umstand, dass auch bei absoluten Personen der Zeitgeschichte anerkannt wird, dass es

---

[9] Vgl. *Prinz/Peters*, Medienrecht, Rz. 848; *v. Gerlach*, JZ 2003, 42.

[10] BGH NJW 1996, 1129. Zur Zulässigkeit der Berichterstattung über eine inzwischen abgelöste Ministerpräsidentin BGH, Urteil vom 24. 6. 2008 – Az. VI ZR 156/06.

[11] RGZ 74, 308, 312.

[12] BGH NJW 1994, 124.

[13] Staudinger/*Hager*, § 823 C Rz. 200.

[14] OLG Hamburg UFITA, 81, 278, 285 (Romy Schneider); OLG Hamburg AfP 1992, 159 (Beatrice Richter).

[15] RGZ 125, 80 (dagegen Staudinger/*Hager*, § 823 C Rz. 200); BGHZ 49, 288, 292; BGH NJW 1979, 2203 (Franz Beckenbauer); OLG Frankfurt NJW 1989, 402 (Boris Becker).

[16] Diesen nennt *Neumann-Duesberg*, JZ 1960, 114, 115, ausdrücklich.

[17] A. A. *Prinz/Peters*, Medienrecht, Rz. 848.

[18] So zutreffend *v. Gerlach*, JZ 2003, 42, übrigens auch zu Max Schmeling.

[19] Staudinger/*Hager*, § 823 C Rz. 201.

[20] Staudinger/*Hager*, § 823 C Rz. 201.

[21] BGH NJW 1965, 2353, 2355.

[22] *Schricker-Gerstenberg/Götting*, § 23 KUG, Rz. 14; *Prinz/Peters*, Medienrecht, Rz. 850.

[23] Zu den so genannten Begleitpersonen näher *Prinz/Peters*, Medienrecht, Rz. 856.

[24] OLG Hamburg ZUM 1995, 494, 495; OLG Hamburg AfP 1991, 437; uneinheitlich LG Köln AfP 1994, 165 einerseits und 166 andererseits; kritisch zu dieser Rechtsprechung *Prinz*, NJW 1995, 817, 821.

[25] In OLG Hamburg ZUM 1986, 400 waren es sechs Jahre.

[26] OLG Hamburg AfP 1993, 576 (Ex-Freundin von Boris Becker); OLG Hamburg ZUM 1986, 400 (frühere Freundin von Günther Netzer).

einen privaten und familiären Bereich gibt, in dem das Informationsinteresse der Öffentlichkeit generell zurückzustehen hat.[27] Der Bundesgerichtshof hat dies in einer Aufsehen erregenden Entscheidung präzisiert:[28]

BGH NJW 1996, 1128: Caroline von Monaco – die jetzige Prinzessin Caroline von Hannover – wurde von einem Fotografen abgelichtet, als sie mit einem Bekannten in einem Gartenlokal saß. Der zugehörige Artikel war mit der Zeile überschrieben „Das Versteckspiel ist vorbei". In ihm hieß es: „Perfektes Versteck für die schöne Prinzessin und ihren scheuen Verehrer – dachten die beiden. Aber die Kamera ist Zeuge, wie Vincent zärtlich Carolines Hand ergreift. Klick. Wie er sie an seine Lippen zieht, sie sanft berührt. Klick, klick."

Der beklagte Verlag hat sich auf § 23 KUG berufen. Der Bundesgerichtshof ist **9** demgegenüber von einer Verletzung der Privatsphäre ausgegangen, die durch diese Vorschrift nicht gestattet wird und selbst bei absoluten Personen der Zeitgeschichte unzulässig ist,[29] es sei denn, der Eingriff ist im Einzelfall ausnahmsweise im öffentlichen Interesse gerechtfertigt.[30] Dabei hat das Gericht den Begriff der Privatsphäre ausgedehnt. Diese ende nicht an der Haustür, sondern sei auch außerhalb des häuslichen Bereichs als schützenswerte Privatsphäre zu achten. Davon sei insbesondere dann auszugehen, wenn sich jemand ersichtlich – sei es auch in der Öffentlichkeit – abgeschieden habe. Das ist dann auch von den Medien zu respektieren. Wer dessen ungeachtet Bilder von derartigen Situationen aufnimmt und veröffentlicht, greift in die geschützte Privatsphäre rechtswidrig ein. Keine örtliche Abgeschiedenheit liegt nach Ansicht des Gerichts etwa dann vor, wenn die Prinzessin beim Einkaufen auf der Straße abgelichtet werde.

Da sich die Privatsphäre auch und gerade auf den familiären Bereich bezieht, **10** sind auch die Angehörigen von absoluten Personen der Zeitgeschichte nicht automatisch selbst solche. Das bedeutet, dass diese den ungeschmälerten Schutz des Gesetzes beanspruchen können, der ihnen auch von den Gerichten gewährt wird.

BGH NJW 1996, 985: Der älteste Sohn von Caroline von Monaco wurde wiederholt und mehrmals trotz zwischenzeitlich abgegebener Unterlassungsverpflichtungserklärung fotografiert und in Illustrierten abgelichtet. Wegen eines neuerlichen Strandfotos wurde eine Geldentschädigung verlangt.

Der Bundesgerichtshof sprach dem Kläger diese Entschädigung zu, da dieser **11** selbst keine Person der Zeitgeschichte sei.[31] Generell dürften Fotos von Kindern einer Person der Zeitgeschichte nur veröffentlicht werden,[32] „wenn sie gleichfalls als Angehörige in der Öffentlichkeit auftreten oder im Pflichtenkreis ihrer Eltern öffentliche Funktionen wahrnehmen."[33] Für die Zuerkennung der **Geldentschädigung** hat der Bundesgerichthof entgegen der Vorinstanz[34] die Impertinenz des beklagten Verlages für maßgeblich gehalten, der ungeachtet vorheriger Unterlassungserklärungen nicht davon abließ, dem Jungen nach-

---

[27] Vgl. auch *Prinz/Peters*, Medienrecht, Rz. 847.

[28] Lesenswert zum Ganzen *Heldrich*, Festschrift für Schweizer, 1999, S. 29.

[29] So bereits BGHZ 24, 200, 208; BGH NJW 1965, 2148.

[30] Vgl. BGH JZ 1965, 411, 413; OLG München UFITA 41, 322, 324; OLG Hamburg UFITA 78, 252, 257; 81, 278, 285.

[31] Zu dem gleichsam umgekehrten Fall, dass sich jemand fälschlich als Sohn eines Prominenten ausgibt *Canaris*, Grundprobleme des privatrechtlichen Persönlichkeitsschutzes, JBL 1991, 205, 207 (dazu *Mayer-Schönberger*, Information und Recht, 2001, S. 49).

[32] Siehe im Übrigen zur Einwilligung Minderjähriger bei Eingriffen in das Recht am eigenen Bild *Heidenreich*, AfP 1970, 960.

[33] BGH NJW 1996, 985, 986.

[34] OLG Hamburg AfP 1995, 504.

zustellen. Das Gericht spricht in möglicherweise unwillkürlicher Anlehnung an die aus dem Wettbewerbsrecht bekannten Fallgruppen von einem „Rechtsbruch", der die Schadensersatzpflicht des Beklagten rechtfertige.

12   Gerade der Gesichtspunkt der **Minderjährigkeit** des Betroffenen spielt zunehmend eine Rolle, seit eine Vielzahl von Zeitungen den heranwachsenden Söhnen und Töchtern des Hochadels nachstellt. Aber auch vor Neugeborenen macht die Presse nicht Halt und greift in Ermangelung konkreter Nachrichten mitunter zu bizarren Methoden:

> BVerfG-K NJW 2003, 3262: Eine Illustrierte hatte ein „Geburtshoroskop" der Tochter von Caroline von Hannover erstellt und darin Eigenschaften und die künftige Entwicklung des Kindes vorherzusagen versucht. Gegen ihre Verurteilung wegen Verletzung des Persönlichkeitsrechts hat die Illustrierte Verfassungsbeschwerde wegen Verstoßes gegen die Meinungsbzw. Pressefreiheit eingelegt.

13   Das Bundesverfassungsgericht hielt die Rechte des Kindes für vorrangig. Es sah in der Veröffentlichung des Horoskops eine empfindliche Verletzung seiner Persönlichkeitsentfaltung. Es bestehe die Gefahr, dass sich das Kind nicht ungestört entwickeln könne, weil es sich wegen des Horoskops möglicherweise bestimmten Verhaltenserwartungen ausgesetzt sehen könnte. Damit werde das Recht auf **kindgemäße Entwicklung** beeinträchtigt.[35] Dabei kommt es nicht darauf an, ob die Berichterstattung sie in einem guten oder in einem schlechten Licht darstellt, weil die Heranwachsenden andernfalls aufgrund der medialen Zuschreibung von bestimmten Eigenschaften oder Äußerungen in ihrer freien Entwicklung beeinträchtigt werden könnten.[36] Der Heranwachsende soll, selbst wenn er absehbar in der Öffentlichkeit stehen wird, eines Tages selbst darüber entscheiden können, ob und inwieweit das der Fall sein wird.[37] In diesem Rahmen kann es eine Rolle spielen, wie alt der Betroffene ist:

> BGH NJW 2005, 215: Ein Verlag veröffentlichte unbefugt Baby-Fotos vom Sohn der Prinzessin Caroline von Hannover. Verlangt wurde eine Geldentschädigung in Höhe von rund 150 000 Euro.

Der Bundesgerichtshof hat immerhin die Hälfte dieses Betrags zugesprochen. Für die Anspruchsbegründung kommt es im Grundsatz nicht auf das Alter des Klägers an. Es ist also auf dieser Ebene noch nicht entscheidend, ob der Anspruchsinhaber die Verletzung auch tatsächlich wahrnehmen und durch sie in seiner kindgemäßen Entwicklung beeinträchtigt werden konnte. Erst im Rahmen der Festsetzung der Höhe kommen dann die Prävention und Genugtuungsfunktion sowie die Intensität der Verletzung zum Tragen. Angesichts dessen kann man sich indes fragen, ob die Zuerkennung von 75 000 Euro nicht ein wenig übertrieben ist und der Inflationierung der Geldentschädigung Vorschub leistet.[38]

---

[35] Etwas überzogen mutet freilich die Folgerung an: „Die Berichterstattung über das Horoskop gibt sich durch dessen Berufung auf unterstellte astrologische Gesetzlichkeiten den Anschein objektiver prognostischer Richtigkeit und kann damit rechnen, dass ein erheblicher Teil der Leserschaft ihr aufgeschlossen gegenübersteht und die Angaben als Grundlage zur Beurteilung der Person der Klägerin nimmt und entsprechend Erwartungen an sie richtet." (BVerfG-K NJW 2003, 3262).
[36] BVerfG-K NJW 2005, 1857, 1858, zu Charlotte Casiraghi, die von einer Illustrierten unzulässigerweise mit ihrer Mutter verglichen wurde („Der gleiche sinnliche Mund, die gleichen Augen, der gleiche stolze Blick"); vgl. auch BVerfG-K NJW 2000, 2191, zur Bildberichterstattung.
[37] BVerfG-K NJW 2003, 3262.
[38] Skeptisch auch *Vinck*, LMK 2005, 92, 93.

BGH NJW 2004, 1795: Charlotte Casiraghi, die 15-jährige Tochter von Caroline von Hannover, wendet sich gegen die Veröffentlichung eines Fotos, das sie zusammen mit ihrer Mutter bei einem öffentlichen Auftritt darstellt. Die Überschrift lautete: „Charlotte Casiraghi – Die ganze Welt feiert ihre Schönheit." Der Beitrag selbst enthielt keinen erkennbaren Inhalt.

Die Tochter selbst ist (noch) keine absolute Person der Zeitgeschichte. Als **14** Begleitperson kann sie allenfalls relative Person der Zeitgeschichte sein.[39] Da sie minderjährig ist, kann aber auch insoweit nicht ohne weiteres von einer einwilligungsfreien Verbreitung ausgegangen werden.[40] Zwar kann nach der so genannten **Begleiterrechtsprechung** als zeitgeschichtliches Ereignis i. S. d. § 23 Abs. 1 Nr. 1 KUG auch die vertraute Begleitung einer absoluten Person der Zeitgeschichte, hier der Mutter, angesehen werden.[41] Jedoch bestand hier keinerlei Informationsinteresse der Öffentlichkeit gerade an der Tochter, auf die die Berichterstattung fokussiert war. Der Minderjährigenschutz entfällt im Übrigen nicht dadurch, dass die Medienberichterstattung wohlwollend ausfällt, weil die Heranwachsenden andernfalls aufgrund der medialen Zuschreibung von bestimmten Eigenschaften oder Äußerungen in ihrer freien Entwicklung beeinträchtigt werden könnten.[42]

Nach der hier vertretenen Auffassung hätte die Bildberichterstattung nach **15** § 22 KUG schon deshalb zu unterbleiben, weil der Bekanntheitsgrad der Tochter nur vergleichsweise gering war und die Veröffentlichung bezüglich ihrer Person keinerlei Nachrichtenwert hatte.[43] Zwar muss die Presse aufgrund ihrer meinungsbildenden Funktion und wegen des Zensurverbotes grundsätzlich selbst entscheiden dürfen, was sie im öffentlichen Interesse für berichtenswert hält. Das entbindet sie bei ihrer Entscheidung jedoch nicht davon, die hierzu herangezogenen publizistischen Kriterien mit den entgegenstehenden Interessen desjenigen abzuwägen, über den berichtet werden soll.[44]

BGH NJW 2005, 56: Charlotte Casiraghi, die minderjährige Tochter von Caroline von Hannover, klagt gegen eine Zeitung, die sie bei der Teilnahme an einem internationalen Sportwettbewerb zeigt und die Fotos mit einem kitschigen Begleittext unterlegt, der Vermutungen über das Verhältnis der „Glamourprinzessin der Zukunft" zu „Jungs" herstellt.

Auch hier ist im Ausgangspunkt die Minderjährigkeit der Klägerin zu beachten. Daher bedarf es der Einwilligung des gesetzlichen Vertreters.[45] Selbst wenn die bloße Bildberichterstattung zulässig war, weil und sofern der gesetzliche Vertreter – was möglich ist[46] – insoweit stillschweigend seine Einwilligung (§ 22 S. 1 KUG) erteilt hat, bedeutet dies nicht, dass das Bild mit einem beliebigen Text unterlegt werden darf. Die Reichweite der Einwilligung bemisst

---

[39] BVerfG NJW 2001, 1921, 1922.

[40] Vgl. BVerfGE 101, 361, 385; BVerfG-K NJW 2000, 2191.

[41] Vgl. OLG Hamburg NJW-RR 1990, 1000; *Prinz/Peters*, Medienrecht, 1999, Rz. 850; *Damm/Rehbock*, Widerruf, Unterlassung und Schadensersatz in Presse und Rundfunk, 2. Auflage, 2001, Rz. 191.

[42] BVerfG-K NJW 2005, 1857, 1858.

[43] Näheres zum Begriff der Person der Zeitgeschichte unter 3. Tatsächlich lautete der durch das LG Hamburg untersagte Text ausweislich der vorliegenden BGH-Entscheidung (BGH NJW 2004, 1795, 1796): „Nur der Teenager selbst kann den ganzen Wirbel um seine Peron wohl kaum verstehen. Denn Charlotte hat ganz sicher die gleichen kleinen und großen Sorgen wie jedes Mädchen in diesem Alter. Das, was sie vermutlich am allermeisten interessiert, sind ihre geliebten Pferde – ihre Schönheit ist ihr da sicherlich ziemlich egal."

[44] BVerfG NJW 2000, 1021, 1024; BGH NJW 2007, 1977, 1979 m. w. N.

[45] *Wenzel/v. Strobl-Albeg*, Das Recht der Wort- und Bildberichterstattung, 5. Auflage 2003, Kapitel 7 Rz. 69; *Löffler/Steffen*, Presserecht, Band 1, 4. Auflage, § 6 LPG Rz. 125.

[46] BGHZ 49, 288, 295; BGH NJW-RR 1987, 231; BGH VersR 1996, 204.

sich vielmehr nach den Umständen und hängt maßgeblich vom Anlass ab, über den durch spätere Veröffentlichungen nur unter Berücksichtigung des besonderen Interesses des Betroffenen hinausgegangen werden kann.[47] Hier fehlt es für den Begleittext an einem anerkennungswürdigen Interesse der Öffentlichkeit, weil dieser sich ohne ersichtlichen Bezug zum Reitturnier mit Spekulationen und Zukunftsvisionen bezüglich der Betroffenen befasst.

2. Kritik im Schrifttum

16   Die Unterscheidung in absolute und relative Personen der Zeitgeschichte ist freilich mitnichten unumstritten. So wird geltend gemacht, dass oftmals nur die Sensationslust und kein schützenswertes Informationsinteresse gefördert würde und die genannte Trennung dem auch noch Vorschub zu leisten geeignet sei.[48] In rechtsvergleichender Hinsicht ist aufschlussreich,[49] dass auch das Schweizerische Bundesgericht der Ansicht ist, dass die strikte Zweiteilung in absolute und relative Personen der Zeitgeschichte die Realität nicht hinreichend abbildet.[50] Das Gericht hat zumindest Raum für Abstufungen gesehen, denen im Wege einer **Einzelfallabwägung** entsprochen werden könne.[51] Auch das Bundesverfassungsgericht hat im Übrigen eingeräumt, dass die Übergänge fließend sein können und eine stets klare Grenzziehung schwerlich möglich sei.[52] Diese Zweifel verdeutlicht nicht zuletzt das allgegenwärtige Urteil des Europäischen Gerichtshofs für Menschenrechte.[53]

17   Wie soeben gesehen, ist es gerade bei Personen, die ihre aktuelle Bekanntheit von einer prominenteren ableiten, im Einzelfall schwer zu beurteilen, ob und inwieweit sie Personen der Zeitgeschichte sind:

BGH NJW 2005, 594: Die Zeitschrift SUPER-ILLU veröffentlichte u. a. ein Foto des Ehemanns der Schauspielerin Uschi Glas, das ihn zusammen mit seiner neuen Freundin beim Spaziergang zeigt. Die Bildunterschrift lautete: „Als dieses Foto Anfang Februar erschien, wurde die Affäre von Anke und B. T. bekannt."

Die Publikation ist aus zwei Gründen rechtswidrig: Zum einen betrifft sie eine erkennbar private Situation.[54] Zum anderen datiert sie ausweislich der Bildunterschrift aus einer Zeit, zu welcher die Beziehung der Öffentlichkeit noch nicht bekannt war. Damals aber war die Veröffentlichung in Ermangelung eines berechtigten Informationsinteresses nach § 22 KUG unzulässig,[55] weil die Beteiligten keine Personen der Zeitgeschichte darstellen (§ 23 Abs. 1 Nr. 1 KUG). Zwar kann die nachträgliche Veröffentlichung unter engen Vorausset-

---

[47] BGH NJW 1979, 2203.

[48] Vgl. *Prinz/Peters*, Medienrecht, Rz. 859, mit weiteren Nachweisen und Belegen zu den Gegenstimmen.

[49] *Mayer-Schönberger*, Information und Recht, 2001, S. 38, spricht treffend von den „starren, aber unscharfen Fallgruppen der §§ 22 f. KUG". Siehe dort auch zur Rechtslage in Österreich.

[50] Urteil vom 20. 7. 2001; abgedruckt in: JZ 2003, 38.

[51] So moniert denn auch *v. Gerlach* in seiner Rezension zu diesem Urteil (JZ 2003, 42), dass die genannte Einteilung „zu einer Schematisierung führt und eine zuweilen zwanghaft anmutende Subsumtion unter eine der beiden Kategorien fördert".

[52] BVerfG-K NJW 2001, 1921, 1923.

[53] EGMR NJW 2004, 2647, dazu Rz. 33 ff.

[54] Vgl. bereits BGHZ 131, 332, 337.

[55] Zur Situationsgebundenheit der Einwilligung nach § 22 KUG bezogen auf das vorliegende Urteil *Zagouras*, AfP 2005, 154.

zungen zulässig werden. Dafür genügt es jedoch nicht, dass die Publikation einen Vorgang illustriert, dessen Veröffentlichung zunächst unter Verletzung des Persönlichkeitsrechts der Betroffenen ans Licht der Öffentlichkeit gelangt ist. Dass die Betroffenen mittlerweile öffentlich zu ihrer Beziehung stehen, führt zu keinem anderen Ergebnis, zumal dies „möglicherweise unter dem Druck einer nicht mehr rückgängig zu machenden Berichterstattung" geschah.[56]

3. Person der Zeitgeschichte als Typusbegriff

Angesichts dieser Abgrenzungsschwierigkeiten sind grundsätzliche Überlegungen zur Tauglichkeit der genannten Unterscheidung in absolute und relative Personen der Zeitgeschichte angezeigt. Denn wenn in Grenzfällen, in denen sich eine dogmatische Unterscheidung schließlich bewähren muss, letztlich auch nicht an einer Einzelfallabwägung vorbeizukommen ist, erweist sich die Differenzierung nicht hinreichend leistungsfähig, weil sie keine klare Rechtsfolgenbestimmung zulässt. **18**

Möglicherweise werden die dogmatischen Konturen klarer, wenn man die Person der Zeitgeschichte als Typusbegriff anerkennt. Charakteristisch für den Typus ist nämlich, dass er durch eine Reihe von Merkmalen beschrieben wird, die in sich abstufbar und untereinander austauschbar sind.[57] Dabei handelt es sich um ein „elastisches Merkmalsgefüge".[58] Entscheidend ist nur, dass die typischen „Merkmale" so stark und zahlreich ausgeprägt sind, dass der Sachverhalt, in seiner Gesamtheit betrachtet, dem Typus entspricht.[59] Auf den Begriff Person der Zeitgeschichte bezogen, könnten als Merkmale in diesem Sinne die – sei es auch durch einen bestimmten Vorfall begründete – **Bekanntheit** des Abgebildeten und der **Nachrichtenwert** des mit der Abbildung dokumentierten Geschehens fungieren. Letzterer erfährt seine teleologische Legitimation als Merkmal des Typusbegriffs durch das Informationsinteresse der Öffentlichkeit, das wegen Art. 5 Abs. 1 GG auch – wenn auch graduell niedriger zu veranschlagen – an bloßen Klatschnachrichten besteht. Die Prominenz des Abgebildeten ist demgegenüber kein Selbstwert, sondern muss mit den Persönlichkeitsrechten des Betroffenen zu einem möglichst schonenden Ausgleich gebracht werden.[60] Für den Typusbegriff ist bezeichnend und auch auf den vorliegenden Zusammenhang bruchlos anwendbar, dass beide Merkmale nur in mehr oder minder austauschbarer Weise vorliegen müssen, sofern sie nur in irgendeiner Weise im konkreten Fall bestehen. Sie sind also **bedingt kompensierbar**, so dass etwa eine außerordentliche Prominenz des Abgebildeten einen vergleichsweise bescheidenen Nachrichtenwert ausgleichen kann. So liegt es typischerweise gerade bei der Klatschberichterstattung. Bei ihr kommt hinzu, dass die soeben[61] dargestellte Ausnahme für die Beeinträchtigungen der **19**

---

[56] BGH NJW 2005, 594, 596; vgl. auch OLG Frankfurt a. M. NJW 2006, 619, 620.

[57] *Petersen*, Unternehmenssteuerrecht und bewegliches System, 1999, S. 112.

[58] *Leenen*, Typus und Rechtsfindung, 1971, S. 92.

[59] Vgl. *Larenz*, ARSP 34 (1940/41), S. 20 f.

[60] Siehe dazu aus sozialwissenschaftlicher Sicht auch *Schneider*, Der Januskopf der Prominenz. Zum ambivalenten Verhältnis von Privatheit und Öffentlichkeit, 2004 (dazu *Steffen*, ZUM 2005, 586).

[61] Unter Rz. 8 ff.; vgl. auch *Lettl*, WRP 2005, 1045, 1062 f.

Familien- und Privatsphäre sich in das vorgeschlagene Konzept einfügen lässt. Denn die Berichterstattung aus diesem Bereich hat schwerlich einen schützenswerten Nachrichtenwert.

20   Der Unterschied zur bisherigen Unterscheidung besteht darin, dass so auch Fälle bewältigt werden können, die sich dadurch auszeichnen, dass vermeintliche absolute Personen der Zeitgeschichte bei Tätigkeiten abgebildet wurden, die ganz und gar nicht von zeitgeschichtlicher Bedeutung sind. Paradigmatisch ist der weiter unten[62] noch näher behandelte Fall, dass der frühere Reichspräsident Ebert zusammen mit dem Reichswehrminister Noske in Badehose abgelichtet wurde.[63] Als führender Politiker war zumindest Ersterer selbst bei Zugrundelegung engster Kriterien absolute Person der Zeitgeschichte, so dass eine Ablichtung ohne Gestattung möglich wäre. Die Fragwürdigkeit dieses Ergebnisses liegt auf der Hand.[64]

21   Vom hier vertretenen Standpunkt aus betrachtet, scheidet dagegen eine Veröffentlichung aus, weil das Foto ungeachtet der außerordentlichen Prominenz der Abgebildeten keinerlei Nachrichtenwert aufweist und dieses Merkmal mithin gar nicht erfüllt ist. Anders liegt es dagegen etwa in dem Fall, dass – wie es in Medienveröffentlichungen über den früheren Bundespräsidenten von Weizsäcker verschiedentlich geschah – der Abgebildete ein bestimmtes Sportabzeichen zum wiederholten Mal erworben hatte, nicht zuletzt um zu demonstrieren, dass dies auch in fortgeschrittenem Alter noch möglich ist. Dass er hier bei den entsprechenden Schwimmübungen in Badehose abgelichtet wurde, hatte mithin einen gewissen Nachrichtenwert, so dass in diesem Fall das genannte Mindesterfordernis erfüllt war. So vage das Verständnis als Typusbegriff auf den ersten Blick scheint, erweist es sich doch als leistungsfähiger als die etablierte Unterscheidung. An die Stelle der vermeintlich scharfen Konturierung der herkömmlichen Unterscheidung tritt so die genauere methodologische Qualifizierung.

II. Bildnisse aus dem Bereich der Zeitgeschichte

22   Bildnisse aus dem Bereich der Zeitgeschichte setzen nicht notwendigerweise einen darauf abgebildeten Prominenten voraus. Gerade im Zusammenhang mit Dokumentationen aus der Zeit des Nationalsozialismus können auch Personen betroffen sein, die gleichsam exemplarischen Charakter hatten und einen bestimmten Vorgang in besonderer Weise veranschaulichen.

1. Begriff der Zeitgeschichte

23   Gerade in diesem Fall ist jedoch jeweils genau zu prüfen, ob der konkret gezeigte Vorgang auch heute noch für die Zeitgeschichte von Bedeutung ist. Das ist vor allem im Hinblick auf Dokumentationen und Veröffentlichungen aus der Zeit des Nationalsozialismus von Bedeutung.

---

[62] Fünfter Abschnitt vor § 17.

[63] AG Ahrensböck DJZ 1920, 196.

[64] *Larenz/Canaris*, Schuldrecht II/2, § 76 II 4 d mit Fußnote 71, machen daher – im Ergebnis wie hier – einschränkend geltend, dass nicht nur die abgebildete Person, sondern auch der gezeigte Vorgang dem Bereich der Zeitgeschichte zugehören muss.

BGH NJW 1966, 2353: Der Sender Freies Berlin strahlte in den frühen sechziger Jahren eine mehrteilige Dokumentation über die Nazizeit aus, in der es um einen Belastungszeugen ging, der in einem Prozess vor dem Volksgerichtshof gegen einen anderen ausgesagt hatte, der daraufhin zum Tode verurteilt wurde. Dabei wurde eine heimliche Alltagsaufnahme dieses Belastungszeugen eingespielt, die aus dem Jahre 1962 datierte.

Der Bundesgerichtshof sprach dem damaligen Belastungszeugen die geforderte Geldentschädigung aus §§ 823 Abs. 2 BGB, 22 KUG zu. Es habe sich bei der Aufnahme nicht um ein Bildnis aus dem Bereich der Zeitgeschichte i. S. d. § 23 Abs. 1 Nr. 1 KUG gehandelt, weil es den Betroffenen in der Zeit der Dokumentation (1962), nicht aber der fraglichen Zeit, aus der berichtet wurde, zeigt. Für eine Aufnahme aus den sechziger Jahren fehle es aber an einem entsprechenden **Informationsbedürfnis** der Öffentlichkeit, weil es nicht von allgemeinem Interesse sei, wie die gegenwärtigen Lebensumstände des Betroffenen seien. Offen ließ das Gericht, ob bei einer Archivaufnahme von der betreffenden Person anders zu entscheiden wäre. **24**

Das wäre mit Sicherheit der Fall. Aber auch so ist der Fall unrichtig entschieden worden:[65] Gerade bei derartigen zeitgeschichtlichen Dokumentationen – der Begriff der Zeitgeschichte erfasst nicht zuletzt auch die Auswirkungen des Nationalsozialismus – hat die Öffentlichkeit ein besonderes Interesse daran, wie es den Tätern von damals heute ergeht.[66] Die damit einhergehende Prangerwirkung[67] mag im Rahmen des § 23 Abs. 2 KUG mitberücksichtigt werden, wovon sogleich die Rede sein wird. **25**

2. Prangerwirkung von Medienveröffentlichungen

Die Veröffentlichung in den Medien ist regelmäßig dann unzulässig, wenn der Betroffene dadurch gleichsam an den Pranger gestellt wird.[68] Im Zusammenhang mit der Prangerwirkung ist allerdings relativierend ins Feld zu führen, dass die Medien gerade bei Straftaten mitunter aufklärungsförderlich wirken und insoweit auch die Nennung eines bestimmten Tatverdächtigen in den Printmedien durchaus zulässig sein kann,[69] sofern damit nicht die strafprozessualen Voraussetzungen eines Steckbriefs (vgl. § 131 Abs. 1 StPO) untergraben werden. Dabei ist jedoch stets auch die **Breitenwirkung** des jeweiligen Mediums in Rechnung zu stellen;[70] so ist die Veröffentlichung im Fernsehen nachhaltiger und demzufolge die Namensnennung heikler als in den Printmedien.[71] **26**

In der Regel dürfen die Massenmedien jedoch nicht ohne weiteres den Namen[72] oder auch nur die Initialen eines Tatverdächtigen preisgeben, da dessen Resozialisierungschancen damit drastisch sinken.[73] Die stärkste Persönlichkeitsbeeinträchtigung ist ersichtlich die Abbildung der tatverdächtigen Per- **27**

---

[65] Skeptisch auch Staudinger/*Hager*, § 823 C Rz. 201.

[66] Allenfalls der Gesichtspunkt, dass das Bild heimlich aufgenommen wurde, kann eine andere Entscheidung rechtfertigen; vgl. *Larenz/Canaris*, Schuldrecht II/2, § 80 II 4 d.

[67] Zu ihr Staudinger/*Hager*, § 823 C Rz. 192, 196 f.

[68] BGH NJW 1957, 1315, 1316; 1966, 2353, 2355. Näher zur dogmatischen Einordnung Staudinger/*Hager*, § 823 C Rz. 192, 196 f.; vgl. auch *Hager*, ZHR 158 (1994) 680.

[69] OLG Braunschweig NJW 1975, 651, 652; OLG Frankfurt NJW 1971, 47, 49.

[70] Staudinger/*Hager*, § 823 C Rz. 203.

[71] BVerfGE 35, 202, 227; BVerfG NJW 1993, 1463, 1464.

[72] A. A. *Wasserburg*, Der Schutz der Persönlichkeit im Recht der Medien, 1988, S. 175.

[73] *Larenz/Canaris*, Schuldrecht II/2, § 80 II 5 g.

son; sie kann daher allenfalls mit einem **schwärzenden Balken** oder anderweitiger Unkenntlichmachung der Gesichtszüge erfolgen. Eine andere Beurteilung kann aber angezeigt sein, wenn das öffentliche Interesse ausnahmsweise deshalb überwiegt, weil sich der Betroffene in herausgehobener gesellschaftlicher Stellung befindet[74] oder seinerseits durch eine nach außen zur Schau gestellte Moral hervorgetreten ist.[75] So hat das Bundesverfassungsgericht die Bildberichterstattung über eine erhebliche Geschwindigkeitsüberschreitung[76] des Prinzen Ernst August von Hannover auf einer französischen Autobahn vor allem wegen dessen Herkunft und Stellung gebilligt und eine Prangerwirkung verneint.[77]

III. Einschränkung der Befugnis aufgrund berechtigten Interesses

28   Auch wenn eine Einwilligung zur Veröffentlichung nach § 23 Abs. 1 KUG[78] im Einzelfall nicht erforderlich ist, muss diese dennoch unterbleiben, wenn ein berechtigtes Interesse des Abgebildeten entgegensteht, § 23 Abs. 2 KUG. Danach erstreckt sich die Befugnis nicht auf eine Verbreitung oder Schaustellung, durch die ein berechtigtes Interesse des Abgebildeten oder, wenn dieser verstorben ist, seiner Angehörigen verletzt wird.[79] Es handelt sich dabei um ein Korrektiv, das die Persönlichkeitsrechte des Betroffenen zur Geltung bringen soll.[80]

BGH NJW 1997, 1152: Der weltbekannte Musiker Bob Dylan wehrt sich gegen den Vertrieb von Tonträgern, denen ein Einlegeblatt mit Abbildungen des Musikers beigelegt war, ohne dass dafür eine Einwilligung von Bob Dylan eingeholt worden ist.

29   Fraglos ist Bob Dylan eine absolute Person der Zeitgeschichte, so dass Bildnisse von ihm gemäß § 23 Abs. 1 Nr. 1 KUG grundsätzlich auch ohne seine Einwilligung verbreitet werden dürfen. Die Besonderheit des Falles besteht indes darin, dass das Bildnis im Zusammenhang mit einem Tonträger vertrieben wird, dessen Verbreitung der Betroffene aus Gründen einer im internationalen Urheberrecht bestehenden „Schutzlücke", deren Schließung durch das nationale Recht zumindest nicht von Verfassungs wegen geboten ist,[81] dulden muss.[82] Konnte der Musiker den Vertrieb des Tonträgers selbst sonach nicht verbieten, so fragt sich, wie es sich mit dem beigefügten Bild verhält. Der Bundesgerichtshof war in seiner Entscheidung bemüht, die **urheberrechtliche Schutzlücke** nicht noch im Hinblick auf das Recht am eigenen Bild zu vertiefen und hat diesen Gesichtspunkt in die nach § 23 Abs. 2 KUG gebotene Abwägung mit eingestellt.[83] Die Ermittlung eines berechtigten Inte-

---

[74] *Canaris* nennt z. B. Topmanager, Politiker oder Publizisten.

[75] BGH NJW 1964, 1471; BGHZ 57, 325, 328; BVerfG NJW 2006, 599, 600 f.

[76] Überschreitung der zulässigen Höchstgeschwindigkeit von 130 km/h um 81 km/h.

[77] BVerfG NJW 2006, 599.

[78] Nur auf diesen, nicht auf § 22 KUG, bezieht sich § 23 Abs. 2 KUG; BGH GRUR 1962, 211, 212.

[79] Mit Recht moniert *Mayer-Schönberger*, Information und Recht, 2001, S. 38, die „durch die doppelte Ausnahmeregelung der §§ 22 f. KUG entstandene komplizierte Kasuistik".

[80] *Prinz/Peters*, Medienrecht, Rz. 874 mit Fußnote 450, dort auch zur historischen Begründung; siehe auch *Lettl*, WRP 2005, 1045, 1055 f.

[81] BVerfGE 81, 208.

[82] BGH NJW 1986, 1253; ausführlich dazu *Katzenberger*, GRUR Int. 1995, 447, 467.

[83] BGH NJW 1997, 1152, 1153.

resses ergibt sich im Wege einer Güter- und Interessenabwägung, im Rahmen derer das Informationsinteresse der Allgemeinheit aus Art. 5 Abs. 1 GG gegen das Persönlichkeitsrecht des Geschützten nach den Umständen des Einzelfalls abgewogen wird.[84] Diese stellte der Bundesgerichtshof auch im vorliegenden Fall an.[85] Dabei kam der Senat zu dem Ergebnis, dass die Interessen des Klägers den Vorrang verdienten und er die Verbreitung des Tonträgers mitsamt dem Einlegeblatt nicht hinnehmen müsse. Denn die beigelegte Abbildung habe hier ersichtlich der Absatzförderung und damit **gewerblichen Zwecken** gedient und sei daher nicht mehr von der an sich erlaubnisfreien Verbreitung des Bildes gedeckt. Eine gewerbliche Nutzung wäre nämlich unter allen Umständen erlaubnispflichtig gewesen.[86] Daher rechtfertige sich die Verbreitung des Bildes nach § 23 Abs. 2 KUG auf der Grundlage des § 23 Abs. 1 KUG nicht, weil dadurch berechtigte Interessen des Abgebildeten verletzt würden.[87]

IV. Verfassungsrechtliche Implikationen

Allerdings darf im Rahmen der Auslegung der §§ 22, 23 KUG auch die **30** Meinungsfreiheit des Art. 5 Abs. 1 GG nicht zu gering geachtet werden. Zwar ist die Meinungsfreiheit nicht vorbehaltlos gewährleistet und findet ihre Schranke in den allgemeinen Gesetzen (Art. 5 Abs. 2 GG),[88] zu denen auch die §§ 823 Abs. 2, 22 f. KUG gehören. Jedoch kann sich gerade bei satirischen Darstellungen die Meinungsfreiheit ihnen gegenüber durchsetzen.

BGHZ 156, 206: Der Vorstandsvorsitzende der Deutschen Telekom sah sich durch eine Fotomontage in seinem Persönlichkeitsrecht verletzt. Er war auf einem bröckelnden „T" sitzend abgelichtet und klagte gegen den Verlag, der die seines Erachtens unvorteilhafte Darstellung in einer Zeitschrift verbreitet hat.

Der Bundesgerichtshof hatte den Fall ursprünglich wie folgt entschieden: Dem **31** vom Kläger geltend gemachten Unterlassungsanspruch aus §§ 823, 1004 BGB steht die Meinungsfreiheit des Verlags entgegen. Zwar kommen als allgemeine Gesetze (Art. 5 Abs. 2 GG) auch die §§ 22 f. KUG in Betracht. Hier ist auch das Recht des Klägers am eigenen Bild berührt, § 22 KUG, da es unschädlich ist, dass das Bildnis satirisch verfremdet dargestellt wurde. Jedoch ist der Abgebildete zumindest als relative Person der Zeitgeschichte anzusehen (§ 23 Abs. 1 Nr. 1 KUG). Das Gericht beurteilte auch keine überwiegenden berechtigten Interessen des Abgebildeten (vgl. § 23 Abs. 2 KUG) als vorrangig einschlägig. Allerdings muss bei einer satirischen Darstellung[89] zunächst zwischen dem Aussagegehalt und der satirischen Einkleidung getrennt werden,[90] damit bei Zugrundelegung

---

[84] BGH NJW 1994, 124; 1996, 1128 f.

[85] BGH NJW 1997, 1152, 1153.

[86] Entsprechendes gilt für die (rechtswidrige) Benutzung der Abbildung und des Namens eines Fußballspielers (Oliver Kahn) für ein Computerspiel; vgl. LG Hamburg ZUM 2003, 689, 690 (dazu *Lober/Weber*, ZUM 2003, 658); bestätigt durch OLG Hamburg ZUM 2004, 309 = MMR 2004, 413.

[87] Siehe dazu auch *Vinck*, LM § 22 KUG Nr. 23.

[88] Dazu bereits oben § 2.

[89] Um eine solche handelt es sich nicht, wenn in einem selbst nicht als Satire formulierten Artikel lediglich über einen satirischen Roman berichtet wird, BVerfG-K NJW 2006, 595, 596.

[90] BGHZ 143, 199, 209.

des **Gesamtzusammenhangs der Satire**[91] beurteilt werden kann, ob eine Missachtung gegenüber der betreffenden Person kundgetan wird. Hier lag jedoch ersichtlich eine Fotomontage vor, auf der kein Betrachter eine völlig realistische Abbildung erwartet. Als satirische Meinungsäußerung unterfällt sie daher dem Schutzbereich des Art. 5 Abs. 1 GG. Es ist geradezu das Kennzeichen der Satire, dass sie mit Übertreibungen, Verfremdungen und Verzerrungen arbeitet.[92] Da hier die Grenze zur unzulässigen Schmähkritik und Beleidigung[93] nicht überschritten war, standen nach Ansicht des Bundesgerichtshofs keine überwiegenden berechtigten Interessen des Abgebildeten entgegen, § 23 Abs. 2 KUG.

Das Bundesverfassungsgericht sah demgegenüber die Tragweite der berührten Grundrechte durch den Bundesgerichtshof verkannt.[94] Insbesondere die Annahme des Bundesgerichtshofs, dass manipulierende Fotomontagen schon dann und deshalb keine Persönlichkeitsverletzungen darstellen, wenn und weil sie in einen satirischen Zusammenhang gerückt werden, lehnt das Bundesverfassungsgericht ab, da der Persönlichkeitsschutz damit unzulässig verkürzt werde. Sofern dem manipulierten Teil der Abbildung ein ablösbarer eigenständiger Aussagegehalt zukomme, der nicht als „Teil-“ oder „Nebenaussage" zurücktrete, könne in der Manipulation durchaus eine Persönlichkeitsverletzung liegen, die als solche eigenständig zu beurteilen sei.

BVerfG-K NJW 2002, 3767: Die Illustrierte Stern wendet sich gegen ein Urteil, in dem sie zur Zahlung von Schadensersatz verurteilt wird, weil sie im Rahmen der Bildfolge „Prominenten in den Mund gelegt" auch einen unbekannten Bayern in Tracht abgelichtet und diesem stark mundartlich gefärbte fiktive Aussagen in den Mund gelegt hat.

32   Das Bundesverfassungsgericht sah dadurch die Meinungsfreiheit der Illustrierten verletzt. Das Gericht hat sich mit der vom Landgericht aufgeworfenen und verneinten Frage, ob der auf dem Bild Abgelichtete eine relative Person der Zeitgeschichte sei, nicht weiter auseinandergesetzt, sondern im Rahmen der allein gebotenen Überprüfung der Verletzung spezifischen Verfassungsrechts die Meinungsfreiheit der möglichen Persönlichkeitsverletzung gegenübergestellt. Die mit der Sache befassten Gerichte hätten nämlich wesentliche Abwägungsgesichtspunkte außer Acht gelassen, indem sie den satirischen Charakter der Darstellung weitgehend ausgeblendet hätten. Da die beanstandeten Bilder zudem nicht aus der Privat- oder Intimsphäre des Betroffenen, sondern aus der **Sozialsphäre** herrührten, sei die denkbare Persönlichkeitsbeeinträchtigung geringer zu gewichten als die Meinungsfreiheit der Illustrierten. Mit diesen verfassungsrechtlichen Implikationen ist bereits der Übergang vom soeben behandelten „besonderen" Persönlichkeitsrecht in Gestalt des Rechts am eigenen Bilde[95] zum allgemeinen Persönlichkeitsrecht eingeleitet, das uns im folgenden Paragraphen beschäftigen wird.

---

[91] Vgl. BVerfGE 86, 1, 12; *Kübler*, Festschrift für Marenholz, 1994, S. 303, 309; *Gounalakis*, NJW 1995, 809, 813.

[92] BVerfGE 75, 369, 378.

[93] BGHZ 139, 95, 101.

[94] BVerfG-K NJW 2005, 3271.

[95] Des Weiteren ist zu nennen das noch zu behandelnde Urheberpersönlichkeitsrecht und das Namensrecht; vgl. *Larenz/Canaris*, Schuldrecht II/2, § 80 I 1.

V. Europäische Tendenzen

Der Europäische Gerichtshof für Menschenrechte (EGMR) hat jüngst eine **33** wegweisende, zumindest aber die künftige Diskussion maßgeblich mitbestimmende Entscheidung gefällt, die das Recht am eigenen Bild im Allgemeinen und den Begriff der Person der Zeitgeschichte im Besonderen betrifft.[96] Caroline von Hannover hatte geltend gemacht, dass sie als Person der Zeitgeschichte nach deutscher Rechtsprechung die Veröffentlichung von Bildern, die sie in der Öffentlichkeit zeigen, auch dann hinnehmen müsse, wenn es sich um Abbildungen aus dem **Alltagsleben** handelt. Sie sieht darin einen Verstoß gegen ihr Recht auf Achtung ihres Privatlebens im Sinne des Art. 8 der Europäischen Menschenrechtskonvention.

Das Gericht hat dieses Recht gegenüber dem in Art. 10 der Konvention **34** garantierten[97] Recht der Freiheit der Meinungsäußerung abgewogen[98] und für maßgeblich gehalten, ob die publizierten Fotos einen Beitrag zu einer Debatte leisten, die von allgemeinem Interesse ist. Ein Allgemeininteresse sah das Gericht bei den vorliegenden Fotos, die dem Alltagsleben entstammten, nicht berührt. Vielmehr dürfe die Beschwerdeführerin die **legitime Erwartung** haben, dass sie im Privatleben nicht ohne Einwilligung abgelichtet wird. Das Gericht kam daher zu dem Schluss, dass ein Verstoß gegen Art. 8 EMRK vorlag.[99]

Für den vorliegenden Zusammenhang ist von Interesse, dass der Europäische **35** Gerichtshof für Menschenrechte die von den deutschen Gerichten aufgestellten Kriterien zur Unterscheidung von absoluten und relativen Personen der Zeitgeschichte für nicht hinreichend erachtet im Sinne eines effektiven Schutzes der Privatsphäre. Das entspricht im Übrigen der hier vertretenen Skepsis gegenüber dem Begriff der absoluten Person der Zeitgeschichte. Entscheidend muss neben der Prominenz des Abgebildeten auch der Nachrichtenwert für die Allgemeinheit sein; wo dieser praktisch gleich null ist, überwiegt das Interesse des Abgebildeten an der Wahrung seiner Privatsphäre. Folgerichtig hat der EGMR es auch für wesentlich gehalten, ob die jeweilige Meinungsäußerung zu einer Diskussion von allgemeinem Interesse beitragen kann.

Die Leitgedanken des soeben behandelten Urteils des Europäischen Gerichts- **36** hofs für Menschenrechte können von den nationalen Gerichten nicht schlechterdings ignoriert werden,[100] sondern müssen in ihren Entscheidungen in einer nicht

---

[96] EGMR NJW 2004, 2647; dazu *Heldrich*, NJW 2004, 2634; *Stürner*, JZ 2004, 1018; *ders.*, AfP 2005, 213; *Grabenwarter*, AfP 2004; 309; *Gersdorf*, AfP 2005, 221; *Mann*, NJW 2004, 3220; *Ohly*, GRUR Int. 2004, 902; *Vetter/Warneke*, DVBl 2004, 1226; *Kaboth*, ZUM 2004, 818; *Beuthien*, K&R 2004, 457; *Halfmeier*, AfP 2004, 417; *Herrmann*, ZUM 2004, 665; *Soehring/Seelmann-Eggebert*, NJW 2005, 571, 576; *Lettl*, WRP 2005, 1045, 1047 f.; *Cole*, ZRP 2005, 181; rechtsvergleichend *Bartnik*, AfP 2004, 489.

[97] Allgemein dazu *Dörr*, Multimedia und die Rundfunkfreiheit des Art. 10 EMRK, Festschrift für Kriele, 1997, S. 1417.

[98] Vgl. zur Abwägung zwischen dem Persönlichkeitsrecht und der Meinungsfreiheit auch EGMR NJW 2006, 591 (Presseberichterstattung über ein Strafverfahren gegen den Ehemann einer Abgeordneten).

[99] Auch wenn die EMRK nach Art. 59 Abs. 2 GG nur im Range einfachen Rechts steht, berücksichtigt auch das Bundesverfassungsgericht (vgl. nur BVerfG-K NJW 2001, 2245; 2004, 3407) sie aufgrund der Völkerrechtsfreundlichkeit des Grundgesetzes bei dessen Auslegung (*Dörr/Schwartmann*, Medienrecht, Rz. 508; näher *Dörr*, Faires Verfahren, 1984, S. 147 ff.).

[100] BVerfGE 111, 307; BVerfG-K NJW 1986, 1425.

nur formelhaften Weise Berücksichtigung finden.[101] Wenn sie also auch nicht sklavisch befolgt werden, so müssen sie doch berücksichtigt werden.

BGH GRUR 2005, 899:[102] Der bekannte Sänger Herbert Grönemeyer flanierte mit seiner Lebensgefährtin durch Rom. Diese wehrt sich unter Berufung auf die Entscheidung des EGMR gerichtlich gegen Fotos in einer Illustrierten.

37   Zwar darf die Lebensgefährtin als vertraute Begleiterin einer absoluten Person der Zeitgeschichte in der Öffentlichkeit grundsätzlich fotografiert werden,[103] sofern sie sich nicht ersichtlich an einem abgeschiedenen Ort, also etwa einem Restaurant aufhält.[104] Jedoch hat das Gericht die Leitgedanken des Urteils des Europäischen Gerichtshofs für Menschenrechte umfassend berücksichtigt, d. h. nicht nur „schematisch vollstreckt" und ist zu dem Ergebnis gekommen, dass hier die Belange der Begleiterin – nicht zuletzt unter Abwägung der beiderseitigen Belange (vgl. § 23 Abs. 2 KUG) – höher zu bewerten sind.[105]

38   Inzwischen hat der Europäische Gerichtshof für Menschenrechte seine von Teilen der öffentlichen Meinung als zu wenig pressefreundlich angesehene Haltung zumindest in dem Fall relativiert, dass über den Ehemann einer Politikerin berichtet wurde.[106] Da Politiker eine eingehendere Berichterstattung als Privatpersonen tolerieren müssten und die Berichterstattung hier auch im Allgemeininteresse der Öffentlichkeit gelegen habe, konnte der Chefredakteur der betreffenden Zeitung ebenso wenig wie der Herausgeber verurteilt werden. Daher hat das Gericht die Presse- und Meinungsfreiheit (Art. 10 EMRK) in diesem Fall gegenüber dem Schutz der Privatsphäre (Art. 8 EMRK) für vorrangig gehalten. Insofern war der Sturm der Entrüstung, der über das erste Urteil des EGMR hereinbrach und maßgeblich von Seiten interessierter Medienunternehmen entfacht wurde, teilweise unberechtigt. Dabei waren es bemerkenswerter Weise auch seriöse Blätter, welche die Pressefreiheit bedroht sahen, obwohl es in den betroffenen Fällen häufig nur um Klatschgeschichten ging, über die man weiterhin unentgeltlich berichten wollte. Nicht selten wurden also rein kommerzielle Interessen unter der Fassade der Presse- und Meinungsfreiheit verfolgt.[107]

---

[101] Näher zur Bindungswirkung der Entscheidung des EGMR siehe nunmehr den Beschluss des Zweiten Senats des Bundesverfassungsgerichts vom 14. 10. 2004 (BVerfG NJW 2004, 3407); vgl. auch KG NJW 2005, 605; OLG Hamburg ZUM 2006, 875; zu den Auswirkungen der EMGR-Rechtsprechung auf und ihrer Umsetzung durch die deutsche Rechtsprechung *Engels/Jürgens*, NJW 2007, 2517.

[102] In einer Reihe weiterer Urteile im Anschluss an die Entscheidung des EGMR, dazu sogleich; kritisch zur Entscheidung *Söder*, ZUM 2008, 89, 90 ff.; Vorinstanz war das KG NJW 2005, 605.

[103] Siehe auch BGH NJW 2004, 1795.

[104] BVerfG NJW 2000, 1021, 1023; BGH NJW 1996, 1128, 1130; ein Londoner Straßencafé soll jedoch nicht für die Annahme örtlicher Abgeschiedenheit genügen; so das Kammergericht in einem Parallelverfahren; vgl. KG NJW 2005, 603.

[105] Ähnlich KG NJW 2005, 2320, 2321; vgl. auch *Stender-Vorwachs/Theißen*, NJW 2006, 549, 551.

[106] EGMR NJW 2006, 591; instruktiv dazu *Dörr*, JuS 2006, 634. Zur Zulässigkeit der Berichterstattung über eine (ausgeschiedene) Politikerin vgl. auch BGH, Urteil vom 24. 6. 2008 – Az. VI ZR 156/06.

[107] Auch in diesem Zusammenhang verdient mutatis mutandis eine Beobachtung von *Lerche* (Festschrift für Kriele, 1997, S. 357, 358) Beachtung: „Hier pflegt man maßlos zu übertreiben. Namentlich wird zu wenig unterschieden zwischen der Tatsache, dass fast jede Sendung mittelbar eine meinungsbeeinflussende Wirkung haben kann, auch wenn sie z. B. bildender oder rein amüsierend (sein sollender) Natur ist, und der Tatsache, dass nur die Vermittlung der ‚eigenen Meinung' den Schutz des Art. 5 Abs. 1 Satz 1 GG beanspruchen kann." Zustimmend auch *Schoch*, VVDStRL 57 (1998) 158, 196 Fußnote 181.

Der Bundesgerichtshof hat inzwischen einige mit Spannung erwartete Fälle entschieden, in denen erstmals das Urteil des EGMR zu berücksichtigen war.

BGH NJW 2007, 1977 und 1981: Es ging um eine Reihe von Fotos der monegassischen Fürstenfamilie. Caroline und Ernst August von Hannover waren mehrfach während ihrer Urlaube fotografiert worden, teils auf der Straße, teils im Skiurlaub am Sessellift. In der Wortberichterstattung zu einzelnen der Fotos war auf die seinerzeitige Erkrankung des damaligen regierenden Fürsten von Monaco mit dem Inhalt Bezug genommen worden, dass die Abgebildeten nichtsdestoweniger Urlaub machten.

Der Bundesgerichtshof hat die allfällige Interessenabwägung unter Berück- **39** sichtigung des Urteils des EGMR danach vorgenommen, ob und inwieweit ein **Informationswert** der Berichterstattung über die jeweiligen Personen der Zeitgeschichte besteht. Daher war die Veröffentlichung derjenigen Fotos, die ausschließlich der Befriedigung der Neugier dienen konnten, unzulässig, wohingegen die Abbildungen, die auf die zeitgleiche Krankheit des Fürsten Bezug nahmen, nach Ansicht des Bundesgerichtshofs einen Informationswert hatten. Der Sache nach versteht der Bundesgerichtshof damit den Begriff der Person der Zeitgeschichte im Einklang mit der hier seit jeher vertretenen Auffassung als Typusbegriff mit dem Kriterium des Nachrichten- bzw. Informationswertes als bestimmendem Moment.

Im parallel anhängigen Verfahren wurde der Informationswert der Abbil- **40** dungen nach Ansicht des Bundesverfassungsgerichts hingegen nur unzureichend beachtet:

BVerfG JZ 2008, 627:[108] Caroline von Monaco klagte gegen einen Bericht, wonach Prominente, zu denen auch sie selbst gehöre, immer öfter ihre Ferienvillen vermieteten. In dem fraglichen Beitrag war die Prinzessin abgebildet worden.

Das Bundesverfassungsgericht würdigte das Verbot der bildlichen Darstellung[109] als Verletzung der Pressefreiheit, weil der Informationswert des zugrunde liegenden Artikels nicht hinreichend berücksichtigt worden sei. Die Überschrift des Artikels hätte zu der erforderlichen Prüfung Anlass geben können: „Auch die Reichen und Schönen sind sparsam. Viele vermieten ihre Villen an zahlende Gäste." Der Bericht habe den Lesern einen Grund für sozialkritische Überlegungen bieten können und daher einen entsprechenden Informationswert gehabt.

Der Bundesgerichtshof hat das **abgestufte Schutzkonzept** noch in einer **41** weiteren Entscheidung präzisiert,[110] in der erneut den Bedenken des EGMR entsprochen wird,[111] wonach das Kriterium erkennbarer örtlicher Abgeschiedenheit in Frage gestellt wird.[112]

BGH NJW 2008, 749: Ein international bekannter Fußballspieler verklagt den Verlag, in dem ein Klatschblatt erscheint, das ein Foto des Klägers veröffentlichte, auf dem dieser mit seiner Freundin im Urlaub entsprechend dem Bildtext „verliebte Blicke" austauschte, obwohl er noch eine Woche zuvor mit seiner Familie andernorts Urlaub gemacht habe.

---

[108] Mit im Ergebnis zustimmender, gleichwohl kritischer Anmerkung *Starck*, JZ 2008, 634, der eine Tendenz zu kaum vorhersehbarer Abwägung im Einzelfall sieht. Im Übrigen hat das Bundesverfassungsgericht die Entscheidungen des BGH (NJW 2007, 1977 und 1981) bestätigt.
[109] BGH ZUM 2007, 470.
[110] Zuvor bereits BGH NJW 2005, 594 – „Rivalin" von Uschi Glas; NJW 2006, 599 – Ernst August von Hannover. Zum abgestuften Schutzkonzept vgl. *Engels/Jürgens*, NJW 2007, 2517 ff.; *Söder*, ZUM 2008, 89 ff.; *Chr. Teichmann*, NJW 2007, 1917 ff.
[111] EGMR NJW 2004, 2647.
[112] BGHZ 131, 332.

Der Bundesgerichtshof hat dem Kläger einen Unterlassungsanspruch aus § 22 S. 1 KUG zugebilligt. Zwar ist der Kläger unproblematisch eine (absolute) Person der Zeitgeschichte. Fraglich ist aber, ob es sich bei dem streitgegenständlichen Foto mit seiner Berichterstattung um ein Bildnis aus dem Bereich der Zeitgeschichte handelt, § 23 Abs. 1 KUG. Der dafür maßgebliche Begriff des Zeitgeschehens ist im Hinblick auf den Informationsbedarf der Öffentlichkeit nicht zu eng zu fassen und betrifft auch das allgemeine gesellschaftliche Interesse der Öffentlichkeit,[113] wobei der Einbruch in die Persönlichkeitssphäre durch den **Verhältnismäßigkeitsgrundsatz** begrenzt werde.[114] Dieses Verständnis der Zeitgeschichte entspricht auch den Vorgaben des EGMR im Hinblick auf Art. 10 EMRK.[115] Die allfällige Interessenabwägung ergab hier, dass es sich um bloße Unterhaltung ohne gesellschaftliche Relevanz handelt, die auch ein Prominenter nach § 22 S. 1 KUG nicht hinnehmen muss.

§ 4. Das Allgemeine Persönlichkeitsrecht

Literatur: *Ahrens*, Die Verwertung persönlichkeitsrechtlicher Positionen, 2002; *v. Arnauld*, Strukturelle Fragen des allgemeinen Persönlichkeitsrechts, ZUM 1996, 286; *Baston-Vogt*, Der sachliche Schutzbereich des zivilrechtlichen allgemeinen Persönlichkeitsrechts, 1997; *Beuthien/Schmölz*, Persönlichkeitsschutz durch Persönlichkeitsgüterrecht, 1999; *Born*, Gen-Milch und Goodwill – Äußerungsrechtlicher Schutz durch das Unternehmenspersönlichkeitsrecht, AfP 2005, 110; *Brandner*, Das allgemeine Persönlichkeitsrecht in der Entwicklung durch die Rechtsprechung, JZ 1983, 689; *Bungart*, Dingliche Lizenzen an Persönlichkeitsrechten, 2005; *v. Caemmerer*, Der privatrechtliche Persönlichkeitsschutz nach deutschem Recht, Festschrift für von Hippel, 1967, S. 27; *Canaris*, Grundprobleme des privatrechtlichen Persönlichkeitsschutzes, öJBl 1991, 205; *ders.*, Grundrechtswirkungen und Verhältnismäßigkeitsprinzipien in der richterlichen Anwendung und Fortbildung des Privatrechts, JuS 1989, 161; *ders.*, Grundrechte und Privatrecht, AcP 194 (1984) 201; *Coing*, Die Entwicklung des zivilrechtlichen Persönlichkeitsschutzes, JZ 1958, 588; *Degenhart*, Das allgemeine Persönlichkeitsrecht, Art. 2 I i. V. mit Art. 1 I GG, JuS 1992, 361; *Ehmann*, Zur Struktur des Allgemeinen Persönlichkeitsrechts, JuS 1997, 193; *ders.*, Informationsschutz und Informationsverkehr im Zivilrecht, AcP 188 (1988) 230; *Forkel*, Zur systematischen Erfassung und Abgrenzung des Persönlichkeitsrechts auf Individualität, Festschrift für Hubmann, 1985, S. 93; *ders.*, Allgemeines Persönlichkeitsrecht und „wirtschaftliches Persönlichkeitsrecht", Festschrift für Neumayer, 1986, S. 229; *ders.*, Lizenzen an Persönlichkeitsrechten durch gebundene Rechtsübertragung, GRUR 1988, 491; *Frömming*, Zur Haftung der Medien für persönlichkeitsverletzende Zitate, Festschrift für Engelschall, 1996, S. 47; *Geis*, Der Kernbereich des Persönlichkeitsrechts, JZ 1991, 112; *Götting*, Persönlichkeitsrechte als Vermögensrechte, 1995; *Gottwald*, Das allgemeine Persönlichkeitsrecht, 1996; *Gounalakis/Rohde*, Persönlichkeitsschutz im Internet, 2002; *J. Hager*, Grundrechte im Privatrecht, AcP 184 (1984) 201; *ders.*, Der Schutz der Ehre im Zivilrecht, AcP 196 (1996) 168; *ders.*, Persönlichkeitsschutz gegenüber Medien, Jura 1996, 566; *ders.*, Die Mephisto-Entscheidung des Bundesverfassungsgerichts, Jura 2000, 186; *ders.*, Die heimliche Videoüberwachung – zivilrechtlich betrachtet, JZ 2004, 340; *Heldrich*, Der Persönlichkeitsschutz Verstorbener, Festschrift für Lange, 1970, S. 163; *ders.*, Persönlichkeitsschutz und Pressefreiheit, Festschrift für Heinrichs, 1998, S. 319; *ders.*, Privates Glück in der Medienwelt, Festschrift für Schweizer, 1990, S. 29; *v. Hinden*, Persönlichkeitsverletzungen im Internet, 1999; *Horst*, Der finanzielle Ausgleich bei Verletzungen des Persönlichkeitsrechts in Deutschland und in der Schweiz, 2003; *Hubmann*, Das Persönlichkeitsrecht, 2. Auflage 1967; *ders.*, Inhalt und Abgrenzung des zivilrechtlichen allgemeinen Persönlichkeitsrechts, Fest-

---

[113] BVerfGE 101, 361; BVerfG NJW 2006, 2836; BGH NJW 2007, 1977.
[114] BGH NJW 2008, 750.
[115] EGMR NJW 2004, 2647; NJW 2006, 591 („Karhuvaara und Iltalehti/Finnland").

schrift für Schwab, 1990, S. 3; *Kläven*, Vermögensrechtliche Aspekte des zivilrechtlichen allgemeinen Persönlichkeitsrechts, ZUM 2002, 205; *Kübler*, Ehrenschutz, Selbstbestimmung und Demokratie, NJW 1999, 1281; *Lange*, Schutz des allgemeinen Persönlichkeitsrechts durch zivilrechtliche Prävention, VersR 1999, 274; *Larenz*, Das „allgemeine Persönlichkeitsrecht" im Recht der unerlaubten Handlungen, NJW 1955, 521; *Lettl*, Allgemeines Persönlichkeitsrecht und Medienberichterstattung, WRP 2005, 1045; *Lilienfeld-Toal*, Das allgemeine Persönlichkeitsrecht juristischer Personen des Zivilrechts, 2003; *Mayer-Schönberger*, Information und Recht, 2001; *Neumann-Duesberg*, Zum allgemeinen Persönlichkeitsrecht und zu den besonderen Persönlichkeitsrechten im Privatrecht, VersR 1991, 957; *Paschke/Busch*, Hinter den Kulissen des medienrechtlichen Rückrufanspruchs, NJW 2004, 2620; *Pawlowski*, Allgemeines Persönlichkeitsrecht oder Schutz der Persönlichkeitsrechte?, JbRSoz. 12 (1987) 113; *Peifer*, Individualität im Zivilrecht, 2000; *Prinz*, Der Schutz der Persönlichkeitsrechte vor Verleumdungen durch die Medien, NJW 1995, 817; *Schwerdtner*, Das Persönlichkeitsrecht in der deutschen Zivilrechtsordnung, 1977; *Siems*, „Verletzerfreundliche Auslegung" oder „Vorsichtsprinzip" bei Persönlichkeitsverletzungen durch die Medien?, ZUM 2005, 485; *Simon*, Das allgemeine Persönlichkeitsrecht und seine gewerblichen Erscheinungsformen, 1981 (dazu *Klippel*, AcP 184 (1984) 514); *G. Simon*, Persönlichkeitsschutz gegen herabsetzende Karikaturen in Deutschland und Frankreich, 1995; *Soehring*, Ehrenschutz und Meinungsfreiheit, NJW 1994, 2926; *Sosnitza*, Die Zwangsvollstreckung in Persönlichkeitsrechte – Versuch einer Neuorientierung, JZ 2004, 992; *Stadler*, Persönlichkeitsrecht contra Medienfreiheit, JZ 1989, 1084; *Steindorff*, Persönlichkeitsschutz im Zivilrecht, 1983; *Stender-Vorwachs/Theißen*, Das Persönlichkeitsrecht der Frau in den Medien, NJW 2006, 549; *Stürner*, Empfiehlt es sich, die Rechte und Pflichten der Medien präziser zu regeln und dabei den Schutz des einzelnen zu verbessern?, Gutachten A zum 58. Deutschen Juristentag, 1990; *Taupitz/Müller*, Rufausbeutung nach dem Tode: Wem gebührt der Profit?, Juristische Studiengesellschaft Karlsruhe, Heft 250, 2002; *Wanckel*, Persönlichkeitsschutz in der Informationsgesellschaft, 1999; *ders.*, Der Schutz der Persönlichkeit bei künstlerischen Werken, NJW 2006, 578; *Wasserburg*, Der Persönlichkeitsschutz im Recht der Medien, 1988; *Wasmuth*, Bemerkungen zum Rechtsschutz bei Klagen gegen Pressemitteilungen von Ermittlungsbehörden, NJW 1988, 1705; *R. Weber*, Ehrenschutz im Konflikt mit der Pressefreiheit, Festschrift für Faller, 1984, S. 443; *Wenzel*, Das Recht der Wort- und Bildberichterstattung, 5. Auflage, 2003; *H. P. Westermann*, Geldentschädigung bei Persönlichkeitsverletzung – Aufweichung der Dogmatik des Schadensrechts?, in: Einheit und Folgerichtigkeit im juristischen Denken, Symposium zu Ehren von Claus-Wilhelm Canaris, 1998, S. 125; *Zippelius*, Meinungsfreiheit und Persönlichkeitsrecht, Festschrift für Hubmann, 1985, S. 511.

Die ausführliche Behandlung des allgemeinen Persönlichkeitsrechts in einer medienrechtlichen Darstellung trotz seines fast unüberschaubaren Schrifttums[1] rechtfertigt sich nicht zuletzt daraus, dass gerade die „modernen Massenkommunikationsmedien mit ihrer außerordentlichen Breitenwirkung die Gefährdungen der Persönlichkeitssphäre potenzieren."[2] Auf der anderen Seite darf nicht übersehen werden, dass es sich um eine spezifisch deliktsrechtliche Problematik handelt,[3] die freilich nicht selten dann zum Tragen kommt, wenn die Persönlichkeitsverletzung über die Medien[4] bewirkt oder dadurch multipliziert wird.[5]   **1**

---

[1] So *Medicus*, Allgemeiner Teil des BGB, 8. Auflage 2002, Rz. 1076; rechtsvergleichend und rechtsgeschichtlich interessant *Whitman*, Yale Law Journal 2004 (113) 1151; *ders.*, Yale Law Journal 2000 (109) 1279.

[2] *Larenz/Canaris*, Schuldrecht II/2, § 80 I 2.

[3] Zu den Fragen des Internationalen Privatrechts vgl. *Friedrich*, Internationaler Persönlichkeitsschutz bei unerlaubter Vermarktung, 2003.

[4] Zur Persönlichkeitsrechtsverletzung durch Veröffentlichung fremder E-Mails im Internet LG Köln MMR 2006, 758 mit Anm. *Kitz*.

[5] Prägnant *J. Hager*, AcP 196 (1996) 168, 170: „Eine Meldung in den Medien, geschickt und breitenwirksam präsentiert, kann Ruf und Selbstwertgefühl nachhaltig gefährden."

I. Dogmatische Einordnung

2　　Die dogmatische Struktur des allgemeinen Persönlichkeitsrechts gehört zu den schwierigsten Problemkreisen des Deliktsrechts[6] und kann daher hier nur insoweit gestreift werden, als sie für das Verständnis medienrechtlicher Aspekte unerlässlich ist.[7] Denn auch hier gilt, was für das Medienrecht insgesamt Geltung besitzt, nämlich, dass es keine spezifisch medienrechtliche Problematik gibt, die nicht aus dem jeweiligen fachgebietsspezifischen Kontext heraus verständlich und lösbar wäre. So geht es im Folgenden nur um eine kursorische Behandlung der dogmatischen Einordnung. Das allgemeine Persönlichkeitsrecht stellt ein Schutzgut i. S. d. § 823 Abs. 1 BGB dar.[8]

3　　Es wird im Schrifttum häufig als **Rahmenrecht**[9] oder verkappte Generalklausel[10] qualifiziert. Rahmenrecht ist in dem Sinne zu verstehen, dass die Rechtswidrigkeit nicht ohne weiteres durch die Persönlichkeitsverletzung gegeben,[11] sondern auf der Grundlage einer Pflichten- und Güterabwägung zu ermitteln ist,[12] im Rahmen derer die Rechte des Beeinträchtigenden aus Art. 5 Abs. 1 GG und das Persönlichkeitsrecht des Verletzten in die Abwägung einzustellen sind.[13] Demgegenüber wird neuerdings darauf aufmerksam gemacht,[14] dass eine exakte Schutzbereichsanalyse sehr wohl zu dem Ergebnis führen kann, dass auch hier die Tatbestandsverwirklichung die Rechtswidrigkeit indiziert und somit sowohl die Qualifikation als Rahmenrecht wie auch die als Generalklausel unter prinzipiellen Gesichtspunkten fragwürdig ist. Vom

---

[6] Der Ansatz einer Systembildung findet sich neuestens bei *Ahrens*, Die Verwertung persönlichkeitsrechtlicher Positionen, 2002; siehe auch *Schlechtriem*, DRiZ 1975, 65.

[7] Siehe aus jüngerer Zeit vor allem die fundierte Neuorientierung von *Beuthien/Schmölz*, Persönlichkeitsschutz durch Persönlichkeitsgüterrechte, Erlösherausgabe statt nur billige Entschädigung in Geld, 1999.

[8] *Medicus*, Bürgerliches Recht, 20. Auflage 2004, Rz. 615, macht darauf aufmerksam, dass die Qualifikation als „Persönlichkeits*recht*" eine juristische Missgeburt" ist (Hervorhebung auch dort), weil sich die einzelnen Ausprägungen der Persönlichkeit nicht von ihr selbst trennen lassen. Daher sollte man sie auch nicht als „sonstiges Recht" i. S. d. § 823 Abs. 1 BGB qualifizieren; ebenso, wenngleich von einem anderen dogmatischen Ausgangspunkt her, *Beuthien/Schmölz*, Persönlichkeitsschutz durch Persönlichkeitsgüterrechte, 1999, S. 61; zum Verhältnis von Persönlichkeit und Individualität eingehend *Peifer*, Individualität im Zivilrecht, 2000, S. 132 ff.

[9] Im Anschluss an *Fikentscher*, Schuldrecht, 9. Auflage, Rz. 1225; BGH NJW 1991, 1532, 1533; 1987, 2667; BGH AfP 1993, 763; so etwa – auf das Medienrecht bezogen – *Prinz/Peters*, Medienrecht, Rz. 51; *Ahrens*, Die Verwertung persönlichkeitsrechtlicher Positionen, 2002, S. 126 f.

[10] Vgl. *v. Caemmerer*, Festschrift für von Hippel, 1967, S. 27; *dens.*, DJT-Festschrift, S. 102 ff.

[11] *Beuthien/Schmölz*, Persönlichkeitsschutz durch Persönlichkeitsgüterrechte, S. 63 f., betonen die Unterscheidung zwischen *Persönlichkeit* und *eigenpersönlichen Gegenständen,* deren letztere allein absolut geschützt seien. Das führe zu *Persönlichkeitsgüterrechten,* d. h. einem umfassenden Immaterialgüterrecht an den eigenpersönlichen Güterrechten einer Person. Im Falle einer diesbezüglichen unerlaubten Verwertung ergäben sich die Rechtsfolgen aus den §§ 823 Abs. 1, 252 BGB sowie den §§ 812 Abs. 1 S. 1 Alt. 2 und 687 Abs. 2 BGB (Hervorhebungen auch dort).

[12] *Medicus*, Bürgerliches Recht, Rz. 615.

[13] *Prinz/Peters*, Medienrecht, Rz. 51; *Stürner*, Gutachten A zum 58. Deutschen Juristentag, 1990, S. 68 ff.

[14] Von *Canaris*; vgl. *Larenz/Canaris*, Schuldrecht II/2, § 80 II; III 2.

hier vertretenen Ansatz aus[15] verdient die Feststellung Erwähnung, dass es sich dabei um eine fachgesetzliche, d. h. bürgerlich-rechtliche Prinzipienorientierung und keine medienrechtliche handelt, woran sich abermals zeigt, dass es keine Prinzipien des Medienrechts gibt, sondern immer nur die Prinzipien des jeweiligen Rechtsgebiets wirken, wenn dieses unter dem Blickwinkel des Medienrechts betrachtet wird.

II. Anerkennung durch die Rechtsprechung

Das allgemeine Persönlichkeitsrecht wurde vom Bundesgerichtshof schon in   **4** der ersten Hälfte der fünfziger Jahre anerkannt. Zuvor hatte das Reichsgericht[16] die Anerkennung in ständiger Rechtsprechung abgelehnt[17] und nur in besonders krassen Fällen einen Anspruch aus § 826 BGB angenommen.[18] Die Leitentscheidung ist aus medienrechtlicher Sicht aufschlussreich, weil ihr ein Sachverhalt aus dem Pressebereich zugrunde liegt.

BGHZ 13, 334: Der von einem Zeitungsartikel negativ betroffene frühere Reichsbankprä-   **5** sident Schacht verlangt von der Zeitschrift Berichtigung. Diese druckt stattdessen das anwaltliche Schreiben als „Leserbrief" ab, wobei das Berichtigungsverlangen weggelassen wird. Der Betroffene verklagt die Zeitschrift, in der nächsten Ausgabe in der Rubrik Leserbriefe zu berichtigen, dass er keinen Leserbrief geschrieben habe.

Der Bundesgerichtshof sah in dem Vorgehen des Verlags eine Verletzung   **6** des allgemeinen Persönlichkeitsrechts des Betroffenen. Dieses Recht sei vor dem Hintergrund des Grundgesetzes[19] in Gestalt der Art. 1 und 2 GG ein verfassungsmäßig gewährleistetes Recht.[20] Wenn private Aufzeichnungen, wie im vorliegenden Fall, in veränderter Weise ohne als solche genehmigt worden zu sein, an die Öffentlichkeit gebracht würden, so bedeutete das einen unberechtigten Eingriff in die Persönlichkeitssphäre des Verfassers. Da nur dem Verfasser das Recht zugestanden habe zu entscheiden, ob und in welcher Form sein Brief veröffentlicht werden dürfe, sei der Abdruck als Verletzung seines Persönlichkeitsrechts·zu werten. Das gilt umso mehr, als gerade das **Berichtigungsverlangen** weggelassen wurde, aus dem hervorgegangen wäre, dass es sich um ein solches und nicht lediglich um eine Meinungsäußerung handelte.[21] Im angloamerikanischen Rechtskreis existiert für derartige Sach-

---

[15] Zu ihm oben § 1 Rz. 12.

[16] Aus der Rechtslehre dieser Zeit ist *Reinhardt*, Das Persönlichkeitsrecht in der geltenden Rechtsordnung, aus dem Jahre 1931 zu nennen.

[17] RGZ 79, 398; 82, 334; 94, 1; 102, 135; 107, 281; 113, 414; 123, 330.

[18] RGZ 72, 175; 85, 343; 115, 416; 162, 7.

[19] Man kann diese Kehrtwende als Ausprägung des Übergangs zur Wertungsjurisprudenz deuten, der durchaus einen – wenn auch abgeschwächten – Paradigmenwechsel bedeutet; ausführlich *Petersen*, Von der Interessenjurisprudenz zur Wertungsjurisprudenz, 2001. Auch nach *Canaris* kommt im Hinblick auf das allgemeine Persönlichkeitsrecht „mit dem Erlass des Grundgesetzes ein tief greifender *Wertungswandel innerhalb der Gesamtrechtsordnung* hinzu"; *Larenz/Canaris*, Schuldrecht II/2, § 80 I 2 (Hervorhebung auch dort).

[20] Die diesbezüglichen Ausführungen des BGH zum Verhältnis von Grundgesetz und Privatrecht sind freilich kritikwürdig; vgl. *Canaris*, AcP 184 (1984) 231; *dens.*, JuS 1989, 163; *dens.*, Grundrechte und Privatrecht, 1999.

[21] BGHZ 13, 334 ff.

verhalte, in denen jemand im weitesten Sinne in ein falsches Licht gerückt wird, der Topos „Placing a person in false light".[22]

III. Geldentschädigung wegen immateriellen Schadens

7   Aus medienrechtlicher Sicht aufschlussreich sind diejenigen Fälle, in denen eine Geldentschädigung wegen eines immateriellen Schadens gewährt wurde.[23] Nicht fehlen darf in einer medienrechtlichen Darstellung der berühmte **Herrenreiterfall**, obwohl die Werbung mit dem streitgegenständlichen Foto auf einem Plakat und nicht in den herkömmlichen Medien erfolgte.[24] Die rechtlichen Probleme stellen sich aber typischerweise auch und gerade in medienrechtlichem Zusammenhang.

1. Durchbrechung des § 253 BGB

8   Die oft verkannte Besonderheit des Herrenreiterfalles besteht, wie gesehen,[25] nicht darin, dass dort das allgemeine Persönlichkeitsrecht erstmals in der höchstrichterlichen Rechtsprechung anerkannt worden wäre, sondern in der Gewährung einer **Geldentschädigung** wegen einer immateriellen Beeinträchtigung.[26] Damit hat sich der Bundesgerichtshof aus Gründen des Schutzes der Menschenwürde (Art. 1 Abs. 1 GG) über die gesetzgeberische Basiswertung des § 253 Abs. 1 BGB ohne weiteres hinweggesetzt.[27] Nach § 253 Abs. 1 BGB kann nämlich wegen eines Schadens, der nicht Vermögensschaden ist, Entschädigung in Geld nur in den durch das Gesetz bestimmten Fällen gefordert werden.

9   Auf den ersten Blick scheint diese Vorschrift nichts mit dem Medienrecht zu tun zu haben.[28] Der Zusammenhang erschließt sich erst im Hinblick auf ein rechtspolitisches Desiderat.[29] Die allfällige zivilrechtliche Sanktion, die an die Stelle einer Ausfüllung bestehender Schutzlücken vermittels des Art. 1 GG treten sollte, hat der Gesetzgeber bislang nämlich nicht zuletzt wegen des Widerstandes der Presse unterlassen, die davon vor allem betroffen wäre.[30] Daher hat die Rechtsprechung es in der genannten Entscheidung unternommen, die geforderte Sanktion selbst zu schaffen.[31]

---

[22] Dazu *W. Lorenz*, Privacy and the Press – A German Experience, in: Butterworth Lectures, 1990, 79 ff., 101 ff.; siehe auch *Canaris*, öJBl 1991, 208; *Gounalakis*, Privacy and the Media, 2000; zum U.S.-amerikanischen Right of Privacy *Götting*, Persönlichkeitsrechte als Vermögensrechte, S. 168 ff.

[23] Siehe dazu auch *Ehlers*, Der Geldersatz für immaterielle Schäden bei deliktischer Verletzung des allgemeinen Persönlichkeitsrechts, 1977; dazu *Sack*, GRUR 1981, 850.

[24] Zur geschichtlichen Entwicklung weiterführend *Vergau*, Der Ersatz immateriellen Schadens in der Rechtsprechung des 19. Jahrhunderts zum französischen und zum deutschen Deliktsrecht, 2006.

[25] Oben I.

[26] *Medicus*, Bürgerliches Recht, Rz. 615.

[27] Der BGH begründet die Durchbrechung des § 253 BGB mit keinem Wort und hat die Vorschrift später (BGHZ 35, 363, 367 f.) sogar für mit dem Grundgesetz unvereinbar gehalten; dagegen mit Recht *Larenz*, NJW 1965, 8; *ders./Canaris*, Schuldrecht, II/2, § 80 4 a.

[28] Eingehend zu ihrem Verhältnis zu medienrechtlichen Fallgestaltungen *H. P. Westermann*, in: Symposium zu Ehren von Claus-Wilhelm Canaris, 1998, S. 130 ff.

[29] *Diederichsen*, Die Flucht des Gesetzgebers aus der politischen Verantwortung im Zivilrecht, 1974, S. 56 ff.

[30] *Medicus*, Bürgerliches Recht, Rz. 615.

[31] Siehe zum Herrenreiterfall auch *Götting*, Persönlichkeitsrechte als Vermögensrechte, S. 50 f.

BGHZ 26, 349: Der Inhaber der Kölner Brauerei „Sester" betätigte sich nebenbei als Herrenreiter auf Turnieren. Bei einem dieser Wettbewerbe war ein Foto von ihm aufgenommen worden, mit dem ein Pharmaunternehmen auf Plakaten für ein Potenzmittel ohne Genehmigung des Herrenreiters warb. Dieser verlangte 15 000 DM Schadensersatz, weil er allenfalls um diesen Preis einer solchen Veröffentlichung zugestimmt hätte.

Als Anspruchsgrundlage kommt zunächst § 823 Abs. 1 BGB in Betracht. **10** Geschütztes Rechtsgut könnte hier nur das allgemeine Persönlichkeitsrecht[32] sein, das die Rechtsprechung schon vorher[33] als sonstiges Recht i.S.d. § 823 Abs. 1 BGB anerkannt hatte. Dessen Tatbestand ist im Übrigen erfüllt. Rechtswidrig ist beim unbefugten Eingriff in die Individual- oder Privatsphäre der Eingriff in die allgemeine Persönlichkeit; die hier verletzte **Intimsphäre**[34] ist sogar absolut geschützt. Dies geschah auch schuldhaft. Es ist nämlich zumindest fahrlässig, sich nicht hinreichend über das Vorliegen einer Einwilligung des Betroffenen zu vergewissern.

Schwierig zu bestimmen ist dagegen der Anspruchsinhalt, für den die §§ 249 ff. **11** BGB gelten. Geldersatz nach § 249 Abs. 2 S. 1 BGB scheidet aus, weil es sich weder um die Verletzung einer Person noch um die Beschädigung einer Sache handelt. Auch auf § 251 BGB kann wegen des insoweit eindeutigen § 253 BGB nicht ausgewichen werden. Eine Ausnahme von dieser Vorschrift liegt indessen nicht vor. Die analoge Anwendung des § 253 Abs. 2 BGB kann nicht damit begründet werden, die Missachtung des Rechts am eigenen Bild ähnele der Freiheitsentziehung.[35] Es liegt keine Lücke, d.h. eine planwidrige Unvollständigkeit, vor. Man kann also nur über eine mittlerweile **gewohnheitsrechtlich** verfestigte Überschreitung bzw. Durchbrechung des § 253 BGB aus verfassungsrechtlichen Gründen (Art. 1 GG) zu einem Schadensersatz in Geld gelangen.[36] Dazu bedarf es freilich neben dem Fehlen einer anderweitigen Genugtuungsmöglichkeit einer schweren Beeinträchtigung oder des Vorliegens entsprechend schwerer Vorwerfbarkeit.[37] Diese hat der Bundesgerichtshof hier angenommen. Deshalb kann ausnahmsweise Ersatz in Geld verlangt werden, dessen Höhe sich mangels entsprechender Vergleichsmaßstäbe – das Bild eines ansonsten unprominenten Kölner Brauereiinhabers hat kein übliches Entgelt[38] – nach dem richtet, was der Betroffene genommen hätte, d.h. gegen Zahlung dessen er in die konkrete Verbreitung seines Bildes zugestimmt hätte, hier also 15 000 DM.[39]

---

[32] *Beuthien/Schmölz*, Persönlichkeitsschutz durch Persönlichkeitsgüterrechte, 1999, sprechen sich für eine „grundrechtskonforme" Auslegung des Freiheitsbegriffs i.S.d. § 823 Abs. 1 BGB aus, der auch die innere Willensfreiheit des Betroffenen umfassen könne.

[33] In BGHZ 13, 334, also nicht erst im Herrenreiterfall; häufiges Missverständnis! (*Medicus*, Bürgerliches Recht, Rz. 615).

[34] Zur insofern wichtigen Abgrenzung zwischen Privat- und Intimsphäre, vgl. OLG Karlsruhe NJW 2006, 617, 618 f.

[35] So aber BGHZ 26, 349 ff.; dagegen mit Recht *Medicus*, Bürgerliches Recht, Rz. 831.

[36] Zur methodologischen Rechtfertigung siehe *Larenz/Canaris*, Schuldrecht II/2, § 80 I 4.

[37] Präzisiert in BGHZ 35, 363. Bei der Ausfüllung dieser einschränkenden Voraussetzungen ist jeweils auch die grundrechtliche Fundierung des Entschädigungsanspruchs zu beachten, BVerfG-K NJW 2006, 595.

[38] Anders verhielt es sich in BGHZ 20, 345: Die Veröffentlichung von Bildern des Schauspielers Paul Dahlke hatte einen bezifferbaren Marktwert; dazu unten § 6 I.

[39] Es ist freilich nicht unbedenklich, dass auf diesem Wege der Geschädigte selbst die Anspruchshöhe bestimmt; vgl. *Larenz/Canaris*, Schuldrecht II/2, § 72 III 3 c, wonach eine angemessene Lizenzgebühr in Ermangelung einer üblichen Lizenzgebühr anhand der tatsächlichen Nutzungs- und Gewinnmöglichkeiten ex post festgesetzt werden kann.

12   Daneben könnte ein Anspruch aus § 823 Abs. 2 BGB i. V. m. § 22 KUG bestehen, der ein Schutzgesetz darstellt und dessen Voraussetzungen unproblematisch erfüllt sind. Zum Schaden gilt das oben zu § 253 BGB Gesagte. Des Weiteren könnte ein Schadensersatzanspruch wegen angemaßter Eigengeschäftsführung aus §§ 687 Abs. 2, 678 BGB gegeben sein. Dessen Voraussetzungen liegen vor, wenn und weil das Pharmaunternehmen wusste, dass es zur Werbung mit dem Foto des Klägers, einem mangels entsprechender Gestattung objektiv fremden Geschäft, nicht befugt ist. Die Voraussetzungen der §§ 687 Abs. 2, 678 BGB liegen demnach vor.

13   Zu berücksichtigen ist ferner ein Anspruch aus § 812 Abs. 1 S. 1 Alt. 2 BGB. Erlangt ist in derartigen Fällen nach moderner bereicherungsrechtlicher Dogmatik[40] nicht die Ersparnis von Aufwendungen,[41] sondern die Nutzung des Bildes des Brauers zu Werbezwecken. Dies geschah in sonstiger Weise auf dessen Kosten, weil damit in den Zuweisungsgehalt eines fremden Rechts eingegriffen wurde. Das Recht am eigenen Bild ist mangels entsprechender Gestattung nämlich allein dem Abgebildeten von Rechts wegen zugewiesen. Das Pharmaunternehmen schuldet daher nach § 818 Abs. 1 BGB Herausgabe der Nutzung des Bildes. Zu ersetzen ist gemäß § 818 Abs. 2 BGB der Wert der Nutzung, der auf 15 000 DM zu beziffern ist, weil der Abgebildete nur um diesen Preis den Abdruck gestattet hätte.[42]

14   Mit diesen bereicherungsrechtlichen Andeutungen ist bereits auf einen Ausschnitt vorgegriffen worden, der uns an späterer Stelle beschäftigen wird,[43] nämlich auf den Bereicherungsausgleich bei Eingriffen in das Recht am eigenen Bild. Einstweilen interessiert aber nur der Bezug zum allgemeinen Persönlichkeitsrecht und zur Durchbrechung des § 253 Abs. 1 BGB. Diese hat das Bundesverfassungsgericht übrigens in einer gegen das Urteil gerichteten Verfassungsbeschwerde für rechtens gehalten.[44]

2. Die Vorwerfbarkeit der Verletzung

15   Die Massenmedien sind in besonderer Weise dazu angetan, Äußerungen in verfälschendem Licht dastehen zu lassen und somit das Persönlichkeitsrecht des Betroffenen zu verletzen.[45] Um einen derartigen Fall ging es auch zwanzig Jahre später, in dem sich die Wirkung noch dadurch potenzierte, dass die angebliche Äußerung eines Betroffenen, hier des späteren Nobelpreisträgers Heinrich Böll, über das Medium Fernsehen verbreitet wurde. Dabei ist vor allem der Grad des Verschuldens des Verletzers aufschlussreich.

BGH NJW 1982, 635: Der Chefkommentator des SFB sucht in der Tagesschau anlässlich der Ermordung eines hohen Richters durch einen Terrorakt nach Gründen für den „Boden der Gewalt" und zitiert in diesem Zusammenhang Heinrich Böll, der den Rechtsstaat, gegen den sich die Gewalt gerichtet habe, als „Misthaufen" bezeichnet habe. Böll, der in einem Essay geschrieben hatte: „Natürlich werde ich weiter für irgendwelche Feuilletons schreiben, der Hahn kräht ja auf seinem Mist, aber erst seit den Bonner Notstandserfahrungen weiß ich, dass

---

[40] Siehe nur *Canaris*, JZ 1971, 126.

[41] So aber noch BGHZ 26, 349.

[42] Zum Herrenreiterfall auch *Petersen*, Allgemeines Schuldrecht, 2. Auflage, 2005, Rz. 523 ff.

[43] Unten § 6.

[44] BVerfGE 34, 269 ff. Siehe auch *Leutheusser-Schnarrenberger*, Festschrift für Engelschall, 1996, S. 13.

[45] Zu den so genannten „verdeckten Behauptungen" siehe Staudinger/*Hager*, § 823 C Rz. 264.

ich auf dem Mist krähe", wehrte sich gegen den Kommentar gerichtlich und verlangte eine Entschädigung in Höhe von 100 000 DM.

Der Fall hat eine wechselvolle Geschichte durchgemacht: Nachdem das 16 Landgericht die Klage abgewiesen hatte, gab das Oberlandesgericht ihr statt. Der Bundesgerichtshof hob diese Entscheidung auf und wies die Klage mit der Begründung ab, dass das Persönlichkeitsrecht durch „eine Falschzitierung als solche nicht angetastet" würde, zumal die konkrete Äußerung des Kommentators über Böll hier „weitgehend durch ein vertretbares Verständnis seiner Veröffentlichung gedeckt" sei.[46] Das Bundesverfassungsgericht sah die Sache anders: Angesichts des Deutungsspielraums, welcher der ursprünglichen Äußerung Bölls zu Eigen gewesen sei, hätte der Kommentator der Mehrdeutigkeit Rechnung tragen müssen, indem er eine Wiedergabe dieser Äußerung unter einen entsprechenden **Interpretationsvorbehalt** hätte stellen müssen.[47] Da dies unterblieben ist, war der Kommentar nach Ansicht des Bundesverfassungsgerichts auch nicht durch die Meinungsfreiheit des Kommentators gedeckt.

Der Bundesgerichtshof, der daraufhin neuerlich mit dem Fall befasst war und 17 das Fehlen des besagten Interpretationsvorbehalts zu berücksichtigen hatte, sprach dem Verletzten nunmehr einen Betrag von 40 000 DM zu. Von medienrechtlicher Relevanz ist dabei nicht zuletzt die Feststellung, dass die Breitenwirkung und der Authentizitätsanspruch des Fernsehens die Beeinträchtigung besonders spürbar gemacht hätten.[48] Zur Begründung des erforderlichen erheblichen Verschuldens gab der Senat an, dass der Kommentator das Risiko tragen müsse, die Äußerung des Schriftstellers falsch verstanden zu haben, da er dies habe erkennen können und dem Ganzen „gerade deshalb durch einen Interpretationsvorbehalt hätte vorbeugen können und müssen."[49]

Das Erstaunliche an dieser Begründung besteht darin, dass dem Kommen- 18 tator hiermit ausdrücklich das Risiko eines Irrtums zugewiesen wird, den just der erkennende Senat zuvor selbst begangen hat, als das Bundesverfassungsgericht den „Interpretationsvorbehalt" noch nicht kreiert hatte. Dass der Bundesgerichtshof aus diesem Umstand das für die Zuerkennung eines Schadensersatzanspruchs wegen Persönlichkeitsverletzung erforderliche erhebliche Verschulden hergeleitet hat, macht die Entscheidung höchst angreifbar. Sie ist von Seiten des Schrifttums denn auch für „evident unrichtig" gehalten worden.[50] Dem Bundesgerichtshof mag zugute gehalten werden, dass er sich durch die Vorgaben des Bundesverfassungsgerichts gezwungen sah, einen Weg zu wählen, der die Belange des Klägers hinreichend berücksichtigt. Auf diesem Weg jedoch das erforderliche Verschulden auszuheben, ist indes ein angreifbarer Gedanke,[51] zumal ihm jede Verallgemeinerbarkeit ermangelt.

---

[46] BGH NJW 1978, 1797.
[47] BVerfG NJW 1980, 2072, 2073.
[48] Vgl. auch *Prinz/Peters*, Medienrecht, Rz. 117.
[49] BGH NJW 1982, 636, 637.
[50] So *Medicus*, Schuldrecht II, 12. Auflage 2004, Rz. 817; ebenso *Larenz/Canaris*, Schuldrecht II/2, § 80 Fußnote 11: „Da der BGH somit dem Verletzer das Risiko eines Rechtsirrtums auferlegt hat, den derselbe Senat zuvor selbst (!) begangen hatte, ist die Entscheidung evident unrichtig."
[51] In diesem Sinne *Medicus*, Schuldrecht II, Rz. 817: „Zunächst war mit Recht gefordert worden, es müsse ein schwerer, nicht anders auszugleichender Eingriff und auch ein erhebliches Verschulden vorliegen. BGH NJW 1982, 635 (Böll/Walden) hat diese letzte Voraussetzung jedoch in einer mir unverständlichen Weise fallen lassen."

Man kann daraus angesichts der zutreffenden Feststellung, dass „das **Originalzitat** eine besonders gefährliche Waffe im Meinungskampf ist",[52] nur folgern, dass sich diese auch gegen denjenigen wenden kann, der sie missbraucht. Es bleibt jedoch somit grundsätzlich bei dem besonderen Verschuldenserfordernis, mit der Maßgabe, dass der Sorgfaltsmaßstab umso höher ist, je stärker die Rechtsposition des Betroffenen beeinträchtigt wird.[53]

3. Sorgfaltspflichten der Medien

19   Damit ist freilich noch nicht die Frage beantwortet, welche Pflichten es im Medienbereich genau sind,[54] deren Verletzung haftungsbegründend wirkt.[55] Praktisch bedeutet dies, dass die an die Presse zu stellenden Sorgfaltspflichten hoch zu veranschlagen sind.[56] Zuvörderst zu nennen ist die saubere **Recherchierarbeit**,[57] die zu einer wahrheitsgetreuen Berichterstattung und damit zu einer geringstmöglichen Rechtsbeeinträchtigung des Betroffenen führt.[58] Dieser ist gegebenenfalls vor der Veröffentlichung anzuhören[59] oder um eine Stellungnahme zu bitten.[60] Zur sorgfältigen Berichterstattung gehört auch, dass plakativ hervorgehobene Sätze keine Entstellungen enthalten.[61] Wird einem Betroffenen aufgrund einer unzulänglich recherchierten Fernsehsendung gekündigt, so steht ihm nicht nur Ersatz des materiellen, sondern u. U. auch des immateriellen Schadens zu.[62]

a) Verdachtsberichterstattung

20   Die Berichterstattung über einen Verdacht kann für den Betroffenen ernste Konsequenzen haben und ihn schlimmstenfalls um seine Existenz bringen. Aus diesem Grund bestehen in diesem Bereich erhöhte Sorgfaltspflichten bei der Recherche.[63] Die unzulässige und rechtswidrige Verdachtsberichterstattung stellt in aller Regel eine schwere Persönlichkeitsverletzung dar.[64] Handelt es

---

[52] *Larenz/Canaris*, Schuldrecht, II/2, § 80 V 2 c, unter Bezugnahme auf den Ausgangsfall.

[53] BVerfG-K NJW 2006, 595.

[54] Es kann auch der Staat im Umgang mit den Medien sein, wie die Klage des ehemaligen Mannesmann-Vorstandsvorsitzenden Esser gegen das Land NRW zeigt; vgl. OLG Düsseldorf NJW 2005, 1791; zur Vorinstanz *Huff*, NJW 2003, 403; *Becker-Toussaint*, NJW 2004, 414; siehe auch *Lorz/Bosch*, AfP 2005, 97; *Wasmuth*, NJW 1988, 1705.

[55] Monographisch zum Folgenden *Rhode*, Publizistische Sorgfalt und redaktionelle Rechtspflichten, 2004; *Müntinga*, Die journalistischen Wahrheits- und Sorgfaltspflichten und die Möglichkeiten ihrer Durchsetzung, 1999; siehe zur publizistischen Sorgfalt auch *Peters*, NJW 1997, 1334; *Schippan*, ZUM 1996, 398; *Groß*, AfP 2005, 142.

[56] Siehe zu ihnen BGH VersR 1988, 405, 406; zustimmend *Medicus*, Schuldrecht II, Rz. 816. Die journalistische Sorgfaltspflicht ist gleichsam das Gegengewicht für die aus der Pressefreiheit resultierenden Möglichkeiten, vgl. *Fischer*, Medienrecht und Medienmärkte, S. 24.

[57] Bei unzureichender Recherche trifft den Täter die Beweislast; vgl. BGHZ 132, 13, 27; BGH NJW 1998, 1391, 1393; OLG Hamburg NJW-RR 1993, 1056, 1057; siehe auch *J. Hager*, AcP 196 (1996) 168, 193, 200 f.

[58] Speziell zur Pressehaftung für wettbewerbswidrige Anzeigen siehe BGH NJW-RR 1990, 1184; dazu *Köhler*, JuS 1991, 719.

[59] BGH LM Nr. 19 zu Art. 5 GG sub II.

[60] BGH AfP 1988, 34, 35.

[61] BVerfG-K NJW 2004, 277, 278.

[62] BGH VersR 1997, 325; dazu *Müller*, in Taupitz/Müller, Rufausbeutung nach dem Tode: Wem gebührt der Profit?, Juristische Studiengesellschaft, S. 56.

[63] *Prinz/Peters*, Medienrecht, Rz. 270.

[64] BGH NJW 1977, 1288, 1289; 1994, 1950, 1953; LG Berlin AfP 1994, 324, 325.

sich bei dem, über das berichtet wird, um einen bloßen Verdacht, so muss dies klar herausgestellt werden.[65] Zugleich besteht eine erhöhte **Prüfungspflicht** der Journalisten.[66] Daher darf nicht einfach berichtet werden, der Betreffende sei der Straftat bereits überführt.[67] Noch weniger darf der Verdächtige einfach als Täter bezeichnet werden.[68] Zumindest muss in solchen Fällen vom „mutmaßlichen Täter" die Rede sein. Wird über einen Verdacht berichtet, so muss dieser aktuell sein und noch bestehen,[69] weil an der Berichterstattung über haltlose Verdächtigungen kein Informationsbedürfnis bestehen kann.[70] Schwierigkeiten bereitet die Frage, ob eine unzulässige Verdachtsberichterstattung und mithin eine schwere Persönlichkeitsverletzung auch dann vorliegt, wenn sich der Verdacht, über den in unzulässiger Weise berichtet wird, im Nachhinein als zutreffend erweist. Die Rechtsprechung[71] tendiert dazu, auch in diesen Fällen eine schadensersatzpflichtige schwere Persönlichkeitsverletzung zu sehen.[72]

Dem ist jedoch kein Beifall zu zollen. Die Medien haben die Aufgabe, über **21** das zu berichten, was geschehen ist. Berichten sie über einen Tatverdächtigen als solchen, so ist dies im Ergebnis keine Persönlichkeitsverletzung.[73] Etwas anderes gilt freilich, wenn sie in einer Weise berichten, in der sie es auch gegenüber dem Täter nicht dürften, also etwa ein ungeschwärztes Bild ohne **Augenbalken**[74] verwenden, wenn dies seinem Resozialisierungsinteresse zuwider laufen würde.

b) Ausschöpfung der Informationsquellen

Zur sorgfältigen Presseberichterstattung gehört auch, dass die zur Verfügung **22** stehenden Informationsquellen weitestmöglich ausgeschöpft werden.[75] Sofern

---

[65] OLG Köln NJW 1987, 2682, 2684; OLG Köln AfP 1985, 293, 295; 1989, 683, 685; OLG München AfP 1993, 767, 768; OLG München NJW-RR 1996, 1487, 1488; 1493, 1494; LG Hamburg AfP 1993, 678, 679.

[66] BGH NJW 1977, 1288, 1289; inwieweit auch Äußerungen von Privatpersonen, namentlich Interviewpartnern, an den Anforderungen zulässiger Verdachtsberichterstattung der Presse gemessen werden dürfen, ist zweifelhaft, vgl. BVerfG-K NJW 2007, 2685, 2686; BVerfGE 85, 1, 22; siehe auch § 5 Rz. 2 ff.

[67] OLG Brandenburg AfP 1995, 520, 522.

[68] OLG Düsseldorf NJW 1980, 599, 600 (Bezeichnung einer Tatverdächtigen als „Terror-Mädchen"); *Prinz/Peters*, Medienrecht, Rz. 271; unrichtig insoweit OLG Frankfurt a. M. NJW 1980, 597, 598.

[69] OLG Hamburg NJW-RR 1994, 1176.

[70] *Prinz/Peters*, Medienrecht, Rz. 271 a. E.

[71] OLG Köln NJW 1987, 1418; NJW-RR 1993, 31, 33; LG Hamburg NJW-RR 1992, 536; anders aber OLG Nürnberg NJW 1996, 530, 531.

[72] Zustimmend *Prinz/Peters*, Medienrecht, Rz. 274, unter Hinweis auf den Schutzauftrag aus Art. 1, 2 GG; vgl. auch *Stürner*, JZ 1994, 873, zur allfälligen Sanktionierung von Verstößen gegen die journalistischen Berufspflichten.

[73] Ähnlich *J. Hager*, AcP 196 (1996) 205, für den Unterlassungsanspruch (zu ihm unten § 5), der nicht besteht, wenn etwa die Beweisaufnahme ergibt, dass genügend Indizien für die Wahrheit der Tatsache bestehen und die Behauptung mithin aufgestellt werden darf. Beachtenswert daher seine dogmatische Qualifizierung als rechtmäßiges Alternativverhalten; vgl. Staudinger/*Hager*, § 823 C, Rz. 267 a. E.

[74] Auch das Überdecken des Gesichts mit einem Augenbalken bietet dann keinen hinreichenden Schutz gegen eine Identifizierung des Abgebildeten, wenn dessen Identität zumindest von einem Teil des Adressatenkreises, etwa in seiner näheren persönlichen Umgebung, aufgrund anderer Umstände identifiziert werden kann, vgl. OLG Frankfurt NJW 2006, 617 f. m. w. N.

[75] *Larenz/Canaris*, Schuldrecht II/2, § 80 V 1 c, nennt beispielhaft die Klärung der Übereinstimmung einer Fotokopie mit dem Original.

die Informationen durch Informanten zugespielt werden, ist deren Identität zu ermitteln.[76] Anonyme Denunziationen, erst recht entsprechende Flugblätter,[77] gehören in den Papierkorb.[78] Handelt es sich um andere Quellen, so ist zu überprüfen, ob diese wirklich authentisch sind.[79] Die ungeprüfte Übernahme von Informationen aus anderen Zeitungsartikeln genügt keinesfalls.[80] Gerade im oft hervorgehobenen Zeitalter der Informationsgesellschaft steigen die Anforderungen an die Recherche durch Medienunternehmen, insbesondere bei Presseerzeugnissen. Das bedeutet, dass die Verlagshäuser **Archive** und **Datenbanken** führen und bereithalten müssen, die höchsten Ansprüchen an die Wahrheitsfindung genügen.[81] Aber auch jenseits der Recherche und der Organisation bezüglich der Infrastruktur auf informationsrechtlicher Ebene gibt es Pflichten der Verlage und Medienunternehmen, deren Verletzung zur Haftung nicht nur des betroffenen Redakteurs führen kann und von denen im Folgenden die Rede sein soll.

4. Haftung des Verlags wegen fehlender Organisationsmaßnahmen

23   Persönlichkeitsverletzungen in den Medien resultieren nicht selten daher, dass einzelne Journalisten über das Ziel hinausschießen und den Eindruck entstehen lassen, die Person, über die berichtet wird, sei im Wortsinne nicht mehr als das Objekt ihrer Berichterstattung. In derartigen Fällen besteht mitunter unproblematisch ein Anspruch gegen den jeweiligen Journalisten. Dem Betroffenen ist es indes regelmäßig wichtiger, auch den Verlag oder Sender, dem der Journalist untersteht, in Anspruch nehmen zu können. Diesem nachvollziehbaren Interesse hat die Rechtsprechung durch eine Haftung des Verlags aufgrund mangelhafter **Leitungsmaßnahmen** Rechnung getragen.

BGHZ 39, 124: Einer Berliner Fernsehansagerin wurde in einer Illustrierten mit einer Millionenauflage in einer Reportage u. a. nachgesagt, sie „gehöre in ein zweitklassiges Tingeltangel auf der Reeperbahn", wie überhaupt die Fernsehansagerinnen des SFB aussähen wie „ausgemolkene Ziegen", bei deren Anblick den Zuschauern „die Milch sauer" werde. Der beklagte Verlag hielt dagegen, man sei nur im Interesse der öffentlichen Berichterstattung auf das die Ansagerinnen des SFB kennzeichnende „kleinbürgerliche Milieu und das Fluidum von Altjüngferlichkeit und Säuerlichkeit" eingegangen.

24   Der Bundesgerichtshof sprach der Ansagerin einen Anspruch gegen den Journalisten aus § 823 Abs. 1 BGB[82] wegen schwerer Persönlichkeitsverletzung zu. Selbst bei Obwaltung geringer Sorgfalt hätte der Journalist einsehen müssen, dass seine Berichterstattung das Opfer beleidigte und in seine Privatsphäre

---

[76] Vgl. BGHZ 59, 76, 81 f.

[77] Vgl. OLG Brandenburg AfP 1995, 520, 522.

[78] *Larenz/Canaris*, Schuldrecht II/2, § 80 II 1 c; BGH NJW 1977, 1288, 1289.

[79] Vgl. BVerfGE 12, 113, 130; BGHZ 31, 308, 313; BGH NJW 1987, 2225, 2226; 1977, 1288, 1289.

[80] Zutreffend *Prinz/Peters*, Medienrecht, Rz. 269: „Wer abkupfert, recherchiert nicht."

[81] *Steindorff*, Persönlichkeitsschutz im Zivilrecht, 1983, S. 36 f.; zustimmend *Larenz/Canaris*, Schuldrecht II/2, § 80 V 1 c.

[82] *Canaris* weist mit Recht darauf hin, dass in derartigen Fällen schon § 823 Abs. 2 i. V. m. § 185 StGB unter dem Gesichtspunkt der Formalbeleidigung ausreicht; vgl. *Larenz/Canaris*, Schuldrecht II/2, § 80 II 2 mit Fußnote 27.

unangemessen eingreift. Die Berufung auf die Pressefreiheit hielt der Senat im konkreten Fall angesichts der besonderen Beleidigungen für „fehl am Platze".[83]

Bemerkenswert an dieser Entscheidung ist jedoch, dass der Bundesgerichthof 25 auch die Voraussetzungen für einen Anspruch aus § 823 BGB sowie aus § 831 BGB gegen den beklagten Verlag,[84] der „Herr der Zeitschrift"[85] ist, als gegeben erachtet. Es habe nämlich eine Pflicht bestanden, einen der Geschäftsführer des Verlags oder ein **Sonderorgan** i. S. d. § 31 BGB damit zu betrauen, „kritische Beiträge unter dem Gesichtspunkt des Rechtsschutzes Dritter zu prüfen",[86] zumal es in der konkreten Illustrierten schon des Öfteren zu derartigen Fällen gekommen sei. Der Senat postuliert im Einklang mit der Vorinstanz entsprechende Leitungs- und Organisationsmaßnahmen im Betrieb des beklagten Verlages, die derartige Entgleisungen verhindern könnten und an denen es der Verlag offenkundig habe ermangeln lassen. Dies schließt der Bundesgerichtshof nicht zuletzt aus der Einlassung des Verlages, man habe aus Gründen der Berichterstattung in der genannten Weise berichten dürfen.

5. Klage gegen den Chefredakteur

Der Anspruch richtet sich also nicht nur gegen denjenigen, der die Persön- 26 lichkeitsverletzung selbst begangen hat, sondern auch gegen solche natürlichen oder juristischen Personen, die sich die Persönlichkeitsverletzung zurechnen lassen müssen.[87] In Fällen der genannten Art kann sich der Anspruch auch gegen den Chefredakteur eines Blattes persönlich richten, der in aller Regel **gesamtschuldnerisch** mit dem jeweiligen Redakteur und dem Verlag, in dem die Zeitung erscheint, verklagt wird. Das ist insbesondere dann praktikabel, wenn der Chefredakteur eine Zusage verweigert, dass ein persönlichkeitsverletzender Artikel nicht erscheint. Dies veranschaulicht eine Entscheidung, die auch darüber hinaus von medienrechtlichem Interesse ist.

BGHZ 73, 120: Die Illustrierte „Stern" veröffentlichte ein heimlich mitgeschnittenes Telefonat zwischen zwei führenden Politikern, in dem es um heikle politische Inhalte ging. Da der Chefredakteur eine entsprechende Zusage verweigerte, erwirkten die Politiker eine Untersagungsverfügung im Wege des einstweiligen Rechtsschutzes und verlangten vom Verlag, dem Chefredakteur und dem zuständigen Journalisten im Klagewege ein Veröffentlichungs- oder Weitergabeverbot des Mitschnitts.

Der Bundesgerichtshof hat der Klage gegen alle Beklagten stattgegeben.[88] 27 Auch die im Rampenlicht der Öffentlichkeit stehenden Politiker hätten einen Anspruch auf Wahrung ihrer Privatsphäre zu vertraulichen Gesprächen, mögen

---

[83] Nach wie vor aktuell insoweit BGHZ 39, 128: „Dieses Grundrecht wird in seinem Wesen verkannt, wenn ihm die von einer Verantwortung entbundene Freiheit entnommen wird, Klatsch zu verbreiten und die Berichterstattung auf Kosten der Ehre anderer zugkräftig zu machen (Art. 5 Abs. 2 GG)." Siehe auch *J. Hager*, AcP 196 (1996) 168, 196.

[84] Der Verleger hat auch für ein Verschulden seines Schriftleiters einzustehen, wenn dieser Verrichtungsgehilfe ist, wobei ihm freilich die Exkulpationsmöglichkeit des § 831 Abs. 1 S. 2 BGB offen steht (RGZ 148, 154, 161; BGHZ 3, 270, 275).

[85] So BGHZ 39, 124, 129.

[86] BGHZ 69, 124, 130.

[87] *Larenz/Canaris*, Schuldrecht II/2, § 80 IV 2.

[88] Dazu *Lerche*, AfP 1975, 826; *ders.*, AfP 1976, 61.

diese auch politischen Inhalts sein.[89] Das gilt umso mehr, als das Verbot der
Erlangung entsprechender Informationen strafbewehrt (vgl. § 201 StGB) ist.[90]
Da § 201 StGB ein Schutzgesetz i. S. d. § 823 Abs. 2 BGB ist, hätte es auch in
diesem Fall des Rekurses auf das allgemeine Persönlichkeitsrecht nicht unbedingt bedurft.[91] Das Strafrecht zieht insoweit eine Grenzlinie,[92] jenseits derer
die an sich aus Gründen der Kontrollfunktion der Presse nicht absolut geschützte Privatsphäre[93] auch von Journalisten zu achten ist.[94] Es kommt demnach nicht nur auf den Informationsinhalt,[95] sondern auch auf die Art der
Informationsbeschaffung an. Zu berücksichtigen ist allerdings, dass dann,
wenn das Presseorgan an der rechtswidrigen Beschaffung nicht selbst beteiligt
war, kein grundsätzliches **Veröffentlichungsverbot** besteht,[96] wobei freilich
der Öffentlichkeitswert ins Verhältnis gesetzt werden muss zum Geheimhal-
tungsinteresse der Beteiligten,[97] zumal die Presse sich etwaiger Nachahmer von
Rechtsbrüchen bewusst sein muss.[98] Bei Abwägung der widerstreitenden Belange hätte der Chefredakteur hier zu dem Ergebnis kommen müssen, dass eine
von den Betroffenen geforderte Erklärung hätte abgeben werden müssen, so
dass auch er dem Anspruch ausgesetzt ist. Als Faustregel gerade auch für
medienrechtlich geprägte Fallgestaltungen eignet sich der Satz von *Canaris:*
„Die Rechtswidrigkeit der Erlangung indiziert die Rechtswidrigkeit der Verwendung.“[99]

---

[89] Zur Wahrung der Privatsphäre von Prominenten, die sich gegen die Auskundschaftung
ihrer Wohnung wehren BGH NJW 2004, 762, 766 (Verbreitung von Luftbildern, nicht aber
der genauen Wegbeschreibung, soll zulässig sein); ähnlich KG NJW 2005, 2320: Persönlichkeitsrechtsverletzung eines Prominenten, wenn sein Wohnhaus infolge der Bildveröffentlichung als privater Rückzugsort berührt ist.

[90] BGHZ 73, 120, 123; vgl. auch *Larenz/Canaris,* Schuldrecht II/2, § 80 V 1 b.

[91] *Larenz/Canaris,* Schuldrecht II/2, § 80 II 4 c; siehe auch *Helle,* Besondere Persönlichkeitsrechte im Privatrecht, 1991, S. 232 ff.

[92] *Canaris* (JuS 1989, 161, 169; *Larenz/Canaris,* Schuldrecht II/2, § 80 V 1 b) votiert in
derartigen Fällen für eine Anwendung des § 34 StGB, wobei die Interessen der Öffentlichkeit
in die Abwägung der widerstreitenden Interessen einzustellen sind; skeptisch *Staudinger/
Hager,* § 823 C Rz. 227, der die verfassungsrechtlich gewährleistete Rechtsposition der Presse
dabei für unterbewertet hält.

[93] Vgl. nur *Maas,* Information und Geheimnis im Zivilrecht, 1970, S. 20 ff., 107 ff. Dagegen
lässt sich nicht pauschal von einem Vorrang der Meinungsfreiheit gegenüber dem Schutz der
persönlichen Ehre sprechen (so aber *Stoll,* Jura 1979, 580); vgl. BVerfGE 43, 130, 136; BGHZ
78, 9, 14.

[94] BGHZ 73, 120, 125; vgl. auch Staudinger/*Hager,* § 823 C Rz. 227.

[95] Zu eng daher *Gehrhardt,* Film und Recht, 1976, S. 847, 851; gegen ihn BGHZ 76, 120,
127.

[96] BVerfGE 66, 116, 137; Staudinger/*Hager,* § 823 C Rz. 227.

[97] BGHZ 73, 120, 128. Zur Verletzung des allgemeinen Persönlichkeitsrechts durch Pres-
seauskünfte im Rahmen eines strafrechtlichen Ermittlungsverfahrens LG Düsseldorf
NJW 2003, 2536; dazu *Becker-Toussaint,* NJW 2004, 414.

[98] BGH NJW 1987, 2667, 2669.

[99] *Larenz/Canaris,* Schuldrecht II/2, § 80 II 4 g (Hervorhebung auch dort). Siehe auch das
daselbst entwickelte Indikationsmodell, das gegenüber der Rechtsprechung und h. L. den
Vorzug hat, dass an die Stelle einer oft unscharfen und Billigkeitsaspekten überantworteten
Abwägung schärfere dogmatische Konturen treten.

IV. Geldentschädigung bei schweren Verletzungen des Persönlichkeitsrechts

Von erfundenen Interviews war bereits im Zusammenhang mit der Soraya- **28** Entscheidung des Bundesverfassungsgerichts die Rede.[100] Diese Praxis hat sich bis in die jüngste Vergangenheit fortgesetzt.[101] Mitunter besteht die Persönlichkeitsrechtsverletzung darin, dass die Berichterstattung selbst nicht unwahr ist, dadurch jedoch ein Eindruck hervorgerufen wird, der die Person in einem bestimmten Licht erscheinen lässt, das nichts mehr mit der Wahrheit zu tun hat und nur noch die Absicht verfolgt, die Auflage des Publikationsorgans zu steigern.

1. Medienrechtliche Ausprägung des punitive damage

Erst vor wenigen Jahren hat der Bundesgerichtshof diesem Treiben einen **29** Riegel vorgeschoben durch die Zuerkennung einer Geldentschädigung, die dem aus dem angloamerikanischen Rechtskreis bekannten punitive damage nicht unähnlich ist und gleichsam dessen medienrechtliche Ausprägung zu sein scheint.[102]

BGH NJW 1996, 985: Caroline von Monaco klagte gegen einen Verlag, dessen Illustrierte auf den Titelseiten Geschichten ankündigten, die überschrieben waren mit: „Caroline – Tapfer kämpft sie gegen Brustkrebs" sowie „Hilfe für Millionen Frauen – Caroline – Kampf gegen Brustkrebs". Caroline von Monaco war unstreitig nicht an Brustkrebs erkrankt, sondern hatte sich lediglich für entsprechende Vorsorgeuntersuchungen eingesetzt.

Der Bundesgerichtshof hat der Prinzessin einen Anspruch auf die beantragte **30** Geldentschädigung zuerkannt.[103] Der Anspruch ergibt sich nach der Rechtsprechung aus § 823 Abs. 1 BGB i. V. m. Art. 1, 2 Abs. 1 GG.[104] Der Unterschied besteht darin, dass – anders als beim Schmerzensgeld, bei dem der Ausgleichsgedanke eine maßgebliche Rolle spielt – in Fällen der vorliegenden Art außer der Genugtuung des Opfers der **Präventionszweck** im Vordergrund steht.[105] Hier handelte es sich um eine schwere Persönlichkeitsverletzung, weil die konkrete Art der Berichterstattung den Eindruck erweckte, die Klägerin selbst sei an Brustkrebs erkrankt. Bemerkenswert ist, dass der Senat aus der Herleitung des Anspruchs (§ 823 Abs. 1 i. V. m. Art. 1, 2 GG) Folgerungen für die Höhe zieht. Die allfällige Präventionswirkung rechtfertigt danach eine höhere Bemessung, als dies allein nach Schmerzensgeldgesichtspunkten der Fall wäre.[106] Bemessungsfaktor kann nach Ansicht des Bundesgerichtshofs die Gewinnerzielung aus der Rechtsverletzung sein, ohne dass dies zu einer „Gewinnabschöpfung" führen

---

[100] Oben § 2 Rz. 13 ff.
[101] Vgl. nur BGH NJW 1995, 363; das Urteil betraf wieder einmal Caroline von Monaco.
[102] Zu den neueren Entwicklungen des punitive damage in den USA *Thiele*, ZfRV 1997, 197.
[103] Zur konkreten Höhe schließlich OLG Hamburg NJW 1996, 2870.
[104] BGH NJW 1985, 1617; BGHZ 128, 1. In diese Richtung bereits BVerfGE 34, 269; dazu oben § 2 Rz. 13 f.
[105] BGHZ 128, 1; BGH NJW 1996, 984, 985; siehe auch BGH NJW 2006, 605, 607; *Wagner*, JZ 2004, 319, 321 f.
[106] Siehe auch den Vorschlag eines „Schadensersatzes in mehrfacher Höhe des Schadens" von *Assmann*, BB 1985, 15; dazu *H. P. Westermann*, Symposium zu Ehren von C.-W. Canaris, 1998, S. 128.

müsse.[107] Die Höhe der Geldentschädigung darf also ein „Gegenstück" zum Gewinnerzielungszweck darstellen.[108]

31   Bedenklich an dieser Entwicklung ist, dass der Bundesgerichtshof mit dieser Rechtsprechung die Kluft zu den Schmerzensgeldern noch vergrößert hat. Wenn man sich vergegenwärtigt, was für – in Anbetracht der gravierenden Beeinträchtigungen – vergleichsweise lächerliche Summen für den Verlust des Augenlichts oder eine Querschnittslähmung zugesprochen werden, ist sehr zweifelhaft, ob die Zuerkennung vergleichbarer Beträge an Prominente,[109] die (lediglich) durch die öffentliche Berichterstattung beeinträchtigt werden,[110] durch den Präventionsgedanken gerechtfertigt werden kann.[111] Auf der anderen Seite veranschaulicht die Rechtsprechung die Richtigkeit und medienrechtliche Denkwürdigkeit eines zentralen Einwands von *Medicus*,[112] der betont, dass der **Schutz vor der Presse** nicht minder wichtig ist als der stets hervorgehobene **Schutz der Presse.**[113]

2. Gezielte Persönlichkeitsverletzungen von Unprominenten

32   Den gleichsam umgekehrten Fall bildet eine Erscheinung, die in den Zeiten des Privatfernsehens grassiert. Sie ist dadurch gekennzeichnet, dass in typischerweise mehrmals wöchentlich laufenden Fernsehsendungen einzelne Personen mehr oder minder zufällig herausgegriffen werden, weil ihr Name oder Gesicht aus Sicht des Moderators zu Verballhornungen einlädt und dieser Umstand schamlos ausgenutzt wird. Im Gegensatz zu den zuletzt behandelten Fällen sind es gänzlich Unprominente, über die etwas Zutreffendes – wenngleich vollkommen Banales – berichtet wird, und sei es nur ihr Name.

33   Charakteristisch für diese Fallgestaltungen ist, dass Proteste ignoriert werden und nur auf Untersagungsverfügungen reagiert wird. Dann aber ist es für den Betroffenen regelmäßig zu spät; sein Ruf hat massiv gelitten, zumal er als bis dato gänzlich unbekannte Person typischerweise kein Forum zur Gegenäußerung hat. Eine Gegendarstellung im technischen Sinne hilft nicht weiter, weil nichts richtig zu stellen ist, da sich die Diffamierungen nahezu ausschließlich im Bereich obszöner Anspielungen bewegen.

34   Zwar liegt in derartigen Extremfällen u. U. sogar eine Gesundheitsverletzung i. S. d. § 823 Abs. 1 BGB vor, doch wird mit dem danach zu gewährenden

---

[107] Noch weitergehend *Prinz*, NJW 1996, 953, 957 f., der die Höhe an den Tagesgewinnen der Medienunternehmen orientieren möchte; dazu auch *H. P. Westermann*, Symposium zu Ehren von C.-W. Canaris, S. 143 f.

[108] BGH NJW 1996, 984, 985; zum Folgenden auch *Lettl*, WRP 2005, 1045, 1082 ff.

[109] *Ehmann*, in: Erman, BGB, 10. Auflage 2000, Anhang § 12 Rz. 505, spricht gar von einem Sonderrecht für die „superreiche Schickeria"; zum Schutz von Prominenz als Eigentum *Ladeur*, ZUM 2000, 879.

[110] Vgl. *Beuthien/Schmölz*, Persönlichkeitsschutz durch Persönlichkeitsgüterrechte, S. 67: „Nur soweit es um die Schmälerung ihres äußeren Ansehens geht, kann die Geldentschädigung bei Prominenten höher ausfallen, weil ihr sozialer und beruflicher Wirkungsbereich größer ist."

[111] Vgl. aber auch *Steffen*, ZRP 1996, 366, mit dem etwas reißerischen Titel „Das Schmerzensgeld soll den Verleger ruhig schmerzen"; *dens.*, NJW 1997, 10; *dens.*, Festschrift für Odersky, 1996, S. 723.

[112] In: Bürgerliches Recht, Rz. 615; Hervorhebung auch dort.

[113] Vgl. auch *H. P. Westermann*, Symposium zu Ehren von C.-W. Canaris, 1998, S. 147: „Andererseits wird man zugeben müssen, dass *Phänomene wie die Macht der Medien*, die nicht zu übersehende Bereitschaft zu ihrer Ausnutzung sowie die Überzeugung ihrer Überlegenheit nicht nur Stärke, sondern Dignität und einen intensiven und effektiven Persönlichkeitsschutz erfordern." (Hervorhebung nur hier).

Schadensersatz in aller Regel nur ein unmaßgeblicher Teil des Unrechtsgehalts der medialen Diffamierung restituiert. Diese stellt zugleich eine massive Verletzung des allgemeinen Persönlichkeitsrechts der Betroffenen dar. Immerhin ist auch beim Bildnisschutz anerkannt, dass eine Geldentschädigung in Betracht kommt, wenn jemand bewusst **Hohn und Spott** ausgesetzt wird.[114] Das Problem besteht darin, dass der Umfang des Schadensersatzes schwerlich zu beziffern ist. Man kann nicht einmal auf die im Herrenreiterfall etablierten Argumentationsmuster zurückgreifen, da die Betroffenen in die Kampagne wohl um keinen Preis der Welt eingewilligt hätten. Dies darf dem Schädiger indes nicht zugute kommen.

Richtigerweise muss sich die Lösung an den Grundsätzen der Caroline von Monaco-Rechtsprechung orientieren. Die Interessenlage ist nämlich insofern gleich, als die Berichterstattung ohne Rücksicht auf den Wahrheitsgehalt allein im Interesse der Quote bzw. Auflage erfolgt. Das ruft indes die **Präventivfunktion** der Schadensersatzleistung in Erinnerung und gebietet eine wirksame Sanktionierung, die sich nicht nur im mehr oder minder symbolischen Bereich bewegen darf. Daher sollten die Gerichte diesen Praktiken durch Zuerkennung von drastischen Schadensersatzsummen begegnen, die sich an der Höhe dessen orientieren können, was im umgekehrten Fall Prominenten zugebilligt wird. Man wird dies sogar als **Untergrenze** anzusehen haben, weil die unmittelbare Betroffenheit ungleich größer ist und sogar psychische Flurschäden zur Folge haben kann. Während Personen, die im Licht der Öffentlichkeit stehen, derartige Beeinträchtigungen vergleichsweise leicht verschmerzen können und sich die Zuerkennung des Schadensersatzes eher generalpräventiv begründen lässt, kommt im Ausgangsfall eine spezialpräventive Komponente und vor allem der gebotene Opferschutz hinzu. **35**

Der maßgebliche Gerechtigkeitsgrund liegt darin, dass andernfalls die vorsätzliche Persönlichkeitsrechtsverletzung zu einem Rechenspiel wird, bei dem die Schadensersatzpflicht zu einem einkalkulierten Posten des Senders würde. In besonderem Maße gilt dies, wenn das Opfer einer derartigen Berichterstattung minderjährig ist. Damit kann man den Umstand, dass sich der Betroffene selbst in der eingespielten Szene medial präsentierte, auch nicht als freiwillige Interessenexponierung ansehen.[115] Bei der Bemessung der konkreten Höhe des Schadensersatzes kann auch in Rechnung gestellt werden, wie oft die Szene eingespielt wurde, weil sich damit die mediale Wirkung gleichsam potenziert und damit die Gefahr für die Betroffenen beträchtlich steigt, dass die Präsentation im kollektiven Gedächtnis bleibt. **36**

Jedenfalls wäre es wertungsmäßig nicht nachvollziehbar, wenn die verhaltenssteuernde Präventionswirkung nur prominenten Opfern zugute kommen würde, welche die Ersatzleistung finanziell nicht im Mindesten nötig haben, unbekannten oder allenfalls relativen Personen der Zeitgeschichte dagegen aber vorenthalten oder auch nur höhenmäßig geringer ausfallen würde. Aus diesem Grund sollten die in derartigen Prominenten-Fällen zugesprochenen Beträge die Mindestsumme im Verhältnis zur ungerechtfertigten Verunglimpfung unbekannter Menschen sein. **37**

---

[114] OLG München NJW 1975, 1129; OLG Frankfurt NJW 1987, 1087; LG Köln AfP 1983, 149; LG Stuttgart NJW 1983, 290; *Prinz/Peters*, Medienrecht, Rz. 910.
[115] Zu dieser Rechtsfigur *Müller-Erzbach*, AcP 106 (1910) 309 ff.

OLG Hamm NJW-RR 2004, 919: Eine Schülerin, die an einer Miss-Wahl teilnahm, sagte in einem Kurzinterview des Fernsehsenders RTL: „Mein Name ist Lisa Loch und ich bin sechzehn Jahre alt." Der TV-Moderator Raab spielte diese Sequenz innerhalb einer Woche mehrfach in seiner Sendung ein, begleitet von Kommentaren und Anspielungen, welche die Schülerin in die Nähe der Pornobranche rückten. Ein halbes Jahr später kam er in seiner Sendung wiederholt darauf zurück, wobei zu seinen Kommentaren („Lisa Loch für alle") ein kopulierendes Paar eingeblendet wurde; die Schauspielerin ähnelte der Schülerin. Die Filmausschnitte wurden jeweils ins Internet gestellt. Die Schülerin verlangte vom Moderator, dem Sender und der Produktionsfirma gesamtschuldnerisch 150 000 Euro.

38   Das Oberlandesgericht hat der Klägerin in weitgehendem Einklang mit den vorstehenden Postulaten eine Geldentschädigung in Höhe von 70 000 Euro zugesprochen. Eine schwerwiegende Verletzung des Persönlichkeitsrechts lag hier ersichtlich vor. Der Gesichtspunkt der **Minderjährigkeit** fiel für die Bemessung der Geldentschädigung zusätzlich ins Gewicht.[116] Zu Recht hat das Gericht den erstaunlichen Einwand der Beklagten nicht gelten lassen, dass eine Einwilligung der Klägerin zur Ausstrahlung wegen eines höheren Interesses der Kunst nach § 23 Abs. 1 Nr. 4 KUG nicht erforderlich gewesen sei. Die Vorschrift dient der Zurschaustellung von Kunstwerken und rechtfertigt nicht die diffamierende Herabsetzung einer Minderjährigen. Offenbar war die zugesprochene Geldentschädigung nicht hoch genug, um die erstrebte Präventionswirkung zu erzielen. Denn bald darauf rückte derselbe Entertainer eine Mutter, die ihr Kind mit einer Schultüte zur Einschulung begleitete, wahllos in die Nähe der Drogendealerszene.[117] Auch hier zeigt sich, dass die Prominenten zugesprochenen Geldentschädigungen die Untergrenze für die **willkürliche Persönlichkeitsrechtsverletzung** Unbekannter darstellen müssen.

39   Dass der letzte Beitrag im Ausgangsfall zusätzlich ins **Internet** gestellt wurde, hatte Bedeutung für die Höhe der Geldentschädigung, weil dadurch die Persönlichkeitsrechtsverletzung vertieft wurde, zumal sich Beiträge, sobald sie erst einmal ins Internet gelangt sind, auch mit größtem technischen Aufwand kaum mehr endgültig beseitigen lassen. Außerdem haften die Produktionsfirma und der Sender, der einen Hyperlink auf die Internetseite der Sendung gesetzt und auf diese Weise den Abruf des Inhalts technisch erleichtert hatte,[118] aus diesem Grund.[119] Ob die Bilder zur dauerhaften Speicherung auf dem eigenen PC heruntergeladen werden konnten oder nur die Möglichkeit zur Betrachtung (**Streaming**) bestand, ist nach Ansicht des Gerichts gleichgültig, weil auch Fernsehbeiträge durch Aufzeichnung auf Video dauerhaft gespeichert werden können und davon die Intensität der Persönlichkeitsrechtsverletzung

---

[116] Vgl. auch BVerfG NJW 2000, 1021; 2192; *Wenzel/Burkhardt*, Das Recht der Wort- und Bildberichterstattung, 5. Auflage 2003, Kapitel 5 Rz. 62.

[117] Vgl. LG Berlin ZUM 2005, 567 (bestätigt durch KG, Urteil vom 2. 2. 2006 – Az.: 9 U 102/05): Stefan Raab kommentiert das Bild der Mutter mit der Schultüte unter anderem mit den Worten: „Unfassbar, oder? Die Dealer tarnen sich immer besser." Das LG Berlin wies die Klage der Mutter auf Geldentschädigung allerdings ab, weil es sich um eine zulässige Satire und nicht um eine schwerwiegende Persönlichkeitsrechtsverletzung handele und weil die Klägerin von einer zuvor angebotenen Richtigstellungsmöglichkeit keinen Gebrauch gemacht hatte. Dagegen verurteilte das in der Strafsache zuständige AG München (Urteil vom 17. 9. 2005 – unveröffentlicht) Stefan Raab zu einer Geldstrafe von 150 000 Euro wegen Verstoßes gegen § 33 KUG. Das Berufungsverfahren vor dem LG München I wurde wegen Rücknahme des Strafantrages durch die Nebenklägerin (gegen Zahlung von 20 000 Euro und formeller Entschuldigung) eingestellt.

[118] Vgl. BGH NJW 2003, 3406, 3409.

[119] Eine Haftung aus dem TMG (vorher TDG) für Hyperlinks besteht dagegen nicht; vgl. *Spindler*, NJW 2002, 924.

nicht abhängt. Grundsätzlich stellt die Intensität der Persönlichkeitsrechtsverletzung einen Bemessungsfaktor für die Höhe der Geldentschädigung dar.[120]

Die gleichermaßen dogmatische wie rechtspolitische Brisanz der Problematik **40** veranschaulicht ein Fall, den der Bundesgerichtshof zu entscheiden hatte und der bereits übergeleitet zum postmortalen Schutz des Persönlichkeitsrechts:

BGH NJW 2006, 605: Ein Fernsehsender strahlte Bilder einer unbekannten toten Frau aus, die von ihrer psychisch kranken Tochter getötet worden war. Der Sohn der Toten verlangt eine Geldentschädigung.

Der Bundesgerichtshof hat die Klage abgewiesen: Der Kläger sei weder aus eigenem Persönlichkeitsrecht – da insoweit keine eigenen immateriellen Persönlichkeitsrechte verletzt seien – noch mit Rücksicht auf den postmortalen Persönlichkeitsrechtsschutz seiner Mutter anspruchsberechtigt, da der postmortale Persönlichkeitsschutz sich im Falle immaterieller Persönlichkeitsinteressen in einem negatorischen Rechtsschutz erschöpfe. Auch dieser Fall veranschaulicht, dass der Persönlichkeitsschutz Unbekannter einstweilen noch sehr unvollkommen verwirklicht ist.[121]

V. Postmortaler Schutz des Persönlichkeitsrechts

Der Persönlichkeitsschutz endet nicht jäh mit dem Tod des Betroffenen.[122] **41** Das hat der Bundesgerichtshof schon früh festgestellt.[123] Die Skepsis von Seiten des Schrifttums[124] hat in der Rechtsprechung und Lehre letztlich keine Gefolgschaft gefunden.[125] Gerade gegen mediale Veröffentlichungen ist ein entsprechender Schutz des Verstorbenen notwendig,[126] der freilich mit der Zeit abnimmt.[127] Bei verstorbenen Personen der Zeitgeschichte i. S. d. § 23 Abs. 1 Nr. 1 KUG ist die Einwilligung seiner Angehörigen (§ 22 S. 3 KUG) zur Verbreitung von Bildnissen grundsätzlich nicht erforderlich, insbesondere wenn die Veröffentlichung ein schutzwürdiges Informationsinteresse der Allgemeinheit befriedigt.[128] Außerhalb des Anwendungsbereichs von § 23 KUG kommt es dagegen entscheidend auf die Einwilligung der Angehörigen an, wobei von mehreren Angehörigen grundsätzlich jeder einzelne seine Zustimmung erklären muss.[129] Die Problematik wurde jüngst durch eine Entscheidung ins Bewusstsein gerückt, die im

---

[120] BGHZ 160, 298 = NJW 2005, 215.

[121] Sekptisch auch *Wagner*, AcP 206 (2006) 351, 386, der für eine Gewinnabschöpfung plädiert; zu ihr unten § 6 V.

[122] Näher zum postmortalen Persönlichkeitsschutz *Ahrens*, Die Verwertung persönlichkeitsrechtlicher Positionen, 2002, S. 256 ff.; *Fischer*, Die Entwicklung des postmortalen Persönlichkeitsschutzes, 2004; siehe auch *Götting*, GRUR 2004, 801; *Seifert*, NJW 1999, 1889; *Schulze-Wessel*, Die Vermarktung Verstorbener, 2001.

[123] BGHZ 15, 249, 259.

[124] Vgl. nur *Schwerdtner*, JuS 1978, 292; *H. P. Westermann*, FamRZ 1969, 566; *Stein*, FamRZ 1986, 8.

[125] Siehe auch die tiefdringende Erörterung bei *Mayer-Schönberger*, Information und Recht, 2001, S. 181 ff.

[126] Siehe nur *Heldrich*, Festschrift für Heinrich Lange, 1970, S. 163, 167.

[127] *Staudinger/Hager*, § 823 C Rz. 35, 45 f.

[128] BGH NJW 1996, 593 für die Ausgabe einer „Abschiedsmedaille", auf der Willy Brandt abgebildet war.

[129] *Fricke*, in: Wandke/Bullinger, UrhG, § 22 KUG Rz. 12.

Hinblick auf den neuen § 22 S. 4 KUG von Bedeutung ist, wonach auch einem gleichgeschlechtlichen Lebenspartner ein Einwilligungsrecht in postmortale Veröffentlichungen von Bildern eingeräumt wird. Dieser Fall sei einleitend skizziert:

> OLG München ZUM 2001, 708: Der Lebensgefährte eines an AIDS Verstorbenen berichtete in einer Fernseh-Talkshow über die letzten Monate seines Freundes und lässt dabei auch ein Foto von ihm einblenden. Der Verstorbene hatte seinen Freund dazu bevollmächtigt. Die Mutter des Verstorbenen wehrt sich gegen die Veröffentlichung.

42   Das Oberlandesgericht hat die Klage abgewiesen. Der Mutter habe kein Unterlassungsanspruch zugestanden, da der Lebensgefährte zur Veröffentlichung aufgrund der postmortalen Vollmacht berechtigt worden sei. Dadurch sei neben den Angehörigen (§ 22 S. 4 KUG) auch der Lebensgefährte einwilligungsbefugt gewesen. Die sich daraus ergebende Konkurrenzproblematik sei wegen der erteilten Vollmacht zugunsten des Lebensgefährten zu lösen, da damit am besten dem wirklichen Willen des Verstorbenen zur Durchsetzung verholfen werden könne. Das Gericht berief sich zur Begründung der Wirksamkeit der Vollmacht auf den neugefassten § 22 S. 4 KUG, durch den auch dem gleichgeschlechtlichen Lebenspartner ein Einwilligungsrecht gewährt wird. Das wäre indes nicht erforderlich gewesen, zumal die Vorschrift im konkreten Fall aus verschiedenen Gründen (noch) gar nicht anwendbar war.[130]

1. Persönlichkeitsschutz über den Tod hinaus

43   Freilich besteht nicht das Persönlichkeitsrecht als subjektives Recht des Toten fort[131] – das wäre ebenso systemwidrig wie die Annahme einer verschiedentlich befürworteten **postmortalen Teilrechtsfähigkeit**[132] –, sondern es kann sich nurmehr um Verhaltenspflichten zum Schutz des Toten handeln,[133] die als ungeschriebene Schutzgesetze i. S. d. § 823 Abs. 2 BGB wirken[134] und so den Schutz der Rechte des § 823 Abs. 1 BGB, also insbesondere des allgemeinen Persönlichkeitsrechts als sonstiges Recht, bewirken.[135]

44   Aus medienrechtlicher Sicht ist hier eine vieldiskutierte Entscheidung des Bundesgerichtshofs wegweisend geworden, die später auch das Bundesverfassungsgericht beschäftigte. Davon war bereits die Rede,[136] so dass es hier nur um die Nachzeichnung der zivilgerichtlichen Ausgangsentscheidung geht.

> BGHZ 50, 133: Der Protagonist des Romans „Mephisto" von Klaus Mann ähnelt in vielerlei Hinsicht dem Schauspieler Gustav Gründgens, der ebenso wie jener während des Dritten Reichs Karriere machte. Der Autor hatte seinem Werk die Erklärung beigefügt, dass alle Personen des Buches Typen darstellen und keine Porträts. Der Alleinerbe von Gründgens setzt sich dennoch gegen die Veröffentlichung zur Wehr.

---

[130] Näher *Müller*, ZUM 2002, 202.

[131] Dazu *Müller*, Postmortaler Rechtsschutz – Überlegungen zur Rechtssubjektivität Verstorbener, 1996; speziell zum postmortalen Persönlichkeitsschutz im Internet siehe *Gounalakis/Rhode*, Persönlichkeitsschutz im Internet, Rz. 214 ff.

[132] So Münch.-Komm.-*Gitter*, 3. Auflage, § 1 Rz. 58; a.A. Münch.-Komm.-*Schmitt*, 5. Auflage, § 1 Rz. 49 ff., 55.

[133] Staudinger/*Hager*, § 823 C Rz. 37; *ders.*, Jura 2000, 186, 189; *Schack*, JZ 1987, 776; *ders.*, JZ 1989, 614.

[134] *Larenz/Canaris*, Schuldrecht II/2, § 80 VI 1 c.

[135] *Canaris*, 2. Festschrift für Larenz, 1983, S. 45 f.

[136] Oben § 2 Rz. 29 ff.

Der Bundesgerichtshof geht in der Entscheidung von einer Fortwirkung **45**
des Persönlichkeitsrechts aus,[137] vermöge derer das Begehren des Erben
berechtigt ist. Es sei nicht einzusehen und mit den Wertentscheidungen des
Grundgesetzes unvereinbar, dass zwar die materiellen Güter der Verstorbenen übertragen werden könnten, „dagegen das durch ihre Leistungen erwor-
bene, u. U. viel nachhaltiger im Gedächtnis der Nachwelt fortlebende Ansehen Eingriffen Dritter schutzlos preisgegeben wäre.“[138] Dies zu verhindern sei
Ausdruck einer von den Rechtsgenossen post mortem zu beachtenden
Rechtspflicht,[139] die hier verletzt sei, zumal die Hauptperson nicht hinreichend verfremdet worden sei.[140] Die Durchsetzung dieses Rechts könne
einem oder mehreren **Wahrnehmungsberechtigten** anheim gestellt werden.
Dem Erben stand mithin nach Ansicht des Bundesgerichtshofs ein auf die
Verletzung des allgemeinen Persönlichkeitsrechts gestützter Unterlassungs-
anspruch aus §§ 1004, 823 BGB zu.[141]

Die Entscheidung wurde vom Bundesverfassungsgericht in einem bereits **46**
oben[142] behandelten Urteil bestätigt.[143] Beide Judikate sind äußerst fragwürdig.[144] Bekanntlich ist der Roman „Mephisto“ seit mehr als zwanzig Jahren
wieder im Buchhandel erhältlich. Das hängt damit zusammen, dass auch das
Andenken an den Verstorbenen nicht ewig währt.[145] Welcher Zeitraum konkret für die Bemessung des postmortalen Persönlichkeitsschutzes maßgeblich
ist, entzieht sich einer allgemeinen Festlegung, weil es mit der Art und Weise
zusammenhängt, in welcher die konkrete künstlerische Leistung im kollektiven Gedächtnis bleibt. Dieser Gesichtspunkt kommt auch in den neueren
Entscheidungen zum postmortalen Persönlichkeitsschutz zum Tragen, die im
Folgenden zu behandeln sind.

2. Zweispurigkeit des Persönlichkeitsrechts

Den vorläufigen Schlusspunkt der Entwicklung des postmortalen Persön- **47**
lichkeitsschutzes markieren zwei Entscheidungen des Bundesgerichtshofs, in
deren Mittelpunkt jeweils Marlene Dietrich steht.[146] Sie dürfen daher auch hier
nicht fehlen, zumal sie dogmatisch von außerordentlichem Interesse sind. Beide

---

[137] Unter Verweis auf *Nipperdey*, UFITA 30, 1, 20; *Koebel*, NJW 1958, 936 (beide zu
BGHZ 15, 249) sowie LG München UFITA 20, 230.

[138] BGHZ 50, 133, 138.

[139] Insoweit tendenziell zustimmend *Canaris* (*Larenz/Canaris*, Schuldrecht II/2, § 80 VI 1 c;
ähnlich *Heldrich*, Festschrift für Lange, 1970, S. 169), der von *Verhaltenspflichten zum Schutz
der Toten* spricht; Hervorhebung auch dort.

[140] Hiergegen mit Recht *Canaris*, der betont, dass die Romanfigur „ganz wesentlich von
seinem (sc. des Gustav Gründgens‘) Persönlichkeitsbild abweicht und also verfremdet ist“; vgl.
Larenz/Canaris, Schuldrecht II/2, § 80 V 2 c.

[141] *J. Hager*, Jura 1995, 186, 189, macht darauf aufmerksam, dass die neuere Rechtsprechung
zumeist an § 823 Abs. 1 BGB anknüpft.

[142] Unter § 2 Rz. 29 ff.; dort auch zu den verfassungsrechtlichen Konnotationen, die hier
bewusst außer Betracht bleiben.

[143] BVerfGE 30, 173. Die Urteilsverfassungsbeschwerde wurde freilich nur mit Stimmengleichheit zurückgewiesen; instruktiv zu der Entscheidung des Bundesverfassungsgerichts
J. Hager, Jura 2000, 186.

[144] *Canaris* hält sie sogar für „Fehlurteile, die heute wohl nicht mehr ergehen würden“;
Larenz/Canaris, Schuldrecht II/2, § 80 V 2 c.

[145] Vgl. BVerfGE 30, 173, 196; BGHZ 50, 133, 140; 107, 384, 392.

[146] Instruktiv *Staudinger/Schmidt*, Jura 2001, 241.

Entscheidungen betreffen die postmortalen Konsequenzen des Persönlichkeitsrechts bzw. filmischen Schaffens von absoluten Personen der Zeitgeschichte. Auch wenn die zweite Entscheidung eher das bereits oben behandelte Recht am eigenen Bild als spezielle Erscheinung des allgemeinen Persönlichkeitsrechts betrifft, sollen doch beide Urteile an dieser Stelle aufgrund des Sachzusammenhangs zusammen behandelt werden.

a) Vererblichkeit der vermögenswerten Bestandteile

48   Im ersten Fall geht es um den Schutzbereich und die Reichweite des allgemeinen Persönlichkeitsrechts sowie seine vermögenswerten Bestandteile und ihre Vererblichkeit.[147] Dabei hat der Bundesgerichtshof seinen in früheren Entscheidungen, vor allem dem Mephisto-Urteil, auf das mehrfach Bezug genommen wird, eingeschlagenen Weg fortgeführt, jedoch in Anlehnung an Stimmen aus der Literatur auch eine fundamentale Neuorientierung vorgenommen.

BGHZ 143, 214: Die Tochter der Schauspielerin Marlene Dietrich wehrte sich dagegen, dass die Lighthouse Musical Productions-GmbH, die Inhaberin der Marke „Marlene" ist, ein Musical dieses Namens aufführen, für das prominente Unternehmen gegen die Einräumung von Vermarktungsrechten warben. Zudem vertrieb die Gesellschaft Merchandising-Artikel mit dem Bild von Marlene Dietrich und der Unterzeile ihres Liedes „Sag mir, wo die Blumen sind", im Übrigen dem ursprünglichen Titel des Musicals. Marlene Dietrichs Tochter Maria Riva nahm den Geschäftsführer der Gesellschaft in Anspruch.

49   Ein Bereicherungsanspruch gegen den Geschäftsführer entfiel, weil nicht dieser persönlich, sondern die Gesellschaft Schuldnerin des Bereicherungsausgleichs war. Der Bundesgerichtshof hat in den Handlungen des Geschäftsführers eine zum Schadensersatz verpflichtende Beeinträchtigung des durch § 823 Abs. 1 BGB geschützten allgemeinen Persönlichkeitsrechts gesehen. Das Gericht unterscheidet erstmals zwischen den ideellen und vermögenswerten Bestandteilen des Persönlichkeitsrechts. Die vermögenswerten Bestandteile des Rechts von Marlene Dietrich am eigenen Bild und Namen seien auf deren Tochter im Wege der Erbfolge übergegangen. Das Gericht hält diese nämlich, anders als die höchstpersönlichen Bestandteile des genannten Rechts, die dem Schutz **ideeller Interessen** dienen würden und daher unauflöslich an die Person ihres Trägers gebunden und insoweit unübertragbar seien,[148] im Einklang mit einer starken Strömung im Schrifttum[149] für übertragbar und vererblich.[150] Das hat zur Folge, dass der Erbe alle Verletzungen der vermögenswerten Bestandteile als eigenen Schadensersatzanspruch im eigenen Namen – freilich im Rahmen des ausdrücklichen oder mutmaßlichen Willens des Verstorbenen –

---

[147] Dazu *Götting*, NJW 2001, 585.
[148] Vgl. hierzu zuletzt BGH NJW 2006, 605, 606 f. m. w. N.; bestätigt durch BVerfG-K ZUM 2007, 380; vgl. auch *Schricker*, Festschrift für Hubmann, 1985, S. 409, 413; *Götting*, Persönlichkeitsrechte als Vermögensrechte, 1995, S. 132 f.
[149] *Hubmann*, Persönlichkeitsrecht, 2. Auflage 1967, S. 132 f.; *Klippel*, Der zivilrechtliche Schutz des Namens, 1985, S. 523 ff.; *Freitag*, Die Kommerzialisierung von Darbietung und Persönlichkeit des ausübenden Künstlers, 1993, S. 165 ff.; *Magold*, Personenmerchandising, 1994, S. 67, 506; *Beuthien/Schmölz*, Persönlichkeitsschutz und Persönlichkeitsgüterrechte, 1999, S. 32 ff.; 62 f.; *Götting*, Persönlichkeitsrechte als Vermögensrechte, 1995, S. 66 ff., 130 f.; *Forkel*, GRUR 1988, 491; *Ernst-Moll*, GRUR 1996, 558, 562; *Ullmann*, AfP 1999, 209, 210; *Hahn*, NJW 1997, 1348, 1350; *Lausen*, ZUM 1997, 86, 92; a. A. *Helle*, Besondere Persönlichkeitsrechte im Privatrecht, 1991, S. 51 f.; *Petzko*, AfP 1988, 209, 216 f.
[150] Siehe auch BGH NJW 2006, 605, 607 m. w. N.

geltend machen kann.[151] Werden also, wie hier, die vermögenswerten Bestandteile schuldhaft verletzt, so steht dem Verletzten bzw. seinem Erben unabhängig von der Schwere des Eingriffs ein Schadensersatzanspruch zu. Den Bedenken in der Literatur, dass es mit der Marktgängigkeit der Persönlichkeitsrechte zu einer **Kommerzialisierung**[152] und Verfügbarkeit der Persönlichkeit kommen könnte,[153] hat der Bundesgerichtshof dadurch Rechnung getragen, dass mit der Wahrnehmungsbefugnis des Erben kein uneingeschränktes positives Benutzungsrecht verbunden sein soll.[154] Daher sind die ausdrücklichen oder mutmaßlichen Interessen des Erblassers mitzuberücksichtigen, so dass der Erbe diese Interessen im Rahmen seiner Vermarktungsmöglichkeiten beachten muss.[155]

Bevor im Folgenden die andere Entscheidung des Bundesgerichtshofs behandelt wird, sei eine wenig beachtete oberlandesgerichtliche Rechtsprechung aufgezeigt, welche den postmortalen Schutz der **ideellen Bestandteile** des Persönlichkeitsrechts zum Gegenstand hatte:

OLG München GRUR-RR 2002, 341: Die Tochter von Marlene Dietrich beansprucht von zwei Zeitungsverlegern eine angemessene Geldentschädigung von mindestens 5 000 Euro, weil deren Blätter ein Aktfoto veröffentlicht haben, das angeblich die Verstorbene darstellt.

Das Gericht hat der Klägerin die begehrte Mindestsumme zugesprochen und als Anspruchsgrundlage den „Schutzauftrag von Art. 1 Abs. 1 GG i. V. m. § 823 Abs. 1 BGB" genannt.[156] Ausgehend von der Überlegung, dass Marlene Dietrich Schadensersatzansprüche zugestanden hätten, wenn das Foto zu Lebzeiten gegen ihren Willen veröffentlicht worden wäre, sei nicht einzusehen, dass der hier einschlägige ideelle Bereich des Persönlichkeitsrechts dem beliebigen Zugriff durch die Medien offen stehe.[157] Den Unterlassungsanspruch hält das Gericht für keine hinreichende Handhabe gegen die erstmalige Veröffentlichung, die danach sanktionslos erfolgen könnte. Pointiert postuliert der Senat: „Dulde nicht, aber liquidiere auch."[158] Freilich setzt sich das OLG damit zu der oben behandelten Rechtsprechung des Bundesgerichtshofs, wonach bei postmortaler Verletzung der ideellen Bestandteile des allgemeinen Persönlichkeitsrechts lediglich Abwehr- und keine Schadensersatzansprüche bestehen und allein der Präventionsgedanke die Gewährung einer Geldentschädigung nach dem Tode einer Person nicht zu tragen vermag,[159] in Widerspruch.[160] Nach Ansicht des Bundesgerichtshofs kommt in derartigen Fällen ein Entschädigungsanspruch nur dann in Betracht, wenn mit der Verletzung des postmorta-

___

[151] Vgl. *Petersen*, Allgemeines Schuldrecht, 2. Auflage, 2005, Rz. 531.
[152] Zur Problematik der „Zwangskommerzialisierung" der Persönlichkeit als deliktsrechtlichem Strukturproblem *Seitz*, NJW 1996, 2848. Zur Zwangsvollstreckung in Persönlichkeitsrechte *Sosnitza*, JZ 2004, 992.
[153] *Schack*, AcP 195 (1995) 594, 600; vgl. auch *Dasch*, Die Einwilligung zum Eingriff in das Recht am eigenen Bild, 1990, S. 22 f.; *Krüger*, GRUR 1980, 628, 637.
[154] Zustimmend *Wagner*, GRUR 2000, 715.
[155] Zustimmend i.E. zu OLG München: *Beuthien*, ZUM 2003, 261, aber mit vorzugswürdiger dogmatischer Begründung; vgl. auch *dens./Schmölz*, Persönlichkeitsschutz durch Persönlichkeitsgüterrechte, 1999, S. 19; sowie *dens.*, Persönlichkeitsgüterschutz vor und nach dem Tode, 2002, S. 76 ff.
[156] Skeptisch *Götting*, GRUR 2004, 801.
[157] Anders *Hoppe*, Persönlichkeitsschutz durch Haftungsrecht, 2002, S. 158.
[158] So wörtlich OLG München GRUR-RR 2002, 341, 342.
[159] BGH NJW 2006, 605, 606 f. m. w. N.
[160] Vgl. *Götting*, GRUR 2004, 801.

len Persönlichkeitsschutzes zugleich auch das Persönlichkeitsrecht der Angehörigen unmittelbar tangiert wird.[161]

b) „Der blaue Engel"

52　　Der zweite Fall im Zusammenhang mit der Schauspielerin Marlene Dietrich knüpft an die soeben behandelte Entscheidung an, die der Bundesgerichtshof ausdrücklich als „Parallelsache" bezeichnet.[162] Er betrifft die vielleicht berühmteste Szene ihres filmischen Schaffens und wirft ebenfalls medienrechtliche Fragen von beträchtlicher Reichweite auf.

> BGH GRUR 2000, 715: Maria Riva, die Alleinerbin von Marlene Dietrich, hat die ihr zustehenden Rechte an Werk, Persönlichkeit und Bild sowie etwaige Zahlungsansprüche an eine GmbH übertragen, deren Zweck es ist, Persönlichkeit und Lebenswerk von Marlene Dietrich zu schützen und deren Rechte wahrzunehmen. Die GmbH klagt gegen eine Firma, die ohne Zustimmung von Maria Riva in einer Zeitungsanzeige ein Werbefoto für das Umweltzeichen „Blauer Engel" abgedruckt hat, auf dem die bekannteste Szene aus dem Film „Der blaue Engel" mit einer ähnlich aussehenden Person nachgestellt ist. Darunter steht: „Vom Blauen Engel schwärmen genügt uns nicht".

53　　Der Bundesgerichtshof hat auch in diesem Fall eine Schadensersatzpflicht der Beklagten bejaht. Ohne sich zunächst auf einen definitiven Zeitraum festzulegen, hat das Gericht im Einklang mit der soeben behandelten Entscheidung festgestellt, dass der Alleinerbin „jedenfalls für die in § 22 S. 3 KUG genannte Frist von zehn Jahren" das Recht zusteht, das über den Tod hinaus geschützte Recht am eigenen Bild von Marlene Dietrich kommerziell zu nutzen.[163] Inzwischen wendet der Bundesgerichtshof § 22 S. 3 KUG analog an.[164] Durch die Nachstellung der berühmten Szene mit einer Doppelgängerin der Dietrich ohne Einwilligung der Erbin habe die Beklagte die vermögenswerten Bestandteile des Rechts von Marlene Dietrich am eigenen Bild rechtswidrig verletzt. Die Fotografie hat der Bundesgerichtshof als Bildnis von Marlene Dietrich i. S. d. § 22 S. 1 KUG eingestuft, weil sie deren äußere Erscheinung in einer für Dritte erkennbaren Weise wiedergibt.[165] Da die Abbildung eines Schauspielers in seiner Rolle bei entsprechender Identifizierbarkeit für den Tatbestand des

---

[161] BGH NJW 2006, 605, 608; VersR 1974, 758.

[162] Vgl. BGH GRUR 2000, 716.

[163] Siehe zum postmortalen Schutz auch *Prinz/Peters*, Medienrecht, Rz. 884 f.

[164] BGHZ 169, 193; dazu näher unten § 12 Rz. 9; aus dem Schrifttum dazu *Wortmann*, Die Vererblichkeit vermögensrechtlicher Bestandteile des Persönlichkeitsrechts, 2005, S. 306 ff.; *Lichtenstein*, Der Idealwert und der Geldwert des zivilrechtlichen Persönlichkeitsrechts vor und nach dem Tode, 2005, S. 256; *Jung*, Die Vererblichkeit des Allgemeinen Persönlichkeitsrechts, 2005, S. 256; *Staudinger/Schmidt*, Jura 2001, 241, 246; *Frommeyer*, JuS 2002, 13, 18; zum Meinungsspektrum ferner: *Gregoritza*, Die Kommerzialisierung von Persönlichkeitsrechten Verstorbener, 2003, S. 128 ff., 131; *Wenzel/Burkhardt*, Das Recht der Wort- und Bildberichterstattung, 5. Auflage 2003, Kapitel 5 Rz. 124 (30 Jahre); *Jung*, AfP 2005, 317, 322 f. (35 Jahre); *Claus*, Postmortaler Persönlichkeitsschutz im Zeichen allgemeiner Kommerzialisierung, 2004, S. 218 ff.; *Fischer*, Die Entwicklung des postmortalen Persönlichkeitsschutzes, 2004, S. 260 f.; *Götting*, NJW 2001, 585, 586; *ders.*, GRUR 2004, 801, 806; *Wagner*, GRUR 2000, 717, 719 (70 Jahre); wie der BGH (10 Jahre): *Taupitz*, in: Taupitz/Müller, Rufausbeutung nach dem Tode: Wem gebührt der Profit?, 2002, S. 48 f.; *Schulze/Wessel*, Die Vermarktung Verstorbener, 2001, S. 141 ff.; *Ullmann*, AfP 1999, 209, 214; *ders.*, WRP 2000, 1049, 1053; *Magold*, Personenmerchandising, 1994, S. 573.

[165] Vgl. BGH GRUR 1966, 102.

Bildnisses ausreicht,[166] genügt der Rechtsprechung[167] auch die Fotografie eines Doppelgängers.[168] Die hier vorliegenden kennzeichnenden Einzelheiten, insbesondere die Nachahmung der bekannten Pose, reichen aus.[169] Obwohl es sich bei Marlene Dietrich um eine absolute Person der Zeitgeschichte handelt, durfte ihr Bildnis nicht ohne Einwilligung für bloße Werbezwecke verwendet werden. Auf die Ausnahmebestimmung des § 23 Abs. 1 Nr. 1 KUG kann sich nämlich derjenige nicht berufen, der mit der Veröffentlichung keinem schutzwürdigen Informationsinteresse der Allgemeinheit nachkommt, sondern durch Verwertung des Bildnisses eines anderen zu Werbezwecken allein sein Geschäftsinteresse befriedigen will.[170] Da die Beklagte bei Anwendung der gebotenen Sorgfalt nicht davon ausgehen konnte, dass ein derartiges Bild „der kurz zuvor gestorbenen Marlene Dietrich ohne Zustimmung der einzigen Angehörigen für Werbezwecke verwendet werden dürfte",[171] handelte sie nach Ansicht des Bundesgerichtshofs auch schuldhaft und schuldet demnach Schadensersatz.[172] Dabei wurde zunächst eine Auskunftsklage erhoben, um „die für sie günstigste Art der Schadensberechnung wählen und den Schaden berechnen zu können",[173] denn dem Geschädigten stehen bei der Verletzung vermögenswerter Bestandteile des Persönlichkeitsrechts drei verschiedene Möglichkeiten zur Schadensberechnung offen (**dreifache Schadensberechnung**):[174] Der Verletzte kann die ihm entstandenen Nachteile (einschließlich des entgangenen Gewinns, § 252 BGB) nach den allgemeinen Regeln konkret beziffern.[175] Er kann wahlweise einen abstrakten Wertausgleich verlangen, der sich an der hypothetischen Lizenzgebühr orientiert, was aus einem Erst-Recht-Schluss zur Rechtslage im Bereicherungsrecht folgt, wo die Lizenzgebühr sogar ohne Verschulden des Eingreifenden verlangt werden kann (vgl. § 97 Abs. 2 S. 3 UrhG).[176] Schließlich kann der Verletzte nach seiner Wahl (analog § 97 Abs. 2 S. 2 UrhG) den vom Schädiger durch die Rechtsverletzung erzielten Gewinn beanspruchen.[177] Dass der Betroffene jedenfalls grundsätzlich bereit und in der Lage gewesen wäre, der Vermarktung seines Bildes zuzustimmen, ist für die geltend gemachten Ansprüche irrelevant.[178]

---

[166] BGH GRUR 1961, 138, 139; anders aber – bezogen auf Astra Nielsen – RGZ 103, 319.

[167] BGHZ 26, 52, 67; KG JW 1928, 363, 364.

[168] Skeptisch *Freitag*, GRUR 1994, 345, 346; *Pietzko*, AfP 1988, 209, 214; differenzierend *Helle*, Besondere Persönlichkeitsrechte im Privatrecht, 1991, S. 98 ff.

[169] BGH GRUR 1979, 732, 733.

[170] BGHZ 20, 345, 350; BGH GRUR 1997, 125; BGH GRUR 2000, 715, 717.

[171] BGH GRUR 2000, 715, 717 unter Hinweis auf BGH NJW 1971, 698.

[172] Das Bundesverfassungsgericht (BVerfG-K NJW 2006, 3409) hat die hiergegen gerichtete Verfassungsbeschwerde nicht zur Entscheidung angenommen.

[173] BGH GRUR 2000, 717.

[174] Münch.-Komm.-*Wagner*, 4. Auflage, § 823 Rz. 174; *A. Diederichsen*, Jura 2008, 1; ausführlich Staudinger/*Hager*, § 823 Rz. C 290.

[175] Staudinger/*Hager*, § 823 Rz. C 290.

[176] Staudinger/*Hager*, § 823 Rz. C 290. Die Schadensberechnung nach der hypothetischen Lizenzgebühr wurde ursprünglich im Urheber- und Patentrecht entwickelt und später auf den Persönlichkeitsrechtsschutz übertragen, vgl. bereits BGH NJW 1956, 1554, 1555. Im Urheberrecht ist sie inzwischen ausdrücklich in § 97 Abs. 2 S. 3 UrhG verankert.

[177] BGHZ 20, 345, 353 f.; BGHZ 169, 340 ff.; diffenzierend: Staudinger/*Hager*, § 823 Rz. C 290.

[178] Näher zu dieser nunmehr auch vom BGH geäußerten Rechtsauffassung § 6 Rz. 13.

3. Methodologische Betrachtung

54   Die Marlene Dietrich-Entscheidung enthält in Schlüsselpassagen Aussagen, die über den Fall hinaus methodologisches Interesse beanspruchen können und für die Beantwortung der in dieser Darstellung gestellten Frage nach den Prinzipien des Medienrechts von mittelbarer Bedeutung sind. Ausgehend von den veränderten technischen und gesellschaftlichen Verhältnissen[179] und der damit einhergehenden „fortschreitenden Entwicklung der Massenmedien"[180] sei auch die wirtschaftliche Nutzung der Persönlichkeitsvermarktung differenziert zu beurteilen und „zu bedenken, dass die Rechtsordnung hinsichtlich der Vermarktung rechtlich geschützter Positionen kein starres System bildet, an dem sich die Wirklichkeit orientieren müsste. Vielmehr kommt dem Recht neben der nicht zu bestreitenden Aufgabe, durch Wertentscheidungen vorgegebene Grenzen zu setzen, auch eine dienende Funktion zu, indem es einen Ordnungsrahmen auch für neue Formen der Vermarktung bieten muss, die im *Interesse* sowohl des Vermarkters als auch desjenigen liegen, der eine solche Vermarktung seiner Person gestatten möchte."[181]

a) Das bewegliche System im Medienrecht

55   Die rechtstheoretische Brisanz dieser Zeilen ist, soweit ersichtlich, in den bisherigen Reaktionen auf das Urteil noch gar nicht wahrgenommen worden und kann auch hier nicht abschließend behandelt werden. Wenn zunächst der Bundesgerichtshof davon ausgeht, dass die Rechtsordnung bezüglich der Vermarktung kein *starres* System bildet, so stellt sich methodologisch nahezu von selbst die Frage, ob damit Raum für ein *bewegliches* System im Sinne *Wilburgs* ist.[182] Das ist über den vorliegenden Zusammenhang hinaus von allgemeiner methodologischer Bedeutung für das Medienrecht, weil man geneigt sein könnte, darin ein Anwendungsfeld für die Lehre vom beweglichen System zu erblicken. Von der möglichen Offenheit des Systems, die im Übrigen von der Beweglichkeit des Systems zu unterscheiden ist,[183] war bereits eingangs die Rede.[184]

56   Jedoch ist vor der inflationären Behauptung beweglicher Systeme zu warnen. Die Lehre vom beweglichen System ist nämlich, was oft übersehen wird, eine prinzipienorientierte Betrachtungsweise.[185] Das allein stimmt vor dem Hintergrund der hier vertretenen Lehre nachdenklich, nach der gerade die Prinzipienlosigkeit kennzeichnend für das Medienrecht ist. Auch ist das bewegliche System auf der normativen Ebene angesiedelt, womit es sich insbesondere vom Typusbegriff unterscheidet,[186] der gleichfalls von mehreren abstufbaren Kriterien ausgeht.[187] Das führt zu der Hypothese, dass für medienrechtlich

---

[179] Vgl. *Helle*, RabelsZ 60 (1996) 448, 459.

[180] BGH GRUR 2000, 713.

[181] BGH GRUR 2000, 713; Hervorhebung nur hier.

[182] Grundlegend *Wilburg*, Entwicklung eines beweglichen Systems im bürgerlichen Recht, 1950.

[183] *Canaris*, Systemdenken und Systembegriff in der Jurisprudenz, 2. Auflage 1983, S. 74.

[184] In § 1 VI unter 2.

[185] Eingehend *Petersen*, Unternehmenssteuerrecht und bewegliches System, 1999, S. 24 ff.

[186] *Bydlinski*, Bewegliches System und juristische Methodenlehre, in: Das bewegliche System im geltenden und künftigen Recht, 1986, S. 24 f.

[187] *Leenen*, Typus und Rechtsfindung, 1971; *Bydlinski*, Juristische Methodenlehre und Rechtsbegriff, 1982, S. 527, 543.

geprägte Zusammenhänge eher der Typusbegriff weiterführend ist. Das wird weiter unten bei der Behandlung des Veranstalterbegriffs im Zusammenhang mit der Begründung von Übertragungsrechten an Sportveranstaltungen noch ausgeführt.[188]

b) Hinwendung zur Interessenjurisprudenz

Auffällig ist in diesem Zusammenhang auch eine in der Marlene Dietrich- **57** Entscheidung wohl unbewusst zum Ausdruck kommende Hinwendung zur Interessenjurisprudenz, welche sich nicht zuletzt der „Lebensforschung und Lebenswertung" verschrieben hatte.[189] In diese Richtung scheint die – zumindest im Umkehrschluss – postulierte Orientierung an der Wirklichkeit, zumal bei einer durch die Massenmedien veränderten Ausgangslage, zu weisen. Gewiss ist diese Affinität zur Interessenjurisprudenz nicht als Aufgabe der Wertungsjurisprudenz zu verstehen, wie sich aus der Betonung der Grenzziehung durch Wertentscheidungen ergibt, doch lässt sie Raum für die Hypothese, dass medienrechtsrelevante Entscheidungen auffallend häufig interessenjuristisch eingefärbt sind und dies mit der hier vertretenen Prinzipienlosigkeit des Medienrechts zusammenhängen könnte. Denn die Prinzipienorientierung ist eines der stärksten Kennzeichen der Wertungsjurisprudenz gegenüber der Interessenjurisprudenz und bildet diese nicht nur fort, sondern stellt sie geradezu auf eine neue Grundlage.[190] Schließlich ist auch der vom Bundesgerichtshof so bezeichnete „Ordnungsrahmen für neue Formen der Vermarktung" für den vorliegenden Zusammenhang aufschlussreich. Da dieser nämlich explizit auf die Vermarktungsformen bezogen ist und diese wiederum ein maßgeblicher Gesichtspunkt des Medienrechts sind, passt dies auch zum vertretenen Verständnis des Medienrechts als Ordnungsgesichtspunkt.

VI. Deliktsrecht mit Medienberührung

Neben dem allgemeinen Persönlichkeitsrecht kommen noch andere Ge- **58** sichtspunkte in Betracht, unter denen sich medienrechtlich gefärbte Fragestellungen ergeben können. So kann die Registrierung eines Domain-Namens in Ausnahmefällen einen Verstoß gegen die guten Sitten darstellen.[191]

1. Kreditgefährdung über die Medien

Häufiger sind jedoch andere Konstellationen. Zu nennen ist vor allem die **Kreditgefährdung**: Wer der Wahrheit zuwider eine Tatsache behauptet oder verbreitet, die geeignet ist, den Kredit eines anderen zu gefährden oder sonstige Nachteile für dessen Erwerb oder Fortkommen herbeizuführen, hat dem anderen nach § 824 BGB den daraus entstehenden Schaden auch dann zu ersetzen, wenn

---

[188] Dazu unten § 9 Rz. 58 ff.
[189] *Heck*, Begriffsbildung und Interessenjurisprudenz, 1932, S. 17.
[190] Vgl. *Petersen*, Von der Interessenjurisprudenz zur Wertungsjurisprudenz, 2001.
[191] BGH NJW 2005, 2315, 2316; dort jedoch keine derartige Ausnahme. Näher zu den Rechtsfragen der Domain-Namen unter § 12.

er die Unwahrheit zwar nicht kennt, aber kennen muss.[192] Gerade die Bege-
hungsalternative des Verbreitens ist aus Sicht des Medienrechts bedeutsam.

OLG München NJW 2004, 224: Der Vorstandssprecher der Deutschen Bank und Präsident
des Bundesverbands Deutscher Banken, Rolf Breuer, sagte in einem Fernsehinterview gegenüber einem Börsensender über den finanziell angeschlagenen Medienunternehmer Leo Kirch:
„Was alles man darüber lesen und hören kann ist ja, dass der Finanzsektor nicht bereit ist, auf
unveränderter Basis noch weitere Fremd- oder gar Eigenmittel zur Verfügung zu stellen."
Kurz darauf musste Kirch Insolvenz anmelden und erhebt gegen Breuer Feststellungsklage, in
der er begehrt festzustellen, dass auch Breuer persönlich Ersatz für die Schäden schuldet, die
ihm durch die Aussage entstanden sind.

59   Das Oberlandesgericht hat einen derartigen Anspruch – anders als die
Vorinstanz[193] – abgelehnt, da kein deliktischer Anspruch bestehe. Das ist zum
einen deshalb zweifelhaft, weil verschiedene Schutzgesetze i. S. d. § 823 Abs. 2
BGB nahe gelegen hätten,[194] die das Gericht nur kursorisch geprüft hat und
zum anderen die Voraussetzungen des § 824 BGB streng genommen vorgelegen hätten.[195] Vor allem aber ist die Entscheidung bedenklich im Hinblick auf
ihre Abweichung gegenüber einer Rechtsprechung des Bundesgerichtshofs, die
mittelbar auch aus Sicht des Medienrechts bedeutsam ist, weil sie Maßgaben
enthält, die mutatis mutandis gerade auch für die Verbreitung über die Medien
von Interesse sind:

BGH NJW 1994, 1281: Ein Wirtschaftsprofessor machte auf verschiedenen Praktikersemi-
naren auf die seines Erachtens prekäre Situation eines Familienunternehmens aufmerksam,
dessen Bilanzen im Bundesanzeiger veröffentlicht waren. Das Unternehmen verlangte von ihm
Schadensersatz.

60   Der Bundesgerichtshof hat eine Verletzung des allgemeinen Persönlichkeitsrechts des Unternehmens bejaht und den Beklagten zur Zahlung von Schadensersatz verurteilt.[196] Mit der Hervorhebung des betreffenden Unternehmens sei
ein **Hinweiseffekt** einhergegangen, der dem Unternehmen geschadet habe. Dass
die Zahlen bereits veröffentlicht gewesen seien, spiele demgegenüber keine
Rolle. Hervorhebung verdient für den vorliegenden Zusammenhang folgender
Kernsatz des Urteils: „Es kommt hinzu, dass diese gezielte Hervorhebung
kritischer Werte gegenüber einem beachtlichen Personenkreis erfolgt ist, von
dem jeder als *Multiplikator* wirken konnte."[197]

61   Umso mehr müssen diese Grundsätze gelten, wenn die Wiedergabe selbst auf
Vervielfältigung angelegt ist, wie dies gerade beim Fernsehen der Fall ist. Das
bedeutet, dass die genannten Grundsätze im Kirch/Breuer-Fall nicht nur auch,
sondern geradezu erst recht anwendbar gewesen wären und zu einer Verurteilung hätten führen müssen.[198] Jedenfalls veranschaulicht diese Rechtsprechung,

---

[192] Siehe auch *Beater*, JZ 2004, 889. Zur Rechtslage in Österreich unter dem Blickwinkel des
Informationsrechts *Mayer-Schönberger*, Information und Recht, 2001, S. 32.
[193] Dazu *Petersen*, NJW 2003, 1570; *Tröger*, Jura 2003, 824.
[194] Zu nennen sind etwa die §§ 17 UWG, 55 a, b KWG; dazu näher *Tiedemann*, Festschrift
für Kohlmann, 2003, S. 311; *ders.*, ZIP 2004, 294.
[195] Exemplarisch sei darauf hingewiesen, dass das Gericht davon ausgeht, dass die Behauptung bei Übertreibungen *nur* unwahr sei, wenn sie übertreibt und damit die Realität verzerrt,
wohingegen es bei Staudinger/*Hager*, § 823 C Rz. 86, auf den sich das Gericht ausdrücklich
bezieht, mit Recht heißt, dass eine Behauptung *auch* dann unwahr ist – ein ersichtlich
beachtlicher Unterschied.
[196] Zustimmend *K.-R. Wagner/Sommer*, AG 1995, 452.
[197] BGH NJW 1994, 1281; Hervorhebung nur hier.
[198] *Petersen*, BKR 2004, 47, 49 f.

dass bei Nutzung der Massenmedien besondere Sensibilität erforderlich ist, da mit ihrer Hilfe eine Vervielfältigung erreicht werden kann, die in die wirtschaftliche Betätigungsfreiheit der Betroffenen in derart massiver Weise eingreifen kann, dass sie nicht ohne weiteres unter Hinweis auf die Ausübung der Meinungsfreiheit gerechtfertigt ist.[199]

Ungeachtet dessen hat der Bundesgerichtshof im Fall Kirch/Breuer die zuletzt **62** referierte Rechtsprechung ohne nähere Begründung nicht für einschlägig gehalten.[200] Der Bundesgerichtshof distanziert sich dort freilich von der Rechtsprechung, ohne sie jedoch abzulehnen. Das entspricht dem Vorgehen eines anderen Senats, der jüngst gleichfalls unentschieden gelassen hat, ob an dieser Rechtsprechung weiter festzuhalten ist.[201] Offensichtlich ist der Bundesgerichtshof bestrebt, den Hinweiseffekt eng auszulegen, um die Frage nicht vorlegen zu müssen. Aus Gründen der Rechtssicherheit vorzugswürdig wäre es jedoch, sich entweder zu dieser Rechtsprechung zu bekennen oder sie aufzugeben.

2. Das Unternehmenspersönlichkeitsrecht

Das soeben dargestellte Urteil enthielt noch eine andere wichtige Aussage. **63** Da es ein Unternehmen und keine natürliche Person war, das sich auf das Persönlichkeitsrecht berief, stellte sich die Frage, ob und unter welchen Voraussetzungen auch Unternehmen Persönlichkeitsrechtsschutz genießen. Es geht also um das so genannte Unternehmenspersönlichkeitsrecht.

a) Standpunkt der Rechtsprechung

Das Bundesverfassungsgericht hat das Recht eines Unternehmens auf informationelle Selbstbestimmung bejaht[202] und auch den Schutz des Fernmeldegeheimnisses (Art. 10 GG) auf juristische Personen erstreckt,[203] weil auch juristische Personen einer grundrechtstypischen Gefährdungslage ausgesetzt seien, wenn sie sich der Übertragungsmedien bedienten.[204] Der Bundesgerichtshof anerkennt zumindest eine beschränkte Rechtsträgerschaft durch Unternehmen. Im Hinblick auf Art. 19 Abs. 3 GG hält die Rechtsprechung den Persönlichkeitsrechtsschutz von Unternehmen „nur insoweit gerechtfertigt, als sie aus ihrem Wesen als Zweckschöpfung des Rechts und ihren Funktionen dieses Rechtsschutzes bedürfen."[205] Wie weit reichend dies ist, zeigt folgender Fall:

OLG Hamburg ZUM 2007, 483: Die Firma Grünenthal, die seinerzeit das verhängnisvolle und schreckliche Präparat Contergan produziert und in Verkehr gebracht hat, wehrt sich gegen die Verfilmung, die neben nachweisbaren Einzelheiten einzelne fiktive Elemente enthält, auf die im Vor- und Nachspann hingewiesen wird.

---

[199] Kritisch allerdings insoweit das überwiegende Schrifttum; vgl. *Lutter*, AG 1994, 347; *Großfeld*, EWiR 1994, 991; *J. Hager*, ZHR 158 (1994) 675, 682 mit Verweis auf Art. 5 GG; siehe auch *dens.*, AcP 196 (1996) 168, 171; *Siekmann*, ZIP 1994, 651, 653; *Ehmann*, WuB IV A § 823 BGB 2.94. Allgemein zum deliktischen Äußerungsschutz als Rechts- und Erkenntnisquelle des Medienrechts *Beater*, JZ 2004, 889.

[200] BGH ZIP 2006, 317, 329, unter Rz. 110 f.

[201] BGH NJW 2005, 2766; dazu *Jahn*, EWiR 2005, 623; *Medicus*, WuB IV A § 823 BGB 2.05.

[202] BVerfGE 67, 100, 142.

[203] BVerfGE 100, 313, 356.

[204] BVerfGE 106, 28, 40 f.

[205] BGHZ 98, 93, 97; BGH NJW 1994, 1281, 1282.

Der Senat hat immerhin festgestellt, dass dem Unternehmenspersönlichkeits-recht im Verhältnis zur Freiheit der Kunst eine vergleichsweise geringere Bedeutung zukommt. Jedoch rügt er andererseits einige „besonders schwere Verletzungen des Unternehmenspersönlichkeitsrechts."[206] Da dieses sonach tragend für die Begründung eines deliktsrechtlichen Schutzes sein soll, stellt sich die prinzipielle Frage, ob das Unternehmenspersönlichkeitsrecht Anerken-nung verdient.

b) Kritik

65   So richtig es ist, dass juristische Personen privatrechtlich im Grundsatz in gleicher Weise geschützt werden wie natürliche,[207] begegnet die Anerkennung des Unternehmenspersönlichkeitsrechts doch Bedenken. Denn auf das kon-krete Problem bezogen steht und fällt die Gleichstellungsthese mit der jeweili-gen grundrechtlichen Legitimation. Hierfür erweist sich der formale Verweis auf Art. 2 Abs. 1, 19 Abs. 3 GG nicht als hinreichend,[208] zumal der ungleich wichtigere Art. 1 Abs. 1 GG damit nicht erfasst werden kann, der ersichtlich nur für natürliche Personen gilt.[209] Eine Rechtsfortbildung, die wie das all-gemeine Persönlichkeitsrecht maßgeblich auch auf die Menschenwürde zurück-geht, müsste insoweit legitimiert werden können, wenn davon auch Unterneh-men erfasst sein sollten. Diese Begründung bleibt die Rechtsprechung des Bundesgerichtshofs schuldig,[210] weil sie nur verlangt, dass die juristische Person in ihrem sozialen Geltungsanspruch als Arbeitgeber oder Wirtschaftsunterneh-men betroffen wird.[211] Das ist jedoch allenfalls eine notwendige und noch keine hinreichende Bedingung. Das Bundesverfassungsgericht verankert den Persön-lichkeitsschutz allein bei Art. 2 GG und bejaht auf dieser Grundlage einen Schutz natürlicher Personen in bestimmten Fällen,[212] wodurch freilich ein „gestufter Grundrechtsschutz mit einem allgemeinen Persönlichkeitsrecht min-deren Ranges aufscheint".[213] Ebenso wenig ist der Gleichstellungsgedanke zur Begründung hinreichend, weil auch er noch nichts über die verfassungsrecht-liche Legitimation aussagt.[214] Eine Klagebefugnis des Verbandes wegen nur mittelbarer Betroffenheit seiner Mitglieder ist jedoch abzulehnen.[215] Im Übri-gen besteht auch kein Bedürfnis für einen solchen Unternehmensschutz. Neben die allgemeinen bürgerlich-rechtlichen Vorschriften, insbesondere den Behelfen

---

[206] Vgl. auch das im Wesentlichen gleichlautende Urteil des OLG Hamburg NJW-RR 2007, 1268. Das Bundesverfassungsgericht hat den Erlass einer hiergegen gerichteten einstweiligen Anordnung abgelehnt, BVerfG-K ZUM 2007, 730 und NJW 2007, 3197 ff.

[207] *Larenz/Canaris*, Schuldrecht II/2, § 80 IV 1 b.

[208] In diese Richtung jedoch *Kraft*, Festschrift für Hubmann, 1985, S. 203, 216; *Leßmann*, AcP 170 (1970) 270, 275, 283; *v. Gamm*, NJW 1979, 517; zutreffend dagegen *Jarrass*, NJW 1989, 860; *Larenz/Canaris*, Schuldrecht II/2, § 80 IV 1 b.

[209] *Jarras*/Pieroth, Grundgesetz Kommentar, 8. Auflage 2006, Art. 1 Rz. 6.

[210] Nichtssagend ist der Verweis auf das „Wesen als Zweckschöpfung des Rechts"; allgemein zu solchen Wesensargumenten *Scheuerle*, AcP 157 (1957) 1 ff.; ähnlich vage („offenkundiges und legitimes Bedürfnis") Münch.-Komm.-*Rixecker*, 4. Auflage 2006, § 12 Rz. 22 unter Ver-weis etwa auf die „Vereinsehre" (sehr zweifelhaft).

[211] BGH NJW 1975, 1882, 1884; BGHZ 98, 94, 97.

[212] BVerfGE 106, 28; 43 f.

[213] Maunz/Dürig/*Herdegen*, Grundgesetz Kommentar, 2005, Art. 1 Rz. 80.

[214] Zur verfassungsrechtlichen Verankerung *Kau*, Vom Persönlichkeitsschutz zum Funk-tionsschutz, 1989, S. 99 ff., 102 ff.; *Isensee*, Handbuch des Staatsrechts, Band V, 1992, § 118 Rz. 58.

[215] Zutreffend Staudinger/*Hager*, § 823 C Rz. 27 m. w. N.

des Allgemeinen und Besonderen Schuldrechts,[216] treten die markenrechtlichen Bestimmungen. Wo diese nicht hinreichen,[217] ist auch eine Ausweitung über das Unternehmenspersönlichkeitsrecht nicht veranlasst.[218]

§ 5. Unterlassungsansprüche und negatorischer Ehren- und Persönlichkeitsschutz

Literatur: *Canaris*, Grundprobleme des privatrechtlichen Persönlichkeitsschutzes, öJBl 1991, 205; *Flechsig/Hertel*, Die Veröffentlichung von Unterlassungsurteilen und Unterlassungserklärungen, NJW 1994, 2441; *Hager*, Der Schutz der Ehre im Zivilrecht, AcP 196 (1996) 168; *ders.*, Persönlichkeitsschutz gegenüber Medien, Jura 1995, 566; *Helle*, Das Urteil auf Widerruf einer verletzenden Behauptung und seine Vollstreckung, NJW 1963, 129; *Leipold*, Zur Beweislast beim Schutz der Ehre und des Persönlichkeitsrechts, Festschrift für Hubmann, 1985, S. 271; *ders.*, Wirksamer Ehrenschutz durch gerichtliche Feststellung von Tatsachen, ZZP 84 (1971) 150; *Hendricks*, Zivilprozessuale Geltendmachung von Widerrufs- und Unterlassungsansprüchen im Medienrecht, 2001; *Mackeprang*, Ehrenschutz im Verfassungsstaat, 1990; *Mittag*, Der Unterlassungsanspruch gegen Mediendarstellungen im einstweiligen Rechtsschutz, 2006; *Paschke/Busch*, Hinter den Kulissen des medienrechtlichen Rückrufanspruchs, NJW 2004, 2620; *Picker*, Der negatorische Beseitigungsanspruch, 1972; *Prinz*, Der Schutz der Persönlichkeitsrechte vor Verletzungen durch die Medien, NJW 1995, 817; *Ritter*, Zum Widerruf einer Tatsachenbehauptung, ZZP 84 (1971), 163; *Rötelmann*, Persönlichkeitsrechte, insbesondere der Widerruf ehrenrühriger Behauptungen, NJW 1971, 1636; *Säcker*, Der Widerruf ehrkränkender Behauptungen, MDR 1970, 893; *Schlosser*, Zur Beweislast im System des zivilrechtlichen Ehrenschutzes, JZ 1963, 309; *Schnur*, Das Verhältnis von Widerruf einer Behauptung und Bekanntmachung der Gerichtsentscheidung als Mittel zur Rufwiederherstellung, GRUR 1978, 225; *Stegmann*, Tatsachenbehauptung und Werturteil in der deutschen und französischen Presse, 2004; *Stürner*, Empfiehlt es sich, die Rechte und Pflichten der Medien präziser zu regeln und dabei den Rechtsschutz des einzelnen zu verbessern?, in: Gutachten zum 58. Deutschen Juristentag 1990, Band 1; *ders.*, Die verlorene Ehre des Bundesbürgers, JZ 1994, 865.

Die bisher behandelten Fälle betrafen den Schadensersatz als Rechtsfolge von **1** Persönlichkeitsrechtsverletzungen. Dem von ehrverletzenden Medienveröffentlichungen nachteilig Betroffenen wird es aber in aller Regel lieber sein, dass diese von vornherein unterbleiben.[1] Er wird also versuchen, einen Unterlassungsanspruch geltend zu machen.[2] Haben die Medien jedoch schon eine unrichtige Behauptung aufgestellt, so wird er den Widerruf dieser Behauptung erzwingen wollen.[3]

BVerfG-K NJW 2003, 1855: Der Lübecker Bürgermeister wurde nach einem Brandanschlag auf ein Asylbewerberheim, dessen Urheberschaft, wie auch mehrfach von Seiten des Bürgermeisters in öffentlichen Erklärungen hervorgehoben wurde, ungewiss war, gleichwohl von

---

[216] Siehe zur Wallraff-Entscheidung des Bundesverfassungsgerichts nur die dortigen Ausführungen zu §§ 280 Abs. 1, 311 Abs. 2 BGB unter § 2 Rz. 7; zur Entscheidung des Bundesgerichtshofs BGHZ 80, 25 ff.

[217] So lag es etwa in der Entscheidung BGHZ 98, 94 ff.

[218] Der Bundesgerichtshof kam in BGHZ 98, 94, 97 f. schließlich zum selben Ergebnis; ablehnend *Dunz*, ZIP 1986, 1148 f.; *Larenz/Canaris*, Schuldrecht II/2, § 80 IV 1 b.

[1] Instruktiv *Lettl*, WRP 2005, 1045, 1076 ff.

[2] Für das Internet: *Gounalakis/Rhode*, Persönlichkeitsschutz im Internet, 2002, Rz. 323 ff.; zur Störerhaftung im Internet auch *Spindler*, K&R 1998, 177. Speziell zum Internationalen Privatrecht *Fricke*, Der Unterlassungsanspruch gegen Presseunternehmen zum Schutze des Persönlichkeitsrechts im IPR, 2003.

[3] Auch insoweit *Gounalakis/Rhode*, a. a. O., Rz. 332 ff.; BVerfG NJW 2003, 1855.

einer Zeitung mit den Worten angegriffen: „Die Experten brauchten mehrere Tage, bis sie sicher waren: Der Brand wurde (...) vermutlich von Bewohnern des Hauses gelegt. Anders Lübecks Bürgermeister. Für den stand schon wenige Stunden nach dem Brand fest: Das war ein Anschlag Rechtsradikaler."

2   Das Landgericht gab der Klage des Bürgermeisters, die auf Unterlassung und Widerruf gerichtet war, statt.[4] Nach erfolgloser Berufung erhoben die Beklagten, die Verlegerin und der Chefredakteur der Zeitung, Verfassungsbeschwerde gegen das Urteil. Das Bundesverfassungsgericht hat die Verfassungsbeschwerde mangels grundsätzlicher Bedeutung nicht zur Entscheidung angenommen: Die hier einschlägigen §§ 823 Abs. 1, 1004 Abs. 1 BGB beschränken als allgemeine Gesetze (Art. 5 Abs. 2 GG) das von den Beklagten ins Feld geführte Grundrecht aus Art. 5 Abs. 1 GG. Es sei verfassungsrechtlich nicht zu beanstanden, dass den genannten Vorschriften des Bürgerlichen Gesetzbuchs ein Anspruch auf Unterlassung einer unwahren Behauptung und ein entsprechender **Widerrufsanspruch** entnommen werden.[5] Dem verfassungsrechtlich geschützten Persönlichkeitsrecht wird damit zivilrechtlich Ausdruck verliehen.[6] Freilich ist die Reichweite dieser Ansprüche unter Berücksichtigung des Grundrechts der Meinungsfreiheit zu ermitteln.[7] Hier hatte der Verfasser des Beitrags elementare Sorgfaltspflichten im Rahmen der nötigen Recherche verletzt.[8] Durch die mit der Veröffentlichung einhergehende Unterstellung war der Beklagte auch in seinen Rechten beeinträchtigt worden.[9] Dabei ist zu berücksichtigen, dass die Aufklärungspflichten, die den Medien obliegen, strenger sind, als dies zu Lasten von Privatleuten der Fall ist.[10] Nach diesen Grundsätzen haftet hier auch der Chefredakteur aus §§ 823 Abs. 1, 1004 Abs. 1 BGB.[11]

3   Im Prinzip ähnlich verhält es sich bei **Presseagenturen**. Auch ihnen obliegen Sorgfaltspflichten im Rahmen der Verbreitung der bei ihnen eingehenden Nachrichten. Selbst angesichts der großen Zahl von Meldungen müssen sie sich ihrer Verantwortung für die Meinungsbildung bewusst sein.

> BVerfG-K NJW 2004, 589: Eine Presseagentur hat aufgrund eines Interviews mit einer Imageberaterin über den Bundeskanzler die Meldung verbreitet, „es käme seiner Überzeugungskraft zugute, wenn er sich die grauen Schläfen nicht wegtönen würde." Der Bundeskanzler obsiegte mit seiner Klage gegen diese Aussage. Die Agentur berief sich in ihrer Verfassungsbeschwerde u. a. darauf, dass sie angesichts der Plausibilität der Einschätzung keine besondere Recherchepflicht getroffen habe.

4   Das Gericht hat die Beschwerde nicht zur Entscheidung angenommen. Es hat im Anschluss an die Rechtsprechung des Bundesgerichthofs darauf hingewiesen,[12] dass angesichts der Aufklärungsmöglichkeiten bei Zweifeln über die Richtigkeit von Behauptungen die Anforderungen, die an die Medien gestellt werden, im Vergleich zu Privaten ungleich höher sind. Zur Gewährleistung des

---

[4] LG Lübeck AfP 1996, 406.

[5] BVerfGE 99, 185, 198.

[6] BVerfG-K NJW 2003, 1856 zum Unterlassungsanspruch wegen einer Presseerklärung einer Landtagsfraktion.

[7] BVerfGE 82, 272, 280.

[8] Zu den Sorgfaltspflichten oben § 4 Rz.19 ff.

[9] Zum Grad der Beeinträchtigung beim Anspruch aus §§ 823, 1004 BGB LG Hamburg NJW 2003, 1952, 1953; siehe auch *Wenzel*, Das Recht der Wort- und Bildberichterstattung, 4. Auflage, Rz. 5.63 ff.

[10] BVerfGE 85, 1, 22.

[11] Dazu bereits oben § 4 Rz. 26.

[12] BGH NJW 1966, 2010, 2011; 1987, 225, 226; BGHZ 132, 13, 23.

freien Kommunikationsprozesses dürften diese Maßgaben allerdings nicht überspannt werden.[13] Eine solche Überspannung der Sorgfaltspflichten liege hier indes angesichts der „Obliegenheit zur Recherche" nicht vor.[14] Auch eine Presseagentur muss danach bestimmte Sorgfaltspflichten beachten und kann Meldungen nicht völlig ungeprüft übernehmen: „Das unzweifelhaft große Vertrauen, das Medienunternehmen den Agenturen entgegenbringen, und die hervorgehobene **meinungsbildende Funktion** von Presseagenturen rechtfertigen es, den von ihnen veröffentlichten Nachrichten nur insoweit Schutz vor zivilrechtlichen Ansprüchen der Betroffenen zu gewähren, als die praktischen Möglichkeiten der Überprüfung der Richtigkeit im Rahmen des Zumutbaren genützt werden."[15] Allerdings bemisst sich die Intensität der Recherche auch danach, ob die Nachricht unter „**Aktualitätsdruck**" steht.

I. Dogmatische Einordnung und Geltungsgrund

Auch wenn es auf den ersten Blick scheint, als bedürfe es dafür medienrecht- **5** licher Spezialbehelfe, so geht es in Wahrheit nicht um eine Besonderheit des Ehren- und Persönlichkeitsschutzes – und demzufolge noch weniger um eine Sonderproblematik des Medienrechts –, als vielmehr um eine allgemeine Problematik, für deren Bewältigung der allgemeine zivilrechtliche Beseitigungs- und Unterlassungsanspruch des § 1004 BGB einschlägig ist.[16] Dieser spricht zwar nur von Beeinträchtigungen des Eigentums, doch ist er zumindest in entsprechender Anwendung[17] auch für Persönlichkeitsverletzungen einschlägig.[18] Dem liegt ein ähnlicher Rechtsgedanke zugrunde wie § 12 BGB für das Namensrecht, der daher ebenfalls herangezogen wird, sowie den §§ 14 Abs. 5, 15 Abs. 4 MarkenG, 97 f. UrhG, die uns an späterer Stelle noch beschäftigen werden.

Das bedeutet für die weiter oben[19] behandelten Fälle unzulässiger Verdachts- **6** berichterstattung, dass dem Betroffenen ein Unterlassungsanspruch zusteht bzw. dann, wenn er nachweisen kann, dass der Verdacht unrichtig war, ein Anspruch auf Berichtigung zu seinen Gunsten besteht.[20] Der maßgebliche Gerechtigkeitsgesichtspunkt liegt in derartigen Fällen darin, dass die Medienschaffenden durch ihr pflichtwidriges vorangegangenes Tun eine Gefahrenlage geschaffen haben, die nur sie selbst angemessen beseitigen können.[21]

---

[13] BVerfGE 54, 208, 219; 99, 185, 198.
[14] BVerfG-K NJW 2004, 589, 590.
[15] BVerfG-K NJW 2004, 589; Hervorhebung nur hier.
[16] Vgl. auch *Larenz/Canaris*, Schuldrecht II/2, § 86 II 2 a.
[17] *Canaris* (*Larenz/Canaris*, Schuldrecht II/2, § 86 II 2 a) lässt offen, ob § 1004 BGB für den Widerruf unrichtiger Behauptungen direkt oder analog anwendbar ist.
[18] Vgl. Münch.-Komm.-*Medicus*, § 1004 Rz. 6.
[19] Im vorigen Paragraphen unter Rz. 20.
[20] *Prinz/Peters*, Medienrecht, Rz. 274.
[21] Zutreffend *Larenz/Canaris*, Schuldrecht II/2, § 86 II 2 a: „denn nur sein (sc. des Täters) eigener Widerruf – und nicht eine noch so gut belegte Gegendarstellung des Verletzten – kann die Gefahr hinreichend bannen", mit Verweis auf *Picker*, Der negatorische Beseitigungsanspruch, 1972, S. 33; zur Gegendarstellung, die daher auch erst im Anschluss behandelt wird, siehe unten § 7.

BGHZ 57, 325: Eine Zeitung hatte, ohne dabei eine Persönlichkeitsrechtsverletzung zu begehen, über eine erstinstanzliche Verurteilung berichtet. Nachdem der Angeklagte später freigesprochen worden war, beantragte er Berichtigung.

7   Der Bundesgerichtshof hat dieses Verlangen für begründet gehalten, obwohl die ursprüngliche Zeitungsmeldung nicht einmal den Tatbestand einer unerlaubten Handlung darstellte. Da aber die Zeitung mit der Meldung der Verurteilung die Gefahr geschaffen hatte, dass sich die Leser nurmehr an sie erinnerten, war es richtig, die Zeitung zu verpflichten, auch über den Freispruch zu berichten. Denn nur das **ursprüngliche Publikationsorgan** konnte dem falschen Eindruck, dass der Betreffende verurteilt sei, adäquat entgegenwirken und diesen Eindruck gleichsam aufheben. Hier zeigt sich der Gerechtigkeitsgesichtspunkt des vorangegangenen gefährdenden Tuns, auf den der Bundesgerichtshof freilich nicht abgestellt hat, besonders deutlich.[22]

8   Es ist also in Fällen dieser Art entscheidend, dass der Widerruf gerade durch dasjenige Medium erfolgt, das den falschen Eindruck „in die Welt gesetzt" hat. Denn nur dasjenige Presse- oder Rundfunkorgan, das über einen bestimmten Verdacht, eine Verurteilung oder eine sonstige ehrenrührige Tatsache berichtet hat, kann – wenn auch nicht immer realiter, so doch idealiter – den falschen Eindruck im Bewusstsein der Leser oder sonstigen Empfänger des Mediums beseitigen. So fehlt etwa das erforderliche Rechtsschutzbedürfnis nicht schon deshalb, weil dem Verletzten etwa selbst eigene Publikationsorgane zur Verfügung stehen,[23] da die Leser- und Adressatenkreise in aller Regel verschieden sind und mithin nicht gewährleistet ist, dass der gleiche Leserkreis erreicht wird wie von der Ausgangsbehauptung.[24]

Besondere Bedeutung hat die **Störerhaftung** bei Meinungsforen im Internet, in denen ehrverletzende Schmähkritik geübt wird.

BGH NJW 2007, 2558: Die Betreiberin eines Internetforums zur Bekämpfung von Kinderpornographie wurde vom Vorsitzenden eines Vereins mit gleichem Zweck auf Unterlassung der Verbreitung von ehrverletzenden Beiträgen verklagt, die ein Dritter unter einem so genannten „Nickname" eingestellt hatte, der dem Verletzten namentlich bekannt war.

9   Der Kläger hat gegen den Betreiber des Internetforums einen Unterlassungsanspruch, dem auch nicht entgegensteht, dass der Inhaber des Anspruchs den Störer namentlich kennt. Dass der Verletzte seinerseits einen Anspruch gegen den Dritten hat, berührt den Unterlassungsanspruch ebenso wenig wie der Umstand, dass der Beitrag in ein **Meinungsforum** eingestellt wurde. Sobald der Betreiber eines solchen Forums von einer Ehrverletzung erfährt, ist er zur Unterlassung, das heißt zur Löschung der Schmähkritik verpflichtet. Das Haftungsprivileg des § 10 TMG für Fremdinhalte konnte der Kläger ebenfalls nicht für sich in Anspruch nehmen, da es in ständiger – gleichwohl umstrittener[25] – Rechtsprechung auf Unterlassungsansprüche keine Anwendung findet.[26] Anders verhielt es sich bei der Unterlassungsklage einer Verlagsgruppe

---

[22] Zutreffend *Larenz/Canaris*, Schuldrecht II/2, § 88 III 2 b.

[23] BGH NJW 1968, 644, 646.

[24] Staudinger/*Hager*, § 823 C Rz. 278.

[25] Kritisch, insbesondere zur Ausdehnung auf vorbeugende Unterlassungsansprüche, *Leible/Sosnitza*, NJW 2007, 3324 sowie zu der daraus resultierenden „faktischen Auferlegung von Überwachungspflichten" *Kitz*, ZUM 2007, 368, 374; vgl. auch *Wimmers/Heymann*, MR-Int. 2007, 222 ff.

[26] BGH NJW 2004, 3102, 3103 f.; 2007, 2558 f.; BGH GRUR 2007, 890, 891; vgl. § 8 Rz. 37, § 18 Rz. 10.

gegen Wikimedia Deutschland e. V. Die Klägerin wollte den Betreiber der freien Online-Enzyklopädie Wikipedia, deren Inhalte von zahlreichen Autoren gestaltet werden, zur Entfernung ihr unliebsamer Passagen verpflichten. Das Landgericht Köln verneinte einen auf §§ 823 Abs. 1, 1004 Abs. 1 BGB gestützten Unterlassungsanspruch.[27] Bei Wikipedia handele es sich um ein Internetmeinungsforum im weiteren Sinne. Angesichts von über 600 000 deutschsprachigen Artikeln sei die Annahme, der Betreiber mache sich durch bloße Weiterleitung auf die Beiträge deren Inhalte zu Eigen, bloße Fiktion. Der Beklagte konnte auch nicht unter dem Gesichtspunkt der Störerhaftung in Anspruch genommen werden, da die beanstandeten Äußerungen für sich genommen nicht rechtswidrig waren und ihre Verbreitung durch den beklagten Verein daher von der Meinungsfreiheit gemäß Art. 5 Abs. 1 GG gedeckt war.

Die Rechtsprechung zu Persönlichkeitsrechtsverletzungen in solchen **Community-Portalen**, die den Benutzern die inhaltliche Mitgestaltung der Internetseiten – Stichwort Web 2.0 – ermöglichen, ist auch im Hinblick auf Bewertungen von Lehrern durch ihre Schüler ins Blickfeld gerückt.   **10**

OLG Köln NJW-RR 2008, 203: Auf dem Community-Portal „spickmich.de" können Schüler ihre Lehrer in verschiedenen Kategorien benoten. Eine Lehrerin, die eine Gesamtnote von 4,3 erhalten hatte, beantragte gegen den Betreiber der Homepage eine einstweilige Verfügung, gerichtet auf Unterlassung der Veröffentlichung ihrer Daten, da sie ihre Persönlichkeitsrechte verletzt sah.

Das Gericht sieht die Bewertungen als vom Grundrecht auf freie Meinungsäußerung gedeckt. Sämtliche Bewertungskriterien stellten Werturteile dar. Durch die Bewertungen sei die Lehrerin allein in der konkreten Ausübung ihrer beruflichen Tätigkeit betroffen. Eine beleidigende Schmähkritik sei damit nicht verbunden. Dabei stellte das Gericht weiter fest, dass auch anonyme Meinungen im Internet dem Schutz des Art. 5 Abs. 1 GG unterfallen.

II. Unterlassungsanspruch und Berichtigungsanspruch

Die Gefahrenlage wird beim Unterlassungsanspruch als Begehungsgefahr   **11** bezeichnet. Handelt es sich um eine Wiederholungsgefahr, so führt sie zum einfachen Unterlassungsanspruch; bei **Erstbegehungsgefahr** führt sie zum vorbeugenden Unterlassungsanspruch.[28] Diese kann jedoch nicht in der einfachen Recherchetätigkeit der Medien erblickt werden, da dies gerade ihrer Aufgabe und ihrem Recht aus Art. 5 Abs. 1 GG entspricht.[29] Ebenso wenig kann aus früheren rechtswidrig publizierten Bildern von Prominenten ohne weiteres gefolgert und verlangt werden, dass die Veröffentlichung künftiger „kerngleicher" Bilder unzulässig und im Wege der vorbeugenden Unterlassungsklage zu verbieten ist, weil dies nicht ohne eine Abwägung der widerstreitenden Belange des Persönlichkeitsschutzes einerseits und des Informationsinteresses der Öffentlichkeit andererseits vorab entschieden werden kann.[30]

---

[27] Az. 28 O 344/07.
[28] *Lettl*, WRP 2005, 1045, 1081.
[29] *Paschke*, Medienrecht, Rz. 850.
[30] BGH GRUR 2008, 446; BGH VersR 2008, 552. Zur Rechtslage nach dem UWG, *Lettl*, NJW 2008, 2160 ff.

Daher können auch die vornehmlich im Wettbewerbsrecht entwickelten Grundsätze, die eine Umgehung des im Rahmen der Unterlassungsklage ausgesprochenen Verbots verhindern sollen, nicht zur Beurteilung der Zulässigkeit der Bildberichterstattung herangezogen werden.[31] Fehlt es an der Wahrnehmung berechtigter Interessen i. S. d. § 193 StGB von Anfang an, so folgt daraus nach Auffassung der Rechtsprechung eine „tatsächliche Vermutung" für das Vorliegen einer **Wiederholungsgefahr**.[32] Jedoch wird die Vermutung etwa durch Abgabe einer strafbewehrten Unterlassungserklärung ausgeräumt,[33] was in medienrechtlich geprägten Fallgestaltungen nicht selten der Fall ist. Demgegenüber reichen tatsächliche Handlungen, etwa die Einstellung des Buchvertriebs, dann nicht aus, wenn der Verleger nach wie vor auf der Zulässigkeit der streitgegenständlichen Äußerung beharrt.[34] In jedem Fall ist das Vorliegen der Erstbegehungs- oder Wiederholungsgefahr Voraussetzung für den Unterlassungsanspruch.[35]

BGHZ 3, 270: Eine kirchliche Wochenzeitschrift hatte in einer Druckbeilage nachhaltige Kritik an der Frauenzeitschrift „Constanze" geübt, die „eine Blüte aus dem Sumpf der fragwürdigen Kulturerzeugnisse nach Art der Magazine" sei und durch deren Empfang der Leser „vergesse, was er der Ehre seiner Frau und Tochter schuldig" sei. Der Verleger der kirchlichen Wochenzeitschrift sah keinen Anlass, von den Äußerungen abzurücken.

12   Der Bundesgerichtshof hat dem Verlag der Zeitschrift „Constanze" einen vorbeugenden Unterlassungsanspruch zuerkannt. Allerdings habe ein Verleger für eine persönlichkeitsverletzende Beeinträchtigung in einer Beilage zu seiner Zeitschrift grundsätzlich nur dann einzustehen, wenn er auf den Inhalt und Vertrieb der Beilage auch tatsächlich Einfluss nehmen konnte.[36] Wenn jedoch der Verleger die Zuwiderhandlung nach entsprechender Kenntnisnahme, wie hier, billigt, so ist er auch ohne die vorherige Möglichkeit zur Einflussnahme der richtige Beklagte für die vorbeugende Unterlassungsklage. Hier hatte der Verleger der Beklagten deutlich gemacht, dass man sich auch künftig zur Verbreitung gleichlautender Äußerungen für berechtigt halte. Das aber macht die Beklagte zum Störer i. S. d. § 1004 BGB. „Aus dieser Einstellung der Beklagten folgt zugleich die Gefahr weiterer Beeinträchtigungen und damit ihre Passivlegitimation für die vorbeugende Unterlassungsklage, ohne dass es insoweit noch einer Prüfung für die bereits vorliegende Veröffentlichung bedurfte."[37]

1. Voraussetzungen

13   Anspruchsgrundlage für den Unterlassungsanspruch ist eine Gesamtanalogie zu den §§ 1004, 12, 862 BGB,[38] also jenen bürgerlich-rechtlichen Vorschriften, die in ihrem jeweiligen Regelungsbereich der drohenden Beeinträchtigung absolut geschützter Rechtspositionen vorbeugen. Man spricht diesbezüglich

---

[31] BGH NJW 2008, 1593, 1594 mit Anm. *Wanckel*.
[32] BGH NJW 1986, 2503, 2505; 1987, 2225, 2227; OLG Karlsruhe NJW 2006, 617, 618 m. w. N.; skeptisch *Larenz/Canaris*, Schuldrecht II/2, § 88 Fußnote 19.
[33] BGH NJW 1984, 1281, 1283.
[34] BGHZ 14, 163, 168; OLG München NJW-RR 1996, 1365, 1366.
[35] Staudinger/*Hager*, § 823 C Rz. 259.
[36] So schon RGZ 155, 316, 319; RG HRR 1935, 921.
[37] BGHZ 3, 270, 276.
[38] So schon RGZ 61, 366, 369; BGHZ 34, 99, 102; 99, 133, 136; *Damm/Kuner*, Widerruf, Unterlassung und Schadensersatz in Presse und Rundfunk, 1991, S. 108 ff.

von einem quasi-negatorischen Schutz.[39] Voraussetzung für die Geltendmachung ist also eine bevorstehende Rechtsverletzung von absolut geschützten Rechten. Als solche kommen das allgemeine Persönlichkeitsrecht und die bereits behandelten besonderen Persönlichkeitsrechte in Betracht.

Erforderlich für den Unterlassungsanspruch ist, dass der Beeinträchtigte **14** durch eine **Tatsachenbehauptung** oder ein rechtswidriges Werturteil[40] in seinen Rechten verletzt ist.[41] Dagegen kann der Widerruf eines **Werturteils** nach der Rechtsprechung nicht verlangt werden, weil dieses nicht wie Tatsachen gerichtlich auf seine Richtigkeit hin überprüft werden kann und der erzwungene Widerruf im Hinblick auf Art. 5 GG überaus bedenklich wäre[42] und im Übrigen dem Beeinträchtigten wenig einbringen würde.[43] Das Unterlassungsbegehren bezüglich rechtswidriger Werturteile ist demgegenüber durchaus sinnvoll, weil es in die Zukunft wirkt.[44]

Die bewusst unvollständige Berichterstattung ist dann wie eine unwahre **15** Tatsachenbehauptung zu werten, wenn beim Durchschnittsleser die Folgerung bei Mitteilung der verschwiegenen Tatsache nicht so nahe liegend erscheint und auf diese Weise durch das Verschweigen der Tatsache ihm gegenüber ein falscher Eindruck entstehen kann.[45] Der Annahme einer Tatsachenbehauptung steht nicht zwingend entgegen, dass die Äußerung in Form einer Frage gekleidet wurde, wenn sich durch Auslegung ergibt, dass es sich um eine unechte Frage handelt. Auch gegen eine solche kommt ein Anspruch auf **Richtigstellung** in Betracht.

BGH NJW 2004, 1034: Die Bild-Zeitung überschrieb einen Artikel über den Entertainer U: „U im Bett mit Caroline?" Der kleiner gedruckte Untertitel lautete: „In einem Playboy-Interview antwortet er eindeutig zweideutig."

Caroline von Hannover, um die es auch in diesem Fall ging, hat gegen den **16** Springer-Verlag mit Erfolg einen Anspruch auf Richtigstellung aus §§ 823 Abs. 1, 1004 Abs. 1 BGB geltend gemacht. Auch wenn grundsätzlich nicht die Richtigstellung einer Frage begehrt werden kann, liegen die Dinge hier anders: Der Gesamtzusammenhang, auf den es auch für die Beurteilung von Fragen entscheidend ankommt,[46] ergibt hier nämlich, dass keine echte Frage vorlag. Insbesondere die Wendung „eindeutig zweideutig" ist nach Ansicht des Bundesgerichtshofs dazu angetan, dem Leser zu suggerieren, „dass die bejahende Alternative vorrangig in Betracht komme." Es handelt sich somit um eine Äußerung mit einem **tatsächlichen Substrat**.[47] Die Äußerung ist damit geeignet, einen falschen Eindruck von den Verhältnissen der Intimsphäre der Kläge-

---

[39] *Larenz/Canaris*, Schuldrecht II/2, § 88 vor I.
[40] Zur Abgrenzung von Werturteil und Tatsache Staudinger/*Hager*, § 823 C Rz. 73 ff., 273; *Larenz/Canaris*, Schuldrecht II/2, § 88 I 3. Unscharf *Paschke*, Medienrecht, Rz. 843, der insoweit nur pauschal von Meinungsäußerungen spricht.
[41] Ohne eine Verletzung des allgemeinen Persönlichkeitsrechts zieht eine unwahre Tatsachenbehauptung keinen Unterlassungsanspruch nach sich, BGH NJW 2006, 609 f.
[42] BGH NJW 1982, 2246; 1987, 1400; skeptisch bezüglich der letztgenannten Entscheidung *Soehring*, Das Recht der journalistischen Praxis, Rz. 22.58.
[43] BGHZ 10, 104, 105; 65, 325, 337; BGH NJW 1988, 1589; 1989, 774; 1994, 2614, 2616; BGH AfP 1992, 361, 362.
[44] Zur Untersagung für Sachverhalte der Zukunft, die nicht ohne weiteres mit Wiederholungsgefahr gleichzusetzen sind, siehe Staudinger/*Hager*, § 823 C Rz. 262.
[45] BGH NJW 2006, 601.
[46] BVerfG NJW 1992, 1442, 1443; 2003, 660, 661; BGHZ 139, 102.
[47] Vgl. auch BVerfGE 66, 116, 150.

rin zu erwecken.[48] Dass im vorliegenden Fall bereits drei Jahre verstrichen waren, führte angesichts der schweren Persönlichkeitsverletzung und des „gerichtsbekannten Verbreitungsgrades der Bild-Zeitung"[49] nicht zu einer **Deaktualisierung**.[50]

2. Wahrnehmung berechtigter Interessen

17   Der Unterlassungsanspruch kann nur gegenüber einer rechtswidrigen Handlung bestehen.[51] Handelt jemand also in Wahrnehmung berechtigter Interessen (vgl. § 193 StGB),[52] so scheidet ein Unterlassungsanspruch aus.[53] Mit dem Nachweis der Unwahrheit entfällt freilich auch der Rechtfertigungsgrund der Wahrnehmung berechtigter Interessen, weil niemand ein berechtigtes Interesse an der Wiederholung unwahrer Behauptungen geltend machen kann.[54] Weniger entscheidend ist die Rechtswidrigkeit hingegen für den **Widerrufsanspruch**, der nicht deshalb ausgeschlossen ist, weil die unrichtige Behauptung durch die Wahrnehmung berechtigter Interessen gerechtfertigt war.[55] Es handelt sich dann um eine „ausnahmsweise durch § 193 StGB erlaubte Gefährdung der Ehre des Betroffenen."[56]

III. Veröffentlichungspflicht und eingeschränkter Widerruf

18   Um diesen Anspruch gerade im Medienwesen effektiv auszugestalten, hat die Rechtsprechung hier auch die Pflicht zur Veröffentlichung der Unterlassung anerkannt,[57] sofern dies zur Beseitigung der Störung – also nicht lediglich zur Genugtuung des Betroffenen – erforderlich ist.[58] Insbesondere der Anspruch auf Widerruf darf nämlich nicht über das hinausgehen, was zur Abwehr der Störung unbedingt erforderlich ist.[59] Der Verletzte kann allerdings die Publikation einer **strafbewehrten Unterlassungsverpflichtung** beanspruchen.[60] Gleiches gilt für den Berichtigungsanspruch, wobei die Veröffentlichung nach Ansicht der Rechtsprechung vom Betroffenen weniger verlangt als der Widerruf und daher der Maßstab für die Erforderlichkeit tendenziell eingeschränkt ist.[61] Ist also

---

[48] Vgl. BGHZ 31, 300, 318; 128, 1, 10; BGH NJW 1982, 2246, 2248.

[49] So wörtlich unter Hinweis auf BGH NJW 1995, 861, 863.

[50] BGH NJW 2004, 1034, 1035.

[51] Ein Verschulden ist dagegen nicht erforderlich; vgl. RGZ 60, 6, 7; 156, 372, 374; Staudinger/*Hager*, § 823 C Rz. 258.

[52] Näher dazu *J. Hager*, AcP 196 (1996) 168, 182 ff.

[53] BGH NJW 1979, 266, 267; 1981, 2117, 2120; 1987, 2225, 2226.

[54] *Larenz/Canaris*, Schuldrecht II/2, § 88 III 1 a, mit der exakteren dogmatischen Begründung, dass der subjektive Tatbestand des § 193 StGB bei erneuter Behauptung nicht vorläge und damit kein Grund für die Privilegierung mehr bestünde.

[55] BGH NJW 1959, 2011, 2012; 1960, 672, 673; BGHZ 37, 187, 191; *Mackeprang*, Ehrenschutz im Verfassungsstaat, 1990, S. 248 ff.

[56] *Larenz/Canaris*, Schuldrecht II/2, § 88 III 2.

[57] BGHZ 99, 133, 139 f.

[58] Vgl. OLG München NJW-RR 1990, 1435, 1437.

[59] BGHZ 31, 308, 320; 107, 384, 393; BGH NJW 1958, 1043, 1044.

[60] Staudinger/*Hager*, § 823 C Rz. 269.

[61] OLG Köln AfP 1985, 223, 225.

dasjenige, was berichtet wird, zur Gänze unwahr, so besteht ein Recht auf einen „vollen Widerruf."[62] Verbleibende Unklarheiten können zu der Verpflichtung führen, den noch offenen Sachverhalt im Wege eines qualifizierten Widerrufs mitzuteilen.[63] Beim Widerruf unrichtiger Tatsachenbehauptungen können Schwierigkeiten entstehen, wenn die Unrichtigkeit der Tatsache nicht einwandfrei ermittelt werden kann oder die Behauptung lediglich übertrieben oder teilweise unrichtig war.[64] Wird der in Anspruch Genommene in einem solchen Fall gleichwohl zum Widerruf verurteilt, so kommt ihm ein so genannter **eingeschränkter Widerruf** zugute,[65] d. h. der Verpflichte ist berechtigt, den Widerruf auf die Feststellung zu beschränken, dass er seine Behauptung nicht aufrechterhalten kann.[66] Ihm wird dabei auch aus Gründen des Art. 5 Abs. 1 GG zugestanden,[67] dass er im Widerruf die Verurteilung hierzu nennt. Diese Art des Widerrufs ist gerade im Presserecht von erheblicher Bedeutung.

IV. Urheberrechtlicher Unterlassungs- und Schadensersatzanspruch

Am Rande sei hier ein Anspruch und dessen Folgeregelungen mitbehandelt, **19** der auf den ersten Blick allein zu einem Bereich gehört, der an späterer Stelle noch erörtert wird, nämlich dem Urheberrecht und dessen Bezügen zum Medienrecht. In der Tat setzt § 97 UrhG, von dem die Rede ist, voraus, dass das Urheberrecht oder ein anderes nach dem Urhebergesetz geschütztes Recht widerrechtlich verletzt wird.[68] Dennoch rechtfertigt sich eine kursorische Behandlung – mehr ist aus medienrechtlicher Sicht ohnedies nicht veranlasst – auch im vorliegenden Zusammenhang. Denn zum einen normiert § 97 Abs. 1 S. 1 UrhG gleichfalls einen Beseitigungs- bzw. Unterlassungsanspruch,[69] so dass er auf der **Rechtsfolgenseite** schon aus diesem Grund hier aufschlussreich ist, wobei § 97 Abs. 1 S. 2 UrhG klarstellt, dass der Unterlassungsanspruch auch dann besteht, wenn eine Zuwiderhandlung erstmalig droht. Zum anderen gewährt § 97 Abs. 2 UrhG auch bei Vorliegen von Fahrlässigkeit Schadensersatz, wobei nach Absatz 2 Satz 2 für die Berechnung des Schadensersatzes auch der Gewinn, den der Verletzer durch die Urheber- oder Leistungsschutz-

---

[62] BGH NJW 1982, 2246, 2248; 1995, 861, 862; BGH GRUR 1987, 397, 398.

[63] *Paschke*, Medienrecht Rz. 869.

[64] Zu den prozessualen Fragen *Hendricks*, Zivilprozessuale Geltendmachung von Widerrufs- und Unterlassungsansprüchen im Medienrecht, 2001.

[65] *J. Hager*, AcP 196 (1996) 203, 204, macht zutreffend darauf aufmerksam, dass andernfalls, nämlich bei einem vollen Widerruf, der Eindruck entstehen könnte, dass die Behauptung definitiv unwahr sei, obgleich sie in Wahrheit womöglich zutrifft; vgl. auch Staudinger/*Hager*, § 823 C Rz. 276.

[66] So bereits zu § 14 Abs. 1 UWG RG JW 1939, 234, 238; vgl. auch BGHZ 37, 187, 190; BGH NJW 1968, 644, 645; BGH JZ 1960, 701, 703; BGH VersR 1970, 670, 671; BGH GRUR 1974, 797, 799; 1984, 1102, 1103; *Leipold*, Festschrift für Hubmann, 1985, S. 283, will in derartigen Fällen einen Anspruch auf Rücknahme der Behauptung durch den Inanspruchgenommenen zuerkennen.

[67] BVerfGE 28, 1, 9 f.

[68] Zu § 97 UrhG in verfassungsrechtlicher Hinsicht BVerfG-K NJW 2003, 1655, 1656.

[69] Vgl. KG AfP 2005, 186, zur Störerhaftung eines Presseverlags.

rechtsverletzung erzielt hat,[70] berücksichtigt werden kann.[71] Die Regelungen der §§ 97 ff. UrhG wurden erst jüngst novelliert.[72] In § 97 Abs. 2 S. 3 UrhG ist nunmehr ausdrücklich die im Rahmen der dreifachen Schadensberechnung bereits angesprochene[73] Möglichkeit vorgesehen, den Schadensersatz auch auf Grundlage des Betrages berechnen zu können, den der Verletzer bei vorheriger Erlaubnis als angemessene Vergütung hätte entrichten müssen. Damit ist ein Gesichtspunkt angesprochen, der uns im Rahmen der Erörterung des allgemeinen Persönlichkeitsrechts und seiner Verletzungen beschäftigt hat. So ist bereits erwogen worden, die **doppelte Lizenzgebühr** im Urheberrecht als Modell für die Bemessung des Vermögensschadens für Persönlichkeitsverletzungen im Internet heranzuziehen.[74] Damit hat es Folgendes auf sich: Die Rechtsprechung hat seit langem[75] die Schadensberechnung über eine **Lizenzanalogie** für zulässig gehalten, durch die der Verletzer nicht besser, aber auf der anderen Seite auch nicht schlechter gestellt werden soll, als ein rechtstreuer Nutzer, der sich zuvor erfolgreich um eine Lizenz bemüht hat.[76] Im Grundsatz lehnt es der Bundesgerichtshof daher ab, die angemessene Lizenzgebühr durch einen pauschalen Aufschlag zu erhöhen.[77] Eine praktisch überaus wichtige Ausnahme macht das Gericht allerdings für die Verwertungsgesellschaft GEMA. Im Hinblick auf die Unterhaltung ihres kostenaufwendigen Überwachungsapparats, dessen es zur effektiven Sanktionierung von Urheberrechtsverstößen bedarf, billigt die Rechtsprechung[78] dieser im Falle der Verletzung von unkörperlichen Wiedergaberechten das Doppelte der normalen Lizenzgebühr zu.[79] Nach dem ausdrücklichen Willen des Gesetzgebers bleibt diese Möglichkeit auch nach der Neufassung des § 97 UrhG unverändert bestehen.[80] Erwähnung verdient darüber hinaus eine Vorschrift von großem Interesse für die Praxis, wenngleich weniger mit spezifisch medienrechtlichem Bezug. Die Rede ist von § 97 a Abs. 2 UrhG n. F., der den Ersatz von Anwaltskosten für die erstmalige Abmahnung von Urheberrechtsverstößen in einfach gelagerten Fällen mit nur unerheblicher Rechtsverletzung auf 50 Euro beschränkt. Damit soll künftig der ausufernden Praxis von überzogenen Gebührenforderungen entgegengewirkt werden, die zu ganzen Abmahnwellen führte und mehr oder weniger seriösen Anwälten in zum Teil zweifelhafter Weise ein einträgliches Einkommen sicherte. Die erheblichen Kontroversen um die Einführung dieser Regelung liegen auf der Hand.

20   Schließlich bestimmt § 102 a UrhG (§ 97 Abs. 3 UrhG a. F.), dass Ansprüche aus anderen Gesetzen unberührt bleiben, womit in erster Linie[81] solche aus ungerechtfertigter Bereicherung, insbesondere unter dem Gesichtspunkt der

---

[70] Vgl. dazu *Lehmann*, BB 1988, 1680.

[71] Schaden und Bereicherung in der Verletzerkette behandelt *Götz*, GRUR 2001, 295.

[72] Durch das Gesetz zur Verbesserung der Durchsetzung von Rechten des geistigen Eigentums, Bundestags-Drucksache 16/5048.

[73] Vgl. § 4 Rz. 53.

[74] Von *Wandtke*, GRUR 2000, 942.

[75] Schon RG GRUR 1934, 627.

[76] BGH GRUR 1962, 509, 513.

[77] BGHZ 59, 286, 291; 97, 37, 49; BGH GRUR 1988, 296, 299; 1990, 353, 355.

[78] Skeptisch *Assmann*, BB 1985, 15, 18 ff.

[79] BGHZ 17, 376, 383; BGHZ 59, 286.

[80] Bundestags-Drucksache 16/5048, S. 48.

[81] Daneben kommen solche aus §§ 667, 681 S. 1 BGB sowie aus § 823 Abs. 1 BGB oder § 1 UWG in Betracht, die jedoch in der Praxis eine eher untergeordnete Rolle spielen.

Eingriffskondiktion, gemeint sind,[82] die uns im folgenden Abschnitt, nämlich den bereicherungsrechtlichen Berührungen des Medienrechts, näher beschäftigen werden.

Der Gesetzgeber hat in Umsetzung einer europarechtlichen Richtlinie[83] **21** zudem die umfassende Neuregelung urheberrechtlicher **Auskunftsansprüche** vorgenommen. Der zur Bezifferung des Verletzergewinns ursprünglich in § 97 Abs. 1 S. 2 UrhG a. F. normierte Anspruch auf Auskunft[84] und Rechnungslegung, der die Herausgabe des Verletzergewinns vorbereiten sollte, ist zwar gestrichen worden. Damit ist jedoch keine inhaltliche Änderung der Rechtslage verbunden, da ein solcher Anspruch im Urheberrecht und im gewerblichen Rechtsschutz ohnehin gewohnheitsrechtlich verfestigt ist.[85] Allerdings richtet er sich allein gegen den Verletzer. Demgegenüber sieht der neu geschaffene § 101 Abs. 2 UrhG einen selbständigen Auskunftsanspruch gegen Dritte vor.[86] Bislang wurde ein Auskunftsanspruch gegen Dienstevermittler, insbesondere **Access-Provider**, überwiegend abgelehnt.[87] Insbesondere konnte der bisher in § 101a UrhG a. F. verankerte Auskunftsanspruch *hinsichtlich* Dritter nicht, auch nicht analog, zur Auskunft über die Nutzerdaten herangezogen werden, da der Provider im Hinblick auf §§ 7 ff. TMG grundsätzlich[88] nicht für fremde Inhalte verantwortlich ist.[89] Das zwang die Betroffenen häufig dazu, auf die Einleitung eines Ermittlungsverfahrens hinzuwirken, um auf diesem Wege an die entsprechenden Daten der Nutzer heranzukommen – eine Praxis, die bei den Staatsanwaltschaften vermehrt auf Widerstand stieß.[90] Die Einführung des § 101 Abs. 2 UrhG soll der Musikindustrie die Verfolgung der oben genannten Ansprüche erheblich erleichtern, wenngleich die Erteilung von Auskünften über Verkehrsdaten unter Richtervorbehalt steht (§ 101 Abs. 9 UrhG).[91] Besondere Vorschriften finden sich zudem in den §§ 101a, b UrhG, die den Verletzter unter bestimmten Voraussetzungen zur Vorlage von Urkunden, Bank-, Finanz- oder Handelsunterlagen sowie zur Duldung der Besichtigung möglicherweise rechtsverletzender Gegenstände oder Einrichtungen verpflichten, soweit dies zur Sicherung und Durchsetzung der Ansprüche des Verletzten notwendig ist. Ferner ist in § 98 Abs. 2 UrhG ein urheberrechtlicher Rückrufanspruch spezialgesetzlich verankert worden. Das leitet über zum allgemeinen Rückrufanspruch.

---

[82] Vgl. *v. Wolff*, in: Wandtke/Bullinger, UrhG, § 97 Rz. 81 f.

[83] Richtlinie 2004/48/EG vom 29. 4. 2004 zur Durchsetzung der Rechte des geistigen Eigentums, ABlEU Nr. L 157 vom 30. 4. 2004, S. 45.

[84] Der nicht ausdrücklich genannte Auskunftsanspruch ergibt sich aus einem „Erst-Recht-Schluss" zum Anspruch auf Rechnungslegung; vgl. *Lettl*, Urheberrecht, § 11 Rz. 89.

[85] Bundestags-Drucksache 16/5048, S. 48. Vgl. § 8 Rz. 7.

[86] Hierzu *Lettl*, Urheberrecht, § 11 Rz. 89 ff.; *Röhl/Bosch*, NJW 2008, 1415, 1418 f.

[87] OLG Hamburg MMR 2005, 453 mit Anm. *Linke*; OLG Frankfurt a. M. MMR 2005, 241 mit Anm. *Spindler*; vgl. auch *Czychowski/J. Nordemann*, NJW 2006, 580, 584.

[88] Zu den Ausnahmen vom Haftungsprivileg siehe Rz. 9; § 8 Rz. 37, § 16 Rz. 10, § 18 Rz. 10.

[89] Vgl. *Röhl/Bosch*, NJW 2008, 1418 f.

[90] Vgl. *Czychowski/J. Nordemann*, NJW 2008, 1571, 1577.

[91] Fraglich ist allerdings das Verhältnis zu § 113a TKG, der die Erteilung von Auskünften durch Zugangsprovider auf Strafverfahren beschränkt; vgl. *Czychowski/J. Nordemann*, NJW 2008, 1571, 1577.

V. Rückrufanspruch

22   Gerade beim Medium Buch können sich Persönlichkeitsrechtsverletzungen langfristig auswirken, wenn bereits Exemplare in den Handel gelangt sind. Der Unterlassungsanspruch erfasst dies nur unzureichend, weil er in die Zukunft wirkt und das Interesse an dem Werk durch spektakuläre Prozesse womöglich erst geweckt worden ist. Dann stellt sich die Frage, ob der Betroffene von dem Verlag den Rückruf der ausgelieferten Bücher verlangen kann.

> BGH NJW 2005, 2844:[92] Die frühere Freundin des Autors erkannte sich in dem Roman „Esra" wieder, in dem auf eine kaum verhüllte Weise Intimitäten offen gelegt wurden. Teile der Auflage waren bereits an den Buchhandel ausgeliefert.

Der Fall ist in erster Linie im Hinblick auf die Zensurproblematik diskutiert worden.[93] Insofern ähnelt er dem Mephisto-Fall,[94] von dem er sich freilich nicht zuletzt dadurch unterscheidet, dass eine völlig unbekannte Frau zum Vorbild genommen wird, was – wie gesehen – besondere Probleme bereitet.[95] Bei aller gebotenen Akzentuierung der **Kunstfreiheit** bezüglich verschlüsselter Personendarstellungen,[96] ohne die gerade die größten Romane schwerlich denkbar wären,[97] war im vorliegenden Fall durch die Ausbreitung intimer Details aber wohl die Grenze des Zulässigen überschritten worden. Das führte hier zum Verbot des Romans.[98]

23   Daneben stellt sich die hier interessierende Frage, ob die Betroffene vom Verlag den **Rückruf** der ausgelieferten, sie ersichtlich massiv beeinträchtigenden Exemplare verlangen kann. Die Vorinstanz wich dieser Frage aus,[99] hätte sie aber richtigerweise wohl bejahen müssen. Problematisch ist nur, auf welcher Grundlage dies möglich ist. Eine unterinstanzliche Entscheidung hat diesbezüglich Neuland betreten und eine Diskussion entfacht, deren Ende noch nicht abzusehen ist:

> LG Berlin ZUM 2004, 139: Dieter Bohlen hat in seinen Memoiren einige, zum Teil schwerwiegende Persönlichkeitsrechtsverletzungen begangen, gegen die u. a. sein langjähriger Geschäftspartner klagte. Das Buch war in Teilen der Boulevardpresse vorab gedruckt und zum Teil bereits in den Buchhandel ausgeliefert worden.

Das Landgericht nahm hier einen Rückrufanspruch des Betroffenen im Wege des einstweiligen Rechtsschutzes an, zumal die bereits ausgelieferten Exemplare geeignet waren, den bereits entstandenen Imageschaden noch zu vertiefen. Problematisch ist nach wie vor die Anspruchsgrundlage. Im bisherigen Schrifttum wird die Ansicht vertreten, dass es sich hierbei um einen

---

[92] Vgl. dazu *Wanckel*, NJW 2006, 578; vgl. auch oben § 2 Rz. 30.

[93] Zu ihr oben § 2 Rz. 32.

[94] BGHZ 50, 33; BVerfGE 30, 173 (dazu *J. Hager*, Jura 2000, 186); vgl. § 4 Rz. 44.

[95] Siehe dazu oben § 4 Rz. 32 ff.

[96] Dazu oben § 2 Rz. 29.

[97] Man denke nur an Marcel Prousts „Auf der Suche nach der verlorenen Zeit", in dem die meisten Romanfiguren mehr oder weniger deutliche Vorbilder im Freundes- und Bekanntenkreis des Dichters hatten.

[98] Bestätigt durch den Bundesgerichtshof, BGH NJW 2005, 2844.

[99] OLG München ZUM 2003, 1487.

medienrechtlichen **Sonderrechtsbehelf** handele,[100] was erneut die Frage aufwirft, ob es dergleichen überhaupt geben kann.[101]

Jedoch bedarf es dessen nicht, wenn man sich im Ausgangspunkt vergegen- **24** wärtigt, dass der Unterlassungsanspruch mit Hilfe einer allenthalben anerkannten Analogie zu den negatorischen §§ 1004, 862, 12 BGB begründet wird. Der Rückrufanspruch lässt sich in solchen Fällen dementsprechend mit einer Analogie zum **Beseitigungsanspruch** aus § 1004 Abs. 1 BGB begründen. Dabei drohen auch nicht die dort problematischen Wertungswidersprüche zur verschuldensabhängigen Deliktshaftung.[102] Denn zur Eingrenzung des Beseitigungsanspruchs ist u. a. geltend gemacht worden, er dürfe angesichts der strukturellen Ähnlichkeit mit der Vindikation nur auf den **actus contrarius** der begangenen Störungshandlung hinauslaufen.[103] Nicht mehr wird aber durch die hier vorgeschlagene Analogie zu § 1004 BGB erreicht, weil der Rückruf gleichsam die Kehrseite und damit den actus contrarius im Verhältnis zum Inverkehrbringen eines persönlichkeitsrechtsverletzenden Druckwerks darstellt. Es bedarf also keines medienrechtlichen Sonderrechtsbehelfs, so wenig wie es überhaupt eines als eigenständiges Rechtsgebiet verstandenen Medienrechts bedarf, sondern lenkt den Blick vielmehr auf die konsequente Ausschöpfung der bürgerlich-rechtlichen Vorschriften. Gerade **§ 1004 BGB**, der ja bereits eingangs der Darstellung des Bürgerlichen Medienrechts begegnete,[104] wird viel zu selten genauer betrachtet und häufig nur im Wege einer Gesamtanalogie annäherungsweise zitiert.

§ 6. Medienrecht und Bereicherungsrecht

Literatur: *Beuthien*, Verletzererlösherausgabe aus verschärfter Bereicherungshaftung, in: Persönlichkeitsgüterschutz vor und nach dem Tode, Marburger Medienschriften, Heft 4, 2002, S. 91; *ders.*, Was ist vermögenswert, die Persönlichkeit oder ihr Image? – Begriffliche Unstimmigkeiten in den Marlene-Dietrich-Urteilen, NJW 2003, 1220; *ders./Schmölz*, Persönlichkeitsschutz durch Persönlichkeitsgüterrechte, Erlösherausgabe statt nur billige Entschädigung in Geld, 1999; *Canaris*, Vorrang außerbereicherungsrechtlicher, insbesondere dinglicher Wertungen gegenüber der Saldotheorie und dem Subsidiaritätsdogma, JZ 1992, 1114; *ders.*, Der Bereicherungsausgleich im Dreipersonenverhältnis, 1. Festschrift für Larenz, 1973, S. 799; *ders.*, Schutz der Persönlichkeit, KF 1996, 58; *ders.*, Gewinnabschöpfung bei Verletzungen des allgemeinen Persönlichkeitsrechts, Festschrift für Deutsch, 1999, S. 90; *Ehmann*, Die Nutzung des kommerziellen Wertes von Politikern zu Werbezwecken, AfP 2005, 237; *Erlanger*, Die Gewinnabschöpfung bei Verletzungen des allgemeinen Persönlichkeitsrechts, 2000; *Hager*, Persönlichkeitsschutz gegenüber Medien, Jura 1996, 566; *Hubmann*, Der Bereicherungsanspruch im Persönlichkeitsrecht, UFITA 39 (1963) 223; *Kläver*, Bereicherungsrechtliche Ansprüche bei einer Verletzung des allgemeinen Persönlichkeitsrechts, 2000; *Larenz/Canaris*, Lehrbuch des Schuldrechts, Band II Halbband 2, Besonderer Teil, 13. Auflage 1994; *Reuter/Martinek*, Ungerechtfertigte Bereicherung, 1983; *Mestmäcker*, Eingriffserwerb und Rechtsverletzung in der ungerechtfertigten Bereicherung, JZ 1958, 521; *Sack*, Die Lizenzanalogie im System des Immaterialgüterrechts, Festschrift für Hubmann, 1985, S. 373;

---

[100] *Paschke/Busch*, NJW 2004, 2620, 2623.

[101] Dazu bereits eingehend oben § 1 Rz. 14.

[102] Ausführlich zu ihnen *Larenz/Canaris*, Schuldrecht II/2, § 86 I 2; *Medicus*, Bürgerliches Recht, Rz. 629; *Petersen*, Duldungspflicht und Umwelthaftung, 1996, S. 12 ff.

[103] *F. Baur*, AcP 160 (1960) 465 ff.; siehe zur Übertragung des Actus-contrarius-Gedankens auf das Medienrecht auch unten § 7 Rz. 1.

[104] Zu Beginn des Zweiten Teils Rz. 3 vor § 3.

Schlechtriem, Bereicherung aus fremdem Persönlichkeitsrecht, Festschrift für Hefermehl, 1976, S. 445; *ders.*, Güterschutz durch Eingriffskondiktionen, Symposium zum Gedenken an Detlev König, 1984, S. 57; *Wilburg*, Die Lehre von der ungerechtfertigten Bereicherung nach österreichischem und deutschem Recht, 1934.

1   Medienrecht und Bereicherungsrecht scheinen auf den ersten Blick keine gemeinsamen Berührungspunkte aufzuweisen. Dennoch gibt es eine Reihe von Fällen, die bereicherungsrechtliche Folgefragen aufwerfen, die auch aus medienrechtlicher Sicht von Interesse sind.[1] Dabei geht es häufig um Konstellationen, die im Ausgangspunkt Probleme zum Gegenstand haben, von denen bereits die Rede war. Nicht selten sind es Sachverhalte, bei deren rechtlicher Würdigung das allgemeine Persönlichkeitsrecht eine entscheidende Rolle spielt. Anders als das Schadensrecht hat das Bereicherungsrecht freilich keine Ausgleichs-, sondern **Abschöpfungsfunktion**.[2] Gerade wenn jemand in den Zuweisungsgehalt fremden Rechts eingreift,[3] sind nach dem Grundsatz der Anspruchskonkurrenz bereicherungsrechtliche Ansprüche, insbesondere unter dem Gesichtspunkt der Eingriffskondiktion,[4] mit zu berücksichtigen.[5] Als tauglicher Rechtsgrund i. S. d. § 812 Abs. 1 S. 1 Alt. 2 BGB werden im medienrechtlichen Schrifttum insbesondere die Kunst- und Medienfreiheit genannt.[6]

I. Klassische Entscheidungen

2   So spielten bereicherungsrechtliche Fragen in einer der Pionierentscheidungen zum Medienrecht (ohne dass man von einer so überschriebenen Rechtsmaterie damals das Geringste hätte ahnen können) eine Rolle. Es ging um das begehrteste Fotoobjekt der damaligen Zeit und damit eine Mediensensation ohnegleichen, nämlich die Leiche des gerade verstorbenen Eisernen Kanzlers:

RGZ 45, 170: Zwei Fotografen drangen unter Bestechung des wachhabenden Reitknechts in das Leichenzimmer des Reichskanzlers Otto von Bismarck und fotografierten den Toten. Die Kinder Bismarcks verklagten die Fotografen auf Vernichtung der Negative, Platten und Abzüge.

3   Das Reichsgericht hat dem unter Rückgriff auf das Ius Commune entsprochen und die Voraussetzungen der römisch-rechtlichen condictio ob iniustam causam angenommen.[7] Danach könne Wiedererstattung all dessen verlangt werden, was durch die ungerechtfertigte Handlung dem Täter zugefallen ist. Aus der gebotenen entsprechenden Anwendung dieses Rechtsinstituts ergäbe sich ein Anspruch der Abkömmlinge Bismarcks auf die **Vernichtung** der fotografischen Erzeugnisse.[8]

---

[1] Kursorisch *Prinz/Peters*, Medienrecht, Rz. 773.

[2] *Beuthien/Schmölz*, Persönlichkeitsschutz durch Persönlichkeitsgüterrechte, S. 64; *dies.*, K&R 1999, 396, 397, weisen ergänzend auf die Geschäftsanmaßung (§ 687 Abs. 2 BGB) hin. Siehe dazu etwa OLG Hamburg NJW-RR 1994, 990, 991; *Gounalakis*, AfP 1998, 10, 19.

[3] Dazu bereits *Wilburg*, Die Lehre von der ungerechtfertigten Bereicherung nach österreichischem und deutschem Recht, 1934.

[4] Speziell zum Internet als Verbreitungsmedium in derartigen Fällen *Gounalakis/Rhode*, Persönlichkeitsschutz im Internet, 2002, Rz. 371 ff.

[5] *J. Hager*, Jura 1996, 566, 570.

[6] Von *Beuthien/Schmölz*, Persönlichkeitsschutz durch Persönlichkeitsgüterrechte, S. 66.

[7] Vgl. dazu aus damaliger Sicht *Kohler*, GRUR 1900, 196.

[8] Weitere interessante Details zu diesem schillernden Fall bei *Prinz/Peters*, Medienrecht, Rz. 786.

Gewiss ist die Entscheidung unter dem Blickwinkel der modernen bereiche- 4
rungsrechtlichen Dogmatik unbefriedigend gelöst. So verschwimmen etwa die
Grenzen zwischen Bereicherungs- und Deliktsrecht.[9] Nach heutigem Recht
wäre unter dem Gesichtspunkt der ungerechtfertigten Bereicherung vor allem
die Herausgabe eines etwaigen Verletzergewinns geschuldet. Der Fall würde
aber nach wie vor beträchtliche Probleme bereiten, zumal für eine übliche
Lizenzgebühr bei der Ablichtung eines toten Prominenten ersichtlich kein
Raum ist. Im Übrigen hat der Ausgangsfall gerade zur Schaffung des **Kunst-
urhebergesetzes** beigetragen,[10] so dass sich daraus ergibt, dass es sich auch bei
der Abbildung eines Toten um ein Bildnis gemäß §§ 22 f. KUG handelt.[11] Die
§§ 37 ff. KUG regeln in diesem Sinne einen Anspruch auf Vernichtung der
widerrechtlich verbreiteten Bildnisse unter Einschluss der dazu erforderlichen
technischen Vorrichtungen, ohne dass dafür eine Wiederholungsgefahr erforderlich wäre.[12] Auf die moderne Informationstechnik bezogen bedeutet dies,
dass der von einer unrechtmäßigen Aufnahme Betroffene die Löschung, erforderlichenfalls – etwa bei Speicherung auf einer nicht wiederbeschreibbaren
CD-ROM – sogar die Vernichtung der entsprechenden Bilddatei von dem
jeweiligen Speichermedium verlangen kann.[13]

Gleichfalls aufschlussreich im Hinblick auf die §§ 22, 23 KUG ist, – weil es 5
die erste Entscheidung war, in der sich der Bundesgerichtshof mit dem Recht
am eigenen Bild zu beschäftigen hatte,[14] aber bereits der modernen bereicherungsrechtlichen Dogmatik verpflichtet war – eine klassische Entscheidung, die
aus der Mitte der fünfziger Jahre datiert:

BGHZ 20, 345: Paul Dahlke war auf der Werbeanzeige eines Motorrollerherstellers abgebildet, das die Unterzeile „Berühmter Mann auf berühmtem Fahrzeug" trug. Der Schauspieler
machte gegen diese Art der Verwendung geltend, dass er nur in die Fotografie für eine
Programmzeitschrift eingewilligt habe, nicht aber in die werbende Verwendung des Fotos,
über die ihn der Fotograf getäuscht hatte.

Paul Dahlke durfte als Person der Zeitgeschichte zwar nach § 23 Abs. 1 Nr. 1 6
KUG fotografiert und das Foto durfte auch verbreitet werden. Jedoch ist die
werbende Tätigkeit mit der Abbildung davon nicht gedeckt.[15] Vielmehr hätte
dafür „nach der in den beteiligten Kreisen herrschenden Übung" eine gesonderte Vergütung gezahlt werden müssen. Diese sprach der Bundesgerichthof
dem Schauspieler unter dem Gesichtspunkt der ungerechtfertigten Bereicherung nach § 812 Abs. 1 S. 1 Alt. 2 BGB zu. Den Einwand des Beklagten, dass er
ein bezahltes Bild Dahlkes nicht zu Werbezwecken verwendet hätte, ließ der
Bundesgerichtshof nicht gelten. Vielmehr müsse er sich an der Sachlage, die er
selbst geschaffen habe, festhalten lassen. Dieser Topos findet sich seither in
einer Reihe von Entscheidungen. Bevor dem im Einzelnen nachgegangen wird,
soll die hier einschlägige **Eingriffskondiktion**, die für die medienrechtliche

---

[9] *Canaris*, JuS 1989, 161, 169 mit Fußnote 58, weist darauf hin, dass die Konstruktion des
Reichsgerichts für das von ihm so genannte „Verwertungsverbot" entsprechend § 1004 BGB
i. V. m. § 249 BGB gerechtfertigt ist.
[10] *Helle*, Besondere Persönlichkeitsrechte im Privatrecht, 1991, S. 46.
[11] OLG Hamburg AfP 1983, 466, 467; *Prinz/Peters*, Medienrecht, Rz. 826.
[12] BGH GRUR 1961, 138, 140.
[13] *Gounalakis/Rhode*, Persönlichkeitsschutz im Internet, Rz. 385.
[14] Vgl. *Prinz/Peters*, Medienrecht, Rz. 790.
[15] Zur schadensrechtlichen Seite des Falles *Medicus*, Bürgerliches Recht, 20. Auflage 2004,
Rz. 833.

Berührung, wie gesagt, von besonderer Bedeutung ist, näher betrachtet werden. Charakteristisch hierfür ist der Eingriff in den Zuweisungsgehalt fremden Rechts.

II. Der Eingriff in den Zuweisungsgehalt fremden Rechts

7   Mit dem Eingriff in den Zuweisungsgehalt fremden Rechts ist einer der bereicherungsrechtlichen Schlüsselbegriffe gefallen, der auch aus Sicht des Medienrechts von größter Bedeutung ist.[16] Dogmatische Schwierigkeiten bereitet die Konkretisierung des Zuweisungsgehalts, die nach wie vor umstritten ist.

1. Die Konkretisierung des Zuweisungsgehalts

8   *Canaris* hat das für den vorliegenden Zusammenhang besonders virulente Beispiel gebildet, dass eine Tageszeitung eine der Wahrheit entsprechende auflagensteigernde Sensationsstory über einen prominenten Sportler ohne dessen Einwilligung veröffentlicht und die Frage gestellt, ob die Zeitung dem Sportler nach § 812 Abs. 1 S. 1 Alt. 2 BGB ausgleichspflichtig ist.[17] Bezüglich des hier in Betracht kommenden allgemeinen Persönlichkeitsrechts ist nämlich streitig, ob dieses Grundlage einer Eingriffskondiktion sein kann.[18] Für das Recht am eigenen Bild hatte dies der Bundesgerichtshof bereits in der schon behandelten Paul-Dahlke-Entscheidung[19] anerkannt und dem Schauspieler bei rechtsgrundloser Verwendung eines Fotos zu Reklamezwecken die Eingriffskondiktion zugebilligt.[20] Um insoweit einen wertungsmäßigen Gleichlauf mit dem Deliktsrecht herzustellen, empfiehlt es sich darauf abzustellen, ob in der fraglichen Verletzungshandlung zugleich der objektive Tatbestand eines deliktischen Eingriffs in das Persönlichkeitsrecht liegt.[21] Legt man dieses Kriterium zugrunde, so ergibt sich für das Ausgangsbeispiel, dass ein Anspruch aus Eingriffskondiktion ausscheidet, weil ein der Wahrheit entsprechender Bericht über einen Prominenten regelmäßig keine Verletzung seines allgemeinen Persönlichkeitsrechts darstellt.[22] Anders liegt es freilich, wenn sich die Zeitung die Informationen unter Eingriff in die Intimsphäre des Betroffenen erschlichen hätte.[23] Allerdings bereitet es in derartigen Fällen häufig Schwierigkeiten zu bestimmen, ob die Verletzung der Intimsphäre einen vermögensrechtlichen Zuweisungsgehalt hat.[24]

---

[16] Vgl. auch Staudinger/*Hager*, § 823 C Rz. 248 f.

[17] *Larenz/Canaris*, Schuldrecht II/2, § 69 I 1 a.

[18] Dazu *Schlechtriem*, Festschrift für Hefermehl, 1976, S. 449; *Reuter/Martinek*, Ungerechtfertigte Bereicherung, § 7 IV 2 a.

[19] Oben § 6 I.

[20] BGHZ 20, 446.

[21] Dieses Kriterium hat *Canaris* (*Larenz/Canaris*, Schuldrecht II/2, § 69 I 2 c) entwickelt; ihm folgend Staudinger/*Hager*, § 823 C Rz. 249.

[22] *Larenz/Canaris*, Schuldrecht II/2, § 69 I 2 c.

[23] Ähnlich *Schlechtriem*, Festschrift für Hefermehl, 1976, S. 449, 453 ff. Vgl. auch LG Berlin AfP 2004, 455, zur unzulässigen Vorabveröffentlichung eines an sich autorisierten Fotos (dagegen *Soehring/Seelmann-Eggebert*, NJW 2005, 571, 572).

[24] *Medicus*, Bürgerliches Recht, Rz. 707, nennt den Fall, dass der Hausarzt einer berühmten Schauspielerin in seinen Memoiren über deren Krankheiten berichtet, und verneint die Vorfrage eines vermögensrechtlichen Zuweisungsgehalts tendenziell.

Das zeigt sich auch bei einem gänzlich unprominenten Opfer, bei dem jedoch prinzipiell gleich zu entscheiden ist, die Vergütung nach § 818 Abs. 2 BGB jedoch regelmäßig geringer ausfallen wird, weil der Wert der Nutzung des Persönlichkeitselements niedriger ist.[25] Anders würde freilich die h. L. entscheiden, die für die Frage, welchen Rechtspositionen überhaupt Zuweisungsgehalt zukommt, auf die **Marktgängigkeit** abstellt.[26] Indes ist dies weniger eine taugliche Konkretisierung des Zuweisungsgehalts, als vielmehr – wie auch das Beispiel lehrt – eine Einschränkung der Ersatzfähigkeit, die zudem den prinzipiellen Nachteil hat, dass sie eine normative Frage in Gestalt der Auffindung des richtigen Wertungskriteriums mit einer faktischen Kategorie beantwortet.[27]

2. Unbefugte Nutzung eines fremden Namens zu Werbezwecken

Dasselbe Problem stellt sich bei der unbefugten Nutzung eines fremden **9** Namens zu Werbezwecken.[28] Auch hier geht es um die Konkretisierung des Zuweisungsgehalts durch eine bestimmte Schutzposition. Der Bundesgerichtshof hatte in diesem Zusammenhang folgenden Fall zu entscheiden, der zwar keine unmittelbare medienrechtliche Berührung aufweist, aber angesichts des Zusammenfallens von werbender Tätigkeit und Beeinträchtigung des allgemeinen Persönlichkeitsrechts medienrechtliche Folgefragen nach sich ziehen kann.

BGHZ 81, 75: Die Spielzeugfirma Carrera warb mit einer Fotografie, auf der ein Rennwagen eines Werbeunternehmens abgebildet war, das diesen Wagen normalerweise als Werbeträger einsetzt. Das Werbeunternehmen verlangte von Carrera Lizenzgebühren.

Das Gericht lässt zunächst die schon in der **Schloss-Tegel-Entscheidung**[29] **10** angesprochene Frage dahinstehen, ob das nicht genehmigte Fotografieren fremden Eigentums und das anschließende gewerbliche Gebrauchmachen von der Abbildung eine Beeinträchtigung fremden Eigentums ist. In diesem Rahmen trifft das Gericht einige Klarstellungen zur Werbung mit einem fremden Namen. Diese stelle zwar nicht automatisch eine Verletzung des Namensrechts (§ 12 BGB) dar, schließt aber eine Verletzung des allgemeinen Persönlichkeitsrechts auch nicht aus.[30]
Der Bundesgerichtshof bejaht vielmehr einen Anspruch aus Eingriffskondik- **11** tion gemäß § 812 Abs. 1 S. 1 Alt. 2 BGB. Danach schuldet die Spielzeugfirma Herausgabe des Vermögensvorteils, den sie durch Verletzung des allgemeinen Persönlichkeitsrechts auf Kosten des Werbeunternehmens erlangt hat. Der Bereicherungsanspruch ist auf die Vergütung gerichtet, die das Werbeunternehmen für die Erlaubniserteilung zur Namensverwertung vereinnahmt hätte.[31]

---

[25] *Canaris* hält es in derartigen Fällen für möglich, dass der Nutzungswert nur eine „symbolische Mark" (resp. einen Euro) beträgt; vgl. *Larenz/Canaris*, Schuldrecht II/2, § 69 I 2 c. Zum Schutz Unbekannter oben § 4 Rz. 32 ff.
[26] Vgl. nur *Reuter/Martinek*, Ungerechtfertigte Bereicherung, § 7 III 2 c; *Schlechtriem*, Festschrift für Hefermehl, 1976, S. 445, 453, 457; *Hüffer*, JuS 1981, 265.
[27] *Larenz/Canaris*, Schuldrecht II/2, § 69 I 1 d; zu der methodologischen Bedenklichkeit des Rekurses auf faktische Kategorien für normative Probleme auch *Petersen*, Von der Interessenjurisprudenz zur Wertungsjurisprudenz, 2001, S. 54, 95.
[28] Vgl. nur OLG München AfP 2003, 363.
[29] BGH GRUR 1975, 500, 501.
[30] BGHZ 30, 7, 11.
[31] BGHZ 81, 75, 81 f.

3. Besonderheiten bei satirischen Darstellungen

12   Bei satirischen Darstellungen gelten freilich nach neuester Rechtsprechung Besonderheiten, von denen einstweilen noch nicht absehbar ist, ob sie nicht zu einer Rechtsunsicherheit führen werden, weil die Werbebranche wahrscheinlich Schwierigkeiten haben wird zu ermessen, wann sie in satirischer Weise lizenzfrei mit Abbildungen von Personen der Zeitgeschichte werben darf und wann nicht. Das veranschaulicht folgender Fall:

> BGHZ 169, 340: In einer in mehreren Zeitungen erschienen Anzeige warb ein Unternehmer mit dem Slogan: „S. verleast auch Autos für Mitarbeiter in der Probezeit". Darüber waren die Fotos der damaligen Bundesminister abgebildet. Das Foto des nach wenigen Monaten Amtszeit zurückgetretenen Ministers Oskar Lafontaine war durchkreuzt.

13   Der Bundesgerichtshof hat die Klage des Politikers abgewiesen.[32] Der satirische Charakter, den die Anzeige zumindest auch bezweckt habe, führe dazu, dass hier weder ein deliktischer noch ein bereicherungsrechtlicher Anspruch auf Zahlung einer angemessenen Lizenzgebühr bestehe. Im Einklang mit der Rechtsprechung des Bundesverfassungsgerichts bezieht der Bundesgerichtshof den Schutz des Art. 5 Abs. 1 GG auch auf kommerzielle Meinungsäußerungen und sogar auf reine Wirtschaftswerbung,[33] weil neben dem Wirtschaftszweck ein meinungsbildender Inhalt verfolgt werde.[34] Die hier vorliegende **Aufmerksamkeitswerbung** betreffe nur den Schutz der vermögenswerten, nicht aber der ideellen Bestandteile des Persönlichkeitsrechts.[35]

Zumindest in der gutachterlichen Prüfung nicht nachahmenswert ist jedoch der Obersatz: „Dem Kläger steht der geltend gemachte Anspruch auf Zahlung einer fiktiven Lizenzgebühr weder aus § 812 Abs. 1 S. 1 Alt. 2 BGB noch aus § 823 Abs. 1 BGB, §§ 22, 23 KUG zu. Sämtliche Ansprüche setzen voraus, dass die Beklagte den Kläger in rechtswidriger Weise in seinem Persönlichkeitsrecht einschließlich seines Rechts am eigenen Bild verletzt hat."[36] Das klingt wie ein Bekenntnis zur überkommenen[37] Rechtswidrigkeitstheorie,[38] wonach der Eingriff rechtswidrig sein muss,[39] die Rechtswidrigkeit also Voraussetzung des Anspruchs aus § 812 Abs. 1 S. 1 Alt. 2 BGB ist. Der Bundesgerichtshof geht jedoch in der vorliegenden Entscheidung im Folgenden[40] – durchaus im Einklang mit der ganz herrschenden Lehre – zu Recht davon aus, dass es allein auf den Eingriff in den Zuweisungsgehalt fremden Rechts ankommt. Allerdings wird der Zuweisungsgehalt richtigerweise durch den Deliktsschutz bestimmt, und seine Reichweite entspricht diesem tatbestandlich,[41] so dass im Rahmen

---

[32] Zustimmend *Balthasar*, NJW 2007, 664.

[33] BVerfGE 71, 162, 175; 102, 347, 349 (Benetton-Werbung).

[34] In diese Richtung bereits BGHZ 151, 26, 30; BGH NJW 1996, 593; BGH GRUR 1997, 125, 126. Nunmehr auch BGH, Urteile vom 5. 6. 2008 – Az. I ZR 223/05, I ZR 96/07 (Ernst August von Hannover, Dieter Bohlen).

[35] Unter Verweis auf BVerfG-K WRP 2006, 1361.

[36] Im Urteil unter II vor 1; ähnlich LG Hamburg NJW 2007, 691.

[37] Wenn auch noch nicht vollends überwunden; vgl. *Larenz/Canaris*, Schuldrecht II/2, 13. Bearbeitung 1994, § 69 I 1 b.

[38] Vgl. *F. Schulz*, AcP 105 (1909) 1 ff. Zuletzt wohl *H. H. Jakobs*, Eingriffserwerb und Vermögensverschiebung, 1963.

[39] Zum Streit *Medicus*, Bürgerliches Recht, 21. Auflage 2007, Rz. 704 ff.

[40] So bereits BGHZ 82, 299, 306; 107, 117, 120.

[41] *Larenz/Canaris*, Schuldrecht II/2, § 69 I 1 c.

dessen Raum ist für die Prüfung, ob die lizenzfreie Werbung, die als kommerzielle Nutzung des Persönlichkeitsrechts an sich nicht durch § 23 Abs. 1 Nr. 1 KUG gedeckt wäre, ausnahmsweise wegen der grundrechtlich geschützten Freiheit der **Satire** zulässig ist. In diesem Zusammenhang distanziert sich der Senat von seiner früher vertretenen Annahme, dass das hypothetische Einverständnis des Abgebildeten Voraussetzung für einen Anspruch sei.[42] Dass der Betroffene etwa wegen seiner persönlichen Stellung nicht zur Vermarktung seines Rechts in der Lage gewesen wäre[43] oder ihr wegen des Inhalts nie zugestimmt hätte, steht der Abschöpfung der üblichen Lizenzgebühr somit nicht im Wege.[44]

III. Leistungs- und Nichtleistungskondiktion

Bislang wurde ohne nähere Einteilung nur auf die medienrechtliche Rolle der 14 Eingriffskondiktion eingegangen. Diese hat in der Tat den größten Stellenwert für den vorliegenden Zusammenhang.

1. Das Subsidiaritätsdogma in medienrechtlich geprägten Fällen

Indes ist daran zu erinnern, dass nach dem Grundsatz der Subsidiarität der 15 Nichtleistungskondiktion zunächst zu prüfen ist, ob nicht eine vorrangige Leistungsbeziehung im Hinblick auf den Kondiktionsgegenstand besteht.[45] Das veranschaulicht folgender Fall mit medienrechtlicher Relevanz, der zugleich die Fragen des Deliktsrechts im Spannungsfeld zum Bereicherungsrecht noch einmal aufgreift.

BGH NJW 1992, 2084: Der bekannte Schauspieler und Fernsehmoderator Joachim Fuchsberger ließ sich anlässlich der Einweihungsfeier eines Modehauses, mit dessen Inhaber er befreundet war, von einem Pressefotografen mit einer bestimmten Brille ablichten. Das Foto gelangte über einen Einkaufsverband, dem mehrere hundert Optikergeschäfte angehörten, an einen Optiker, damit dieser seine Pressearbeit und Dekoration verbessern konnte. Der Optiker warb mit dem Foto, das die Unterschrift „Fuchsberger probiert die neue Brille" trug, in der örtlichen Tageszeitung mehrmals. Der Moderator, der einer solchen Verwendung nicht zugestimmt hatte, verlangt von dem Optiker die übliche Lizenzgebühr als Entgelt sowie das Honorar aus einem wegen der Veröffentlichungen gescheiterten anderweitigen Werbevertrag.

Die Besonderheit des Falles besteht darin, dass Schadensersatzansprüche 16 gegen den Optiker mangels Verschuldens nicht begründet sind. Zwar hat der

---

[42] In diese Richtung noch BGHZ 26, 349, 353; 30, 7, 16; BGH GRUR 1979, 732, 734; wie nunmehr der BGH bereits OLG München NJW-RR 1996, 539, 540; OLG Hamburg ZUM 2005, 164; LG Hamburg NJW 2007, 691, 693.

[43] So der Einwand der Revision im Hinblick auf die politische Glaubwürdigkeit eines Bundesministers und das Verbot anderweitiger besoldeter Tätigkeiten (Art. 66 GG).

[44] Aufgrund der dogmatischen Unterschiede zwischen Bereicherungsrecht und Schadensersatzrecht wird ein solcher Anspruch auf die übliche Lizenzgebühr zum Teil nur bereicherungsrechtlich für möglich gehalten, vgl. *Beuthien/Schmölz*, Persönlichkeitsschutz durch Persönlichkeitsgüterrechte, S. 41 ff.; Münch.-Komm.-*Rixecker*, 5. Auflage, § 12 Anh. Rz. 220, 234. Die Vorinstanz (OLG Hamburg ZUM 2005, 164) hatte dies offen gelassen; hierzu *Ehmann*, AfP 2005, 237 ff.

[45] Zu einem andersartigen Leistungsverständnis *Ahrens*, Die Verwertung persönlichkeitsrechtlicher Positionen, 2002, S. 233 Fußnote 342.

Optiker durch die Veröffentlichung des Fotos zu Werbezwecken das Recht des Moderators am eigenen Bild (§ 22 KUG) verletzt und damit zugleich in ein nach § 823 Abs. 1 BGB geschütztes Recht eingegriffen, weil allein diesem Inhaber das Recht zusteht zu bestimmen, ob und in welcher Weise er sich der Öffentlichkeit präsentiert.[46] Der Optiker kann sich auch nicht auf § 23 Abs. 1 Nr. 1 KUG berufen, obwohl der Fernsehmoderator eine Person der Zeitgeschichte im Sinne dieser Vorschrift ist. Denn es geht hier um die Verwertung des Bildes zu **Werbezwecken** und nicht um die Entsprechung des Informationsbedürfnisses der Allgemeinheit.[47] Aus demselben Grund konnte dem Optiker auch das Einverständnis des Fernsehmoderators, bei der Einweihungsfeier abgelichtet zu werden, nicht zugute kommen, weil nicht davon ausgegangen werden konnte, dass auch Dritte mit dem Bild werben durften.

17   Jedoch fehlt es an dem für die Begründung des Schadensersatzanspruchs erforderlichen Verschulden des Optikers. Auch wenn anerkanntermaßen erhöhte **Prüfungspflichten** vor der Publikation derartiger Fotos bestehen,[48] die selbst dann zu einer Nachfragepflicht vor Nutzung führen können, wenn das Foto von einer Werbe- oder Presseagentur erworben wird,[49] konnte dem Optiker hier unter keinem denkbaren Gesichtspunkt ein Verschulden nachgewiesen werden.[50]

18   Es verbleibt daher nurmehr die Möglichkeit eines bereicherungsrechtlichen Anspruchs, der gerade kein Verschulden voraussetzt.[51] Ein solcher Anspruch aus Nichtleistungskondiktion gemäß § 812 Abs. 1 S. 1 Alt. 2 BGB scheitert hier auch nicht an einer vorrangigen Leistungsbeziehung im Verhältnis des Optikers zu seinem Verband. Zwar gilt im Bereicherungsrecht der Grundsatz der **Subsidiarität der Nichtleistungskondiktion**, d.h. Geleistetes kann grundsätzlich nicht im Wege der Nichtleistungskondiktion zurückgefordert werden.[52] Dabei ist jedoch stets zu ermitteln, was genau geleistet worden ist. Betrachtet man dasjenige, was der Verband allein leistungsmäßig zugewendet haben könnte, so zeigt sich, dass dieser dem Optiker die Befugnis zur werbemäßigen Nutzung ohne die diesbezügliche Einwilligung des berechtigten Fernsehmoderators gar nicht verschaffen konnte. Gegenstand der Leistung war folglich lediglich das Bild als Sache, nicht aber das **Verwertungsrecht**, über das weder der Verband noch der Optiker verfügen konnten.[53] Da der Vorrang der Leistungskondiktion indes nur für dasjenige gelten kann, was leistungsmäßig erlangt worden ist, greift das Subsidiaritätsdogma[54] hier von vornherein nicht ein, so dass der Weg frei ist für die Eingriffskondiktion. Hier hat der Optiker insofern in den Zuweisungsgehalt fremden Rechts eingegriffen, als die Verwertung und kommerzielle Nutzung des Fotos allein dem darauf Abgebildeten zugewiesen ist. Der in Anspruch genommene Optiker hat demnach durch seinen eigenmächtigen Eingriff in das Recht des Fernsehmoderators am eigenen Bild auf dessen Kosten die Nutzung zu Werbezwecken erlangt.[55]

---

[46] BGH NJW 1979, 2205, 2206.
[47] Vgl. BGHZ 20, 345, 350.
[48] BGH LM zu § 23 KUG Nr. 5.
[49] BGH NJW 1980, 994, 995; OLG Frankfurt GRUR 1986, 614, 615.
[50] Zu den einzelnen deliktsrechtlichen Anknüpfungspunkten BGH NJW 1992, 2084, 2085.
[51] Vgl. nur BGHZ 81, 75, 80; BGH GRUR 1987, 128.
[52] Kritisch zu diesem Subsidiaritätsdogma und seinen Ausnahmen *Larenz/Canaris*, Schuldrecht II/2, § 67 III 2 b; IV 3.
[53] *Medicus*, Bürgerliches Recht, Rz 727.
[54] Kritisch dazu *Thielmann*, AcP 187 (1987) 23.
[55] BGH NJW 1992, 2084, 2085.

Der Optiker hat daher nach § 818 Abs. 1, Abs. 2 BGB den rechtsgrundlos **19** erlangten Vermögenszuwachs durch die Entrichtung einer angemessenen **Lizenzgebühr** an den Moderator auszugleichen.[56] Für deren Bemessung kommt es nicht darauf an, was der Optiker gegebenenfalls bereit gewesen wäre, für die Nutzung zu zahlen; er muss sich vielmehr „an der Sachlage festhalten lassen, die er selbst geschaffen hat."[57] Ebenso wenig ist von Bedeutung, ob der Betroffene die Vermarktung seines Bildes grundsätzlich gestattet hätte.[58] Es kommt demnach darauf an, was für ein Entgelt verständige Vertragspartner in der Rolle der konkret Betroffenen als Honorar für die jeweilige Nutzung vereinbart hätten.[59] In diesem Rahmen ist etwa die **Auflagenstärke** und Publikation der Zeitschrift zu berücksichtigen, welche die Anzeige veröffentlicht hat.[60] Mitentscheidend ist aber auch die Werbewirkung der konkreten Bildveröffentlichung.[61] Im vorliegenden Fall ist darüber hinaus die Besonderheit in die Beurteilung einzustellen, dass der Fernsehmoderator mit dem Inhaber des Modehauses befreundet war und *diesem* seine Popularität gleichsam unentgeltlich zur Verfügung zu stellen bereit war. Insoweit kann man davon ausgehen, dass auch der Optiker nicht bereichert ist, so dass sich der auf diese Werbewirkung entfallende Anteil womöglich aus dem Bereicherungsanspruch herausrechnen lässt.[62] Dann wäre nur dasjenige als marktübliche Vergütung nach §§ 812 Abs. 1 S. 1 Alt. 2, 818 Abs. 1, Abs. 2 BGB herauszugeben, was der Optiker an Werbekraft für sein eigenes Unternehmen erlangt hat.

2. Subsidiaritätsdogma und sachenrechtliche Wertungen

Die Entscheidung verdient eine vertiefende Analyse unter dem Gesichtspunkt **20** des Vorrangs der Leistungs- gegenüber der Nichtleistungskondiktion. Der Senat verneint das Vorliegen einer Leistung des Verbandes mit der Begründung, dass diese nur in einer „Rechte begründenden Zuwendung" bestehen könne.[63] Die Begründung für diese Behauptung ist der Bundesgerichtshof aber schuldig geblieben. Sie dürfte darin liegen, dass es an der Mehrung fremden Vermögens fehlt.[64] Aber auch darin kann sie sich wertungsmäßig nicht erschöpfen.

Vielmehr muss die dingliche Seite des Falles mit einbezogen werden, weil **21** sich die Abkehr vom Subsidiaritätsdogma auf der Grundlage sachenrechtlicher

---

[56] So bereits BGH GRUR 1987, 128.

[57] BGH NJW 1992, 2084, 2085, unter Verweis auf BGHZ 20, 345, 350; die Sentenz geht zurück auf RGZ 97, 310, 312; vgl. auch OLG Dresden SeuffArch 73 Nr. 5; *Canaris*, JZ 1992, 1114, 1120.

[58] BGH NJW 2007, 689, 690 – Rücktritt des Finanzministers; anders noch BGHZ 26, 249, 353; 30, 7, 16; BGH NJW 1979, 2205, 2206; vgl. oben Rz. 13.

[59] BGHZ 30, 7, 17; BGH GRUR 1982, 286, 288.

[60] OLG Hamburg AfP 1983, 282, 283.

[61] BGH GRUR 1961, 138, 140.

[62] BGH NJW 1992, 2084, 2085.

[63] BGH NJW 1992, 2084, 2085.

[64] *Canaris*, JZ 1992, 1114, 1119, der daran anschließend die Frage stellt, ob es – wenn man der am Leistungsbegriff festhaltenden Begründung des BGH folgt – Zuwendungen gibt, die zwar im Rahmen einer Leistungsbeziehung getätigt werden und auf Vermögensmehrung zielen, dessen ungeachtet aber keine Leistung i. S. d. § 812 darstellen würden. Das mögliche Dilemma verdeutlicht in der Tat die Grenzen der am Leistungsbegriff ausgerichteten Deduktion; zur Kritik am Leistungsbegriff bereits eingehend *Canaris*, 1. Festschrift für Larenz, 1973, S. 799 ff.

Wertungen veranschaulichen und rechtfertigen lässt.[65] Man muss sich nämlich vergegenwärtigen, dass der Moderator dem Optiker die werbende Nutzung des Bildes vermöge seines Persönlichkeitsrechts entsprechend § 1004 BGB ohne weiteres hätte untersagen können.[66] Da aber die Eingriffskondiktion vom **Rechtsfortwirkungsgedanken** getragen ist,[67] darf sie nicht schwächer sein als der unzweifelhaft bestehende negatorische Anspruch.[68] Das Bestehen des Abwehranspruchs in Analogie zu § 1004 BGB illustriert besonders eindrücklich, dass die rechtlich erlaubte Möglichkeit zur Nutzung des Bildes und damit auch die Überlassung an einen Dritten allein dem Inhaber des negatorischen Anspruchs zugewiesen ist.[69]

3. Besonderheiten beim unentgeltlichen Erwerb

22   Der Fall bietet weiterhin Anlass, eine dogmatische Folgeerwägung anzustellen, die daran anknüpft, dass der beklagte Optiker die Fotografie von seinem Verband unentgeltlich erhalten hat. Insofern läge es nahe, die Lösung in einer entsprechenden Anwendung der §§ 816 Abs. 1 S. 2, 822 BGB zu suchen, denen die Wertung zugrunde liegt, dass der unentgeltliche Erwerb schwächer ausgestaltet ist und ein **Durchgriff** auf den Erwerber entsprechend eher in Betracht kommt.[70] Käme es in derartigen Fällen auf die Unentgeltlichkeit an, so wäre das insofern folgenreich, als dann bei Vorliegen entgeltlichen Erwerbs der Nutzungsbefugnis vor dem Hintergrund des Subsidiaritätsdogmas womöglich kein Raum für die Eingriffskondiktion bestünde.[71] Jedoch lässt sich auch insoweit vermittels der sachenrechtlichen Wertungen die Probe aufs Exempel machen. Denn auch bei entgeltlicher Erlangung stünde dem Kläger der negatorische Anspruch entsprechend § 1004 BGB gegen den Beklagten zu, so dass es prinzipiell keine Rolle spielen kann, ob die Fotografie entgeltlich oder unentgeltlich erlangt wurde.[72] Insofern verhält es sich letztlich nicht anders als in der Paul Dahlke-Entscheidung.[73]

4. Eingriffskondiktion bei Sittenwidrigkeit der entgeltlichen Verwertung

23   Im Zusammenhang mit den Besonderheiten der entgeltlichen Verwertung ist noch auf eine Sonderproblematik einzugehen, die sich mit der Frage beschäftigt, ob eine Eingriffskondiktion in Betracht kommt, wenn die entgeltliche

---

[65] Grundlegend *Canaris*, 1. Festschrift für Larenz, S. 799; zur wertungsmäßigen Fundierung in bereicherungsrechtlichen Fällen auch *Petersen*, Von der Interessenjurisprudenz zur Wertungsjurisprudenz, 2001, S. 81 ff.

[66] *Canaris*, JZ 1992, 1114, 1119.

[67] *Wilburg*, AcP 163 (1964) 348 f.; grundlegend *ders.*, Die Lehre von der ungerechtfertigten Bereicherung nach österreichischem und deutschem Recht, 1934, S. 49; *Larenz/Canaris*, Schuldrecht II/2, § 67 I.

[68] *Canaris*, JZ 1992, 1114, 1119.

[69] *Canaris*, JZ 1992, 1114, 1119.

[70] *Canaris*, JZ 1992, 1114, 1118, hält es sogar für „erstaunlich, dass er (sc. der BGH) diese Lösungsmöglichkeit nicht einmal eines einzigen Wortes gewürdigt hat".

[71] Das würde etwa den zitierten (oben § 6 Rz. 5) Paul-Dahlke-Fall (BGHZ 20, 345) betreffen, in dem der BGH eine Eingriffskondiktion bejaht hat; vgl. *Canaris*, JZ 1992, 1114, 1118 f.

[72] Staudinger/*Hager*, § 823 C Rz. 251, nennt ergänzend die Wertung des § 988 BGB.

[73] Vgl. *Canaris*, JZ 1992, 1118, 1119.

Verwertung den guten Sitten widerspricht, etwa weil sie unter Verstoß gegen die sexuelle Selbstbestimmung[74] ermöglicht wurde. Aus medienrechtlicher Sicht relevant ist beispielsweise der Fall, dass jemand heimlich Videos von Peep-Show-Darbietungen dreht. Es ist schwer nachvollziehbar, in einer derartigen Konstellation dem Produzenten eines solchen Films den Gewinn zu belassen, die Protagonistin dagegen vom Bereicherungsausgleich auszuschließen.[75] Dieser Wertungswiderspruch, der gerade bei eklatanten Verletzungen der Persönlichkeitsrechte zu Tage tritt, zeigt sich auch bei der Frage nach der hypothetischen Gestattung der Verwertung durch den Betroffenen.[76]

IV. Bereicherungsrecht und Immaterialgüterrecht

Für die Berührung des Bereicherungsrechts mit medienrechtlichen Gesichts- 24
punkten ist typisch, dass es sich um Fragen des Immaterialgüterrechts handelt. Diese weisen zwar nicht notwendigerweise medienrechtliche Anknüpfungspunkte auf, doch ist die Weiterverbreitung durch Medien immerhin so häufig und nahe liegend, dass die einschlägigen Problemfälle hier auch insoweit mit berücksichtigt werden sollen, als im konkreten Fall keine medienmäßige Verbreitung vorgekommen ist. Dass dabei der Anspruch aus Nichtleistungskondiktion nicht selten deshalb entscheidend ist, weil etwa für einen deliktischen Schadensersatzanspruch das nötige Verschulden fehlt, zeigt auch folgender Fall:

BGHZ 99, 244: Der Inhaber eines Großmarkts vertrieb schuldlos Exemplare der geschützten Marke „Chanel Nr. 5“, ohne davon zu wissen, dass es sich um Plagiate handelte. Als er von den Fälschungen erfuhr, stellte er den Vertrieb sofort ein und anerkannte den Unterlassungsanspruch des Inhabers der Marke „Chanel Nr. 5“. Dieser verlangte Schadensersatz, hilfsweise den Gewinn aus den inzwischen verkauften Produkten oder Zahlung einer angemessenen Lizenzgebühr.

Mangels Verschulden kam ein markenrechtlicher[77] Anspruch nicht in Frage. 25
Es verblieb sonach nur die Möglichkeit eines bereicherungsrechtlichen Anspruchs, der nach Ansicht des Bundesgerichtshofs[78] im Einklang mit der überwiegenden Ansicht im Schrifttum[79] nicht wegen eines etwa tatbestandlich vorrangigen markenrechtlichen Anspruchs ausgeschlossen ist.[80] Gerade unter dem Eindruck der Lehre vom Zuweisungsgehalt muss Raum für einen Anspruch aus ungerechtfertigter Bereicherung gemäß § 812 Abs. 1 S. 1 Alt. 2 BGB bleiben.[81] Dieser richtet sich freilich nicht auf Herausgabe des Verletzergewinns, sondern

---

[74] Vgl. hierzu *Stender-Vorwachs/Theißen*, NJW 2006, 549, 551 f.

[75] Zutreffend Staudinger/*Hager*, § 823 C Rz. 250, freilich entgegen der h. L.; vgl. die dortigen Nachweise.

[76] Vgl. *Beuthien/Schmölz*, Persönlichkeitsschutz durch Persönlichkeitsgüterrechte, S. 41 ff. Dazu Rz. 13.

[77] Zur Zeit der Entscheidung galt noch das Warenzeichengesetz, aber auch § 24 WZG schied aus dem genannten Grund aus.

[78] In diese Richtung bereits BGHZ 44, 372, 376 zur schadensrechtlichen Problematik; vgl. *Larenz/Canaris*, Schuldrecht II/2, § 69 I Fußnote 12.

[79] *Delahaye*, GRUR 1985, 856, 857; *Storch*, GRUR 1963, 9, 10; *Ullmann*, GRUR 1978, 615, 616.

[80] Für einen solchen Ausschluss *Raiser*, JZ 1961, 465, 468; *Mestmäcker*, JZ 1958, 521, 525; *Bälz*, JZ 1977, 515, 521.

[81] BGHZ 99, 244, 247; zustimmend *Larenz/Canaris*, Schuldrecht II/2, § 69 I 2 b.

nur auf die Zahlung einer angemessenen Lizenzgebühr. Erlangt ist in derartigen Fällen weder die Nutzungsmöglichkeit noch die Marktchance und auch nicht die **Lizenzersparnis.**[82] Hier ist objektiver Wertersatz nach § 818 Abs. 2 BGB zu leisten, weil der Gebrauch der Marke als solcher nicht herausgegeben werden kann.[83] Es kommt daher auf den Verkehrswert der Marke an, der dem Gebrauch durch Dritte entspricht. Für die Bemessung kann daher darauf zurückgegriffen werden, wie Dritte den konkreten Markengebrauch wertmäßig einschätzen und was sie bereit sind, dafür zu zahlen.[84] Daher kommt es nicht auf den erzielten Gewinn an, weil dieser auf keiner Werteinschätzung beruht. Der maßgebliche Wert wird vielmehr in der **üblichen Lizenzgebühr** abgebildet.[85]

26   Allerdings ist zu berücksichtigen, dass der Markenrechtsinhaber dem Großmarkt die konkrete Verwendung der Fälschungen wegen §§ 5 UWG,[86] 134 BGB gar nicht hätte gestatten können. Jedoch darf dem Verletzer nicht zugute kommen, dass er außer dem unbefugten Eingriff in das Immaterialgüterrecht auch noch gegen § 5 UWG verstoßen hat.[87] Daher ist die Entscheidung des Bundesgerichtshofs, der den Großmarkt zur Zahlung der Lizenzgebühr verurteilt hat, wertungsmäßig richtig. Zu bedenken ist freilich, dass die Gewährung einer Lizenzgebühr in medienrechtlich geprägten Fällen mitunter problematisch ist, wenn etwa ein Blatt der **Klatschpresse** die Behauptung erfindet, ein bestimmter Prominenter werde demnächst heiraten.[88] Wenn nämlich die Meldung den Tatsachen entsprechen würde, dann dürfte sie ohne weiteres verbreitet werden (vgl. § 23 KUG), wohingegen der Prominente für die Einwilligung in die Falschmeldung ersichtlich nichts verlangen könnte.[89] Im Übrigen ist die Rechtsprechung in derartigen Fallkonstellationen zurückhaltend, wenn der Einwand eines Verstoßes gegen die §§ 134, 138 BGB gerade von der Seite kommt, welche die Nutzung unberechtigt erlangt hat und bei rechtstreuem Verhalten gar nicht erlangt hätte.[90]

BGH GRUR 1987, 128: Die Sängerin Nena ermächtigte eine Verwertungsgesellschaft im Wege eines „Merchandising-Sponsor-Promotion-Vertrags" weltweit und exklusiv, Dritten die wirtschaftliche Verwertung ihres Bildnisses gegen eine Vergütung zu gestatten. Die Beklagte, die davon nichts wusste, bot in ihrem Katalog Starfotos und andere Fan-Artikel an. Dafür verlangt die Verwertungsgesellschaft eine Mindestlizenzgebühr, die ein Vielfaches des von der Beklagten erzielten Gewinnes ausmacht.

27   Die Sängerin konnte der Verwertungsgesellschaft gestatten, das eigene Bildnis wirtschaftlich zu verwerten, § 22 KUG. Der Bundesgerichtshof hat daher der Verwertungsgesellschaft einen Bereicherungsanspruch auf Zahlung der für

---

[82] BGHZ 82, 299, 306.

[83] BGHZ 55, 128, 135; 82, 299 gegen *Koppensteiner*, NJW 1971, 588; siehe auch *Kraßer*, GRUR Int. 1980, 259, 267.

[84] BGHZ 44, 372, 381.

[85] BGHZ 99, 244, 248 f.

[86] In Umsetzung der EU-Richtlinie über unlautere Geschäftspraktiken (Richtlinie 2005/29/EG, ABlEU Nr. L 149/22 vom 11. 6. 2005) sieht der Entwurf eines geänderten UWG in § 5 Abs. 1 Nr. 7 UWG-E künftig einen abgeschlossenen Katalog von Tatbeständen der Irreführung vor. Die Irreführung durch Unterlassen wird deutlich detaillierter als bisher geregelt (§ 5 a UWG-E).

[87] *Larenz/Canaris*, Schuldrecht II/2, § 69 I 1 e.

[88] Staudinger/*Hager*, § 823 C Rz. 252, von dem auch dieses Beispiel stammt.

[89] *Hager* (in: Staudinger, § 823 Rz. 252, 254) hält daher in derartigen Fällen eine Entschädigung und unter Umständen eine Gewinnabschöpfung für angebracht.

[90] OLG Hamburg ZUM 2005, 566, 568: Abbildung eines ehemaligen Bundesministers in einer Werbeanzeige ohne dessen Einwilligung; siehe auch *Ehmann*, AfP 2005, 237.

die Gestattung der wirtschaftlichen Verwertung des Bildes üblichen Vergütung zuerkannt. Zu diesem Ergebnis gelangt der Senat im Wege der Auslegung (§§ 133, 157 BGB) des „Merchandising-Sponsor-Promotion-Vertrags". Durch diese Generalermächtigung sei der Vergütungsanspruch der **Verwertungsgesellschaft** zugeordnet. Der Bundesgerichtshof, der im Übrigen die Bezeichnung der genauen Alternative des § 812 Abs. 1 S. 1 BGB schuldig bleibt, meint damit offenbar den Zuweisungsgehalt, in den die Beklagte eingegriffen und wodurch sie die übliche Vergütung auf Kosten der Verwertungsgesellschaft erspart hat.[91] Da die Beklagte das Bild der Sängerin in einer Weise wirtschaftlich verwertet hatte, welche die Verwertungsgesellschaft ansonsten nur gegen Entrichtung der Lizenzgebühr gestattet hätte, hat der Bundesgerichtshof die Beklagte zur Zahlung der vollen Lizenzgebühr ohne Ansehen ihres tatsächlichen Gewinns verurteilt.

Auch diese Entscheidung ist unter dem Gesichtspunkt des Zuweisungsgehalts **28** problematisch. Aus ihr geht letztlich nicht hinreichend hervor, ob die Einräumung der Rechte eine quasi-dingliche Wirkung besitzt. Denn nur eine solche hätte den erforderlichen Zuweisungsgehalt.[92] Dagegen würde die nur schuldrechtliche Beziehung zwischen der Sängerin und der Verwertungsgesellschaft nach dem Grundsatz der Relativität des Schuldverhältnisses[93] keinen Drittschutz entfalten. Konstruktiv setzt die Durchsetzung des Anspruchs aus Eingriffskondiktion daher voraus, dass die Sängerin der Verwertungsgesellschaft die Rechte „an Persönlichkeitselementen mit quasi-dinglicher Wirkung"[94] einräumen konnte.[95] Die andere Möglichkeit, die offenbar das Berufungsgericht vorausgesetzt hatte,[96] besteht in der Konstruktion einer **Prozessstandschaft**.[97] Der Bundesgerichtshof hat hierzu keine Festlegung getroffen.[98]

V. Gewinnherausgabeansprüche gegen Medienunternehmen

In neuerer Zeit wird vermehrt diskutiert,[99] ob nicht viele der bereits behan- **29** delten Probleme, vor allem die Beeinträchtigungen des Persönlichkeitsrechts, mit den Mitteln des Bereicherungsrechts zu lösen sind. Dabei ist freilich im Ausgangspunkt folgendes zu berücksichtigen: Im Rahmen des Schadensersatzanspruchs wegen Verletzung der vermögenswerten Bestandteile des Persönlichkeitsrechts wendet jedenfalls der Bundesgerichtshof die aus dem Immaterialgüterrecht herrührende[100] **dreifache Schadensberechnung** an.[101] Danach kann

---

[91] BGH GRUR 1987, 128, 129.
[92] *Larenz/Canaris*, Schuldrecht II/2, § 69 I 2 d.
[93] Zu ihm näher *Petersen*, Allgemeines Schuldrecht, 2. Auflage 2005, Rz. 1 ff.
[94] *Larenz/Canaris*, Schuldrecht II/2, § 69 I 2 d.
[95] In diese Richtung *Forkel*, GRUR 1988, 491.
[96] Vgl. die Wiedergabe in BGH GRUR 1987, 128.
[97] So auch *Schricker*, EWiR § 22 KUG 1/87, 80.
[98] *Canaris* hält daher die Entscheidung des BGH für „in dieser Frage inkonsistent" (*Larenz/Canaris*, Schuldrecht II/2, § 69 Fußnote 19).
[99] Siehe nur *Siemes*, Gewinnabschöpfung bei Zwangskommerzialisierung der Persönlichkeit durch die Presse, AcP 201 (2001) 202; *Wagner*, AcP 206 (2006) 352, 381 ff.
[100] Vgl. z. B. § 97 Abs. 1 S. 2 UrhG.
[101] BGH NJW 2000, 2195, 2201; Palandt/*Sprau*, § 823 Rz. 125; kritisch Soergel/*Beuthien*, 12. Auflage, § 687 Rz. 16 ff.; Erman/*Ehmann*, 11. Auflage, Anh § 12 Rz. 375 a. E. Vgl. § 4 Rz. 53.

der Geschädigte an Stelle des konkreten Schadens (einschließlich des entgangenen Gewinns, § 252 BGB) auch eine angemessene (fiktive) Lizenzgebühr[102] oder die Herausgabe des Verletzergewinns verlangen.[103] Dementsprechend wird die im Folgenden skizzierte Problematik vor allem bei nicht vermögenswerten Bestandteilen des allgemeinen Persönlichkeitsrechts sowie bei fehlendem Verschulden virulent. Nichtsdestoweniger stellt sie ein allgemeines Problem dar, das in der Prüfung stets mitbedacht werden sollte.

1. Gewinnherausgabe als dogmatisches und praktisches Problem

30   Obwohl das Schrifttum zum allgemeinen Persönlichkeitsrecht nahezu unüberschaubar geworden ist,[104] wurde eine prinzipielle Problematik zwar nicht ausgespart, aber doch vergleichsweise zaghaft diskutiert,[105] die an sich zu den „zukunftsträchtigsten Themen"[106] des privatrechtlichen Schutzes gegen Medienveröffentlichungen gehört.[107] Es geht dabei um die Ansprüche des Betroffenen auf Gewinnherausgabe. Das besondere dogmatische Interesse dieser Frage rührt daher, dass damit ein **Grundlagenproblem** der gesetzlichen Schuldverhältnisse aufgeworfen ist, weil die Frage nach der Gewinnherausgabe zugleich die Frage nach der Anspruchskonkurrenz von Deliktsrecht, Geschäftsführung ohne Auftrag und ungerechtfertigter Bereicherung stellt. Darüber hinaus ist der Gesichtspunkt der Gewinnherausgabe von praktischem Interesse, weil sie die Medienunternehmen gleichsam bis ins Mark treffen kann[108] und nicht lediglich die Portokasse beansprucht, wie dies im Schrifttum einmal bildhaft moniert wurde.[109]

a) Die problematischen Fälle

31   Der praktische und der theoretische Gesichtspunkt hängen freilich miteinander zusammen. Denn beide münden letztlich in die Frage, welches zivilrechtliche Instrument die wirksamste und gerechteste Handhabe gegen Medienveröffentlichungen ist, die das Persönlichkeitsrecht beeinträchtigen. Paradigmatisch sind die beiden ersten Caroline von Monaco-Urteile.[110] Der Bundesgerichtshof

---

[102] Zu deren Festsetzung bei unerlaubtem Abdruck von Pressefotos vgl. BGH NJW 2006, 615.

[103] Näher Baumbach/Hefermehl/*Köhler*, Wettbewerbsrecht, 23. Auflage 2004, § 9 UWG Rz. 1.36 ff.

[104] *Medicus*, Allgemeiner Teil des BGB, 8. Auflage 2002, Rz. 1076.

[105] Ausnahmen bilden insbesondere *Beuthien/Schmölz*, Persönlichkeitsschutz durch Persönlichkeitsgüterrechte – Erlösherausgabe statt nur billige Entschädigung in Geld, 1999, und *Canaris*, Festschrift für Deutsch, 1999, S. 90.

[106] So *Canaris*, Karlsruher Forum 1996 (Diskussionsbeitrag), S. 58, 60 („eines derjenigen auch, die am wenigsten diskutiert sind").

[107] Ganz ausgespart wird die Frage von *Ahrens*, Die Verwertung persönlichkeitsrechtlicher Positionen, 2002 (vgl. von dems. auch Persönlichkeitsrecht und Freiheit der Medienberichterstattung, 2002), der den „Ansatz einer Systembildung" vorstellt. Die Systembildung ist aber schwerlich möglich ohne die Behandlung der Frage, wie der Zwangskommerzialisierung persönlichkeitsrechtlicher Positionen zu begegnen ist, weil auch diese eine – wenn auch unerwünschte – Verwertung ist.

[108] Gleichwohl kann nicht gesagt werden, dass sie „ein unverhältnismäßiger Eingriff in die Pressefreiheit" wäre (so aber *Gounalakis*, AfP 1998, 10, 19), weil jedenfalls die vorsätzliche Verbreitung von Falschmeldungen nicht den Schutzbereich der Pressefreiheit tangiert; vgl. auch *v. Holleben*, Geldersatz bei Persönlichkeitsverletzungen durch die Medien, 1999, S. 132.

[109] *Schwerdtner*, Karlsruher Forum 1996, S. 27, 41.

[110] Zu ihnen bereits näher oben § 4 Rz. 29 ff.

hat, wie gesehen, in beiden Fällen Geldentschädigungen in fünfstelliger Höhe zugesprochen und als Anspruchsgrundlage § 823 Abs. 1 BGB i.V.m. Art. 1, 2 GG herangezogen. Bemessungsgrundlage kann nach Ansicht des Gerichts die Gewinnerzielung aus der Rechtsverletzung sein, ohne dass dies zu einer „**Gewinnabschöpfung**" führen müsse.

b) Gewinnabschöpfung versus Geldentschädigung

Aber genau das ist die dogmatisch interessante Frage: Stellt nicht die **32** Gewinnabschöpfung die gerechtere und dogmatisch exaktere Lösung für die Bewältigung derartiger Eingriffe dar? In praktischer Hinsicht kann sie sich womöglich als effizienter erweisen, weil ihr höhenmäßig nicht so enge Grenzen gesteckt sind wie der Geldentschädigung,[111] die sich – auch wenn der Bundesgerichtshof immer wieder betont, dass es kein Schmerzensgeld ist[112] – zur Vermeidung von **Wertungswidersprüchen** letztlich doch an den Beträgen messen lassen muss, die beispielsweise für den Verlust des Augenlichts oder einer Querschnittslähmung zugesprochen werden.[113]

Dogmatisch stellt sich daher die Frage, ob nicht die Instrumente der Eingriffskondiktion (§ 812 Abs. 1 S. 1 Alt. 2 BGB) oder der angemaßten Eigengeschäftsführung (§ 687 Abs. 2 BGB) die vorzugswürdigen Anspruchsgrundlagen bilden. Diese auf Gewinnabschöpfung gerichteten Behelfe standen bisher im Schatten der Diskussion.[114] Insbesondere die angemaßte Eigengeschäftsführung wurde eher stiefmütterlich behandelt.[115] Mit ihr soll daher auch begonnen werden.

2. Die angemaßte Eigengeschäftsführung

Dass die angemaßte Eigengeschäftsführung erst vergleichsweise spät mit **34** unzulässigen Publikationen in Verbindung gebracht wurde[116] und auch dann lange noch ein Schattendasein fristete, überrascht. Denn aufgrund ihrer weit reichenden Rechtsfolgen scheint sie geradezu prädestiniert zu sein für die Bewältigung von Problemen der vorliegenden Art.

a) Rechtsfolgenbestimmung

Das zeigt sich vor allem auf der Grundlage der Rechtsfolgenbestimmung. **35** Schließlich führt die Anwendung des § 687 Abs. 2 BGB über § 681 S. 2 BGB zur Erlösherausgabe nach § 667 BGB und damit zum von vielen für billig gehaltenen Ergebnis der Auskehr aller erlangten Vorteile an den Geschädigten.

---

[111] *Prinz*, NJW 1995, 953, 957, will die Entschädigung gar an den Tagesgewinnen des Medienunternehmens orientieren; zur dogmatischen Einordnung *H. P. Westermann*, Symposium zu Ehren von C.-W. Canaris, 1998, S. 128, 143 f.

[112] BGHZ 128, 1; BGH NJW 1996, 984, 985.

[113] Vgl. auch *Canaris*, Karlsruher Forum 1996, S. 60.

[114] Siehe aber etwa auch *Schlechtriem*, Festschrift für Hefermehl, 1976, S. 445; *dens.*, Symposium zu Ehren von Detlev König, 1984, S. 57.

[115] Hervorzuheben sind jedoch *v. Caemmerer*, Festschrift für v. Hippel, 1967, S. 27 ff.; *Beuthien/Schmölz*, Persönlichkeitsschutz durch Persönlichkeitsgüterrechte, S. 50 ff.; *v. Holleben*, Geldersatz bei Persönlichkeitsverletzungen durch die Medien, 1999, S. 120 ff.; ferner *Schlechtriem*, JZ 1995, 362, 364; *Schwerdtner*, Karlsruher Forum 1996, S. 27, 41 ff.; *Gounalakis*, AfP 1998, 10, 19.

[116] Soweit ersichtlich erstmals durch *v. Caemmerer*, Festschrift für von Hippel, S. 27, 40.

Der von einer Pressepublikation negativ Betroffene könnte von dem in Anspruch genommenen Medienunternehmen all das verlangen, was dieses durch die so verstandene Eigengeschäftsführung erlangt hätte. Im Unterschied zum Schadensersatz, der nach § 678 BGB gleichfalls in Betracht kommen würde, müsste das Medienunternehmen nicht nach § 249 Abs. 1 BGB denjenigen Zustand herstellen, der jetzt ohne das schädigende Ereignis bestünde, sondern dem Betroffenen alle durch die Publikation **erwirtschafteten Vorteile** zukommen lassen. Fast immer liegt in derartigen Fällen der Schadensersatz umfangmäßig unterhalb des – wie auch immer bezifferbaren – Erlöses. Daneben besteht über die Rechtsfolgenverweisung des § 687 Abs. 2 BGB die Möglichkeit der Gewinnabschöpfung nach den Vorschriften über die ungerechtfertigte Bereicherung. Darauf wird im Zusammenhang mit der Eingriffskondiktion zurückzukommen sein.[117]

36   Jedenfalls veranschaulichen diese weit reichenden Rechtsfolgen, dass die Pflicht zur Gewinnherausgabe das Medienunternehmen viel härter treffen kann als der Schadensersatz oder auch die Geldentschädigung. Denn in ihrer konsequenten Durchführung nimmt sie dem Unternehmen den Anreiz der Zuwiderhandlung dadurch, dass es alle Vorteile an den Betroffenen auskehren muss. Sie ist also höhenmäßig nicht in der Weise begrenzt wie der Schadensersatz, für den immerhin das **schadensersatzrechtliche Bereicherungsverbot** gilt,[118] und die Geldentschädigung, die dem Vergleich mit dem Schmerzensgeld ausgesetzt ist.[119]

b) Tatbestandliche Enge

37   Diesen weit reichenden Rechtsfolgen entsprechen vergleichsweise enge tatbestandliche Erfordernisse. Insbesondere ist im Unterschied zum deliktischen Schadensersatz die **positive Kenntnis** des Verletzers erforderlich. Diese Einschränkung auf der subjektiven Seite legitimiert überhaupt erst die weit gefächerten Rechtsfolgen. Indes wirkt sich dieses Korrektiv in vielen medienrechtlich gefärbten Fällen der Verletzung des allgemeinen Persönlichkeitsrechts gar nicht aus, weil das Presseunternehmen nur zu häufig weiß, dass es zur Publikation eines Fotos oder eines verunglimpfenden Berichts nicht berechtigt ist.

c) Funktionsbestimmung und praktische Hindernisse

38   Das Paradoxon liegt also vorderhand darin, dass gerade dasjenige, was „normalerweise" den Anwendungsbereich der angemaßten Eigengeschäftsführung einschränkt, in den medienrechtlich geprägten Fallkonstellationen häufig keine wesentliche Hürde darstellt, und auf der anderen Seite die Erlösherausgabe, die in anderen Fällen häufig unterhalb des Schadensersatzumfangs liegt, den Geschäftsführer ungleich härter treffen kann. Indes kann dieser noch oberflächliche Überblick eine klare Funktionsbestimmung der angemaßten Eigengeschäftsführung nicht ersetzen. Diese muss vielmehr die einzelnen Voraussetzungen und praktischen Schwierigkeiten in den Blick nehmen.

39   **aa) Bemessungs- und Bestimmungsschwierigkeiten.** Gegen die Gewinnherausgabepflicht der Medienunternehmen im Allgemeinen und den Weg der angemaßten Eigengeschäftsführung im Besonderen wurden im Schrifttum im-

---

[117] Unten Rz. 46 ff.; siehe auch *Lettl*, WRP 2005, 1045, 1085.
[118] Zu ihm *Petersen*, Allgemeines Schuldrecht, 2. Auflage 2005, Rz. 551 ff.
[119] Siehe zum Ganzen auch *Klumpp*, Die Privatstrafe – eine Untersuchung privater Strafzwecke, 2002; insbesondere S. 125 ff. zur Geschäftsanmaßung und zum Bereicherungsrecht.

mer wieder die Bezifferungsschwierigkeiten ins Feld geführt. In jüngerer Zeit mehren sich jedoch die Stimmen derer, welche die praktischen Schwierigkeiten geringer schätzen.[120] So wird etwa darauf aufmerksam gemacht, dass **Auflagenentwicklungen**, insbesondere ein sprunghaftes Ansteigen infolge einer bestimmten Skandalveröffentlichung sehr wohl bezifferbar und derartige Vorteile entsprechend abschöpfbar seien. Ergänzend wird auf § 287 ZPO hingewiesen, der dem Richter in den dort bezeichneten Grenzen die Möglichkeit gibt, den Umfang des Gewinns zu schätzen.[121] Insbesondere muss der sonach geschätzte Gewinn nach der Rechtsprechung des Bundsgerichtshofs[122] nicht passgenau dem wirklichen Gewinn entsprechen.[123]

bb) **Auskunftsanspruch.** Bei aller Akzentuierung der praktischen Schwierig- **40** keiten ist ein rechtlicher Gesichtspunkt merkwürdigerweise lange Zeit übersehen und erst in neuerer Zeit – allerdings eher zaghaft – in den Blickpunkt gestellt worden.[124] Es wird nämlich immer nur betont, wie schwer die Höhe des Erlöses zu beziffern ist.[125] Dagegen wird nicht in Betracht gezogen, dass dem Opfer einer derartigen Berichterstattung dann, wenn die Voraussetzungen einer angemaßten Eigengeschäftsführung vorliegen, ein Auskunftsanspruch aus § 666 BGB, der über § 681 S. 2 BGB gleichfalls anwendbar ist, gegen den Geschäftsführer zusteht. Das Medienunternehmen müsste also der Person, über die berichtet wird, Auskunft darüber geben, was genau durch die Geschäftsführung, also die **Publikation**, erlangt wurde. Gewiss ist der Geschäftsherr damit nicht aller praktischen Schwierigkeiten der Bezifferung des eigentlichen Anspruchs enthoben. Jedoch darf nicht übersehen werden, dass mit diesem im Vorfeld anzusiedelnden Auskunftsanspruch ein Effekt einhergeht, der dem Medienunternehmen alles andere als willkommen sein wird:[126] Denn dieses muss nun gleichsam die Karten auf den Tisch legen und zunächst darlegen, was ihm durch die Geschäftsanmaßung genau zugeflossen ist. Das ist unter Umständen nicht nur peinlicher als jede Gegendarstellung, sondern auch mit der Preisgabe von Informationen verbunden, die die interne Kalkulation betreffen und vom Unternehmen in aller Regel lieber geheim gehalten werden. So zeigt sich, dass auch durch einen Auskunftsanspruch gemäß §§ 687 Abs. 2, 666 BGB eine generalpräventive **Verhaltenssteuerung** bewirkt werden kann, die der Bundesgerichtshof der selbst kreierten Geldentschädigung gerne zuschreibt,[127] die aber hier im Unter-

---

[120] So vor allem *Beuthien/Schmölz*, Persönlichkeitsschutz durch Persönlichkeitsgüterrechte, S. 58 ff.

[121] Vgl. *Schlechtriem*, JZ 1995, 362: „vermutlich ist eine an der Auflagensteigerung orientierte Schätzung des abzuschöpfenden Gewinns die einzig wirksame Prävention gegen eine derart dreiste kommerzielle Vermarktung der Persönlichkeit."

[122] BGH GRUR 1993, 54, 59; dort heißt es im Übrigen zur Gewinnberechnung im Rahmen der Lizenzanalogie: „dass das Gericht durch diese Vorschrift (sc. § 287 ZPO) hinsichtlich der Auswahl der Beweise und ihrer Würdigung freier gestellt ist und in den Grenzen eines freien Ermessens einen großen Spielraum erhält."

[123] *Beuthien/Schmölz*, Persönlichkeitsschutz durch Persönlichkeitsgüterrechte, S. 58, mit dem weitergehenden Vorschlag einer Beweislastumkehr des Inhalts, „dass der Verletzer die Nichtursächlichkeit der Persönlichkeitsgutsverletzung für die Steigerung von Auflage oder Einschaltquote nachweisen muss (*Ursächlichkeitsvermutung*)." Hervorhebung auch dort.

[124] Ansatzweise jedoch *Canaris*, Karlsruher Forum 1996, S. 60, der den Auskunftsanspruch nennt, aber nicht näher auf die angemaßte Eigengeschäftsführung anwendet, sondern ihn zutreffend als allgemeines Charakteristikum des Gewinnherausgabeanspruchs voraussetzt.

[125] Siehe nur *Schlechtriem*, JZ 1995, 362, 364.

[126] Darauf weist *Canaris*, Karlsruher Forum 1996, S. 60, mit Recht hin.

[127] BGH NJW 1996, 985.

schied zu dort eine systematische Fundierung aufweist, die bei der Geldentschädigung alles andere als zweifelsfrei ist, weil sie in die Nähe eines systemfremden punitive damage gerät.

d) Führung eines fremden Geschäfts

41   Nach dem bisher Gesagten sieht es so aus, als biete der Anspruch aus angemaßter Eigengeschäftsführung ein probates Mittel, derartigen Presseveröffentlichungen beizukommen. Über diesen funktionalen Billigkeitsaspekt darf jedoch nicht die exakte Subsumtion der einzelnen Tatbestandsmerkmale vergessen werden. Es überrascht, dass die elementare Voraussetzung der Führung eines (objektiv) fremden Geschäfts im Rahmen der Eigengeschäftsführung in den hier betrachteten Fallkonstellationen selten genug einer näheren Prüfung unterzogen wird.[128] Es ist nämlich die Frage, ob etwa die **Publikation** eines erfundenen Interviews oder die irreführende Verbreitung einer Brustkrebsmeldung die Führung eines fremden Geschäfts darstellt.[129] Das scheint auf den ersten Blick zu verneinen zu sein, weil die besagten Handlungen dem Interesse des Geschäftsherrn in so elementarer Weise zuwider laufen, dass es wie eine gedankliche Zumutung anmutet, in derart perfiden Zeitungsberichten etwa die Führung eines Geschäfts der Prinzessin von Monaco zu erblicken. Man könnte also daran zweifeln, dass es sich um eine *Fremd*geschäftsführung handelt.

42   **aa) Apologie der Eigengeschäftsführung im Schrifttum.** Dagegen ist vorgebracht worden, dass die angemaßte Eigengeschäftsführung nahezu notwendigerweise gerade jene Fälle erfasse, in denen es um ein Verhalten gehe, das der Betroffene in dieser Weise niemals selbst vorgenommen habe. Man müsse sich daher das inkriminierte Verhalten von vornherein als solches vorstellen, wie es der Betroffene selbst vorgenommen haben könnte.[130] Mit dieser Prämisse wird die angemaßte Eigengeschäftsführung jedoch zu einem konturenlosen Instrument der Abschöpfung fremder Vorteile. Praktisch alle **Fehlpublikationen** unterfallen ihr somit tatbestandlich. Diese scheinbare Leistungsfähigkeit wird jedoch mit einer begriffsjuristischen Vorgehensweise erkauft, weil letztlich nurmehr dem Topos der angemaßten Eigengeschäftsführung selbst, nicht aber ihren konkreten Voraussetzungen subsumiert wird.

43   **bb) Das Kriterium der Üblichkeit der Selbstvornahme.** Diese sind indes klärungsbedürftig. Objektiv fremd ist ein Geschäft, wenn es in den Rechts- und Interessenkreis eines anderen eingreift.[131] Das scheint in den hier behandelten Fällen ohne weiteres gegeben zu sein. Immerhin wird durch die Publikation derartiger Berichte oder Geschichten der Interessenkreis des Betroffenen aufs empfindlichste berührt. Im Schrifttum ist demgegenüber vertreten worden, dass ein fremdes Geschäft in derartigen Fällen nur vorliege, wenn der Geschäftsherr die jeweilige Handlung üblicherweise auch selbst vorgenommen hätte.[132] Diese Ansicht zielt vor allem auf die Veröffentlichung von Fotografien ohne den

---

[128] Eine Ausnahme bilden freilich auch insoweit *Beuthien/Schmölz*, Persönlichkeitsschutz durch Persönlichkeitsgüterrechte, S. 50 ff., doch setzen auch sie sich mit dem sogleich im Text dargestellten Einwand nur ansatzweise auseinander.

[129] Verneinend *Canaris*, Karlsruher Forum 1996, S. 60.

[130] In diese Richtung die Dissertation von *v. Holleben*, Geldersatz bei Persönlichkeitsverletzungen durch die Medien, 1999, S. 126 ff.

[131] BGHZ 40, 28, 31; 43, 188.

[132] Münch.-Komm.-*Seiler*, 5. Auflage, § 687 Rz. 20.

Willen des Abgebildeten; da er dies typischerweise hätte gestatten können, käme ein Anspruch aus angemaßter Eigengeschäftsführung durchaus in Betracht.[133] Dergleichen ist jedoch bei einem erfundenen Interview nur schwer vorstellbar, besteht doch, anders als beim Foto, typischer- und vor allem vernünftigerweise keine sinnvolle **Lizenzierungsmöglichkeit**. Die Insinuierung der Brustkrebs-Geschichte wäre jedenfalls etwas, das eine Betroffene um keinen Preis selbst vorgenommen hätte.

cc) **Kritik und Stellungnahme.** Dieser Ansicht ist zwar zuzugeben, dass sie **44** ein durchaus leistungsfähiges Kriterium entwickelt, mit dem die Fälle praktisch sinnvoll unterschieden werden können. Damit befreit sie die angemaßte Eigengeschäftsführung vom Odium der Konturenlosigkeit. Jedoch ist das Merkmal der Üblichkeit der Selbstvornahme letztlich auch nicht unanfechtbar, denn es gibt durchaus Verhaltensweisen, die man niemals selbst ausgeübt hätte, ohne dass man sagen könnte, dass es nicht eine Geschäftsanmaßung wäre, wenn ein anderer sie für einen vornehmen würde.

Das entscheidende Argument gegen die angemaßte Eigengeschäftsführung **45** liegt aber noch in einer anderen, gleichsam radikaleren Überlegung. Es ist nämlich schon fraglich, was in den besagten Fällen überhaupt genau die Geschäftsführung darstellt. Es ist dies nicht so sehr die Erfindung des Interviews oder das Verfassen einer suggestiven Bildunterschrift als vielmehr deren **Publikation**. Dieser scheinbar allzu spitzfindige Aspekt wird deutlicher, wenn man sich vergegenwärtigt, dass der mutmaßliche Geschäftsherr die Publikation gar nicht selbst hätte unternehmen können und sich daher erst in zweiter Linie die Frage stellt, ob er es typischerweise zugelassen hätte. Von dieser Warte aus gesehen stellt sich die Veröffentlichung eines kompromittierenden Artikels oder erfundenen Interviews stets als ein Geschäft des Medienunternehmens dar.

3. Eingriffskondiktion

Erweist sich somit die angemaßte Eigengeschäftsführung nicht als das rich- **46** tige Instrument zur Bewältigung der dogmatischen Schwierigkeiten, so tritt die Eingriffskondiktion als Ausgleichsinstrument ins Blickfeld. Die Eingriffskondiktion hat, wie eingangs erwähnt, seit jeher in medienrechtlich gefärbten Fällen eine große Rolle gespielt. Im Unterschied zu den bisher entschiedenen Fällen ist es hier allerdings nicht die **Lizenzersparnis**, auf die der Anspruch gerichtet ist, wie es etwa im erwähnten Paul-Dahlke-Fall lag, in dem ein Foto des Schauspielers ohne dessen Einwilligung zu Werbezwecken verwendet wurde und diesem dasjenige aus § 812 Abs. 1 S. 1 Alt. 2 BGB zugesprochen wurde, was er unter regulären Bedingungen für die Veröffentlichung eines derartigen Fotos als Lizenzgebühr hätte verlangen können.[134]

Die vorliegende Problematik unterscheidet sich von diesen Fällen dadurch, **47** dass nicht die Lizenzgebühr, sondern der **Erlös** beansprucht wird.[135] Es geht also nicht um dasjenige, was der Betroffene im Gegenzug für seine Einwilligung hätte verlangen können, sondern um dasjenige, was das Medienunter-

---

[133] Vgl. auch Rz. 13.
[134] BGHZ 20, 345; siehe auch *Lettl*, WRP 2005, 1045, 1085.
[135] Für die angemessene Lizenzgebühr und gegen die Gewinnherausgabe in den hier interessierenden Fällen *Ellger*, Bereicherung durch Eingriff, 2003, S. 894 ff.

nehmen für den ungerechtfertigten Eingriff erlangt hat. § 816 Abs. 1 S. 1 BGB führt hier nicht zum Ziel, da der Abdruck einer kompromittierenden Geschichte oder die Veröffentlichung eines Interviews mit Selbstverständlichkeit keine Verfügung ist.[136]

48 Nicht ganz einfach ist schon die Frage, welchen vermögenswerten Vorteil das Medienunternehmen bei einer kompromittierenden Veröffentlichung der dargestellten Art überhaupt erlangt hat.

a) Gewinnherausgabe nach den allgemeinen Vorschriften

49 *Canaris* hat vor allem auf die Nutzung des fremden Persönlichkeitsrechts abgestellt[137] und folgenden Weg gewiesen: Da das Publikationsorgan, das etwa ein erfundenes Interview veröffentlicht,[138] den Mangel des rechtlichen Grundes kennt, wie dies § 819 Abs. 1 BGB voraussetzt, haftet es nach § 818 Abs. 4 BGB nach den allgemeinen Vorschriften.[139] Zu diesen[140] gehört nach Ansicht der Rechtsprechung auch § 285 BGB.[141] Das hat grundsätzlich zur Folge, dass der verschärft haftende Bereicherungsschuldner, der infolge einer Veräußerung des Kondiktionsgegenstandes nicht zur Herausgabe imstande ist, den rechtsgeschäftlichen Erlös herauszugeben hat.[142]

b) Kritik im Schrifttum

50 Diese Sichtweise ist von *Beuthien* scharf kritisiert worden.[143] Schon §§ 819 Abs. 1, 818 Abs. 4, 285 BGB seien bei der Bereicherung durch Persönlichkeitsverletzungen unanwendbar, weil sie nur bei nachträglicher Unmöglichkeit gelten würden, der gezogene Nutzungsvorteil in den hier interessierenden Fällen dagegen von Anfang an nicht herausgegeben werden könne. Diesem konstruktiven Problem könne auch nicht mit einer „logischen Sekunde" begegnet werden, für welche die Nutzung zunächst erlangt werde, aber sogleich wieder wegfalle.[144] Überhaupt sei § 285 BGB nicht einschlägig für Persönlichkeitsrechtsverletzungen, sondern vielmehr durch § 818 Abs. 2 BGB gesperrt.[145] Schließlich laufe der skizzierte Weg über § 285 BGB auf einen Widerspruch zum bürgerlich-rechtlichen Anspruchssystem hinaus, weil ein solcher Erlös bereicherungsrechtlich nur über § 816 Abs. 1 S. 1 BGB herauszuverlangen sei,[146] dessen Voraussetzungen jedoch nicht vorliegen.

51 Des Weiteren wird vorgebracht, dass mit der bereicherungsrechtlichen Lösung bereits bei leicht fahrlässigen **Falschmeldungen** eine volle Gewinn-

---

[136] Vgl. auch *Beuthien*, Persönlichkeitsgüterschutz vor und nach dem Tode, 2002, S. 95.

[137] *Canaris*, Festschrift für Deutsch, 1999, S. 90; vgl. auch *Larenz/Canaris*, Schuldrecht II/2, § 71 I 1 und 2 a; *H. P. Westermann*, Symposium zu Ehren von C.-W. Canaris, S. 145.

[138] *Wagner* (ZEuP 2000, 200, 225; *ders.*, AcP 206, 2006, 352, 385) spricht sich für eine „hypothetische Lizenzgebühr" zuzüglich eines Zuschlags aus, deren Höhe sich gleichfalls am vom Verletzer erzielten Gewinn orientieren kann.

[139] Soweit ersichtlich zuerst gewiesen von *Canaris*, Karlsruher Forum 1996, S. 58; eingehend *ders.*, Festschrift für Deutsch, 1999, S. 91 ff.

[140] Zu den allgemeinen Vorschriften *Medicus*, JuS 1993, 705.

[141] BGHZ 83, 293; BGH WM 1985, 89.

[142] BGHZ 75, 203.

[143] *Beuthien*, Persönlichkeitsgüterschutz vor und nach dem Tode, S. 91 ff.

[144] In diese Richtung *Canaris*, Festschrift für Deutsch, 1999, S. 94 f.

[145] *Beuthien*, Persönlichkeitsgüterschutz vor und nach dem Tode, S. 94.

[146] *Beuthien*, Persönlichkeitsgüterschutz vor und nach dem Tode, S. 95.

abschöpfung in Betracht kommt, wohingegen § 687 Abs. 2 BGB positive Kenntnis erfordert.[147] Jedoch ist zu beachten, dass in praktisch allen Fällen dieser Art (erfundene Interviews, entstellende Skandalgeschichten etc.) direkter Vorsatz vorliegt. Wo im Ausnahmefall leichte Fahrlässigkeit gegeben ist, haftet das Medienunternehmen in aller Regel wegen unzulänglicher Recherche anderweitig.[148]

§ 7. Der Gegendarstellungsanspruch

Literatur: *Benda*, Eine Gegendarstellung zur saarländischen Pressefreiheit, NJW 1994, 2266; *Bruns*, Zur Frage der Aktualitätsgrenze im Gegendarstellungsrecht, AfP 1996, 246; *Damm*, Gegendarstellung als Schlagzeile?, AfP 1994, 270; *ders.*, Das neue Saarländische Gegendarstellungsrecht, AfP 1995, 371; *ders.*, Der Gegendarstellungsanspruch in der Entwicklung der neueren Rechtsprechung, Festschrift für Löffler, 1980, S. 31; *Dürr*, Der Gegendarstellungsanspruch im Internet, 2000; *Gerhardt*, Grenzen des Gegendarstellungsanspruchs, AfP 1974, 65; *Gounalakis/Vollmann*, Der presserechtliche Gegendarstellungsanspruch, ZAP 1992, 103; *Groß*, Zu den Voraussetzungen des Rechts auf Gegendarstellung und dessen Durchsetzung, AfP 1994, 264; *Hassert*, Das Recht der Rundfunkgegendarstellung, 1997; *Helle*, Begrenzung der Gegendarstellung im MDStV, CR 1998, 672; *Klute*, Das Recht der Gegendarstellung im Rundfunkrecht der neuen Bundesländer, AfP 1993, 542; *Korte*, Das Recht der Gegendarstellung im Wandel der Medien, 2002; *Krüger*, Die Tatsachenbehauptung im Gegendarstellungsrecht – Kümmerling, Wildwuchs oder weder noch?, AfP 1999, 43; *Neuschild*, Der presserechtliche Gegendarstellungsanspruch, 1977; *Ory*, Novelle des Rechts der Gegendarstellung im Rundfunk und bei der Presse im Saarland, ZUM 1994, 424; *ders.*, Impressum und Gegendarstellung in Mediendiensten, AfP 1998, 465; *Prinz*, Nochmals: „Gegendarstellung auf dem Titelblatt einer Zeitschrift?", NJW 1993, 3093; *Puttfarcken*, ARD-Grundsätze zur Gegendarstellung im Fernsehgemeinschaftsprogramm, AfP 1983, 384; *Rehbock*, Gegendarstellung auf dem Titelblatt einer Zeitschrift, NJW 1993, 1448; *Rohde*, Die Gegendarstellung im saarländischen Pressegesetz, ZUM 1996, 942; *Scheele*, Zur Reform des Gegendarstellungsrechts, NJW 1992, 957; *Schmidt*, Die mündliche Verhandlung in Gegendarstellungssachen, AfP 1992, 31; *Schmidt/Seitz*, Aktuelle Probleme des Gegendarstellungsrechts, NJW 1991, 1009; *Seitz*, Saarländisches Gegendarstellungsrecht, NJW 1994, 2922; *ders.*, Richterliches Plädoyer für mündliche Verhandlungen in Gegendarstellungssachen, AfP 1991, 581; *Seitz/Schmidt/Schoener*, Der Gegendarstellungsanspruch in Presse, Film, Funk und Fernsehen, 3. Auflage 1998; *Soehring*, Die neue Rechtsprechung zum Presserecht, NJW 1994, 16; *ders.*, Die Entwicklung des Presse- und Äußerungsrechts 1994–1996, NJW 1997, 360; *Walter*, Das neue saarländische Gegendarstellungsrecht, AfP 1995, 367; *Weimann*, Identitätsschutz durch Gegendarstellung, 2001; *Wenzel*, Das Recht der Wort- und Bildberichterstattung, 5. Auflage 2003.

Wenn es überhaupt einen spezifisch medienrechtlichen Anspruch gibt, so ist **1** es das Recht auf Gegendarstellung. Indes handelt es sich auch dabei letztlich nur um einen normalen zivilrechtlichen Anspruch.[1] Dieser wird häufig aus dem Grundsatz der **Waffengleichheit** hergeleitet.[2] Ungeachtet dieser martialischen Begründung dürfte es sich eher um eine Ausprägung des Gleichlaufs von

---

[147] Vgl. Staudinger/*Hager*, § 823 C Rz. 227.
[148] Oben § 4 Rz. 19 ff.
[1] Das ist spätestens seit Anfang der sechziger Jahre anerkannt; vgl. BGH NJW 1963, 1155; OLG Köln NJW 1962, 48; *Löffler*, NJW 1957, 714, 715; *Uhlitz*, NJW 1962, 526; *Neumann-Duesberg*, NJW 1962, 904; *Groß*, NJW 1963, 479, 480; anders, nämlich öffentlich-rechtlich begründet, noch *Häntzschel*, Reichspressegesetz, S. 78.
[2] OLG Hamburg ZUM 1986, 403, 404; OLG Düsseldorf NJW 1986, 1270; OLG Frankfurt AfP 1985, 288, 290; OLG München AfP 1992, 158.

Vorteil und korrespondierendem Risiko handeln, denn mit der Berichterstattungsfreiheit, welche die Interessen derer, über die berichtet wird, tangiert, geht das Risiko einher, dass diese sich dagegen zur Wehr setzen können, sofern ihr allgemeines Persönlichkeitsrecht verletzt ist.[3] Man kann die allfällige Konfliktlösung zwischen Ehrenschutz und Art. 5 Abs. 1 GG auch hier auf das Gegenschlags- und Veranlassungsprinzip zurückführen.[4] Der Betroffene darf nicht zum „Objekt öffentlicher Erörterungen herabgewürdigt werden".[5] Gleichsam als Reflex schützt die Gegendarstellung das öffentliche Interesse daran, dass die publizierten Informationen sachlich zutreffen.[6] Die dogmatische Wurzel des Gegendarstellungsrechts ist mithin das allgemeine Persönlichkeitsrecht. Die Gegendarstellung ist gewissermaßen der **actus contrarius** zur ehrverletzenden Veröffentlichung.[7] Ungeachtet dieser dogmatischen Einordnung und zivilrechtlichen Ausgestaltung kann Berechtigter eines Gegendarstellungsanspruchs auch eine Behörde sein, wenn von den getätigten Äußerungen die Gefahr ausgeht, die Behörde schwerwiegend in ihrer Funktion zu beeinträchtigen.[8]

2   Da die Gegendarstellungsansprüche in den einzelnen Landespressegesetzen und Landesmediengesetzen sowie in den rundfunkrechtlichen Vorgaben[9] in beinahe fünfzig verschiedenen Ausprägungen zersplittert geregelt sind,[10] können hier nur die übereinstimmen Leitlinien dargestellt werden.[11] Nicht behandelt werden können insbesondere die prozeduralen Fragen der Rechtsdurchsetzung.[12] Die nachfolgende Behandlung bemüht sich gleichsam um den gemeinsamen Nenner aller Gegendarstellungsrechte.

I. Ort der Gegendarstellung innerhalb des Publikationsorgans

3   Zu den drängendsten und meistdiskutierten Fragen des Gegendarstellungsrechts zählt dementsprechend diejenige nach dem adäquaten Ort der Gegendarstellung.[13] Aus dem Actus-contrarius-Gedanken folgt, dass die Gegendarstellung nicht an irgendeiner peripheren Stelle abgedruckt werden darf, sondern grundsätzlich an gleichartiger Stelle publiziert werden muss. Muss somit derjenige Ort im Publikationsorgan gewählt werden, der dem Erscheinungsort der

---

[3] Vgl. *Prinz/Peters*, Medienrecht, Rz. 442: „Spannungsverhältnis von Medienfreiheit und Persönlichkeitsrecht".

[4] Zu ihnen *Larenz/Canaris*, Schuldrecht II/2, § 80 V 1 a.

[5] BVerfG NJW 1983, 1179, 1180; 1998, 1381, 1382.

[6] Vgl. BVerfG NJW 1998, 1381 f.

[7] Vgl. OLG Hamburg AfP 1978, 155: „Tatsache gegen Tatsache."

[8] BGH NJW 2008, 2262, zum Richtigstellungsanspruch des BKA gegen das Nachrichtenmagazin „FOCUS" im Zusammenhang mit der Cicero-Problematik; hierzu § 2 Rz. 10.

[9] Speziell zum Rundfunkrecht *Hassert*, Das Recht der Rundfunkgegendarstellung, 1997. Zur Vorgängerregelung des § 56 RStV (§ 14 MDStV-E) siehe *Gounalakis/Rhode*, Persönlichkeitsschutz im Internet, 2002, Rz. 311 ff.

[10] Zum Gegendarstellungsanspruch im Internet *Lerch*, CR 1997, 261; *Dürr*, Der Gegendarstellungsanspruch im Internet, 2000.

[11] Zu den Einzelheiten *Prinz/Peters*, Medienrecht, Rz. 454 ff. („Die Rechtszersplitterung im heutigen Gegendarstellungsrecht ist ähnlich groß wie im gesamten Recht in der ersten Hälfte des (sc. vor-)vergangenen Jahrhunderts.").

[12] Zu ihnen *Prinz/Peters*, Medienrecht, Rz. 445, 452, 585 ff.

[13] Siehe dazu *J. Hager*, Jura 1995, 566, 572.

Erstmitteilung entspricht, so kommt auch die Titelseite als Forum der Gegendarstellung durchaus in Betracht.[14]

BVerfG NJW 1998, 1381: Im Mittelpunkt stand einmal mehr Prinzessin Caroline von Monaco. Die Illustrierte „Das neue Blatt" klärt ihre Leser auf der Titelseite mit der aus der Luft gegriffenen Schlagzeile auf: „Caroline & Vincent / Ganz St. Remy freut sich / Das wird eine Märchenhochzeit".

Das Bundesverfassungsgericht hat den Abdruck der Gegendarstellung auf **4** der **Titelseite** für richtig gehalten. Zwar erstrecke sich der Schutz des Art. 5 GG auch auf die erste Titelseite, welche die Identität des jeweiligen Publikationsorgans präge und auch unter Werbegesichtspunkten besonders wichtig sei, so dass die Pressefreiheit des publikationspflichtigen Verlags berührt sei, wenn die Gegendarstellung gerade auf der Titelseite erfolgen soll. Ein derartiger Eingriff ist indes nicht generell unverhältnismäßig, weil dem Gesetzgeber auf der anderen Seite eine Schutzpflicht gegenüber dem durch Medienerzeugnisse zu Unrecht Betroffenen obliege.[15] Dieser muss daher auch die Möglichkeit haben, der Veröffentlichung in entsprechender Weise entgegenzutreten.[16] Dazu gehöre auch die Möglichkeit, auf der Titelseite zu entgegnen, wenn dort der Verstoß gegen das Persönlichkeitsrecht (Art. 1, 2 Abs. 1 GG) begangen wurde.

Allerdings muss darauf geachtet werden, dass die Titelseite durch die Gegen- **5** darstellung nicht ihrer Funktion beraubt wird, das Erscheinungsbild des konkreten Publikationsorgans zu prägen. Dazu gehört auch, dass die Gegendarstellungspflicht nicht bewirken darf, dass die jeweilige Zeitschrift langfristig von ihrer grundgesetzlich gewährleisteten Berichterstattungsfreiheit keinen Gebrauch mehr machen kann. Daher hat das Bundesverfassungsgericht das Recht auf eine Gegendarstellung auf der Titelseite an die einschränkende Voraussetzung geknüpft, dass die ursprüngliche Mitteilung auf der Titelseite ihrerseits eine **Tatsachenbehauptung** enthält und nicht lediglich die schlichte Ankündigung eines Artikels, welcher erst die Tatsache behauptet.[17] Auf den vorliegenden Fall bezogen bedeutet dies, dass die Mitteilung: „Caroline & Vincent / Ganz St. Remy freut sich / Das wird eine Märchenhochzeit" bereits eine Tatsachenbehauptung darstellt, weil die Nachricht impliziert, dass sich die Bewohner des genannten Ortes St. Remy auf eine Märchenhochzeit der betreffenden Prominenten freuen.[18] Auf der Grundlage des § 11 Abs. 3 Hamburger Pressegesetz wurde die Illustrierte daher verpflichtet, auf der linken Hälfte der Titelseite eines späteren Heftes einen entsprechenden Text abzudrucken.[19] Dabei war nach dem Bundesverfassungsgericht auch zu berücksichtigen, dass es so genannte „Titelseiten- und **Kioskleser**" gibt,[20] die nur die Titelseite zur Kenntnis nehmen.[21] Auch im Hinblick auf diese flüchtigen Leser war die Gegendarstellung nicht nur auf der Titelseite veranlasst, sondern dort – ent-

---

[14] OLG München AfP 1991, 531, 533; OLG Hamburg AfP 1975, 861, 862; OLG Karlsruhe NJW 1993, 1476.
[15] So bereits BVerfGE 73, 118, 201.
[16] BVerfGE 63, 131, 142.
[17] BVerfG NJW 1998, 1381, 1384.
[18] BVerfG NJW 1998, 1381, 1384.
[19] „Gegendarstellung: Auf der Titelseite von ‚Das neue Blatt' Nr. 38 vom 9. 1. 1993 heißt es: ‚Caroline & Vincent ganz St. Remy freut sich: Das wird eine Märchenhochzeit.' Hierzu stelle ich fest: Ich habe derzeit keinerlei Heiratsabsichten. Monaco, den 22. 9. 1993 Prinzessin Caroline von Monaco."; vgl. *Prinz/Peters*, Medienrecht, Rz. 596 Fußnote 638.
[20] BVerfG NJW 1998, 1381, 1384.
[21] Siehe dazu auch Staudinger/*Hager*, § 823 C Rz. 277, 283.

sprechend der „Fächerauslage" an Kiosken[22] – auf der linken Seite, die von den eiligen Lesern noch mit wahrgenommen wird. Selbst wenn sich die Tatsachenbehauptung auf der Titelseite befindet, kann der Funktion der Titelseite z. B. durch eine Reduzierung der Schriftgröße im Vergleich zur Erstmitteilung Rechnung zu tragen sein.[23]

6   Freilich sind der **drucktechnischen Gestaltung** der Gegendarstellung generell Grenzen gesetzt. Diese darf keinesfalls dazu führen, den Sinn und Zweck einer Gegendarstellung in ihr Gegenteil zu verkehren, indem etwa die beanstandete Ausgangsmitteilung durch Schriftbild, Raum und Fettdruck deutlich hervorgehoben wird, während die eigentliche Erwiderung durch kleine und einfache Schrift völlig in den Hintergrund tritt. Die Gefahr, dass auf diesem Wege allein die beanstandete Ausgangsmitteilung erneut in Erinnerung gerufen wird, liegt auf der Hand.[24] Im Übrigen hat die Gegendarstellung nicht nur hinsichtlich des Ortes der Veröffentlichung, sondern auch in grafischer und drucktechnischer Ausgestaltung regelmäßig der Aufmachung der Ausgangsmitteilung zu entsprechen, um dem Betroffenen unter dem Gesichtspunkt der Waffengleichheit die gleiche Aufmerksamkeit zu verschaffen.[25]

7   Eine Tatsachenbehauptung auf dem Titelblatt berechtigt selbst dann zu einer entsprechenden Gegendarstellung, wenn der hierdurch fälschlich vermittelte Eindruck bei Lektüre des in Bezug genommenen Artikels im Innenteil relativiert wird.[26] Fehlt es an der vom Bundesverfassungsgericht vorausgesetzten Tatsachenbehauptung, kommt gleichwohl ein Anspruch auf Abdruck einer Ankündigung der Gegendarstellung auf dem Titelblatt in Betracht, wenn der Leser bereits dort auf die beanstandete Aussage in besonderer Form aufmerksam gemacht wurde.[27] Schwierigkeiten bereitet die Frage, ob im **Inhaltsverzeichnis** auf die Gegendarstellung hingewiesen werden muss, wenn die Erstmitteilung dort angekündigt wurde,[28] oder ob das nur dann verlangt werden kann, wenn die gerügte Tatsachenbehauptung selbst dort angeführt war.[29] Die besseren Gründe sprechen für die erstgenannte Ansicht. Nach dem Actus-contrarius-Gedanken kann erwartet werden, dass überall dort, wo die beanstandete Erstmitteilung, sei es auch nur per Verweis, zum Ausdruck kam, zumindest der Hinweis auf die Gegendarstellung erfolgt. Es genügt freilich der schlichte Begriff mit der Seitenzahl: Der Leser mag selbst entscheiden, ob er die konkrete Darstellung zur Kenntnis nimmt. Dies jedoch dem Zufall zu überlassen und allein die Gegendarstellung am entsprechenden Ort im Heftinneren zu platzieren, wäre zu wenig.

8   In diesen Zusammenhang gehört auch die Frage, inwieweit Äußerungen gegendarstellungsfähig sind, die nicht offen ausgesprochen werden, sondern

---

[22] *Prinz/Peters*, Medienrecht, Rz. 596.

[23] OLG Karlsruhe NJW 2006, 621, 622.

[24] KG Berlin NJOZ 2007, 1700, 1703.

[25] KG Berlin NJOZ 2007, 1700, 1703.

[26] LG München I NJW-RR 2005, 56, dort auch zum zeitlichen Rahmen, in dem der Gegendarstellungsanspruch geltend gemacht werden muss (**Aktualitätsgrenze**).

[27] So das KG Berlin NJOZ 2007, 1700, 1704, das im zu entscheidenden Fall einen solchen Anspruch allerdings abgelehnt hatte, da die „reißerische" Ankündigung nur allgemein auf den im Innenteil abgedruckten Artikel verwies, ohne einen Bezug zu der mit der Gegendarstellung beanstandeten Aussage herzustellen. Damit konnte der Leser nur durch Lektüre des Artikels selbst die angegriffene Tatsachenbehauptung zur Kenntnis nehmen.

[28] So OLG Hamburg AfP 1992, 278; 1977, 245; *Prinz/Peters*, Medienrecht, Rz. 599; *Neuschild*, Der presserechtliche Gegendarstellungsanspruch, 1977, S. 172.

[29] In diese Richtung OLG München NJW 1995, 2297.

erst im Zusammenhang mit einer offenen Aussage als eigenständige Tatsachenbehauptung hervortreten. Das Bundesverfassungsgericht zieht diejenigen Maßstäbe heran, die im Rahmen einer straf- oder zivilrechtlichen Verurteilung für mehrdeutige Aussagen zur Anwendung kommen.[30] Aufgrund der durch Art. 5 Abs. 1 S. 2 GG gewährleisteten Pressefreiheit kann nicht schon jede „nicht fern liegende" Deutung zur Gegendarstellung berechtigen. Vielmehr muss sich die **verdeckte Aussage** im Zusammenspiel mit der offenen Tatsachenbehauptung dem Leser als unabweisliche Schlussfolgerung aufdrängen.[31] Ergeben sich daher mehrere Deutungsmöglichkeiten und ist nicht jede für sich genommen gegendarstellungsfähig, ist zugunsten des Presseorgans zu entscheiden. Anderenfalls wären Berichte zu komplexen und umstrittenen Fragen mit nicht überschaubaren Risiken einer Inanspruchnahme auf Gegendarstellung belastet, zumal es gerade in diesen Fällen in der Praxis häufig nicht einfach ist, sich auf eindeutige Formulierungen zu beschränken.

II. Angriffspunkt

Die Gegendarstellung kann sich nur gegen Tatsachenbehauptungen richten 9 und ist daher gegenüber Meinungsäußerungen und echten ergebnisoffenen Fragen[32] unzulässig. Das folgt aus der grundgesetzlich gewährleisteten Meinungsfreiheit des Art. 5 Abs. 1 S. 1 GG. Es entspricht aber auch pragmatischen Gesichtspunkten, weil andernfalls gerade bei feuilletonistischen Beiträgen, wie insbesondere Rezensionen aller Art, permanente Gegendarstellungen den kritischen Journalismus zum Erliegen bringen würden.[33] Zu berücksichtigen ist dabei, dass das Bundesverfassungsgericht geringschätzige Äußerungen im Rahmen einer Rezension bereits dann als **Schmähkritik** einordnet,[34] wenn und weil sie „nicht im Rahmen einer inhaltlichen oder ästhetischen Auseinandersetzung mit dem Werk" getan worden sind.[35] Allerdings ist der Begriff der Schmähung im Hinblick auf Art. 5 Abs. 1 S. 1 GG eng auszulegen. Unzulässige Schmähkritik liegt also erst dann vor, wenn vor allem eine Person diffamiert werden soll und die Äußerung keiner Auseinandersetzung in der Sache dient.[36] Das bedeutet indes nicht, dass gegen Kommentare eine Gegendarstellung von vornherein unzulässig ist:

OLG Hamburg AfP 1987, 625: Die Bild-Zeitung monierte in einem Kommentar mit der Überschrift „Tagesschau mit zweierlei Maß" Folgendes: „Ausführlich waren am Sonnabend fauststreckende Demonstranten in der ‚Tagesschau' um 20.00 Uhr zu sehen: Anti-Atom in Nürnberg. Am selben Tag demonstrierten 1400 gestandene Betriebsräte in Obrigheim für

---

[30] Vgl. BVerfGE 85, 1, 18; 86, 1, 11 f.; 93, 266, 295 ff.; 94, 1, 9, 11.

[31] BVerfG-K ZUM 2008, 325.

[32] Vgl. zur Abgrenzung zwischen echten ergebnisoffenen Fragen und rhetorischen Fragen, die letztlich Tatsachenbehauptungen enthalten BVerfG NJW 1992, 1442; LG Frankenthal NJW 2006, 623.

[33] *Prinz/Peters,* Medienrecht, Rz. 485.

[34] Zu ihr auch *Fechner,* Medienrecht, Rz. 132.

[35] BVerfG NJW 1993, 1462; dagegen *Larenz/Canaris,* Schuldrecht II/2, § 80 V 1 a, mit dem Hinweis, dass dies in letzter Konsequenz zu einem verfassungsrechtlichen Begründungszwang für einen literarischen Verriss führen könne.

[36] BVerfG NJW 2003, 3760.

Atomenergie und sichere Arbeitsplätze. Kein einziges Bild dieses beachtlichen Gewerkschafter-treffens wurde gezeigt." Der NDR verwahrte sich gegen den damit geschürten Eindruck und bringt vor, dass in der Tagesschau um 21.50 Uhr auch mit Bild über die Veranstaltung in Obrigheim berichtet wurde.

10   Bemerkenswert an dieser Sachverhaltsgestaltung ist, dass die Tagesschau um 20.00 Uhr in der Tat nur einen Textbeitrag von der Veranstaltung in Obrigheim gesendet hatte und insofern wirklich kein einziges Bild davon zu sehen war. In der Tagesschau von 21.50 Uhr war dann zwar ein entsprechender Filmbeitrag von der Veranstaltung in Obrigheim zu sehen, doch stimmt auch insofern die Behauptung der Bild-Zeitung, die sich explizit nur auf 20.00 Uhr bezieht. Die darin zum Ausdruck kommende **Tatsachenbehauptung** konnte also nicht angegriffen werden. Dennoch liegt in dem Kommentar nicht lediglich eine unangreifbare Meinungsäußerung. Vielmehr wird ein bestimmter Eindruck damit erweckt.[37] Anerkanntermaßen steht das Instrument der Gegendarstellung aber auch zur Bekämpfung eines bestimmten Eindrucks offen.[38] Ein solcher wurde hier auch erweckt. Denn der streitgegenständliche Kommentar schürte den Eindruck einseitiger Berichterstattung, die sich dadurch auszeichnet, dass über ein bestimmtes politisches Thema in einseitig-tendenziöser Weise unter Ausnutzung des jeweiligen Mediums berichtet wurde, während die Gegen-meinung gleichsam beiläufig zu Wort kam. Daher hat das Gericht die Bild-Zeitung zum Abdruck einer Gegendarstellung verurteilt, in der zum Ausdruck kam, dass zwar in der Tagesschau von 20.00 Uhr nur mit einem Textbeitrag, in der von 21.50 Uhr dagegen mit Wort und Bild berichtet wurde.[39]

11   Im Rahmen der regelmäßig schwierigen Abgrenzung von Tatsachenbehaup-tung und Meinungsäußerung kommt es darauf an, ob die Richtigkeit der Aussage einem Beweis zugänglich ist.[40] Eine nicht mit dem Mittel der Gegen-darstellung zu begegnende **Meinungsäußerung** liegt danach vor, wenn sich die Äußerung den Kriterien richtig oder falsch, wahr oder unwahr entzieht und stattdessen Ausprägungen des Dafürhaltens widerspiegelt.[41] Zitate und Äuße-rungen Dritter sind Tatsachenbehauptungen, weil eben behauptet wird, dass sich der Dritte so eingelassen hat. Der von einer solchen Äußerung Dritter Betroffene kann sich im Wege einer Gegendarstellung dagegen wehren, dass sich der Dritte nicht in der zitierten Weise geäußert hat. Uneinheitlich beurteilt wird, ob der Betroffene darüber hinaus mit der Gegendarstellung erwidern kann, dass die Behauptung unzutreffend ist[42] oder ob ihm dies verwehrt ist, weil der Inhalt der Äußerung des Dritten nicht als Tatsachenbehauptung „aufgestellt" worden ist.[43] Hierfür dürfte es darauf ankommen, ob sich der

---

[37] Dementsprechend kann sich die Gegendarstellung auch gegen eine Fotomontage wenden; vgl. LG München NJW 2004, 606.

[38] OLG München ZUM-RD 1999, 8, 11; OLG Karlsruhe NJW-RR 1993, 728; OLG Hamburg AfP 1986, 137; OLG Hamburg NJW-RR 1995, 1053.

[39] Wortlaut der Gegendarstellung bei *Prinz/Peters*, Medienrecht, Rz. 488.

[40] BGH NJW 1993, 930, 931; 1996, 1131, 1133; 1997, 1148, 1149.

[41] BVerfGE 7, 198, 210; BVerfG NJW 1983, 1415, 1416; BVerfG AfP 1994, 126.

[42] *Prinz/Peters*, Medienrecht, Rz. 487, mit dem auch von der Rechtsprechung (vgl. BGH NJW 1997, 1288; 1996, 1131; 1997, 1148) anerkannten Argument, dass sich der Publizist dasjenige zurechnen lassen müsse, was er verbreitet; ferner *Seitz/Schmidt/Schöner*, Die Gegen-darstellung in Presse, Film, Funk und Fernsehen, 3. Auflage 1998, Rz. 230.

[43] So *Wenzel/Burkhardt*, Das Recht der Wort- und Bildberichterstattung, 5. Auflage 2003, Rz. 11.46; *Löffler/Sedelmeier*, Presserecht, 4. Auflage 1997, § 11 LPG Rz. 108.

Zitierende die Äußerung des Dritten im Einzelfall zu Eigen gemacht hat; dann muss sich der Betroffene auch gegen den Inhalt wehren können.[44]

Grundsätzlich unerheblich ist für den Gegendarstellungsanspruch der **Wahr-** **12** **heitsgehalt** der Erwiderung.[45] Nur wenn der Inhalt ganz offensichtlich unwahr ist, wofür der Anspruchsverpflichtete die Darlegungs- und Beweislast trägt,[46] wird das berechtigte Interesse an einer Gegendarstellung verneint.[47] Ansonsten ist das Gegendarstellungsrecht formal ausgestaltet,[48] so dass ohne Beweiserhebung und Wahrheitserforschung entschieden werden kann. Das erklärt auf der anderen Seite die oft lakonisch anmutende Anmerkung der Redaktion, dass diese verpflichtet ist, die Gegendarstellung unabhängig von der Wahrheit abzudrucken.

III. Alles-oder-nichts-Grundsatz

Aus den soeben dargestellten Abgrenzungsschwierigkeiten von Tatsachenbe- **13** hauptung und Meinungsäußerung ergibt sich für den Gegendarstellungsberechtigten ein nicht zu unterschätzendes praktisches Problem, das durch eine weit verbreitete Gerichtspraxis noch verschärft wird. Entgegen der gerichtlichen Beteuerung, dass bei der Gegendarstellung zugunsten des Berechtigten kein kleinlicher Maßstab anzulegen ist,[49] verfährt die Praxis häufig engherzig. Das zeigt sich vor allem an dem weithin, wenngleich nicht einheitlich streng praktizierten „Alles-oder-nichts-Grundsatz", wonach dem Gegendarstellungsverlangen entweder zur Gänze entsprochen oder es zurückgewiesen wird. Letzteres ist nach strenger Praxis[50] schon dann der Fall, wenn das Gericht nur eine einzige Formulierung des Verlangens – also etwa eine vom Gericht so gewürdigte Meinungsäußerung an Stelle einer Tatsachenbehauptung – für unzulässig hält.[51] Riskant ist vor diesem Hintergrund für den Berechtigten insbesondere das Verlangen nach einer **Gegenüberschrift**,[52] weil das Gericht der Ansicht sein kann, dass der Betroffene zwar in der Sache Recht hat, nicht aber berechtigt ist, einen anderen Ausdruck als das schlichte Wort „Gegendarstellung" zu fordern.[53]

Der „Alles-oder-nichts-Grundsatz" ist nicht frei von Bedenken. Ausgehend **14** vom hier vertretenen dogmatischen Erklärungsansatz, wonach sich im Gegen-

---

[44] Ebenso *Wenzel/Burkhardt*, a. a. O.

[45] BVerfG AfP 1993, 474, 475.

[46] OLG Karlsruhe NJW 2006, 621, 622.

[47] OLG München ZUM 1998, 846, 848; OLG Karlsruhe AfP 1992, 373, 375; OLG Hamburg NJW-RR 1994, 1179, 1180; einprägsam *Prinz/Peters*, Medienrecht, Rz. 555: „wenn sie den Stempel der Lüge auf der Stirn trägt".

[48] *Prinz/Peters*, Medienrecht, Rz. 554.

[49] OLG Frankfurt AfP 1985, 288, 290; OLG Hamburg ZUM 1990, 581, 582; 1994, 118.

[50] So vor allem das OLG Hamburg (AfP 1980, 104, 105; 1988, 345; 1989, 465; ZUM 1995, 887); ebenso aber auch OLG Celle NJW 1953, 1767; OLG Karlsruhe AfP 1994, 317; LG Oldenburg AfP 1986, 84, 86; LG Düsseldorf AfP 1993, 498, 499.

[51] Zu den aus Sicht der Beratungspraxis misslichen Konsequenzen siehe *Prinz*, NJW 1995, 817, 818; *ders./Peters*, Medienrecht, Rz. 448.

[52] Vgl. etwa LG Hamburg AfP 1987, 631, 633.

[53] *Prinz/Peters*, Medienrecht, Rz. 522, weisen daher darauf hin, dass der Betroffene nur mit der Überschrift „Gegendarstellung" nicht Gefahr läuft in die „Alles-oder-nichts"-Falle zu tappen.

darstellungsrecht der Grundsatz von Vorteil und korrespondierendem Risiko widerspiegelt, kann er zu einer ungerechtfertigten **Risikoverlagerung** zu Lasten des Gegendarstellungsberechtigten führen. Dem Medienunternehmen wird das Risiko wieder abgenommen und dem Betroffenen aufgebürdet. So nachvollziehbar der Beweggrund ist, dass eine zu breite Streuung von einzelnen Gegendarstellungsbegehren eingedämmt werden soll, darf dies doch keine abschreckende Wirkung haben, da es ansonsten zu einer bedenklichen Rechtsdurchsetzungsverweigerung kommen könnte.[54] Gerechtfertigt ist daher lediglich ein auf einzelne Gegendarstellungspunkte beschränktes „Entweder-oder": Schießt der Gegendarstellungsberechtigte in einem abgrenzbaren Punkt über das Ziel hinaus, so wird das Gegendarstellungsverlangen in diesem Punkt ganz zurückgewiesen und nicht auf das noch Zulässige beschränkt.[55] Etwas anderes würde in der Tat zu einer Art geltungserhaltender Reduktion führen, die dem Gericht nicht zuzumuten ist und die zu Missbräuchen einladen würde.[56] Mit dem hier favorisierten, auf einzelne Punkte beschränkten „Entweder-oder" wären Missbräuche nicht zu befürchten: Soweit der Antrag des Betroffenen zurückgewiesen wird, trifft ihn die Kostenfolge. Dieses Risiko kann und muss bei ihm verbleiben, da es ihn ohnehin immer trifft.

---

[54] *Prinz/Peters*, Medienrecht, Rz. 450, betonen zutreffend die Gefahr, dass das Gegendarstellungsrecht auf diese Weise zu einem „Sonderrecht für wohlhabende und ‚zähe' Parteien" wird.

[55] In diese Richtung etwa das OLG Frankfurt (AfP 1979, 359, 360; 1980, 225, 226; 1985, 288, 291); ähnlich OLG Stuttgart AfP 1987, 420; vgl. auch OLG Celle NJW-RR 1995, 794.

[56] Großzügig insoweit OLG München NJW-RR 1998, 1632, 1633; ZUM 1998, 846, 849; ZUM-RD 1999, 8, 11, das die unzulässigen Punkte streicht, sofern das Verständnis der übrigen Punkte nicht leidet und der Betroffene durch eine persönliche Erklärung dazu ermächtigt hat.

3. Teil. Das Medienwirtschaftsrecht

Das Medienwirtschaftsrecht ist ebenso wie das Medienrecht selbst bislang **1** kein eigenständiges Rechtsgebiet, wenn es auch als solches mitunter ausgegeben wird.[1] Als zusammengesetzter Begriff beschreibt es nur approximativ seinen Geltungsbereich, der im Wesentlichen in einer Schnittmenge liegt. Es geht dabei um nicht mehr und nicht weniger als diejenigen Ausprägungen und Erscheinungsformen des Wirtschaftsrechts und Wirtschaftslebens, die ihrem zu regelnden Lebenssachverhalt oder ihrer äußeren Tätigkeit nach im Medienbereich anzusiedeln sind. Es handelt sich demnach – wie überhaupt beim Medienrecht – eher um einen bestimmten Aspekt, eben den des Medienrechts, unter dem wirtschaftsrechtliche Zusammenhänge betrachtet werden. Zugleich geht es um das Recht der Medienunternehmen, d. h. der unternehmensrechtlichen Fragen, die gerade **Medienunternehmen** aufgrund ihrer besonderen Ausrichtung betreffen.

Von der überragenden Bedeutung des Art. 5 GG für das Medienrecht war **2** bereits im ersten Teil die Rede.[2] Diese Bedeutung zeigte sich erstmals mit aller Entschiedenheit in einem Rechtsstreit, der zugleich als Pionierentscheidung zum – damals freilich als solchem nicht bekannten – Medienwettbewerbs- und Medienkartellrecht gelten kann, weil sich die publizistische Macht und die Gefahr ihres Missbrauchs paradigmatisch zeigten:

> BVerfGE 25, 256 (Blinkfüer): Die kleine und nur regional erscheinende Zeitschrift „Blinkfüer" hatte sich den Unmut u. a. des allmächtigen Springer-Verlags zugezogen, weil sie auch die Rundfunk- und Fernsehprogramme der mitteldeutschen Sender und der Sender im Ostteil Berlins abdruckte. Der Springer-Verlag boykottierte daraufhin alle Zeitschriftenhändler, die Blinkfüer vertrieben.

Das Bundesverfassungsgericht hat den **Boykottaufruf** aufgrund der markt- **3** beherrschenden Stellung des Großverlags als mit Art. 5 Abs. 1 S. 1 GG unvereinbar angesehen. Eine „geistige Auseinandersetzung über Zulässigkeit und Zweckmäßigkeit der Veröffentlichung der Programme"[3] konnte mit dem Aufruf an die Zeitschriftenhändler nämlich nicht erreicht werden. Es ging vielmehr um widerrechtliche Druckausübung: „Mit wirtschaftlichen Mitteln unter Ausnutzung der monopolartigen Stellung der Beklagten sollte also ein politischer Meinungskampf ausgetragen werden."[4] Hätte der Springer-Verlag dies nur in seinen eigenen Blättern und nicht über die von ihm weithin abhängigen Zeitschriftenhändler unternommen, so wäre dagegen als Ausprägung der Meinungsfreiheit nichts zu erinnern gewesen, wie das Gericht ausdrücklich hervorgehoben hat.[5] So aber würde die Pressefreiheit des Beschwerdeführers verletzt: „Zum Schutz des **Instituts der freien Presse** muss die Unabhängigkeit von

---

[1] Auch *Paschke*, Medienrecht, Rz. 464, der an sich das Medienrecht als eigene Rechtsdisziplin versteht (dazu oben § 1 I 4 a), versteht den Begriff eher in deskriptivem Sinne.

[2] Oben § 2 Rz. 1.

[3] BVerfGE 25, 256, 266.

[4] BVerfGE 25, 256, 267; zustimmend *Larenz/Canaris*, Schuldrecht II/2, § 81 III 3 b.

[5] BVerfGE 25, 256, 266 f.

Presseorganen gegenüber Eingriffen wirtschaftlicher Machtgruppen mit unangemessenen Mitteln auf Gestaltung und Verbreitung von Presseerzeugnissen gesichert werden."[6] Wäre es das Grundgesetz nicht selbst schon,[7] so könnte man diese Entscheidung als eine Art Magna Charta des Presserechts ansehen.[8] Auf jeden Fall gehört sie an den Anfang jeder ernsthaften Beschäftigung mit dem Medienwirtschaftsrecht und zeigt, dass dieses schon präsent war, als es den Begriff noch gar nicht gab.[9]

4   Es gibt derzeit daher auch noch keinen anerkannten Kanon dessen, was zum Medienwirtschaftsrecht gehört. Das liegt nicht zuletzt daran, dass selbst der viel ältere Begriff des Wirtschaftsrechts nicht ganz klar konturiert ist. Zum Medienwirtschaftsrecht im Sinne der vorliegenden Darstellung zählt zunächst das Wettbewerbs- und Kartellrecht, wobei sich für Letzteres sogar schon der Begriff „Medienkartellrecht" etabliert hat. Des Weiteren werden die medienrechtsrelevanten Gesichtspunkte des Markenrechts und des Urheberrechts mitbehandelt. Im Anschluss daran werden noch die Grundzüge des Filmrechts erörtert, da die Filmwirtschaft einen maßgeblichen Bereich der Medienwirtschaft ausmacht.

§ 8. Wettbewerbsrecht

Literatur: *Ayad,* E-Mail-Werbung – Rechtsgrundlagen und Regelungsbedarf, CR 2001, 533; *Baetge,* Unverlangte E-Mail-Werbung zwischen Lauterkeits- und Deliktsrecht, NJW 2006, 1037; *Baum,* Im Grenzbereich von Werbung und Redaktionellem, Media Perspektiven 1986, 699; *Beater,* Medienspezifische Beurteilung von Werbung im Wettbewerbsrecht – Ausgewählte Problemfragen am Beispiel der Fernseh- und Internetwerbung, Festschrift für Herrmann, 2002, S. 85; *Bodendorf/Nill,* Das Prinzip der Preislistentreue, Bedeutung und Berechtigung im Umfeld des neuen Wettbewerbsrechts, AfP 2005, 251; *Bohne,* Funktionsfähiger Wettbewerb auf den Telekommunikationsmärkten, 1998; *Börner,* Der Zugang der Presse zum Rundfunk und das Wettbewerbsrecht, 1985; *Bork,* Möglichkeiten und Schranken des Medienverbundes vor dem Hintergrund einschlägiger medien- und wettbewerbsrechtlicher Bestimmungen sowie des BGH-Urteils im Fall „Wer erschoss Boro", ZUM 1991, 51; *ders.,* Product Placement im Wettbewerbsrecht – Zu den Grenzen medialer Fernsehwerbung, GRUR 1988, 264; *ders.,* „Totgesagte leben länger", Zum Thema Schleichwerbung – Erwiderung auf Gottschalk/Scheele, MA 1988, 176; *Braun,* Redaktionelle Hinweise in Zeitungen und Zeitschriften, WRP 1983, 600; *v. Danwitz,* Der Gratisvertrieb anzeigenfinanzierter Tages-

---

[6] BVerfGE 25, 256, 268.

[7] Zum Verhältnis von Verfassung und Privatrecht auf der Grundlage dieser Entscheidung *Canaris,* JuS 1989, 168.

[8] Mitunter wird auch der ganzen Verfassungsgerichtsrechtsprechung zu Art. 5 GG ein „Magna-Charta-Charakter" zugebilligt. Diese Sichtweise ist freilich rückläufig; vgl. *Stock,* Medienfreiheit als Funktionsgrundrecht, 1985, S. 2.

[9] Eingehend zur Blinkfüer-Entscheidung *Canaris,* Grundrechte und Privatrecht, 1999, S. 56 f., dessen instruktive Kritik zu dem Ergebnis kommt: „Trotz dieser Ungereimtheiten verdient die Entscheidung des Bundesverfassungsgerichts jedoch nachdrückliche Zustimmung. Denn in dogmatischer Hinsicht lässt sich (…) mit Hilfe der Schutzgebotsfunktion des Art. 5 Abs. 1 GG auf ein tragfähiges Fundament stellen. Im Ergebnis und in der Begründung zutreffend ist auch, dass das Bundesverfassungsgericht hier der Sache nach das Bestehen einer Schutzpflicht bejaht hat. In der Tat wäre es nämlich mit Sinn und Funktion der Pressefreiheit unvereinbar, wenn die Auseinandersetzung der Meinungen nicht nur mit den für sie spezifischen Mitteln – also mit Worten und anderen vergleichbaren Bekundungen – geführt, sondern durch den mit ihrem Wesen unvereinbaren, weil ,ungeistigen' Einsatz von wirtschaftlichem Druck verfremdet werden dürfte."

zeitungen im Wettbewerb der Presseorgane, 2002; *Dieselhorst/Schreiber*, Die Rechtslage zum E-Mail-Spamming in Deutschland, CR 2004, 680; *Dorenbeck*, Die Fernsehserie als neues Werbemittel der Markenartikelindustrie, MA 1986, 428; *Dreßler/Voigt*, Lauterkeitsrechtliche Offenlegungspflicht bei redaktioneller Berichterstattung über verbundene Unternehmen?, AfP 2005, 154; *Emmerich*, Unlauterer Wettbewerb, 7. Auflage 2004; *ders.*, Rundfunk im Wettbewerbsrecht, AfP 1989, 433; *Engel*, Der Weg der deutschen Telekommunikation in den Wettbewerb, MMR 3/1999, Beilage 7; *Erdmann*, Der wettbewerbsrechtliche Schutz von Computerprogrammen, Festschrift zum 175. Bestehen des Oberlandesgerichts Oldenburg, 1989, S. 641; *Fette*, Schleichwerbung in Hörfunk und Fernsehen, UFITA 56 (1970) 43; *Fikentscher/Möllers*, Die (negative) Informationsfreiheit als Grenze von Werbung und Kunstdarbietung, NJW 1998, 1337; *Freitag*, Die Nachahmung bekannter Persönlichkeiten in der Werbung, GRUR 1994, 345; *Fuhr/Kerkhoff*, Regulierung als Voraussetzung für Wettbewerb in den Telekommunikationsmärkten – Eine Replik, MMR 1999, 213; *Gounalakis*, Werbung im Internet – Rechtliche Aspekte, 1999; *ders.*, Werbung im Rundfunkprogramm – Zwischen Trennungsgrundsatz und Schleichwerbung, WRP 2005, 1476; *Hefekäuser*, Telekommunikationsmärkte zwischen Regulierung und Wettbewerb, MMR 1999, 144; *Holthoff-Frank/Paulus*, Wettbewerb auf TK und Postmärkten?, MMR 2000, 187; *Hoeren*, Virenscanning und Spamfilter – Rechtliche Möglichkeiten gegen Viren, Spams & Co., NJW 2004, 3513; *Klodt/Laaser/ Lorz/Maurer*, Wettbewerb und Regulierung in der Telekommunikation, 1995; *Knieps*, Wettbewerb auf dem Mobilfunkmarkt, MMR-Beilage 2/2000; *Köhler*, Pressehaftung für wettbewerbswidrige Anzeigen, JuS 1991, 719; *Koenig/Kühling*, Funktionsfähiger Wettbewerb und Regulierungsperspektiven auf den Telekommunikationsmärkten, WuW 2000, 596; *Ladeur*, Rechtsprobleme der Werbung im lokalen Fernsehen, K&R 2005, 145; *Leistner/Pohlmann*, E-Mail-Direktmarketing im neuen europäischen Recht und in der UWG-Reform, WRP 2003, 815; *Lettl*, Der lauterkeitsrechtliche Schutz vor irreführender Werbung in Europa, 2004; *ders.*, Das neue Wettbewerbsrecht (zitiert: *Lettl*), 2004; *ders.*, Gewerblicher Rechtsschutz und Urheberrecht, GRUR 2004, 449; *ders.*, Rechtsprechungsübersicht zum Wettbewerbsrecht 2004/2005, BB 2005, 1913; *ders.*, Rechtsfragen des Direktmarketings per Telefon und E-Mail, GRUR 2000, 977; *Prinz/Peters*, Medienrecht 1999, Kapitel 8; *Ruess*, Die E-Commerce-Richtlinie und das deutsche Wettbewerbsrecht, 2003; *Schulz*, Medienkonvergenz light – Zur neuen Europäischen Richtlinie über audiovisuelle Mediendienste, EuZW 2008, 107; *Schütz/Esser/ Wellie*, Wettbewerb in der Telekommunikation? – Anmerkungen zum Entwurf eines Telekommunikationsgesetzes, AfP 1995, 580; *Splittgerber/Zscherpe/Goldmann*, Werbe-E-Mails – Zulässigkeit und Verantwortlichkeit, WRP 2006, 178; *P. Ulmer*, Programminformationen der Rundfunkanstalten in kartell- und wettbewerbsrechtlicher Sicht, 1983.

Die Werbung gehört zu den praktisch wichtigsten Bereichen des Medienrechts.[1] Das liegt nicht zuletzt daran, dass sich die meisten Medien über Werbeeinnahmen finanzieren. Insofern betrifft die Werbung nicht das Medium oder gar die Information selbst, sondern sie geschieht, um die **Informationsvermittlung** finanzierbar zu machen. Das Wettbewerbsrecht zählt einerseits zu den wichtigsten Ausprägungen des Medienrechts, ist andererseits bereits im Ansatz buchstäblich diffus. Wie so viele Anknüpfungspunkte des Medienrechts ist es nämlich verstreut in verschiedenen Kodifikationen. Dessen für den vorliegenden Zusammenhang zentrale ist natürlich das Gesetz gegen den unlauteren Wettbewerb (UWG), das uns im Folgenden dementsprechend schwerpunktmäßig beschäftigen wird. Darüber hinaus ist aber auch die wettbewerbsrechtliche Relevanz des Telekommunikationsgesetzes nicht zu leugnen, wie die Eingangsbestimmung unmissverständlich unter Beweis stellt. Nach § 1 TKG ist Zweck des Telekommunikationsgesetzes, durch Regulierung im Bereich der Telekommunikation *den Wettbewerb zu fördern* und flächendeckend

5

---

[1] Die Definitionsversuche der Werbung sind vielfältig und im Einzelnen umstritten. Zu nennen ist vor allem derjenige von *Lerche*, Werbung und Verfassung, 1967, S. 11, der Werbung definiert als „diejenige Tätigkeit (...), die mittels planmäßiger Anwendung beeinflussender Mittel darauf abzielt, andere Menschen für eine konkrete Meinung oder Verhaltensweise zu gewinnen." Bemerkenswert ist dabei die subjektive Komponente.

angemessene und ausreichende Dienstleistungen zu gewährleisten. Daraus erklärt sich, dass das Telekommunikationsgesetz als **spezielles Wettbewerbsrecht** angesehen wird,[2] weil es einen chancengleichen und funktionsfähigen Wettbewerb gewährleisten soll.[3] Dementsprechend umstritten war die Legitimation des Telekommunikationsgesetzes von Anfang an.[4] Aber nicht wegen dieser Streitigkeiten, sondern aus einer ganz grundsätzlichen Erwägung soll das Telekommunikationsgesetz im folgenden Abschnitt außer Betracht bleiben.[5] Es steht, wie die Worte „durch Regulierung" klarstellen, im Mittelpunkt des öffentlichen Medienrechts und soll daher weiter unten im vierten Abschnitt näher behandelt werden. Gleichwohl bestätigt schon dieser erste Aspekt das hier vertretene perspektivische Verständnis des Medienrechts: Es ist eine Frage der Perspektive, was man aus dem Wettbewerbsrecht, sei es genuines wie beim UWG oder partielles wie beim TKG, als Medienrecht ansieht – genuines Medienrecht ist es jedenfalls nicht.

6   Das UWG als zentrale Kodifikation des Wettbewerbsrechts ist jüngst grundlegend neu gestaltet worden.[6] Schon die in § 2 UWG geregelten Definitionen enthalten eine medienrechtliche Konnotation. Nach § 2 Abs. 1 Nr. 4 UWG bedeutet „**Nachricht**" i. S. d. UWG jede Information, die zwischen einer endlichen Zahl von Beteiligten über einen öffentlich zugänglichen elektronischen Kommunikationsdienst ausgetauscht und weitergeleitet wird. Dies schließt nach Halbsatz 2 nicht Informationen ein, die als Teil eines Rundfunkdienstes über ein elektronisches Kommunikationsnetz an die Öffentlichkeit weitergeleitet werden, soweit die Informationen nicht mit dem identifizierbaren Teilnehmer oder Nutzer, der sie erhält, in Verbindung gebracht werden können. Die Kodifikation enthält hier wohl sogar einen informationsrechtlichen Einschlag.

7   Die gesetzliche Systematik hat sich wie folgt geändert: § 3 UWG bestimmt nunmehr, dass unlautere Wettbewerbshandlungen unzulässig sind, die geeignet sind, den Wettbewerb zum Nachteil der Mitbewerber, der Verbraucher oder der sonstigen Marktteilnehmer nicht nur unerheblich zu beeinträchtigen.[7] § 4 UWG nennt Beispiele unlauteren Wettbewerbs. Unlauter im Sinne des § 3 UWG handelt auch, wer irreführend (§ 5 UWG) oder unter den Voraussetzungen des § 6 Abs. 2 UWG wirbt sowie nach § 7 Abs. 1 UWG, wer einen Marktteilnehmer in unzumutbarer Weise belästigt.[8] Solche Belästigungen kön-

---

[2] Speziell zum Wettbewerb auf dem Mobilfunkmarkt *Knieps*, MMR-Beilage 2/2000.

[3] *Schoch*, JZ 2002, 798, 801.

[4] Siehe nur *Hefekäuser*, MMR 1999, 144 f.; zu ihm *Fuhr/Kerkhoff*, MMR 1999, 213; vgl. auch *Koenig/Kühling*, WuW 2000, 596.

[5] Weiterführend *Holthoff-Frank/Paulus*, MMR 2000, 187.

[6] Dessen erneute Novellierung ist in Anpassung an die EU-Richtlinie über unlautere Geschäftspraktiken (Richtlinie 2005/29/EG vom 21. 5. 2005, ABlEU Nr. L 149/22 vom 11. 6. 2005) für das Jahr 2008 geplant. So sieht der entsprechende Entwurf (Bundesrats-Drucksache 345/08) u. a. vor, den bisher verwendeten Begriff der „Wettbewerbshandlung" durch den der „geschäftlichen Handlung" zu ersetzen und damit den Anwendungsbereich des UWG zu erweitern (vgl. § 2 Abs. 1 Nr. 1 UWG-E und die Begründung zu § 1 UWG-E, Bundesrats-Drucksache 345/08, S. 17).

[7] Zur darin enthaltenen „Bagatellklausel" *Köhler*, GRUR 2005, 1. Auch § 3 UWG wird im Zuge der Novellierung des UWG Änderungen erfahren. So ist in einem Anhang zu § 3 Abs. 3 UWG-E eine Liste geschäftlicher Handlungen gegenüber Verbrauchern vorgesehen, die ohne Rücksicht auf die nach der Generalklausel sonst maßgebliche Erheblichkeitsschwelle zur lauterkeitsrechtlichen Unzulässigkeit führen sollen.

[8] Die §§ 4–7 UWG-E sehen künftig einen erweiterten Katalog von Beispielen unlauteren Verhaltens vor.

nen sich etwa durch unverlangt zugesandte E-Mails (**Spamming**)[9] ergeben, worauf noch näher einzugehen sein wird.[10] Auf der Rechtsfolgenseite ist bei Zuwiderhandlungen gegen § 3 UWG neben dem Beseitigungs- bzw. Unterlassungsanspruch (§ 8 UWG) und dem Schadensersatzanspruch (§ 9 UWG) der neuartige Anspruch auf **Gewinnabschöpfung** aus § 10 UWG zu beachten,[11] der allerdings nur auf Gewinnherausgabe an den Bundeshaushalt gerichtet ist.[12] Dieser ist deshalb bemerkenswert, weil sich darin eine spezialgesetzliche Ausprägung dessen offenbart, was bereits oben bei der Behandlung des Bereicherungsrechts[13] als allgemeine Herausforderung des Medienrechts angesehen wurde.[14] Zur Vorbereitung der genannten Ansprüche steht dem Wettbewerber ein Recht auf Auskunft und Rechnungslegung zu.[15]

Die praktische Bedeutung des Wettbewerbsrechts für das Medienrecht steht 8 andererseits außer Frage, da sich Medienunternehmen stets der wettbewerbsrechtlichen Implikationen ihres Handelns[16] bewusst sein müssen:

BGH WRP 2004, 746: Der Verleger zweier Sonntagszeitungen klagt gegen die werbefinanzierte „Zeitung am Sonntag" auf Unterlassung, die als kostenlose Regionalzeitung über regionale und überregionale Themen sowie über Sportveranstaltungen berichtet.

Die Klägerin hatte weder mit ihrer Berufung gegen das klageabweisende 9 landgerichtliche Urteil[17] noch mit der Revision Erfolg, weil es an einer wettbewerbswidrigen **Wertreklame** im Sinne einer unlauteren Kundenbeeinflussung fehlte.[18] Bei der Wertreklame wird mit Werten dergestalt geworben, dass etwas verschenkt wird. Eine Wertreklame kann – beispielsweise bei Preisverschleierung, übertriebenem Anlocken oder der Hervorrufung psychischen Kaufzwangs –, muss aber nicht wettbewerbswidrig sein.[19] Hier fehlt es bereits an einer auf den Erwerb einer entgeltlichen Leistung gerichteten ursächlichen Beeinflussung.[20] Denn letztlich lässt sich der Verleger hier seine Leistung

---

[9] Der Irreführung durch derartige Nachrichten soll nunmehr § 6 Abs. 2 TMG entgegenwirken, wonach weder die Person des Absenders noch der kommerzielle Charakter der Nachricht verheimlicht oder verschleiert werden darf und damit die Spam-Mail bereits vor Einsichtnahme als solche erkennbar sein muss.

[10] Dazu Rz. 36 ff., § 15 Rz. 26.

[11] Zur Vorteilsabschöpfung im Kartellrecht *Köhler*, Festschrift für R. Schmidt, 2006, S. 509. Aus neuerer Judikatur OLG Stuttgart GRUR 2007, 435, auch zur Verfassungsmäßigkeit der Vorschrift und den Vorsatzanforderungen; LG Berlin CR 2008, 192 mit abl. Anm. *Klees*; LG Bonn GRUR 2006, 111. Eine inhaltliche Änderung der §§ 8–10 UWG ist mit dem geplanten UWG-Änderungsgesetz nicht vorgesehen.

[12] Hier wird fingiert, dass der Rechtsinhaber im Wege der Verwertung des Rechts ohne Rechtsverletzung denselben Gewinn erzielt hätte wie der Verletzer; vgl. *Lettl*, Das neue UWG, Rz. 660.

[13] Unter § 6 Rz. 32 ff.

[14] Kritisch zu dieser Neuerung *Stadler/Micklitz*, WRP 2003, 559; *Sack*, WRP 2003, 546; *Engels/Salomon*, WRP 2004, 32, 42 f.

[15] OLG Stuttgart GRUR 2007, 435. Vgl. schon § 6 Rz. 40.

[16] Nach der Begründung zu § 1 UWG-E soll mit dem künftig verwendeten Begriff der „geschäftlichen Handlung" auch solches Verhalten erfasst werden, dessen wettbewerbsrechtlicher Bezug zweifelhaft ist, etwa weil es während oder nach Vertragsschluss erfolgt; vgl. Bundesrats-Drucksache 345/08, S. 38.

[17] OLG Karlsruhe K&R 2000, 401.

[18] Ähnlich BGH WRP 2004, 896.

[19] Vgl. BGH GRUR 1988, 475, 476; 1037, 1038; 1999, 755, 756; 2002, 979, 980; 2003, 804, 805; 1057.

[20] Vgl. auch BGHZ 81, 291, 294.

bezahlen, wenn auch vom Anzeigenkunden und nicht durch den Leser.[21] Derartige Finanzierungsmodelle sind im Zeitungswesen ebenso wie bei Internetdiensten oder im Privatrundfunk legitim. Auch von einer allgemeinen Marktbehinderung kann nicht die Rede sein.[22] Im Gegenteil wäre der Beklagten der Markt weitgehend verschlossen, wenn sie nicht auf die unentgeltliche Verteilung zurückgreifen würde.[23] Nur ausnahmsweise, nämlich wenn dadurch die entgeltliche Presse in ihrem verfassungsrechtlich garantierten Bestand, also als Institution, bedroht ist, ist eine derartige Werbung wettbewerbswidrig.[24] Davon kann hier jedoch nicht die Rede sein.[25]

I. Aufruf zum Boykott

10   Vom medienmäßigen Aufruf zum Boykott war bereits eingangs anhand der Blinkfüer-Entscheidung des Bundesverfassungsgerichts die Rede. Boykottaufrufe sind aber praktisch noch häufiger bei Brancheninformationsdiensten oder -blättern. Auch hier musste das Bundesverfassungsgericht Grenzen aufzeigen:

> BVerfG NJW 1983, 1181: Der beklagte Verlag gab einen „Informationsdienst für den Handel" heraus, in dem Fachhändler aufgefordert wurden, diejenigen Hersteller zu benennen, welche Verbrauchermärkte beliefern. Zweck der Aktion war es, Druck auf die Hersteller dadurch auszuüben, dass der Fachhandel ihnen nichts mehr abnahm.

11   Das Gericht hat dieses Vorgehen als Verstoß gegen Art. 5 Abs. 1 S. 1 GG angesehen, weil der genannte Informationsdienst nur von Fachkreisen abonniert wurde und somit keine Einwirkung auf die *öffentliche* Meinung ermöglichte. Der Boykottaufruf fördere in rechtswidriger Weise fremden Wettbewerb, weil es nur darum gehe, „in einer partikularen Auseinandersetzung auf wirtschaftlichem Gebiet die Interessen einer Gruppe von Unternehmen gegenüber denjenigen einer anderen durchzusetzen oder zumindest zu solcher Durchsetzung beizutragen."[26]

12   Der Bundesgerichtshof hat diese Rechtsprechung fortgesetzt. So wurde die gleichfalls von einem **Brancheninformationsdienst** ausgehende und an den Uhrenfachhandel gerichtete Aufforderung,[27] keine Kunden mehr zu bedienen, deren Uhren bei „Kaffeeröstern" (Tchibo) gekauft waren, als Verstoß gegen den lauteren Wettbewerb angesehen. Die Wettbewerber dürften nicht über ihre Informationsblätter durch bestimmte Verhaltensvorschläge Partikularinteressen zur Durchsetzung verhelfen, wenn dadurch in die wirtschaftliche Auseinandersetzung derart eingegriffen würde.[28] Diese Entscheidung war freilich nicht die einzige ihrer Art:

> BGH NJW 1983, 62: Ein Brancheninformationsblatt hat die darauf abonnierten Fachhändler ermuntert, von einem bestimmten Anbieter keine Ersatzteile für ihre Kopiergeräte mehr zu beziehen. Wörtlich hieß es in dem Blatt: „Der Kopiergeräte-Hersteller aus W. langt

---

[21] *Hefermehl*, GRUR 1985, 883 f.
[22] Vgl. ähnliche Fälle; etwa BGHZ 114, 82, 84; BGH GRUR 2001, 752 f.
[23] *Berst*, AfP 1999, 425, 429.
[24] BGHZ 19, 392, 397; BGH GRUR 1985, 881, 882.
[25] Vgl. auch BGH GRUR 1971, 477, 479.
[26] BVerfG NJW 1983, 1181, 1182.
[27] Siehe den – bizarren – Wortlaut der Aufforderung bei *Prinz/Peters*, Medienrecht, Rz. 241.
[28] BGH NJW 1985, 60, 61 f.

bei der Aufkündigung der Copy-Charge-Verträge nämlich ganz schön zu, so dass sich bereits Kollegen nach anderen Quellen erkundigen und mit preisgünstigerer Ware, die im Schnitt von 10 bis 15 Prozent unter den C-Einkaufpreisen liegt, eindecken. Falls auch Sie Interesse haben, können Sie Adressennachweis über ... erfragen."

Der Bundesgerichtshof hat dieses Vorgehen des Informationsblattes für einen   **13** nicht aus Gründen der Informationsfreiheit gerechtfertigten Verstoß gegen das Wettbewerbsrecht erachtet. Aufschlussreich ist die Grenzziehung, die der Senat dabei vorgenommen hat. Es war nämlich nicht so sehr der Hinweis auf die niedrigeren Preise, als vielmehr das Angebot, günstigere Einkaufsquellen mitzuteilen. Das sei nämlich nicht mehr für die Meinungsbildung der Fachhändler erforderlich, sondern im Gegenteil geeignet gewesen, in den Wettbewerb zwischen den betroffenen Unternehmen behindernd einzugreifen.[29] Der Boykott unterfällt als gezielte Behinderung von Mitbewerbern nunmehr § 4 Nr. 10 UWG, woraus sich aber keine inhaltlichen Änderungen gegenüber der früheren Rechtslage ergeben.[30]

II. Exklusivvereinbarungen mit Medienunternehmen

Auf der Suche nach Informationen schließen Medienunternehmen mit einzel-   **14** nen Zeitzeugen häufig Exklusivvereinbarungen ab,[31] um über einen bestimmten Vorfall exklusiv berichten zu können.[32] Solche Exklusivvereinbarungen, die in den großen Kriminalprozessen (Beispiel: Vera Brühne[33], Monika Weimar[34]) eine Rolle gespielt haben, sind grundsätzlich weder nach § 138 BGB noch nach dem UWG nichtig.[35] Eine Ausnahme macht die Rechtsprechung, wenn die Vereinbarung keinen anderen Sinn hat, als die „allgemein zugängliche Quelle" (Art. 5 Abs. 1 GG) gleichsam versiegen zu lassen, indem das Schweigen eines Betroffenen erkauft wird, um der Öffentlichkeit bestimmte Nachrichten vorzuenthalten.[36] Im Übrigen bestehen gegen **Exklusivverträge**, die nicht selten dem Begünstigten ermöglichen, seine Anwaltskosten aus dem Erlös zu bezahlen, grundsätzlich keine Bedenken. Das bedeutet, dass andere Medienunternehmen, die in Kenntnis solcher Exklusivvereinbarungen gleichwohl den Versuch unternehmen, Informationen von dem Betroffenen entgegenzunehmen oder diesen gar durch das Versprechen eines höheren Entgelts auf ihre Seite zu ziehen versuchen,[37] wettbewerbswidrig handeln.[38] Bedenklich ist jedoch der reine **Scheckbuchjournalismus**, also die entgeltliche Informationsbeschaffung aus dazu nicht legitimierten Quellen.[39] Die Grenzen zwischen Exklusivvereinbarungen und Scheckbuchjournalismus sind freilich in der Praxis oft fließend.

---

[29] BGH NJW 1983, 62, 63.
[30] Vgl. Bundestags-Drucksache 15/1487, S. 19; *Lettl*, Rz. 351.
[31] Monographisch dazu *Moosmann*, Exklusivstories, 2002.
[32] *Prinz/Peters*, Medienrecht, Rz. 246.
[33] OLG München AfP 1981, 347 f.
[34] OLG Hamburg ZUM-RD 1998, 116; jeweils mit demselben Problem, dass in solche Exklusivverträge von anderer Seite wettbewerbswidrig eingegriffen wurde
[35] BGH MDR 1968, 118 f.
[36] BGH MDR 1968, 118, 119.
[37] Vgl. OLG Frankfurt ZUM-RD 1998, 277.
[38] OLG Hamburg ZUM-RD 1998, 116, 118.
[39] Zu ihm *Eberle*, Festschrift für Herrmann, 2002, S. 99.

III. Produktempfehlung und -kritik von innen und außen

15 Vielfältig sind die Ausprägungen der Empfehlung eigener und Kritik fremder Produkte.[40] Namentlich die **Wettbewerbsförderungsabsicht** als subjektive Voraussetzung[41] (vgl. § 2 Abs. 1 Nr. 1 UWG) bereitet in derartigen Fällen Probleme.[42] Diese wird zwar vermutet, wenn Gewerbetreibende, die miteinander im Wettbewerb stehen, sich im geschäftlichen Verkehr in einer Weise äußern, die geeignet ist,[43] den eigenen oder fremden Wettbewerb zu fördern.[44] Doch verhält es sich im Medienbereich häufig deswegen anders, weil und sofern Medienunternehmen oder einzelne Journalisten über Angelegenheiten von öffentlichem Interesse berichten. Dann kann die Wettbewerbsförderungsabsicht wegen Art. 5 GG[45] nicht ohne weiteres angenommen werden.[46] In besonders gelagerten Fällen sieht es freilich anders aus:

> BGH NJW 1987, 1082: Ein Restaurantkritiker, selbst wirtschaftlich an einem Weinhandel beteiligt, speist in einem gehobenen Weinlokal. Dieses bietet lediglich Weine an, die nicht vom Handel des Kritikers bezogen werden. Nach dem Besuch des Restaurants veröffentlicht der Kritiker einen vernichtenden Artikel über seinen Besuch unter dem Titel „Ein totaler Reinfall".

16 Der Bundesgerichtshof stellt zu Beginn seiner Entscheidung fest, dass eine Beurteilung des Falles nach den Maßstäben des Wettbewerbsrechts nicht deshalb ausscheidet, weil der Kritiker den Artikel in seiner Eigenschaft als Journalist geschrieben hat und sich demgemäß auf das Grundrecht aus Art. 5 Abs. 1 S. 1 GG berufen kann. Im konkreten Fall dienten die Äußerungen nämlich über die Meinungskundgabe hinaus vor allem dazu, in den individuellen Bereich des Marktkonkurrenten einzugreifen. Das Recht auf freie Meinungsäußerung wurde lediglich als Mittel zum Zweck der Förderung privater Wettbewerbsinteressen eingesetzt. In derartigen Fällen stellen die Gesetze gegen den unlauteren Wettbewerb als allgemeine Gesetze geeignete Schranken des Art. 5 Abs. 1 GG dar. Das Verhalten des Kritikers ist zudem als objektiv wettbewerbswidrig eingestuft worden, weil es in objektiver Hinsicht geeignet war, den eigenen

---

[40] Speziell zur Rechtsberatung in den Medien BGH GRUR 2002, 987; 993, 996.

[41] BGH NJW 1997, 1304, 1305. Mit der geplanten Änderung des UWG und dessen Anpassung an europarechtliche Vorgaben soll es in Zukunft genügen, dass ein objektiver Zusammenhang zwischen dem Verhalten einer Person und der Wettbewerbsförderung zugunsten des eigenen oder eines fremden Unternehmens besteht. Das „Ziel" der Wettbewerbsförderung im Sinne eines finalen Zurechnungszusammenhangs wird damit künftig keine notwendige Voraussetzung mehr sein; vgl. die Begründung zu § 2 Abs. 1 Nr. 1 UWG-E, Bundesrats-Drucksache 345/08, S. 18.

[42] *Bork*, Werbung im Programm, 1988, S. 79, hat die von ihm so genannte „Faustformel" geprägt, dass die Wettbewerbsabsicht die Verbrauchertäuschung indiziert.

[43] Anders entschieden und eine Wettbewerbsförderungsabsicht mangels weiterer Anhaltspunkte verneint hat der Bundesgerichtshof freilich in einem Fall, in dem eine Zeitschrift ihren Lesern eine vorgeblich steuerlich günstige Kapitalanlage mit dem Zusatz angeboten hat, „bei Bedarf einen versierten Ansprechpartner zu nennen"; vgl. BGH NJW 1997, 1304 ff. Ob sich daraus wirklich nicht die Absicht herleiten lässt, in den durch das jeweilige Berufsbild der Steuerberater oder Rechtsanwälte geprägten Wettbewerb einzugreifen (BGH, S. 1305), ist zumindest nicht frei von Zweifeln.

[44] BGH GRUR 1993, 761, 762; BGH NJW 1992, 3304; vgl. auch *Lettl*, Rz. 90.

[45] *Emmerich*, Unlauterer Wettbewerb, § 4 II 3 b), S. 42 (zum alten Recht) und § 4 III, S. 46 (zum neuen Recht).

[46] BGH NJW-RR 1994, 872.

Wettbewerb zum Nachteil eines anderen zu begünstigen. Aufgrund der **negativen Rezension** könnten die Leser der Zeitschrift, für die er schreibt, geneigt sein, das besprochene Restaurant zu meiden und stattdessen in andere Lokale zu gehen, welche von ihm vertriebene Weine anbieten.

Die erforderliche **Wettbewerbsförderungsabsicht** konnte der Bundesgerichtshof jedoch nicht erkennen. Allein die wirtschaftliche Beteiligung an der Weinkellerei sowie das Bewusstsein des Kritikers, eigene wirtschaftliche Interessen zu fördern, reichten ausnahmsweise deshalb nicht aus, weil der Kritiker den Presseartikel nicht gezielt zur Förderung seines eigenen Weinbetriebs veröffentlicht hat, sondern in seiner Eigenschaft als Gastrokritiker im Rahmen einer Serie mehrerer kritischer Berichte über verschiedene Restaurants der Umgebung. Etwas anderes gelte dann, wenn der Kritiker dem Inhaber des Lokals bei seinem Besuch signalisiert hätte, seine Rezension werde wohlwollend ausfallen, wenn er künftig bei ihm, dem Kritiker, Weine bestellen werde,[47] oder wenn ein Zeitungsartikel allein die Absicht verfolgt, die Übernahme eines Gastronomiebetriebes durch einen anderen vorzubereiten.[48]

Im Übrigen liegen die Dinge aber bei medialen Äußerungen anders, so dass im Folgenden zu differenzieren ist. Zu unterscheiden ist insbesondere zwischen der Produktkritik[49] von außen durch Journalisten oder Medienunternehmen und den eigenen Produktempfehlungen bei Gelegenheit redaktioneller Äußerungen.

1. Produktkritik von außen

Die Wettbewerbsförderungsabsicht in diesem Sinne fehlt regelmäßig, wenn **17** Medienunternehmen oder einzelne Journalisten einzelne Produkte kritisieren oder zu bestimmten Angeboten Stellung nehmen.[50] Dass der jeweilige Journalist sich im Klaren darüber ist, dass er damit zugleich fremden Wettbewerb fördert, bedeutet keine Absicht im Rechtssinne,[51] sondern ist Ausfluss der Freiheit der Berichterstattung.[52] Das gilt auch für Medienunternehmen im Ganzen.[53] Berichten diese über Angelegenheiten von öffentlichem Interesse, so kann in der Regel die Absicht, damit zugleich fremden Wettbewerb zu fördern, nicht ohne weiteres angenommen werden.[54] Die Rechtsprechung verfährt also äußerst zurückhaltend bei der Unterstellung von Wettbewerbsförderungsabsicht, wenn einzelne Journalisten oder ganze Medienunternehmen von ihrem Berichterstattungsrecht im weiteren Sinne Gebrauch machen, auch wenn sich dies faktisch auf Marktteilnehmer in den betroffenen Sparten auswirken kann.

---

[47] Ob dies tatsächlich der Fall gewesen ist, musste das Berufungsgericht klären, vgl. BGH NJW 1987, 1082, 1083.
[48] BGH NJW 1987, 1082, 1084.
[49] Überblick zur Produktkritik bei *Prinz/Peters*, Medienrecht, Rz. 210.
[50] Vgl. BGH NJW 1990, 1529, 1530; BGH NJW-RR 1986, 1484.
[51] BGH NJW 1989, 1923.
[52] BGH NJW 1997, 1304f.
[53] BGH GRUR 1995, 270, 272.
[54] BGH NJW 1987, 1082, 1083.

2. Empfehlung eigener Produkte

18   Nicht minder häufig sind diejenigen Fälle, in denen Wettbewerber die Gelegenheit nutzen, eigene Produkte im redaktionellen Teil von Zeitungen oder Zeitschriften – zumeist Fachorganen – zu bewerben.[55] Hier tritt die Wettbewerbsförderungsabsicht zwar vergleichsweise deutlich zu Tage, doch kann sie nicht ohne weiteres angenommen werden, sondern bedarf zusätzlicher Anhaltspunkte.

BGH AfP 1997, 522: Die Mitarbeiter eines Gewürzkrautverarbeiters heben in einem redaktionellen Beitrag für das Mitteilungsblatt des Bundesverbandes der Apotheken die Kaltentwesungsverfahren, die ihr Unternehmen, das sie am Ende des Artikels nennen, durchführt, hervor gegenüber den Druckentwesungsverfahren, welche die Konkurrenz verwendet. Das in Bezug genommene Konkurrenzunternehmen hält dies für wettbewerbswidrig.

19   Die Eignung eines solchen Beitrags, den Wettbewerb zu beeinflussen, liegt auf der Hand. Gleichwohl hat der Bundesgerichtshof allein den Umstand, dass die Autoren in dem Unternehmen tätig sind, das sie hervorheben, noch nicht ausreichen lassen für die Wettbewerbsförderungsabsicht.[56] Das ergebe sich nicht zuletzt daraus, dass die Publikation eigener Verfahren in derartigen **Branchenblättern** auch der Weiterentwicklung der ganzen Zunft diene und insofern nicht pauschal für wettbewerbswidrig gehalten werden dürfe.[57] Dennoch hat der Bundesgerichtshof das Verhalten der Autoren im konkreten Fall beanstandet, weil sie am Ende des Artikels ihre Arbeitgeber genannt hätten, obgleich es dieser namentlichen Hervorhebung nicht bedurft hätte.[58]

20   Hiergegen ist seitens des Schrifttums zu Recht geltend gemacht worden, dass gerade die Kennzeichnung des Arbeitgebers eine wesentliche Information für den betroffenen Leserkreis darstellt.[59] Das gilt umso mehr, als der Bundesgerichtshof selbst schon früh in derartigen Fällen gefordert hat, dass der Autor kenntlich macht, dass er bei einem der Wettbewerber beschäftigt ist.[60] Immerhin hat der Bundesgerichtshof sogar noch in der vorliegenden Entscheidung angemahnt, es dürfe nicht der irreführende Eindruck erweckt werden, dass es sich um eine Stellungnahme aus „neutraler" Sicht handele.[61] Es erscheint daher widersprüchlich, die Autoren nun zu zeihen, sie hätten ihren Arbeitgeber über Gebühr angegeben. Denn andernfalls hätten sie womöglich gerade den Eindruck einer Neutralität erweckt, die nicht vorliegt und womöglich um dessentwillen wettbewerbswidrig gehandelt.[62]

---

[55] Vgl. nur BGH NJW 1961, 1916, 1917; BGH GRUR 1990, 373, 384; BGH WRP 1995, 186, 189; LG München I AfP 1998, 95, 96.

[56] BGH AfP 1997, 522, 523; selbst für den Fall, dass der Autor in herausgehobener Stellung dort tätig ist, kann dies nach LG München I AfP 1998, 95, 96 nicht ohne weiteres angenommen werden, weil die verfassungsrechtlich geschützte Meinungs- und Informationsfreiheit andernfalls durch die strengen wettbewerbsrechtlichen Regelungen ausgehöhlt werden könnte; in diese Richtung bereits BGH GRUR 1986, 898, 899; 1990, 373, 384.

[57] BGH AfP 1997, 522, 523; ähnlich bereits BGH NJW 1961, 1916, 1919.

[58] BGH AfP 1997, 522, 524.

[59] Zutreffend *Prinz/Peters*, Medienrecht, Rz. 239 („erfahren, in wessen Lager der Verfasser steht").

[60] BGH NJW 1961, 1916, 1919.

[61] BGH AfP 1997, 522, 524.

[62] Prägnant *Prinz/Peters*, Medienrecht, Rz. 239, die in einer Alternativformulierung des Inhalts, dass die beiden Mitarbeiter eines Arzneimittelherstellers seien, die Gefahr sehen, dass der Leser nicht weiß „aus welcher Richtung der Wind weht".

Die Produktempfehlung kann auch mittelbar dadurch erfolgen, dass Pro- **21** duktinformationen vorab an die Medien geschickt werden, die dann darüber berichten sollen. Stellen die Medien dieses Produkt dann werbend dar, so liegt darin nicht unbedingt ein Wettbewerbsverstoß von Seiten des Unternehmens.[63] Es obliegt vielmehr den Medien selbst, die Beiträge in eigener redaktioneller Verantwortlichkeit zu erstellen.[64] Insbesondere sind die Produzenten grundsätzlich nicht verpflichtet, die Medien im Wege so genannter **Sperrauflagen** daran zu hindern, das Produkt zu nennen oder die Medien auch nur zu veranlassen, dem Produzenten eine Vorab-Kontrolle des Artikels zu ermöglichen.[65]

Eine eher versteckte Ausprägung der Fallgruppe der Werbung für eigene **22** Produkte betrifft die Empfehlung von Produkten, an deren Absatz der empfehlende Sender in irgendeiner Form mitbeteiligt ist:

OLG München AfP 1986, 348: Der ZDF-Moderator Kürten wies im Aktuellen Sportstudio auf eine Video-Kassette des ersten Wimbledon-Sieges von Boris Becker hin. Das ZDF war als Mitlizenzgeber am Erlös dieser Kassette beteiligt.

Das Gericht sah in der Empfehlung einen Wettbewerbsverstoß von Seiten **23** des ZDF und hat das Verhalten als wettbewerbswidrig eingestuft. Als **Mitlizenzgeber** war der Sender am wirtschaftlichen Erfolg der angepriesenen Kassette beteiligt und handelte in der Absicht, den eigenen Wettbewerb zu fördern. Damit wird gegen das Gebot der Trennung von Werbung und Programm verstoßen.[66] Der Fall zeigt darüber hinaus, dass gerade derartige Begleitartikel zu Sendungen problematisch sind, sofern sie nicht lediglich werbeneutrales Unterrichtsmaterial zu Telekollegs etc. betreffen.[67] So wurde in einer späteren Entscheidung, in der es um die – erneut von Seiten des ZDF – im Programmteil des Senders ausgesprochene Empfehlung eines Begleitbuchs zu einem Fernsehkrimi ging, beanstandet, dass der Verlag einen „Produktionskostenzuschuss" in beträchtlicher Höhe gezahlt hatte und der Zuschauer darüber im Unklaren gelassen wurde. Dieser hätte berechtigterweise davon ausgehen können, dass derartige Werbemaßnahmen im Programmteil des Senders unterlassen würden.[68]

In diesen Zusammenhang gehören schließlich diejenigen Fälle, in denen **24** Studiogäste oder Interviewpartner im Fernsehen die Gelegenheit nutzen, das eigene Produkt oder Unternehmen über Gebühr hervorzuheben oder auch nur zu erwähnen (**verbale Werbung**). Ist dies mit dem Moderator abgesprochen, so handelt auch dieser mit Wettbewerbsförderungsabsicht.[69] Wird der Moderator dagegen selbst von der Werbebotschaft überrascht, so ist ihm zuzumuten, den Werbeeffekt nach Möglichkeit zu „neutralisieren".[70]

---

[63] BGH NJW-RR 1994, 1385.
[64] *Prinz/Peters*, Medienrecht, Rz. 236.
[65] BGH GRUR 1993, 561; BGH AfP 1996, 64.
[66] Vgl. *Prinz/Peters*, Medienrecht, Rz. 235.
[67] *Paschke*, Medienrecht, Rz. 554; vgl. zu den Facetten auch *Schardt*, ZUM 1991, 61; *Niewiarra*, ZUM 1991, 67; *Eberle*, ZUM 1991, 56; *Kreile*, ZUM 1991, 568.
[68] BGH NJW 1990, 3199; LG Stuttgart AfP 1987, 637; vgl. auch KG ZUM-RD 1998, 140, 141.
[69] *Bork*, Werbung im Programm, 1988, S. 101 Fußnote 9.
[70] So zutreffend *Bork*, S. 101, der dies aus der Pflicht des Fernsehens zur Unparteilichkeit folgert.

IV. Getarnte und redaktionelle Werbung

25   In den vorliegenden Zusammenhang gehören auch die getarnte und redaktionelle Werbung. Denn auch die Judikatur veranschlagt die Trennung von Werbung und redaktionellem Programm hoch.[71] Die Werbung muss – bildhaft gesprochen – „mit offenem Visier" antreten.[72] Das Gebot der Trennung von Werbung und Programm gilt, wie noch weiter unten zu zeigen sein wird,[73] nicht nur für die Presse, sondern auch und gerade für das Fernsehen.[74] Nach § 4 Nr. 3 UWG handelt unlauter i.S.d. § 3 UWG insbesondere, wer den Werbecharakter von Wettbewerbshandlungen **verschleiert**.[75] Damit wird ein umfassendes **Transparenzgebot** begründet.[76]

1. Die getarnte Werbung

26   Das Gebot der Trennung von Werbung und redaktionellem Programm gilt vor allem für Anzeigen in Zeitungen und Zeitschriften,[77] die für den „**flüchtigen Durchschnittsleser**"[78] nicht ohne weiteres als solche erkennbar sind, weil sie nicht als Anzeigen gekennzeichnet sind.[79] Eine derartige Kennzeichnung verlangt die Rechtsprechung nämlich.[80] Dementsprechend gehen auch die Richtlinien des Zentralausschusses der Werbewirtschaft von einer missbilligten Irreführung aus, wenn der Anzeigencharakter nicht erkennbar ist.[81] Getarnte Werbung verfällt somit dem Verdikt der Unlauterkeit[82] und Irreführung nach

---

[71] BGH NJW 1994, 2953, 2954; 1997, 1401, 1402; BGH NJW-RR 1993, 868, 869; BGH AfP 1998, 212, 214; 1997, 913, 915.

[72] So die Formulierung von *Spengler*, UFITA 27 (1959) 169, 175.

[73] Rz. 45 ff.; dort auch zu der rechtstheoretisch interessanten und vom Ausgangspunkt dieser Darstellung brisanten (vgl. § 1 Rz. 29 ff.) Frage, ob dem Trennungsgebot Prinzipienrang zukommt.

[74] *Bork*, Werbung im Programm, 1988, S. 64, spricht von einem „Vermummungsverbot" der Werbung.

[75] Mit dem UWG-Änderungsgesetz, das noch im Jahr 2008 verabschiedet werden soll (Bundesrats-Drucksache 345/08), ist die Aufnahme eines ausdrücklichen Verbots redaktionell getarnter Werbung in das UWG geplant (§ 3 Abs. 3 UWG-E i.V.m. Anhang zu § 3 Abs. 3 UWG-E Nr. 11).

[76] Vgl. *Lettl*, Rz. 261.

[77] Nach der Begründung zum UWG-Änderungsgesetz führt die vom Unternehmer finanzierte und als redaktioneller Inhalt getarnte Werbung künftig in allen elektronischen Medien – einschließlich des Internet – zur lauterkeitsrechtlichen Unzulässigkeit; vgl. Bundesrats-Drucksache 345/08, S. 9.

[78] OLG Köln AfP 1971, 74; LG Koblenz AfP 1993, 596, 597; auf den „flüchtigen Durchschnittsleser" stellt bereits BGH NJW 1974, 1141, 1142 ab.

[79] Siehe dazu *Lettl*, Rz. 56, mit Beispielen.

[80] BGH NJW 1974, 1141, 1142; 1981, 2573, 2574; BGH NJW-RR 1994, 872, 873; BGH GRUR 1996, 791, 792 f.

[81] Abgedruckt bei *Prinz/Peters*, Medienrecht, Rz. 232; dort (Fußnote 85) auch der entsprechend lautende Passus aus dem Hamburger Pressegesetz.

[82] Zum alten Recht *Braun*, WRP 1983, 600, 605; *Rodekamp*, GRUR 1980, 271, 277; *Schneider*, AfP 1971, 75; *Bork*, Werbung im Programm, 1988, S. 98 mit weiteren Gründen; a. A. *Spengler*, UFITA 27 (1959) 169, 175; *Henning-Bodewig*, BB 1983, 605, 607; *dies.*, GRUR Int. 1987, 538, 546.

§ 5 UWG.[83] Es reicht auch nicht aus, dass die Werbung mit „Wirtschaftsanzeige" gekennzeichnet ist, da dies implizieren könne, dass es sich nicht um eine bezahlte Anzeige handele;[84] ausreichend ist daher allein, aber auch immer das Wort „Anzeige",[85] das sich dementsprechend auch im Zeitungswesen etabliert hat.

2. Die redaktionelle Werbung

Gewissermaßen das Gegenstück zur getarnten Werbung ist die redaktionelle **27** Werbung, die gleichfalls nach § 4 Nr. 3 UWG verboten ist.[86] Dabei wird etwas, das der Sache nach Werbung ist, redaktionell verbrämt und erscheint so – zumindest dem genannten flüchtigen Durchschnittsleser – als Nachricht.[87] Ein Indiz für redaktionelle Werbung[88] ist die Nennung von Hersteller, Namen oder genauer Marke, wenn ohne diese kein Informationsdefizit zu befürchten wäre.[89] Dasselbe gilt, wenn sich das Presseorgan oder Medienunternehmen die Veröffentlichung bezahlen lässt[90] oder ein vom Werbenden selbst verfasster Artikel gleichsam als Gegenleistung für frühere Werbeaufträge gedruckt wird.[91] Auch das nicht nur zufällige oder beispielhafte Herausstellen eines bestimmten Anbieters in einem Beitrag läuft Gefahr, als unzulässige Werbung im redaktionellen Gewand zu erscheinen.[92] Im Zeitalter der Spezialisten sind zudem die so genannten **Besten-Listen** beliebt, freilich wettbewerbsrechtlich suspekt geworden:

BGH NJW 1997, 2679: Das Nachrichtenmagazin Focus startete eine Serie über „Die 500 besten Ärzte Deutschlands". Kriterien für die Aufnahme waren neben dem wissenschaftlichen Rang der Genannten die Kongressbesuche und die Empfehlung durch Kollegen. Nicht in der Artikelserie genannte Ärzte klagten gegen den Burda-Verlag, der das Magazin herausbringt.

Der Bundesgerichtshof hat die Serie für ebenso wettbewerbswidrig gehalten **28** wie eine nachfolgende über „Die 500 besten Anwälte".[93] Die Veröffentlichung der Liste mitsamt zugehörigen Begleitartikeln ist nach § 4 Nr. 3 UWG unlau-

---

[83] Vgl. *Lettl*, Rz. 264; BGH NJW-RR 1993, 936; OLG Saarbrücken WRP 1987, 507, 509; OLG Köln AfP 1971, 74, 75; LG Berlin NJW 1985, 1646, 1647.

[84] BGH NJW 1974, 1141, 1142; dort wurde insbesondere der Zusatz „public-relations" bemängelt, mit dem die Leser nichts anzufangen wüssten; das wird man heute anders sehen.

[85] *Prinz/Peters*, Medienrecht, Rz. 232.

[86] Vgl. *Lettl*, Rz. 264.

[87] Zur redaktionellen Werbung in Kundenzeitschriften *Hefermehl*, AfP 1971, 111. Vgl. Nr. 11 des Anhangs zu § 3 Abs. 3 UWG-E, wonach der vom Unternehmer finanzierte Einsatz redaktioneller Inhalte nicht zur Verkaufsförderung eingesetzt werden darf, wenn dieser Zusammenhang nicht nach Inhalt und Art der Darstellung erkennbar ist; Bundesrats-Drucksache 345/08, S. 9.

[88] Zu berücksichtigen ist freilich, dass der Kläger den Beweis führen muss, dass unzulässige redaktionelle Werbung vom Produkthersteller in Auftrag gegeben wurde (*Prinz/Peters*, Medienrecht, Rz. 236). Mit der Annahme eines Anscheinsbeweises ist die Rechtsprechung sehr zurückhaltend, weil es sich weniger um einen typischen Geschehensverlauf, als vielmehr um eine privatautonom veranlasste Auftragserteilung handelt; vgl. BGH AfP 1998, 54.

[89] BGH AfP 1998, 221, 223; OLG München AfP 1997, 917, 919.

[90] BGH NJW-RR 1994, 872 f.

[91] BGH NJW 1981, 2573 f.

[92] BGH NJW-RR 1994, 1385 f. mit der reißerischen Überschrift: „Das sind die schwachen Punkte des Mannes".

[93] BGH NJW 1997, 2679 (Ärzte) einerseits und BGH NJW 1997, 2681 (Anwälte) andererseits.

ter, wenn keine nachprüfbaren, aussagekräftigen und sachlichen Beurteilungs-kriterien zugrunde liegen.[94] Der entscheidende Vorwurf geht dahin, dass journalistische Recherche vorgespiegelt wird, wo in Wahrheit nur auf Emp-fehlung von dritter Seite zusammengestellt wurde. Mit der Erhöhung der Genannten gehe eine Herabsetzung der anderen einher, aus der sich die erforderliche Wettbewerbsförderungsabsicht ergebe.[95]

29   Man macht es sich zu einfach, wenn man hier nur den Neid der Nicht-genannten beargwöhnt, denn die Genannten pflegen ihre Hervorhebung in ihren Praxen dauerhaft und an prominenter Stelle zu dokumentieren. Auch mit dem **Verbraucherschutz** und seinem Zusammenspiel mit der Informationsfreiheit lässt sich die Kampagne schwerlich rechtfertigen. Denn gerade aufgrund der Spezialisten-Fixiertheit weiter Verkehrskreise, nicht zuletzt im Bereich der An-wälte und Ärzte, ist die Wettbewerbsförderungsabsicht nicht von der Hand zu weisen, zumal wenn die Auflistung – wie in concreto offenbar geschehen – weithin auf Empfehlung und nicht selten vermittelt durch Kontakte erfolgt.

> BGH GRUR 2006, 875: Rechtsanwälte einer überörtlichen Sozietät klagten gegen einen Fachverlag, der ein für Rechtsanwälte und potentielle Mandanten gedachtes Handbuch heraus-gab, das Kanzleien für Wirtschaftsrecht in Ranglisten einordnet.

Anders als in der zitierten Rechtsprechung über die „Besten" geht der Senat nicht auf § 4 Nr. 3 UWG ein, sondern prüft vor allem die vergleichende Werbung im Sinne des § 6 Abs. 1 UWG.[96] Allerdings fehlt es nach Ansicht des Bundesgerichtshofs an der erforderlichen Wettbewerbsförderungsabsicht des beklagten Verlags. Da auch die Voraussetzungen einer Störerhaftung nicht vorlagen, haftete der Verlag nicht. Damit dürfte auch die lauterkeitsrechtliche Haftung von Presseunternehmen für **Rankings** auf eine neue Grundlage ge-stellt sein.[97]

V. Anlockung durch Verbrauchertäuschung

30   Von der getarnten Werbung zu unterscheiden, aber vom Lebenssachverhalt mitunter nicht unähnlich, sind diejenigen Fälle, in denen der Zuschauer unter-schwellig dadurch beeinflusst wird, dass im Film oder Fernsehen Produkte scheinbar zufällig platziert werden, die vordergründig die Alltäglichkeit des Lebenssachverhalts veranschaulichen und damit der Authentizität zu dienen scheinen, in Wahrheit aber einen handgreiflich kommerziellen Hintergrund haben. Hier sind je nach Wahrnehmungsmöglichkeit des Betrachters zwei Wer-beformen zu unterscheiden,[98] eine unzulässige und eine im Grundsatz zulässige.

1. Subliminale Werbung

31   Unzulässig ist grundsätzlich die so genannte subliminale Werbung, wenn der Umworbene infolge der zu schnellen oder versteckten Einblendung keine Chance

---

[94] Vgl. *Lettl*, Rz. 273.
[95] BGH AfP 1997, 795, 796; 797, 798.
[96] Näher *Köhler*, Festschrift für Sonnenberger, 2004, S. 249.
[97] Eingehend *Lettl*, GRUR 2007, 936.
[98] Vgl. *Lerche*, Werbung und Verfassung, 1967, S. 25; *Loewenheim*, GRUR 1975, 99 ff.

hat, sich den werbenden Charakter zu vergegenwärtigen.[99] Bei ihr werden die Werbeszenen nur Bruchteile von Sekunden eingeblendet, so dass sie lediglich optisch, nicht aber rational erfasst werden können.[100] Diese Werbeform setzt noch stärker als jede andere auf **Manipulation**.[101] Da sie den Zuschauer bewusst kognitiv überfordert, indem sie ausnutzt, dass der Verstand gleichsam ausgeschaltet ist, wird sie in Extremfällen als Persönlichkeitsverletzung angesehen.[102] Als solche wäre sie aber niemals gerechtfertigt.[103] Allerdings dürfte die Qualifizierung subliminaler Werbung als Persönlichkeitsverletzung überzeichnet sein.

2. Product Placement

Praktisch häufiger sind die Fälle, in denen das Produkt so lange sichtbar ist, **32** dass es als solches vom Zuschauer auch erkannt wird, ja geradezu wahrgenommen werden soll,[104] aber eben doch unbewusst die spätere Kaufentscheidung prägen soll.[105] Man bezeichnet dies als Product Placement.[106] Paradigmatisch sind die nahezu sprichwörtlichen Requisiten in den „James-Bond"-Filmen, welche sich die entsprechenden Unternehmen (Bsp. BMW) weit mehr kosten lassen als das bloße zur Verfügung Stellen des jeweiligen Einzelprodukts ausmacht.[107] Bei **Filmen** ist die Rechtsprechung freilich weniger streng als bei den auf informative Berichterstattung ausgerichteten Massenmedien. Das bedeutet, dass es in Kinofilmen bei der Nennung der Zuwendenden bewenden kann.[108] Product Placement gegen Entgelt oder ähnliche Gegenleistungen verstößt bisher[109] gegen das Trennungsgebot und das Verbot der Schleichwerbung (§ 7 Abs. 3, Abs. 6 S. 1 RStV) und unterfällt damit dem Anwendungsbereich des § 4 Nr. 3 UWG.[110]

---

[99] *Lettl*, Rz. 282; *Beater*, Festschrift für Tillmann, 2003, S. 85, 90. Vgl. auch § 7 Abs. 3 S. 2 RStV, Art. 3 e Abs. 1 lit. b) der Richtlinie für audiovisuelle Mediendienste (ABlEU Nr. L 332/27 vom 18. 12. 2007), wonach keine Techniken der unterschwelligen Beeinflussung eingesetzt werden dürfen.

[100] *Bork*, Werbung im Programm, 1988, S. 72, weist darauf hin, dass die subliminale Werbung praktisch bedeutungslos ist.

[101] Näher dazu *Beater*, Unlauterer Wettbewerb, 2002, § 16 Rz. 12 ff., mit Nachweisen aus der Verhaltenswissenschaft.

[102] *Sack*, ZUM 1987, 103, 124.

[103] *Bork*, Werbung im Programm, 1988, S. 72.

[104] Die Grenzen sind freilich mitunter fließend; vgl. auch *Henning/Bodewig*, GRUR Int. 1987, 538, 547; *Eisenführ*, FuR 11/1958, 2, 4; *Fette*, FuR 9/1969, 257, 261; *ders.*, UFITA 56 (1970) 43, 54.

[105] Treffend *Bork*, Werbung im Programm, 1988, S. 72: „Eine ‚kognitive Kontrolle' ist zwar möglich, aber sie findet nicht statt."

[106] Monographisch dazu *Johansson*, Product Placement in Film und Fernsehen, 2001; *Bork*, GRUR 1988, 264; vgl. auch *Hoffmann-Riem*, Rundfunkrecht neben Wirtschaftsrecht, 1991, S. 165 f.

[107] Überblick über die – teils abenteuerlichen – Praktiken des Produkt Placement bei *Bork*, Werbung im Programm, 1988, S. 4 ff.

[108] BGH ZUM 1996, 146; vgl. auch *Paschke*, AfP 1991, 683.

[109] Sogleich unter Rz. 35.

[110] *Lettl*, Rz. 277. Geplant ist, im Zuge der erneuten Änderung des UWG ausdrücklich die Unzulässigkeit von redaktionell getarnter entgeltlicher Werbung anzuordnen (siehe Nr. 11 des Anhangs zu § 3 Abs. 3 UWG-E). Hierunter soll nach der Begründung des Entwurfs auch das Product Placement fallen, soweit dem – auch europarechtlich geforderten – Erkennbarkeitsgebot nicht genügt wird. Ein Verstoß gegen das Trennungsgebot gegenüber Verbrauchern führt damit künftig grundsätzlich zur wettbewerbsrechtlichen Unzulässigkeit; vgl. Bundesrats-Drucksache 345/08, S. 64.

33   Voraussetzung für die Unlauterkeit ist, dass die Verschleierung auch rechtlich **erheblich** ist.[111] Ob die mit dem Product Placement in Filmen oder
Fernsehsendungen einhergehende Verbraucherbeeinflussung rechtlich erheblich ist, wird unterschiedlich beurteilt. Gegen die Rechtserheblichkeit wird
vorgebracht, dass sich weder das Kauf- noch das Fernsehverhalten ändern
würden, wenn das Product Placement einfach vor der Sendung als Werbung
ausgegeben würde.[112] Aber dieser spekulative Ansatz hat mit Recht keine
Gefolgschaft gefunden.[113]

3. Stellungnahme zur Abgrenzung

34   Das Dilemma besteht nun darin, dass man das Product Placement[114] gleichwohl nicht pauschal dem Verdikt der Unlauterkeit verfallen lassen will.[115] Das
liegt nicht zuletzt daran, dass das Product Placement nach amerikanischem Recht
zulässig und entsprechend üblich ist; insofern ist bei importierten Serien und
Filmen ein milderer Maßstab angezeigt, sofern sich das Product Placement nicht
leicht entfernen lässt.[116] Man könnte die tatsächliche **Dauer der Einblendung**
über deren Zulässigkeit entscheiden lassen, womit zugleich die Unterscheidung
in unzulässige subliminale Werbung und zulässiges Product Placement den
Ausschlag gibt. Es wäre lebensfremd, das Product Placement ganz zu verbieten,
weil es aus dramaturgischen Gründen oft unerlässlich ist, dem Zuschauer Möglichkeiten eröffnet, sich mit den Personen zu identifizieren und allgemein die
Authentizität steigert.[117] Fiktive Produkte würden befremdlich wirken. Nicht
allein deshalb wird diese Art der Werbung in anderen europäischen Ländern
praktiziert und toleriert, ohne dass es hierfür entsprechende Regelungen gäbe.
Daher müssen die Produkte so lange eingeblendet werden, dass sie rational als
solche erfasst werden können. Tatsächliche Zweifel müssen zu Lasten des Ver-
wenders gehen. Ist das Produkt hinreichend lange im Bild, so besteht für eine
Gängelung der Urteilskraft des Verbrauchers über das Unlauterkeitsverdikt kein
Anlass mehr. Denn eine besonders lange Einblendung wirkt leicht impertinent
und läuft Gefahr, die gegenteilige Wirkung zu erzielen. Mitunter ist die pene-
trante Verwendung – wie in den „James-Bond"-Filmen[118] – häufig sogar ein-
kalkuliert und verleiht dem Ganzen einen ironischen Unterton.

---

[111] BGHZ 82, 138, 142; *Kraft*, Interessenabwägung und gute Sitten im Wettbewerbsrecht, 1963, S. 232 ff. Dies verkennt *Hauschka* (DB 1988, 165) in seinem „Lösungsversuch" zum Verhältnis von Product Placement und Wettbewerbsrecht; vgl. *Bork*, Werbung im Programm, 1988, S. 70. Der Gesetzgeber sieht die geplante Neuregelung zu redaktionell getarnter Werbung (Fußnote 110) ausweislich der Entwurfsbegründung im Einklang mit den Grundsätzen der Rechtsprechung zu getarnter Werbung und Product Placement; Vgl. Bundesrats-Druck-sache 345/08, S. 64.
[112] So *Sack*, ZUM 1987, 103, 121.
[113] *Hauschka*, DB 1988, 165, 168; *Bork*, Werbung im Programm, S. 73; *Henning-Bodewig*, Product Placement und andere Arten der „absatzfördernden Kommunikation": Die neuen Formen der Schleichwerbung?, BB 1986 Beilage 18, S. 8.
[114] Nach OLG München AfP 1995, 655 sollen auch die zivilrechtlichen Verträge nichtig sein.
[115] So vor allem *Henning-Bodewig*, BB 1986 Beilage 18, S. 7; *Bork*, Werbung im Programm, S. 73 ff.
[116] *Paschke*, Medienrecht, Rz. 543; dort auch zur Unterscheidung zwischen Eigen- und Kaufproduktionen.
[117] *Ladeur*, ZUM 1999, 672, 676, verweist darauf, dass diese Form der Werbung gemeinhin bekannt ist.
[118] Vgl. *Leitgeb*, ZUM 2006, 837, 841 mit Fußnote 42.

Ob sich durch die jüngste Novellierung der **EU-Fernsehrichtlinie**[119] für das **35** Product Placement auf nationaler Ebene Veränderungen ergeben werden, hängt maßgeblich von den jeweiligen Mitgliedsstaaten ab. Zwar hält die Änderungsrichtlinie am grundsätzlichen Verbot der Produktplatzierung fest, statuiert jedoch gerade in den wichtigen Bereichen Ausnahmen von diesem Verbot, sofern der nationale Gesetzgeber nichts anderes beschließt. Hierunter fallen Produktplatzierungen in Kino- und Fernsehfilmen, Serien sowie in Sport- und Unterhaltungssendungen (§ 3 g AVMD-Richtlinie). Im Unterschied zum Product Placement sind gemäß Art. 3 e Abs. 1 lit. b) AVMD-Richtlinie subliminale Techniken in der audiovisuellen kommerziellen Kommunikation[120] nach wie vor unzulässig.

VI. Unaufgeforderte Zusendung von Werbung

Ein immer dringender werdendes Problem aus Sicht der Nutzer moderner **36** Kommunikationsmittel stellt die unaufgeforderte Zusendung individueller sowie massenhaft versandter Werbung dar. Am praxisrelevantesten ist in diesem Zusammenhang das so genannte **Spamming**, also die unaufgeforderte Zusendung von Werbe-E-Mails.[121] Relevant ist die Problematik aber auch bei anderen Medien, wie Telefon und Telefax, bei Ersterem sowohl in seiner herkömmlichen Funktion per Anruf als auch beim Empfang von Kurz- und Bildmitteilungen (SMS und MMS). Nachdem die Rechtsprechung die unaufgeforderte Zusendung von Werbung per Telefax,[122] Btx[123] und E-Mail[124] bereits früher grundsätzlich als wettbewerbswidrig angesehen hat, findet sich nunmehr eine auf europarechtlichen Vorgaben[125] beruhende spezielle Regelung in **§ 7 UWG**. Danach stellt eine unzumutbare Belästigung eine unlautere Wettbewerbshandlung dar, wobei für den vorliegenden Zusammenhang vor allem § 7 Abs. 2 Nr. 3, Abs. 3 UWG von Bedeutung sind, die die ohne Einwilligung des Adressaten erfolgende Zusendung von Werbung unter Verwendung von automatischen Anrufmaschinen, Faxgeräten oder elektronischer Post (E-Mail und SMS)[126] regeln. Hiernach gilt entsprechend der früheren Rechtspraxis grundsätzlich das so genannte **Opt-in-Modell**, wonach für die Zulässigkeit der Werbung die vorherige Zustimmung des Adressaten erforderlich ist. Eine wichtige Ausnahme betrifft die E-Mail-Werbung im Rahmen bestehender Kundenbeziehungen, bei dem nach § 7 Abs. 3 UWG ausnahmsweise das so

---

[119] Durch die Richtlinie 2007/65/EG vom 11. 12. 2007 (Richtlinie über audiovisuelle Mediendienste – AVMD-Richtlinie), ABlEU Nr. L 332/27 vom 18. 12. 2007.

[120] Die Terminologie ersetzt auf Europäischer Ebene den Begriff der Werbung. Vgl. hierzu unten § 15 Rz. 28.

[121] Aus der umfangreichen Literatur *Splittgerber/Zscherpe/Goldmann*, WRP 2006, 178; *Hoeren*, NJW 2004, 3513. Vgl. § 15 Rz. 26.

[122] BGH NJW 1996, 660.

[123] BGHZ 103, 317, 319 f.

[124] BGH NJW 2004, 1655 – „E-Mail-Werbung"; dazu *Mankowski*, JZ 2005, 96; zuvor bereits LG Berlin NJW 1998, 3208 und viele weitere unterinstanzliche Gerichte.

[125] Dazu *Lettl*, Das neue UWG, Rz. 522 ff.

[126] Vgl. *Köhler/Lettl*, WRP 2003, 1019, 1027; Hefermehl/*Köhler*/Bornkamm, UWG, § 7 Rz. 79.

genannte **Opt-out-Modell** gilt, wonach keine vorherige Zustimmung erforderlich ist, jedoch der Empfänger die Möglichkeit hat, der künftigen Zusendung jederzeit zu widersprechen bzw. sich aus der Verteilerliste auszutragen.[127]

37   Den Adressaten unerwünschter Werbung stehen neben tatsächlichen Schutzmöglichkeiten durch E-Mail-Filterung etc.[128] zivilrechtliche **Abwehransprüche** zu, deren Durchsetzung allerdings häufig (vor allem bei aus dem außereuropäischen Ausland versandten E-Mails) praktische Probleme bereitet.[129] In Betracht kommt zunächst, insbesondere bei Faxwerbung,[130] ein Anspruch aus §§ 823 Abs. 1, 1004 BGB wegen einer Eigentumsverletzung. Private Empfänger können darüber hinaus wegen einer Verletzung ihres allgemeinen Persönlichkeitsrechts,[131] Gewerbetreibende wegen eines Eingriffs in den eingerichteten und ausgeübten Gewerbebetrieb[132] Ansprüche gemäß §§ 823 Abs. 1, 1004 BGB geltend machen.[133] Ferner sind Ansprüche aus §§ 823 Abs. 2 und 826 BGB denkbar. Mitbewerbern und Institutionen nach § 8 Abs. 3 Nr. 2–4 UWG können außerdem wettbewerbsrechtliche Ansprüche nach §§ 8–10 UWG zustehen. Der Unterlassungsanspruch richtet sich zunächst unproblematisch gegen die unmittelbaren Störer, die gegen das Verbot der Zusendung verstoßen haben.[134] Ferner kann sich der Unterlassungsanspruch auch gegen weitere an der Übermittlung Beteiligte richten, sofern diese willentlich und adäquat kausal zur Versendung der unverlangten Werbe-E-Mails beitragen und damit als Teilnehmer oder mittelbare Störer haften.[135] Insofern greift auch die Haftungsprivilegierung der §§ 8–10 TMG nicht ein, da diese auf Unterlassungsansprüche keine Anwendung findet.[136] In Betracht kommt hiernach bei Werbe-E-Mails unter anderem eine Haftung des Inhabers einer Second-Level-Domain, des Access-Providers, des Anbieters des Internet-Mail-Accounts und des durch die E-Mail Werbenden, sofern dieser mit dem Absender nicht identisch ist.[137] Jedoch ist nach den vom Bundesgerichtshof entwickelten Grundsätzen zur

---

[127] *Hoeren*, NJW 2004, 3513, 3514; näher hierzu Hefermehl/*Köhler*/Bornkamm, UWG, § 7 Rz. 86 ff.; *Splittgerber/Zscherpe/Goldmann*, WRP 2006, 178, 180 f.

[128] Vgl. hierzu *Hoeren*, NJW 2004, 3513, 3514 f.; zur möglichen Strafbarkeit der zentralen Filterung siehe unten § 17 Rz. 23.

[129] Vgl. *Hoeren*, Internetrecht, Stand Januar 2006, S. 223 (abrufbar unter http://www.uni-muenster.de/Jura.itm/hoeren/material/Skript/-skript_Januar2006.pdf).

[130] Vgl. BGH NJW 1996, 660; OLG Hamm MMR 2005, 316, 317. Bei E-Mail-Werbung kommt eine Eigentumsverletzung in der Regel allenfalls beim Provider in Betracht (dazu *Hoeren*, NJW 2004, 3513, 3514; *Härting/Eckhart*, CR 2004, 119), nicht jedoch beim Adressaten der E-Mail, *Baetge*, NJW 2006, 1037, 1038 m. w. N. auch zur Gegenansicht.

[131] OLG Koblenz MMR 2003, 590.

[132] KG NJW-RR 2005, 51; LG München I NJW-RR 2003, 764; LG Karlsruhe MMR 2002, 402; AG Hamburg NJW 2005, 3220; *Lettl*, GRUR 2000, 977, 982; *Hoeren*, MMR 2004, 389, 390; einschränkend AG Dresden NJW 2005, 2561, das eine konkrete Belästigung im Einzelfall fordert; dem AG Dresden zustimmend *Baetge*, NJW 2006, 1037, 1039.

[133] Palandt/*Bassenge*, § 1004 Rz. 10; Hefermehl/*Köhler*/Bornkamm, UWG, § 7 Rz. 84; Fezer/*Mankowski*, UWG, § 7 Rz. 97 m. w. N.

[134] Hefermehl/Köhler/*Bornkamm*, UWG, § 8 Rz. 2.1.

[135] BGHZ 118, 16 – ambiente.de; BGH GRUR 2002, 618, 619 – Meißner Porzellan; eingehend hierzu Hefermehl/Köhler/*Bornkamm*, UWG, § 8 Rz. 2.11 ff.

[136] BGH NJW 2004, 3102 – Internet-Versteigerung I; NJW 2007, 2558 f. – Meinungsforum; NJW 2007, 2636 – Internet-Versteigerung II; BGH GRUR 2007, 890; kritisch hierzu *Leible/Sosnitza*, NJW 2004, 3225, 3226; *dies.*, NJW 2007, 3324; *Kitz*, ZUM 2007, 368, 374; *Wimmers/Heymann*, MR-Int. 2007, 222 ff.; näher hierzu § 16 Rz. 10, § 18 Rz. 10.

[137] Näher hierzu *Splittgerber/Zscherpe/Goldmann*, WRP 2006, 178, 182 ff.

Störerhaftung jeweils im Einzelfall zu prüfen, ob und inwieweit der jeweilige Beteiligte eine Prüfungspflicht verletzt hat.[138]

VII. Minderjährigenschutz im Wettbewerbsrecht

Von der Bedeutung des Minderjährigenschutzes war bereits im Rahmen der **38** Behandlung des Persönlichkeitsrechts die Rede.[139] Es handelt sich dabei zwar nicht um ein allgemeines Prinzip des Medienrechts[140] – selbst der für die Medienregulierung zentrale Jugendschutz kann letztlich nicht als solches angesehen werden[141] –, doch ist der Minderjährigenschutz immerhin besonders zu berücksichtigen. Das gilt auch und gerade in Fällen mit wettbewerbsrechtlicher Berührung, wie folgende Entscheidung zeigt:

BGH MMR 2006, 542: Ein Dachverband von Verbraucherzentralen und verbraucherorientierten Verbänden klagt gegen einen Vertreiber von Handy-Klingeltönen, der in der Jugendzeitschrift „Bravo-Girl" für kostenpflichtige Klingeltöne geworben hat, wobei das Herunterladen selbst schon mehrere Euro kostete.

Da Wettbewerbshandlungen nach § 4 Nr. 2 UWG unlauter sind, wenn sie geeignet sind, die geschäftliche Unerfahrenheit von Kindern und Jugendlichen auszunutzen, und diese Gefahr hier bestand, ist der Vertreiber der Klingeltöne einem Unterlassungsanspruch aus §§ 3, 4 Nr. 2, 8 Abs. 1 und Abs. 3 Nr. 2 UWG ausgesetzt. Hier wendete sich die Werbung nämlich gezielt an die Adressaten der Jugendzeitschrift, womit gerade die geschäftliche Ausnutzung dieser Zielgruppe zu berücksichtigen war.[142] Auch war die konkrete Handlung geeignet, die Unerfahrenheit auszunutzen,[143] zumal Minderjährige die tatsächlich auf sie zukommenden Kosten solcher **Kurzwahldienste** nicht immer hinreichend differenziert abschätzen können.[144] Daher sind bei einer an sie gerichteten Werbung entsprechend höhere Anforderungen an die Transparenz zu stellen, so dass ihnen klar wird, welche Belastungen konkret auf sie zukommen.[145] Das hat der Vertreiber der Klingeltöne nicht hinreichend beachtet, da die Dauer des Ladevorgangs für die Benutzer unabschätzbar war. Neben dem Minutenpreis hätten also wenigstens die voraussichtlich entstehenden höheren Kosten angegeben werden müssen.[146] Der Gesetzgeber plant in Umsetzung der europäischen Richtlinie über unlautere Geschäftspraktiken[147] eine erneute Novellierung des UWG.[148] Danach werden künftig Werbeangebote generell unzulässig sein, wenn sie Kinder unmittelbar zum

---

[138] Vgl. BGHZ 118, 16 – ambiente.de; zur vorliegenden Problematik *Splittgerber/Zscherpe/Goldmann*, WRP 2006, 178, 182 ff.

[139] Oben § 3 Rz. 13.

[140] Dazu eingehend oben § 1 Rz. 12.

[141] Näher unten § 16 Rz. 11.

[142] OLG Frankfurt a. M. GRUR 2005, 1065; näher: Hefelmehl/*Köhler*/Bornkamm, UWG, § 4 Rz. 2.16.

[143] Vgl. BGH GRUR 2006, 161.

[144] Hefermehl/*Köhler*/Bornkamm, § 4 Rz. 2.17.

[145] BGH MMR 2006, 543.

[146] In diese Richtung bereits KG MD 2005, 1045; *Benz*, WRP 2003, 1160, 1165; *Klees/Lange*, CR 2005, 684, 686.

[147] Richtlinie 2005/29/EG vom 21. 5. 2005, ABlEU Nr. L 149/22 vom 11. 6. 2005.

[148] Bundesrats-Drucksache 345/08.

Kauf bzw. der Inanspruchnahme der beworbenen Produkte und Dienstleistungen auffordern oder sie animieren, Erwachsene zu selbigem zu veranlassen.[149] Auf die Ausnutzung der geschäftlichen Unerfahrenheit der Kinder wird es dann – anders als nach § 4 Nr. 2 UWG[150] – nicht mehr ankommen. Eine vergleichbare Schutzrichtung verfolgen im Übrigen die im Zuge der Novellierung des TKG geänderten Regelungen im Bereich der Mehrwertdienste, einschließlich der vor allem bei Minderjährigen sehr populären Kurzwahldienste.[151] Speziell die §§ 66 a–66 c TKG sollen ungeachtet sonstiger wettbewerbsrechtlicher Vorschriften zu mehr Transparenz bei den voraussichtlich entstehenden Kosten der Inanspruchnahme führen.

39   Berührungspunkte des Minderjährigenschutzes mit der wettbewerbsrechtlichen Haftung ergeben sich darüber hinaus auch und vor allem bei jugendgefährdenden Angeboten im Internet. So kann die Ermöglichung des Zugangs zu Internetseiten mit pornographischem Inhalt unter Verstoß gegen § 4 Abs. 2 JMStV eine Haftung nach § 4 Nr. 11 UWG nach sich ziehen.[152] Wegen des engen Sachzusammenhangs mit dem Jugendmedienschutz und dem Medienstrafrecht wird diese Thematik dort näher behandelt.[153]

VIII. Herabsetzende Äußerungen im Wettbewerb

40   Medienunternehmen oder einzelne Sender informieren mitunter – oder geben dies zumindest vor – über Konkurrenten. Geschieht dies in verächtlicher Weise, so ist der Fall vergleichsweise einfach:

> BGH NJW 1996, 1002: Ein Privatsender erklärt über einen anderen, „die Geschäftsführung eines Schmuddelsenders bedient sich für ihre Schmuddelkampagnen eines Schmuddelblattes".

41   Der Verstoß gegen die Lauterkeit (§ 3 UWG) liegt auf der Hand. Der Beklagte hat mit Wettbewerbsabsicht im geschäftlichen Verkehr Äußerungen getätigt, die objektiv geeignet sind, die eigenen Interessen zu fördern. Eine Berufung auf Art. 5 GG, dessen Bedeutung die Rechtsprechung bei Äußerungen von Medien ansonsten sehr hoch hält,[154] kommt in einem derart eklatanten Fall ersichtlich nicht in Frage. Der Wettbewerber wird gezielt herabgewürdigt.[155] Dabei käme es nicht einmal darauf an, ob die Äußerung wahr ist – abgesehen davon, dass dies schwerlich objektiv zu ermitteln ist, weil es sich

---

[149] Siehe § 3 Abs. 3 UWG-E i. V. m. Anhang zu § 3 UWG-E Nr. 28, Bundesrats-Drucksache 345/08, S. 69. Hierzu *Mankowski*, WRP 2008, 421.

[150] Die Ausnutzung der geschäftlichen Unerfahrenheit bleibt gleichwohl in § 4 Nr. 2 UWG-E verankert; zugleich wird der Anwendungsbereich der Vorschrift auf die Ausnutzung geistiger oder körperlicher Gebrechen ausgedehnt.

[151] Vor allem §§ 45 l, 66 a ff. TKG, siehe unten § 14 Rz. 20; hierzu *Zagouras*, NJW 2007, 1914; *Ditscheid*, MMR 2007, 210 ff.; *Vander*, NJW 2007, 2580 ff.; Überlick zu den Neuregelungen auch bei *Gelberg*, GewArch 2007, 454; *Klaes*, CR 2007, 220 ff.

[152] BGH NJW 2008, 1882 („ueber18.de").

[153] § 16 und § 17 Rz. 15 ff.

[154] Vgl. nur BGH NJW 1982, 637, wonach die Meinungs- und Informationsfreiheit „nicht durch ein zu weit gestecktes Verständnis des Begriffs der Wettbewerbsabsicht beeinträchtigt werden darf".

[155] OLG München ZUM 1990, 309, nimmt dies auch für den Fall an, dass ein Vergleich aus einem Rechtsstreit wörtlich und über Gebühr ausführlich abgedruckt wird, dessen Inhalt einen Mitbewerber schlecht aussehen lässt.

nicht um eine Tatsache, sondern um ein Werturteil handelt. Denn selbst wenn sie wahr wäre, dürfte der Sender keine geschäftsschädigenden Tatsachen verbreiten,[156] die den Mitbewerber verunglimpfen.[157] Im Ausgangsfall kommt hinzu, dass ein Mitbewerber ohne nähere Begründung, die vielmehr als selbstverständlich vorausgesetzt wird, gegenüber der Öffentlichkeit für unseriös erklärt wird.[158]

Nach § 4 Nr. 7 UWG handelt unlauter, wer die Kennzeichen, Waren, **42** Dienstleistungen, Tätigkeiten oder persönlichen oder geschäftlichen Verhältnisse eines Mitbewerbers herabsetzt oder verunglimpft. Kommt etwa ein Blatt bei einem Produkt zu dem Ergebnis, dass ein unternommener Preisvergleich für einen Wettbewerber „haarsträubend" ausfällt und eine „eiskalte Verkaufsstrategie" beweist,[159] so kann dies den Mitbewerber rechtswidrig anschwärzen, weil und sofern es an einer sachlichen Auseinandersetzung fehlt und die Rechte aus Art. 5 Abs. 1 GG nur Mittel zum Zweck der eigenen Wettbewerbsabsicht sind.[160]

§ 4 Nr. 8 UWG erklärt die Verbreitung von Tatsachen für unlauter, wenn **43** diese nicht erweislich wahr und geeignet sind, den Betrieb des Unternehmens oder den Kredit des Unternehmens zu schädigen.[161] Ein solcher Fall liegt etwa dann vor, wenn ein Publikationsorgan seine Konkurrenten pauschal abwertet[162] oder ausgiebig über wirtschaftliche Misserfolge eines Konkurrenzblattes berichtet.[163] Gleiches gilt, wenn eine Zeitung Dritte, etwa lobende Leserbriefschreiber, zu Wort kommen lässt, die dabei andere Zeitungen ausdrücklich abschätzig nennen.[164]

IX. Das wettbewerbsrechtliche Presseprivileg

Es gibt im Gesetz gegen den unlauteren Wettbewerb eine Sondervorschrift, **44** die einen spezifisch medienrechtlichen Einschlag hat, weil sie gerade die Besonderheiten des Pressewesens und seiner wirtschaftlichen Zwänge im Auge hat. Die Rede ist von § 9 S. 2 UWG, wonach verantwortliche Personen von periodischen Druckschriften nur dann zum Schadensersatz verpflichtet sind, wenn sie wussten, dass die von ihnen gemachten Angaben irreführend waren. Die ratio legis dieser Regelung erschließt sich, wenn man sich vergegenwärtigt, was uns im Folgenden noch vertieft beschäftigen wird, nämlich dass die Werbung – d. h. bei Presseunternehmen das Anzeigenwesen – gleichsam das wirtschaftliche Rückgrat der Medienunternehmen darstellt. Da die Erstellung der Anzeigen-

---

[156] Das gilt übrigens auch für den Fall, dass ein Sender dem Kriminalfall eines anderen Senders dadurch die Spannung raubt, dass er den Mörder in seiner eigenen Sendung verrät; LG Hamburg AfP 1992, 178. Entsprechend dürfte zu entscheiden sein, wenn durch Indiskretion an die Öffentlichkeit gelangt, ob ein Kandidat bei „Wer wird Millionär" in der folgenden Sendung die Million gewonnen hat.
[157] OLG München AfP 1990, 54.
[158] Vgl. *Prinz/Peters*, Medienrecht, Rz. 237.
[159] Vgl. OLG Frankfurt AfP 1992, 297.
[160] OLG Frankfurt AfP 1992, 297, 298; *Prinz/Peters*, Medienrecht, Rz. 237.
[161] Vgl. auch *Emmerich*, Unlauterer Wettbewerb, § 4 II 3 b), S. 42.
[162] BGH NJW 1982, 637, 638.
[163] Vgl. Österreichischer OGH ÖBl. 1996, 194, 198.
[164] BGH NJW 1992, 3093, 3094; BGH NJW-RR 1990, 1184.

teile, wie die Erstellung von Tageszeitungen überhaupt, regelmäßig unter großem zeitlichen Druck erfolgt,[165] ist die Fehleranfälligkeit entsprechend hoch.
Müssten die Zeitungsschaffenden in jedem Einzelfall – man denke an die
Hunderte von inserierten Kfz – eine Haftung aus culpa in contrahendo etc.
befürchten, so stünden sie vor der Wahl, entweder kostspielige und unrentable
Versicherungen abzuschließen oder den Anzeigenteil abzuschaffen.[166] Das aber
würde ihre wirtschaftliche Existenz aufs Spiel setzen, so dass zutreffend gefolgert worden ist,[167] dass das wettbewerbsrechtliche Presseprivileg eine **institutionelle Bedeutung** für die Presse hat. Die Rechtsprechung hat der Erstreckung
des Haftungsprivilegs auf andere Verstöße, wie etwa gegen §§ 823 f. BGB,[168]
sowie auf andere Medien, insbesondere den Rundfunk,[169] wie sie von Seiten
des Schrifttums gefordert wurde,[170] bislang eine Absage erteilt.[171] Demgegenüber sollte man § 9 S. 2 UWG zumindest auf solche Medien entsprechend
anwenden, die in den Schutz des Art. 5 Abs. 1 S. 2 GG einbezogen sind.[172]

X. Das Trennungsgebot als Prinzip des Medienrechts?

45   Nachdem das Trennungsgebot nun an verschiedenen Stellen als markantes
Postulat des Medienrechts behandelt wurde, stellt sich die Frage, ob es als
Prinzip des Medienrechts angesehen werden kann.[173] Es gilt, wie gesehen, für
die Presse und den Rundfunk gleichermaßen. Diese Mehrfachgeltung kann
immerhin für die Anerkennung als Rechtsprinzip ins Feld geführt werden,
weil das Gebot der Trennung zwischen Werbung und Programm also mit einer
gewissen Allgemeingültigkeit gedacht werden kann, da es sich nicht auf ein
einzelnes Medium beschränkt. Gleichwohl gibt es eine Reihe von Zweifeln am
Prinzipiencharakter der Trennung.

46   Zunächst handelt es sich bei dem Trennungsgebot der Sache nach um eine
Pflicht der Programmgestalter im Verhältnis zu den Werbenden gegenüber der
Öffentlichkeit. Das ist in zweierlei Hinsicht denkwürdig. Zum einen wird die
Geltung des vermeintlichen Prinzips weithin auf das Wettbewerbsrecht beschränkt; genauer auf den wettbewerbsrechtlichen Ausschnitt des Medienrechts. Damit ist es aber eher geeignet, das hier vertretene perspektivische
Verständnis des Medienrechts zu bestätigen, als die Geltung als Rechtsprinzip
zu fundieren. Das ist alles andere als ein Zufall, weil der perspektivische Ansatz
entsprechend der eingangs formulierten Hypothese tendenziell für die Prinzi-
pienarmut des Medienrechts streitet.

---

[165] Darauf macht *Paschke*, Medienrecht, Rz. 781 Fußnote 323, aufmerksam.
[166] Vgl. *Löffler*, Presserecht, Anz BT, Rz. 106.
[167] So *Paschke*, Medienrecht, Rz. 781.
[168] Zu einer denkbaren Medienprivilegierung im Produkthaftungsrecht bezüglich der Haftung
für intellektuelle Leistungen (*Cahn*, NJW 1996, 2903) siehe *Paschke*, Medienrecht, Rz. 783.
[169] Dafür *Henning-Bodewig*, GRUR 1985, 261, 264 f.; zustimmend *Paschke*, Medienrecht,
Rz. 783; indes dürfte die Interessenlage dort eine andere sein, zumal es insbesondere an dem
pressetypischen Zeitdruck bei der Anzeigenerstellung regelmäßig fehlt.
[170] *Paschke*, Medienrecht, Rz. 782.
[171] BGH GRUR 1992, 1010, 1011.
[172] *Baumbach/Hefermehl/Köhler*, UWG, 2004, § 9 Rz. 2, 13; *Lettl*, Rz. 669.
[173] *Paschke*, Medienrecht, Rz. 367, behandelt es immerhin unter den von ihm so genannten
Rechtsgrundsätzen des Medienrechts.

Zum anderen ist es nicht unproblematisch, eine Rechtspflicht einfach zum **47** Prinzip zu erheben. Diese Bedenken lassen sich auch nicht einfach dadurch beheben, dass man von Trennungsprinzip spricht, weil man das Gebot damit nur terminologisch erhöht und nicht darüber hinwegkommt, dass es sich um eine konkrete Pflicht handelt.[174] Zudem zeigt der Vergleich zu einem anderen bekannten Trennungsprinzip, dem des Bürgerlichen Rechts, dass man es bezogen auf das Medienrecht schwerlich mit einem strukturtragenden Gesichtspunkt zu tun hat. Dem entgeht man auch nicht, wenn man an Stelle der geforderten Trennung die damit erstrebte Transparenz akzentuiert und somit von einem **Transparenzprinzip** spricht.

Dahinter steht ein schwer wiegender Gesichtspunkt. Die geforderte Tren- **48** nung zwischen Werbung und Programm beschreibt letztlich nichts weiter als eine Demarkationslinie, die das (wettbewerbs-)rechtlich Zulässige vom Unzulässigen scheidet. Verstöße gegen das Trennungsgebot widersprechen den Vorgaben des Rundfunkstaatsvertrags bzw. verfallen dem Sittenwidrigkeitsverdikt. Insofern kann man bezogen auf die Sittenwidrigkeit von einem Trennungspostulat sprechen. Damit hat das Trennungsgebot aber kaum mehr als deskriptiven Charakter, und es fehlt ihm etwas für die Anerkennung als Rechtsprinzip Essentielles, nämlich die Möglichkeit, weitergehende – nämlich über das Zulässigkeitsurteil hinausreichende – Folgerungen daraus herzuleiten. Damit ist es aber im Hinblick auf die möglichen Rechtsfolgen so beschränkt, dass es nur die Rechtslage beschreibend wiedergibt, so dass man nicht von einem Prinzip sprechen kann.

XI. Die „tragenden Grundsätze des Medienrechts"

Mit der soeben behandelten Frage hängt ein Topos zusammen, den der **49** Bundesgerichtshof in der so genannten „Guldenburg"-Entscheidung aufgebracht hat. Darin spricht der Bundesgerichtshof von den „medienrechtlichen Geboten der Neutralität im Wettbewerb, der Bewahrung der Unabhängigkeit der Programmgestaltung und der Abwehr sachfremder Einflüsse Dritter auf diese".[175] Bemerkenswert daran ist, dass der Bundesgerichtshof – soweit ersichtlich erstmals – das Wort „**medienrechtlich**" im Zusammenhang mit bestimmten Grundsätzen verwendet, die freilich als Gebote deklariert werden. Der Senat hat sich mit gutem Grund gescheut, insoweit von Prinzipien zu sprechen.

BGHZ 120, 228: Das ZDF klagte gegen den Eigentümer eines Schlosses, das Drehort für die Serie „Das Erbe der Guldenburgs" war, weil der Beklagte mehrere Warenzeichen für Getränke und Nahrungsmittel mit der Kennzeichnung „Guldenburg" angemeldet hat. Das ZDF, das bereits einem Werbepartner vertraglich die Anmeldung und Verwendung des Wortzeichens „Guldenburg Pilsener" gestattet hatte, nimmt das Recht zur kommerziellen Verwendung des Titels der Fernsehserie für sich in Anspruch.

Der Bundesgerichtshof stellt die von der Vorinstanz angenommene[176] Ver- **50** wechslungsgefahr in Frage. Es sei nicht ohne weiteres davon auszugehen, dass

---

[174] *Paschke*, Medienrecht, Rz. 370.
[175] BGHZ 120, 228.
[176] OLG Hamburg WRP 1991, 177.

größere Verkehrskreise irrigerweise davon ausgingen, dass der Beklagte das Warenzeichen „Guldenburg" aufgrund einer Lizenz des ZDF vertreibe. Dafür bedürfte es nach Ansicht des Gerichts eines sachlichen Zusammenhangs zwischen den bezeichneten Waren und der jeweiligen Fernsehsendung,[177] der vorliegend nicht ersichtlich ist. Ein solcher Lizenzzusammenhang könnte allenfalls angenommen werden, wenn es sich um Elemente von besonderer Originalität im Zusammenwirken mit überdurchschnittlicher Bekanntheit gehandelt hätte, wie dies etwa bei den Mainzelmännchen der Fall gewesen wäre.

51   Auch einen Anspruch auf Schadensersatz lehnt der Bundesgerichtshof ab.[178] Ein dadurch vermittelter ergänzender wettbewerbsrechtlicher Leistungsschutz kommt zwar unter bestimmten Voraussetzungen in Betracht.[179] Darauf kam es hier aber nicht an, weil das ZDF aus öffentlich-rechtlichen Gründen vorliegend am so genannten **Titel-Merchandising** gehindert war.[180] Auch wenn das Titel-Merchandising als grundsätzlich zulässige Randnutzung möglich ist, ergeben sich aus der erwerbswirtschaftlichen Betätigung des öffentlich-rechtlichen Rundfunks Beschränkungen,[181] die das Berufungsgericht nicht hinreichend beachtet hatte.[182] Beim Merchandising bestehe nämlich – anders als bei der Vergabe von Sende- oder Buchverlagsrechten gegen Lizenzen – „eine nicht zu vernachlässigende Gefahr der Kollision mit tragenden Grundsätzen des Medienrechts"[183] in Gestalt der bereits genannten Gebote der **Neutralität im Wettbewerb** und der Bewahrung der Unabhängigkeit der Programmgestaltung sowie der Abwehr sachfremder Einflüsse Dritter auf diese.[184]

52   Anders als im oben zitierten Leitsatz spricht der Bundesgerichtshof hier also sogar von den tragenden Grundsätzen und nicht lediglich von Geboten. Die Paraphrase im Leitsatz spricht eher dafür, dass der Bundesgerichtshof hier keine tragenden Strukturprinzipien im Sinn hatte, sondern in der Tat nur Gebote im weiter oben[185] dargestellten Sinne. Denn abgesehen von der Begrifflichkeit bleibt der Bundesgerichtshof die Herleitung und Anerkennung dieser „tragenden Grundsätze" letztlich schuldig. Die für die Anerkennung als Rechtsprinzip erforderliche **teleologische Fundierung** steht damit zumindest noch aus und kann auch, wie weiter oben dargestellt wurde, nicht ohne weiteres angenommen werden.

53   Zeigt sich somit auch anhand des Wettbewerbsrechts, dass das Medienrecht kein eigenständiges Rechtsgebiet ist, so veranschaulicht der folgende Fall, dass

---

[177] So bereits BGHZ 68, 132, 139; BGH GRUR 1982, 431, 432.

[178] Nach Inkrafttreten des Markengesetzes wäre nunmehr vorrangig ein Anspruch aus § 15 MarkenG zu prüfen.

[179] Zu ihnen BGHZ 113, 82, 85; BGH GRUR 1985, 550, 552.

[180] Vgl. *Emmerich/Steiger*, Möglichkeiten und Grenzen der wirtschaftlichen Betätigung der öffentlich-rechtlichen Rundfunkanstalten, 1986, S. 20, 49.

[181] Monographisch zu ihnen *Mand*, Erwerbswirtschaftliche Betätigung öffentlich-rechtlicher Rundfunkanstalten außerhalb des Programms, 2002.

[182] Siehe in diesem Zusammenhang auch OLG Koblenz MMR 2001, 812: Zulässigkeit eines „ZDF-Medienparks" im Rahmen der Randnutzung, solange und soweit ein unmittelbarer Sachzusammenhang mit dem Programmauftrag besteht. Insoweit ist auch Eigenwerbung zulässig. Die Beteiligung eines öffentlich-rechtlichen Senders an der Betreibergesellschaft kann demnach als „notwendiges Hilfsgeschäft zur Erfüllung des Programmauftrages" möglich und vom Funktionsauftrag gedeckt sein.

[183] BGHZ 120, 228, 236.

[184] Diese Grundsätze finden sich bereits in BGHZ 110, 278, 286.

[185] Siehe oben Rz. 25 ff.

es in Abgrenzung zum Informationsrecht immerhin Sachverhalte gibt, die gerade im Hinblick auf das jeweilige Medium rechtlich problematisch sind.

BGH NJW 2004, 3032: Der ausschließlich werbefinanzierte Privatsender RTL klagt gegen den Produzenten eines Vorschaltgeräts, durch das automatisch auf ein werbungsfreies Programm umgeschaltet wird, sobald im gewählten Programm Werbung ausgestrahlt wird. Nach dem Ende des Werbeblocks wird ebenso automatisch auf das Ausgangsprogramm zurückgeschaltet.

Auch wenn zwischen den Parteien ein Wettbewerbsverhältnis bestand, weil **54** sich der Produzent des Geräts mit seinem Angebot ebenso wie der Privatsender – wenngleich mit umgekehrten Vorzeichen – an den Zuschauer wendet, lag darin doch nach der überzeugenden Ansicht des Bundesgerichtshofs keine unlautere Werbung. Mit einem derartigen **Werbeblocker** sei keine unmittelbare Einwirkung auf die vom Sender ausgestrahlte Werbung verbunden. Da es sich nur um eine dem Zuschauer überlassene technische Hilfestellung handelt, wird auch in keiner Weise in die Programmfreiheit des Senders eingegriffen. Weder unter dem Gesichtspunkt der allgemeinen Behinderung noch der Marktstörung sei das Verhalten des Beklagten wettbewerbsrechtlich zu beanstanden.[186]

Auf der anderen Seite veranschaulicht eine neuere Entscheidung zur wettbewerbsrechtlichen Haftung eines Presseunternehmens wegen Setzens eines **Hyperlinks** im redaktionellen Online-Angebot die Nähe zum Informationsrecht.[187] Danach handelt ein Presseunternehmen nicht als Störer, wenn es neben einem im Rahmen seines Internetauftritts veröffentlichten redaktionellen Artikels die als Hyperlink ausgestaltete Internetadresse eines wettbewerbswidrig handelnden Unternehmens angibt.[188]

§ 9. Medienkartellrecht

Literatur: *Bauer*, Öffentlich-rechtliche Rundfunkanstalten und das Kartellrecht, 1993; *Bender*, Cross-Media-Ownership, 1999; *Bohl*, Konzentrationskontrolle in den elektrischen Medien, 2000; *Bornemann*, Wie die KEK gefühlte Meinungsmacht in eine Eingriffskompetenz umrechnet, MMR 2006, 275; *Bremer/Mostini*, Kartellrechtsreform und Sicherung der Pressevielfalt, ZUM 2003, 942; *Brinkmann*, Aussperrung von Hörfunkreportern?, ZUM 2006, 802; *Czychowski/Grüter/J. Nordemann*, Das Internet, die NameServer und das Kartellrecht, NJW 1997, 1897; *A. Fikentscher*, Kartellrecht im Sport – Ökonomische und rechtsvergleichende Betrachtungen, SpuRt 1995, 149; *Engel/Knieps*, Die Vorschriften des Telekommunikationsgesetzes über den Zugang zu wesentlichen Leistungen, 1998; *Fuhr*, Exklusivberichterstattung des Rundfunks im Spannungsverhältnis zwischen Privatautonomie, Kartellrecht und Recht auf freie Berichterstattung, ZUM 1988, 327; *Gerspott*, Konsequente Fortsetzung der marktmachtsymmetrischen Regulierung von TK-Netzbetreibern, MMR 2000, 191; *Gounalakis/Zagouras*, Crossmedia, Konzentration und multimediale Meinungsmacht, AfP 2006, 93; *dies.*, Konglomerate Medienkonzerne und die Wettbewerbsaufsicht – Eine Nachlese zum Fall Springer/ProSiebenSat.1, NJW 2006, 1624; *dies.*, Publizistische Vielfaltsicherung – Eine Aufgabe für Europa?, JZ 2008, 652; *Günther*, Ungenehmigte Radioberichterstattung von Sportveranstaltungen als unlauterer Wettbewerb, WRP 2005, 703; *Hausmann*, Der Deutsche

---

[186] Kritisch dagegen *Ladeur*, GRUR 2005, 559 ff., der den Vertrieb der Werbeblocker im Hinblick auf die intendierte Untergrabung der verfassungsrechtlich geschützten Finanzierungsmöglichkeit der privaten Rundfunkanbieter als sittenwidrig ansieht.

[187] Zur Haftung für Hyperlinks im Lichte des neuen UWG *Gabel*, WRP 2005, 1102.

[188] BGH AfP 2004, 357.

Fußballbund (DFB) – Ein Kartell für Fernsehrechte?, BB 1994, 1089; *Heermann*, Der Deutsche Fußballbund (DFB) im Spannungsfeld von Kartell- und Konzernrecht, ZHR 161 (1997) 665; *ders.*, Kann der Ligasport die Fesseln des Kartellrechts überwinden?, SpuRt 1999, 1; *Hoffmann-Riem*, Rundfunkrecht und Wirtschaftsrecht, 1991; *ders.* (Hrsg.), Rundfunkrecht im Wettbewerbsrecht, 1988; *ders.*, Rundfunkrecht neben Wirtschaftsrecht, 1991; *Immenga*, Relevante Märkte und Marktbeherrschung in der Regulierungspraxis, MMR 2000, 196; *Jarass*, Kartellrecht und Landesrundfunkrecht, 1991; *Knothe/Lebens*, Rundfunkspezifische Konzentrationskontrolle des Bundeskartellamts, AfP 2000, 125; *Köhler*, Wettbewerbs- und kartellrechtliche Kontrolle der Nachfragemacht, 1979; *ders.*, Zur Kontrolle der Nachfragemacht nach dem neuen GWB und dem neuen UWG, WRP 2006, 139; *Kübler*, Medienverflechtung – Eine rechtsvergleichende Untersuchung der Marktstrukturprobleme privaten Rundfunks, 1982; *ders.*, Medien, Menschenrechte und Demokratie, 2008; *Kloepfer*, Presse-Grosse zwischen Kartell- und Verfassungsrecht, AfP 1999, 1; *Koch*, Medienkonzentrationsrecht in Deutschland – sind wir auf dem richtigen Weg?, AfP 2007, 305; *Köhler*, Hoheitliche und private Rechtsdurchsetzung am Beispiel der Vorteilsabschöpfung im Kartellrecht, 2006, S. 509; *Kubala*, Medienkonzentration im Internet, 2004; *Ladeur*, Aktuelle Rechtsfragen der Einspeisung digitaler Fernsehprogramme in Kabelnetze – Insbesondere: Anspruch auf Netzzugang – Bündelung von Programmen – Entgeltregulierung – „Durchleitungspflicht", ZUM 2002, 252; *Lerche*, Verfassungsrechtliche Fragen zur Pressekonzentration, 1971; *Lettl*, Kartellrecht, 2005; *Luyken*, Das Medienwirtschaftsgefüge der 90-iger Jahre, Horizontale und vertikale Unternehmensverflechtungen, Media Perspektiven 1990, 621; *Martenczuk*, Regulierungsbehörde contra Bundeskartellamt? Das Verhältnis der Kompetenzen auf dem Gebiet der Telekommunikation, CR 1999, 363; *Martenczuk/Thomaschki*, Der Zugang zu Netzen zwischen allgemeinem Kartellrecht und sektorieller Regulierung, Rtkom 1999, 15; *Mestmäcker*, Medienkonzentration und Meinungsvielfalt, 1978; *ders.*, Entgeltregulierung, Marktbeherrschung und Wettbewerb im Mobilfunk, MMR 8/1998, Beilage, 1; *Möschel*, Regulierungswirrwarr in der Telekommunikation, MMR 3/1999, Beilage, 1; *ders.*, Fehlsame Weichenstellung in der TK-Regulierung, MMR 2007, 547; *Peifer*, Vielfaltsicherung im bundesweiten Fernsehen, 2005; *Petersen*, Medienrecht und Informationsrecht, Eine Standortbestimmung am Beispiel des Kartellrechts, Veröffentlichungen der Potsdamer Juristischen Gesellschaft, Band 9, 2005; *Prütting* u.a., Marktmacht und Konzentrationskontrolle auf dem Fernsehmarkt, 2000; *Rahn*, Programmauftrag und Kartellrecht, 1990; *Salje*, Marktbeherrschung auf Telekommunikationsmärkten, K&R 1998, 331; *Spieler*, Fusionskontrolle im Medienbereich, 1988; *Springer*, Die zentrale Vermarktung von Fernsehrechten im Ligasport nach deutschem und europäischem Kartellrecht unter besonderer Berücksichtigung des amerikanischen Anti-Trust-Rechts, WRP 1998, 477; *Stock*, Rundfunkrecht und Kartellrecht, AfP 1989, 627; *Stock/Röper/Holznagel*, Medienmarkt und Meinungsvielfalt, 1997; *Stockmann*, Sportübertragungsrechte und Kartellrecht am Beispiel der Europacup-Spiele, ZIP 1996, 411; *Stopper*, Ligasport und Kartellrecht – Die Bündelung von Fernsehübertragungsrechten durch den Deutschen Fußball-Bund im Konflikt mit deutschem und europäischem Kartellrecht, 1997; *Trafkowski*, Medienkartellrecht, 2002; *Traugott*, Zur Abgrenzung von Märkten, WuW 1998, 929; *Wertenbruch*, Die zentrale Vermarktung von Fußballfernsehrechten als Kartell nach § 1 GWB und Art. 85 EGV, ZIP 1996, 1417; *Wichmann*, Vielfaltsicherung in digitalisierten Breitbandkabelnetzen, 2004; *Zagouras*, Konvergenz und Kartellrecht, 2002.

I. Begriffsbestimmung und Inhalt

1   Obwohl es eigentlich keinen festumrissenen Begriff des Medienkartellrechts gibt, hat sich dieser Terminus seit geraumer Zeit zur Beschreibung derjenigen Zusammenhänge durchgesetzt, die die kartellrechtlichen Fragen der Medienunternehmen betreffen.[1] Im Grunde verhält es sich hierbei nicht anders als im gesamten Medienrecht: Die Anziehungskraft der Fragestellung wird vermeint-

---

[1] Vgl. nur die Dissertation Medienkartellrecht von *Trafkowski*, 2002, die sich freilich ausweislich des Untertitels auf die Sicherung des Wettbewerbs auf den Märkten der elektronischen Medien konzentriert.

lich dadurch größer, dass ihr das Präfix „Medien" vorangestellt wird.[2] Da aber das Medienrecht kein eigenes Rechtsgebiet, sondern eher ein Aspekt ist, unter dem andere Rechtsgebiete und -fragen betrachtet werden können,[3] hat auch das Medienkartellrecht streng genommen keine eigene Daseinsberechtigung, es sei denn, man würde diejenigen Regelungszusammenhänge, in denen das Kartellrecht selbst an ein bestimmtes Medium anknüpft, als Medienkartellrecht im engeren Sinne auffassen. Zumindest geht es, anders als man meinen könnte und gelegentlich insinuiert wird, weniger um kartellrechtliche Gesichtspunkte des Medienrechts, als vielmehr um medienrechtliche Aspekte des Kartellrechts.[4] Wenn hier dennoch von Medienkartellrecht gesprochen wird, so soll damit kein Bekenntnis zur modischen Begriffsbildung abgelegt werden. Der Begriff hat sich nur in der Zwischenzeit eingebürgert, so dass dem keine neue Wortschöpfung an die Seite gestellt werden soll, die mit mehr Silben, als es die schlichte Verknüpfung der Substantive vermag – darin liegt immerhin ihre Stärke –, denselben Zusammenhang beschreibt.

Inhaltlich geht es um die gerade zurzeit besonders heftig und kontrovers **2** diskutierten Fragen der Begegnung medialer Macht mit staatlichen Mitteln. Die gerade auf dem ausländischen Medienmarkt zu beobachtende Akkumulation von Medien in einer Hand evoziert die Frage nach der staatlichen Begrenzung der **Medienkonzentration** bis hin zu den mehr oder weniger offen ausgesprochenen Forderungen nach einer Entflechtung. *Murdoch* im angloamerikanischen Markt und erst recht *Berlusconi* in Italien leben eine Vereinigung von unmittelbarer privater und zum Teil sogar mittelbarer staatlicher Medienmacht vor, die auch hierzulande den Wunsch nach eindämmenden Rechtsregeln laut werden lässt, zumal die genannten Medienunternehmer, wie die *Kirch*-Krise gezeigt hat, auch auf den deutschen Markt drängen.

II. Die Konzentration auf dem Medienmarkt

Mit dem zuletzt angesprochenen Befund ist zugleich die Frage verbunden, **3** wie das deutsche Kartell- und Rundfunkrecht auf entsprechende Bestrebungen reagiert.[5] Eine Bestandsaufnahme muss bei den verfassungsrechtlichen Grundlagen ansetzen, von denen bereits eingangs die Rede war.[6] Im Gefolge des

---

[2] Paradigmatisch ist etwa das von *Engel* so genannte „Medienordnungsrecht" in seinem gleichnamigen Band von 1996. Ob dieser Neologismus förderlich ist oder auch nur einen tragfähigen Ordnungsgesichtspunkt zutage fördert, ist fraglich. Immerhin wird die Aufgabe des Medienkartellrechts dort (S. 21 f.) darin gesehen, die Medienmärkte „vor der ihnen innewohnenden Tendenz zur Selbstzerstörung (zu) bewahren". – Damit ist die Aufgabe des Medienkartellrechts freilich nur ungefähr beschrieben; siehe zu weiteren vordringlichen Schutzzwecken oben im Text.

[3] Siehe oben § 1 Rz. 10 ff.

[4] Vgl. auch *Trafkowski*, Medienkartellrecht, S. 303: „Das Kartellrecht hat gegenüber dem Medienrecht grundsätzlich den Vorteil, dass es nicht medienspezifisch ausgestaltet ist, also wirtschaftliche Macht im Medienbereich unabhängig von der Art des Mediums mit denselben Mitteln bekämpft." Die zitierte Wendung insinuiert, dass Kartellrecht und Medienrecht nebeneinander bestehen könnten, was indes nicht der Fall ist.

[5] Hierzu *Koch*, AfP 2007, 305 ff. Zu europäischen Bestrebungen *Gounalakis/Zagouras*, JZ 2008, 652 ff.

[6] Ausführlich oben § 2.

Niedersachsenurteils des Bundesverfassungsgerichts[7] haben die Bundesländer die mit dem öffentlichen und privaten Rundfunk zusammenhängenden Fragen erstmals einvernehmlich im Staatsvertrag zur Neuordnung des Rundfunkwesens geregelt.[8] 1991 trat an dessen Stelle der detailliertere Rundfunkstaatsvertrag, der nach mehrmaligen Novellierungen noch heute gilt.[9] Im Dritten Rundfunkänderungsstaatsvertrag wurde insbesondere mit Wirkung vom 1. 1. 1997 die hier interessierende **Konzentrationskontrolle** im privaten Rundfunk geändert.[10] Allerdings gilt auch für die öffentlich-rechtlichen Rundfunkunternehmen das Gesetz über Wettbewerbsbeschränkungen,[11] weil sie neben den privaten Anbietern am Wettbewerb um Werbekunden und Zuschauer teilnehmen,[12] so dass auf die Vorschriften des GWB auch im Hinblick auf die öffentlich-rechtlichen Sender einzugehen ist. Bevor auf die Einzelheiten näher eingegangen wird, ist die bereits seit ungleich längerer Zeit schwelende Diskussion um die Pressekonzentration in den Blick zu nehmen, weil diese die verfassungsrechtlichen Problemstellungen in Erinnerung ruft und das nötige Verständnis für den vorliegenden Zusammenhang schärft.[13]

1. Die Pressekonzentration

4   Von der Pressekonzentration war bereits oben[14] im Rahmen der notwendigen Gewährleistung der inneren Pressefreiheit die Rede.[15] Damit ist das prinzipielle Verhältnis des Presserechts zum Kartellrecht angesprochen.[16] Zu berücksichtigen ist in diesem Zusammenhang die Preisbindung bei Zeitungen und Zeitschriften nach § 30 GWB,[17] die zu einer **Privilegierung der Presseunternehmen** führt.[18] Im Verhältnis des Presserechts zum Kartellrecht ging es zunächst um die Ausgangsfrage, ob kartellrechtliche Maßnahmen im Pressebereich zulässig sind.[19] Für die Beantwortung wurde schon früh von maßgeblicher Seite[20] auf den institutionellen Garantiegehalt des Art. 5 GG verwiesen,[21] ohne dass daraus eine staatliche Kompetenz entnommen werden dürfte, durch kartellrechtliche „Zwangseingriffe eine Art Optimum des Kommunikations-

---

[7] Dazu oben § 2 Rz. 21 ff.

[8] Abgedruckt in: ZUM 1987, 386.

[9] Im Zuge des Neunten Rundfunkänderungsstaatsvertrags nunmehr „Staatsvertrag für Rundfunk und Telemedien".

[10] Vgl. auch *Müller*, Konzentrationskontrolle zur Sicherung der Informationsfreiheit, 2004.

[11] Vgl. nur *Emmerich*, AfP 1989, 433, 438.

[12] *Trafkowski*, Medienkartellrecht, S. 23.

[13] Zum Zusammenhang zwischen Konvergenz und Konzentration und den sich daraus für das Kartellrecht de lege ferenda ergebenden Folgerungen *Gounalakis*, Konvergenz der Medien, S. 140; siehe auch *Gounalakis/Zagouras*, AfP 2006, 93.

[14] § 2 Rz. 12. Hierzu auch *Kübler*, Medien, Menschenrechte und Demokratie, S. 36 ff.

[15] Eine „kritische Materialsichtung und -systematisierung" enthält der Band Pressekonzentration von *Aufermann, Heilmann, Hüppauf, Müller, Neveling* und *Wersig*, 1971.

[16] Vgl. dazu *Kunert*, Pressekonzentration und Verfassungsrecht, 1971.

[17] BGH NJW 2006, 2627: keine Verletzung der Preisbindungsabrede bei günstigen Probeabonnements; zustimmend *Alexander*, ZWeR 2007, 239 ff.

[18] *Lettl*, Kartellrecht, Rz. 506.

[19] Dafür *Mestmäcker*, AP-Entwurf (Pressefreiheit, Entwurf eines Gesetzes zum Schutze freier Meinungsbildung und Dokumentation des Arbeitskreises Pressefreiheit, 1970), S. 132 f.; dagegen *Forsthoff*, Der Verfassungsschutz der Zeitungspresse, 1969, S. 15 ff., 72.

[20] *Lerche*, Verfassungsrechtliche Fragen zur Pressekonzentration, 1971, S. 14 ff., 21 f., 114.

[21] Neuestens zur Pressekonzentration *Seiler*, AfP 2002, 1.

betriebes herzustellen."[22] Jedenfalls stellen staatlicherseits verordnete oder kartellrechtlich nahe gelegte Auflagenlimitierungen einzelner Zeitungen, Fusionskontrollen und Marktanteilsbegrenzungen unter dem Blickwinkel der Meinungs- und Informationsfreiheit Grundrechtseingriffe dar.[23] Schlagworte wie „freier publizistischer Wettbewerb" können nicht ohne weiteres als Legitimationsgrundlage einer **Antikonzentrationsgesetzgebung** herhalten, weil sie einer nahezu beliebigen Bestimmbarkeit unterliegen.[24] Dennoch wurde in der Diskussion der Pressekonzentration der Wunsch nach einer generellen Unterbindung der Verflechtung von Rundfunkunternehmen[25] und Presseverlagen laut.[26] Dieses Postulat ist jedoch im Schrifttum auf energischen Widerstand gestoßen.[27] Gerade im Hinblick auf die sich zunehmend ändernden wirtschaftlichen Rahmenbedingungen der oftmals stark fragmentierten regionalen Zeitungs- und Hörfunkmärkte, verursacht durch die Abwanderung der Nutzer in andere Medien, stößt eine extensive Regulierung jedoch ebenfalls auf Probleme.[28]

Der Blick auf das zur Pressekonzentration schon früh absehbare Meinungs- 5 spektrum ist deshalb wichtig, weil sich die maßgeblichen Grundrichtungen – weit reichende Liberalität einerseits und tief greifende Skepsis andererseits – bis heute nicht wesentlich verändert haben. Aus diesem Grund ist es wichtig zu sehen, aus welcher Motivation heraus die heute geltenden Regelungen getroffen wurden[29] und wie sie sich um einen möglichst schonenden Ausgleich der gerade in dieser rechtspolitisch heiklen Frage offen zutage liegenden widerstreitenden Interessen bemühen.[30] Das gilt umso mehr, als der Pressemarkt praktisch „hochkonzentriert" ist, so dass in vielen Bereichen Quasi-Monopole bestehen.[31] Die **Fusionskontrolle** soll daher den weitergehenden Aufbau der Marktführer (Bsp. Springer[32], Bertelsmann[33] oder der WAZ-Gruppe[34]) verhindern.[35]

---

[22] So *Lerche*, Verfassungsrechtliche Fragen zur Pressekonzentration, S. 114.

[23] Darauf weist *Lerche*, Verfassungsrechtliche Fragen zur Pressekonzentration, S. 116, hin und gibt zugleich zu bedenken, dass Entflechtungsvorschriften auch im Hinblick auf Art. 14 GG bedenklich sind, dessen Zugriff sie nicht etwa entzogen seien, weil insoweit Art. 5 GG vorgehe.

[24] *Lerche*, Verfassungsrechtliche Fragen zur Pressekonzentration, S. 115.

[25] Vgl. auch *Schellenberg*, Rundfunk-Konzentrationsbekämpfung zur Sicherung des Pluralismus im Rechtsvergleich, 1997.

[26] *Kübler*, Medienverflechtung – Eine rechtsvergleichende Untersuchung der Marktstrukturprobleme privaten Rundfunks, 1982, S. 105 f.

[27] Vor allem von *Lerche*, Presse und privater Rundfunk – Eine Auseinandersetzung insbesondere mit der verfassungsrechtlichen Konzeption von Küblers „Medienverflechtung", 1984, S. 50 ff. und passim.

[28] *Koch*, AfP 2007, 305, 309, spricht von dringender Konsolidierungsbedürftigkeit.

[29] Eingehend zu diesem Problemkreis *Hoffmann-Riem*, Rundfunkrecht neben Wirtschaftsrecht, Zur Anwendung des GWB und des EWG-V auf das Wettbewerbsverhalten öffentlich-rechtlichen Rundfunks in der dualen Rundfunkordnung, 1991.

[30] Zur Pressekonzentration als Gleichheitsproblem *Leisner*, Die Pressegleichheit, 1976, S. 129 ff.

[31] *Emmerich*, Kartellrecht, 9. Auflage 2001, § 25 8 b, S. 298.

[32] BGHZ 82, 1, 8: Aufkauf eines regionalen Zeitungsverlags durch den Springer-Verlag, der mit der Bild-Zeitung bereits den Markt dominierte; ebenso das Bundeskartellamt, in: AG 1987, 351; BGH AG, 1990, 543, für den Fall, dass die Kieler Zeitung, eine marktbeherrschende Abonnementszeitung, vom Springer-Verlag übernommen werden sollte.

[33] So wurde etwa der Zusammenschluss der Wochenzeitung „Die Zeit" mit dem Bertelsmann-Konzern für unzulässig gehalten, weil die größte Wochenzeitung sonst mühelos auf die enormen Ressourcen der Bertelsmann-AG zurückgreifen könnte; BGHZ 92, 223, 241.

[34] Siehe dazu BGHZ 121, 137, 155.

[35] Zum Ganzen näher *Spieler*, Die Fusionskontrolle im Medienrecht, 1988; vgl. auch *Möschel*, JZ 1984, 493; *Kleinaltenkamp*, WuW 1988, 732.

a) Untersagung nach § 36 Abs. 1 GWB

6   Demgemäß hat das Bundeskartellamt über § 36 Abs. 1 GWB[36] etwa die Verstärkung des schon bestehenden Einflusses eines Marktführers im Zeitungsmarkt auf die führende Zeitung in einem Nachbarkreis unterbunden.[37] Die Rechtsprechung hat den Fall entsprechend entschieden, dass eine in ihrem Bereich führende Regionalzeitung mit einem auflagen- und finanzstarken überregionalen Blatt zusammengeht.[38] Gleiches gilt, wenn es sich bei dem Übernehmer um einen Zeitungsverlag handelt, der einen maßgeblichen Zeitschriftenhändler zum Zwecke der Festigung seiner Position auf dem Einzelhandelsmarkt übernimmt.[39] Ebenso wenig gebilligt hat das Bundeskartellamt den Zusammenschluss der beiden einzigen Abonnementsblätter in ein und derselben Stadt.[40] Auch der Bundesgerichtshof hat den Zusammenschluss zweier Zeitungsverleger mit Marktanteilen von insgesamt über der Hälfte für unzulässig gehalten.[41] Die Relevanz dieser Vorschrift verdeutlicht nicht zuletzt das jüngste und von großem öffentlichen Interesse begleitete Verbot des Zusammenschlusses der Axel Springer AG mit der ProSiebenSat.1 Media AG durch das Bundeskartellamt.[42]

b) Die Abwägungsklausel des § 36 Abs. 1 Hs. 2 GWB

7   Ausnahmsweise kann sich die Zulässigkeit aus der so genannten Abwägungsklausel des § 36 Abs. 1 Hs. 2 GWB ergeben. Danach kann von der Untersagung abgesehen werden, wenn „auch Verbesserungen der Wettbewerbsbedingungen eintreten und (...) diese Verbesserungen die Nachteile der Marktbeherrschung überwiegen." Hierbei geht es um die so genannten Eingreifkriterien.[43] Zu berücksichtigen ist dabei jedoch, dass Gesichtspunkte der Medienvielfalt nicht in die Abwägung miteingestellt werden können,[44] weil diese nicht die *Wettbewerbs*bedingungen verbessern.[45] Medienrechtliche Relevanz hat die Abwägungsklausel vor allem bei **Sanierungsfusionen**.[46] Droht nämlich einem Presseunternehmen die Insolvenz, so kann die Untersagung im Einzelfall zu einer ungünstigeren Marktstruktur führen als die Zulassung. Das kann etwa dann der

---

[36] Zu den so genannten Toleranzklauseln, die nicht der Fusionskontrolle unterfallen, und ihrer Bedeutung bei Medienunternehmen siehe *Trafkowski*, Kartellrecht, S. 27 ff. (Bagatellmarkt- und -umsatzklausel der § 35 Abs. 1, Abs. 2 S. 1 Nr. 2 GWB), S. 29 (Anschlussklausel des § 35 Abs. 2 S. 1 Nr. 1 GWB).

[37] In: AG 1998, 441.

[38] Es waren die Süddeutsche Zeitung und der Donaukurier; vgl. BGH NJW-RR 1986, 1422.

[39] Es war zumeist der Springer-Verlag; vgl. Bundeskartellamt AG 1997, 275, 280 (Springer/PGS); 1998, 244 (Springer/Stilke); KG AG 1999, 542.

[40] Im konkreten Fall war es die „Neue Presse" einerseits und das „Coburger Tageblatt" andererseits; vgl. den Tätigkeitsbericht des Bundeskartellamts (TB) 1993/94, S. 120.

[41] BGHZ 119, 346, 363.

[42] Bundeskartellamt AG 2006, 893, wobei neben wettbewerbsrechtlichen Bedenken auch Gesichtspunkte der unter Rz. 13 ff. behandelten Rundfunkkonzentration eine Rolle spielten; vgl. hierzu *Bornemann*, MMR 2006, 275 ff.; *Gounalakis/Zagouras*, NJW 2006, 1624 ff.

[43] *Lettl*, Kartellrecht, Rz. 745.

[44] Die Medienvielfalt kann allerdings ein „überragendes Interesse der Allgemeinheit" i. S. d. § 42 Abs. 1 GWB darstellen und somit eine Ministererlaubnis rechtfertigen; vgl. *Mestmäcker*, GRUR Int. 1983, 553, 557. Der Fall ist aber nicht eben häufig, da die Fusion zumeist eher Gefahren für die Medienvielfalt birgt; zutreffend *Trafkowski*, Medienkartellrecht, S. 67.

[45] *Trafkowski*, Medienkartellrecht, 2002, S. 66.

[46] Zu ihnen *Lettl*, Kartellrecht, Rz. 752, 761; vgl. auch *Spieler*, Fusionskontrolle im Medienrecht, S. 204.

Fall sein, wenn die Fusion kleinerer Presseunternehmen, die ansonsten vom Markt verschwinden würden, bewirkt, dass ein im Übrigen beherrschender Großanbieter auch auf diesem räumlichen Markt beherrschend wird.[47]

2. Medienmarkt und Marktabgrenzung bei den einzelnen Medien

Mit dem zuletzt genannten Stichwort des räumlichen Marktes ist ein zentraler 8 kartellrechtlicher Begriff angesprochen, der im Folgenden auch auf die anderen in Betracht kommenden Medien bezogen werden soll. Ausgangspunkt – nicht zuletzt für die soeben angesprochene Untersagung nach § 36 GWB – ist die Prüfung der marktbeherrschenden Stellung nach § 19 Abs. 2, Abs. 3 GWB.[48] Für die Ermittlung ist zunächst der **relevante Markt**, also derjenige ökonomische Ort, an dem Angebot und Nachfrage zusammentreffen,[49] abzugrenzen. Nach allgemeinem Kartellrecht sind hier sachlicher und räumlicher Markt zu unterscheiden.[50] Aus dem vorliegenden Blickwinkel ist dabei je nach den in Betracht kommenden Medien bezüglich der Marktabgrenzung für Hörfunk, Fernsehen und Multimediadienste zu untergliedern.[51] Des Weiteren muss in diesem Zusammenhang auch der jeweilige Werbemarkt in den Blick genommen werden, weil diese hauptsächliche Einnahmequelle nicht vom Markt hinwegzudenken ist.

a) Sachliche Märkte

Für die Ermittlung des Hörfunkmarkts ist zu berücksichtigen, dass es nur 9 wenige[52] bundesweit empfangbare Hörfunkprogramme gibt. Diese sind in der Regel dem gleichen sachlichen Markt zuzuordnen wie die Regionalprogramme der Länder.[53] Dem entspricht nach Ansicht des Bundeskartellamts ein einheit-

---

[47] So lag es im Fall KG AG 1988, 209; vgl. dazu auch BGH AG 1990, 543, in dem der Schleswig-Holsteinische Anzeigenverlag durch eine derartige Sanierungsfusion gerettet und damit zugleich bewirkt wurde, dass der Springer-Verlag, der in der Region noch nicht marktbeherrschend war, seine Marktmacht von einem räumlich benachbarten Markt ausdehnen konnte. Anders liegt es freilich, wenn die eine angeschlagene Zeitung gerade von der marktführenden übernommen wird, weil dadurch die Wettbewerbsbedingungen nicht verbessert werden; vgl. KG AG 1979, 17, 19; Bundeskartellamt AG 1994, 515, 518. Wiederum anders verhält es sich indes, wenn es in der Region überhaupt nurmehr zwei Zeitungen gibt, weil es dann schon an der in § 36 Abs. 1 Hs. 2 GWB geforderten Kausalität (vgl. den Wortlaut „durch") fehlt und die Abwägungsklausel überhaupt nicht einschlägig ist; vgl. *Emmerich*, Kartellrecht, § 25 8 b; *Trafkowski*, Medienkartellrecht, S. 67. Kritisch zur Fusionskontrolle im Hinblick auf die zunehmende Konsolidierungsbedürftigkeit regionaler Medienmärkte *Koch*, AfP 2007, 305, 309.

[48] Die Grenzziehung zwischen den beiden Absätzen erfolgt – auch von Seiten des Bundeskartellamts und der Rechtsprechung – nicht immer trennscharf; vgl. BGHZ 79, 62, 67; KG AG 1986, 226 f. Zur Vermutung des Abs. 3 insbesondere *Gounalakis/Zagouras*, AfP 2006, 93, 94.

[49] *Emmerich*, Kartellrecht, § 18, 3.

[50] Den ersteren behandelt *Golz*, Zum sachlich relevanten Markt bei Verlagserzeugnissen, 2003 (dazu *Fricke*, AfP 2005, 95).

[51] Von den im Zeitalter der Konvergenz der Medien angestellten Überlegungen zu einer Konvergenz der Märkte war bereits eingangs bei der Erörterung der Konvergenzdebatte die Rede; vgl. oben § 1 Rz. 24 ff.

[52] Es handelt sich außer den beiden öffentlich-rechtlichen Anbietern Deutschlandfunk und DeutschlandRadio Berlin um die Privatanbieter RTL-Radio, Klassik Radio und Radio Melodie; näher im Einzelnen der Medienbericht der Bundesregierung 1998, Bundestags-Drucksache 13/10 650, S. 102 ff.

[53] *Trafkowski*, Medienkartellrecht, S. 39.

licher **Hörfunkwerbemarkt**.[54] Ähnlich verhält es sich im Grundsatz beim Fernsehmarkt. Allerdings ist stets zu prüfen, ob nicht im Einzelfall aufgrund der unterschiedlichen Inhalte des lokalen oder regionalen Fernsehens an Stelle eines vorderhand bestehenden eigenen räumlichen Marktes in Wahrheit ein eigener sachlicher Markt vorliegt.[55] Im Übrigen bereitet die Abgrenzung des sachlichen Marktes Schwierigkeiten, weil insbesondere durch das Pay-TV einzelne Spartenkanäle hinzukommen und die Marktabgrenzung erschweren.[56] Dabei kann im Extremfall sogar der einzelne durch Pay-per-View bestellte Spielfilm zum Markt werden,[57] weil und sofern er dem Videovertrieb Konkurrenz macht.[58] Spitzenfilme bilden mangels Austauschbarkeit ohnehin einen eigenen Markt[59] und werden dementsprechend in aller Regel in der so genannten Prime-Time gezeigt.

10   **aa) Zuschauermarkt im Free-TV?** Dagegen wird für das Free-TV überwiegend angenommen, dass es dort überhaupt keinen Zuschauermarkt im kartellrechtlichen Sinne gebe, weil die freie und unentgeltliche Empfangbarkeit nicht zu einem kartellrechtstypischen Leistungsaustausch führe.[60] Der Kampf um die Einschaltquoten betreffe weniger den Zuschauer- als vielmehr den Werbemarkt. Die Gegenmeinung votiert für die Anerkennung eines eigenen **Zuschauermarkts**.[61] Dem ist zu folgen. Auch wenn Zuschauer- und Werbemarkt voneinander zu trennen sind,[62] kann man den Zuschauermarkt doch nicht ganz isoliert betrachten. Wer die höchsten Marktanteile bei den Zuschauern – zumindest bei den Vierzehn- bis Neunundvierzigjährigen – hat, beherrscht auch den Werbemarkt. Gerade das Privatfernsehen legt insoweit eine Gesamtschau nahe; wer den Zuschauermarkt als Fremdkörper im System des Wettbewerbsrechts ablehnt,[63] urteilt seinerseits wirklichkeitsfremd. Die Monopolkommission sieht die für die Austauschbeziehung konstitutive Gegenleistung des Zuschauers in der von ihm geopferten Zeit.[64] Das Bundeswirtschaftsministerium stellt demgegenüber auf die schlichte Rezeption des Programms und damit der Werbung ab.[65] In der Tat opfert der Zuschauer damit aus Sicht des Anbieters das Kostbarste, was er zu bieten hat, nämlich seine *Aufmerksamkeit* im weitesten Sinne und erbringt

---

[54] Vgl. den Tätigkeitsbericht des Bundeskartellamts 1997/98, Bundestags-Drucksache 14/1139, S. 164 f.; darüber hinaus nach Formaten differenzierend *Trafkowski*, Medienkartellrecht, S. 40.

[55] *Engel*, Medienordnungsrecht, S. 35.

[56] Zu den Techniken, über die der Kunde Zugang zum jeweiligen Kanal erhält, d. h. der Zugangskontrolle (Conditional Access System) und der Entschlüsselung (Unscrambling) – beide zusammen nennt man SAS (Subscriber-Authorisation-System) – vgl. *Weisser*, ZUM 1977, 877 ff.

[57] Bei Spielfilmen sieht die Vermarktungskette so aus, dass der Film zunächst im Kino läuft, dann in die Videotheken kommt, daraufhin im Pay-TV gezeigt wird und schließlich in das werbefinanzierte Free-TV gelangt; vgl. *Engel*, Medienordnungsrecht, S. 101; *Trafkowski*, Medienkartellrecht, S. 50.

[58] *Trafkowski*, Medienkartellrecht, S. 32.

[59] *Kruse*, in: Mestmäcker (Hrsg.), Offene Rundfunkordnung, 1988, S. 275, 311, 323 f.

[60] *Kieker*, WuW 1990, 128, 130; *Frey*, ZUM 1998, 985, 987; *Parlasca*, WuW 1994, 210, 214.

[61] *Engel*, Medienordnungsrecht, S. 34; *Schmidt*, ZUM 1997, 472; *Trafkowski*, Medienkartellrecht, S. 34.

[62] *Bender*, Cross-Media-Ownership, 1999, S. 226.

[63] Vgl. etwa *Kohl*, Vielfalt im Rundfunk, 1997, S. 63, 66 f.

[64] Vgl. das XI. Hauptgutachten 1994/95, Rz. 240, 936.

[65] BWM, in: Offene Medienordnung, Rz. 49; zustimmend *Trafkowski*, S. 36.

damit eine kartellrechtsrelevante Gegenleistung, da über den ökonomischen Wert der Leistung die Sicht des Anbieters entscheidet.[66]

bb) Beschaffungsmärkte und nachgelagerte Märkte. Zu berücksichtigen ist 11 schließlich, dass die Unterscheidung in Zuschauer- (Rezipienten-) und Werbemärkte für die Bestimmung des sachlichen Marktes notwendig, aber noch nicht hinreichend ist und in der Praxis der Medienunternehmen noch durch die Differenzierung zwischen vor- und nachgelagerten Märkten ergänzt werden muss.[67] Von vorgelagerten Märkten spricht man, wenn man die Beschaffungsmärkte meint, auf denen die Medienunternehmen sich mit Senderechten und Übertragungskapazitäten eindecken. Nachgelagerte Märkte dienen demgegenüber dazu, die Medienangebote durch die Veranstalter zu vertreiben.[68]

b) Räumliche Märkte

Bei der Bestimmung der räumlichen Märkte schlägt sich die Unterscheidung 12 in einen bundesweit ausgestrahlten und den regional verbreiteten Rundfunk nieder. Für den Hörfunk bedeutet dies, dass ein bundesweiter Hörfunkmarkt nur für den bundesweit verbreiteten Hörfunk besteht. Diese Unterscheidung setzt sich auch bei der Festlegung des Hörfunkwerbemarktes fort, zumal regionale Anbieter es naheliegenderweise vorziehen, ihren regionalen Hörerkreis zu erreichen, während die bundesweit operierenden Unternehmen eine großflächige Verbreitung anstreben.[69] Entsprechend verhält es sich auf dem Fernseh(werbe)markt, der sich freilich aufgrund der **bundesweiten Lizenzierung** der Fernsehsender in aller Regel bundesweit erstreckt.[70] Nicht anders liegt es letztlich auch bei den Multimediadiensten, deren Besonderheit allenfalls darin besteht, dass die Angebote nicht nur bundesweit, sondern weltweit abrufbar sind. Da es aber auf das intendierte Verbreitungsgebiet ankommt und dieses sich regelmäßig auf die Bundesgrenzen erstreckt, ist auch der Werbe- und Benutzermarkt letztlich nur bundesweit gesteckt.[71]

3. Vom Rundfunkmonopol zur Konkurrenz der Rundfunkveranstalter

Am Anfang der kartellrechtsrelevanten Entwicklung stand das Rundfunk- 13 monopol der öffentlich-rechtlichen Anstalten.[72] Zwar gab es auch insoweit Konkurrenz,[73] doch liegt auf der Hand, dass diese eine andere Qualität hatte als mit dem Aufkommen des Privatfernsehens. Im Rundfunkstaatsvertrag musste auf die neue Konkurrenz reagiert werden, indem einerseits die von

---

[66] *Trafkowski*, Medienkartellrecht, S. 36; dort auch zur Internetwerbung und zum sachlichen Markt bei Multimediadiensten im Allgemeinen, dessen kartellrechtliche Behandlung derzeit noch kaum hinreichend untersucht ist.

[67] *Trafkowski*, Medienkartellrecht, S. 46.

[68] *Engel*, Medienordnungsrecht, S. 81; zu den in der Entstehung begriffenen Navigationssystemen, welche die Vielfalt durch elektronische Hilfen zuschauergerecht ordnen siehe *Holznagel*, ZUM 1996, 16, 24.

[69] *Trafkowski*, Medienkartellrecht, S. 40.

[70] *Trafkowski*, Medienkartellrecht, S. 38. Anders kann es sich bei Lokalsendern (TV Berlin/München etc.) verhalten.

[71] *Trafkowski*, Medienkartellrecht, S. 43.

[72] Grundlegend *Lerche*, Rundfunkmonopol: Zur Zulassung privater Fernsehveranstaltungen, 1970.

[73] Laut *Schardt*, Media Perspektiven 1984, 913, 917, sind auch ARD und ZDF „Programmkonkurrenten", die um „Schemaplätze ringen".

Verfassungs wegen gebotene Meinungsvielfalt gesichert, andererseits aber einer vorherrschenden Meinungsmacht in den Grenzen des Art. 5 GG als oberster Leitlinie entgegengewirkt wurde. Vorherrschende Meinungsmacht und Sicherung der Meinungsvielfalt stehen dabei in einem Spannungsverhältnis.[74]

a) Vielfaltsicherung

14   Die Vielfaltsicherung ist in § 25 RStV niedergelegt und dient neben einer breiten pluralistischen Selbstartikulation der *freien* Bildung der öffentlichen Meinung.[75] Sie dient der Absicherung der Kommunikationsfreiheiten.[76] Es handelt sich dabei um ein Postulat an den Privatrundfunk, der dem Publikum in gleicher Weise wie der öffentlich-rechtliche Rundfunk, mit dem er im Wettbewerb steht, informatorische Ergiebigkeit und kommunikative Anreize bieten soll. Es geht also auch um **Programmqualität**.[77] Das in den §§ 26 ff. RStV zur Vielfaltsicherung geschaffene verwaltungsrechtliche Verfahren, das Veränderungen der Beteiligungsverhältnisse bei Fernsehveranstaltern von der Erteilung einer **Unbedenklichkeitsbestätigung** abhängig macht, weist Parallelen zur kartellrechtlichen Fusionskontrolle auf.[78]

b) Vorherrschende Meinungsmacht

15   Von vorherrschender Meinungsmacht ist in § 26 RStV die Rede.[79] Danach darf ein Unternehmen in Deutschland selbst oder „durch ihm zurechenbare Unternehmen" bundesweit im Fernsehen eine unbegrenzte Zahl von Programmen veranstalten, „es sei denn, es erlangt dadurch vorherrschende Meinungsmacht nach Maßgabe der folgenden Bestimmungen".[80] Erreichen die dem Unternehmen zurechenbaren Programme im Jahresdurchschnitt einen Zuschaueranteil von 30%, „so wird vermutet, dass vorherrschende Meinungsmacht gegeben ist", § 26 Abs. 2 RStV.[81] Was einem Medienunternehmer zurechenbar ist, bemisst sich nach § 28 RStV.

---

[74] Überspitzt *Stock*, Konzentrationskontrolle in Deutschland nach der Neufassung des Rundfunkstaatsvertrags (1996), in: Stock/Röper/Holznagel, Medienmarkt und Meinungsmacht, 1997, S. 5: „Überschlägig lässt sich sagen: ‚Vorherrschende Meinungsmacht' ist das Gegenteil von Meinungsvielfalt."

[75] *Stock*, in: Medienmarkt und Meinungsmacht, S. 6, macht des Weiteren eine *materiale* Meinungsvielfalt aus, die durch Antikonzentrationsmaßnahmen gesichert werden soll; Hervorhebung auch dort. Vgl. auch *Gounalakis/Zagouras*, JZ 2008, 652, 653, auch zu europäischen Tendenzen.

[76] Grundlegend *Peifer*, Vielfaltsicherung im bundesweiten Fernsehen, Voraussetzungen und Grenzen einer Prüfung der medienrelevanten verwandten Märkte, 2005; *Wichmann*, Vielfaltsicherung in digitalisierten Breitbandkabelnetzen, 2004; instruktiv *Gounalakis/Zagouras*, AfP 2006, 93, 94; *dies.*, JZ 2008, 652, 653.

[77] *Stock*, in: Medienmarkt und Meinungsmacht, S. 7; speziell zum vom Öffentlichen Rundfunk intendierten Integrationsrundfunk siehe *dens.*, Landesmedienrecht im Wandel, 1986, S. 30 ff.

[78] Hierzu *Koch*, AfP 2007, 305, 311 ff., der keinen Bedarf für eine gesonderte medienrechtliche Konzentrationskontrolle sieht. Dies begegnet jedoch im Hinblick auf den unterschiedlichen Schutzzweck von Medienkonzentrationskontrolle und wettbewerbsrechtlicher Regulierung Bedenken; vgl. Rz. 62 ff.

[79] Eingehend *Peifer*, Vielfaltsicherung im bundesweiten Fernsehen, S. 12 ff.

[80] Zur Sicherung der Meinungsvielfalt nach dem Sechsten Rundfunkänderungsstaatsvertrag, *Janik*, AfP 2002, 104, 109.

[81] Zu der in den Einzelheiten schwierigen Regelung des § 26 Abs. 5 RStV über so genannte „Fensterprogramme", mit denen die 30%-Marke z. T. unterlaufen werden kann, siehe *Stock*, in: Medienmarkt und Meinungsmacht, S. 46 ff., mit beachtlichen Gründen.

Der Begriff der zu verhindernden vorherrschenden Meinungsmacht geht auf **16** die Verfassungsrechtsprechung zurück[82] und stellt nunmehr einen „staatsvertraglichen Schlüsselbegriff" dar.[83] Schon in der einschlägigen Entscheidung des Bundesverfassungsgerichts ging es ganz klar um die bereits eingetretenen und fürderhin absehbaren Verflechtungsprozesse im Medienbereich und eine präventive Konzentrationseindämmung.[84] Das Gericht nimmt insoweit ausdrücklich Bezug auf das GWB.[85] Das gilt umso mehr, als die dort verankerte Fusionskontrolle gegebenenfalls zusätzlich einschlägig ist.[86]

III. Kartellrechtliche Bezüge des Telekommunikationsgesetzes

Vom Telekommunikationsgesetz war bereits flüchtig bei der Behandlung des **17** Wettbewerbsrechts die Rede.[87] Dort wurde das Thema zurückgestellt, weil § 1 TKG zwar an sich überdeutlich den Wettbewerbsbezug herstellt, die Kodifikation als Ganze jedoch aufgrund ihres Regulierungscharakters öffentlich-rechtlich geprägt ist. Mit diesem Argument kann sie im Kartellrecht freilich nicht außen vor bleiben, geht es dabei doch maßgeblich um die regulierende Eindämmung marktbeherrschender Zusammenschlüsse im Bereich des Wirtschaftsrechts.[88] Auch wenn somit nach wie vor für die Einzelheiten auf das öffentliche Medienrecht verwiesen wird,[89] müssen die Sonderregeln des Telekommunikationsgesetzes für marktbeherrschende Anbieter im Folgenden behandelt werden. Diese sind jüngst grundlegend reformiert worden.[90]

1. Sonderkartellrecht für den Telekommunikationssektor

Das Telekommunikationsgesetz bezweckt ausweislich seines mehrfach zitier- **18** ten ersten Paragraphen u.a. die Förderung des Wettbewerbs. Die Deutsche Telekom ist zwar auf dem Sektor der Telekommunikation kein Monopolist im kartellrechtlichen Sinne, doch besaß ihr Rechtsvorgänger ein Monopol, so dass auch nach den Postreformen eine kartellrechtliche Regulierung der Marktmacht angezeigt ist.[91] Aus diesem Grund enthält das TKG Sonderregeln für marktbeherrschende Unternehmen. Es handelt sich dabei also um Sonderkartellrecht

---

[82] Vgl. BVerfGE 73, 118, 159 f.

[83] *Stock*, in: Medienmarkt und Meinungsmacht, S. 5.

[84] BVerfGE 73, 118, 160, 172 ff.; dazu *Stock*, NJW 1987, 217.

[85] BVerfGE 73, 118, 173 f.

[86] *Stock*, in: Medienmarkt und Meinungsmacht, Fußnote 15; *ders.*, AfP 1989, 627 ff.

[87] Oben § 8 Rz. 5 ff.

[88] Umfassend *Steinert*, Medienrecht, Telekommunikationsrecht und Kartellrecht – Die Offenhaltung der Medienordnung, 2003.

[89] Unten Vierter Teil.

[90] Vgl. BGBl. I 2004, 1190; dazu *Scherer*, NJW 2004, 3001. Die letzten Änderungen – allerdings ohne kartellrechtlichen Bezug – betreffen die Implementierung verbraucherschützender Vorschriften (BGBl. I 2007, 106) und Maßnahmen der Telekommunikationsüberwachung, insbesondere zur Vorratsdatenspeicherung (BGBl. I 2007, S. 3198). Hierzu § 14 Rz. 13 ff., 20 f.

[91] Zum Ganzen *Welff*, Der Kontrahierungszwang im deutschen Telekommunikationsrecht, 2002.

für den Telekommunikationsbereich.[92] Jenseits dieser sektoriellen Abgrenzung gibt es aber kartellrechtliche Vorschriften, die auch für Telekommunikationsunternehmen gelten, wie etwa das **Diskriminierungsverbot** des § 20 GWB, das **Zusammenschlussverbot** des § 36 Abs. 1 GWB oder das **Verbot wettbewerbsbeschränkender Maßnahmen** nach § 21 Abs. 2 GWB.[93] Am wichtigsten für den vorliegenden Zusammenhang ist dabei § 19 GWB mit seiner Bestimmung über marktbeherrschende Unternehmen.

2. Die Marktbeherrschung durch die Deutsche Telekom

19   Wann ein Unternehmen marktbeherrschend ist, ergibt sich grundsätzlich aus den einschlägigen Vorschriften des GWB. Nach dessen § 19 Abs. 1 ist ein Unternehmen marktbeherrschend, soweit es als Anbieter oder Nachfrager einer bestimmten Art von Waren oder gewerblichen Leistungen ohne Wettbewerb ist – das ist bei der Telekom, wie gesagt nicht der Fall – oder eine im Verhältnis zu seinen Wettbewerbern überragende Marktstellung hat. Die überragende Marktstellung wiederum hängt nach § 19 GWB ab von seinem Marktanteil, seiner Finanzkraft, seinem Zugang zu den Beschaffungs- und Absatzmärkten, seinen Verflechtungen mit anderen Unternehmen, den rechtlichen oder tatsächlichen Schranken für den Marktzutritt anderer Unternehmen etc. Für die Bestimmung des insoweit maßgeblichen sachlichen[94] und gegenständlichen Marktes kommt es auf das so genannte **Bedarfsmarktkonzept** an.[95] Als maßgebliches Kriterium wird hierfür die Austauschbarkeit des Produkts aus Nachfragersicht angesehen.[96] Auf dem Telekommunikationsmarkt wird dabei zwischen Endkundenmärkten, also solchen, bei denen Verbraucher auf der Nachfragerseite stehen,[97] und Netzzugangsmärkten,[98] also Märkten für Zugangsdienste, die sich dadurch auszeichnen, dass andere Telekommunikationsanbieter Nachfrager sind, unterschieden.[99] Der gleichfalls für die Anwendung des § 19 Abs. 1 GWB wesentliche räumlich relevante Markt bezieht sich auf das Territorium, binnen dessen die Nachfrager der jeweiligen Dienstleistung die Telekommunikationsdienste beziehen können,[100] also bei lizenzierten Dienstleistungen auf das jeweilige **Lizenzgebiet**.[101]

---

[92] *Holznagel/Enaux/Nienhaus*, Grundzüge des Telekommunikationsrechts, § 4 IV, S. 34. Siehe diesbezüglich zur Novellierung des TKG *Scherer*, NJW 2004, 3001, 3002 f.

[93] Zu den Gründen, warum der Gesetzgeber das Ineinander von GWB und TKG gerade so ausgestaltet hatte; vgl. *Holznagel/Enaux/Nienhaus*, Grundzüge des Telekommunikationsrechts, S. 35.

[94] Speziell zur sachlichen Abgrenzung der Internetmärkte *Trafkowski*, MMR 1999, 630.

[95] *Traugott*, WuW 1998, 929; vgl. auch *Mayen*, MMR 2001, 496; näher *Lettl*, Kartellrecht, Rz. 20, 175, 474, 569.

[96] *Holznagel/Enaux/Nienhaus*, Grundzüge des Telekommunikationsrechts, § 4 II, S. 29.

[97] Sprach- und Mobiltelefonmarkt bilden innerhalb dessen einstweilen noch unterschiedliche Märkte, da sie sich in Preis und technischen Möglichkeiten noch maßgeblich voneinander unterscheiden; vgl. *Mestmäcker*, MMR 8/1998, Beilage, 1, 16 ff.; *Knieps*, MMR 2/2000, Beilage, 1 ff. Das kann sich freilich in Zukunft ändern; näher *Holznagel/Enaux/Nienhaus*, Grundzüge des Telekommunikationsrechts, § 4 II, S. 30.

[98] Bei den Netzzugangsmärkten unterscheidet man weiterhin zwischen Zusammenschaltungsmärkten und der so genannten „letzten Meile"; vgl. *Immenga*, MMR 2000, 196 ff.

[99] *Salje*, K&R 1998, 331.

[100] *Traugott*, WuW 1998, 929, 934; dort auch zu der praktisch wichtigen Frage, ob der räumlich relevante Markt über das Bundesgebiet hinausreichen kann.

[101] *Holznagel/Enaux/Nienhaus*, Grundzüge des Telekommunikationsrechts, § 4 II, S. 31.

Ist der Markt festgelegt, so fragt sich weiter, ob der Anbieter eine beherr- **20** schende Stellung innerhalb dessen innehat. Das bemisst sich nach § 19 Abs. 3 GWB, wonach eine marktbeherrschende Stellung bei einem Marktanteil von einem Drittel vermutet wird. Das ist bei der Deutschen Telekom im Hinblick auf den Sprachtelefondienst, also im **Festnetzsektor**, mit einem Marktanteil von rund 80% unproblematisch der Fall. Im Mobilfunksektor hängt die Entscheidung über die marktbeherrschende Stellung der Deutschen Telekom davon ab, ob man ihr die Beteiligung an anderen Unternehmen über ihre Tochtergesellschaften zurechnet.[102]

BGHZ 158, 334: Die Deutsche Telekom verfügte in Deutschland bis 1996 über ein Netzmonopol und bis Ende 1997 über ein Monopol für Fernsprechdienstleistungen. Auch heute noch hat sie eine beherrschende Marktstellung im Bereich der Netzkommunikation inne, wenngleich inzwischen vielerorts andere Telefongesellschaften Festnetzanschlüsse anbieten. Weitere Beklagte neben der Deutschen Telekom ist die konzernrechtliche Tochtergesellschaft, die den Online-Dienst „T-Online", den größten derartigen Dienst in Deutschland, betreibt. Sie steht im Wettbewerb zur Klägerin, die zum AOL-Konzern, dem größten Online-Dienst weltweit, gehört. Die Deutsche Telekom bietet seit mehreren Jahren ISDN-Anschlüsse an, die es dem Kunden ermöglichen, bei gegenüber einem analogen Telefonanschluss erhöhter Übertragungsgeschwindigkeit gleichzeitig zu telefonieren und das Internet zu nutzen. Seit Januar 2000 warben die Beklagten gemeinsam für eine als „Der Oberhammer" bezeichnete Kombination der beiden Produkte T-ISDN und T-Online. Dieses Angebot bestand aus einem ISDN-Anschluss zu den üblichen Tarifen sowie einem T-Online-Anschluss ohne die sonst übliche Grundgebühr. Der Verzicht auf eine Grundgebühr machte den Tarif vor allem für Kunden interessant, die das Internet nur gelegentlich nutzen. Die Telekom bewarb das Angebot massiv. Ihr damaliger Vorstandsvorsitzender beschrieb das Angebot auf einer Pressekonferenz dahingehend, dass „bei einem neuen T-ISDN-Anschluss ... der T-Online-Anschluss jetzt automatisch und kostenlos mitgeliefert" werde. Entsprechend der Ankündigung wurden neue T-ISDN-Kunden zunächst automatisch von der T-Online begrüßt und registriert, wobei ihnen eine Zugangssoftware für den T-Online-Anschluss zugeschickt wurde. Später konnten Kunden dann bei Bestellung eines T-ISDN-Anschlusses ankreuzen, ob sie auch T-Online-Kunde werden wollten. Die Klägerin beanstandet, dass die Beklagten neue ISDN-Kunden der Telekom automatisch zu T-Online Kunden machten. Sie behauptet, vier von fünf Neukunden der Telekom hätten sich aufgrund der Koppelung für den Tarif von T-Online entschieden. Ein weiterer Teil nutze andere Tarife der Tochtergesellschaft und nur 6,24 % der Neukunden der Telekom nutzen das Internet gar nicht oder über andere Anbieter. Die Klägerin hat die Beklagten auf Unterlassung und Auskunftserteilung in Anspruch genommen. Ferner hat sie die Feststellung beantragt, dass die Beklagten ihr zum Schadensersatz verpflichtet sind.

Im Mittelpunkt der Entscheidung steht die Frage, inwieweit die **Koppelung** **21** **bestimmter selbständiger Angebote** als missbräuchlich im Sinne von § 19 Abs. 1 GWB anzusehen ist. Dabei richtete sich die Klage nur dagegen, dass die Telekom Neukunden automatisch zu Kunden ihrer Tochtergesellschaft T-Online machte. Die spätere Vorgehensweise, wonach Neukunden bei Vertragsschluss lediglich die Möglichkeit eingeräumt wurde, einen T-Online-Anschluss zu beantragen, war nicht Klagegegenstand. Anspruchsgrundlage für die von der Klägerin geltend gemachten Ansprüche ist § 33 GWB i. V. m. § 19 Abs. 1 und Abs. 4 Nr. 1 GWB. Normadressat des Missbrauchsverbots des § 19 Abs. 1 GWB sind nur Unternehmen, die eine marktbeherrschende Stellung innehaben. Für die Deutsche Telekom steht die marktbeherrschende Stellung auf dem Markt für Festnetzanschlüsse nicht in Zweifel und wird auch von ihr selbst nicht angezweifelt. Hinsichtlich der Tochtergesellschaft T-Online, die selbst nicht Täterin einer vom Festnetzmarkt ausgehenden Behinderung sein kann, zieht der Bundesgerichtshof eine Gehilfenhaftung gemäß § 830 Abs. 2

---

[102] Näher dazu *Mestmäcker*, MMR 8/1998, Beilage, 1 ff.; *Knieps*, MMR 2/2000, Beilage, 1 ff.

BGB in Betracht. Grund dafür ist, dass das beanstandete Koppelungsangebot von beiden Beklagten gemeinsam getragen war.

22   Im vorliegenden Fall könnte die Formulierung in § 19 Abs. 4 Nr. 1 GWB, wonach eine Beeinträchtigung auf „dem Markt" erforderlich ist, darauf hindeuten, dass nur der Markt gemeint ist, auf dem der Normadressat des § 19 Abs. 1 GWB eine marktbeherrschende Stellung hat. Einem solchen Verständnis steht jedoch die weite Fassung der Generalklausel in Abs. 1 entgegen, der es entspricht, ein missbräuchliches Verhalten auch dann zu erfassen, wenn es zu einer **Beeinträchtigung anderer Marktteilnehmer auf einem anderen Markt** führt. Da die Anwendungsbeispiele in § 19 Abs. 4 GWB dazu dienen, die Generalklausel auszufüllen, ist daher auch die Nr. 1 weit auszulegen, so dass auch die Konstellation im vorliegenden Fall grundsätzlich erfasst wird. Fraglich ist, ob in der Koppelung des ISDN-Anschlusses mit dem Internetzugang von T-Online eine missbräuchliche Ausnutzung der marktbeherrschenden Stellung seitens der Telekom lag. Das OLG hatte dies vor allem deswegen verneint, weil die ISDN-Kunden, denen automatisch alles für die Internetnutzung mit T-Online zur Verfügung gestellt wurde, nicht an T-Online gebunden waren, sondern jederzeit den Zugang zum Internet über andere Anbieter herstellen konnten. Wirtschaftlich räume die vorgenommene Koppelung den Kunden lediglich eine Option ein. Diesen Erwägungen ist der Bundesgerichtshof nicht gefolgt.

23   Das Gericht weist zunächst darauf hin, dass die Kartellbehörde auch nicht marktbeherrschenden Unternehmen die Koppelung von Waren und Leistungen, die weder sachlich noch handelsüblich zusammengehören, untersagen kann. Gehen Koppelungspraktiken von marktbeherrschenden Unternehmen aus, können wettbewerbsschädliche Auswirkungen vor allem darin bestehen, dass das marktbeherrschende Unternehmen seine Macht mit Hilfe der Koppelung auf andere Märkte ausdehnt. Besteht diese Gefahr, ist dem marktbeherrschenden Unternehmen die Koppelung von Waren und Leistungen, die weder sachlich noch aufgrund einer Branchenübung zusammengehören, nach § 19 Abs. 1 und Abs. 4 Nr. 1 GWB stets untersagt. Einen **sachlichen Zusammenhang** des ISDN-Anschlusses mit dem Internetzugang verneint der Bundesgerichtshof. Mit dem ISDN-Anschluss wird lediglich die Infrastruktur geschaffen, um über die Telefonleitung verschiedene Dienstleistungen in Anspruch nehmen zu können. Internetzugang und weitere von Internet-Service-Providern üblicherweise angebotene Leistungen lassen sich davon sachlich klar abgrenzen. Auch besteht keine Branchenübung, wonach beide Dienstleistungen üblicherweise gekoppelt werden. Vielmehr werden die Leistungen in der Regel getrennt und von verschiedenen Unternehmen angeboten.

24   Fraglich war allerdings, ob von der beanstandeten Koppelung eine **wettbewerbsschädliche Wirkung** ausging. Dies hatte das OLG verneint und sich zur Begründung darauf berufen, es bestehe für die Kunden kein rechtlicher Zwang, zum Telefonanschluss ausschließlich den Internetzugang der Tochtergesellschaft T-Online zu verwenden. Hingegen geht der Bundesgerichtshof davon aus, dass eine wettbewerbsschädliche Wirkung auch dadurch gegeben sein kann, dass durch die Koppelung den Mitbewerbern der T-Online rein praktisch die Mehrzahl der Neukunden der Telekom verloren geht. Eine solche tatsächliche Wirkung kann beispielsweise darauf beruhen, dass ein Großteil der Kunden sogleich die mitgelieferte T-Online-Software installiert und von der Installation weiterer Zugangssoftware wegen – vermeintlicher – technischer Schwierigkeiten absieht. Geht von der beanstandeten Koppelung eine solche Sogwirkung aus, wozu das OLG keine Feststellungen getroffen hatte, so kann das Verhalten als missbräuchlich zu werten sein. Ein Missbrauch wird jedenfalls nicht dadurch ausgeschlossen, dass die gekoppelten Dienstleistungen von zwei Konzerngesellschaften angeboten wurden. Insoweit hebt der Bundesgerichtshof hervor, dass es, sofern es um die Erstreckung der auf einem Markt bestehenden Macht auf einen anderen Markt geht, nicht darauf ankommt, ob gekoppelte Leistungen auf zwei Konzerngesellschaften aufgeteilt sind. Der Streitfall wäre nicht anders zu beurteilen, wenn die Deutsche Telekom selbst den Internetzugang anbieten würde.

3. Die Essential-Facilities-Doktrin

Die Essential-Facilities-Doktrin stammt aus dem angloamerikanischen Anti- **25** trust-Recht.[103] Sie wird aber – freilich mit Einschränkungen[104] – auch vom Europäischen Gerichtshof angewandt[105] und hat mittlerweile auch Eingang ins deutsche Kartellrecht gefunden. Es geht dabei um missbräuchliches Verhalten marktbeherrschender Anbieter. Was die Essential-Facilities-Doktrin besagt, lässt sich am besten anhand des § 19 Abs. 4 Nr. 4 GWB aufzeigen. Danach nutzt ein marktbeherrschendes Unternehmen seine beherrschende Stellung auch dann missbräuchlich aus, wenn es sich weigert, einem anderen Unternehmen gegen angemessenes Entgelt Zugang zu den eigenen Netzen oder anderen Infrastruktureinrichtungen zu gewähren, wenn es dem anderen Unternehmen aus rechtlichen oder tatsächlichen Gründen ohne Mitbenutzung nicht möglich ist, auf dem vor- oder nachgelagerten Markt als Wettbewerber des marktbeherrschenden Unternehmens tätig zu werden. Dies gilt freilich nach § 19 Abs. 4 Nr. 4 Hs. 2 GWB nicht, wenn das marktbeherrschende Unternehmen nachweist, dass die Mitbenutzung aus betriebsbedingten oder sonstigen Gründen nicht möglich oder nicht zumutbar ist. Das bedeutet de iure eine **Zusammenschaltungspflicht** und einen offenen Netzzugang.[106] Von jener wird im Folgenden noch näher die Rede sein, doch sei zunächst eine europarechtliche Besonderheit der soeben behandelten Doktrin angesprochen.

Aufschlussreich im Zusammenhang mit der Essential-Facilities-Doktrin ist **26** die so genannte und vieldiskutierte[107] Magill-Entscheidung des Europäischen Gerichtshofs.[108] Obwohl dieser Fall von Teilen des Schrifttums für nicht verallgemeinerungsfähig erachtet wird,[109] bietet sich seine Darstellung aus

---

[103] Monographisch zum Folgenden *Holzhäuser*, Essential Facilities in der Telekommunikation, Der Zugang zu Netzen und anderen wesentlichen Einrichtungen im Spannungsfeld zwischen sektorspezifischer Regulierung und allgemeinem Wettbewerbsrecht, 2001; siehe auch *Lettl*, Kartellrecht, Rz. 559.

[104] Nämlich nur bezogen auf die Nutzung einiger weniger schlechthin unentbehrlicher Netzelemente; vgl. EuGH MMR 1999, 348, 351.

[105] So etwa im Bronner-Urteil; vgl. EuGH MMR 1999, 348 ff.; dazu *Scherer*, MMR 1999, 315, 319; vgl. auch *Martenczuk/Thomaschki*, Rtkom 1999, 15; *Fleischer/Weyer*, WuW 1999, 350; *Ehle*, EuZW 1999, 89. Siehe allgemein zum europäischen Telekommunikations-Kartellrecht *Bartosch*, EuZW 1998, 421; *Hallenga*, ArchPT 1996, 239; *Koenig*, EuZW 1999, 655; *Kreile/Veler*, ZUM 1995, 693; *Nolte*, BB 1996, 2629; *Riehmer*, MMR 1998, 355.

[106] *Holznagel/Enaux/Nienhaus*, Grundzüge des Telekommunikationsrechts, § 4 IV 2 S. 36. Vgl. auch BGHZ 158, 334 zu kartellrechtlichen Bedenken gegen die Koppelung eines ISDN-Anschlusses mit dem Internetzugang; vgl. oben Rz. 20 ff.

[107] *Jestaedt*, WuW 1995, 483; *Mennicke*, ZHR 160 (1996) 629; *Pilny*, GRUR Int. 1995, 954; *Deselaers*, EuZW 1995, 563; *Bechtold*, EuZW 1995, 345.

[108] Siehe auch *Hoeren*, Grundzüge des Internet-Rechts, S. 107.

[109] *Montag*, EuZW 1997, 71, 72 f.; *Kloepfer*, Informationsrecht, § 6 Rz. 119.

medienrechtlicher Sicht an, weil er zeigt, wie (europäisches) Kartellrecht und Urheberrecht – und damit zwei aus dem Blickwinkel des Medienrechts zentrale Gegenstände – zusammenwirken und sich gerade aus dem Konflikt der jeweils geschützten Interessen Zündstoff ergibt, der die eigentümliche Brisanz derjenigen Perspektive veranschaulicht,[110] die man gemeinhin als Medienrecht bezeichnet.[111]

EuGH Slg. I 1995, 743 (= EuZW 1995, 339): Das irische Unternehmen Magill TV Guide Ltd. sah sich durch irische Fernsehanstalten gehindert, eine Programmvorschau herauszubringen, weil die Fernsehanstalten ihre Urheberrechte bezüglich ihrer Fernsehprogramme gegen die Herausgabe des Wochenprogrammführers geltend machten.

27   Der EuGH hielt das Verhalten der Fernsehanstalten, die sich weigerten, die erforderlichen Informationen weiterzugeben, für europarechtswidrig, weil die Sender insoweit ihre marktbeherrschende Stellung entgegen Art. 82 EGV missbräuchlich ausübten. Da ein Wochenprogramm, wie es Magill TV begründen wollte, in dieser Form in Irland noch nicht bestand, durch die Weigerung der Fernsehanstalten aber auch nicht etabliert werden konnte, kam der EuGH zu dem Ergebnis, dass sich die Fernsehanstalten den abgeleiteten Markt für derartige Programmvorschauen selbst vorbehalten wollten. Dies – und nicht die isoliert betrachtet zulässige Berufung auf ihr Urheberrecht – sei jedoch missbräuchlich, so dass die Fernsehanstalten letztlich durch die Entscheidung des EuGH gehalten waren, diejenigen Informationen an Magill TV weiterzugeben, die für deren Marktzutritt „wesentlich" waren.

4. Kartellrechtliche Sonderregelungen des Telekommunikationsgesetzes

28   Neben den weiter oben behandelten[112] allgemeinen kartellrechtlichen Bestimmungen sieht das TKG spezielle Regelungen vor, die ausschließlich dafür gelten. Nach dem Grundsatz des neuen § 9 TKG unterliegen der Marktregulierung Märkte, auf denen die Voraussetzungen des § 10 TKG vorliegen und für die eine **Marktanalyse** nach § 11 TKG ergeben hat, dass kein wirksamer Wettbewerb vorliegt.[113] Ausgenommen hiervon sind gemäß § 9 a Abs. 1 TKG neue Märkte i. S. d. § 3 Nr. 12 b TKG.[114] Diese Bereichsausnahme soll nach dem Willen des Gesetzgebers Anreize zu Investitionen schaffen und Innova-

---

[110] Zum hier vertretenen perspektivischen Verständnis des Medienrechts oben § 1 Rz. 29 ff.

[111] Auch vom Standpunkt des Informationsrechts aus, den etwa *Kloepfer* einnimmt (vgl. dazu oben § 1 Rz. 2 ff.), ist die Entscheidung bedeutsam; vgl. *Kloepfer*, Informationsrecht, § 6 Rz. 119: „Der für das Informationsrecht typische und immer wiederkehrende Konflikt zwischen den Werten der Informationsrestriktion und des freien Informationsflusses kam schließlich besonders deutlich in der (…) Magill-Entscheidung des EuGH zum Ausdruck." – An diesem Beispiel kann man den oben (§ 1 Rz. 2 ff.) nur theoretisch behandelten Unterschied des Erkenntnisinteresses, aber auch die Gemeinsamkeiten des Blickwinkels erkennen. Der Klarheit halber ist hinzuzufügen, dass auch den von *Kloepfer* so genannten „Werten" der Informationsrestriktion und des freien Informationsflusses vom hier vertretenen Standpunkt aus kein Prinzipienrang zukommt (siehe zu dieser Frage oben § 1 Rz. 12 ff.), weil sie zwar rein faktische Interessen beschreiben, aber eben nicht entscheidend über das Faktische hinaus zum Normativen reichen. Anders gewendet: man mag diese Gesichtspunkte zwar als „Werte" bezeichnen, doch handelt es sich nicht um *Wertungen* im Sinne der für die Anerkennung als Rechtsprinzipien maßgeblichen Wertungsjurisprudenz; näher dazu *Petersen*, Von der Interessenjurisprudenz zur Wertungsjurisprudenz, 2001, S. 8 ff.

[112] Unter 3.

[113] Zum Stand der Marktdefinitionen und Marktanalysen *Hufnagel/Nolte*, AfP 2005, 260.

[114] Vorbehaltlich § 9 a Abs. 2 TKG.

tionen fördern.[115] Die maßgeblich auf Initiative der Deutschen Telekom AG – angesichts ihres geplanten Ausbaus der VDSL-Technik – eingefügte Vorschrift zählt zu den umstrittensten und meist diskutiertesten Regelungen der Gesetzesnovelle.[116] Nach der Regelung des § 10 TKG über die **Marktdefinition** legt die Bundesnetzagentur die sachlich und räumlich relevanten **Telekommunikationsmärkte** fest. Dabei kommen nach § 10 Abs. 2 TKG Märkte in Betracht, die durch beträchtliche und anhaltende **Marktzutrittsschranken** gekennzeichnet sind und bei denen das allgemeine Wettbewerbsrecht allein nicht ausreicht, um dem betreffenden Marktversagen entgegenzuwirken.[117]

Im Rahmen der Festlegung der so gewonnenen Marktdefinition prüft die **29** Bundesnetzagentur nach § 11 Abs. 1 S. 1 TKG, ob auf dem betreffenden Markt **wirksamer Wettbewerb** besteht. Das ist dann nicht der Fall, wenn ein oder mehrere Unternehmen auf diesem Markt über beträchtliche Marktmacht verfügen, § 11 Abs. 1 S. 2 TKG. Diese wird in Satz 3 näher beschrieben. Für die Überprüfung und Rechtsfolgen der Marktanalyse und Marktdefinition gelten die §§ 12, 14 TKG.

IV. Kartellrechtliche Fragen der Vermarktung von Sportveranstaltungen

Eine tragende Rolle spielt das Kartellrecht bei der Vermarktung von Sport- **30** veranstaltungen,[118] die wiederum einen praktisch überaus bedeutsamen Ausschnitt des Medienrechts betrifft.[119] Hier sind im Wesentlichen zwei Probleme aus medienkartellrechtlicher Sicht von Interesse. Das eine betrifft die zentrale Vermarktung der nationalen Fußball-Meisterschaften, das andere die zunächst zu behandelnde zentrale Vermarktung der Europapokalheimspiele.

1. Die zentrale Vermarktung der Europapokalheimspiele

Eine der am härtesten umkämpften Streitfragen ist seit geraumer Zeit die **31** Frage, wer die Europapokalheimspiele vermarkten darf, die Vereine selbst oder der Deutsche Fußball-Bund (DFB). Inhaber dieser Rechte sind nach allgemeiner Ansicht die Vereine.[120] Der DFB wollte sich damit nicht abfinden, so dass es zum Rechtsstreit kam, den der Bundesgerichtshof schließlich zu entscheiden hatte:

BGHZ 137, 297: Der DFB berief sich auf § 3 Nr. 2 seines Lizenzspielerstatuts, wonach das Recht, über Fernseh- und Rundfunkübertragungen von Bundesligaspielen und internationalen Wettbewerben mit Lizenzligamannschaften Verträge zu schließen, der DFB besitzt. Obwohl die

---

[115] Vgl. Bundestags-Drucksache 16/2581, S. 22 ff.

[116] Hierzu *Dahlke*, MMR 2007, 69 f.; *Ditscheid*, MMR 2006, 349 f.; *Möschel*, MMR 2007, 547 ff.

[117] Nach *Scherer*, NJW 2004, 3002, besteht das zentrale Ziel der europarechtlichen Vorgaben in der sektorspezifischen Regulierung, die sich „strikt am Grundsatz der Erforderlichkeit orientiert".

[118] Speziell zu den Olympischen Spielen *Heinemann*, ZEuP 2006, 337.

[119] Eingehend zum Ganzen *Petersen*, Fußball im Rundfunk- und Medienrecht, 2001, S. 69 ff.; dort auch zur hier ausgesparten europarechtlichen Problematik; vgl. S. 59 ff.

[120] Vgl. nur *Berrisch*, SpuRt 1997, 153, 154; zu den Fernsehrechten und ihrer dogmatischen Begründung näher unten.

teilnahmeberechtigten Mannschaften ihre Rechte bis zur Saison 1989/90 noch selbst vermarktet hatten, beanspruchte der DFB dieses Recht nunmehr. Das hat zum Streit vor den Kartellbehörden darüber geführt, wer die Verträge über Fernsehübertragungen aushandeln darf. Das Bundeskartellamt hat dem DFB vorgeworfen, dass die zentrale Vermarktung der Senderechte dem grundsätzlichen Kartellverbot des § 1 GWB unterfalle. Der DFB hat sich dagegen mit der Begründung gewandt, dass es sich nicht um ein Verkaufssyndikat handele.

32   Das Kammergericht hat sich als Vorinstanz der Argumentation des Bundeskartellamts[121] angeschlossen und dem DFB untersagt,[122] Verträge über Fernsehübertragungen von Europapokalheimspielen deutscher Vereine für den deutschen Markt auszuhandeln und abzuschließen. Das KG hat die Vorgehensweise des DFB als Verstoß gegen § 1 GWB angesehen,[123] da der DFB ein Unternehmen i. S. d. § 1 GWB sei.[124] Insbesondere könne die kartellrechtswidrige zentrale Vermarktung auch nicht unter dem Gesichtspunkt der **Immanenz**[125] gerettet werden, die dann angenommen wird, wenn sich die Wettbewerbsbeschränkungen aus einem im Übrigen kartellrechtsneutralen Verhältnis ergeben, diesem also „immanent" sind.[126]

33   Der Bundesgerichtshof hat dem Kammergericht in weiten Teilen zugestimmt. Das gilt zunächst für die Unternehmereigenschaft der Lizenzligavereine sowie den wettbewerbsbeschränkenden Inhalt des streitgegenständlichen § 3 Nr. 2 LSpSt.[127] Nach Ansicht des Bundesgerichtshofs ist der DFB jedenfalls nicht alleiniger Veranstalter der Europapokalheimspiele. Das ergebe sich insbesondere daraus, dass ihm nur Koordinationsaufgaben beim Europapokal obliegen. Der Bundesgerichtshof hat jedoch offen gelassen, ob die Rechte den Vereinen selbst zustehen.[128] Der auf ein Rechtsgutachten[129] zurückgehenden Auffassung des DFB, er komme als gemeinnütziger Sportverband seiner wettbewerbsrechtlichen Überwachungsaufgabe als Gesellschaft bürgerlichen Rechts zusammen mit den Vereinen, die er vertrete, nach, hält der Bundesgerichtshof die Maßgeblichkeit vereinsrechtlicher Grundsätze entgegen.[130] Bezüglich der Immanenzgesichtspunkte folgt der Senat dem Kammergericht. Der Bundesgerichtshof hält auch den Einwand des DFB, dass der Verband kein eigenes Gewinninteresse verfolge, sondern nur eine angemessene Behandlung aller teilnehmenden Vereine anstrebe, für unbeachtlich; ein solches „vornehmlich sportpolitisches Ziel" sei nicht geeignet, die Wertungen des GWB aus den Angeln zu heben. Die vorinstanzlichen Feststellungen, dass die zentrale Vermarktung das Kosten-Nutzen-Verhältnis nicht verbessere, sondern nur den Erlös aus der Vermarktung der TV-Rechte steigere, hat das Revisionsgericht nicht beanstandet.[131]

---

[121] In diese Richtung bereits vorher *Stockmann*, ZIP 1996, 411.

[122] KG SpuRt 1997, 199 ff.

[123] Eine abweichende Überlegung findet sich bei *Waldhauser*, Die Fernsehrechte des Sportveranstalters, 1999, S. 247 f., der erwägt, zwischen Live-Übertragung und zeitversetzter Sendung zu unterscheiden, mit der Folge, dass gegebenenfalls zwei unterschiedliche Märkte im kartellrechtlichen Sinne anzunehmen wären. Dagegen spricht jedoch, dass der wirtschaftlich relevante Markt allein die Live-Übertragung ist.

[124] Siehe dazu auch *Jänich*, GRUR 1998, 438.

[125] Zu ihr *Wertenbruch*, ZIP 1996, 1417.

[126] BGH NJW 1994, 384; *Fleischer*, WuW 1996, 473.

[127] BGHZ 137, 297, 305.

[128] Zur Begründung dieser Rechte weiter unten.

[129] Von *Mestmäcker*, Vergabe von Fernsehrechten an internationalen Wettbewerbsspielen, in: Vieweg, Vermarktungsrechte im Sport, 2000, S. 53, 60 f.

[130] BGHZ 137, 297, 309.

[131] BGHZ 137, 297, 314.

2. Die zentrale Vermarktung der Bundesliga

Auch bezüglich der vom DFB zentral vermarkteten Fußball-Bundesliga gibt **34** es seit geraumer Zeit Bedenken.[132] Die reicheren Vereine können ihr wenig abgewinnen, weil sie die optimale marktwirtschaftliche Ausreizung ihrer vermeintlichen Rechte behindert,[133] und auch im fachwissenschaftlichen Schrifttum juristischer[134] wie wirtschaftlicher Art[135] ist die Zentralvermarktung auf Zweifel bezüglich ihrer Vorzugswürdigkeit und Zulässigkeit gestoßen.

a) Die Diskussion zur Zentralvermarktung im Schrifttum

Die Gegner der kartellrechtlichen Zulässigkeit[136] nehmen vor allem an der **35** bereits zitierten[137] Regelung des § 3 Nr. 2 des Lizenzspielerstatuts Anstoß, wonach der DFB das Recht besitzt, über Fernseh- und Rundfunkübertragungen von Bundesligaspielen Verträge zu schließen. Da den beteiligten Vereinen hiermit alle Freiheiten genommen würden und somit jeder Wettbewerb im Ansatz unterbunden würde, verstoße die Zentralvermarktung durch den DFB gegen § 1 GWB.[138] Von anderen wurde darin eine unbillige Behinderung gesehen.[139]

b) Die Bereichsausnahme vom Kartellverbot für den Sport

Diesen Bedenken konnte – zumal nach der oben skizzierten Entscheidung **36** des Bundesgerichtshofs – nur der Gesetzgeber mit einer Bereichsausnahme für den Sport im GWB Rechnung tragen. Dem hat der Gesetzgeber im Jahre 1998 entsprochen und in § 31 GWB a. F. einen Ausnahmetatbestand für die Zentralvermarktung der Fernsehwiedergabe geschaffen. Danach fand § 1 GWB keine Anwendung auf die zentrale Vermarktung von Rechten an der Fernsehübertragung satzungsmäßig durchgeführter sportlicher Wettbewerbe durch Sportverbände, die in Erfüllung ihrer gesellschaftspolitischen Verantwortung auch der Förderung des Jugend- und Amateursports verpflichtet sind und dieser Verpflichtung durch eine angemessene Teilhabe an den Einnahmen aus der zentralen Vermarktung dieser Fernsehrechte Rechnung tragen.

Diese Regelung, die vor allem auf den DFB zugeschnitten ist, hat viel Kritik **37** erfahren[140] und wird auch von wirtschaftswissenschaftlicher Seite nicht allent-

---

[132] Eingehend hierzu die Dissertation von *Archner*, Die kartellrechtliche Zulässigkeit der zentralen Vermarktung von Fernsehübertragungsrechten an Bundesligaspielen durch den DFB, 2000.

[133] Skeptisch zu diesen Vorstellungen jedoch *Stopper*, Ligasport und Kartellrecht, 1997, S. 119.

[134] Vgl. *Hausmann*, BB 1994, 1089: „Der Deutsche Fußball-Bund, DFB – ein Kartell für ‚Fernsehrechte‘?".

[135] Vgl. dazu *A. Fikentscher*, SpuRt 1995, 149.

[136] *Hausmann*, BB 1994, 1089, 1090 f.; *Archner*, S. 228.

[137] Oben unter Rz. 31.

[138] *Hausmann*, BB 1994, 1089, 1093; a. A. *Wertenbruch*, ZIP 1996, 1417, 1422.

[139] *Archner*, S. 226. *Waldhauser*, Die Fernsehrechte des Sportveranstalters, S. 270, meint, dass die Individualvermarktung die Verwertung der Bundesligaspiele fördern würde; auch insoweit skeptisch *Wertenbruch*, ZIP 1996, 1417, 1423.

[140] *Bechtold*, NJW 1998, 2769, 2770 („Sündenfall Sport"); *Bunte*, DB 1998, 1748; *Waldhauser*, Die Fernsehrechte des Sportveranstalters, S. 265 f.

halben für richtig gehalten.[141] Massive Bedenken kamen schon bald von Seiten der Monopolkommission[142] und warfen die Frage auf, ob die Vorschrift europarechtskonform ist. Obwohl gerade der internationale Vergleich zeigt, dass die Zentralvermarktung durchaus ihre Vorzüge hat, ist die konkrete gesetzliche Ausgestaltung in § 31 GWB a. F. doch noch vielen Einwänden ausgesetzt, die hier im Einzelnen aufzuzählen nicht der Ort ist,[143] zumal die Regelung der Kartellrechtsreform zum Opfer gefallen ist. Bezüglich der Zentralvermarktung besteht nunmehr eine **Freistellung** vom Kartellverbot nach § 81 Abs. 3 EGV.[144]

V. Übertragungsrechte an Sportveranstaltungen

38   Die Diskussion um die dogmatische Begründung der Übertragungsrechte an Sportveranstaltungen konnte bislang ausgeblendet werden, stand jedoch unausgesprochen im Hintergrund der vorstehenden Betrachtung. Da die Frage nach diesen Rechten nicht nur einen praktisch wichtigen Bereich des Medienwirtschaftsrechts ausmacht, sondern auch die wettbewerbs- und kartellrechtlichen Überlegungen gleichsam abrundet,[145] soll von den Übertragungsrechten an Sportveranstaltungen im Folgenden die Rede sein.[146] Da sich im deutschen Recht praktisch alle in diesem Zusammenhang erörterten Fragen am Beispiel des Lizenzfußballs entzündet haben, soll dieser auch im Folgenden paradigmatisch behandelt werden.[147]

1. Spielübertragung als Recht?

39   Zunächst muss Klarheit darüber bestehen, ob und inwieweit die Spielübertragung selbst Gegenstand von Rechten sein kann.[148] Das sieht zwar vorderhand so aus, ist aber nicht ganz scharf, bzw. ist damit bereits die nachrangige – wenngleich praktisch durchaus wichtigere – Frage gestellt. Im Ausgangspunkt ist jedoch festzustellen, dass sich die Befugnis zur Fernsehübertragung aus dem Recht des Veranstalters ergibt, andere von der Veranstaltung ausschließen zu dürfen, mithin aus seinem Abwehrrecht. Die verkürzt so genannte „Übertragung

---

[141] Vgl. *C. v. Weizsäcker*, Keine Medienmacht für den Fußballbund, in: FAZ vom 18. 2. 1998; allgemein aus Sicht der ökonomischen Analyse des Rechts *Enderle*, Die Vermarktung der Senderechte professioneller Sportligen; *Schellhaas/Enderle*, Sportlicher versus ökonomischer Wettbewerb.

[142] Bundestags-Drucksache 13/11 291, S. 62.

[143] Ausführlich *Petersen*, Fußball im Rundfunk- und Medienrecht, S. 81 ff.

[144] Zu den Voraussetzungen einer solchen Freistellung im Einzelnen *Lettl*, Kartellrecht, Rz. 166 ff.

[145] Eingehend dazu jetzt *Lochmann*, Die Einräumung von Fernsehübertragungsrechten an Sportveranstaltungen, 2005.

[146] Überblick über die einzelnen Probleme in unterschiedlichen Sportarten bei *Parlasca*, Kartelle im Profisport, Die wettbewerbspolitische Problematik der Mannschaftssportligen Major League Baseball, National Football League und Fußball-Bundesliga, 1993; vgl. dazu auch *Heermann*, ZHR 161 (1997) 655, 677 mit Fußnote 48.

[147] Vgl. zum Folgenden *Petersen*, Fußball im Rundfunk- und Medienrecht, 2001, S. 10 ff.

[148] Instruktiv dazu *Lentze/Wise*, SpuRt 1998, 1 ff.

der Rechte" erfolgt also dadurch, dass der Veranstalter von der Geltendmachung dieser Rechte gegen Entgelt absieht.[149] Es handelt sich also nicht so sehr um die Begründung oder Übertragung eines Rechts und auch nicht, wie es der umgangssprachliche Gebrauch impliziert, um einen Kauf oder Verkauf von Rechten,[150] als vielmehr um die durch einen Vertrag sui generis[151] erklärte **Einwilligung** in die Verletzung von Rechten, die an sich dem Veranstalter zustehen.[152] Es handelt sich demnach um ein schuldrechtliches, kein dingliches Verwertungsrecht,[153] über das jedoch ähnlich wie über ein Leistungsschutzrecht ganz oder teilweise[154] verfügt werden kann.[155] Davon geht auch der Bundesgerichtshof aus, wenn er neuerdings – wenngleich dogmatisch nicht ganz exakt – von der „Übertragung" von Fernsehrechten spricht.[156] In diesem Sinne lassen sich die umgangssprachlich so genannten Fernsehrechte[157] definieren als die vom Veranstalter dem Fernsehsender erteilte Gestattung, die Spiele über das Fernsehen aufzuzeichnen und selbst auszustrahlen und/oder die Sendung profitabel weiter zu verwerten.[158]

Es handelt sich demnach um den Erwerb einer Lizenz seitens des Fernseh- **40** senders.[159] Dieser erhält die Lizenz jedoch in der Regel nicht direkt vom Veranstalter, sondern vermittelt über eine Agentur. Die Agentur wiederum schließt einen Lizenzvertrag und überträgt die Lizenz sodann an den Fernsehsender.[160] Der Veranstalter kann also dem TV-Unternehmen oder einem mit der Verwertung von TV-Rechten befassten Außenstehenden eine Exklusivlizenz oder eine **Sublizenz** zur Berichterstattung über die Veranstaltung einräumen. Dabei kann im Rahmen eines Exklusivvertrags auf schuldrechtlicher Basis die Verpflichtung begründet werden, die Informationen ausschließlich dem Vertragspartner zur massenmedialen Verbreitung und Publikation zu-

---

[149] *Lauktien*, Der Staatsvertrag zur Fernsehkurzberichterstattung: rechtliche Möglichkeiten und verfassungsrechtliche Grenzen gesetzgeberischer Regelungen zur Fernsehkurzberichterstattung, 1992, S. 46.

[150] Wie dies bei *Rodewald*, BB 1995, 2103 ff., anklingt, der die Rechtsnatur der Fernsehrechte kaufrechtlich bestimmen will; dagegen auch *Waldhauser*, Die Fernsehrechte des Sportveranstalters, S. 236.

[151] So die h. M.; vgl. *Sidler*, Exklusivberichterstattung über Sportveranstaltungen im Rundfunk, 1995, S. 159 ff., 166; *Urek*, Grenzen der Zulässigkeit von Exklusivvereinbarungen über die Fernsehberichterstattung, 1991, S. 28; *Summerer*, in: Praxishandbuch Sportrecht, S. 313, Rz. 139, spricht von einem Typenmischvertrag mit unterschiedlichen Elementen aus dem Besonderen Schuldrecht.

[152] BGH ZIP 1990, 949, 953.

[153] *Waldhauser*, Die Fernsehrechte des Sportveranstalters, macht darauf aufmerksam, dass die Einwilligung genau genommen der dingliche Vollzugsakt ist, dem der Gestattungsvertrag als causa zugrunde liegt; zur Sonderfrage der Bilanzierung dieses Rechts *Rodewald*, BB 1995, 2103.

[154] *Lerche/P. Ulmer*, Kurzberichterstattung im Fernsehen, 1989, S. 95.

[155] BGH WuW/E 2627, 2643; vgl. auch *Mestmäcker*, Vergabe von Fernsehrechten an internationalen Wettbewerben, Rechtsgutachten, abgedruckt in: Vieweg, Vermarktungsrechte im Sport, S. 53, 62 f.; *Roth*, AfP 1989, 515, 517; *Lerche/Ulmer*, Kurzberichterstattung im Fernsehen, S. 82 ff.

[156] BGH NJW 1998, 756, 758.

[157] Besondere Begründungsschwierigkeiten ergeben sich bei „Hörfunkrechten"; siehe dazu ausführlich *Petersen*, Fußball im Rundfunk- und Medienrecht, 2001, S. 129 ff.; LG Hamburg ZUM 2002, 655; *Winter*, ZUM 2003, 531; *Ory*, AfP 2002, 195; *Wertenbruch*, SpuRT 2001, 185; *Mailänder*, ZUM 2003, 820; *Melichar*, Festschrift für Nordemann, 2004, S. 213.

[158] Vgl. *Hausmann*, BB 1994, 1089, 1091.

[159] *Waldhauser*, Die Fernsehrechte des Sportveranstalters, S. 230.

[160] *Waldhauser*, Die Fernsehrechte des Sportveranstalters, S. 235.

gänglich zu machen.[161] Man unterscheidet die absolute[162] oder echte[163] Exklusivität von der relativen (unechten) Exklusivität, vermittels derer nur ein **Erstverwertungsrecht** (Prioritätsrecht) erworben werden kann.[164] Nur von diesem dogmatischen Ursprung aus kann die Genese des Senderechts sinnvoll beurteilt werden. Allerdings bedarf die Bestimmung dieses Abwehrrechts der näheren Betrachtung.

a) Die Begründung des Abwehrechts

41   Die Begründung des Abwehrrechts ist nämlich nicht ganz unproblematisch.[165] Zumindest ist dieses seiner Herkunft nach nicht ganz homogen. Es besteht nämlich unter mehreren Gesichtspunkten. Zum einen ist es wettbewerbsrechtlich fundiert. Da der Veranstalter im geschäftlichen Verkehr mit Mitbewerbern auftritt und konkurriert, steht ihm ein Abwehrrecht gegen jegliche Störer zu. Folglich würde eine unerlaubte Aufzeichnung und Berichterstattung über ein Sportereignis zu einer unlauteren Wettbewerbssituation führen.[166]

42   Daneben ist das Abwehrrecht aber auch Ausfluss des Hausrechts, soweit dieses dem Veranstalter zusteht.[167] Rechtsgrundlage sind dann die §§ 903, 1004 BGB für den Eigentümer und die §§ 862, 859 BGB für den Besitzer. Es spielt demnach keine entscheidende Rolle für die Begründung dieses Abwehrrechts, ob das Stadion einem Fußballverein gehört (dann §§ 1004, 903 BGB[168]) oder ob er es nur von der Stadt oder Gemeinde gepachtet hat (dann §§ 859, 862 BGB). In jedem Fall kann der berechtigte Besitzer das Abwehrrecht aus §§ 859, 862 BGB geltend machen, wenn Sendeanstalten ohne die erforderliche Lizenz im Stadion Aufnahmen machen.[169] Demgegenüber ist der gleichfalls in Betracht kommende deliktische Anspruch wegen eines Eingriffs in den ausgeübten und eingerichteten Gewerbebetrieb[170] subsidiär.[171]

b) Abwehrberechtigte Spieler?

43   Das Abwehrrecht steht demnach dem Veranstalter zu. Daraus folgt zugleich, dass einzelne Mitwirkende, insbesondere also die Spieler,[172] nicht abwehr-

---

[161] Siehe zum Exklusivvertrag im Spannungsverhältnis von Berichterstattungs- und Vertragsfreiheit den gleichnamigen Beitrag von *Krone*, AfP 1982, 196.

[162] *Sidler*, Exklusivberichterstattung über Sportveranstaltungen im Rundfunk, S. 157; *Waldhauser*, Die Fernsehrechte des Sportveranstalters, S. 273.

[163] So die Terminologie von *Urek*, Grenzen der Zulässigkeit von Exklusivvereinbarungen über die Fernsehberichterstattung, 1991, S. 21.

[164] *Waldhauser*, Die Fernsehrechte des Sportveranstalters, S. 233; dort auch mit grundsätzlicher Kritik an dieser Konstruktion.

[165] Näher *Lochmann*, Die Einräumung von Fernsehübertragungsrechten an Sportveranstaltungen, 2005, S. 19 ff.

[166] *Stopper*, SpuRt 1999, 188.

[167] BGH GRUR 1956, 515, 516; BGH NJW 1970, 2060.

[168] Zu den besonderen Problemen, die § 1004 BGB in diesem Zusammenhang aufwirft, *Haas/Reimann*, SpuRt 1999, 182, 185.

[169] A. A. für Hörfunkrechte *Brinkmann*, ZUM 2006, 802, 805 ff.

[170] Hiergegen überhaupt mit guten Gründen *Larenz/Canaris*, Schuldrecht II/2, im Vorwort S. VI und ausführlich unter § 81.

[171] Münch.-Komm.-*Wagner*, 4. Auflage, § 823 Rz. 188 m. w. N.; speziell auf den Sport bezogen *Stopper*, SpuRt 1999, 188; weitere Gegenargumente zu diesem Recht im vorliegenden Zusammenhang bei *Haas/Reimann*, SpuRt 1999, 182, 187.

[172] Siehe zur Mitwirkung der Lizenzfußballer bei der Vergabe von Senderechten die gleichnamige Monographie von *Diekmann*, 1995.

berechtigt sind.[173] Sie genießen als Personen der Zeitgeschichte in aller Regel nur einen beschränkten Schutz des eigenen Bildes (vgl. § 23 Abs. 1 Nr. 1 KUG).[174] Denn soweit die betreffenden Spieler anlässlich eines etablierten Wettbewerbs zum Einsatz kommen, bedarf es ihrer Einwilligung nach § 23 Abs. 1 Nr. 1 KUG nicht,[175] weil es sich auch dann um Bildnisse aus dem Bereich der Zeitgeschichte handelt.[176] Die Spieler selbst sind mangels neuartiger geistiger Schöpfung auch nicht als ausübende Künstler i. S. d. §§ 73 f. UrhG geschützt.[177] Ein entsprechender Schutz ist angesichts ihrer vertraglichen Beziehung zu ihrem Verein, vermöge derer sie kein wirtschaftliches Risiko tragen, nicht erforderlich.[178] Aus diesem Grund verbietet sich auch eine analoge Anwendung der §§ 73, 74 UrhG.[179]

Auch aus dem Wettbewerbsrecht kann der einzelne Sportler keinen Abwehr-   **44** anspruch herleiten,[180] denn zwischen Sportler und Rechtsverwerter besteht kein **Wettbewerbsverhältnis**.[181] Schließlich lässt sich auch über das allgemeine Persönlichkeitsrecht, das als sonstiges Recht i. S. d. § 823 Abs. 1 BGB geschützt wird, kein Abwehrrecht des einzelnen Sportlers begründen,[182] soweit nicht in die Privat-, Geheim- oder Intimsphäre eingegriffen wird.[183] Abwehrberechtigt sind also nur die Vereine oder Verbände, nicht dagegen der einzelne Sportler. Die Vereine oder Verbände sind es jedoch in ihrer Eigenschaft als Veranstalter des jeweiligen Wettbewerbs.[184] Dieser Begriff, der ebenso zentral wie schillernd ist, bedarf daher im Folgenden der Präzisierung und dogmatischen Fundierung.

---

[173] *Stopper*, SpuRt 1999, 188.

[174] BGH GRUR 1979, 732, 733; zu diesem Komplex bereits oben § 3 ausführlich.

[175] Ausführlich zu §§ 22 f. KUG bezogen auf den vorliegenden Zusammenhang *Waldhauser*, Die Fernsehrechte des Sportveranstalters, S. 164 ff.

[176] *Kübler*, Massenmedien und öffentliche Veranstaltungen, 1979, S. 51; *ders.*, ZUM 1989, 326, 327; *Haas/Reimann*, SpuRt 1999, 182, 183; aus der Rechtsprechung insbesondere BGH NJW 1996, 1128, 1129.

[177] BGH ZIP 1990, 949, 953.

[178] Darauf macht *Hausmann*, BB 1994, 1089, 1090, unter Hinweis auf § 10 Abs. 2 Lizenzspielerstatut des DFB aufmerksam; vgl. hierzu auch BAG DB 1982, 121 f. sowie aus dem Schrifttum *Füllgraf*, Der Lizenzfußball, 1981, S. 97 ff.; *Müller*, Der Spielertransfer im Bundesligafußball, 1982, S. 276 ff.; *Poschenrieder*, Sport als Arbeit, 1977, S. 192 f.; *Buchner*, RdA 1982, 1; *Osthoff*, Rechts- und sittenwidrige Entscheidungsbeschränkungen für Berufssportler, 1983, S. 125 f.

[179] *Siegfried*, Die Fernsehberichterstattung von Sportveranstaltungen, 1990, S. 13; *Summerer*, in: Praxishandbuch – Sportrecht, 1998, Teil 4 Rz. 107; *Westerholt*, ZIP 1996, 264; *Kübler*, Massenmedien und öffentliche Veranstaltungen, 1979, S. 43; *Roth*, AfP 1989, 515, 517; *Horn*, Jura 1989, 17, 19; *Reichert*, in: Sponsoring im Sport, 1996, S. 31; a. A. *Diekmann*, Fußballspieler als Arbeitnehmer, 1994, S. 59 ff., 67 f.

[180] Ebenso wenig kann der einzelne Spieler die Veröffentlichung seines Bildes unter Androhung einer Schadensersatzklage verbieten; tut er es dennoch, so riskiert er seinerseits von dem Adressaten seiner Untersagungsverfügung in Anspruch genommen zu werden; vgl. BGH NJW 1979, 2203; dazu *Staudinger/Hager*, § 823 D Rz. 64; gegen diese Entscheidung überzeugend *Larenz/Canaris*, Schuldrecht II/2, § 81 III 4 d.

[181] *Haas/Reimann*, SpuRt 1999, 182.

[182] Zutreffend *Haas/Reimann*, SpuRt 1999, 182, 184; *Rehbinder*, Urheberrecht, 14. Auflage 2006, Rz. 777: kein über das Urhebergesetz hinausgehender Leistungsschutz, d. h. insbesondere kein Schutz aus dem allgemeinen Persönlichkeitsrecht des einzelnen Spielers vor Übertragungen; a. A. *Siegfried*, Die Fernsehberichterstattung von Sportveranstaltungen, 1990, S. 21 ff.; *Reichert*, in: Sponsoring im Sport, 1996, S. 31, 46.

[183] Hierzu BVerfGE 27, 1, 6; 47, 46, 48.

[184] Zu den Rechtsbeziehungen zwischen Sportveranstaltern und Zuschauern *Koller*, RdA 1982, 46.

2. Der Veranstalter als Inhaber der Übertragungsrechte

45   Grundsätzlich gilt, dass die Vereine als Veranstalter ihrer Heimspiele[185] auch Inhaber der Übertragungsrechte sind.[186] Dogmatisch ergibt sich das daraus, dass der Verein als Veranstalter eine Zusage abgibt, dass er die ihm an sich zustehenden Abwehrrechte aufgrund dieser Zusage nicht ausübt.[187] Die daraus resultierende Rechtsposition ist auch übertragbar und somit verkehrsfähig. Der Rechtserwerb und die Befugnis zur Fernsehübertragung beruht also nach der Rechtsprechung nicht auf dem Erwerb eines **dinglichen Verwertungsrechts**,[188] sondern ist aus dem Abwehrrecht abgeleitet, das wiederum auf den Veranstalterbegriff zurückgeht.[189]

46   Damit fragt sich, wer genau Veranstalter ist. Dies ist im Einzelfall schwer zu bestimmen. Einig ist man sich darüber, dass eine Form von „Risikoträgerschaft" dazu gehört.[190] Einen festumrissenen Tatbestand gibt es insoweit nicht; die Rede ist vielmehr von einem „Tatbestandskomplex".[191] Das macht eine dogmatische Einordnung erforderlich, da ansonsten der Vorwurf nicht fern liegt, die Ableitung von Rechtsfolgen aus dem Veranstalterbegriff setze sich dem Vorwurf bloßer Begriffsjurisprudenz aus.

a) Dogmatische Einordnung

47   Aus dem engen Zusammenhang zwischen Veranstaltung und daraus resultierendem Abwehrrecht folgt, dass dieses auch für die Bestimmung des Veranstalterbegriffs nicht gleichgültig ist. Auch wenn der Veranstalter stark tatsächliche Züge trägt, ist das Abwehrrecht die positiv-rechtliche Fundierung in der lex scripta. Diese ist nicht zuletzt deshalb wichtig, weil mit der Veranstaltereigenschaft die Rechtsinhaberschaft einhergeht. Daher muss die Struktur des Abwehrrechts näher betrachtet werden. Als deren maßgebliche Faktoren fungieren, wie gesagt, das Hausrecht des Austragenden und das Abwehrrecht.

48   **aa) Die Rolle des Hausrechts.** Im Schrifttum ist zutreffend darauf aufmerksam gemacht worden,[192] dass das Hausrecht gegenüber dem wettbewerbsrechtlichen Abwehrrecht in den Hintergrund tritt.[193] Es prägt die Veranstaltung äußerlich am sichtbarsten und ist deshalb auch unentbehrlich für die Bestimmung des Abwehrrechts. Dessen ungeachtet ist die wettbewerbsrechtliche Komponente im Ganzen eher geeignet, den Eigentümlichkeiten der Materie und den wirtschaftlichen Rahmenbedingungen Rechnung zu tragen. Denn im Vordergrund des TV-Interesses steht der jeweilige Wettbewerb. Damit soll kein vordergrün-

---

[185] Vgl. BGHZ 137, 297: „Der Heimverein ist der natürliche Marktteilnehmer." *Springer* (WRP 1998, 477, 481) entnimmt dieser Wendung einen neuen kartellrechtlichen Veranstalterbegriff, doch ist dies wohl überinterpretiert; wie hier *Waldhauser*, Die Fernsehrechte des Sportveranstalters, S. 220.

[186] Siehe nur KG SpuRt 1997, 199, 200; dazu bereits oben unter Rz. 1 ff.

[187] BGH WuW/E 2627, 2634.

[188] BGH WuW/E 2627, 2634; KG SpuRt 1997, 199, 201.

[189] Siehe jedoch den bemerkenswerten und in sich konsistenten Gegenentwurf von *Lochmann*, Die Einräumung von Fernsehübertragungsrechten an Sportveranstaltungen, 2005.

[190] KG SpuRt 1999, 200 f.

[191] So auch das KG SpuRt 1997, 199, 201.

[192] Von *Stopper*, SpuRt 1999, 188, 190.

[193] Zu vage *Westerholt*, ZIP 1996, 264, 266: „Das Hausrecht (...) spielt sicherlich (?!) eine Schlüsselrolle bei der Vergabe von Fernsehrechten für Sportveranstaltungen."

diges Evidenzargument bemüht werden, zumal dieses stark tautologische Züge tragen würde und Gefahr laufen könnte, in die Nähe einer petitio principii zu geraten. Jedoch zieht in aller Regel der konkrete Wettbewerb das Interesse auf sich, was sich nicht zuletzt daran zeigt, dass wettbewerbslose Spiele, also vor allem Freundschaftsspiele, selbst dann kein besonderes Interesse und somit auch ihre TV-Rechte keinen entscheidenden Wert haben, wenn durchaus prominente Mannschaften am Start sind.[194] Das Hausrecht ist demnach unentbehrlicher Faktor für die dogmatische Begründung des Abwehrrechts, bildet den wirtschaftlichen Gehalt der Veranstaltung aber nur unzureichend ab.[195]

In diesem Zusammenhang ist noch eine andere Relativierung des Hausrechts **49** zu erörtern, die freilich auf einer anderen Ebene angesiedelt, aber gleichwohl von medienrechtlichem Interesse ist. Bisweilen wird nämlich einem missliebigen Journalisten von Seiten des Vereins der Zutritt zu Heimspielen des jeweiligen Vereins verwehrt, indem der Abschluss eines Zuschauervertrags abgelehnt oder gar die künftige Berichterstattung über den Verein verboten wird. Damit wird die grundgesetzlich über Art. 5 Abs. 1 S. 1 GG geschützte Pressefreiheit empfindlich verletzt,[196] da diese auch ein **Informationsbeschaffungsrecht** gewährleistet.[197] Der jeweilige Reporter hat daher einen im Wege einstweiliger Verfügung durchsetzbaren Anspruch auf Zutritt zu der Sportveranstaltung.[198]

bb) Abwehrrecht aus dem Wettbewerbsrecht. Das Wettbewerbsrecht steht **50** demnach im Mittelpunkt der Diskussion um das Abwehrrecht. Ein Handeln im geschäftlichen Verkehr liegt vor, weil professionelle Fußballvereine unter der Organisationshoheit eines flächendeckenden Verbandes Wettkämpfe mit erheblichen wirtschaftlichen Auswirkungen bestreiten, die allen daran Beteiligten als Erwerbsquelle dienen.[199] Das maßgebliche Wettbewerbsverhältnis liegt in der Beeinträchtigung der wirtschaftlichen Auswertungsmöglichkeiten der Veranstaltung durch Dritte.[200] Handelt ein TV-Unternehmen ohne Erlaubnis, indem es die Veranstaltung unbefugt sendet, so bringt es die agierenden Vereine um die „legitimen Früchte ihres mit Mühe und Kosten errungenen Arbeitsergebnisses"[201] und handelt somit sittenwidrig.[202]

b) Der Veranstalterbegriff in der Rechtsprechung

Mit der Zentralität des Veranstalterbegriffs für die Zuordnung der TV- **51** Rechte geht seine umstrittene Definition und Qualifizierung in Schrifttum und Rechtsprechung einher. Die unterschiedlichen Ansätze und Erklärungsversuche sollen daher kurz dargestellt werden.

---

[194] Das hebt auch der BGH (Z 137, 197) in der oben unter I. behandelten Entscheidung hervor. Zum Wert derartiger Spiele *Duvinage*, Der Sport im Fernsehen, Die Sicht der Rechteagenturen, Arbeitspapiere des Instituts für Rundfunkökonomie der Universität zu Köln, 2000, S. 5; ebenso *Bothor*, Anm. zu LG Frankfurt SpuRt 1998, 196 f.

[195] Zustimmend *Stopper*, SpuRt 1999, 188, 190 („Die wertbildenden Faktoren sind andere.").

[196] Siehe zur in diesem Zusammenhang zu berücksichtigenden Drittwirkung der Grundrechte im Privatrecht insbesondere *Canaris*, Grundrechte und Privatrecht, 1999.

[197] *Pfister/Steiner*, Sportrecht von A bis Z, 1995, Stichwort Berichterstattung.

[198] LG Münster NJW 1978, 1329; hierzu *Schwabe*, JA 1978, 589.

[199] Das hat auch der BGH (Z 137, 297) vorausgesetzt.

[200] *Stopper*, SpuRt 1999, 188, 190.

[201] Vgl. BGHZ 60, 168, 170; BGH AfP 1988, 32, 34. A. A. wohl *Brinkmann*, ZUM 2006, 802, 803 f., unter Hinweis auf die „Transportleistung" durch Hörfunk und Fernsehen.

[202] *Stopper*, SpuRt 1999, 188, 190; die diesbezüglichen Zweifel von *Haas/Reimann*, SpuRt 1999, 187, führen wohl zu keinem anderen Ergebnis.

52   aa) Der Veranstalterbegriff in Rechtsprechung und Schrifttum. Der Bundesgerichtshof sieht als Veranstalter denjenigen an, der in organisatorischer und finanzieller Hinsicht für das betreffende Ereignis verantwortlich ist, dem mithin die Vorbereitung und Durchführung obliegt und der das organisatorische Risiko trägt.[203] Ähnlich sehen es auch die Oberlandesgerichte.[204] Auf der Grundlage der Definition folgt dann in aller Regel eine Abwägung und Gewichtung der jeweiligen Beiträge. Das Schrifttum lehnt sich eng an die Begriffsbestimmung durch die Rechtsprechung an und akzentuiert die genannten Teilaspekte lediglich unterschiedlich. Zu beobachten ist, dass entweder das organisatorische Moment[205] oder die **Risikotragung**[206] in den Vordergrund gestellt wird.[207]

53   bb) Stellungnahme zur methodologischen Qualifizierung. Methodologisch dürfte der Veranstalterbegriff am ehesten als **Typusbegriff** zu qualifizieren sein.[208] Die beiden hauptsächlichen Merkmale des Veranstalterbegriffs sind der organisatorische Aufwand und das unternehmerische Risiko. Beide sind, wie es für den Typusbegriff üblich zu sein pflegt und auch auf den Veranstalterbegriff zutrifft, bedingt kompensierbar, d. h. ein beträchtlicher organisatorischer Aufwand kann durch ein vergleichsweise gering ausgeprägtes unternehmerisches Risiko ausgeglichen werden und eine in diesem Sinne riskante Unternehmung kann den Organisator auch dann zum Veranstalter machen, wenn er ansonsten einen eher geringfügigen Aufwand hat.[209]

54   Wenn mit der Qualifikation als Veranstalter die Innehabung des TV-Übertragungsrechts einhergeht, so kann daraus für das Recht an der Übertragung gefolgert werden, dass es in den herkömmlichen dogmatischen Kategorien, die für absolute Rechte gelten, Zuweisungsgehalt[210] und Ausschlussfunktion hat.[211] Es ist niemand anderem zugewiesen als dem Veranstalter und dieser erwirbt das Recht kraft seiner Abwehrrechte und kann infolgedessen jeden anderen ausschließen, der nicht Veranstalter im Rechtssinne ist.[212]

BGH NJW 2006, 377: Ein privater Hörfunksender, der Live-Berichte und Spielzusammenfassungen aus der Fußball-Bundesliga sendet, streitet mit der Liga über die Entgeltlichkeit der Berichterstattung. Der Sender verlangt unentgeltlich Presseplätze, die Teilnahme an Pressekonferenzen und die erforderlichen technischen Dienstleistungen.

Der Bundesgerichtshof hat entschieden, dass der Zutritt des Senders zu den Bundesligaheimspielen von der Zahlung eines entsprechenden Entgelts abhän-

---

[203] BGHZ 27, 264, 266; 39, 352, 354; 101, 100; BGH GRUR 1956, 515; BGH NJW 1970, 2060.

[204] OLG Frankfurt SpuRt 1999, 200; KG SpuRt 1997, 199, 200.

[205] In diese Richtung *Jänich*, GRUR 1998, 438; einen interessanten Ansatz verfolgt *Stopper*, SpuRt 1999, 188, 190 f., mit seinem Wertschöpfungsgedanken; dazu *Petersen*, Fußball im Rundfunk- und Medienrecht, S. 17 f.

[206] So *Wertenbruch*, ZIP 1996, 1417; *Hausmann*, BB 1994, 1089.

[207] Vermittelnd *Waldhauser*, Die Fernsehrechte des Sportveranstalters, S. 350, der denjenigen als Veranstalter ansieht, der in finanzieller und organisatorischer Hinsicht für das Ereignis verantwortlich ist, für dessen Vorbereitung und Durchführung Sorge trägt und dabei das unternehmerische Risiko übernimmt.

[208] Dazu grundlegend *Leenen*, Typus und Rechtsfindung, 1971.

[209] Siehe zur Rolle des Typusbegriffs im Medienrecht bereits oben § 3 Rz. 16 ff.

[210] Andeutungsweise zum Zuweisungsgehalt *Haas/Reimann*, SpuRt 1999, 182, 191.

[211] Dazu allgemein *Canaris*, Festschrift für Steffen, 1995, S. 85 ff.

[212] *Petersen*, Fußball im Rundfunk- und Medienrecht, 2001, S. 19; dort auch zum Veranstalterbegriff auf europäischer und internationaler Ebene.

gig gemacht werden kann, ohne dass darin ein Verstoß gegen das Behin-
derungs- und **Diskriminierungsverbot** des § 20 Abs. 1 GWB liegt, da die
Beanspruchung eines Entgelts für die Hörfunkrechte weder eine Behinderung
bzw. Diskriminierung noch einen Missbrauch der marktbeherrschenden Stellung der Liga darstellt. Zwar ist die Tätigkeit des Senders von der Rundfunkfreiheit aus Art. 5 Abs. 1 S. 2 GG geschützt, zu der auch Berichte über herausragende Sportveranstaltungen gehören.[213] Das bedeutet jedoch nicht, dass der
Sender die beanspruchten Vergünstigungen unentgeltlich erhalten muss, da dem
Veranstalter der Sportveranstaltung andernfalls der zentrale Teil seiner wirtschaftlichen Verwertung entzogen würde. Daher berechtigt der Erwerb einer
Eintrittskarte noch nicht zur Berichterstattung über das Sportereignis.[214] Die
Hörfunkrechte sind daher als Ausfluss der Veranstalterrechte nur gegen Entgelt
zu haben.[215]

3. Grundversorgung und Kurzberichterstattung

Von der Grundversorgung war bereits bei der Behandlung der verfassungs-   **55**
rechtlichen Grundlagen die Rede,[216] so dass darauf verwiesen werden kann. Im
Folgenden geht es um die Konsequenzen, die aus diesem Postulat bezogen auf
die Diskussion um Sportrechte zu ziehen sind.

a) Die Ausgestaltung der Grundversorgung durch den
Rundfunkstaatsvertrag

Die europäische Union hat sich vor einigen Jahren des Themas angenommen   **56**
und die Tendenz nach einer Mindestentsprechung allgemeiner medialer Bedürf-
nisse aufgegriffen. Die Richtlinie „Fernsehen ohne Grenzen"[217] hat die Mitgliedstaaten im Jahre 1997 ermächtigt, eine bestimmte Liste oder Mindestzahl
von frei empfangbaren Sportereignissen festzulegen, die nicht verschlüsselt
gezeigt werden dürfen.[218]

In Deutschland wurde in Umsetzung der genannten Richtlinie der Rund-   **57**
funkstaatsvertrag geändert[219] und eine Maßgabe eingefügt, nach der u. a. die
wichtigsten Spiele einer Fußball-Weltmeisterschaft einschließlich des Eröff-
nungsspiels, der beiden Halbfinalbegegnungen, des Finales sowie aller Spiele
der deutschen Nationalmannschaft frei empfangbar und unverschlüsselt zu

---

[213] BVerfGE 97, 228, 257.
[214] *Krause*, Hörfunk-Berichterstattung in Fußballstadien aus dem Blickwinkel des Zivil- und
Wettbewerbsrechts, in: Vieweg (Hrsg.), Spektrum des Sportrechts, S. 223, 241; *Meister*, AfP
2003, 307, 309; *Wertenbruch*, SpuRt 2001, 185, 187; *Winter*, ZUM 2003, 531, 538; *Tettinger*,
ZUM 1986, 497, 505; *Strauß*, Hörfunkrechte des Sportveranstalters, 2005, S. 179 ff. A. A.
Brinkmann, ZUM 2006, 802 ff.
[215] So bereits *Petersen*, Fußball im Rundfunk- und Medienrecht, S. 132 ff.
[216] Oben § 2 Rz. 23 f., wo auch der Frage nachgegangen wurde, ob es sich um ein Prinzip
des Medienrechts handelt. Zur Grundversorgung auch unten § 14 I beim Telekommunikationsrecht.
[217] Richtlinie des Rates 89/552/EWG (ABlEG 1989 Nr. L 298, S. 23); geändert durch die
Richtlinie des Rates 97/36/EG vom 19. 6. 1997 (ABlEG 1997 Nr. L 202, S. 60) und zuletzt
durch die Richtlinie 2007/65/EG vom 11. 12. 2007 (ABlEU Nr. L 332/27 vom 18. 12. 2007).
[218] Näher zu den europarechtlichen Einzelheiten und Ausgestaltungen *Petersen*, Fußball im
Rundfunk- und Medienrecht, S. 30 f.
[219] Siehe zur Neuesten Fassung den Neunten Rundfunkänderungsstaatsvertrag, in Kraft seit
1. 3. 2007.

sehen sein müssen. Geregelt ist dies in § 4 RStV unter der Überschrift „Übertragung von **Großereignissen**",[220] die als Ereignisse von erheblicher gesellschaftlicher Bedeutung legaldefiniert werden.[221] Das Bundeskartellamt hat im Rahmen einer Stellungnahme zu bedenken gegeben,[222] dass § 4 RStV unter kartellrechtlichen Gesichtspunkten nicht unbedenklich sei, weil neue Anbieter im codierten Fernsehen, das auf derartige publikumswirksame Ereignisse angewiesen ist, davon abgehalten werden könnten, auf diesem Markt tätig zu werden.[223] In absehbarer Zeit könnten sich durch die Umsetzung des maßgeblichen Art. 3 a der Europäischen Richtlinie „Fernsehen ohne Grenzen" durch die Mitgliedstaaten noch weitergehende Konsequenzen ergeben.[224]

b) Die Kurzberichterstattung

58   Zu den meistdiskutierten Fragen des Medienrechts gehört unter dem Gesichtspunkt der Funk- und Fernsehrechte die Kurzberichterstattung.[225] Gemeint ist damit das Recht, von einer Sportveranstaltung einen **nachrichtenmäßigen** – dieser Begriff sorgt für permanenten Streit – Überblick zu geben.[226] Die verfassungsrechtliche Würdigung[227] hat unlängst durch eine Entscheidung des Bundesverfassungsgerichts einen vorläufigen Abschluss gefunden.[228] Diese lohnt sich nachzuzeichnen, weil sie die verfassungsrechtlichen Grundlagen des Medienrechts in Erinnerung ruft[229] und vorgreift auf die Kompetenzfragen des öffentlich-rechtlichen Medienrechts.[230]

BVerfGE 97, 228: Die damalige Bundesregierung hatte, unterstützt vom Deutschen Fußballbund, im Jahre 1991 beim Bundesverfassungsgericht einen Normenkontrollantrag gestellt, der an der Regelung des § 3 WDR-G NWRundfunkG Anstoß nahm. Die Bundesregierung wollte feststellen lassen, dass die Länder unzuständig seien.

---

[220] Als Nachfolgeregelung des § 5 a RStV a. F. Monographisch dazu *Diesbach*, Pay-TV oder Free-TV, Zur Zulässigkeit der verschlüsselten Exklusivübertragung sportlicher Großereignisse, 1998; *ders.*, ZUM 1998, 554; kritisch zum ganzen *Duvinage*, Der Sport im Fernsehen, Die Sicht der Rechteagenturen, 2000, S. 4.

[221] Weitere Einzelheiten bei *Petersen*, Fußball im Rundfunk- und Medienrecht, S. 32 f.

[222] Anlässlich einer Anhörung am 13. 2. 1997 in Bonn.

[223] Ebenfalls zu § 5 a RStV a. F. Zustimmend *Duvinage*, S. 4; a. A. *Petersen*, Fußball im Rundfunk- und Medienrecht, S. 37.

[224] Ausführlich dazu *Helberger*, AfP 2002, 292.

[225] Monographisch hierzu *Janßen*, Das Recht der Kurzberichterstattung, 1994; *Seither*, Rundfunkrechtliche Grundversorgung und Kurzberichterstattung, 1993; siehe ferner *Badura*, ZUM 1988, 317; *Brandner*, AfP 1990, 227; *Rehbinder*, ZUM 1989, 337; *Kübler*, Massenmedien und öffentliche Veranstaltungen, 1978, S. 20; *dens.*, ZUM 1989, 326; *Ladeur*, GRUR 1989, 885; *Tettinger*, ZUM 1986, 498; zum französischen Recht *Henning-Bodewig*, ZUM 1994, 545.

[226] *P. Ulmer*, in: Lerche/Ulmer, Kurzberichterstattung im Fernsehen, 1989, S. 59, definiert dies folgendermaßen: „Es geht um eine durch Bewegtbilder von dokumentarischem Wert unterlegte oder angereicherte nachrichtenmäßige Information der Fernsehzuschauer, deren Gesamtlänge so bemessen ist, dass sie sich der Struktur von Nachrichtenprogrammen über politische, wirtschaftliche und sonstige Tagesereignisse einfügt, sich auf die Wiedergabe kurzer Ausschnitte der Veranstaltung unter Ergänzung durch Wortberichte beschränkt und nicht darauf angelegt ist, den Rezipienten den Unterhaltungswert der Veranstaltung, sei es auch in verkürzter Form, zu vermitteln."

[227] Zur Rechtslage vor dem Urteil des Bundesverfassungsgerichts *Papier*, Festschrift für Lerche, 1993, S. 675; *Doepner/Spieht*, AfP 1989, 420.

[228] Weiterhin problematisch sind freilich die Radiorechte; vgl. neuestens LG Hamburg AfP 2002, 251; dazu *Ory*, AfP 2002, 195; allgemein zur Zulässigkeit der Radioberichterstattung *Petersen*, Fußball im Rundfunk und Medienrecht, S. 118 ff.; *Wertenbruch*, SpuRt 2001, 185.

[229] Dazu oben § 2.

[230] Hierzu unten § 13.

Die entscheidende verfassungsrechtliche Vorfrage für die Regelung der 59
Kurzberichterstattung ist zunächst die nach der Zuständigkeit des Bundes
oder der Länder. Letztere sind nach Art. 30, 70 GG grundsätzlich zuständig
für das Rundfunkrecht,[231] also auch hier. Das gilt auch für die notwendigerweise miterfassten Zutritts- und **Aufzeichnungsrechte**,[232] selbst wenn damit
ein Kontrahierungszwang verbunden sein sollte.[233] Die Länder sind also zuständig.

Das Gericht hält die streitgegenständliche Regelung für mit Art. 12 GG[234] 60
vereinbar, sofern eine **Karenzzeit** eingehalten worden ist,[235] weil die Erstver-
wertungsrechte ansonsten empfindlich an Wert verlören. Nachbesserungs-
bedarf sah das Gericht auch bei der Möglichkeit der unentgeltlichen Kurzberichterstattung.[236] Demgemäß hat das Gericht dem Gesetzgeber die Pflicht
auferlegt, im Wege einer den Wert des Kurzberichterstattungsrechts würdigen-
den Regelung sicher zu stellen, dass berufsmäßige Rechteverwerter für die
Zulassung der Kurzberichterstattung angemessen entgolten werden.[237] Der
Gesetzgeber hat dem nunmehr durch die Regelung des § 5 RStV entsprochen.[238]

Mit der jüngsten Änderung der **EU-Fernsehrichtlinie** ist das Recht auf 61
Kurzberichterstattung auch auf europäischer Ebene verankert worden
(Art. 3 k AVMD-Richtlinie[239]). Es steht den Fernsehveranstaltern und den
für sie tätigen Vermittlern (Nachrichtenagenturen) bei Ereignissen von großem öffentlichen Interesse auch dann zu, wenn sie keine Exklusivrechte
besitzen oder die Ausstrahlung im Pay-TV erfolgt. Die Ausgestaltung der
Bedingungen und Modalitäten bleibt – im Einklang mit der jetzigen Regelung
des § 5 RStV – weiterhin den Mitgliedsstaaten überlassen (Art. 3 k Abs. 5
AVMD-Richtlinie). Als wesentlicher Unterschied zur nationalen Regelung
erhält der Fernsehveranstalter jedoch gemäß § 3 k Abs. 3 AVMD-Richtlinie
direkten Zugriff auf das Signal des übertragenden Veranstalters, wobei es
allerdings den Mitgliedsstaaten vorbehalten bleibt, hierfür ein gleichwertiges
System einzurichten, dass auf anderem Wege einen Zugang zu fairen, angemessenen und diskriminierungsfreien Bedingungen garantiert (Art. 3 Abs. 4
AVMD-Richtlinie).

---

[231] BVerfGE 12, 205, 248 f.; 57, 295, 321; 73, 118, 174.

[232] Zum Leistungsschutz nach Urheberrecht und Wettbewerbsrecht in diesem Zusammenhang *Lerche/Ulmer*, Kurzberichterstattung im Fernsehen, S. 71 ff.; Überblick dazu bei *Petersen*, Fußball im Rundfunk- und Medienrecht, S. 48 f.

[233] Zum Zutrittsrecht kraft Kontrahierungszwang bei der Kurzberichterstattung *Lerche/
Ulmer*, Kurzberichterstattung im Fernsehen, 1989, S. 82 ff.; *Ladeur*, GRUR 1989, 885, 886;
Ricker/Becker, ZUM 1988, 311; unrichtig *Fuhr*, Festschrift für Armbrüster, 1976, S. 117, 124;
vgl. *Petersen*, Fußball im Rundfunk- und Medienrecht, S. 49.

[234] Art. 14 GG, den *Lerche/Ulmer* in ihrem Gutachten, Kurzberichterstattung im Fernsehen, 1989, in den Vordergrund stellen (das das Gericht merkwürdigerweise an keiner Stelle
zitiert), wird vom Bundesverfassungsgericht nur kurz abgehandelt; zustimmend insoweit
Tettinger, SpuRt 1998, 109, 110. Auch auf Art. 5 GG und den Gesichtspunkt der rundfunk-
mäßigen Grundversorgung geht das Gericht nicht näher ein; vgl. dazu *Lerche/Ulmer*, Kurzberichterstattung im Fernsehen, S. 54 (Begriff „nach wie vor schillernd").

[235] Dazu *Lauktien*, ZUM 1998, 253.

[236] BVerfG NJW 1998, 1626, 1627.

[237] BVerfG NJW 1998, 1626, 1630.

[238] Ausführlich zu ihr *Petersen*, Fußball im Rundfunk- und Medienrecht, S. 51 ff.

[239] Richtlinie 2007/65/EG vom 11. 12. 2007 (Europäische Richtlinie über audiovisuelle
Mediendienste), ABlEU Nr. L 332/27 vom 18. 12. 2007, zu ihr *Schulz*, EuZW 2008, 107 ff.

VI. Pressefusionsrecht

62 Noch nicht in den Einzelheiten absehbar und dementsprechend hier nicht zu vertiefen ist die seit langem erwogene Reform des Pressefusionsrechts, die jedoch in der jüngsten Kartellrechtsreform noch nicht ins Werk gesetzt worden ist.[240] Die divergierenden Interessen geben Anlass, eine Frage in Erinnerung zu rufen, die das Grundproblem des Medienkartellrechts schlechthin betrifft und auch für die Abgrenzung des Medienrechts vom Informationsrecht fruchtbar gemacht werden kann.[241] Schließlich werden in der genannten Reform Erleichterungen des Zusammenschlusses von Presse- und Medienunternehmen nicht zuletzt deshalb diskutiert, um einem als unheilvoll erachteten Eindringen ausländischer Medienmogule auf den deutschen Markt entgegenzuwirken.[242] Damit wird gleichsam in Kauf genommen, dass ein zentraler Schutzzweck des Medienkartellrechts partiell aufgeweicht wird, um **Erosionsprozesse** zu verhindern, die ohne ein entsprechendes gesetzgeberisches Einschreiten einen noch verhängnisvolleren Lauf nehmen könnten.

63 Das zwingt zu einer Rückbesinnung auf die theoretischen Grundlagen des Medienkartellrechts. Es ist im bisherigen Schrifttum noch nicht hinreichend zur Kenntnis genommen worden,[243] dass das Postulat der Gewährleistung und Aufrechterhaltung von Meinungsvielfalt maßgeblich auf *Jürgen Habermas* zurückgeht.[244] Seine Arbeiten sind nicht zuletzt deshalb von Bedeutung für die Würdigung der divergierenden Interessen, weil er bereits früh das mit dem **Strukturwandel** der Presse einhergehende Einströmen privater Interessen erkannte.[245] Von Seiten des juristischen Fachschrifttums ist zwar schon bald moniert worden, dass er die Verbindung zur Teilnahme der Allgemeinheit nicht hinreichend schaffe.[246] Dementsprechend wurden „holzschnittartige Deutungen dieses Strukturwandels durch *Habermas*" bemängelt.[247]

64 Diese kritischen Begleittöne können freilich das theoretische Verdienst nicht mindern, das aus Sicht des Medienrechts auch darin besteht, dass in Gestalt der Aufrechterhaltung der Meinungsvielfalt und seiner Rückführung auf das Demokratieprinzip ein spezifischer Schutzzweck des Medienkartellrechts liegt, der etwas fundamental anderes darstellt als die kartellrechtlichen Probleme, die sich beispielsweise bei der Fusion von Medienunternehmen wie AOL-Time Warner oder der diskutierten Zerschlagung des Microsoft-Konzerns stellen. Was die letzteren Problembereiche betrifft, so kann man über die Existenz eines „Informationskartellrechts" nachdenken.[248] So gesehen wäre der Unterschied zwischen Medienrecht und Informationsrecht nicht nur nach den unterschiedlichen

---

[240] Vgl. *Geerlings*, ZUM 2004, 329; *Böge*, MMR 2004, 227; *Staebe*, ZUM 2004, 14.

[241] Dazu bereits ansatzweise oben § 1 Rz. 2 ff.

[242] Zu den Fusions- und Kartellerleichterungen für Zeitungsverlage aus wettbewerbsrechtlicher Sicht *Säcker*, AfP 2005, 24.

[243] Ansatzweise *Stock*, Medienmarkt und Meinungsmacht, S. 6 f.

[244] Grundlegend *Habermas*, Strukturwandel der Öffentlichkeit, 1962.

[245] *Habermas*, Strukturwandel der Öffentlichkeit, S. 207.

[246] *Lerche*, Verfassungsrechtliche Fragen zur Pressekonzentration, 1971, S. 26 Fußnote 36 a.

[247] *Lerche*, Verfassungsrechtliche Aspekte der „inneren Pressefreiheit", 1974, S. 34.

[248] Näher *Petersen*, Medienrecht und Informationsrecht – Eine Standortbestimmung am Beispiel des Kartellrechts, Veröffentlichungen der Potsdamer Juristischen Gesellschaft, Band 9, 2005.

Schutzzwecken, sondern auch – freilich damit zusammenhängend – unter Einbeziehung der theoretischen Grundlagen benachbarter Disziplinen zu erarbeiten.

§ 10. Das Urheberrecht der Medien

Literatur: *Bechold*, Vom Urheber- zum Informationsrecht, Implikationen des Digital Rights Management, 2002; *ders.*, Der Schutz des Anbieters von Information – Urheberrecht und gewerblicher Rechtsschutz im Internet, ZUM 1997, 427; *Becker/Dreier*, Urheberrecht und digitale Technologie, 1994; *Bullinger*, Vom Urheberrecht zum Rundfunkrecht?, ZUM 2002, 325; *Berberich*, Die urheberrechtliche Zulässigkeit bei der Suche nach Bildern im Internet, MMR 2005, 145; *Burmeister*, Urheberschutz gegen Framing im Internet, 2000; *Castendyk*, Neue Ansätze zum Problem der unbekannten Nutzungsart in § 31 Abs. 4 UrhG, ZUM 2002, 332; *ders.* Gibt es ein „Klingelton-Herstellungsrecht"?, ZUM 2005, 9; *ders./ Kirchherr*, Das Verbot der Übertragung von Rechten an nicht bekannten Nutzungsarten, ZUM 2003, 75 a; *Czychowski*; Die angemessene Vergütung im Spannungsfeld zwischen Urhebervertrags- und Arbeitnehmererfindungsrecht – ein Beitrag zur Praxis des neuen Urhebervertragsrechts im Bereich der angestellten Computerprogrammierer, Festschrift für Nordemann, 2004, S. 157; *ders.*, Das Gesetz zur Regelung des Urheberrechts in der Informationsgesellschaft, NJW 2003, 2409; *ders.*, Karlsruhe locuta, causa finita – Elektronischer Pressespiegel nunmehr erlaubt?, NJW 2003, 118; *ders.*, Auskunftsansprüche gegenüber Internetzugangsprovidern „vor" dem 2. Korb und nach der Enforcement-Richtlinie der EU, MMR 2004, 514; *ders./J. Nordemann*, Die Entwicklung der Gesetzgebung und Rechtsprechung zum Urheberrecht in den Jahren 2002 und 2003, NJW 2004, 1222; *ders./J. Nordemann*, Die Entwicklung der Gesetzgebung und Rechtsprechung zum Urheberrecht in den Jahren 2004 und 2005, NJW 2006, 580; *ders./J. Nordemann*, Die Entwicklung der Gesetzgebung und Rechtsprechung zum Urheberrecht in den Jahren 2006 und 2007; *ders./A. Nordemann*, Der Schutz von Gesetzessammlungen auf CD-ROM nach altem und neuem Recht, NJW 1998, 1603; *v. Diemar*, Die digitale Kopie zum privaten Gebrauch, 2002; *Dreier*, Harmonisierung des Urheberrechts in der Informationsgesellschaft, ZUM 1996, 69; *Flechsig*, Formatschutz und Anforderungen an urheberrechtlich geschütztes Werkschaffen zum Urteil des BGH in Sachen „Kinderquatsch mit Michael", ZUM 2003, 767; *Gounalakis*, Elektronische Kopien für Unterricht und Forschung (§ 52 a UrhG) im Lichte der Verfassung, 2003; *ders./Mand*, Kabelweiterleitung und urheberrechtliche Vergütung, 2003; *Haas*, Das neue Urhebervertragsrecht, 2002; *Haedicke*, Urheberrecht und Internet im Überblick, Jura 2000, 449; *Hoeren*, Urheberrecht in der Informationsgesellschaft, GRUR 1997, 866; *ders.*, Überlegungen zur urheberrechtlichen Qualifikation des elektronischen Abrufs, CR 1996, 517; *ders.*, Der Zweite Korb – Eine Übersicht zu den geplanten Änderungen im Urheberrechtsgesetz, MMR 2007, 615; *Jacobs*, Das neue Urhebervertragsrecht, NJW 2002, 1905; *Katzenberger*, Elektronische Printmedien und Urheberrecht, urheberrechtliche und urhebervertragliche Fragen der elektronischen Nutzung von Zeitungen und Zeitschriften, 1996; *ders.*, Elektronische Printmedien und Urheberrecht, AfP 1997, 434; *Kitz*, Urheberschutz im Internet und seine Einfügung in den Gesamtrechtsrahmen, ZUM 2006, 444; *ders.*, Die unbekannte Nutzungsart im Gesamtsystem des urheberrechtlichen Interessengefüges, GRUR 2006, 548; *ders.*, § 101 a UrhG: Für eine Rückkehr zur Dogmatik, ZUM 2005, 298; *ders.*, Anwendbarkeit urheberrechtlicher Schranken auf das eBook, MMR 2001, 727; *Klett*, Zum Auskunftsanspruch nach § 101 a UrhG, K&R 2005, 222; *Knies*, Kopierschutz für Audio-CDs – Gibt es den Anspruch auf die Privatkopie?, ZUM 2002, 793; *Koch*, Software-Urheberrechtsschutz für Multimedia-Anwendungen, GRUR 1995, 459; *Kröger*, Informationsfreiheit und Urheberrecht, 2002; *Maaßen*, Urheberrechtliche Probleme der elektronischen Bildverarbeitung, ZUM 1992, 338; *Mayer-Schönberger*, Auf der Suche nach dem Grund – Reflexionen zu Sinn und Bedeutung des Urheberrechts, in: Urheberrecht in der digitalen Wirtschaft (Hrsg. Fallenböck/Galla/Stockinger), 2006, S. 7 ff.; *Mestmäcker*, Unternehmenskonzentrationen und Urheberrechte in der alten und neuen Musikwirtschaft, ZUM 2001, 185; *A. Nordemann/Goddar/Tönhardt/Czychowski*, Gewerblicher Rechtsschutz und Urheberrecht im Internet, CR 1996, 645; *Oechsler*, Das Vervielfältigungsrecht für Prüfungszwecke nach § 53 III Nr. 2 UrhG, GRUR 2006, 205; *Peifer*, Individualität im Zivilrecht, 2000; *Petersen*, Das Alleinaufführungsrecht und seine

Begrenzung durch den Urheber, Festschrift für Bub, 2007, S. 405; *Rademacher*, Urheberrecht und gewerblicher Rechtsschutz im Internet, 2003; *Radmann*, Urheberrechtliche Fragen der Filmsynchronisation, 2003; *Raue*, Zum Dogma von der restriktiven Auslegung der Schrankenbestimmungen des Urheberrechtsgesetzes, Festschrift für Nordemann, 2004, S. 327; *Reupert*, Der Film im Urheberrecht, 1995; *Rumphorst*, Bleiben wir beim Urheberrecht!, ZUM 2002, 791; *Schack*, Schutz digitaler Werke vor privater Vervielfältigung – zu den Auswirkungen der Digitalisierung auf § 53 UrhG, ZUM 2002, 497; *Schippan*, Die Harmonisierung des Urheberrechts in Europa im Zeitalter von Internet und digitaler Technologie, 1999; *Schmidt*, Der Vergütungsanspruch des Urhebers nach der Reform des Urhebervertragsrechts, ZUM 2002, 781; *Schricker* (Hrsg.), Urheberrecht in der Informationsgesellschaft, 1997; *Schulze*, Urheberrecht und neue Musiktechnologien, ZUM 1994, 15; *M. Schwarz*, Das „Damoklesschwert" des § 31 Abs. 4 UrhG, Regelungsbedarf für neue Nutzungsarten, ZUM 2003, 733; *Spindler*, Reform des Urheberrechts im „zweiten Korb", NJW 2008, 9; *Weber-Steinhaus*, Computerprogramme im deutschen Urheberrechtssystem, 199; *Westkamp*, Der Schutz von Datenbanken und Informationssammlungen im britischen und deutschen Recht, 2003; *Zanger*, Urheberrecht und Leistungsschutz im digitalen Zeitalter, 1996; *Zimmermann*, Urheberrechtliche Probleme der periodischen Presse, 1984; *Zscherpe*, Urheberschutz digitalisierter Werke im Internet, MMR 1998, 404; *Zypries*, UrhR i. d. Informationsgesellschaft – Bestandsaufnahme und Überlegungen zum weiteren Regelungsbedarf, ZUM 2003, 981.

I. Urheberrecht und Medienrecht

1   Die Eingliederung und Abhandlung des Urheberrechts innerhalb des Medienrechts wirkt auf den ersten Blick anmaßend, ist doch das Urheberrecht durchaus die ältere Disziplin. Müsste dann nicht eher das Medienrecht innerhalb des Urheberrechts kursorisch mitbehandelt werden, gleichsam als notwendiges Durchgangsstadium, da das geistige Eigentum vielfach in bzw. an Medien verkörpert wird? Drängt sich das Medienrecht womöglich als neues, modisch formuliertes und verbrämtes Gebiet in alt ehrwürdige Disziplinen?[1] Stellt man die Frage in dieser Weise, so wird ein grundsätzliches Abgrenzungs- und Bestimmungsproblem offenbar, das uns bereits eingangs beschäftigt hat.[2]

1. Geistiges Eigentum oder Vermittlung?

2   An dieser Stelle zeigt sich aber wiederum die Leistungsfähigkeit des perspektivischen Ansatzes des Medienrechts. Das Medienrecht kann und will dem Urheberrecht nicht das Wasser abgraben, sondern wirft lediglich aus einem anderen Winkel den Blick auf die Sachfragen.[3] Es kommt mithin auch nicht zu einem sachlichen Verteilungskampf zwischen Urheber- und Medienrecht, sondern es ändert sich nur die Perspektive. Aus Sicht des Medienrechts ist nicht mehr das geistige Eigentum als solches entscheidend,[4] sondern die

---

[1] Zum Verhältnis des Urheberrechts zum Rundfunkrecht und zum möglichen Übergang des einen zum anderen *Bullinger*, ZUM 2001, 983; *ders.*, ZUM 2002, 352; gegen ihn jedoch *Rumphorts*, ZUM 2002, 791.

[2] Oben § 1 Rz. 2 ff.

[3] Vgl. etwa auch *Wiebe*, Urheberrecht als Kommunikationsrecht, Festschrift für Pieper, 1998, S. 645.

[4] Insofern ist es nicht unproblematisch, wenn *Paschke*, Medienrecht, Rz. 282 f., die Gewährleistung des Schutzes geistigen Eigentums zu den Regelungszielen des von ihm als eigenständiges Rechtsgebiet begriffenen Medienrechts erhebt.

Vermittlung.[5] Es geht also nicht so sehr um die geistige Urheberschaft als vielmehr um die Verkörperung, die das jeweilige Werk in concreto findet und die damit im Zusammenhang stehenden Probleme der Verbreitung.[6] Das bringt es zwangsläufig mit sich, dass das Urheberrecht hier nur ganz exemplarisch,[7] eben mit Blick auf die jeweiligen Medien,[8] betrachtet werden kann; alles andere wäre in der Tat anmaßend und sachlich nicht veranlasst. Auf der anderen Seite zeigt das „Gesetz zur Regelung des Urheberrechts in der Informationsgesellschaft",[9] dass auch und gerade das Urheberrecht sich dem Gesichtspunkt der Medienberührung auch auf normativer Ebene nicht verschließen kann. Besonders diskutiert wird dies in den Vereinigten Staaten, wo namentlich *Lawrence Lessig* für eine gewisse Beschneidung des Urheberschutzes eintritt, die im Zeitalter der Digitalisierung unerlässlich sei.[10] Eine milliardenschwere Forderung des Medienkonzerns Viacom gegen das Internet-Portal „YouTube" wegen angeblicher Urheberrechtsverletzung belegt die praktische Relevanz dieser Problematik.

2. Medienspezifisches Urheberrecht

Gerade bei der Behandlung des Urheberrechts ist daher eine Rückbesinnung **3** auf das eingangs formulierte Vorhaben[11] unerlässlich, soll nicht gleichsam ein „Lehrbuch im Lehrbuch"[12] geschrieben werden. Es geht der vorliegenden Darstellung um die Erörterung des medienspezifischen Urheberrechts, d. h. derjenigen Fragen, die sich gerade aus der medialen Verbreitung, nicht etwa dem Werk selbst ergeben. Daher können die schwierigen dogmatischen Abgrenzungsfragen des Werkbegriffs (vgl. § 2 Abs. 2 UrhG) aus Sicht des Medienrechts unbehandelt bleiben,[13] auch wenn weiter unten beim Urheberstrafrecht

---

[5] Zum Unterschied zwischen Inhalt und Idee beim Sprachwerk *Kitz*, GRUR-RR 2007, 217 f. (Anm. zu LG München I GRUR-RR 2007, 226).

[6] Lesenswert zum Sinn und zur Bedeutung des Urheberrechts auch im Hinblick auf das Medien- und Informationsrecht *Mayer-Schönberger* (Lit.-Verz.).

[7] Zu den urheberrechtlichen Ansprüchen aus §§ 97 ff. UrhG siehe bereits oben § 5 Rz. 19 ff.

[8] Vgl. dazu auch *Macciacchini*, Urheberrecht und Meinungsfreiheit, 2000; speziell zum Internet *Kitz*, ZUM 2006, 444.

[9] Mit dem so genannten „zweiten Korb" ist nunmehr das „Zweite Gesetz zur Regelung des Urheberrechts in der Informationsgesellschaft" (BGBl. I 2007, S. 2513) in Kraft getreten. Weitere Änderungen ergeben sich durch das „Gesetz zur Verbesserung der Durchsetzung von Rechten des geistigen Eigentums", Bundestags-Drucksache 16/5048 in der Fassung der Bundestags-Drucksache 16/8783.

[10] *Lessig*, Free Culture – The Nature and Future of Creativity, 2004 (deutsche Fassung: „Freie Kultur. Wesen und Zukunft der Kreativität", 2006).

[11] Oben § 1 Rz. 2.

[12] So in demselben Sinne *Paschke*, Medienrecht, Rz. 602, in seiner einleitenden Bemerkung zur Behandlung des Urheberrechts.

[13] Eine Ausnahme stellt freilich der Fall BGH NJW 2003, 2828 dar, in dem es um die Frage ging, ob das Format für eine bestimmte Fernsehshowreihe Werkcharakter hat. Der BGH hat dies verneint. In der Literatur votieren dafür *Schricker*, GRUR Int. 2004, 923 ff.; *Schwarz*, Festschrift für Reichardt, 1990, S. 203, 220 f.; *v. Have/Eckmaier*, ZUM 1994, 269, 272 f.; *Litten*, Der Schutz von Fernseh- und Fernsehserienformaten, 1997, S. 24 ff.; dagegen *Pühringer*, Der urheberrechtliche Schutz von Werbung, 2002, S. 73 ff.; *Berking*, Die Unterscheidung von Inhalt und Form im Urheberrecht, 2002, S. 213 ff.; *Holzporz*, Der rechtliche Schutz des Fernsehsenderkonzepts, 2001, S. 16 ff.; vgl. auch *Lausen*, Der Rechtsschutz von Sendeformaten, 1998; *Degmaier*, GRUR Int. 2003, 204.

innerhalb des Medienstrafrechts auf Einzelheiten der Datenbankwerke (§ 4 Abs. 2 UrhG)[14] zurückzukommen sein wird.[15]

a) Veröffentlichung und Erscheinen

4 So interessiert etwa aus dem zweiten Abschnitt des Urhebergesetzes unter dem Blickwinkel des Medienrechts § 6 UrhG zur Bestimmung veröffentlichter oder erschienener Werke, weil darin die Verbreitung geregelt ist und somit das Medium ins Spiel gebracht wird. Ein Werk ist nach § 6 Abs. 1 UrhG veröffentlicht, wenn es mit Zustimmung des Berechtigten der Öffentlichkeit zugänglich gemacht wird. Erschienen – als qualifizierter Fall der Veröffentlichung[16] – ist ein Werk nach § 6 Abs. 2 UrhG, wenn mit Zustimmung des Berechtigten **Vervielfältigungsstücke** des Werkes nach ihrer Herstellung in genügender Zahl[17] der Öffentlichkeit angeboten oder in Verkehr gebracht werden.[18] Die medienrechtliche Relevanz resultiert nicht zuletzt daraus, dass der Sphäre des Autors die der Öffentlichkeit gegenübergestellt wird. Für die Werkeigenschaft, also das eigentlich urheberrechtlich Relevante, sind demgegenüber Veröffentlichung und Erscheinen unerheblich.[19] Wie und womit ein Werk der Öffentlichkeit zugänglich gemacht wird, also insbesondere durch welches Medium, interessiert das Urheberrecht weniger, wie die passive Formulierung in § 6 UrhG erkennen lässt.

b) Das Urheberpersönlichkeitsrecht

5 Gleichsam als Verbindungsglied zwischen Urheberschaft und Veröffentlichung fungiert § 12 Abs. 1 UrhG, wonach der Urheber das Recht hat zu bestimmen, ob und wie sein Werk zu veröffentlichen ist. Das darin zum Ausdruck kommende Urheberpersönlichkeitsrecht[20] ist ungeachtet insoweit missverständlicher Formulierungen von Seiten der Rechtsprechung[21] nicht mit dem bereits behandelten allgemeinen Persönlichkeitsrecht zu verwechseln,[22] wie sich etwa daran zeigt, dass es nach § 28 Abs. 1 UrhG für die Dauer von 70 Jahren (§ 64 UrhG) auf die Erben übergeht und von diesen geltend gemacht werden kann.[23] Die Einzelheiten zur Dogmatik des Urheberpersönlichkeitsrechts können aus Sicht des Medienrechts dahinstehen. Im Hinblick auf die neuen Medien ist zu sagen, dass die **Digitalisierung** eines Werkes als solche noch keine Verletzung des Urheberpersönlichkeitsrechts darstellt.[24]

---

[14] Allgemein dazu, insbesondere in europarechtlicher Hinsicht, *Berger*, GRUR 1997, 169; *Dreier*, GRUR Int. 1992, 739; *Flechsig*, ZUM 1997, 577; *Gaster*, CR 1997, 660; *Katzenberger*, GRUR 1990, 94; *Lehmann*, NJW-CoR 1996, 249; *Leistner*, Der Rechtsschutz von Datenbanken im deutschen und europäischen Recht, 2000; *Nippe*, Urheber und Datenbank, 2000; siehe auch die Pionierarbeit von *E. Ulmer*, Elektronische Datenbanken und Urheberrecht, 1971.

[15] Unten § 19 Rz. 12 f.

[16] *Rehbinder*, Urheberrecht, 14. Auflage, 2006, Rz. 156.

[17] BGH GRUR 1981, 360, lässt in aller Regel 50 Exemplare ausreichen, bei Filmen sind es sogar nur acht; BGH GRUR Int. 1973, 51.

[18] Zum Rechtsbegriff des Erscheinens *Hubmann*, GRUR 1980, 537.

[19] *Rehbinder*, Urheberrecht, Rz. 155.

[20] Dazu *Hubmann*, Festschrift 100 Jahre Grüner Verein, 1991, S. 1175; *Kellerhals*, UFITA 2000, 617; *Götting*, Persönlichkeitsrechte als Vermögensrechte, 1995; *Osenberg*, Die Unverzichtbarkeit des Urheberpersönlichkeitsrechts, 1985.

[21] Vgl. BGH GRUR, 1971, 526: „nur ein Ausschnitt und eine besondere Erscheinungsform" (sc. des allgemeinen Persönlichkeitsrechts).

[22] Näher *Rehbinder*, Urheberrecht, Rz. 391 ff.

[23] Zum postmortalen Persönlichkeitsschutz demgegenüber oben § 4 Rz. 41 ff.

[24] *Hoeren*, Grundzüge des Internet-Rechts, S. 89 f.

II. Verwertungsrechte

Ungleich bedeutsamer für den vorliegenden Interessenkreis sind dagegen die **6** Verwertungsrechte. Diese regelt das Urhebergesetz in § 15, nach dessen Absatz 1 Satz 1 der Urheber das ausschließliche Recht hat, sein Werk in körperlicher Form zu verwerten. Das Recht umfasst insbesondere das Vervielfältigungs- und Verbreitungsrecht, von dem im Folgenden zunächst die Rede sein wird. Nicht minder wichtig ist sodann das Recht der öffentlichen (§ 15 Abs. 3 UrhG)[25] Wiedergabe des Werks in unkörperlicher Form, das nach § 15 Abs. 2 UrhG etwa das Senderecht, das Recht der Wiedergabe durch Bild- oder Tonträger, das Recht der Wiedergabe von Funksendungen und das Recht der öffentlichen Zugänglichmachung umfasst, und im Anschluss daran behandelt wird.

1. Vervielfältigungs- und Verbreitungsrecht

Zu unterscheiden sind das Vervielfältigungs- und das Verbreitungsrecht. **7** Beide Ausprägungen sind in § 15 Abs. 1 Hs. 2 Ziffern 1 und 2 UrhG genannt und in den §§ 16 f. UrhG näher ausgestaltet. Ihre Bedeutung ist aus Sicht des Medienrechts deswegen besonders groß, weil damit gerade auch die mediale Verwertung und Verbreitung zusammenhängt.

a) Das Vervielfältigungsrecht

Das Vervielfältigungsrecht ist das Recht, Vervielfältigungsstücke herzustel- **8** len, gleichviel in welchem Verfahren und in welcher Anzahl, § 16 Abs. 1 UrhG.[26] Besondere Bedeutung hat die Vervielfältigung im **Internet**,[27] wovon im Folgenden die Rede sein soll. Die Vervielfältigung von Computerprogrammen, die der Gesetzgeber speziell in § 69 c UrhG geregelt hat, wird dann weiter unten behandelt.[28]

aa) Anwendungsbereich im Computerzeitalter. Dazu gehören im Zeitalter **9** der modernen Medien auch die körperliche Festlegung[29] auf Disketten oder CD-ROMs,[30] aber auch das bloße „Downloading",[31] also die Speicherung auf der Festplatte eines Computers, oder die Speicherung auf einem Server (**Up-load**).[32] Sogar das Setzen eines Links soll eine Vervielfältigung darstellen, wenn ein Fenster durch die Aktivierung des Verweises geöffnet wird, welches eine andere Website identisch zum Inhalt hat.[33] Gerade dann, wenn die verweisende

---

[25] Zur Bestimmung dieses Merkmals BGHZ 17, 376; 36, 181; 58, 262; 123, 149; BGH GRUR 1960, 338; 1961, 99; 1975, 34; BGH ZUM 1986, 543; 1994, 585; 1996, 783; BGH UFITA 1975, 286.

[26] Zur Rolle des Vervielfältigungsrechts in der Informationsgesellschaft *Schaefer*, Festschrift für Nordemann, 1999, S. 191.

[27] Zu urheberrechtlichen Fragen im Zusammenhang mit Handy-Klingeltönen siehe *Clees/Lange*, CR 2005, 681; *Castendyk*, ZUM 2005, 9.

[28] Unten Rz. 18.

[29] Vgl. BGHZ 17, 269.

[30] *Rehbinder*, Urheberrecht, Rz. 318.

[31] BGH GRUR 1994, 365.

[32] OLG Frankfurt CR 1997, 275, 276.

[33] LG Hamburg MMR 2000, 761; dazu die Anmerkung von *Metzger*, CR 2000, 776 ff.

Website beim Anklicken des Links nicht restlos verlassen wird, sondern der Text als Fenster auf der Seite des Handelnden auftaucht (so genannter Frame-Link), kann darin nach Ansicht Einzelner eine Vervielfältigung liegen.[34] Der Bundesgerichtshof geht indes davon aus, dass nicht in das Vervielfältigungsrecht an einem urheberrechtlich geschützten Werk eingegriffen wird, wenn ein **Hyperlink** zu einer Datei auf einer fremden Webseite mit einem solchen Werk gesetzt wird.[35] Keine Vervielfältigung liegt dagegen vor, wenn nur einzelne Stichworte oder übersichtsartige Kurzzusammenfassungen eines bereits veröffentlichten Werks[36] übernommen und in das Dokumentationssystem eingespeist werden, weil die Werke damit letztlich nur anderweitig erschlossen und auffindbar gemacht werden.[37]

> BGH NJW 2003, 3406: Die Handelsblatt-Verlagsgruppe verwahrte sich dagegen, dass von Seiten der Webseite „paperboy" durch so genannte Deep-Links unter Umgehung ihrer Homepage auf ihr Online-Angebot verwiesen wurde.

10   Die Zulässigkeit solcher **Deep-Links** ist für das Medienwirtschaftsrecht insofern aufschlussreich,[38] als das Verfahren der Beklagten nicht nur unter urheberrechtlichen, sondern auch unter wettbewerbsrechtlichen Gesichtspunkten angreifbar ist.[39] Der Bundesgerichtshof hält das Verfahren urheberrechtlich letztlich für unbedenklich. Insbesondere sei das bloße Setzen eines solchen Links noch keine Vervielfältigung i. S. d. § 16 UrhG,[40] zumal der Link ins Leere geht, wenn die Webseite danach gelöscht wird (**Broken Link**).[41] Datenbankherstellerrechte gemäß § 87 b UrhG würden dadurch nicht verletzt,[42] wenn nur ein unwesentlicher Teil der Datenbank in einmaliger und nicht systematischer Weise vervielfältigt wird.[43]

11   Auch eine Wettbewerbsverletzung verneint der Bundesgerichtshof, solange der Einsatz von Hyperlinks es nur ermöglicht, öffentlich zugängliche Informationsangebote zu nutzen, ohne dass dabei technische Schutzmaßnahmen umgangen werden. Das Setzen eines Links sei insofern weder eine Nachahmung (§ 4 Nr. 9 b UWG) oder Herkunftstäuschung[44] (vgl. § 4 Nr. 9 a UWG) noch führe es zur Rufausbeutung oder Behinderung (§ 4 Nr. 10 UWG) eines Mitbewerbers.[45]

---

[34] *Hoeren*, Grundzüge des Internet-Rechts, S. 83.

[35] BGH NJW 2003, 3406. Zur wettbewerbsrechtlichen Haftung eines Medienunternehmens bei Setzen eines Hyperlinks im redaktionellen Online-Angebot BGH AfP 2004, 357.

[36] Vgl. bereits *Katzenberger*, GRUR 1973, 631; *Mehrings*, GRUR 1983, 284, 286.

[37] *Flechsig*, ZUM 1996, 833, 835; *Raczinski/Rademacher*, GRUR 1989, 325.

[38] Bislang war sie unter den Instanzgerichten umstritten; vgl. OLG Celle NJW-RR 2001, 334; LG München I MMR 2002, 58, 760; für die Rechtslage in Österreich siehe OGH K&R 2003, 420.

[39] Die im Schrifttum ebenfalls diskutierte Frage (*Plaß*, WRP 2000, 599, 600) der Haftung des Linksetzers gegenüber Dritten blieb dagegen außer Betracht.

[40] So auch schon *Wiebe*, in: Ernst/Vassilaki/Wiebe, Hyperlinks, 2002, Rz. 29; *Sosnitza*, CR 2001, 693, 698. Anders entschied das LG Hamburg dagegen für die Aufnahme so genannter Thumbnails, d. h. stark verkleinerter Vorschaubilder, in eine Linkliste, da die Verwendung der Thumbnails auf der verweisenden Seite bereits selbst eine urheberrechtlich relevante Nutzung darstelle, LG Hamburg GRUR 2004, 313; vgl. hierzu auch *Berberich*, MMR 2005, 145.

[41] *Heydn*, NJW 2004, 1361 mit Fußnote 7.

[42] A. A. *Schmidt*, AfP 1999, 146.

[43] Vgl. *Nolte*, MMR 2003, 540, 546.

[44] Vgl. auch schon OGH K&R 2003, 420, 422.

[45] BGH NJW 2003, 3406, 3410; siehe aber auch BGH NJW 2005, 1503.

Schwierigkeiten im Hinblick auf den Vervielfältigungsbegriff bereitet das so **12** genannte **Browsing**, also das schlichte Sichtbarmachen auf dem Bildschirm.[46] Da dies streng genommen eine vorübergehende Lagerung des Inhalts auf dem Arbeitsspeicher[47] des abrufenden Rechners voraussetzt,[48] wird auch diese flüchtige Fixierung von vielen als Vervielfältigung angesehen,[49] weil die Urheber hier nicht minder schutzwürdig seien.[50] Ebenso liegt nach dieser Ansicht eine Vervielfältigung im Falle der Digitalisierung und der **Zwischenspeicherung** im Arbeitsspeicher vor.[51] Der Bundesgerichtshof hat diese Fragen bislang offen gelassen.[52] Auf der anderen Seite darf nicht übersehen werden, dass nach dem Wortsinn des § 16 Abs. 1 und 2 UrhG viel dafür spricht, dass nur die dauerhafte Fixierung geeignet ist, den Tatbestand der Vervielfältigung zu erfüllen.[53] § 44 a UrhG hat dies mit den erklärten Zulässigkeiten vorübergehender Vervielfältigungshandlungen jetzt wesentlich entschärft.[54]

bb) Videozweitauswertung. Von medienrechtlicher Relevanz ist vor allem **13** die Exemplifizierung in Absatz 2, wonach eine Vervielfältigung auch die Übertragung des Werkes auf Vorrichtungen zur wiederholbaren Wiedergabe von Bild- und Tonfolgen (Bild- oder Tonträger) ist. Davon erfasst wird nicht nur die Erstaufnahme[55] und Verfilmung selbst, sondern auch die Videozweitauswertung von Fernseh- oder Kinofilmen.[56] Das ist deshalb von Bedeutung, weil damit die Videozweitauswertung keines eigenständigen Verfilmungsrechts bedarf:

BGHZ 123, 142: Die Beklagte nahm die Videozweitauswertung von zwei Spielfilmen vor, in denen Stücke der Komponisten Richard Strauss und György Ligeti zu hören sind, und vertrieb die Videokassetten mit Erlaubnis des Filmproduzenten. Die GEMA, deren Mitglieder auch die klagenden Musikverlage sowie die beiden Komponisten bzw. deren Rechtsnachfolger sind, und bei der die Beklagte die Zweitauswertung wegen der verwendeten Filmmusik angemeldet hatte, rechnete die dafür fällige Vergütung mit der Beklagten ab. Die beiden Musikverlage der Komponisten klagen auf Unterlassung, Rechnungslegung und Feststellung der Schadensersatzpflicht der Beklagten.

---

[46] Zu den Vervielfältigungsvorgängen beim Einsatz von Computerprogrammen *Schneider*, CR 1990, 503; siehe auch bereits *Haberstumpf*, GRUR 1982, 142, 149; *Loewenheim*, Festschrift für v. Gamm, S. 429.

[47] So genannter RAM(= random access memory)-Speicher.

[48] Zur so genannten Proxyspeicherung, die als technische Zwischenspeicherung von der h. M. (vgl. nur *Koehler*, Der Erschöpfungsgrundsatz des Urheberrechts im Online-Bereich, 2000, S. 41) als Vervielfältigung angesehen wird, siehe *Sieber*, CR 1997, 581, 588; *Ernst*, K&R 1998, 536, 537; *Bechtold*, ZUM 1997, 427, 436 f.

[49] Vgl. nur *Fromm/A. Nordemann*, Kommentar zum Urheberrechtsgesetz, § 16 Rz. 2; *Schack*, JZ 1998, 753, 756; *ders.*, Urheber- und Urhebervertragsrecht, 3. Auflage, 2005, Rz. 380; *Schippan*, Die Harmonisierung des Urheberrechts in Europa im Zeitalter von Internet und digitaler Technologie, 1999; S. 92; *Waldenberger*, ZUM 1997, 179; aus der Rechtsprechung OLG Düsseldorf CR 1996, 728, 729.

[50] *Schricker/Loewenheim*, Urheberrecht, 2. Auflage 1999, § 16 Rz. 19.

[51] *Schack*, Urheber- und Urhebervertragsrecht, Rz. 417.

[52] BGHZ 112, 264, 278; dazu *Betten*, GRUR 1991, 449, 453 ff.

[53] In diese Richtung *Hoeren*, LAN-Software, Urheber- und AGB-rechtliche Probleme des Einsatzes von Software in lokalen Netzen, UFITA Band 111 (1989) 5; vgl. auch *dens.*, Grundzüge des Internet-Rechts, S. 84; *Flechsig*, ZUM 1996, 833, 836.

[54] *V. Welser*, in: Wandtke/Bullinger, Ergänzungsband, § 44 a UrhG Rz. 3, 6; siehe auch *Spindler*, GRUR 2002, 105, 111, wonach es für § 44 a UrhG, wie beim Browsing der Fall, genügt, dass die Vervielfältigung während des Verfahrens anfällt.

[55] Vgl. BGH GRUR 1982, 103; 1985, 529.

[56] Siehe zum urheberrechtlichen Vermietungs- und Verleihrecht *Erdmann*, Festschrift für Brandner, 1996, S. 361.

14   Der Bundesgerichtshof hat die Rechtsansicht der Vorinstanz bestätigt, wonach es zur Nutzung der Filmmusik von Kinofilmen im Wege der Videozweitauswertung keines eigenständigen Video-Verfilmungsrechts bedarf,[57] sondern lediglich der Übertragung der Vervielfältigungs- und Verbreitungsrechte. Die Videozweitauswertung stelle sich urheberrechtlich als Vervielfältigung i.S.d. § 16 Abs. 2 UrhG und als Verbreitung i.S.d. § 17 UrhG dar.[58] Das Verfilmungsrecht sei nämlich ausweislich des in der amtlichen Begründung zum Ausdruck kommenden unmissverständlichen Willens des historischen Gesetzgebers[59] nicht als absolutes Recht ausgestaltet, so dass eine etwaige Verletzung auch keine Ansprüche nach § 97 UrhG nach sich ziehen kann. Das **Verfilmungsrecht** kennzeichne nicht mehr als die Art und den Umfang der vertraglich eingeräumten Nutzungsbefugnis.[60] Nichts anderes ergebe sich aus der Auslegungsregel des § 88 UrhG, die gerade nicht die hier einschlägige Auswertung eines Spielfilms für Video- und Fernsehzwecke erfasse, sondern nur bestimme, welche Rechte bei der Vergabe des Verfilmungsrechts im Zweifel mitübertragen werden. § 88 UrhG meine nur die selbständige Verfilmung eines Werkes, das insoweit als Vorlage diene, nicht aber die Herstellung von Videokassetten auf der Grundlage eines Kinofilms.[61] Nichts anderes ergebe sich daraus, dass die Videozweitauswertung eine selbständige, besondere Nutzungsart sei, wie das auch der Bundesgerichtshof zuvor schon gesehen hatte.[62] Der Bundesgerichtshof hat demgegenüber im Einklang mit seiner früheren Rechtsprechung[63] die Auslegungsregel des § 31 Abs. 5 UrhG für einschlägig gehalten, wonach es hier für die Zweitauswertung lediglich der Einräumung des Vervielfältigungs- und Verbreitungsrechts bedarf.

b) Das Verbreitungsrecht

15   Das Verbreitungsrecht ist gemäß § 17 Abs. 1 UrhG das Recht, das Original oder Vervielfältigungsstücke[64] des Werkes der Öffentlichkeit anzubieten[65] oder in Verkehr zu bringen. Letzteres ist etwa beim Verleih von **Filmkopien** anzunehmen.[66] Auch wenn der urheberrechtliche Sinn der Vorschrift darin liegt, gerade auch die Vorstufen der Aufnahme durch das Publikum zugunsten des Urhebers zu erfassen, ist die Vorschrift aus Sicht des Medienrechts durch das Abstellen auf die Öffentlichkeit als Adressat ersichtlich noch relevanter als die soeben dargestellte.

---

[57] Vgl. auch *Scheuermann*, Urheber- und verlagsrechtliche Probleme der Videozweitauswertung von Filmen, 1990, S. 104 ff.; *Urek*, ZUM 1993, 168 ff.; *Schwarz/Schwarz*, ZUM 1988, 429, 435; *Joch*, Festschrift für Schwarz, UFITA Band 77, 131, 142 ff.

[58] BGHZ 123, 142, 145 unter Hinweis auf *v. Hartlieb*, Handbuch des Film-, Fernseh- und Videorechts, 3. Auflage 1991, Kapitel 203 Rz. 1.

[59] Vgl. Bundestags-Drucksache 4/270, S. 46.

[60] BGHZ 123, 142, 147.

[61] Näher zu den Einzelheiten zu § 88 UrhG im nächsten Paragraphen unter II.

[62] BGHZ 95, 274, 283 f.

[63] BGH GRUR 1974, 786, 787; 1976, 382, 383; 1977, 42, 44 f.

[64] Die bloße Datenübermittlung ist mangels körperlicher Form keine Verbreitung (*Hoeren*, Grundzüge des Internet-Rechts, S. 88). Sogar wenn ganze Bücher über das Internet zum Herunterladen bereitgehalten werden, verneint die h.M. eine analoge Anwendung des § 17 UrhG; kritisch dazu *Hoeren*, CR 1996, 517.

[65] Zur Begriffsklärung BGHZ 113, 159 (Tauschangebot illegal kopierter Computerspiele); KG GRUR 1983, 174; LG Hannover CR 1988, 826.

[66] *Rehbinder*, Urheberrecht, Rz. 322.

aa) Der Erschöpfungsgrundsatz. Die Grenze des Verbreitungsrechts mar- **16** kiert freilich der so genannte Erschöpfungsgrundsatz:[67] Sind das Original oder Vervielfältigungsstücke des Werkes mit Zustimmung des Berechtigten im Wege der Veräußerung in Verkehr gebracht worden,[68] so ist ihre Weiterverbreitung grundsätzlich zulässig, vgl. § 17 Abs. 2 UrhG. Allerdings kann der Urheber seine Zustimmung in diesem Sinne auf einen bestimmten **Vertriebsweg** beschränken.[69] Entsprechendes gilt auch für die Verbreitung von Software.[70] Eine Ausnahme gilt freilich für die – wirtschaftlich beträchtliche[71] – Vermietung (§ 17 Abs. 2, 3 UrhG) von Bild- und Tonträgern durch Videotheken. Gedacht ist vor allem an die Überlassung von CDs und Videos an bestimmte Personen, die etwa Mitglieder eines Clubs sind.[72] Zu beachten ist das Merkmal der Veräußerung. Da nämlich zum Verbreitungsrecht auch ein Verleihrecht gehört, erschöpft sich etwa durch einen Verleih der Filmkopien durch den Produzenten dessen Verbreitungsrecht nicht.[73] Der Erschöpfungsgrundsatz gilt nicht nur für das Verbreitungsrecht des Urhebers, sondern nach § 85 Abs. 1 UrhG auch für das des Tonträgerherstellers.[74]

bb) Reichweite. Mit dem Erlöschen des Verbreitungsrechts durch Erschöp- **17** fung ist die Weiterverbreitung jedermann gestattet. Medien, wie etwa Schallplatten, CDs, Video-Kassetten oder CD-ROMs, dürfen dann ohne weiteres verbreitet werden.[75] Jedoch gilt der Erschöpfungsgrundsatz nur für das Verbreitungs- und nicht für das Vervielfältigungsrecht.[76] Uneinheitlich beurteilt wird, ob der Grundsatz für unkörperliche Wiedergaben, wie z.B. das Senderecht, gilt.[77] Während die Rechtsprechung früher auch insoweit von der Geltung des Erschöpfungsgrundsatzes ausging,[78] nimmt der Bundesgerichtshof neuerdings an,[79] dass die Verbreitung eines Werkstücks das Recht zur öffentlichen Wiedergabe, etwa einer Videofilmvorführung, nicht erschöpft.[80]

---

[67] Vgl. schon RGZ 63, 394, 397; zur dogmatischen Fundierung des Erschöpfungsgrundsatzes als Ausprägung der Eigentumstheorie des BGB *Berger*, AcP 201 (2001) 412. Vgl. *dens.* zum Verhältnis von urheberrechtlicher Erschöpfungslehre und digitaler Informationstechnologie, GRUR 2002, 198.

[68] Zu den in § 17 Abs. 2 UrhG ferner vorausgesetzten territorialen Vorgaben siehe BGH ZUM 1986, 533; BGHZ 80, 101; BGH GRUR 1982, 100; BGH ZUM 1985, 505.

[69] BGH GRUR 1959, 200: Zustimmung zum Vertrieb über den Sortimentsbuchhandel schließt Verbreitung über Buchgemeinschaften aus, so dass das Verbreitungsrecht des Urhebers auch noch nicht erschöpft ist.

[70] Vgl. zu den einzelnen Nuancen OLG München ZUM-RD 1998, 107; OLG Frankfurt ZUM-RD 1999, 182 einerseits und OLG Frankfurt ZUM 2000, 763; KG ZUM-RD 1999, 20 andererseits.

[71] Vgl. *v. Petersdorff-Campen*, ZUM 1996, 1037, 1038.

[72] *Schack*, Urheber- und Urhebervertragsrecht, Rz. 395 f.

[73] *Rehbinder*, Urheberrecht, Rz. 329.

[74] Vgl. dazu BGHZ 80, 101, 103; dazu *E. Ulmer*, GRUR Int. 1981, 562 ff. Zum Regelungszweck des § 85 Abs. 1 UrhG – dem Schutz der aufwändigen unternehmerischen Leistung bei erstmals vermarktungsfähiger Aufnahme – OLG Stuttgart NJW 2008, 1605, 1607.

[75] *Rehbinder*, Urheberrecht, Rz. 330.

[76] BGHZ 112, 264.

[77] Siehe dazu *Goutzamanis*, Die Erschöpfung des Verbreitungs- und des Senderechts des Urhebers nach dem Recht der EWG, 1987; *Sack*, GRUR 1988, 167; *Gounalakis*, ZUM 1986, 638, 641; *Hubmann*, Festschrift für Roeber, 1982, S. 181.

[78] RGZ 136, 377; BGHZ 79, 350, 360; skeptisch insoweit *Rehbinder*, Urheberrecht, Rz. 358; zur Rechtsprechung des EuGH siehe EuGHE 1980, 881.

[79] Vgl. BGH ZUM 2000, 749.

[80] BGH ZUM 1986, 543; zu europarechtlichen Implikationen bezüglich ausländischer Sendungen EuGHE 1980, 881; EuGH GRUR Int. 1983, 175.

c) Vervielfältigung und Verbreitung von Computerprogrammen

18   Entsprechendes gilt nach § 69 c UrhG für den Schutz von Computerprogrammen,[81] die das Gesetz in § 69 a Abs. 1 UrhG definiert.[82] Der Rechtsinhaber hat demnach das ausschließliche Recht, die dauerhafte oder vorübergehende Vervielfältigung eines Computerprogramms, gleichviel mit welchen Mitteln oder in welcher Form, vorzunehmen oder zu gestatten (§ 69 c Ziffer 1 S. 1 UrhG).[83]

19   Soweit das Laden, Anzeigen, Ablaufen, Übertragen oder Speichern des Computerprogramms eine Vervielfältigung erfordert, bedürfen diese Handlungen nach Satz 2 ebenfalls der Zustimmung des Rechtsinhabers.[84] Nach der Ziffer 3 bedarf auch jede Form der Verbreitung des Originals eines Computerprogramms oder von Vervielfältigungsstücken der Gestattung durch den Rechtsinhaber, der insoweit das alleinige Recht hat, die jeweiligen Handlungen vorzunehmen.[85]

20   Eine besondere Ausprägung des Erschöpfungsgrundsatzes enthält § 69 c Ziffer 3 S. 2 UrhG,[86] wonach sich das Verbreitungsrecht in Bezug auf ein Vervielfältigungsstück eines Computerprogramms erschöpft, wenn es mit Zustimmung des Rechtsinhabers im Gebiet der Europäischen Union oder eines anderen Vertragsstaats des Abkommens über den Europäischen Wirtschaftsraum[87] im Wege der Veräußerung in Verkehr gebracht wird. Beim Weiterverkauf gebrauchter **Standardsoftware**, nicht jedoch bei solcher Software, die man über das Internet herunterladen konnte,[88] verliert der Rechtsinhaber also sein Kontrollrecht an der Weiterverbreitung der jeweiligen Werkkopie. Die neugeschaffene Ziffer 4 schließlich enthält eine Regelung, die als Auffangtatbestand für Übertragungen ohne vorherige Interaktion gedacht ist.[89] Die Vorschrift wird als haftungsausschließende Klarstellung zugunsten von Herstellern und Providern eingeordnet.[90]

2. Recht der öffentlichen Wiedergabe

21   Mit der oben[91] beispielhaft genannten Figur des Senderechts wird bereits übergeleitet auf das Recht der öffentlichen (vgl. § 15 Abs. 3 UrhG)[92] Wieder-

---

[81] Zu § 69 c UrhG BGH GRUR 2001, 153, 155; dazu *Chrocziel*, CR 2000, 738; *Berger*, NJW 1997, 300 (zu KG MMR 1998, 315).

[82] Allgemein zu den urheberrechtlichen Grenzen der Verwendung geschützter Werke in Datenbanken die gleichnamige Schrift von *Loewenheim* (1994).

[83] Zum Urheberrecht und den verwandten Schutzrechten im Internet, *Freitag*, in: Kröger/Gimmy (Hrsg.), Handbuch zum Internet-Recht, 2000, S. 289.

[84] Geschützt ist auch die so genannte „kleine Münze", vgl. OLG Hamburg GRUR-RR 2002, 217; *Czychowski/J. Nordemann*, NJW 2004, 1222, 1223.

[85] Monographisch zum Ganzen *Obst*, Computerprogramm und Datenbank – Definition und Abgrenzung im Urheberrecht, 2003.

[86] Siehe dazu *Koehler*, Der Erschöpfungsgrundsatz des Urheberrechts im Online-Bereich, 2000.

[87] Vgl. zur europarechtlichen Seite EuGHE 1971, 487.

[88] So die h. M.; vgl. *Hoeren*, Grundzüge des Internet-Rechts, S. 93.

[89] *Grützmacher*, in: Wandtke/Bullinger, Ergänzungsband, § 69 c UrhG Rz. 3.

[90] *Spindler*, GRUR 2002, 105, 107.

[91] Soeben Rz. 17.

[92] Zu diesem Merkmal *Schack*, Urheber- und Urhebervertragsrecht, Rz. 400; AG Kassel NJW-RR 2000, 493; *Wandtke/Schäfer*, GRUR Int. 2000, 187, 190; KG ZUM 2002, 828, 831.

gabe, die in § 15 Abs. 2 UrhG legaldefiniert ist als das ausschließliche Recht des Urhebers, sein Werk in unkörperlicher Form wiederzugeben,[93] und insbesondere das Recht der öffentlichen Zugänglichmachung, das Senderecht, das Recht der Wiedergabe durch Bild- oder Tonträger und das Recht der Wiedergabe in Funksendungen erfasst.

a) Das Senderecht

Das Recht der öffentlichen Wiedergabe umfasst also nach § 15 Abs. 2 Nr. 3 **22** UrhG auch das Senderecht, das in § 20 UrhG näher ausgestaltet ist. Danach handelt es sich beim Senderecht um das Recht, das Werk durch Funk, wie Ton- und Fernsehrundfunk, Satellitenrundfunk, Kabelfunk[94] oder ähnliche technische Mittel[95] der Öffentlichkeit zugänglich zu machen. Dazu gehört auch das **Pay-TV**,[96] und zwar sowohl in Form des Pay-per-view als auch in Gestalt des Pay-per-channel.[97] Der Annahme eines Senderechts i. S. d. § 20 UrhG steht nicht entgegen, dass der Sender in Deutschland praktisch keine Öffentlichkeit erreicht.[98]

aa) Erweiterung des Wahrnehmungskreises.

Genehmigungsbedürftig von **23** Seiten des Urhebers ist jeder neue Wiedergabeakt, etwa wenn die Sendung durch eine Verteileranlage an eine Vielzahl von Empfangsstellen weitergeleitet wird, für die keine Rundfunkgebühren[99] entrichtet werden,[100] weil dies einen neuen Zuschauer- und Hörerkreis erschließt. Ebenso verhält es sich bei der Übernahme einer Sendung durch ein anderes Sendeunternehmen (**Weitersendung**) und die Wiederholungssendung, bei der die Sendung zu einer anderen Programmzeit nochmals ausgestrahlt wird. In beiden Fällen ist die Zustimmung des Urhebers erforderlich, da dieser nur für die Erstsendung entgolten wurde.[101]

BGHZ 123, 149: Die GEMA hat als Wahrnehmungsgesellschaft für musikalische Aufführungs- und mechanische Vervielfältigungsrechte Vergütung von einem Bundesland für Musikdarbietungen verlangt, die in Justizvollzugsanstalten u. a. über Verteileranlagen in die Haft-räume übermittelt wurden.

---

[93] Siehe zur unkörperlichen Wiedergabe *Schricker*, Urheberrechtliche Probleme des Kabelrundfunks, 1986; *Kälin*, Der urheberrechtliche Vergütungsanspruch bei der Werkverwertung mit Hilfe des Satellitenrundfunks und der Kabelweiterverbreitung, 1986; *v. Ungern-Sternberg*, Die Rechte der Urheber an Rundfunk- und Drahtfunksendungen, 1973; speziell zur unkörperlichen Verbreitung multimedialer Werke *Schwarz*, GRUR 1996, 836; *ders.*, MA 1996, 120 ff.; 215 ff.

[94] Dazu *Gounalakis*, Kabelfernsehen im Spannungsfeld von Urheberrecht und Verbraucherschutz, 1989; *Hillig*, MMR 2001, Beilage 2, 34 ff.; *Platho*, Urheberrechtliche Probleme der Weiterverbreitung von Sendungen in Kabelnetzen, 1983; *ders.*, UFITA 1984, 105; *Sack*, GRUR 1988, 163; *Schwerdtfeger*, Kabelfernsehen und Urheberschutz, 1987; *E. Ulmer*, GRUR 1980, 582.

[95] Zur Einordnung des Programm-Streaming siehe *Sasse/Waldhausen*, ZUM 2000, 836, 842; *Ricker*, ZUM 2001, 28, 33; *Schwenzer*, GRUR Int. 2001, 722; aus der Rechtsprechung LG München ZUM 2001, 260.

[96] *Ehrhardt*, in: Wandtke/Bullinger, § 20 UrhG Rz. 9.

[97] Streitig ist nur, ob das Pay-TV eine vom Senderecht abspaltbare Nutzungsart (vgl. § 31 UrhG) ist; dazu *Fitzek*, Die unbekannte Nutzungsart, 2000, S. 130 ff., 139 ff.; *v. Gamm*, ZUM 1994, 591, 595; *Platho*, ZUM 1996, 572; *Lütje*, in: Hoeren/Sieber, Handbuch Multimediarecht, 1999, Teil 7.2 Rz. 101.

[98] BGH NJW-RR 2003, 549.

[99] Zu Einzelfragen des Rundfunkgebührenstaatsvertrags *Kitz*, NJW 2006, 406.

[100] BGHZ 36, 171; BGH UFITA 1969, 277.

[101] *Rehbinder*, Urheberrecht, Rz. 360.

24   In der Übertragung der Musikdarbietungen unter Benutzung von Ton- und Bildtonträgern über die anstaltseigene Verteileranlage in die Crafträume liegt tatbestandlich eine Zugänglichmachung durch Kabelfunk.[102] Damit liegen nach Ansicht des Bundesgerichtshofs die Voraussetzungen des § 20 UrhG vor und nicht, wie dies eine Ansicht in der Literatur für die hier einschlägigen kleineren **Verteilernetze** favorisiert,[103] des Vorführungsrechts nach § 19 Abs. 4 UrhG oder des Rechts der Wiedergabe durch Bild- oder Tonträger (§ 21 UrhG).[104] Die Musikwerke wurden damit auch einer Öffentlichkeit zugänglich gemacht, wie es § 20 UrhG verlangt. Im Gegensatz zu den §§ 19 Abs. 4, 21 UrhG sei für das Senderecht bezeichnend,[105] dass schon die Publizierung des Werkes für eine Öffentlichkeit als öffentliche Wiedergabe angesehen wird, ohne dass es noch darauf ankommt, ob die Wiedergabe auch tatsächlich empfangen wird. Die Frage war weiterhin, ob die Schranke des § 52 Abs. 1 S. 3 UrhG, der die Gefangenenbetreuung nennt, auf diese Form der öffentlichen Wiedergabe anwendbar und die Musikdarbietung daher genehmigungs- und vergütungsfrei ist. Indes gilt dies nach § 52 Abs. 3 UrhG nicht für Funksendungen geschützter Werke. Einer entsprechenden Anwendung des § 52 UrhG auf Vervielfältigungen (§ 16 UrhG) hat der Bundesgerichtshof eine Absage erteilt, da derartige Schranken, von denen noch die Rede sein wird, eng auszulegen seien.[106] Zudem drohe ein Wertungswiderspruch zu § 47 UrhG über die Übertragung von Schulfunksendungen auf Ton- und Bildträger, dessen enge Voraussetzungen damit umgangen werden könnten.[107]

25   **bb) Online-Nutzung und Near-Video-On-Demand.** Uneinheitlich beurteilt wird die Frage, ob die elektronische Wiedergabe in Gestalt des Angebots zur Online-Nutzung und das Near-Video-On-Demand als Sendung i. S. d. § 20 UrhG anzusehen sind. Nach Ansicht einiger Vertreter im Schrifttum liegt bei Online-Diensten („**Uploading**") sowie bei On-Demand-Diensten keine Weiterleitung durch Sendung (§ 20 UrhG), wohl aber ein öffentliches Zugänglichmachen (§ 19 a UrhG) vor.[108] Dabei ist zu berücksichtigen, dass die Online-Nutzung notwendigerweise zeitversetzt erfolgt,[109] weil sie vom individuellen Abruf durch den Nutzer bestimmt wird und dieser daher über Zeitpunkt und Dauer des Abrufs entscheidet.[110] Daraus folgern einige, dass es sich nicht um

---

[102] Zum Zeitpunkt der Entscheidung war im Gesetz noch von „Drahtfunk" die Rede (ebenso BGHZ 79, 350); vgl. die Neufassung des § 20 UrhG durch Gesetz vom 8. 5. 1996 (BGBl. I S. 902).
[103] *E. Ulmer*, Urheber- und Verlagsrecht, 3. Auflage, 1980, S. 254; *Schricker*, Festschrift für Oppenhoff, 1985, S. 367, 379 ff.
[104] Ebenso im Ergebnis *Hillig*, in: Fuhr/Wasserburg, Recht der neuen Medien, S. 384, 397 f., 441; v. Hartlieb/*Mielke/Schwarz*, Handbuch des Film-, Fernseh- und Videorechts, 4. Auflage, Kapitel 228 Rz. 6 f.
[105] Zu dem im Schrifttum erhobenen Einwand, dass damit die genannten Vorschriften ihres Anwendungsbereichs beraubt würden, verweist der BGH auf *Dreier*, Kabelweiterlegung und Urheberrecht, S. 86 f.; *Mielke*, ZUM 1987, 501, 505 f.; *v. Ungern-Sternberg*, GRUR 1973, 16, 25.
[106] Vgl. BGHZ 116, 305, 308; BGHZ 99, 162, 164; BGH GRUR 1985, 874, 876.
[107] BGHZ 123, 156.
[108] *Rehbinder*, Urheberrecht, Rz. 359; *Schack*, Urheber- und Urhebervertragsrecht, 3. Auflage 2005, Rz. 414; vgl. auch (zur Rechtslage vor Einführung des § 19 a UrhG) *Thurow*, Festschrift für Kreile, 1994, S. 763; *Becker/Dreier* (Hrsg.), Urheberrecht und digitale Technologie, 1994, S. 64.
[109] Der österreichische OGH (GRUR Int. 1987, 609, 612) geht in diesem Fall von einer „sukzessiven Öffentlichkeit" aus; siehe dazu auch *Katzenberger*, GRUR Int. 1983, 895, 905.
[110] OLG Stuttgart NJW 2008, 1605, 1606.

eine unkörperliche Wiedergabe handeln könne, deren Merkmal die **Gleichzeitigkeit** der Wahrnehmung sei.[111] Aber selbst wenn man dies in Frage stellt, passt § 20 UrhG nicht, auch nicht analog,[112] für die Online-Nutzung.[113] Sie fällt nunmehr jedoch unter das Recht der öffentlichen Zugänglichmachung gemäß § 19 a UrhG.[114]

Die Frage der Gleichzeitigkeit bzw. der sukzessiven Öffentlichkeit stellt sich **26** auch beim so genannten Near-Video-On-Demand, bei dem der Empfänger keinen Einfluss darauf hat, welches Programm vom Anbieter offeriert wird, aber in vom Anbieter definierten Zeitabständen entscheiden kann, wann er es empfängt.[115] Auch bei derartigen **Zugriffsdiensten**[116] wird das Vorliegen einer Sendung i. S. d. § 20 UrhG von denjenigen bestritten, die auf die Gleichzeitigkeit der Wahrnehmung abstellen.[117]

b) Kabelweitersendung

Unter Kabelweitersendung versteht das Gesetz (§ 20 b UrhG) die Weiter- **27** übertragung eines gesendeten Werkes im Rahmen eines Programms durch Kabelsysteme oder die Weitersendung durch Mikrowellensysteme. Dieses Recht kann nur durch eine Verwertungsgesellschaft geltend gemacht werden, § 20 b Abs. 1 S. 1 UrhG, soweit es sich nicht um Rechte handelt, die ein Sendeunternehmen für eigene Sendungen geltend macht (Satz 2). Der Sinn dieser Regelung besteht darin zu verhindern, dass nicht organisierte Urheber Kabelweitersendungsrechte, die ihnen zustehen, ausüben und so die Kabelsendeunternehmen in ihrer Arbeit behindern. Um dies zu vermeiden und gleichzeitig dem Umstand Rechnung zu tragen, dass Zweitverwertungsrechte an Sendungen für gewöhnlich nicht je einzeln, sondern im Wege pauschaler Rechtseinräumung übertragen werden, hat der Gesetzgeber die Geltendmachung nur durch Verwertungsgesellschaften vorgeschrieben.[118]

aa) Kontrahierungszwang und Vergütungsanspruch. Zu beachten ist in **28** diesem Zusammenhang § 87 Abs. 5 UrhG, wonach Sende- und Kabelunternehmen gegenseitig verpflichtet sind, einen Vertrag über die Kabelweitersendung im Sinne des § 20 b Abs. 1 S. 1 UrhG zu angemessenen Bedingungen abzuschließen,[119] sofern kein sachlicher Grund für die Ablehnung des Vertragsschlusses besteht.[120] Die Verpflichtung des Sendeunternehmens gilt auch für die

---

[111] In diese Richtung schon *E. Ulmer*, GRUR 1971, 297, 301; *Hoeren*, CR 1996, 518.

[112] *Schack*, Urheber- und Urhebervertragsrecht, Rz. 420.

[113] *Becker*, ZUM 1995, 245; dagegen *Dreier*, in: Urheberrecht und digitale Technologie, 1994, S. 123, 138; *Schwarz*, S. 105, 119.

[114] *Rehbinder*, Urheberrecht, Rz. 359; *Schack*, Urheber- und Urhebervertragsrecht, Rz. 414. Siehe auch OLG Hamburg MMR 2005, 454 mit Anm. *Linke*; OLG Stuttgart NJW 2008, 1605, 1606.

[115] *Ehrhardt*, in: Wandtke/Bullinger, § 20 UrhG Rz. 10.

[116] Vgl. *Diesbach*, Pay-TV oder Free-TV, 1998, S. 22; *Eberle*, ZUM 1995, 249; *ders.*, GRUR 1995, 790, 798.

[117] *Leupold*, ZUM 1998, 99; *Becker*, ZUM 1995, 231; *Klett*, Urheberrecht im Internet aus deutscher und amerikanischer Sicht, 1998, S. 85 ff.; *Schricker/v. Ungern-Sternberg*, § 20 Rz. 9; gegen die Gleichzeitigkeit als Kriterium *Zscherpe*, MMR 1998, 404, 407 f.

[118] *Rehbinder*, Urheberrecht, Rz. 361.

[119] Näher *v. Münchhausen*, Der Schutz der Sendeunternehmen nach deutschem, europäischem und internationalem Recht, 2001, S. 99 f.

[120] Zu den verfassungsrechtlichen Fragen der Beteiligung der Sendeunternehmen an den Vergütungen für private Ton- und Bildüberspielungen *Ossenbühl*, GRUR 1984, 841.

ihm in Bezug auf die eigene Sendung eingeräumten und übertragenen Rechte, vgl. § 87 Abs. 5 Hs. 2 UrhG.[121] Dabei handelt es sich um einen **Kontrahierungszwang**.[122] Dieser begründet jedoch kein unmittelbares Recht auf die Inanspruchnahme der aus dem zu schließenden Vertrag geschuldeten Leistung auf Einräumung des Kabelweitersendungsrechts. Vielmehr besteht nur ein Anspruch auf Vertragsabschluss zu angemessenen Bedingungen.[123] Maßstab für die Marktüblichkeit und Angemessenheit der Bedingungen können etwa die mit der Deutschen Telekom geschlossenen Verträge über die Weiterübertragung von Fernseh- und Hörfunkprogrammen sein.[124]

29 Hat der Urheber das Recht der Kabelweitersendung einem Sendeunternehmen oder einem Tonträger- oder Filmhersteller eingeräumt, so hat das Kabelunternehmen nach § 20 b Abs. 2 UrhG dem Urheber gleichwohl eine angemessene Vergütung für die Kabelweitersendung zu zahlen.[125] Dieser **Vergütungsanspruch** ist unverzichtbar (§ 20 b Abs. 2 S. 2 UrhG).[126] Das ist angesichts der regelmäßig schwachen Verhandlungsposition der ursprünglichen Rechteinhaber bei der Rechteverwertung erforderlich.[127] Auch dieser Vergütungsanspruch kann nach § 20 Abs. 2 S. 3 UrhG nur durch eine Verwertungsgesellschaft geltend gemacht werden, an die er zu diesem Zweck auch im Voraus abgetreten werden kann.

30   **bb) Vervielfältigung durch Sendeunternehmen.** Im Zusammenhang mit den §§ 20 ff. UrhG ist auch § 55 Abs. 1 UrhG zu verstehen. Danach darf ein zur Funksendung eines Werkes berechtigtes Sendeunternehmen das Werk mit eigenen Mitteln auf Bild- und Tonträger übertragen, um diese zur Funksendung über jeden seiner Sender je einmal zu benutzen. Damit wird verhindert, dass eine Sendung mehrfach in kurzen Abständen ausgestrahlt und dadurch die Rechte des Urhebers beeinträchtigt werden.[128] Zugleich wird dem Umstand Rechnung getragen, dass es immer weniger Live-Sendungen gibt und die Sendeanstalten daher Ton- und Bildträger für Sendezwecke herzustellen pflegen.[129] Diese freilich stellen streng genommen eine erlaubnispflichtige Werkvervielfältigung dar. Aus diesem Grund gestattet § 55 Abs. 1 UrhG derartige so genannte **ephemere**[130] (= vorübergehende) Bild- und Tonaufnahmen ohne Erlaubnis. Sofern diese jedoch keinen außergewöhnlichen dokumentarischen Wert haben (§ 55 Abs. 2 UrhG), müssen sie binnen eines Monats nach der Funksendung gelöscht werden, § 55 Abs. 1 S. 2 UrhG.

---

[121] Siehe zum Ganzen auch *Gounalakis/Mand*, Kabelerweiterung und urheberrechtliche Vergütung, 2003.

[122] *Schack*, Urheber- und Urhebervertragsrecht, Rz. 411; *Weisser/Höppener*, Kabelweitersendung und urheberrechtlicher Kontrahierungszwang, ZUM 2003, 597; *Lutz*, ZUM 1998, 622, 625.

[123] OLG Dresden NJW-RR 2003, 1128; vgl. auch *Czychowski/J. Nordemann*, NJW 2004, 1226.

[124] Vgl. dazu BGH GRUR 1988, 206, 209; 2000, 699 (dazu *Ehlgen*, ZUM 2000, 753 f.).

[125] Diese Vorschrift gilt nach § 137 h Abs. 3 UrhG freilich nur für Verträge, die nach dem 1. 6. 1998 geschlossen wurden.

[126] Monographisch *Gounalakis/Mand*, Kabelweiterleitung und urheberrechtliche Vergütung, 2003. Zu den Satellitengemeinschaftsantennen im Spannungsfeld der §§ 20 a, b UrhG *Schmittmann*, ZUM 1999, 113.

[127] *Rehbinder*, Urheberrecht, Rz. 362.

[128] *Lüft* in: Wandtke/Bullinger, § 55 UrhG Rz. 4.

[129] *Schack*, Urheber- und Urhebervertragsrecht, Rz. 408, 502.

[130] Zur Vergänglichkeit von solchen ephemeren Aufnahmen *Ruijsenaars*, ZUM 1999, 707.

cc) Funksendung der Darbietung ausübender Künstler. In diesen Zusam- **31** menhang gehört auch § 78 UrhG, dessen vierter Absatz ebenfalls die entsprechende Anwendung des § 20 b UrhG anordnet. Nach § 78 Abs. 1 Nr. 2 UrhG darf die Darbietung des ausübenden Künstlers nur mit seiner Einwilligung[131] durch Funk gesendet werden, es sei denn, sie ist erlaubterweise auf Bild- oder Tonträger aufgenommen worden, die erschienen (vgl. § 6 Abs. 2 UrhG)[132] oder erlaubterweise öffentlich zugänglich gemacht worden sind. Im letzteren Fall ist dem Künstler gemäß § 78 Abs. 2 Nr. 1 UrhG eine angemessene Vergütung zu zahlen. Die Vergütung ist in der Praxis sehr bedeutsam, weil die Rundfunkanstalten die meisten Hörfunksendungen mit erschienenen Tonträgern füllen.[133] Im Fernsehbereich gilt bei bestimmten Musiksendern entsprechendes für **Videoclips**.[134] Kaum anders verhält es sich bei den On-Demand-Diensten, bei denen Sendungen von Tonträgern über den Computer abgerufen werden können.[135] Der Sendebegriff ist in § 78 UrhG derselbe wie in § 20 UrhG.[136] Die Vorschrift umfasst die Live-Sendung ebenso wie die aufgezeichnete Darbietung.[137]

c) Wiedergabe durch Bild- und Tonträger und von Funksendungen

Das leitet über zum Recht der Wiedergabe durch Bild- und Tonträger, das **32** nach § 15 Abs. 2 S. 2 Ziff. 4 UrhG ebenfalls vom Recht der öffentlichen Wiedergabe erfasst wird, das dem Urheber ausschließlich gebührt. § 21 UrhG definiert dies als das Recht, Vorträge oder Aufführungen des Werkes mittels Bild- und Tonträger öffentlich wahrnehmbar zu machen. Darunter fällt die so genannte **Background Music**, wie sie etwa in Kaufhäusern zu hören ist, die mithin erlaubnispflichtig ist.[138] Der Grund dafür besteht darin, dass die damit einhergehende Verbreiterung des Hörerkreises allein mit dem Kauf des einzelnen Vervielfältigungsexemplars nicht abgegolten ist.[139]

Gleichfalls ein Zweitverwertungsrecht ist das Recht auf Wiedergabe von **33** Funksendungen, § 15 Abs. 2 S. 2 Ziff. 5 UrhG, das in § 22 UrhG präzisiert wird als das Recht, Funksendungen und auf öffentlicher Zugänglichmachung beruhende Wiedergaben des Werkes via Bildschirm, Lautsprecher oder ähnlicher technischer Einrichtungen öffentlich[140] wahrnehmbar zu machen. Hierunter fällt vor allem das Aufstellen von Radio- und Fernsehgeräten in Gemeinschaftsräumen von Krankenhäusern oder Heimen,[141] aber auch die Fernsehübertragung in Gaststätten.[142] Auch die öffentliche Wiedergabe einer Video-Aufzeichnung einer Sendung unterliegt dem Anwendungsbereich des § 22 UrhG.[143] Auch das Recht

---

[131] Zu ihr *v. d. Groeben*, Festschrift für Reichardt, 1990, S. 39.
[132] BGH GRUR 1981, 360, 362; vgl. auch *Greffenius*, UFITA 1980, 97; *Hubmann*, GRUR 1980, 537, 538.
[133] *Büscher*, in: Wandtke/Bullinger, § 76 UrhG Rz. 10.
[134] Vgl. *Schricker/Krüger*, § 76 Rz. 19.
[135] Zur Interessenlage von Tonträgerherstellern und Musikurhebern angesichts der Herausforderungen im Multimediabereich siehe *Thurow*, Festschrift für Kreile, 1965, S. 763, 769; die Rechtsfragen der elektronischen Textkommunikation behandelt *Hecker*, ZUM 1993, 400.
[136] *Büscher*, in: Wandtke/Bullinger, § 76 UrhG Rz. 4.
[137] *Brack*, UFITA 1967, 544, 546.
[138] *Rehbinder*, Urheberrecht, Rz. 365.
[139] *Schack*, Urheber- und Urhebervertragsrecht, Rz. 420.
[140] Zu diesem Erfordernis LG Leipzig ZUM-RD 1998, 391.
[141] *Rehbinder*, Urheberrecht, Rz. 366.
[142] *Schack*, Urheber- und Urhebervertragsrecht, Rz. 421.
[143] OLG Frankfurt GRUR 1989, 203, 204.

aus § 22 UrhG kann nur durch Verwertungsgesellschaften,[144] also etwa die GEMA[145] oder die VG Wort, wahrgenommen werden.[146]

d) Recht der öffentlichen Zugänglichmachung

34   Neu eingefügt durch das Gesetz zur Regelung des Urheberrechts in der Informationsgesellschaft[147] ist das Recht der öffentlichen Zugänglichmachung (§ 19 a UrhG), das systematisch ebenfalls zu § 15 Abs. 2 UrhG gehört.[148] Dieses Recht wird dort legaldefiniert als das Recht, das Werk „drahtgebunden oder drahtlos"[149] der Öffentlichkeit[150] in einer Weise zugänglich zu machen,[151] „dass es Mitgliedern der Öffentlichkeit von Orten und zu Zeiten ihrer Wahl zugänglich ist".[152] Das Merkmal „von Orten ihrer Wahl" soll vor allem dem **Internet** Rechnung tragen,[153] weshalb § 19 a UrhG bereits „als eine der Kernbestimmungen des ‚Internet-Rechts' angesehen" worden ist.[154] Im Unterschied zum Senderecht nach § 20 UrhG, das auf ein zeitgleich gesendetes, sequentielles Programm ausgerichtet ist,[155] kann der Nutzer den Zeitpunkt der Werknutzung bei § 19 a UrhG selbst bestimmen.[156] § 19 a UrhG erfordert nicht, dass das Werk durch Herunterladen dauerhaft in den Besitz des Nutzers gelangt. Es reicht vielmehr auch aus, dass das vom Nutzer ausgewählte Werk diesem zeitlich begrenzt über das Internet im so genannten Streaming-Verfahren verfügbar gemacht wird.[157]

35   Auch wenn man die **europarechtlichen Vorgaben** in Rechnung stellt, gibt die textliche Fassung des § 19 a UrhG Anlass zum Spott. Denn elliptisch paraphrasiert lautet die Vorschrift: „Das Recht der öffentlichen Zugänglichmachung ist das Recht, das Werk (…) der Öffentlichkeit in einer Weise zugänglich

---

[144] Vgl. auch *Meyer*, Verwertungsgesellschaften und ihre Kontrolle nach dem Urheberrechtswahrnehmungsgesetz, 2001.

[145] Vgl. *Steden*, Das Monopol der GEMA, 2003.

[146] *Bullinger*, in: Wandtke/Bullinger, § 22 UrhG Rz. 4; vgl. auch *Becker*, GRUR 1999, 16, zur Verwaltung von Rechten durch die GEMA.

[147] Siehe zu den europarechtlichen Vorgaben und Umsetzungen die Überblicksbeiträge bzw. ersten Bestandsaufnahmen von *Kröger*, CR 2001, 316; *Ory*, JurPC Web-Dok. 126/2002; *Reinbothe*, ZUM 2002, 43; *dems*, GRUR Int. 2001, 733; *Wittmann*, Medien und Recht, 2001, 143; *Zecher*, ZUM 2002, 52; *ders.*, ZUM 2002, 451.

[148] *Bullinger*, in: Wandtke/Bullinger, § 19 a UrhG Rz. 1.

[149] Diese sonderbare Formulierung geht auf die Multimedia-Richtlinie zurück; vgl. ABlEG L 167/12, Ziffer 23.

[150] Öffentlichkeit kann auch eine begrenzte Öffentlichkeit sein, so dass ein Passwortschutz grundsätzlich irrelevant ist, OLG Jena MMR 2004, 418.

[151] Für die Zugänglichmachung kommt es allein auf die Möglichkeit zum Abruf des Internetangebots durch deutsche Nutzer an, mag es auch auf ausländischen Servern liegen, LG Hamburg GRUR-RR 2004, 313 – thumbnails.

[152] Umstritten ist, ob Near-on-Demand-Dienste unter § 19 a UrhG fallen; dafür *Bullinger*, in: Wandtke/Bullinger, § 19 a UrhG Rz. 19 ff.; dagegen mit der Begründung, dass bei ihnen kein interaktiver Vorgang vorliege *Kröger*, CR 2001, 316, 318; *Reinbothe*, GRUR Int. 2001, 733, 736; skeptisch auch *Dreier*, ZUM 2002, 28, 30.

[153] Die Nutzung im Intranet wird dann von § 19 a UrhG erfasst, wenn nicht nur Mitglieder oder Firmenangehörige bestimmungsgemäß auf die Datenbank zugreifen können; vgl. *Zecher*, GRUR 2002, 451, 453; vorher bereits *Kotthoff*, GRUR 1997, 597, 599.

[154] So *Wandtke/Bullinger*, Ergänzungsband, in der Einleitung S. V; siehe aber zum fälschlich so genannten Internet-Recht auch oben § 1 Rz. 11. Noch weiter gehen *Gloy/Loschelder*, GRUR 1999, 320, 321, die zur Beseitigung vorgeblicher Regelungslücken ein „Bildschirmrecht" fordern.

[155] *Michel*, ZUM 2000, 425, 426.

[156] *Dreier*, ZUM 2002, 28, 31; *Bullinger*, in: Wandtke/Bullinger, § 19 a UrhG Rz. 16.

[157] OLG Hamburg ZUM 2005, 749 – staytuned.de.

zu machen, dass es Mitgliedern der Öffentlichkeit (...) zugänglich ist." Das ist an Inhalts- und Sinnlosigkeit schwerlich zu übertreffen.

III. Medienrechtsrelevante Schranken des Urheberrechts

Von herausgehobener Bedeutung sind aus Sicht des Medienrechts die Schran- **36** ken des Urheberrechts,[158] die das Gesetz in den §§ 44 a ff. UrhG regelt.[159] Das ergibt sich daraus, dass in den dort bestimmten Fällen die Interessen des Urhebers hinter das Informationsinteresse der Öffentlichkeit zurücktreten.[160] Damit bestätigt sich zugleich die Ausgangsthese, dass der Schutz des geistigen Eigentums kein taugliches Prinzip oder auch nur Regelungsziel des Medienrechts ist, wie das im Schrifttum erwogen wird.[161] So sehr dies nämlich auf das Urheberrecht selbst zutrifft, so wenig gilt es für das Medienrecht, weil dafür im Gegenteil diejenigen Konstellationen aufschlussreich sind, in denen das Individualinteresse einem kollektiven Vervielfältigungs- und Verbreitungsinteresse zu weichen hat. So nimmt es denn nicht wunder, dass die § 44 a ff. UrhG gerade auf die Vervielfältigung und Verbreitung bzw. die öffentliche Wiedergabe abstellen.

1. Schulfunk, Schulbedarf und öffentliche Reden

Kurz behandelt werden können die in § 46 UrhG („Schulbuchparagraph") **37** vorausgesetzten Sammelwerke zum alleinigen Zweck[162] des Kirchen- oder Schulgebrauchs sowie der in der Folgevorschrift geregelte Schulfunk. Dass in diesen Bereichen dem Urheberrecht Schranken im öffentlichen Aufklärungs- und Unterrichtungsinteresse und zur Verfolgung nichtkommerzieller Zwecke gesetzt sind, versteht sich fast von selbst. Ebenso selbstverständlich, wenngleich erst durch entsprechende Klage beim Bundesverfassungsgericht durchgesetzt,[163] ist die **Vergütungspflicht**, die jetzt in § 46 Abs. 4 UrhG geregelt ist. Allerdings ist die öffentliche Zugänglichmachung eines für den Unterrichtsgebrauch an Schulen bestimmten Werkes im Gegensatz zur Vervielfältigung und Verbreitung nach der Neufassung des Urheberrechtsgesetzes nur noch mit Einwilligung des Berechtigten zulässig, § 46 Abs. 1 S. 2 UrhG. Den weiteren Interessen des Urhebers wird durch die Absätze 3 und 5 Rechnung getragen. Die in § 46 Abs. 1 UrhG vorausgesetzten Sammlungen können nicht nur in Tonbandkassetten,[164] sondern auch in CD-ROMs oder CDs bestehen.[165]

---

[158] Grundlegend zur Auslegung dieser Vorschriften *Raue*, Festschrift für Nordemann, 2004, S. 327; vgl. auch *Kröger*, Informationsfreiheit und Urheberrecht, 2002, S. 117 ff.; zur Anwendbarkeit urheberrechtlicher Schranken speziell auf das so genannte eBook *Kitz*, MMR 2001, 727.

[159] Ungeschriebene Schranken des Urheberrechts behandelt *Bornkamm*, Festschrift für Piper, 1996, S. 641. Zu den Beschränkungen des Urheberrechts nach der EU-Urheberrechtsrichtlinie *Bayreuther*, ZUM 2001, 828; *Hoeren*, MMR 2000, 515; *Spindler*, GRUR 2002, 105.

[160] Näher *Rehbinder*, Die Beschränkungen des Urheberrechts zugunsten der Allgemeinheit, Festschrift 100 Jahre URG, 1983, S. 353.

[161] *Paschke*, Medienrecht, Rz. 282 f.

[162] BGH GRUR 1972, 432.

[163] BVerfGE 31, 229.

[164] LG Frankfurt GRUR 1979, 155.

[165] *Hoeren*, in: Lehmann (Hrsg.), Internet- und Multimediarecht (Cyberlaw), 1997, S. 96.

38   Hiermit zusammen hängt die Regelung des § 53 UrhG, die in Absatz 3 Nr. 1 die Herstellung von Vervielfältigungsstücken kleiner Teile eines geschützten Werkes, eines Werkes mit geringem Umfang und einzelner Zeitungs- oder Zeitschriftenbeiträge zur Veranschaulichung des Unterrichts in Schulen in gebotenem Umfang für zustimmungsfrei erklärt.[166] Auf diese Vorschrift wird im Zusammenhang mit der Zulässigkeit von Privatkopien an anderer Stelle noch zurückzukommen sein.[167]

39   Auch § 47 UrhG, von dem bereits weiter oben kursorisch die Rede war,[168] bedarf keines näheren Eingehens. Privilegiert sind demnach auch die dort aufgezählten Institutionen. Während aber online abrufbare Inhalte den Schulfunksendungen nicht gleichstehen,[169] können unter die in der Vorschrift vorausgesetzten Vervielfältigungsstücke durchaus auch **digitale Speichermedien** (Disketten, Festplatten, CD-ROM, DVD) fallen.[170] Ebenfalls nur eine begrenzte medienrechtliche Relevanz weist § 48 UrhG auf, der die Vervielfältigung, Verbreitung und öffentliche Wiedergabe von Reden betrifft, die im öffentlichen Rahmen gehalten worden sind. Online abrufbare Reden fallen indes nicht darunter, weil und sofern diese nicht im Funk (vgl. § 20 UrhG) gesendet worden sind.[171] Dagegen ist es durchaus zulässig, die Reden via Internet zugänglich zu machen[172] oder auf eine CD-ROM aufzunehmen.[173]

40   In engem Zusammenhang mit diesen Regelungen steht die nach § 51 UrhG zulässige Vervielfältigung, Verbreitung und öffentliche Wiedergabe eines bereits veröffentlichten Werkes zum Zwecke des Zitats. Als Grundlage freier geistiger Auseinandersetzung mit der kulturellen, wissenschaftlichen und politischen Entwicklung ist die Bezugnahme des Zitierenden auf bereits vorhandene Werke unerlässliche Voraussetzung.[174] Da Zitate als Verwendung fremder geistiger Leistung über die bloße Erwähnung fremden Schaffens hinausgehen, müssen der zulässigen Nutzung im Interesse des Schöpfers gleichwohl Grenzen gesetzt werden. Dies erfordert insbesondere, dass es sich bei dem zitierenden Werk um eine persönliche schöpferische Leistung handeln muss, die selbst urheberrechtlichen Schutz genießen kann.[175] Unzureichend ist es daher, im

---

[166] Der Anwendungsbereich der durch den so genannten zweiten Korb der Urheberrechtsreform neugefassten Vorschrift erfasst nunmehr auch die Vor- und Nachbereitung des Schulunterrichts. Allerdings ist – vergleichbar mit § 46 Abs. 1 S. 2 UrhG – die Vervielfältigung von Schulbüchern grundsätzlich nur mit Einwilligung des Berechtigten zulässig, § 53 Abs. 3 S. 2 UrhG.

[167] Siehe unten Rz. 50 ff. und beim Urheberstrafrecht, § 19 Rz. 5.

[168] Unter Rz. 23 f.

[169] *Fromm/A. Nordemann*, Urheberrechtskommentar, § 47 Rz. 2; *Schricker/Melichar*, § 47 Rz. 16.

[170] *Lüft*, in: Wandtke/Bullinger, § 47 UrhG Rz. 7.

[171] *Engels*, in: Möhring/Nicolini, Urheberrechtsgesetz, § 48 Rz. 9; *Schricker/Melichar*, § 28 Rz. 6.

[172] *Hoeren*, Grundzüge des Internet-Rechts, S. 93.

[173] *Hoeren*, in: Lehmann (Hrsg.), Internet- und Multimediarecht, S. 97.

[174] *Vinck*, in: Fromm/A. Nordemann, Urheberrechtskommentar, § 51 Rz. 1; *Lettl*, Urheberrecht, § 6 Rz. 25.

[175] *Lettl*, Urheberrecht, § 6 Rz. 26. Zum Vorliegen einer schöpferischen Leistung bei so genannten Abstacts von Buchrezensionen durch Komprimierung der ursprünglichen Buchkritiken im Zusammenhang mit freier Benutzung nach § 24 Abs. 1 UrhG siehe OLG Frankfurt a. M. NJW 2008, 770 (Perlentaucher.de).

Rahmen einer Sammlung fremder Zitate den eigenen schöpferischen Beitrag auf die Auswahl und Gliederung der entlehnten Zitate zu beschränken.[176] Eine bedeutende Rolle spielt die Vorschrift des § 51 UrhG im Bereich des **41** Bild- und Filmzitats.

BGH NJW 1987, 1408 – laterna teutonica: Die von der beklagten Rundfunkanstalt produzierte Fernsehserie „Laterna Teutonica" zeichnete die Entwicklung des Tonfilms in Deutschland nach. Zu diesem Zweck wurden unter anderem Ausschnitte des 1931 hergestellten Spielfilms „Mädchen in Uniform" mit einer Gesamtlänge von mehr als fünf Minuten verwendet, an dem der Kläger eigene Nutzungsrechte geltend machte.

Der Bundesgerichtshof hatte zunächst zu entscheiden, ob auch Filmwerke unter den Begriff des „Sprachwerkes" in § 51 Nr. 2 UrhG fallen. Zwar lehnte das Gericht die unmittelbare Anwendung der Vorschrift ab, bejahte jedoch ungeachtet ihres Ausnahmecharakters eine entsprechende Anwendung.[177] Der Grundgedanke der Zitierfreiheit lasse es geboten erscheinen, im Interesse des allgemeinen kulturellen und wissenschaftlichen Fortschritts den Sprachwerken diejenigen Werke gleichzustellen, die in der Tradition des deutschen Urheberrechts zu den **literarischen Schöpfungen** gerechnet werden können. Da die Voraussetzungen des § 51 Nr. 2 UrhG im Übrigen vorlagen, insbesondere die verwendeten Ausschnitte nach Art, Inhalt und Zweck für die Aufbereitung der Tonfilmentwicklung unerlässlich waren, blieb die Klage erfolglos.

2. Zeitungsartikel und Rundfunkkommentare

Nach § 49 Abs. 1 UrhG ist die Vervielfältigung und Verbreitung einzelner **42** Rundfunkkommentare und einzelner Artikel sowie mit ihnen im Zusammenhang stehender veröffentlichter Abbildungen aus Zeitungen und anderen lediglich Tagesinteressen dienenden Informationsblättern, des Weiteren die öffentliche Wiedergabe solcher Kommentare und Artikel zulässig, wenn sie politische, wirtschaftliche oder religiöse Tagesfragen betreffen und nicht mit einem Vorbehalt der Rechte versehen sind. Handelt es sich nicht lediglich um einen kurzen Auszug, so ist dafür eine Vergütung zu zahlen, die freilich nur durch eine Verwertungsgesellschaft geltend gemacht werden kann, § 49 Abs. 1 S. 2, 3 UrhG. Ein kurzer Presseauszug darf dagegen auch ohne Entgeltpflicht, etwa im Internet mitgeteilt werden.[178]

a) Herkömmlicher Anwendungsbereich

Neben den bereits bekannten Medien führt die Vorschrift die **Zeitung** ein, **43** ohne sie zu definieren. Das hat zu Schwierigkeiten bei den Wochenzeitschriften geführt, da diese nicht unbedingt über „Tagesfragen" berichten. Die Rechtsprechung hat sie daher zunächst nicht unter § 49 Abs. 1 S. 1 UrhG subsumiert.[179] Da

---

[176] BGH GRUR 1973, 216, 217 f. Hierbei kann auch die Kunstfreiheit nach Art. 5 Abs. 3 GG zu berücksichtigen sein, vgl. BGH, Urteil vom 20. 12. 2007 – Az. I ZR 42/05 (TV-TOTAL), dort allerdings verneint der BGH die Voraussetzungen des § 51 UrhG für ein übernommenes Interview.

[177] Dass Ausnahmevorschriften grundsätzlich analogiefähig sind, hat *Canaris*, Die Feststellung von Lücken im Gesetz, 1964, grundlegend herausgearbeitet.

[178] *Hoeren*, Grundzüge des Internet-Rechts, S. 97.

[179] OLG München ZUM 2000, 243, 246; KG GRUR-RR 2004, 228, 233; zustimmend *Schack*, Urheber- und Urhebervertragsrecht, Rz. 484 Fußnote 64; *Lüft*, in: Wandtke/Bullinger, § 49 UrhG Rz. 4.

die Zeitungswissenschaft alle periodisch erscheinenden Informationsmedien mit aktuellem und allumfassendem Inhalt als Zeitung definiert,[180] ist dies mitnichten zwingend.[181] Der Wortlaut des § 49 Abs. 1 S. 1 UrhG und der Normzweck der Vorschrift sprechen dementsprechend dafür, Wochenzeitschriften zumindest solange und soweit als Zeitungen anzusehen, als sie sich aktuellen Tagesfragen aus den genannten Gebieten widmen.[182] Daher ist nicht die Bezeichnung des Presseorgans, sondern dessen Charakter für die Einordnung entscheidend.[183] Dem hat sich nunmehr der Bundesgerichtshof angeschlossen:

> BGH NJW 2005, 2698: Die Verwertungsgesellschaft Wort (VG Wort) wird vom Verleger des Wochenmagazins „WirtschaftsWoche" und der Monatszeitschrift „DM" in Anspruch genommen, weil die VG Wort in der Vergangenheit Vergütungsansprüche wegen Pressespiegeln vereinnahmt hatte. Der Verlag verlangt von der VG Wort Auskunftserteilung bezüglich der Wahrnehmung der Vergütungsansprüche.

44   Der geltend gemachte Auskunftsanspruch konnte sich hier zur Vorbereitung eines Bereicherungsanspruchs ergeben. Ein solcher stand dem Verlag aus § 816 Abs. 2 BGB zu, wenn die VG Wort als Wahrnehmungsberechtigte zu Unrecht Ansprüche geltend gemacht und insoweit fremde Forderungen eingezogen hat. Soweit es um die Geltendmachung eines Vergütungsanspruchs aus § 49 Abs. 1 S. 2 UrhG geht, ist die VG Wort gemäß § 49 Abs. 1 S. 3 UrhG zur Geltendmachung des Anspruchs berechtigt. Die Frage ist somit, ob sich die Beklagte auf das Pressespiegelprivileg[184] des § 49 Abs. 1 S. 1 UrhG berufen kann. Nach Ansicht des Bundesgerichtshofs können auch wöchentlich oder sogar monatlich erscheinende Periodika als Zeitungen i. S. d. § 49 Abs. 1 S. 1 UrhG angesehen werden, die nach ihrem Gesamterscheinungsbild im Wesentlichen der aktuellen Information zu dienen bestimmt sind,[185] was sowohl auf die „WirtschaftsWoche" als auch auf die „DM" zutrifft. Folglich war für die insoweit zulässige Vervielfältigung (§ 49 Abs. 1 S. 1 UrhG) eine angemessene Vergütung zu zahlen (§ 49 Abs. 1 S. 2 UrhG), welche die VG Wort als wahrnehmungsberechtigte Verwertungsgesellschaft (§ 49 Abs. 1 S. 3 UrhG) einziehen durfte. Da sie mithin keine fremde Forderung zu Unrecht eingezogen hat, ist sie auch keinem Anspruch aus § 816 Abs. 2 BGB ausgesetzt, so dass gegen sie auch kein Auskunftsanspruch besteht.

45   Eine zunehmende Bedeutung hat § 49 UrhG im Laufe der Zeit für so genannte **Pressespiegel** gewonnen, die aus einer Mehrzahl von Zeitungsmeldungen und Artikeln zu einem bestimmten Thema bestehen oder unter einem bestimmten Gesichtspunkt für einen konkreten Interessentenkreis – sei es privater oder beruflicher Art – zusammengestellt sind. Die Rechtsprechung sieht darin „Informationsblätter dieser Art" i. S. d. § 49 Abs. 1 S. 1 UrhG und

---

[180] Zu den Begriffen Zeitung und Zeitschrift im Urheberrecht *Melichar*, ZUM 1988, 14; zur genannten Definition *Rehbinder*, UFITA 1966, 102, 103 f.

[181] *Hoeren*, Grundzüge des Internet-Rechts, S. 95.

[182] *Rogge*, Elektronische Pressespiegel in urheber- und wettbewerbsrechtlicher Beurteilung, 2001, S. 189; *Engels*, in: Möhring/Nicolini, Urheberrechtskommentar, § 49 Rz. 8; *Schricker/Melichar*, § 49 Rz. 5; *Lettl*, Urheberrecht, § 6 Rz. 15 f.

[183] So vorhergehend bereits das OLG München NJW-RR 2002, 1415 f.

[184] Zur Anwendbarkeit des § 49 UrhG auf Pressespiegel sogleich unter Rz. 46 ff.

[185] Eingehend dazu *Rogge*, Elektronischer Pressespiegel in urheber- und wettbewerbsrechtlicher Beurteilung, 2001, S. 183 f.; *Ekrutt*, GRUR 1975, 358, 360; *Vogtmeier*, Elektronischer Pressespiegel in der Informationsgesellschaft, 2004, S. 108 f.; a. A. *Lehmann/Katzenberger*, Elektronischer Pressespiegel und Urheberrecht, 1999, S. 5 ff.; *Becker/Degenhart*, AfP 2002, 557, 572; *Obergfell*, MMR 2005, 604.

hält dies gegen vereinzelten Widerstand im Schrifttum[186] für zulässig.[187] Das übrige Schrifttum folgt dem mit der Begründung, dass die Urheber durch nicht publizierte Pressespiegel weniger beeinträchtigt werden[188] als wenn entsprechendes von Zeitungen mit großer Auflage zulässigerweise verbreitet würde.[189]

b) Elektronische Pressespiegel

Kontrovers diskutiert wird im Rahmen des § 49 Abs. 1 UrhG, ob die **46** Vorschrift auch eine Befugnis zur Erstellung eines elektronischen Pressespiegels gibt.[190] Dann dürften die Artikel nämlich auch eingescannt und zentral so gespeichert werden, dass sie online abrufbar sind.[191] Das könnte zu einer „**Pressespiegeldatenbank**" führen.[192] Aus Sicht der Verlage wurden dagegen schwerwiegende Bedenken erhoben.[193] So wird geltend gemacht, dass dadurch den Medien Abonnenten entzogen werden könnten.[194] Teilweise wird auch der selektive Ausdruck von gescannten Zeitungsartikeln aus einer zentralen Datenbank als Unterfall des § 49 Abs. 1 UrhG angesehen.[195] Die wohl h. M. hält das Trägermedium für unbeachtlich und betont die Aufgeschlossenheit des Urheberrechts gegenüber technischen Neuerungen.[196]

Die unterinstanzliche Rechtsprechung hat dem entgegengehalten, dass sich **47** die Auslegung der Privilegierungstatbestände an den Gegebenheiten orientieren müsse, die der historische Gesetzgeber bei Schaffung des Privilegierungstatbestandes vorgefunden habe.[197] Darunter falle der elektronische Pressespiegel jedoch ersichtlich nicht, da damals die Möglichkeiten des Internet noch nicht absehbar gewesen seien.[198] Mit der Digitalisierung gehe eine „neue Qualität des Informationszugriffs" einher, welche die Interessen der Urheber schwerwiegend beeinträchtige.[199]

Der Bundesgerichtshof, der diese Frage jüngst zu entscheiden hatte, nahm demgegenüber an, der elektronische Pressespiegel sei von § 49 Abs. 1 UrhG erfasst, wenn er seiner Funktion und seinem Nutzungspotential nach dem

---

[186] *Beiner*, MMR 1999, 691, 695; *Wallraff*, AfP 2000, 23, 26.

[187] OLG München NJW-RR 1992, 749.

[188] Zur Vergütungspflicht für Pressespiegel *Ekrutt*, GRUR 1975, 358; *Schack* (Urheber- und Urhebervertragsrecht, Rz. 484 Fußnote 47) weist in diesem Zusammenhang darauf hin, dass es in der Praxis kaum je vorkommt, dass ein Zeitungsartikel mit einem Vorbehalt i. S. d. § 49 Abs. 1 S. 1 UrhG versehen wird.

[189] *Raue/Hegemann*, in: Hoeren/Sieber, Handbuch Multimedia-Recht, 1999, Teil 7.5 Rz. 51; *Lüft*, in: Wandtke/Bullinger, § 49 UrhG Rz. 10.

[190] Allgemein dazu *Vogtmeier*, Zum elektronischen Pressespiegel in der Informationsgesellschaft, 2004 (dazu *Berger*, ZUM 2005, 585); *Kleinke*, Pressedatenbanken und Urheberrecht, 1999; *Fischer*, ZUM 1995, 117; *Maaß*, Festschrift für Söllner, 2000, S. 697; dort auch zur Reform.

[191] *Lüft*, in: Wandtke/Bullinger, § 49 UrhG Rz. 11.

[192] So *Hoeren*, Grundzüge des Internet-Rechts, S. 95.

[193] *Wallraff*, AfP 2000, 23, 27.

[194] *Loewenheim*, GRUR 1996, 636; siehe auch *dens.*, Urheberrechtliche Grenzen der Verwendung geschützter Werke in Datenbanken, 1994, S. 76.

[195] *Eidenmüller*, CR 1992, 321, 323; dagegen *Hoeren*, Grundzüge des Internet-Rechts, S. 95.

[196] *Rogge*, Elektronischer Pressespiegel in urheber- und wettbewerbsrechtlicher Beurteilung, 2001, S. 192; *Wandtke*, GRUR 2002, 1, 6; *Schricker/Melichar*, § 49 Rz. 33.

[197] Vgl. auch *Lüft*, in: Wandtke/Bullinger, § 49 UrhG Rz. 12 f.

[198] OLG Hamburg AfP 2000, 299, 300; ähnlich OLG Köln GRUR 2000, 417; in dieselbe Richtung zuvor LG Hamburg AfP 1999, 389.

[199] OLG Hamburg AfP 1999, 300; vgl. auch *Niggemann*, Informationsfreiheit und Urheberrecht – Pressedatenbanken im Internet, 2003.

herkömmlichen Pressespiegel entspricht.[200] Das ist dann der Fall, wenn der elektronische Pressespiegel nur betriebs- bzw. behördenintern publiziert und in einer Weise zugänglich gemacht wird, die sich im Fall der Speicherung nicht zur **Volltextrecherche** eignet.[201] Damit dürfte sich diese Streitfrage zumindest in der Praxis erledigt haben. Zwar hat der Gesetzgeber auch mit der Neuregelung des Urheberrechts auf die ausdrückliche Einbeziehung elektronischer Pressespiegel in die Schrankenregelung des § 49 UrhG verzichtet. Hierzu sah man jedoch angesichts der genannten BGH-Entscheidung keine Veranlassung.[202]

3. Bild- und Tonberichterstattung

48   Eine zentrale Schranke aus Sicht des Medienrechts markiert § 50 UrhG im Interesse der Meinungs- und Pressefreiheit[203] sowie zur Gewährleistung des verfassungsrechtlich geschützten Informationsinteresses der Öffentlichkeit.[204] Danach dürfen zur Bild- und Tonberichterstattung über Tagesereignisse durch Funk und Film[205] sowie durch ähnliche technische Mittel, in Zeitungen und Zeitschriften, die im wesentlichen den Tagesinteressen Rechnung tragen, Werke, die im Verlauf der Vorgänge, über die berichtet wird, wahrnehmbar werden, in einem durch den Zweck gebotenen Umfang vervielfältigt, verbreitet und öffentlich wiedergegeben werden.[206] Der Bezug zum Medienrecht ist hier durch die ausdrückliche Inbezugnahme der Printmedien und ihre funktionelle Verknüpfung mit den audiovisuellen Medien besonders augenfällig.[207] Klärungsbedürftig ist vor allem der Begriff des **Tagesereignisses**[208] i. S. d. § 50 UrhG. Darüber hatte der Bundesgerichtshof zu befinden.

BGH NJW 2002, 3473: Die Zeitschrift Focus hat ein Farbfoto von Verona Feldbusch wiedergegeben, das zunächst in der Bild-Zeitung abgedruckt war, die auch Inhaber des Nutzungsrechts ist. Diese hatte über angeblich gewalttätige Auseinandersetzungen mit Feldbuschs früherem Ehegatten Dieter Bohlen berichtet, die das Foto bezeugen sollte („Bohlens Frau – So hat er mich zugerichtet"). Der Verlag der Bild-Zeitung klagt gegen Focus wegen der nicht genehmigten Wiedergabe des Pressefotos.

49   Den geltend gemachten Unterlassungs- und Schadensersatzansprüchen aus §§ 97, 72, 16, 17 UrhG steht die Schrankenbestimmung des § 50 UrhG

---

[200] Zum Pressespiegel de lege ferenda *Niemann*, CR 2003, 119.

[201] BGH NJW 2002, 3393, 3394; dazu *Czychowski*, NJW 2003, 118; a. A. *Spindler*, GRUR 2002, 105.

[202] Kritisch hierzu und insgesamt zur Neuregelung des § 49 UrhG *Flechsig*, GRUR 2006, 888, 893, der die nur geringfügigen Änderungen der Vorschrift mit Blick auf eine moderne Wissens- und Informationsgesellschaft als unzureichend erachtet.

[203] Vgl. BGH NJW 2002, 2394 zum verhüllten Reichstag; dazu *Ernst*, MDR 2002, 771.

[204] *Lettl*, Urheberrecht, § 6 Rz. 20; *Paschke*, Medienrecht, Rz. 335 f., sieht darin einen Rechtsgrundsatz des Medienrechts durch entsprechende Privilegierung der Massenmedien verwirklicht.

[205] Dazu *E. Ulmer*, GRUR 1972, 323, 324; monographisch *Ekrutt*, Urheberrechtliche Probleme beim Zitat von Filmen und Fernsehsendungen, 1973.

[206] Monographisch dazu *Schulze*, Zumutbare Schranken im Urheberrecht am Beispiel der Bild- und Tonberichterstattung, 1994.

[207] Die ursprünglich diskutierte Erweiterung der Privilegierung bezüglich digitaler Online-Medien wurde aufgegeben; ablehnend auch *Lüft*, in: Wandtke/Bullinger, § 50 UrhG Rz. 3.

[208] Hierzu auch OLG Frankfurt a. M. ZUM 2005, 477: Die Ausstrahlung eines ca. 20 Sekunden langen Passanten-Interviews zum Thema „Jodeln" aus einer anderen Sendung im Rahmen der Fernsehsendung „TV-Total" stellt kein Tagesereignis dar, da ihm jeder Bezug fehle, der es geboten erscheinen lassen könne, hierüber zu berichten.

entgegen. Zwar steht dem klagenden Verlag das ausschließliche Vervielfältigungs- und Verbreitungsrecht an dem streitgegenständlichen Foto nach §§ 72, 15 Abs. 1 i. V. m. §§ 16 Abs. 1, 17 Abs. 1 UrhG zu. Jedoch erfolgte der Abdruck des Fotos nach § 72 UrhG, der auch auf § 50 UrhG verweist, erlaubtermaßen. Auch wenn § 50 UrhG als Ausdruck der Sozialbindung des geistigen Eigentums anerkanntermaßen eng auszulegen ist,[209] liegen die Voraussetzungen hier vor. Tagesereignis ist jedes aktuelle Geschehen, das – unabhängig vom konkreten Gegenstand – für die Öffentlichkeit von allgemeinem Interesse ist.[210] Da unter § 50 UrhG auch solche Ereignisse fallen, die nur „das Klatschbedürfnis befriedigen" und „die Anschuldigung in der ‚Bild'-Zeitung auf Grund der Medienpräsenz der Eheleute Bohlen und Feldbusch von allgemeinem Publikumsinteresse war",[211] liegt ein Tagesereignis vor, zumal der erhobene Vorwurf auch noch aktuell war, weil er von der Öffentlichkeit als Gegenwartsberichterstattung empfunden wurde.[212] Daher durfte Focus das vollständige Bild in Farbe abdrucken. Ohne den Abdruck wäre nämlich der nebenstehende Bericht („So hat er mich zugerichtet") unverständlich gewesen.

4. Vervielfältigungen zum privaten Gebrauch

Von praktischer wie dogmatischer Bedeutung ist, zumal im digitalen Zeitalter,[213] die Vervielfältigung zum privaten Gebrauch.[214] Dem allgemeinen Bedürfnis, nicht für jede Nutzungsart die Zustimmung des Berechtigten einholen zu müssen, trägt die Regelung des § 53 UrhG Rechnung, indem sie Vervielfältigungen zum privaten oder sonstigen Eigengebrauch unter bestimmten Voraussetzungen für zustimmungsfrei erklärt und damit das umfassende Vervielfältigungs- und Verbotsrecht des Urhebers bis zu einem gewissen Grad Einschränkungen unterwirft.[215] Die besondere Brisanz dieser Thematik resultiert weniger daraus, dass hier und da Bücher oder Musiknoten kopiert werden, als vielmehr daraus, dass vor allem die Tonträgerindustrie massive Umsatzeinbußen dadurch erleidet, dass in großem Stil Musikwerke aus dem **Internet** heruntergeladen werden und so gerade bei schnelllebiger Musik der Verkauf erst gar nicht richtig in Gang kommt.[216] Das unleugbare Interesse daran, Werke für den Eigengebrauch zu kopieren steht also in einem schwer auflösbaren Widerspruch zu den legitimen Interessen der Rechteinhaber.

Zudem ist die Problematik durch die Urheberrechtsrichtlinie vom 22. Mai 2001 europarechtlich determiniert. Gerade im Bereich der Vervielfältigungen

50

51

---

[209] BGHZ 85, 1, 4; 144, 232, 235; BGH NJW 2002, 2394.

[210] *Schricker/Vogel*, Urheberrechtsgesetz, 2. Auflage, § 50 Rz. 6 f.

[211] So wörtlich BGH NJW 2002, 3474. Vgl. aber auch BGH, Urteil vom 20. 12. 2007 – Az. I ZR 42/05 (TV-Total).

[212] Dazu OLG Hamburg AfP 1983, 405, 407; OLG Stuttgart NJW-RR 1986, 220, 221.

[213] Speziell unter diesem Gesichtspunkt *Däubler-Gmelin*, ZUM 1999, 769; *Ulmer-Eilfort*, Festschrift für Nordemann, 1999, S. 285; monographisch *v. Diemar*, Die digitale Kopie zum privaten Gebrauch, 2002; *Lindner*, K UR 2002, 56; *Zecher*, ZUM 2002, 451.

[214] Vgl. nur *Claussen*, Die Vergütung für die Überspielung zum privaten Gebrauch gemäß § 54 Abs. 1 UrhG und ihre Verteilung unter die Berechtigten im Filmbereich, 1993; *Mayer*, CR 2003, 274.

[215] *Lettl*, Urheberrecht, § 6 Rz. 38.

[216] Vgl. nur *Schack*, ZUM 2002, 497; *Wandtke*, GRUR 2001, 1; *v. Diemar*, GRUR 2002, 587; *Knies*, ZUM 2002, 793, zur Privatkopie von Audio-CDs *Mayer*, CR 2003, 274.

zum privaten Gebrauch waren dem Gesetzgeber mannigfache Änderungen aufgegeben. Der Gesetzgeber hat dem nunmehr entsprochen. Während § 53 Abs. 1 S. 1 UrhG es vordem für zulässig erklärte, einzelne Vervielfältigungsstücke eines Werkes zum privaten Gebrauch herzustellen, ist dies jetzt nurmehr möglich, wenn es durch eine natürliche Person auf beliebigen Trägern geschieht, sofern sie weder unmittelbar oder mittelbar Erwerbszwecken dienen. Zudem dürfen zur Vervielfältigung neben offensichtlich rechtswidrig hergestellten Vorlagen nach der neuerlichen Novellierung des Urheberrechtsgesetzes nunmehr auch keine offensichtlich rechtswidrig öffentlich zugänglich gemachten Vorlagen verwendet werden. Diese Gleichstellung hat die Unzulässigkeit des Downloads insbesondere von Musiktiteln aus **Internet-Tauschbörsen** (Peer-To-Peer-Filesharing) selbst dann zur Folge, wenn es sich bei den bereitgestellten Inhalten um an sich zulässige Privatkopien handelt.[217] In diesem Zusammenhang leuchtet der Begriff der **Trägermedien** auf, der uns weiter unten beim Jugendmedienschutz noch näher beschäftigen wird.

52   Der zur Vervielfältigung Befugte darf die Vervielfältigungsstücke nach Satz 2 auch durch einen anderen herstellen lassen, sofern dies unentgeltlich geschieht oder es sich um Vervielfältigungen auf Papier oder einem ähnlichen Träger mittels eines beliebigen fotomechanischen Verfahrens oder anderer Verfahren mit ähnlicher Wirkung handelt. Die Streitigkeiten sind hier angesichts der offenen Begriffe („ähnlicher Träger") ersichtlich vorprogrammiert. Die oben skizzierte Tendenz der Eindämmung der Vervielfältigung von Musikwerken über das Internet wird immerhin deutlich.

53   Zulässig ist es nach § 53 Abs. 3 UrhG auch, Vervielfältigungsstücke von kleinen Teilen eines Werkes, von Werken von geringem Umfang oder von ähnlichen Beiträgen, die in Zeitungen oder Zeitschriften erschienen oder öffentlich zugänglich gemacht worden sind, zum eigenen Gebrauch im Schulunterricht oder für staatliche Prüfungen herzustellen.[218] Für die Vervielfältigung und öffentliche Wiedergabe in Geschäftsbetrieben, in denen Geräte zur Herstellung oder zur Wiedergabe von Bild- oder Tonträgern etc. vertrieben werden, enthält § 56 UrhG einen eigenen **Privilegierungstatbestand**.

54   Entgegen dem Drängen der Musikindustrie hat der Gesetzgeber mit der Änderung des Urheberrechts an der grundsätzlichen Zulässigkeit der Privatkopie festgehalten und insbesondere auf die von Wirtschaft, Verbänden und Medienindustrie geforderten Einschränkungen verzichtet.[219] Als Ausgleich für die Schmälerung des Urheberrechts sieht das Gesetz jedoch in den §§ 54 ff. UrhG eine **Pauschalvergütung** vor, die vom Verbraucher bereits beim Erwerb der zur Verwirklichung von Privatkopien verwendeten Geräte und Speichermedien zu entrichten ist. Die §§ 54 ff. UrhG wurden durch die Urheberrechtsnovelle umfassend neu geregelt.[220]

---

[217] *Lettl*, Urheberrecht, § 6 Rz. 39; *Czychowski/J. Nordemann*, NJW 2008, 1571, 1573; zu den Konsequenzen *Röhl/Bosch*, NJW 2008, 1415 ff.

[218] Zum Vervielfältigungsrecht für Prüfungszwecke nach der Nr. 2 eingehend *Oechsler*, GRUR 2006, 205.

[219] Keinen Einzug ins Gesetz gefunden haben etwa Beschränkungen von Kopien durch Dritte, auf eine explizite Anzahl Kopien vom Original, im Onlinebereich, auf Timeshifting bei Internet-Sendungen sowie auf Zeitfenster, ab denen erst die Privatkopie zulässig sein soll, vgl. Bundestags-Drucksache 16/1828, S. 18 ff.

[220] Ausführlich zur Reform des pauschalen Vergütungssystems *Langhoff/Oberndörfer/Jani*, ZUM 2007, 593, 594 ff.; *Spindler*, NJW 2008, 9, 11 f.

§ 53 Abs. 2 S. 1 UrhG zählt diejenigen Arten der zulässigen Herstellung **55** von Vervielfältigungsstücken auf und nennt dabei etwa den eigenen wissenschaftlichen Gebrauch in gebotenem Umfang, soweit dieser nicht gewerblichen Zwecken dient (Nr. 1), aber auch die Unterrichtung über Tagesfragen, wenn es sich um ein durch Funk gesendetes Werk handelt (Nr. 3). Von medienrechtlicher Relevanz ist schließlich die Nr. 4 a, wonach die Vervielfältigung zum sonstigen eigenen Gebrauch zulässig ist, wenn es sich um kleine Teile eines erschienenen Werkes oder um einzelne Beiträge handelt, die in Zeitungen oder Zeitschriften erschienen sind. Für die Vervielfältigung zur Aufnahme in ein eigenes Archiv, das in § 53 Abs. 2 S. 1 Nr. 2 UrhG genannt ist, gilt entsprechendes (§ 53 Abs. 2 S. 1 Nr. 4 b UrhG), wenn eine ausschließlich **analoge Nutzung** stattfindet (§ 53 Abs. 2 S. 2 Nr. 2 UrhG). Dieser Gegenbegriff zur modernen Digitalisierung veranschaulicht die oben dargestellte Zielrichtung gleichfalls.

Diese erste Übersicht mag für die vorliegenden Zwecke angesichts der nach **56** wie vor umstrittenen Gesetzeslage genügen. Es bedarf keiner hellseherischen Fähigkeiten, um vorherzusagen, dass dieser heikle Bereich, der die Medienwirtschaft und insbesondere die Musik- und Tonträgerindustrie empfindlich trifft, zu den umstrittensten Teilen des Urheberrechts werden wird. Daher kann es bei diesem Überblick bewenden. Die Strafvorschriften des Urhebergesetzes (§§ 106 ff. UrhG) werden weiter unten im medienstrafrechtlichen Teil behandelt.[221]

IV. Schutzbestimmungen

Das Gesetz zur Regelung des Urheberrechts in der **Informationsgesellschaft** **57** hat noch einige ergänzende Schutzbestimmungen eingeführt, die aus Sicht des Medienrechts erörterungswürdig sind.[222] Systematisch geht es dabei um die ergänzenden Schutzbestimmungen für Urheberrechte und verwandte Schutzrechte.[223]

1. Schutz technischer Maßnahmen

Nach § 95 a Abs. 1 UrhG dürfen wirksame technische Maßnahmen zum **58** Schutz eines nach dem Urhebergesetz geschützten Werks ohne Zustimmung des Rechtsinhabers nicht umgangen werden,[224] soweit dem Handelnden bekannt ist oder den Umständen nach bekannt sein muss, dass die Umgehung erfolgt, um den Zugang zu einem solchen Werk oder Schutzgegenstand oder deren Nutzung zu ermöglichen.[225] Der **Umgehungsschutz**,[226] der bislang

---

[221] Siehe dazu unter § 19.
[222] Rechtsvergleichend *Rosen*, GRUR Int. 2002, 195.
[223] Allgemein zu diesem Komplex *Bechtold*, Vom Urheber- zum Informationsrecht, 2002.
[224] Zum Rechtsschutz technischer Maßnahmen instruktiv *Hilty*, MMR 2002, 577.
[225] Die Umgehung technischer Schutzmaßnahmen durch Dritte behandelt *Haedicke*, Festschrift für Dietz, 2001, S. 349.
[226] Zu den Ansprüchen des Rechteinhabers bei Umgehung seiner technischen Schutzmaßnahmen *Arlt*, MMR 2005, 148.

eher ein Problem der §§ 823, 1004 BGB, 97 ff. UrhG war,[227] flankiert das Urheberrecht,[228] ohne dadurch neues Leistungsschutzrecht zu schaffen.[229] Technische Maßnahmen in diesem Sinne sind Technologien,[230] Vorrichtungen und Bestandteile, die im normalen Betrieb dazu bestimmt sind,[231] geschützte Werke oder Schutzgegenstände betreffende Handlungen, die vom Rechtsinhaber nicht genehmigt sind, zu verhindern oder einzuschränken, § 95 a Abs. 2 S. 1 UrhG.[232] Es geht im Wesentlichen um **Verschlüsselungsverfahren**, mit deren Hilfe digitale Inhalte dergestalt modifiziert werden können, dass nur die mit einem entsprechenden Schlüssel ausgestatteten Nutzer Zugang zum Werk haben.[233]

59   Zu diesen Verschlüsselungstechniken, die allesamt wirksame technische Maßnahmen im Sinne des § 95 a Abs. 1 UrhG darstellen,[234] gehören etwa **digitale Wasserzeichen**,[235] welche die Herkunft des Originals kenntlich machen,[236] sowie das Einarbeiten einer Seriennummer etc. in die Datei (**Digital-Fingerprinting**)[237] oder das Einbauen von Informationen in einer Weise, dass das Werk bei Entfernung der Daten unbrauchbar wird (**Spread-Spectrum-Verfahren**).[238] Das **Labeling** hat den Nachteil, dass die Zusatzinformationen in der Datei ohne großen technischen Aufwand entfernt werden können,[239] während die Informationen beim **Tatooing** zwar in die Datei integriert werden, aber ebenso leicht entfernt werden können und die Datei dadurch qualitativ minderwertig wird.[240] Die technischen Maßnahmen müssen, um wirksam zu sein, einen technischen Mindeststandard aufweisen,[241] d. h. sie müssen für den durchschnittlichen Benutzer[242] eine effektive Zugangs- und **Kopierkontrolle** beinhalten.[243]

60   Im Falle der Anwendung technischer Maßnahmen ist die Verpflichtung des Rechtsinhabers aus § 95 b UrhG und das Verhältnis dieser Vorschrift zu § 95 a UrhG zu beachten. Der Gesetzgeber hat auch mit der Neuregelung des Urheber-

---

[227] *Wand*, GRUR Int. 1996, 897, 902.

[228] *Wandtke/Ohst*, in: Wandtke/Bullinger, § 95 a UrhG Rz. 4.

[229] *Dreier*, ZUM 2002, 28, 38; *Reinbothe*, GRUR Int. 2001, 733, 742.

[230] Siehe zum Rechtsschutz für technischen Schutz im Gemeinschaftsrecht *Auer*, Festschrift für Dittrich, 2000, S. 3.

[231] Zu den Aufklärungspflichten über die Implementierung technischer Kopierschutzmaßnahmen *Wiegand*, MMR 2002, 722.

[232] Monographisch dazu *Lindhorst*, Schutz von und vor technischen Maßnahmen, 2002.

[233] *Wandtke/Ohst*, in: Wandtke/Bullinger, § 95 a UrhG Rz. 19; dort auch zu den vielen unterschiedlichen Verschlüsselungsmöglichkeiten.

[234] Vgl. bereits *Briem*, MMR 1999, 256, 259.

[235] Zu ihnen näher *Bechtold*, Vom Urheber- zum Informationsrecht, Implikationen des Digital Rights Managements, 2002, S. 55 ff.

[236] *Federrath*, ZUM 2000, 804, 808; *Gass*, ZUM 1999, 816.

[237] Vgl. *Gass*, ZUM 1999, 813, 817.

[238] *Wandtke/Ohst*, in: Wandtke/Bullinger, § 95 a UrhG Rz. 25.

[239] Zu den technischen Schutzmaßnahmen im US-amerikanischen Urheberrecht *Gottschalk*, MMR 2003, 148.

[240] *Wandtke/Ohst*, in: Wandtke/Bullinger, § 95 a UrhG Rz. 24.

[241] *Wand*, Technische Schutzmaßnahmen und Urheberrecht – Vergleich des internationalen, europäischen, deutschen und US-amerikanischen Rechts, 2001, S. 41.

[242] *Mayer*, EuZW 2002, 325, 328; *Kröger*, CR 2001, 316, 321; *Hoeren*, MMR 2000, 515, 520, der im Übrigen mit Recht für eine ex-ante-Betrachtung plädiert, weil ex-post alle Maßnahmen unwirksam sind; a. A. *Lindhorst*, Schutz von und vor technischen Maßnahmen, 2002, S. 119.

[243] *Spindler*, GRUR 2002, 105, 115, sieht mit gutem Grund einen Widerspruch darin, dass allein auf die technische Wirksamkeit abgestellt wird, weil der rechtliche Schutz der Umgehung des technischen entgegenwirken soll; dagegen aber *Wandtke/Ohst*, in: Wandtke/Bullinger, § 95 a UrhG Rz. 50.

rechts auf die Durchsetzung der Privatkopie (§ 53 UrhG) beim Einsatz technischer Schutzmaßnahmen i. S. d. § 95 a UrhG verzichtet.[244] Daher sind selbst die aufgrund einer Schrankenregelung Nutzungsberechtigten an das Verbot des § 95 a UrhG gebunden und zur Verwirklichung des Rechts der Privatkopie auf den (insoweit eingeschränkten) Anspruch gegen den Rechtsinhaber nach § 95 b UrhG verwiesen. Insbesondere darf der Nutzer **Schutzmaßnahmen** nicht durch ihm verfügbare, aber nicht vom Berechtigten legitimierte Mittel überwinden[245]

2. Informationsschutz

Aufschlussreich ist schließlich die Vorschrift des § 95 c UrhG, weil sie den **61** Schutz der zur Rechtewahrung erforderlichen Informationen regelt und daher eine Schnittstelle zwischen Medien- und Informationsrecht darstellt.[246] Danach dürfen von Rechteinhabern stammende Informationen für die Rechtswahrnehmung[247] (**Rights Management Information**)[248] nicht entfernt oder verändert werden,[249] wenn irgendeine der betreffenden Informationen an einem Vervielfältigungsstück eines Werkes oder eines sonstigen Schutzgegenstandes angebracht ist[250] oder im Zusammenhang mit der öffentlichen Wiedergabe eines solchen Werkes oder Schutzgegenstandes erscheint, und wenn die Entfernung oder Veränderung wissentlich unbefugt erfolgt und dem Handelnden bekannt ist oder den Umständen nach bekannt sein muss,[251] dass er dadurch die Verletzung von Urheberrechten oder verwandter Schutzrechte veranlasst,[252] ermöglicht, erleichtert oder verschleiert.[253] Die beiden behandelten Paragraphen veranschaulichen gewissermaßen das eingangs Gesagte zum Verhältnis des Medien- und Informationsrechts zueinander.[254] § 95 a UrhG setzt mit der Verschlüsselungsproblematik beim Medium an, während § 95 c UrhG die Information zum Zurechnungsendpunkt erhebt, wie sich auch daran zeigt, dass die Vorschrift Datenschutzprobleme mit sich bringt.[255]

---

[244] Vgl. Bundestags-Drucksache 16/1828, S. 20 f.

[245] *Dreyer*, in: Dreyer/Kotthoff/Meckel, Vor §§ 95 a ff. UrhG Rz. 7, § 95 b UrhG Rz. 34; *Spindler*, NJW 2008, 9, 11.

[246] Siehe dazu nochmals *Bechtold*, Vom Urheber- zum Informationsrecht, 2002. Damit ist allerdings vorausgesetzt, dass der Weg zum Informationsrecht vom Urheber- und nicht vom Medienrecht ausgeht, wenn man nicht, was im Übrigen auch als unreflektiert zurückzuweisen ist, das Medienrecht von vornherein als bloße Ausprägung des Urheberrechts ansieht (dazu oben vor und unter I).

[247] Zum persönlichkeitsrechtlichen Aspekt solcher Informationen über die Rechtewahrnehmung *Dietz*, ZUM 1998, 438, 448.

[248] Zu ihnen *Flechsig*, ZUM 2002, 1, 16; eingehend zum Digital Rights Management *Flechsig*, Festschrift für Nordemann, 2004, S. 313; *Peukert*, UFITA 2002, 689.

[249] Zur elektronischen Lizenzierung von urheberrechtlich geschützten Werken *Briem*, MMR 1999, 256. Schon die Lizenz rechnet zu den geschützten Informationen; vgl. *Dussolier*, EIPR 1999, 285, 295.

[250] Gemeint ist eine physische Verbindung, sei diese auch nicht für jedermann wahrnehmbar; vgl. *Wand*, Technische Schutzmaßnahmen und Urheberrecht, 2001, S. 49.

[251] Es reicht aus, dass mit einer Urheberrechtsverletzung gerechnet werden muss; vgl. *Spindler*, GRUR 2002, 105, 119; siehe auch *Reinbothe*, GRUR 2001, 733, 742.

[252] Speziell zu den Leistungsschutzrechten im neuen Urheberrecht *v. Rom*, ZUM 2003, 128.

[253] Zum Verschleiern *Wand*, Technische Schutzmaßnahmen und Urheberrecht, S. 116; *Dietz*, ZUM 1998, 438, 448.

[254] Oben § 1 Rz. 5 ff.

[255] Näher *Spindler*, GRUR 2002, 105, 119.

62   Die Regelung gibt daher Anlass, erneut über das Phänomen der **Informationsgesellschaft** nachzudenken.[256] Soll dies – was fraglich ist – mehr sein als eine politische Floskel, so müsste es jenseits des bloß Deskriptiven ein konzeptionelles Moment enthalten. Dabei wäre es wohl zu einfach darauf hinzuweisen, dass die Regelung eben selbst schon das normative Konzept enthalte. Soweit es sich in nicht mehr als der schlichten Zustandsbeschreibung erschöpft, dass wir nun einmal in der Informationsgesellschaft leben, darf die Sinnhaftigkeit einer solchen terminologische Verbrämung bezweifelt werden. Jedenfalls sollte man mit dem Begriff der Informationsgesellschaft sparsamer umgehen, sofern er nicht nur ein modisches Postulat bzw. Lippenbekenntnis sein soll, aus dem kein legislatorisches Konzept, sondern gesetzgeberischer Aktionismus resultiert.

V. Teleologie und Eignung der Medien im Urheberrecht

63   Eine wichtige Erweiterung der jüngsten Reform des Urheberrechts betrifft die Neuregelung der pauschalen Abgabe auf Vervielfältigungsgeräte und Speichermedien (§§ 54 ff. UrhG). Die durch die rasante technologische Entwicklung bedingte zunehmende Konvergenz der Medien[257] führt zu einer Vielzahl von Geräten und Speichermedien, die sich zumindest potentiell zur Vervielfältigung urheberrechtlich geschützter Werke eignen.[258] Aus diesem Grunde war eine flexiblere Neuregelung unumgänglich. Die pauschale Geräteabgabe knüpft nunmehr an die **tatsächlich zu erwartende Nutzung** des jeweiligen Mediums zur Vervielfältigung an.[259] Eine höhere Abgabe des Käufers wird nicht mehr dadurch legitimiert, dass ein Medium zur Vervielfältigung von urheberrechtlich geschützten Inhalten bestimmt[260] ist, sondern es genügt, dass es dazu tatsächlich genutzt wird. Damit sind auch „neutrale" Objekte, wie zum Beispiel Drucker, betroffen.[261] Die im ursprünglichen Regierungsentwurf vorgesehene Erheblichkeitsschwelle durch Begrenzung der pauschalen Geräteabgabe auf solche Gerätetypen, die in *nennenswertem* Umfang für urheberrechtlich relevante Vervielfältigungen genutzt werden (De-minimis-Klausel), hat der Gesetzgeber nicht

---

[256] Zum Urheberrecht in der Informationsgesellschaft auch *Czychowski*, NJW 2003, 2409. Siehe zu den europarechtlichen Vorgaben auch *dens.*, MMR 2006, 514.

[257] Zu ihr oben § 1 Rz. 24 ff.

[258] *Spindler*, NJW 2008, 9, 11, spricht in diesem Zusammenhang auch von „Konvergenz der Hardware".

[259] Siehe dazu bereits oben Rz. 54.

[260] Schon vor der Reform hat die Rechtsprechung die Regelung des § 54 UrhG a.F. tendenziell großzügig ausgelegt und insbesondere das Merkmal der Zweckbestimmung weit gefasst; vgl. BGH NJW 1999, 3561, 3562f. (Telefaxgeräte); BGH NJW 2002, 964, 965 (Scanner); OLG Stuttgart GRUR 2005, 944, 946 (Fotokopier- und Multifunktionsgeräte); OLG München GRUR-RR 2006, 121, 122f. (PCs); OLG München GRUR-RR 2006, 126, 127f. (CD-Kopierstationen); siehe aber Fn. 261.

[261] Vgl. hierzu die Begründung zum Regierungsentwurf, Bundestags-Drucksache 16/1828, S. 15f., 28. Jüngst noch hatte der BGH (NJW 2008, 571 m.w.N. zur überwiegenden Gegenmeinung in der Literatur) Drucker nicht als nach § 54 a UrhG a.F. vergütungspflichtige Vervielfältigungsgeräte angesehen. Insbesondere sei das Drucken kein Verfahren mit einem der Ablichtung vergleichbaren Ergebnis eines analogen Vervielfältigungsstücks, wie nach Ansicht des BGH von § 54 a Abs. 1 S. 1 UrhG a.F. gefordert. Die demgegenüber technologieneutrale Neuregelung der §§ 54, 54 a UrhG verzichtet hingegen auf eine Einschränkung auf bestimmte Arten der Vervielfältigung und erfasst ausdrücklich auch Kombinationen verschiedener Geräte, wie es für PC und Drucker typisch ist (vgl. §§ 54 Abs. 1, 54 a Abs. 2 UrhG).

in die Neuregelung aufgenommen.[262] Vielmehr unterliegen gemäß § 54 Abs. 1 UrhG grundsätzlich alle zur Vervielfältigung geeigneten Geräte der Vergütungspflicht, jedenfalls soweit dies dem üblichen Gebrauch des Gerätetyps entspricht.[263] Lediglich auf die Höhe der Vergütung hat das tatsächliche Ausmaß der Nutzung zur Vervielfältigung maßgeblichen Einfluss (§ 54 a Abs. 1 UrhG).[264]

Das ist vor dem Hintergrund des eingangs zum Verhältnis von Urheber- und **64** Medienrecht Bemerkten aufschlussreich. Es legt den Schluss nahe, dass beide Bereiche nicht zusammenhanglos nebeneinander stehen, sondern eine partielle **Interdependenz** besteht. Hierdurch wird die Eignung des Mediums zur Speicherung und Vervielfältigung mitbestimmend für den Preis, um auf diesem Wege über Verwertungsgesellschaften dem Schutz des geistigen Eigentums zur Geltung zu verhelfen, der sich mangels Kontrollierbarkeit individualvertraglich nicht gegenüber dem Nutzer selbst realisieren lässt. Das geistige Eigentum steht also unter Schutzzweckgesichtspunkten nach wie vor im Vordergrund; es wird damit nicht zu einem spezifischen Problem des Medien- oder Informationsrechts. Doch ist es gleichwohl eher eine Frage des Medienrechts als des Informationsrechts, weil im Blickpunkt vordringlich das Medium steht. Zugleich zeigt sich, dass man diese beiden Bereiche wohl nur dann voneinander abgrenzen kann, wenn man sich die theoretischen Grundlagen der benachbarten Rechtsgebiete vergegenwärtigt.

§ 11. Filmrecht

Literatur: *Becker*, Die Schöpfer von Filmmusik und die Verwaltung ihrer Rechte durch die GEMA, ZUM 1999, 16; *Becker/Rehbinder* (Hrsg.), Europäische Coproduktion in Film und Fernsehen, 1989; *Bohr*, Die Urheberrechtsbeziehungen der an der Filmherstellung Beteiligten, 1978; *Breloer*, Verfilmung, Verfilmungsrecht und Fernsehfilm, 1973; *Brugger*, Der Begriff der Bearbeitung und Verfilmung im neuen Urhebergesetz, UFITA 1968, 89; *Castendyk*, Rechtswahl bei Filmlizenzverträgen – Ein Statement aus der Praxis, ZUM 1999, 934; *v. Frentz/Marrder*, Insolvenz des Filmrechtehändlers, ZUM 2001, 761; *Frohne*, Filmverwertung im Internet, ZUM 2000, 810; *Hegemann*, Nutzungs- und Verwertungsrechte an dem Filmstock der DEFA, 1996; *Henning-Bodewig*, Urhebervertragsrechte auf dem Gebiet der Filmherstellung und -verwertung, Festgabe für Schricker, 1996, S. 389; *Homann*, Praxishandbuch Filmrecht, 2. Auflage 2003; *Jacobshagen*, Filmrecht im Kino- und TV-Geschäft, 2. Auflage 2003; *Katzenberger*, Die rechtliche Stellung der Filmproduzenten im internationalen Vergleich, ZUM 2003, 712; *Klages*, Grundzüge des Filmrechts, 2004; *Krüger*, Das Buch zum Film, Festschrift für Schwarz, 1988, S. 153; *Loewenheim*, Rechtswahl bei Filmlizenzverträgen, ZUM 1999, 923; *Lütje*, Die Rechte der Mitwirkenden am Filmwerk, 1987; *ders.*, Die unbekannte Nutzungsart im Bereich der Filmwerke – alles Klimbim?, Festschrift für Schwarz, 1999, S. 15; *Manthey*, Die Filmrechtsregelungen in den wichtigsten filmproduzierenden Ländern Europas und der USA, 1993; *Movessian*, Urheberrechte und Leistungsschutzrechte an Filmwerken, UFITA 1977, 213; *v. Olenhusen*, Film und Fernsehen, Arbeitsrecht – Tarifrecht – Vertragsrecht, 2001; *Paschke*, Urheberrechtliche Grundlagen der

---

[262] Beschlussempfehlung und Bericht des Rechtsausschusses, Bundestags-Drucksache 16/5939, S. 45.

[263] Zu dieser „typisierten Betrachtungsweise" *Langhoff/Oberndörfer/Jani*, ZUM 2007, 593, 594 und *Spindler*, NJW 2008, 9, 11 f. (methodisch grundlegend *Leenen*, Typus und Rechtsfindung, 1971). Eine nur theoretisch mögliche Nutzung zur Vervielfältigung genügt hingegen nicht. Aufgegeben wurde die bisherige Unterscheidung in den §§ 54, 54 a UrhG a.F zwischen Vervielfältigungen im Wege der Bild- und Tonaufzeichnung und im Wege der Reproduktion.

[264] Beschlussempfehlung und Bericht des Rechtsausschusses, Bundestags-Drucksache 16/5939, S. 45; hierzu *Langhoff/Oberndörfer/Jani*, ZUM 2007, 593, 594 f.

Filmauftragsproduktion, FuR 1984, 403; *Peters*, Fernseh- und Filmproduktion, 2003; *Poll*, Urheberschaft und Verwertungsrechte am Filmwerk, ZUM 1999, 30; *Radmann*, Urheberrechtliche Fragen der Filmsynchronisation, 2003; *Reber*, Die Beteiligung von Urhebern und ausübenden Künstlern an der Verwertung von Filmwerken in Deutschland und den USA, 1998; *ders.*, Die Bekanntheit der Nutzungsarten im Filmwesen, GRUR 1997, 162; *Rehbinder*, Schutz virtueller Figuren im Film- und Fernsehbereich, Festschrift für Schwarz, 1988, S. 163; *Rumphorst*, Das Filmurheberrecht in den USA, GRUR Int. 1973, 10; *Schack*, Der Vergütungsanspruch der in- und ausländischen Filmhersteller nach § 54 Abs. 1 UrhG, ZUM 1989, 267; *Schwarz/Klingner*, Mittel der Finanzierungs- und Investitionssicherung im Medien- und Filmbereich, UFITA 1999, 29; *M. Schwarz*, Der Verfilmungsvertrag, Festschrift für W. Schwarz, 1999, S. 201; *Spindler*, Reform des Urheberrechts im „Zweiten Korb", NJW 2008, 9; *Straßer*, Gestaltung internationaler Film-/Fernsehlizenzverträge, ZUM 1999, 928; *Ulmer-Eilfort*, US-Filmproduzenten und deutsche Vergütungsansprüche, 1993; *Urek*, Die Abgrenzung des Filmherstellungsrechts von den Filmauswertungsrechten, ZUM 1993, 168; *Veit*, Filmrechtliche Fragestellungen im digitalen Zeitalter, 2003; *Ventroni*, Das Filmherstellungsrecht, 2001; *ders.*, Filmmusik aus der Perspektive der deutschen Tonträgerhersteller, ZUM 1999, 24; *Wandtke/Haupt*, Zur Stellung des Filmregisseurs und dessen Rechten im Zusammenhang mit dem Einigungsvertrag, GRUR 1992, 21; *Zlanabitnig*, Zum Entstellungsschutz von Filmwerken, AfP 2005, 35.

1   Die Behandlung des Filmrechts unmittelbar im Anschluss an das Urheberrecht ergibt sich daraus, dass das Urheberrechtsgesetz selbst in den §§ 88 ff. UrhG maßgeblich die Rechtsverhältnisse bei der Herstellung von Filmen regelt.[1] Dabei handelt es sich freilich streng genommen ebenso wenig um Filmrecht im eigentlichen Sinne wie um Medienrecht überhaupt. Vielmehr geht es erneut nur um ein einzelnes Medium, das mit seinen rechtlichen Berührungspunkten verstärkt in den Blick genommen wird. Wenn die vorliegende Darstellung also den Begriff Filmrecht aufgreift, so nur mit der Distanz, die dem hier vertretenen Ansatz gegenüber einer eigenständigen Verrechtlichung überhaupt zu Eigen ist.

I. Grundbegriffe

2   Vom Film als Medium war bereits verschiedentlich, etwa bei der Behandlung des Zensurverbots (Art. 5 Abs. 3 GG) die Rede.[2] Da der Film zu den audiovisuellen Medien gehört,[3] die auch über das Internet verbreitet werden können[4] und **filmähnliche Multimediaprodukte** mit entsprechenden Rechtsfragen[5] hervorbringen, tritt in diesem Bereich auch der bereits eingangs dargestellte Gesichtspunkt der Konvergenz in den Vordergrund.[6] Die Digitalisierung des Films kann Unterhaltungselektronik und Informationstechnik in dem Sinne konvergent gestalten, dass daraus neue Programmformen und audiovisuelle Produkte hervorgehen können.[7] Dabei ist die Digitalisierung selbst, wie bereits gesehen, keine eigenständige Nutzungsart, sondern nur Voraussetzung für die weitere Nutzung und Verwertung.[8] Schon unter dieser Prämisse ist die Bezeichnung „Filmrecht"

---

[1] Vgl. auch *Paschke*, FuR 1984, 403.
[2] Oben § 2 Rz. 32 ff.
[3] Allgemein zum urheberrechtlichen Schutz audiovisueller Werke im Zeitalter digitaler Medien *Schwarz*, in: Becker/Dreier (Hrsg.), Urheberrecht und digitale Technologien, 1994, S. 105.
[4] Zur Filmverwertung im Internet *Frohne*, ZUM 2000, 810.
[5] Einprägsam *Hoeren*, Multimedia = Multilegia, CR 1994, 390; *ders.*, CR 1995, 710.
[6] Dazu oben § 1 Rz. 24 ff.
[7] *Manegold*, in: Wandtke/Bullinger, Vor §§ 88 ff. UrhG Rz. 4.
[8] Gleichwohl werfen die digitalen Verwertungstechniken die Rechtsfrage auf, ob das Urheberrecht der technischen Entwicklung standhält; dazu *Reber*, GRUR 1998, 792.

streng genommen eine unzulässige Simplifizierung, da sie unter dem Leitge-
sichtspunkt (freilich nicht: Rechtsprinzip!)[9] der Konvergenz zu sehen ist. Die
fortschreitende technische Entwicklung wird voraussichtlich konkrete praktische
Folgen in der Medienwirtschaft zeitigen, indem etwa die klassischen Videotheken
infolge der Möglichkeit des **Downloads** von Filmen dem Internetvertrieb Platz
machen könnten.[10] Hält man sich dieses Szenario gleichsam als Synthese vor
Augen, so erleichtert es die nachfolgende Analyse der Grundbegriffe, weil sich
diese in einen rechtlichen und wirtschaftlichen Zusammenhang einfügen.

1. Auswertungskette und korrespondierende Rechte im Überblick

Filmwerke werden gewöhnlich dergestalt ausgewertet, dass im Vordergrund **3**
die Vorführung im Kino (sechs Monate), gefolgt vom Kauf- bzw. Verleih-
Video oder DVD[11] stehen (drei bis sechs Monate); sodann kommen Video-on-
Demand, Premium-Pay-TV mit den Ausprägungen Pay-per-View, Pay-per-
Channel und zum Schluss das Free-TV (12–15 Monate), jeweils durch die in
Klammern skizzierten **Sperrfristen** („Holdbacks") besonders gesichert.[12] Diesen Auswertungsstadien korrespondieren Rechte in Gestalt der so genannten
Kino- und Fernsehrechte, Videogrammrechte (Bsp. DVD), Online- und Inter-
net-Rechte,[13] welche die Filmverbreitung etwa zum Download und zeitver-
setzten Abspielen über Internet-Server ermöglichen (Stichwort: Video-on-De-
mand)[14] und schließlich Ancillary Rights zur Vorführung in Flugzeugen und
Zügen etc.[15] Abgerundet wird die Auswertung durch die Rechte zur Schaffung
und Verbreitung von Computerspielen und Online Anwendungen (Optical
Rights), gleichviel ob zur Verwertung vermittels Datenübertragung (Interactive
Networked Multimedia) gedacht oder zur Anwendung auf dem eigenen PC
(Interactive Multimedia).[16] Schließlich werden das Recht zu so genannten
Remakes, das Wiederverfilmungsrecht und der Director's Cut, also das Recht
des Hauptregisseurs, den Film nach seinen eigenen Präferenzen schneiden zu
lassen, für gewöhnlich mitgeregelt. Am Ende steht dann in der Regel das Buch
zum Film (Publishing Right).[17]

2. Dogmatische Einordnung

Ein erster Einordnungsversuch der genannten Rechte ist angesichts des **4**
Facettenreichtums der praktischen Handhabung nicht einfach.

---

[9] Siehe oben § 1 Rz. 23 f.
[10] *Schwarz*, ZUM 2000, 816, 829.
[11] Die Bedeutung dieser Abkürzung wird uneinheitlich verstanden; ursprünglich wurde
digital *video* disc vorgeschlagen, später digital *versatile* disc favorisiert.
[12] *Manegold*, in: Wandtke/Bullinger, Vor §§ 88 UrhG Rz. 23.
[13] Zum möglichen Rückbehalt von Internet-Rechten *Schwarz*, ZUM 2000, 816.
[14] Die neueren technischen Entwicklungen und Nutzungen im Internet (MP3, Streaming,
Webcasting und die einzelnen on-demand-services) behandelt *Feddrath*, ZUM 2000, 804.
[15] Zu den neuen Nutzungsarten in Filmverwertungsverträgen *Straßer/Stumpf*, GRUR 1997,
801.
[16] Vgl. den Überblick bei *Manegold*, in: Wandtke/Bullinger, Vor §§ 88 UrhG Rz. 26 ff., 31.
[17] Hierzu *Krüger*, Festschrift für Schwarz, S. 153 ff.

a) Internet- bzw. Online-Recht

5   So wird schon bezüglich des schillernden Begriffs „Internet-Recht" danach unterschieden, ob die Übertragung unmittelbar und in Echtzeit geschieht, wie es beim Internet-TV, Webcasting bzw. Streaming[18] der Fall ist, oder ob es nur zum Herunterladen auf einen Zwischenspeicher kommt.[19] Letzteres wird als eigene Nutzungsart qualifiziert,[20] die vom Recht zur Sendung bzw. Fernsehausstrahlung nicht mehr miterfasst wird.[21] Dagegen ist die erstgenannte **Echtzeitübertragung** vom Senderecht mitumfasst, so dass eine herkömmliche TV-Sendelizenz für die Verbreitung auf den genannten Wegen genügt.[22] Allerdings wird dann häufig eine so genannte Online- oder Internet-Klausel in die Filmverwertungsverträge aufgenommen,[23] etwa um zu verhindern, dass von den Rechten Gebrauch gemacht wird, solange die Exklusivauswertung durch vertraglich gebundene Dritte nicht beendet ist. Es handelt sich dogmatisch um eine Art Verbietungsrecht in Bezug auf Internet-Rechte;[24] diese werden insoweit zurückbehalten (**Internet-Holdback**).[25]

b) Videogrammrecht und Folgenutzungen

6   Das Internet-Recht ist indes nicht vom so genannten Videogrammrecht mitumfasst.[26] Als Videogrammrechte bezeichnet man die Gesamtheit aller Rechte zur Nutzbarmachung von Wiedergabe- und Speichertechniken bei Filmen,[27] sei es magnetisch, digital oder in sonst welcher Weise, also in Gestalt von 3DO, CD-Plus, MMCD, D-VHS, Foto-CDs oder picture discs;[28] das Recht, den Film durch Videogramm im Wege bestimmter Vorführungen auszuwerten, bezeichnet man als Commercial Video.[29]

7   Ob die Verbreitung über DVD – eine vergleichbare Sachlage ergibt sich beim Blu-ray-Format – gegenüber der Videokassette eine **eigenständige Nutzungsart** ist, wird uneinheitlich beurteilt. Diese Abgrenzungsfrage ist insbesondere für die Reichweite vertraglich eingeräumter Nutzungsrechte von Interesse. Solche Vereinbarungen konnten sich bisher nach § 31 Abs. 4 UrhG a. F. nicht auf Nutzungsarten erstrecken, die bei Vertragsschluss noch unbekannt waren. Sie sind nunmehr zwar zulässig, jedoch gemäß § 31 a UrhG an besondere Voraussetzungen geknüpft.[30] Damit korrespondiert § 31 c UrhG, der für später

---

[18] Streaming bedeutet Übertragen in Echtzeit.

[19] Vgl. *Schwarz*, ZUM 2000, 821, 824.

[20] LG München ZUM-RD 2000, 77.

[21] *Lütje*, in: Hoeren/Sieber (Hrsg.), Handbuch Multimedia-Recht, Teil 7.2 Rz. 197; *Reber*, GRUR 1998, 792, 796; *Frohne*, ZUM 2000, 810, 814, dort auch zur entsprechenden Gewinnbeteiligung des Schöpfers.

[22] *Manegold*, in: Wandtke/Bullinger, Vor §§ 88 ff. UrhG Rz. 40.

[23] *Frohne*, ZUM 2000, 810, 814.

[24] *Manegold*, in: Wandtke/Bullinger, § 88 UrhG Rz. 9.

[25] *Schwarz*, ZUM 2000, 819, 824 f.

[26] *Manegold*, in: Wandtke/Bullinger, Vor §§ 88 ff. UrhG Rz. 37.

[27] Zum Videogrammrecht zur Nutzung von Musikwerken für Filme *Ventroni*, Das Filmherstellungsrecht. Ein urheberrechtliches Problem bei der audiovisuellen Nutzung von Musik im Film, 2001, S. 24 ff., 78 ff.

[28] Vgl. *Katzenberger*, Vom Kinofilm zum Videogramm, Festschrift zum hundertjährigen Bestehen der Deutschen Vereinigung für gewerblichen Rechtsschutz und Urheberrecht und ihrer Zeitschrift, Band II, 1991, S. 1401, 1437.

[29] *Manegold*, in: Wandtke/Bullinger, Vor §§ 88 ff. UrhG Rz. 28.

[30] Zur Übergangsregelung für Altverträge nach § 137 UrhG vgl. *Spindler*, NJW 2008, 9, 10.

bekannt gewordene Nutzungsarten eine angemessene Vergütung voraussetzt.[31] Eine eigenständige Nutzungsart in diesem Sinne setzt neben einer technischen Neuerung auch eine wirtschaftlich eigenständige Verwertungsmöglichkeit voraus.[32] Teilweise wird angenommen, dass das Videogrammrecht auch Vertrieb und Herstellung von digitalen Vervielfältigungsstücken als DVD erfasst.[33] Dem hat sich jüngst auch der Bundesgerichtshof unter Verweis darauf angeschlossen, dass die DVD den Absatzmarkt der herkömmlichen Videokassette lediglich substituiert und daher keine wirtschaftlich eigenständige Verwertungsform darstellt.[34] Dagegen wird geltend gemacht, dass DVD als bis dato unbekannte Nutzungsart[35] angesichts seiner Interoperabilität mit dem Internet mehr als ein bloßes technisches Nachfolgeprodukt bekannter Erscheinungen sei.[36] Die besseren Gründe sprechen für diese letztgenannte Auffassung, weil mit der technischen Entwicklung in aller Regel auch ehedem unabsehbare wirtschaftliche Verwertungsmöglichkeiten einhergehen, an denen der Urheber partizipieren können soll. Eigene Nutzungsarten sind aufgrund der damit einhergehenden Interaktivität auch die Video-on-Demand-Rechte.[37]

II. Die einzelnen Regelungen

Auf dieser Grundlage können im Folgenden die einzelnen urheberrechtlichen 8 Bestimmungen durchgegangen werden, die als besondere Bestimmungen für Filme in den §§ 88 ff. UrhG geregelt sind. Hier hat die Praxis eine Art Sonderurheberrecht geschaffen, das in seinen Grundzügen nur umrissen werden kann.

1. Verfilmungsrecht

Von § 88 UrhG war im vorigen Paragraphen bei der Behandlung der Video- 9 zweitauswertung bereits kursorisch die Rede.[38] Nach § 88 UrhG liegt in der Gestattung des Urhebers (vgl. § 23 S. 2 UrhG),[39] sein Werk zu verfilmen, im Zweifel die Einräumung des ausschließlichen Rechts, das Werk unverändert oder unter Bearbeitung[40] oder Umgestaltung[41] zur Herstellung eines Film-

---

[31] Zum gesetzgeberischen Ziel der Neuregelung *Czychowski/J. Nordemann*, NJW 2008, 1571, 1575 f.
[32] *Lettl*, Urheberrecht, § 5 Rz. 36; *Castendyk*, ZUM 2002, 332, 338.
[33] *Lütje*, Festschrift für Schwarz, S. 138 f.; *Schwarz*, ZUM 2000, 816, 818. In diese Richtung jetzt auch OLG München NJW 2003, 675.
[34] BGH NJW 2005, 3354, 3355 f.
[35] Allgemein zur unbekannten Nutzungsart *Kitz*, GRUR 2006, 548.
[36] LG München ZUM 2000, 71, 73; zustimmend *Manegold*, in: Wandtke/Bullinger, Vor §§ 88 ff. UrhG Rz. 34; skeptisch *v. Petersdorff-Campen*, ZUM 2002, 74.
[37] OLG München ZUM 1998, 413.
[38] Oben § 10 Rz. 13 ff.
[39] Zu den Abgrenzungsfragen der Filmurheberschaft *Bohr*, UFITA 1977, 95. Zur filmischen Vervielfältigung eines Musikwerks durch Filmaufzeichnung in diesem Zusammenhang OLG München NJW 2003, 683.
[40] Multimedia und das Filmbearbeitungsrecht stellen *Kreile/Westphal*, GRUR 1996, 254, einander gegenüber.
[41] Eine Grenze für die Bearbeitung und Umgestaltung zieht § 93 Abs. 1 UrhG.

werkes zu benutzen und das Filmwerk sowie Übersetzungen und andere filmische Bearbeitungen auf alle – bekannten und unbekannten[42] – Nutzungsarten,[43] nicht aber zur Wiederverfilmung (Absatz 2 Satz 2), zu nutzen.

a) Dogmatische Einordnung

10   Die Vorschrift stellt dogmatisch eine gesetzliche Konkretisierung der – insoweit vorrangigen[44] und unabdingbaren[45] – **Zweckübertragungsregelung** des § 31 Abs. 5 UrhG dar.[46] Allgemein ist das Verfilmungsrecht der Inbegriff bestimmter Nutzungsrechte (§§ 31 ff. UrhG), die vertraglich im Einzelnen eingeräumt werden und kein eigenständiges Verwertungsrecht i. S. d. §§ 15 ff. UrhG darstellen.[47] Daher können vom Filmherstellungsrecht auch nicht einzelne Rechte, wie das Videoherstellungsrecht, das Fernsehfilmherstellungsrecht etc. mit dinglicher Wirkung (§ 31 Abs. 3 UrhG) abgespalten werden.[48] Man unterscheidet das Filmherstellungsrecht als Verfilmungsrecht im engeren Sinne von den Filmauswertungsrechten.[49] Als Oberbegriff fungiert in der Praxis jedoch der Begriff **Verfilmungsrecht**, der freilich je nach intendiertem Schutz unterschiedlich verwendet wird.[50] Zu Recht hat sich der Bundesgerichtshof daher auch gegen die verwertungsrechtliche Auffassung eines „dinglichen Filmverwertungsrechts" ausgesprochen, das nach Ausübung des Verfilmungsrechts fortbestehen soll.[51] Mit dem Recht zur Verfilmung geht nicht notwendigerweise eine Pflicht zur Verfilmung einher,[52] es sei denn, der Berechtigte sieht von der Verfilmung in willkürlicher Weise ab.[53]

---

[42] Nach der Neuregelung des Urheberrechts sind fortan auch unbekannte Nutzungsarten von der Rechtseinräumung erfasst. Indem die Vorschrift die Einräumung von Nutzungsrechten für unbekannte Nutzungsarten zur Regel erklärt, ist ihr Regelungsbereich insofern weiter als § 31 a UrhG, vgl. *Lettl*, Urheberecht, § 10 Rz. 3; *Spindler*, NJW 2008, 9, 10.

[43] Ob die unveränderte Verwendung von Filmmusik eine Bearbeitung darstellt, ist streitig; dazu LG München ZUM 1993, 289; vermittelnd *Ventroni*, Das Filmherstellungsrecht, Ein urheberrechtliches Problem bei der audiovisuellen Nutzung von Musik im Film, 2001, S. 119 ff., 131; zur Filmmusik aus der Perspektive der Tonträgerhersteller *ders.*, ZUM 1999, 24.

[44] Vgl. auch BGH GRUR 1985, 529, 530 zur ebenfalls vorrangigen Vertragsauslegung.

[45] Vgl. nur *Lütje*, Festschrift für Schwarz, 1999, S. 115, 128 ff.

[46] *Manegold*, in: Wandtke/Bullinger, § 88 UrhG Rz. 17.

[47] BGHZ 123, 142 ff; dazu bereits § 10 Rz. 13 f.; siehe auch *Lütje*, in: Möhring/Nicolini, § 88 Rz. 46 ff.; *Schwarz*, ZUM 2000, 816, 819, zu dieser vor dem Hintergrund der neuen Medien durchaus kontrovers diskutierten Frage.

[48] *Ventroni*, Das Filmherstellungsrecht, 2001, S. 92 ff.

[49] *Urek*, ZUM 1993, 168, 170; *Ventroni*, Das Filmherstellungsrecht, S. 84 f.

[50] Vgl. nur *Hertin*, Vertragsmuster zum Verfilmungsvertrag, Filmmusikvertrag, Filmlizenzvertrag, in: Münchener Vertragshandbuch, Band 3, 1. Halbband, Nr. IX. 28, S.1041 ff. und *v. Olenhusen*, Filmarbeitsrecht, 1990, S. 371 ff.; sowie aus Sicht der Produzenten *M. Schwarz*, Festschrift für W. Schwarz, 1999, S. 201 ff.; vgl. die Übersicht bei *Manegold*, in: Wandtke/Bullinger, § 88 UrhG Rz. 5.

[51] BGHZ 123, 142 ff.; *Schack*, Urheberrecht und Urhebervertragsrecht, Rz. 427; *Gahrau*, in: Hoeren/Sieber, Handbuch Multimedia-Recht, Teil 7.1 Rz. 35 ff.; *Hertin*, in: Fromm/Nordemann, Urheberrechtskommentar, § 88 Rz. 14; *Manegold*, in: Wandtke/Bullinger, § 88 UrhG Rz. 52.

[52] Wohl aber besteht eine Pflicht zur angemessenen Filmauswertung; vgl. OLG München ZUM 2000, 1093, 1096. Der BGH bejaht eine Pflicht, „alle zumutbaren Anstrengungen für eine erfolgreiche Filmauswertung zu unternehmen"; vgl. BGH NJW 2003, 664, 665.

[53] BGH UFITA 1962, 336; OLG Hamburg UFITA 1958, 463.

b) Praktische Besonderheiten

In der Praxis erfolgt die Einräumung des Verfilmungsrechts mitunter als **11** Nebenrecht zum **Verlagsrecht**,[54] wie es etwa § 2 Abs. 3 lit. b des Normvertrags für den Abschluss von Verlagsverträgen vorsieht.[55] Das Verfilmungsrecht wird in der Praxis häufig auf der Grundlage eines Optionsvertrages erworben.[56] Der Urheber ist im Zweifel berechtigt, sein Werk nach Ablauf von zehn Jahren nach Vertragsabschluss anderweitig filmisch zu verwerten, § 88 Abs. 2 S. 2 UrhG. Damit wird dem Umstand Rechnung getragen, dass die Filmauswertung regelmäßig nach zwei bis drei Jahren abgeschlossen ist.[57] In der Praxis werden nicht selten schuldvertragliche Sperrfristen vereinbart.[58] Die Verwendung eines Drehbuchs ist selbst keine Vervielfältigung,[59] sondern als notwendiges Durchgangsstadium filmischen Schaffens eine Umgestaltung der Vorlage.[60]

2. Rechte am Film

Wer sich zur Mitwirkung bei der Herstellung eines Films verpflichtet, räumt **12** damit nach § 89 Abs. 1 UrhG für den Fall, dass er ein Urheberrecht am Filmwerk erwirbt, dem Filmhersteller im Zweifel das ausschließliche Recht ein, das Filmwerk sowie Übersetzungen und andere filmische Bearbeitungen oder Umgestaltungen des Filmwerks auf alle Nutzungsarten zu nutzen.[61]

a) Risikoschutz zugunsten des Filmproduzenten

Der Sinn der Vorschrift besteht darin, den Filmproduzenten, der regelmäßig **13** das höchste wirtschaftliche Risiko am Gelingen des Filmwerks trägt, vor Rechten derjenigen, die durch ihre Mitarbeit notwendigerweise (Mit-) Urheber werden, zu schützen. Aus diesem Grund wird dem Produzenten die **umfassende**[62] **Verwertungsbefugnis** zugewiesen. Dogmatisch erfolgt dies dadurch, dass mit der schuldrechtlichen Mitwirkungspflicht der Miturheber – unter Lockerung des grundsätzlich geltenden Trennungsprinzips[63] – im Zweifel eine dingliche Rechteeinräumung einhergeht.[64] Die Vorschrift baut auf jahrzehntelangem Richterrecht auf, das letztlich auf dem Zweckübertragungsgrundsatz[65] gründete.[66] Über diese Grundsätze gelangt man häufig auch für die praktisch

---

[54] *Fette*, Recht im Verlag, 1995, S. 260 ff.

[55] Vom 14. Dezember 1983; vgl. Beck-Texte UrhR Nr. 8.

[56] Vgl. nur OLG München ZUM-RD 1998, 130.

[57] *Manegold*, in: Wandtke/Bullinger, § 88 UrhG Rz. 67.

[58] Vgl. nur BGH GRUR 1969, 364, 367; 1976, 382, 384; KG UFITA 1972, 298.

[59] *Manegold*, in: Wandtke/Bullinger, § 88 UrhG Rz. 2; zur urheberrechtlichen Rolle des Drehbuchautors *Bohr*, ZUM 1992, 122.

[60] Vgl. *Rehbinder*, Urheberrecht, Rz. 205.

[61] Allgemein zu den Rechten der Mitwirkenden am Filmwerk die gleichnamige Schrift von *Lütje*, 1987.

[62] Nach der Urheberrechtsnovelle sind hiervon wie schon bei § 88 UrhG auch bis dato unbekannte Nutzungsarten erfasst.

[63] Speziell dazu am Beispiel der Weiterübertragung eines Verfilmungsrechts BGHZ 27, 90, 95 f.

[64] *Manegold*, in: Wandtke/Bullinger, § 89 UrhG Rz. 2.

[65] Zu ihm *Schweyer*, Die Zweckübertragungstheorie im Urheberrecht, 1982.

[66] Entsprechend schwierig und umstritten ist das Verhältnis des § 89 UrhG zu § 31 Abs. 5 UrhG; *Reupert*, Der Film im Urheberrecht, 1995, S. 291 f.

sehr wichtigen Altverträge,[67] also solche, die vor Inkrafttreten des § 89 UrhG im Jahre 1965 geschlossen wurden, zu ähnlichen Ergebnissen.[68] So wurde auch im Verlagsrecht entsprechend angenommen, dass sich aus dem über mehrere Dekaden dauernden umfänglichen Vertrieb eines Buchs die Einräumung des Verlagsrechts an den Verleger ergeben könne.[69] Allerdings ist zu berücksichtigen, dass nach § 89 Abs. 3 UrhG die Urheberrechte an den zur Herstellung des Filmwerks benutzten Werken, wie Romanen, Drehbüchern und Filmmusik, unberührt bleiben.[70]

b) Einzelfälle und Abgrenzung

14   Das maßgebliche Unterscheidungskriterium des Produzentenschutzes nach § 89 UrhG gegenüber vorbestehenden Werken, die § 88 UrhG unterfallen, besteht darin, ob der eigene schöpferische Beitrag, der zum Filmwerk beigesteuert wird, als ein von diesem unterscheidbares Werk angesehen werden kann, das auch unabhängig von diesem verwertet werden kann.[71] Demgegenüber ist § 89 UrhG einschlägig, wenn sich der Beitrag im Filmwerk selbst erschöpft, wie es typischerweise beim Kameramann,[72] Szenenbildner,[73] oder dem Tonregisseur[74] der Fall ist. Auch die Tätigkeit des Hauptregisseurs unterfällt § 89 UrhG.[75] Im Schrifttum ist allerdings schon früh von maßgeblicher Seite gefordert worden,[76] § 89 UrhG nicht auf den Hauptregisseur eines Fernsehfilms anzuwenden, da in Anbetracht seines schöpferischen Beitrags nicht ohne weiteres angenommen werden könne, dass dieser dem Filmproduzenten bei der Inszenierung des Fernsehfilms gleichsam konkludent auch die Vorführfilmrechte einräume. Streitig – und angesichts der wirtschaftlichen Bedeutung von Synchronfassungen mitnichten unwichtig[77] – ist, ob § 89 UrhG auch auf den Hersteller einer **Synchronfassung** und den entsprechenden Autor anzuwenden ist:

> LG München FuR 1984, 534: Der Film „All about Eve" wurde von Erich Kästner ins Deutsche übersetzt und entsprechend synchronisiert. Die Frage war, ob darin eine gesondert verwertbare Mitwirkung bestand. Die Erben Kästners machten geltend, das von ihm verfasste Dialogbuch sei nur für das Kino geschrieben und wendeten sich gegen die Ausstrahlung der Synchronfassung im Fernsehen.

15   Das Gericht hat hier eine Miturheberschaft des Synchronautors angenommen und § 89 UrhG angewendet und die Klage der Erben abgewiesen. Auch die Übersetzungsarbeit eines Schriftstellers vom Range Erich Kästners sei eine nicht gesondert verwertbare Mitwirkung bei der Filmherstellung. Filmproduzent sei der Auftraggeber der Synchronisation. Begründet hat das Landgericht dies im

---

[67] Zur Anwendung der Zweckübertragungsregel auf alte Filmproduktionen *Poll*, ZUM 1985, 248; vgl. auch *v. Petersdorff-Campen*, Festschrift für W. Schwarz, 1999, S. 149.

[68] Übersicht über die in den Einzelheiten verästelte Rechtslage bei *Manegold*, in: Wandtke/Bullinger, § 89 UrhG Rz. 3–5.

[69] OLG Karlsruhe ZUM 1996, 810, 813 („Dr. Schiwago").

[70] Speziell zur urheberrechtlichen Rolle des Drehbuchautors *Bohr*, ZUM 1992, 122.

[71] *Manegold*, in: Wandtke/Bullinger, § 89 UrhG Rz. 1.

[72] Zur urheberrechtlichen Stellung des Kameramanns *Hertin*, UFITA 1992, 57; *Schulze*, GRUR 1994, 855; speziell zum Urheberrecht des „Chefkameramannes" an Spielfilmwerken die gleichlautende Monographie von *Merker*, 1995.

[73] Zu ihm sowie zu den Filmarchitekten und Kostümbildnern *Loewenheim*, UFITA 1994, 99.

[74] Vgl. zu ihm etwa OLG Köln ZUM 2000, 320.

[75] *Manegold*, in: Wandtke/Bullinger, § 89 UrhG Rz. 1.

[76] *E. Ulmer*, Urheber- und Verlagsrecht, 3. Auflage 1980, S. 48, 52 f.

[77] Monographisch dazu *Radmann*, Urheberrechtliche Fragen der Filmsynchronisation, 2003.

Wesentlichen mit der Erwägung, dass der Dialogtext „lippensynchron" gesprochen werde. Im Schrifttum wird dagegen teilweise eine gesonderte Verwertbarkeit der sprachlichen Synchronfassung angenommen und dementsprechend § 88 UrhG angewendet.[78] Im Einzelnen wird geltend gemacht, dass gegen die Anwendung des § 89 UrhG schon der Wortlaut streite, da die Synchronisation keine Herstellung eines neuen Films, sondern Bearbeitung eines bestehenden Films sei. Da das Synchronisationsunternehmen in aller Regel das deutsche Verlagsunternehmen sei, das die Fernseh-, Kino- und Videorechte für die deutschsprachige Fassung und deren Verwertung hierzulande erworben hat, könne es nicht als „Filmhersteller" i. S. d. § 89 UrhG angesehen werden.[79]

3. Schutz des Filmherstellers

Der Filmhersteller hat nach § 94 UrhG das ausschließliche und übertrag- **16** bare (Absatz 2) Recht, den Bildträger oder Bild- und Tonträger, auf den das Filmwerk aufgenommen ist, zu vervielfältigen, zu verbreiten und zur öffentlichen Vorführung oder Funksendung oder öffentlichen Zugänglichmachung zu benutzen.[80] Damit wird ersichtlich an die bereits im letzten Paragraphen behandelten, medienrechtlich relevanten Handlungen i. S. d. §§ 16, 17 UrhG im Interesse eines weit reichenden Produzentenschutzes angeknüpft.[81] Als Filmhersteller wird diejenige natürliche oder juristische Person bzw. Personenmehrheit angesehen, welche die Produktion, mit einer **faktischen Leitungsmacht** in organisatorischer, rechtlicher und wirtschaftlicher Hinsicht ausgestattet, dominiert.[82] Neuerdings kann der Filmhersteller einem anderen auch das Recht einräumen, den Bildträger oder Bild- und Tonträger auf einzelne oder alle der ihm vorbehaltenen Nutzungsarten zu nutzen, § 94 Abs. 2 S. 2 UrhG.

a) Sendeunternehmen als Filmhersteller

Zu berücksichtigen ist, dass Filmhersteller i. S. d. § 94 UrhG auch ein Sende- **17** unternehmen sein kann.[83] Dann bestehen die Schutzrechte aus § 94 UrhG und § 87 UrhG nebeneinander,[84] da der Filmhersteller nicht dadurch schlechter

---

[78] *Götting*, ZUM 1999, 3, 7.

[79] So *Manegold*, in: Wandtke/Bullinger, § 89 UrhG Rz. 17; a. A. *Schricker/Katzenberger*, § 94 Rz. 15; *Hertin*, in: Fromm/Nordemann, Urheberrechtskommentar, § 89 Rz. 8.

[80] Allgemein zum urheberrechtlichen Filmherstellerbegriff des § 94 UrhG *Pense*, ZUM 1999, 121. Zum Leistungsschutz von Teilen von längeren Bildfolgen nach §§ 94, 95 UrhG in Abgrenzung zum Urheberrechtsschutz von Teilen von Filmwerken instruktiv BGH, Urteil vom 20. 12. 2007 – Az. I ZR 42/05 (TV-Total).

[81] Vgl. zur Notwendigkeit eines besonderen Schutzes des Filmherstellers *Lettl*, Urheberrecht, § 9 Rz. 45. Siehe zur Person des Filmherstellers *Iljine*, Der Produzent: Das Berufsbild des Film- und Fernsehproduzenten in Deutschland, 1997.

[82] Vgl. BGHZ 120, 67, 70; vgl. auch schon BGH UFITA 1970, 313, 320; sowie aus steuerrechtlicher Sicht BFH BStBl. II 1997, 320, 321 (Übernahme von „Einfluss und Risiko"); siehe zur steuerrechtlichen Behandlung im Übrigen den Medienerlass des Bundesfinanzministeriums, BStBl. I 2001, 175 ff.

[83] Zum Sendeunternehmen als Tonträgerhersteller BGHZ 140, 94.

[84] Ganz h. M.; vgl. nur *v. Gamm*, Urheberrechtsgesetz, Kommentar, 1968, § 87 Rz. 3; *Schricker/v. Ungern-Sternberg*, § 87 Rz. 59; *Manegold*, in: Wandtke/Bullinger, § 94 UrhG Rz. 14; eingehend zur Abgrenzung der Herstellung von Ton- und Bildträgern zum Senderecht *Stolz*, UFITA 1983, 55, 83; a. A. soweit ersichtlich nur *Dünnwald*, UFITA 1976, 165, 170.

gestellt werden darf, dass er den Film auch noch sendet.[85] Wegen § 87 Abs. 3
UrhG nimmt die h. M. jedoch Einschränkungen bei der Vergütungsverteilung
vor.[86] In der Praxis gehen die Rundfunkanstalten den Verteilungsproblemen
möglichst aus dem Weg,[87] indem sie die Durchsetzung der Rechte der **Verwertungsgesellschaft** der Film- und Fernsehproduzenten (VFF) überantwor-
ten,[88] die das Vergütungsaufkommen paritätisch verteilt.[89] Wenn die Sendeunternehmen allerdings Filme produzieren, die nicht nur zur Sendung, sondern
auch als Videofilme genutzt werden, so besteht ein Vergütungsanspruch aus
§§ 54, 94 Abs. 4 UrhG.[90]

b) Produzentenschutz und Urheberpersönlichkeitsrecht

18   Des Weiteren hat der Filmhersteller nach § 94 Abs. 1 S. 2 UrhG das –
ebenfalls übertragbare – Recht, jede Entstellung oder Kürzung des Bildträgers
oder Bild- und Tonträgers zu verbieten, die geeignet ist, seine berechtigten
Interessen zu gefährden. Das hat nicht etwa mit dem Urheberpersönlichkeitsrecht zu tun; dieses ist vielmehr in § 93 S. 1 UrhG besonders ausgestaltet und
im Vergleich zum allgemeinen Urheberpersönlichkeitsrecht (vgl. § 14 UrhG)
auf gröbliche Entstellungen limitiert. Diese Beschränkung erfolgt im Gegenteil
gerade im Interesse des Filmherstellers an der schnellen und effektiven Verwertung seines mit wirtschaftlichen Anstrengungen und unternehmerischem
Risiko ins Werk gesetzten Films,[91] so dass sich § 93 S. 1 UrhG in die Ausgestaltung des Produzentenschutzes einfügt. Die Qualifikation des § 94 UrhG
als **wettbewerbsrechtlicher Sondertatbestand**[92] spricht ebenfalls für seine
Bedeutung im Medienwirtschaftsrecht.

c) Ergänzende Rechte

19   Im Gegensatz zu den §§ 88 f. UrhG geht es § 94 UrhG weniger um den
Schutz des Filmwerkes, als vielmehr um die Sicherung der **Verwertungsinte-
ressen** des Produzenten. Aus diesem Grund normiert § 94 UrhG ein Leistungsschutzrecht bezüglich der öffentlichen Vorführung und Funksendung.[93] Das

---

[85] *Schack*, Urheber- und Urhebervertragsrecht, Rz. 632.

[86] Näher *Schricker/Katzenberger*, § 94 Rz. 10.

[87] Damit wird die Streitfrage entschärft; vgl. *Manegold*, in: Wandtke/Bullinger, § 94 UrhG
Rz. 75.

[88] Neben der VFF sind als Verwertungsgesellschaften die AGICOA als Urheberrechtsschutz-
gesellschaft für Filmhersteller und Filmverleiher für Kabelweitersendungsrechte, die VGF für
ausländische Filmhersteller, Filmurheber, Fernsehproduzenten und Videogrammhersteller sowie
die GWFF zur Wahrnehmung von Film- und Fernsehrechten zu nennen. Ihre Tätigkeit und
Praxis wird von Seiten des Schrifttums argwöhnisch und z. T. ablehnend betrachtet; vgl. *Schack*,
ZUM 1989, 267, 285; *Rossbach*, Die Vergütungsansprüche im deutschen Urheberrecht, 1990,
S. 250 ff.; *Vogel*, GRUR 1993, 513, 522; *Schricker/Katzenberger*, § 94 Rz. 29 ff.

[89] Allgemein zum Anspruch des Sendeunternehmens nach §§ 94, 54 UrhG bei Auftragspro-
duktionen *Fuhr*, Festschrift für Reichhardt, 1990, S. 29; zur vorliegenden Problematik S. 37 f.

[90] OLG Hamburg ZUM 1997, 43, 44; *Schack*, GRUR 1985, 197, 200; *Loewenheim*, GRUR
1998, 513, 520.

[91] *Schack*, Urheber- und Urhebervertragsrecht, Rz. 362.

[92] Vgl. OLG München GRUR Int. 1993, 332, 334; *Manegold*, in: Wandtke/Bullinger, § 94
UrhG Rz. 4.

[93] Grundsätzlich nichts davon ist die Videoauswertung; vgl. OLG Düsseldorf GRUR 2002,
121, 122. Wenn aber die Nutzungsrechtseinräumung erkennbar umfassend angelegt und nicht
auf bestimmte Medien beschränkt ist, kann sie auch technisch weiterentwickelte Trägermedien
erfassen (BGH NJW-RR 2003, 917; *Czychowski/J. Nordemann*, NJW 2004, 1227).

wirkt sich etwa dann zugunsten des Herstellers aus, wenn zwischen den Beteiligten strittig ist, ob der Produzent von den Urhebern ausschließliche Nutzungsrechte zur Funksendung oder Kinovorführung erworben hat.[94] Allerdings kann der Produzent dann zwar den Urhebern und allen Dritten verbieten, den Film auszuwerten; hat er selbst jedoch das Nutzungsrecht nicht positiv erworben, so ist auch er nicht befugt, den Film auf die von ihm beanstandete Weise zu verwerten.[95] Wird das Leistungsschutzrecht des Produzenten verletzt, so kann er nach § 97 UrhG Beseitigung,[96] Unterlassung und Schadensersatz verlangen. Daneben gibt ihm § 98 UrhG einen Anspruch auf Vernichtung bzw. Überlassung der Vervielfältigungsstücke[97] sowie auf Vernichtung oder Überlassung der Vorrichtungen, die zur rechtswidrigen Herstellung der Vervielfältigungsstücke benutzt wurden oder bestimmt waren.[98]

§ 12. Markenrecht

Literatur: *Allmendinger*, Probleme bei der Umsetzung namens- und markenrechtlicher Unterlassungsverpflichtungen im Internet, GRUR 2000, 966; *Apel/Große-Ruse*, Markenrecht versus Domainrecht, Ein Plädoyer für die Paradigmen des Markenrechts im Rechtsvergleich, WRP 2000, 816; *Bettinger*, Kennzeichenrecht im Cyberspace: Der Kampf um die Domain-Namen, GRUR Int. 1997, 402; *Biermann*, Kennzeichenrechtliche Probleme im Internet, WRP 1999, 997; *Beier*, Recht der Domainnamen, 2004; *Born*, Gen-Milch und Goodwill – Äußerungsrechtlicher Schutz durch das Unternehmenspersönlichkeitsrecht, AfP 2005, 110; *Bücking*, Namens- und Kennzeichenrecht im Internet (Domainrecht), 1999; *ders.*, Internet-Domains – Neue Wege und Grenzen des bürgerlich-rechtlichen Namensschutzes, NJW 1997, 1886; *Bürglen*, Die Verfremdung bekannter Marken zu Scherzartikeln, Festschrift für Gaedertz, 1992, S. 71; *Ernst*, Gattungsnamen als Domains, DuD 2001, 212; *ders.*, Zur Zulässigkeit der Verwendung von Gattungsbegriffen und Branchenbezeichnungen als Domains, MMR 2001, 181; *Hagemann*, Rechtsschutz gegen Kennzeichnungsmissbrauch unter Berücksichtigung der Internet-Domain-Name-Problematik, 2001; *Koos*, Die Domain als Vermögensgegenstand zwischen Sache und Immaterialgut – Begründung und Konsequenzen einer Absolutheit des Rechts an einer Domain, MMR 2004, 359; *Körner*, Gleichnamigkeitskonflikte bei Internet-Domain-Namen – „shell.de", NJW 2002, 3442; *Krings*, Haben § 14 Abs. 2 Nr. 3 und § 15 Abs. 3 MarkenG den Schutz der berühmten Marke sowie des berühmten Unternehmenskennzeichens aus §§ 12, 823 Abs. 1, 1004 BGB ersetzt?, GRUR 1996, 629; *Kur*, Internet und Kennzeichenrecht, in: Loewenheim/Koch, Praxis des Online-Rechts, 1998; *dies.*, Kennzeichnungskonflikte im Internet, in: Festgabe für Beier, 1996, S. 265; *Mayer-Schönberger/Galla/Fallenböck* (Hrsg.), Das Recht der Domain-Namen, 2000; *Mayer-Schönberger/Hauer*, Kennzeichenrecht und Internet Domain Namen, ecolex 1997, 947; *Meyer*, Neue Begriffe in Neuen Medien – Eine Herausforderung für das Markenrecht, GRUR 2001, 204; *W. Nordemann/A. Nordemann/J. Nordemann*, Ein Indianerhäuptling – oder: Der Schutz von Einzeltiteln im Zeichen- und Urheberrecht am Beispiel des Romantitels, Festschrift für Ullmann, 2006, S. 327; *A. Nordemann.*, Internet-Domains und zeichenrechtliche Kollisionen, NJW 1997, 1891; *Peifer*, Individualität im Zivilrecht, 2000; *Petersen*, Namensrecht und Domain-Namen, Jura 2007, 175; *Piper*, Der Schutz der bekannten Marken, GRUR 1996, 429; *Renck*, Scheiden

---

[94] *Manegold*, in: Wandtke/Bullinger, § 94 UrhG Rz. 8.

[95] BGHZ GRUR 1986, 742, 743; vgl. auch *E. Ulmer*, Urheber- und Verlagsrecht, S. 537.

[96] Siehe dazu *Wulchner*, Der Beseitigungsanspruch im gewerblichen Rechtsschutz und Urheberrecht, 1998.

[97] Zum Vernichtungsanspruch *Retzer*, Festschrift für Piper, 1995, S. 421; *Thun*, Der immaterialgüterrechtliche Vernichtungsanspruch, 1998.

[98] Vgl. dazu allgemein *Wand*, Technische Schutzmaßnahmen und Urheberrecht, 2001. Die ursprüngliche Trennung zwischen Vervielfältigungsstücken und Vorrichtungen in den §§ 98, 99 UrhG a. F. ist entfallen.

allgemeine Begriffe und Gattungsbegriffe als Internet-Domains aus?, WRP 2000, 264; *Sosnitza*, Gattungsbegriffe als Domain-Namen im Internet, K&R 2000, 209; *Schack*, Internationale Urheber-, Marken- und Wettbewerbsverletzungen im Internet, MMR 2000, 59, 135; *Viefhues*, Domain-Name-Sharing, MMR 2000, 334; *ders.*, Folgt die Rechtsprechung zu den Domain-Namen wirklich den Grundsätzen des Kennzeichenrechts?, NJW 2000, 3239; *ders.*, Reputationsschutz bei Domain Names und Kennzeichenrecht, MMR 1999, 123.

1   Aus medienrechtlicher Sicht aufschlussreich sind einige markenrechtliche Besonderheiten, die gerade im Zeitalter des Internet an Bedeutung gewonnen haben.[1] Allerdings sind die Sachverhalte nicht auf das Internet beschränkt,[2] sondern können auch und gerade durch das Zusammentreffen von Printmedien und Internet markenrechtliche Probleme bereiten. So sieht etwa § 5 Abs. 3 MarkenG einen besonderen Schutz für Bücher- und Zeitungstitel vor.[3] Der Bundesgerichtshof erstreckt diesen Titelschutz auch auf **Software**.[4] Im Folgenden sollen nicht nur die rein markenrechtlichen Fragen behandelt werden, weil sich die Rechtsprobleme – vor allem bei den besonders problematischen Domains, deren Behandlung im Mittelpunkt stehen wird – nicht zuletzt aus dem schwierigen Zusammenspiel von Marken-, Wettbewerbs-[5] und Kartellrecht sowie dem allgemeinen Zivilrecht (§§ 12, 823, 826 BGB) ergeben.[6] Es sind zumeist keine genuin markenrechtlichen Gesichtspunkte, aber doch typische Probleme des Medienwirtschaftsrechts, die sich gerade mit Blick auf kennzeichenrechtliche Fragen stellen.[7]

I. Internetdomains im Allgemeinen

2   Die alphanumerische Kennung – genannt: domain name – hat zwar nur Adressfunktion und ist auch kein taugliches Ordnungs- oder Identifikationsmerkmal, weil sie letztlich nur einen Computer bezeichnet.[8] Soweit die Domain jedoch einen eigenen Namensbestandteil hat, kann deren Verwendung – nach ständiger Rechtsprechung sogar schon die Registrierung[9] – eine **Namensanmaßung** darstellen, die einen Abwehranspruch des Namensträgers gemäß § 12 BGB nach sich zieht.[10] Diese Vorschrift ist aber nicht die einzige in Betracht kom-

---

[1] Zu den Markenrechtsverletzungen im internationalen Bereich *Schack*, MMR 2000, 59; *ders.*, MMR 2000, 135.

[2] Speziell dazu *Gounalakis/Rhode*, Persönlichkeitsschutz im Internet, 2002, Rz. 38 ff.

[3] So hat das LG Köln zugunsten des Handelsblatts entschieden, dass dessen Beilage „Karriere" titelgeschützt ist; vgl. AfP 1990, 330, 331. In einem Folgeprozess konnte sich das Blatt erfolgreich dagegen zur Wehr setzen, dass jemand die entsprechende Domain („www.karriere.de") verwendete; vgl. *Hoeren*, Grundzüge des Internetrechts, S. 44 f. Zur Verwechslungsfähigkeit von Sachbuchtitel und Booklet-Titel BGH AfP 2005, 68.

[4] BGH NJW 1997, 3313 (FTOS) mit Besprechung von *Lehmann* sowie BGH NJW 1997, 3315 (Power Point).

[5] Vgl. hierzu *Emmerich*, Unlauterer Wettbewerb, 7. Auflage 2004, § 18 III 2.

[6] Dazu etwa *Krings*, GRUR 1996, 629; vgl. auch *Piper*, GRUR 1996, 429; speziell zu § 826 BGB BGH NJW 2005, 2315, 2316 – weltonline.de.

[7] Zum Schutz der Kommunikationsfunktion im Markenrecht siehe *Peifer*, Individualität im Zivilrecht, 2000, S. 426 f.

[8] *Bücking*, MMR 2000, 656.

[9] BGH NJW 2002, 2031, 2033 – shell.de; BGH NJW 2003, 2978, 2979 – maxem.de; BGH NJW 2005, 1196, 1197 – mho.de.

[10] St. Rspr., vgl. BGH NJW 2002, 2031 – shell.de; 2003, 2978 – maxem.de. Zum Verhältnis des Allgemeinen Teils des BGB zum Internet *Petersen*, Jura 2002, 387.

mende Regelung für die Bewältigung der Rechtsprobleme beim Erwerb von Domains. Bei einem Handeln im geschäftlichen Verkehr kommt vor allem ein Schutz nach dem MarkenG in Betracht, der nach h. M. den allgemeinen Namensschutz nach § 12 BGB verdrängt.[11] Nach § 5 Abs. 1 MarkenG werden **Unternehmenskennzeichen** als geschäftliche Bezeichnungen geschützt. Was genau Unternehmenskennzeichen sind, definiert § 5 Abs. 2 MarkenG. Es sind demnach Zeichen, die im geschäftlichen Verkehr als Name, Firma oder besondere Kennzeichen eines Unternehmens oder Geschäftsbetriebs geschützt werden.[12] Bedeutung kommt im vorliegenden Zusammenhang darüber hinaus auch dem **Titelschutz** (§ 5 Abs. 3 MarkenG)[13] zu, und zwar in zweifacher Hinsicht. Zum einen kann der durch den Bundesgerichtshof anerkannte Titelschutz für Software[14] auch Homepages einschließen, so dass auch Domain-Namen Werktitelcharakter haben können.[15] Zum anderen kann in der Verwendung eines gleich oder ähnlich lautenden Domain-Namens die Benutzung eines fremden Werktitels zu sehen sein.[16] § 15 Abs. 4 MarkenG gibt dem Inhaber der geschäftlichen Bezeichnung einen Unterlassungsanspruch gegen denjenigen, der dieses oder ein ähnliches Zeichen unbefugt in einer Weise – also insbesondere als Domain-Name – benutzt, die geeignet ist, Verwechslungen mit der geschützten Bezeichnung hervorzurufen (vgl. § 15 Abs. 2 MarkenG). Bei der Benutzung von bekannten Titeln ist die Verwechslungsgefahr gemäß § 15 Abs. 3 MarkenG sogar entbehrlich.[17]

II. Die Registrierung von Domains ohne erkennbares Eigeninteresse

Die rechtspolitische Brisanz der Thematik liegt nicht zuletzt darin, dass sich **3** gerade in der Anfangszeit des Internet findige Rechtsgenossen Internetdomains registrieren ließen, ohne ein erkennbares Eigeninteresse[18] an dem jeweiligen Namen zu haben. Domains wie Coca-Cola oder Microsoft, so die Spekulation, könnte man später gewinnbringend an die entsprechenden Unternehmen veräußern. Es war klar, dass dies wettbewerbsrechtliche Probleme nach sich ziehen

---

[11] BGH NJW 2002, 2031, 2032 f. – shell.de; BGH NJW 2005, 1196 – mho.de; Palandt/ *Heinrichs/Ellenberger*, § 12 Rz. 10; a. A. AnwK/*Koos*, § 12 Rz. 13.

[12] Zu den Problemen bei der Umsetzung namens- und markenrechtlicher Unterlassungsverpflichtungen im Internet *Allmendinger*, GRUR 2000, 966; *Biermann*, WRP 1999, 997; *Fezer*, WRP 2000, 669; *Bücking*, Namens- und Kennzeichenrechte im Internet (Domainrecht), 1999; *ders.*, MMR 2000, 656; *Kort*, BB 2001, 249; *A. Nordemann*, NJW 1997, 1891; *Stratmann*, BB 1997, 689.

[13] Zum Titelschutz für ein gemeinfreies Werk siehe unten Rz. 28 ff.

[14] Dazu soeben unter Rz. 1.

[15] *Ingerl/Rohnke*, MarkenG, Nach § 15 Rz. 124 ff.; *Omsels*, GRUR 1997, 328, 332.

[16] Z.B. OLG Hamburg GRUR-RR 2002, 393 – motorradmarkt.de; OLG München NJW-RR 1998, 984 – freundin.de; vgl. auch BGH NJW 2005, 2315, 2326 – weltonline.de. Zur Reichweite des Titelschutzes in diesem Zusammenhang vgl. einerseits LG Köln, Beschluss vom 10. 5. 1996 – 31 O 315/96 – karriere.de; andererseits LG Hamburg MMR 1998, 46 – bike.de; ähnlich OLG Hamburg MMR 2003, 668 – schuhmarkt.de.

[17] OLG München NJW-RR 1998, 984 – freundin.de; *Ingerl/Rohnke*, MarkenG, Nach § 15 Rz. 116.

[18] Zu diesem Kriterium und überhaupt zur gesamten Problematik *Bücking*, Namens- und Kennzeichenrecht im Internet (Domainrecht), 1999.

würde.[19] Aber nicht immer bestand zwischen den Beteiligten ein Wettbewerbsverhältnis, so dass ein allgemeiner zivilrechtlicher Schutz vonnöten war.

> OLG Frankfurt MDR 2000, 1268: Ein Student ließ die Kennung „weideglueck.de" für sich
> registrieren, ohne ein irgendwie geartetes Interesse gerade an diesem Begriff zu haben. Der
> Kläger war demgegenüber Inhaber einiger Marken, die die Bezeichnung „Weideglück" trugen.

4   Das Problem bestand darin, dass bei dieser nicht-wettbewerbsrechtlichen
Nutzung weder das UWG noch § 14 MarkenG weiter halfen.[20] Bei einer
solchen Nutzung einer Domain, die eine fremde Marke als Bestandteil enthält,
greift § 14 MarkenG mangels Nutzung im geschäftlichen Verkehr nämlich
nicht ein.[21] Eine sittenwidrige Schädigung in Gestalt der wettbewerbsrechtlichen Fallgruppe der Behinderung würde zwar grundsätzlich in Betracht
kommen, doch fehlt es, wie gesagt, an einem Wettbewerbsverhältnis zwischen
den Beteiligten. Aber auch § 12 BGB führt zu keinem anderen Ergebnis, weil
danach zwar der Unternehmensname, nicht aber die Produktbezeichnung
geschützt ist.[22] Damit es in derartigen Fällen nicht zu **Schutzlücken** kommt,
hat das Gericht zugunsten des Klägers § 826 BGB angewandt und den Beklagten wegen vorsätzlicher sittenwidriger Schädigung auf Schadensersatz und
Unterlassung verurteilt.[23]

5   Dem ist freilich nur unter der Prämisse zuzustimmen, dass der Betreffende,
hier der Student, wusste, dass die Marke „weideglueck" existierte. War ihm dies
nur – sei es auch aus Fahrlässigkeit – unbekannt, so ist für § 826 BGB kein
Raum. Das Bestreben, Schutzlücken zu schließen, darf also nicht dazu führen,
dass bei der Prüfung des subjektiven Tatbestandes des § 826 BGB Abstriche
gemacht werden. Auch der Bundesgerichtshof wendet § 826 BGB in Fällen der
unrechtmäßigen Registrierung von Domainnamen zumindest dann regelmäßig
nicht an, wenn es um die Registrierung von Gattungsbegriffen geht.[24]

III. Namen mit überragender Verkehrsgeltung

6   Die Rechtsprechung hat dem eingangs skizzierten Missbrauch schnell einen
Riegel vorgeschoben und die Reservierung von Namen mit überragender
Verkehrsgeltung wie z. B. „krupp.de" selbst dann untersagt, wenn der Betref-
fende selbst zufällig so heißt.[25]

---

[19] Speziell zum Schutz von Internet Domain Namen nach dem UWG *Brandl/Fallenbröck*,
RdW 1999, 186.
[20] Zum ungeschriebenen Tatbestandsmerkmal der markenmäßigen Benutzung BGH GRUR
2004, 154, 155; EuGH GRUR 2003, 55, 57.
[21] *Hoeren*, Grundzüge des Internet-Rechts, S. 45. Siehe zu § 14 MarkenG auch BGH
NJW 2004, 3102.
[22] Vgl. *Petersen*, Jura 2002, 743.
[23] OLG Frankfurt MDR 2000, 1268; in die gleiche Richtung OLG Nürnberg CR 2001, 54.
[24] BGH NJW 2005, 2315, 2316 – weltonline.de.
[25] OLG Hamm CR 1998, 241; ähnlich OLG München CR 1999, 382; vgl. auch LG
Paderborn MMR 2000, 622 („Joop"). Weitere Fälle aus der Praxis der Oberlandesgerichte bei
Hoffmann, NJW 2004, 2573.

1. Pseudonym und Künstlername

Schwieriger wird es, wenn eine Partei den Domain-Namen als Pseudonym 7 verwendet, eine andere aber tatsächlich so heißt. In einer solchen Konstellation kommt es entscheidend auf das Kriterium der Verkehrsgeltung an:

BGH NJW 2003, 2978: Der Rechtsanwalt Werner Maxem, der sich und seine Kanzlei im Internet unter „maxem.de" präsentieren möchte, klagt gegen jemanden, der unter dieser Kennung eine private Homepage unterhält und dessen Pseudonym Maxem ist, das er aus seinem Vornamen sowie Initialen seiner Familienangehörigen zusammengesetzt hat.

Der Bundesgerichtshof hat den Beklagten im Gegensatz zu den Vorinstanzen 8 aus § 12 BGB auf Unterlassung verurteilt.[26] In der Verwendung des Namens Maxem sieht der Senat zwar keine Namensleugnung – eine solche wäre per se unzulässig[27] –, wohl aber eine Namensanmaßung,[28] die nur unter weiteren Voraussetzungen unzulässig ist. Diese liegen dann vor, wenn der Betreffende durch den Namensgebrauch eine **Zuordnungsverwirrung** bewirkt und schützenswerte Belange des Namensträgers verletzt.[29] Bei der Verwendung eines fremden Namens als Internet-Adresse ist dies freilich im Regelfall gegeben,[30] weil schon der private Gebrauch Zuordnungsschwierigkeiten verursachen kann,[31] ohne dass es tatsächlich zu Verwechslungen kommen muss.[32]

Problematisch ist, dass der Beklagte den Namen „Maxem" seit längerem als 9 Pseudonym verwendet und daher gleichfalls ein Recht an diesem Namen haben könnte. Die Problematik ähnelt insoweit der Verwendung von **Künstlernamen**, bei denen die Rechtsprechung seit jeher darauf abstellt, ob sich der betreffende Name im Verkehr durchgesetzt hat.[33] Diesen Gesichtspunkt der Verkehrsgeltung greift der Bundesgerichtshof im Einklang mit einigen Stimmen im Schrifttum[34] auf und stellt darauf ab, ob sich das Pseudonym im Verkehr durchgesetzt hat, was vorliegend nicht der Fall sei. Die erstmalige tatsächliche Nutzung lässt der Bundesgerichtshof, entgegen einer in der Literatur vertretenen Auffassung,[35] nicht ausreichen, weil dann jeder behaupten könnte, er verwende keinen fremden Namen, „sondern einen eigenen Aliasnamen".[36] Diese rechtliche Würdigung begegnet auch keinen verfassungsrechtlichen Bedenken.[37]

BGH NJW 2007, 684: Die Erben von Klaus Nakszynski, der unter dem Künstlernamen Klaus Kinski weltberühmt wurde, verlangen Schadensersatz von Ausstellungsbetreibern, die zu Werbezwecken den Domain-Namen „kinski-klaus.de" zur Registrierung angemeldet und genutzt hatten.

---

[26] Vgl. LG Köln MMR 2000, 437; OLG Köln MMR 2001, 170.

[27] Münch.-Komm.-*Schwerdtner*, 5. Auflage, § 12 Rz. 177, 186 ff.

[28] Ebenso schon BGHZ 149, 191, 198; dass ein Domain-Name aus technischen Gründen nur einfach vergeben werden kann, führt also nicht zwangsläufig zu einem Bestreiten des Namens eines anderen; BGH NJW 2003, 2979.

[29] BGHZ 119, 237.

[30] BGHZ 149, 191, 199.

[31] Staudinger/*Weick*/*Habermann*, 1995, § 12 Rz. 248.

[32] BGHZ 124, 173, 181.

[33] RGZ 101, 226, 228; BGHZ 30, 7, 8.

[34] Palandt/*Heinrichs*/*Ellenberger*, 67. Auflage, § 12 Rz. 31; Münch.-Komm.-*Schwerdtner*, 5. Auflage, § 12 Rz. 25; Staudinger/*Weick*/*Habermann*, § 12 Rz. 22.

[35] RGRK-*Krüger-Nieland*, § 12 Rz. 31; *Bamberger*/*Roth*, BGB, § 12 Rz. 26.

[36] BGH NJW 2003, 2979.

[37] BVerfG-K CR 2006, 771; mit Anm. *Kitz*, CR 2006, 772.

Der Unterlassungsanspruch aus § 12 BGB, den Kinski zu Lebzeiten unter dem Gesichtspunkt der **Namensanmaßung** gehabt hätte,[38] steht den Erben nicht zu, da der Tote nicht mehr Träger des Namensrechts sein kann und sonach das Namensrecht mit dem Tod des Namensträgers erlischt.[39] Nichts anderes ergibt sich nach Ansicht des Bundesgerichtshofs aus § 823 Abs. 1 BGB wegen Eingriffs in das postmortale Persönlichkeitsrecht. Im Falle der Verletzung der ideellen Bestandteile des Persönlichkeitsrechts stehen freilich den Wahrnehmungsberechtigten nach der Rechtsprechung nur Unterlassungs-, nicht aber Schadensersatzansprüche zu.[40] Schadensersatz wegen Verletzung der vermögenswerten Bestandteile des Persönlichkeitsrechts hat der Senat entsprechend § 22 S. 3 KUG abgelehnt, weil seit dem Tod Kinskis mehr als zehn Jahre vergangen waren.[41]

2. Gleichnamigkeit

10   Die Gleichnamigkeit (vgl. § 23 MarkenG) regelt sich lediglich im Grundsatz, nicht aber unter allen Umständen nach dem **Prioritätsgrundsatz**.[42] Der Bundesgerichtshof hat diese Linie bestätigt.[43] Diese Entscheidung ist weit über den vorliegenden Zusammenhang hinaus interessant, weil sie viel zum Grundverständnis des Medienwirtschaftsrechts beiträgt.

> BGH NJW 2002, 2031: Ein Unternehmen, das auch Inhaber einer Vielzahl anderer Domain-Namen ist, ließ sich die Adresse „shell.de" registrieren und bot dem weltweit agierenden und bekannten Mineralölunternehmen Shell vergeblich an, ihren Internet-Auftritt unter diesem Namen zu organisieren. Daraufhin wendete sich das Unternehmen an einen Herrn Andreas Shell, der im Nebenberuf Unternehmer war. Dieser nahm die Offerte an, ist seitdem Inhaber der Domain „shell.de" und richtete unter dieser Adresse eine Homepage ein, mit der er auf sein Unternehmen hinwies. Das Mineralölunternehmen Shell verlangt daraufhin von ihm Schadensersatz sowie die Umschreibung des Domain-Namens „shell.de" auf sich.

11   Der Bundesgerichtshof hat zunächst eine für das Verhältnis der möglichen konkurrierenden Anspruchsgrundlagen grundlegende Feststellung aufgegriffen,[44] die § 12 BGB zum Gegenstand hat. Danach geht der kennzeichenrechtliche Schutz aus §§ 5, 15 MarkenG in seinem Anwendungsbereich ungeachtet der **Gleichwertigkeit aller Kennzeichenrechte**[45] dem Namensschutz aus § 12 BGB grundsätzlich vor.[46] Der Bundesgerichtshof fasst die gesetzgeberische Entwicklung selbst instruktiv wie folgt zusammen: „Mit dem In-Kraft-Treten des Markengesetzes am 1. 1. 1995 ist an die Stelle verschiedener markenrecht-

---

[38] Vgl. BGHZ 155, 273, 276; BGH GRUR 2004, 619, 620.

[39] BGHZ 8, 318, 324; a. A. *Schack*, JZ 1987, 776; offen gelassen zwischenzeitlich in BGHZ 107, 384, 390.

[40] BGH GRUR 2006, 252, 253.

[41] Dazu oben § 4 Rz. 53.

[42] In diese Richtung aber *Kur*, Festgabe Beier, 1996, S. 265, 276; Überblick zum Prioritätsprinzip im Kennzeichnungsrecht bei *Bröcher*, MMR 2005, 203.

[43] Dazu *Emmerich*, JuS 2002, 1226 f.

[44] In diese Richtung nämlich bereits BGH NJW 1998, 2045; dagegen aber *Fezer*, MarkenR, 3. Auflage, § 2 Rz. 4, § 15 Rz. 21 f.; vgl. auch *Bettinger*, GRUR Int. 1997, 402, 416 Fußnote 86 a; *dens.*, CR 1998, 243.

[45] Diese betont *Schricker* in seiner Entscheidungsrezension (in: JZ 2002, 1056) entgegen dem insoweit missverständlichen ersten Leitsatz der Entscheidung.

[46] *Krings* (GRUR 1996, 629) hat bereits vorher die Frage gestellt, ob § 14 Abs. 2 Nr. 3 und § 15 Abs. 3 MarkenG den Schutz der berühmten Marke sowie des berühmten Unternehmenskennzeichens aus §§ 12, 823 Abs. 1, 1004 BGB ersetzt haben.

licher Regelungen, die früher im Warenzeichengesetz oder im UWG enthalten waren oder den Generalklauseln der §§ 1, 3 UWG oder des § 823 BGB entnommen wurden, eine umfassende, in sich geschlossene kennzeichenrechtliche Regelung getreten, die im Allgemeinen den aus den Generalklauseln hergeleiteten Schutz verdrängt."[47] Das bedeutet, dass auch für die gleichzeitige Anwendung der §§ 1, 3 UWG – der Mineralölkonzern berief sich nämlich u. a. auf das wettbewerbswidrige Handeln des Beklagten – sowie § 823 BGB kein Raum ist.[48] Außerhalb des Anwendungsbereichs der §§ 5, 15 MarkenG könne dagegen die Anwendbarkeit der §§ 12, 823 Abs. 1 BGB nicht von vornherein ausgeschlossen werden.[49] Da im vorliegenden Fall die Internet-Adresse auch privat genutzt wurde, kam demnach hier auch § 12 BGB als Anspruchsgrundlage in Betracht.[50] Dessen Voraussetzungen lagen nach Ansicht des Gerichts vor. Im Hinblick auf die „Suchgewohnheiten" des Publikums werde der Berechtigte auch bei einer nur privaten Nutzung eines etablierten Namens von der eigenen Nutzung seines Zeichens ausgeschlossen.[51] Eine solche **Namensanmaßung**[52] liegt nach Ansicht des Senats nicht erst in der Benutzung des fremden Unternehmenskennzeichens, sondern bereits in der Registrierung.[53] Schon diese ist geeignet, den Anspruch aus § 12 BGB zu begründen,[54] zumal sie zu einer „Zuordnungs- und Identitätsverwirrung" beim Publikum führen kann.[55] Allerdings hebt das Gericht hervor, dass es auf der anderen Seite niemandem verwehrt sein darf, unter seinem Namen im Geschäftsleben aufzutreten,[56] so dass dies grundsätzlich auch dem Beklagten namens Andreas Shell offen stehen muss. Dabei komme auch der Prioritätsgrundsatz als „Gerechtigkeitsprinzip" in Betracht,[57] der vorliegend für den Beklagten streiten würde. Wenn jedoch die Interessen der Parteien, wie im vorliegenden Fall, angesichts der überragenden Bekanntheit der Marke „Shell" „von derart unterschiedlichem Gewicht" sind, könne es nicht bei der Prioritätsregel bleiben.[58] Interessanterweise hat der Bundesgerichtshof im Wesentlichen auf die Verkehrserwartungen der Internet-Nutzer abgestellt, die unter „shell.de" den gleichnamigen Ölkonzern und nicht Andreas Shell erwarten.

Der Beklagte ist zudem nach Auffassung des Bundesgerichtshofs schadensersatzpflichtig aus §§ 14 Abs. 2 Nr. 3, Abs. 3 Nr. 5, Abs. 5, 30 Abs. 3 MarkenG **12**

---

[47] BGH NJW 2002, 2031, 2032.

[48] BGH NJW 2002, 2031, 2033; siehe dazu auch *Marly*, LM Nr. 33 zu § 14 MarkenG.

[49] Im Anschluss an BGH NJW 1994, 2045.

[50] Skeptisch insoweit *Schricker*, JZ 2002, 1056, 1057.

[51] BGH NJW 2002, 2031, 2033.

[52] Nicht: Namensleugnung; so aber OLG Düsseldorf WRP 1999, 343, 346; dagegen *Viefhues*, NJW 2000, 3239, 3240.

[53] Aus gutem Grund skeptisch *Bücking*, Namens- und Kennzeichenrecht im Internet (Domainrecht), 1999, Rz. 114, 118.

[54] Siehe zu den „unternehmensträgeridentifizierenden Gütern" und zur „Aneignung von Individualität" in diesem Zusammenhang insbesondere *Peifer*, Individualität im Zivilrecht, 2000, S. 509 ff., 528 ff.

[55] „Und zwar auch dann, wenn der Internet-Benutzer beim Betrachten der geöffneten Homepage alsbald bemerkt, dass er nicht auf der Internet-Seite des Namensträgers gelandet ist", BGH NJW 2002, 2031, 2033 mit Verweis auf *Kur*, in: Loewenheim/Koch, Praxis des Online-Rechts, 1998, S. 362; auch dies ist nicht unzweifelhaft.

[56] So bereits BGH GRUR 1966, 623, 625.

[57] Vgl. zum „Gerechtigkeitsprinzip der Priorität" schon BGHZ 148, 1, 10; dazu sogleich näher unter V.

[58] BGH NJW 2002, 2031, 2034.

sowie – da Shell ein berühmtes Unternehmenskennzeichen darstellt – aus §§ 5 Abs. 2, 15 Abs. 3, Abs. 4 und Abs. 5 MarkenG. Dabei hält der Senat es konsequenterweise für entscheidend, dass das Publikum „auf eine falsche Fährte gelockt"[59] und so der Werbewert des Kennzeichens „Shell" beeinträchtigt wird.[60] Auch im Rahmen der §§ 14 Abs. 2 Nr. 3, 15 Abs. 3 MarkenG – und nicht erst bei der Prüfung der Gleichnamigkeit[61] i. S. d. § 23 MarkenG[62] – komme es auf eine **Interessenabwägung** an. Diese führe hier freilich zu keinem anderen Ergebnis als oben bei § 12 BGB.[63] Dabei ist der Bundesgerichtshof bei der Bejahung der erforderlichen Fahrlässigkeit außerordentlich streng mit dem Beklagten ins Gericht gegangen.[64] Der Bundesgerichtshof lässt im Übrigen mitunter dahinstehen, ob sich der Anspruch aus § 12 BGB oder aus §§ 5, 15 Abs. 2, Abs. 4 MarkenG ergibt.[65] In der Fallbearbeitung müssen jedoch nach dem Grundsatz der Anspruchskonkurrenz beide Anspruchsgrundlagen durchgeprüft werden.

13   Einen Anspruch auf Umschreibung der bestehenden Registrierung hat das Gericht jedoch mangels gesetzlicher Grundlage nicht zugebilligt.[66] Der vom Berufungsgericht ins Feld geführten Analogie zu den §§ 8 S. 2 PatG, 894 BGB hat der Bundesgerichtshof eine Absage erteilt.[67] Es gebe eben kein absolutes Recht auf Registrierung eines bestimmten Domain-Namens. Der Mineralölkonzern könne nicht mehr beanspruchen, als dass der Beklagte Andreas Shell gegenüber der DENIC[68] auf den Namen „shell.de" verzichtet.[69] Auch den von Seiten des Schrifttums unterbreiteten[70] Vorschlag eines Anspruchs aus angemaßter Eigengeschäftsführung gemäß §§ 687 Abs. 2, 681 S. 1, 667 BGB bzw.[71] – wenn die positive Kenntnis fehlen sollte – aus § 812 Abs. 1 S. 1 Alt. 2 BGB hat der Bundesgerichtshof gleichfalls mit der Begründung abgelehnt, dass der Eintrag des Domain-Namens nicht einer bestimmten Person wie ein absolutes Recht zugewiesen sei. Zu berücksichtigen ist demgegenüber, dass in das Namensrecht sehr wohl eingegriffen wurde und die Eintragung durch diesen Eingriff erlangt wurde. Damit kommt eine **Erlösherausgabe** durchaus in Betracht. Hier zeigt sich im Übrigen einmal mehr,[72] dass der Eingriff in den Zuweisungsgehalt fremden Rechts eine auch aus medienrechtlicher Hinsicht entscheidende Katego-

---

[59] BGH NJW 2002, 2031, 2035.

[60] Eine solche Beeinträchtigung ist erforderlich; vgl. BGH GRUR 1987, 711, 713; 1990, 711, 713.

[61] Dazu *Knaak*, Das Recht der Gleichnamigen, 1978.

[62] Vgl. BGH GRUR 1999, 992, 994.

[63] BGH NJW 2002, 2031, 2034; ebenso *Schricker*, JZ 2002, 1056, 1057.

[64] So bereits BGHZ 141, 329, 345. Zur vorsätzlichen Markenverletzung BGH NJW 2004, 3102.

[65] Vgl. BGH NJW 2005, 1503.

[66] Zustimmend *Schricker*, JZ 2002, 1056, 1057.

[67] Vgl. auch *Ernst*, MMR 1999, 487, 488.

[68] Der Interessenverband Deutsches Netzwerk Information Center (IV-DENIC) überwacht seit 1994 die Einrichtung deutscher Domain-Namen unterhalb der Top-Level-Domain DE und die Anbindung an das Internet; vgl. *Hoeren*, Grundzüge des Internet-Rechts, S. 30.

[69] BGH NJW 2002, 2031, 2035.

[70] *Hackbarth*, CR 1999, 384; *Fezer*, MarkenG, § 3 Rz. 351 a. E.

[71] Für eine weitergehende Anwendung der angemaßten Eigengeschäftsführung im Medienrecht – freilich bezogen auf Persönlichkeitsverletzungen – treten *Beuthien/Schmölz*, Persönlichkeitsschutz durch Persönlichkeitsgüterrechte, 1999, S. 50 ff., ein. Allgemein zur Herausgabe des Verletzergewinns bei Verstößen gegen das Markengesetz *Beuthien/Wassmann*, GRUR 1997, 255.

[72] Dazu bereits ausführlich oben § 6 Rz. 16 ff.

rie des Bereicherungsrechts darstellt. Auch insofern kommt dem Urteil wohl der Rang einer Schlüsselentscheidung aus Sicht des Medienwirtschaftsrechts zu.[73]

IV. Kennzeichenrechtsverletzung und Störerhaftung

Mit dem zuletzt behandelten Anspruch auf Umschreibung bzw. Verzicht auf **14** einen bestimmten Namen gegenüber der DENIC ist ein weiterer Problempunkt mit markenrechtlicher Konnotation angesprochen.[74] Es geht dabei um die Frage, ob und inwieweit die DENIC unter dem Gesichtspunkt der Störerhaftung oder aus anderen Gründen gehalten ist zu überprüfen, ob Kennzeichenrechte Dritter verletzt sein könnten. Damit sind markenrechtliche Probleme aufgeworfen, mit denen sich der Bundesgerichtshof unlängst zu beschäftigen hatte.

BGHZ 148, 14: Die Inhaberin der Marke „Messe Frankfurt Ambiente" wollte die Bezeichnung „ambiente.de" bei der DENIC für sich registrieren lassen. Diesen Namen hatte die DENIC aber bereits an einen Dritten vergeben lassen. Von diesem verlangte die Inhaberin von „Messe Frankfurt Ambiente" unter Hinweis auf ihre Rechte die Freigabe des Domain-Namens „ambiente.de". Der Dritte erklärte zwar, den Namen nicht nutzen zu wollen und gab auch eine entsprechende strafbewehrte Verpflichtungserklärung ab, verweigerte aber die Freigabe. Die DENIC trug die „Messe Frankfurt Ambiente" lediglich in ihre Warteliste ein, die dagegen klagte.

Der „Messe Frankfurt Ambiente" stehen keine wettbewerbs- oder kenn- **15** zeichenrechtlichen Ansprüche auf Löschung und Neuvergabe des Domain-Namens gegen die DENIC zu. Die DENIC selbst hatte ersichtlich keine Wettbewerbsförderungsabsicht, so dass ein Anspruch aus § 8 UWG nicht besteht. Aber auch für eine **mittelbare Kennzeichenrechtsverletzung** durch die DENIC fehlen Anhaltspunkte. Diese ist in § 14 Abs. 4 MarkenG nicht abschließend geregelt.[75] Allerdings setzt die danach verbleibende Möglichkeit der Teilnahme an einer Kennzeichenrechtsverletzung die vorsätzliche Begehung durch einen Dritten voraus, woran es hier fehlt.[76]

Die DENIC haftet auch nicht als Störerin,[77] weil sie etwaige Prüfungs- **16** pflichten verletzt hätte.[78] Derartige Prüfungspflichten bestehen nämlich nur,[79] soweit unschwer erkennbar ist, dass die Nutzung eines bestimmten Namens Rechte Dritter beeinträchtigt. Außerdem bezieht sich diese Prüfungspflicht lediglich auf die automatisierte Erstregistrierung eines neuen Namens.[80] Diese brauchte die DENIC aber zumutbarerweise nicht im Hinblick auf mögliche Rechte anderer verweigern,[81] sofern sich die Rechtsverletzung nicht ausnahms-

---

[73] Siehe dazu nur *Körner*, NJW 2002, 3442.

[74] Zu den verfassungsrechtlichen Fragen, insbesondere der Rechtsposition des Berechtigten im Hinblick auf Art. 14 GG siehe BVerfG NJW 2005, 589; vgl. auch *Nowrot*, Verfassungsrechtlicher Eigentumsschutz von Internet-Domains, 2002; *Kazemi/Leopold*, MMR 2004, 287.

[75] *Ingerl/Rohnke*, MarkenG, § 14 Rz. 136; vgl. auch OLG Düsseldorf WRP 1996, 559, 562. Zu § 14 Abs. 4 MarkenG auch BGH NJW 2004, 3102.

[76] BGHZ 148, 13, 17.

[77] Zutreffend bereits OLG Frankfurt WRP 2000, 214; a. A. noch LG Frankfurt WRP 1999, 366.

[78] Das wäre jedenfalls erforderlich; vgl. BGH GRUR 1994, 841; 1999, 418.

[79] Generell gegen die Annahme solcher Prüfungspflichten *A. Nordemann*, NJW 1997, 1892, 1896.

[80] Vgl. *Wagner*, ZHR 162 (1998) 701, 719; *Welzel*, MMR 2000, 39; *Bettinger/Freytag*, CR 1999, 28, 33; *Hoeren*, WuB V F § 14 MarkenG 2.00, denen sich der BGH insoweit anschließt.

[81] BGHZ 148, 13, 19 f.

weise geradezu aufdrängt.[82] Das ist hier auch nicht im Hinblick auf eine markenrechtliche **Verwechslungsgefahr** gemäß § 14 Abs. 2 Nr. 2 MarkenG der Fall.[83] Diese bemisst sich nach den drei Kennzeichnungselementen der Kennzeichnungskraft des prioritätsälteren Zeichens, der Ähnlichkeit des Zeichens und der Identität bzw. Ähnlichkeit der damit gekennzeichneten Waren,[84] deren detaillierte Prüfung hier von der DENIC schon angesichts der dafür erforderlichen markenrechtlichen Kenntnisse nicht erwartet werden konnte.[85] Auch eine Rechtsverletzung nach dem Maßstab des § 14 Abs. 2 Nr. 3 MarkenG i. V. m. § 4 Nr. 2 MarkenG liegt nicht vor. Die Kenntnis von der Bekanntheit des Namens „Ambiente" war aus Sicht des Bundesgerichtshofs der DENIC nicht unbedingt offenkundig.[86]

BGH NJW 2004, 1793: Der Politiker Kurt Biedenkopf klagt gegen die DENIC sowie gegen denjenigen, der sich bei ihr die Internet-Adresse „kurt-biedenkopf.de" hat reservieren lassen. Er hat damit Erfolg und möchte nicht selbst eingetragen werden, sondern die DENIC verpflichten, es in Zukunft zu unterlassen, den Domain-Namen „kurt-biedenkopf.de" zu benutzen oder benutzen zu lassen.

Ein Unterlassungsanspruch aus § 12 BGB stand dem Kläger gegen die DENIC nicht zu, da diese die Internet-Adresse nicht namensmäßig gebraucht, sondern nur verwaltet, indem sie die technischen Voraussetzungen für die namensmäßige Verwendung der Adresse durch den Anmelder herstellt.[87] Aber auch ein Unterlassungsanspruch, gerichtet auf die Benutzung der Adresse durch andere, besteht nach Ansicht des Bundesgerichtshofs nicht. Die damit intendierte vollständige Sperrung ist nicht möglich, zumal ein anderer „Kurt Biedenkopf" die Eintragung beantragen könnte. Ein solcher namensgleicher Dritter könnte sich dann auf das Prioritätsprinzip berufen, da die Ausnahmen hiervon nicht Platz greifen, wenn der prominente Gleichnamige sich nicht registrieren lassen will.[88]

V. Gattungsbegriffe

17 Markenrechtliche Schwierigkeiten bereitet die Registrierung von Gattungsbegriffen wie „rechtsanwaelte.de",[89] weil sie mangels Unterscheidbarkeit[90] (vgl. § 8 Abs. 2 Nr. 1 MarkenG) oder infolge eines speziellen Freihaltebedürf-

---

[82] Vgl. *Renck*, NJW 1999, 3587, 3593.

[83] Zu ihr bezüglich der §§ 5, 15 MarkenG auch BGH NJW 2005, 601.

[84] BGH GRUR 2001, 507. Vgl. auch BGH NJW 2004, 3102.

[85] BGHZ 148, 13, 22 f.

[86] BGHZ 148, 13, 23.

[87] BGHZ 148, 13, 16; dazu auch *Hoeren*, LM H. 12/2001 § 4 MarkenG Nr. 2; *Welzel*, MMR 2001, 744.

[88] Siehe auch *Jacobs*, Gesetzliche Teilhabe an Domain-Names, 2003, S. 110.

[89] Vgl. LG München I NJW 2001, 2100. Aus Sicht des Medienrechts interessant ist vor allem „www.presserecht.de"; dazu neuestens BGH NJW 2003, 662 (im konkreten Fall zulässig und nicht wettbewerbswidrig).

[90] Siehe zur Unterscheidbarkeit BGH GRUR 2001, 1042 bezüglich der Wortfolge „reich und schön", welche die Anmelderin für die Fernsehunterhaltung, Rundfunk-, Fernseh- und Videofilmproduktion sowie Film- und Videoverleih, den Betrieb für Tonstudios sowie die Veröffentlichung von Büchern begehrte. Der Fall verdeutlicht die markenrechtliche Erfassung praktisch aller bedeutsamen Medien.

nisses nicht ohne weiteres einer bestimmten Person zugeordnet werden können.[91] Freihaltebedürftige Begriffe i. S. d. § 8 Abs. 2 Nr. 2 MarkenG sind etwa „wirtschaft.de"[92] oder „stahlguss.de",[93] die nur beschreibenden Charakter haben. Die Verwendung eines solchen beschreibenden Begriffs als Domain-Name ist zwar nach der Rechtsprechung nicht generell wettbewerbswidrig. Doch kann in der Verwendung eines solchen Begriffs eine irreführende **„Alleinstellungsbehauptung"** liegen.[94] Was damit gemeint ist und welche wettbewerbsrechtlichen Fragen damit aufgeworfen sind, hat der Bundesgerichtshof in einer viel beachteten Entscheidung präzisiert:

> BGHZ 148, 1: Ein Verein, in dem sich über vierzig Mitwohnzentralen zusammengeschlossen haben, wendet sich dagegen, dass ein konkurrierender Verein im Internet unter dem Domain-Namen „www.mitwohnzentrale.de" auftritt und auf der Homepage die angeschlossenen Mitglieder nach Städten geordnet aufführt.

Das OLG Hamburg als Vorinstanz hat in der Benennung als „mitwohn- **18** zentrale.de" eine wettbewerbswidrige Behinderung erblickt, mit der potentielle Kunden abgefangen würden, weil sie nach Eingabe dieser Gattungsbezeichnung nicht mehr bei konkurrierenden Anbietern nachsuchen würden.[95] Dadurch komme es zu einer „Kanalisierung von Kundenströmen".[96] Markenrechtlich handele es sich um eine „rein beschreibende, von Haus aus nicht schutzfähige Gattungsbezeichnung ohne Unterscheidungskraft"[97] i. S. d. § 8 Abs. 2 Nr. 2 MarkenG. Auch eine entsprechende Anwendung des § 8 MarkenG auf die Domainregistrierung scheide aus.[98]

Der Bundesgerichtshof hat die Entscheidung aufgehoben und die Sache an **19** das Berufungsgericht zurückverwiesen.[99] So richtig es sei, dass viele Internet-Nutzer erfahrungsgemäß den Gattungsbegriff direkt eingeben und nicht den Weg über eine Suchmaschine wählen würden und dadurch in der Tat leicht auf einer Seite wie derjenigen der Beklagten landeten, sei dies doch nicht ohne weiteres wettbewerbswidrig.[100] Denn der durchschnittlich informierte und verständige Verbraucher wisse, dass die bei dieser Suchmethode gefundene Homepage nicht das vollständige Angebot darstellt,[101] so dass nicht ohne weiteres eine Alleinstellungsbehauptung vorliege.[102] Auch wenn der Sucher dann „aus Bequemlichkeit auf eine weitere Suche verzichtet",[103] könne nicht von einer unsachlichen Beeinflussung ausgegangen werden.[104]

---

[91] *Hoeren*, Grundzüge des Internet-Rechts, S. 41.
[92] OLG Frankfurt WRP 1997, 341.
[93] OLG Braunschweig MMR 2000, 610.
[94] So die beiden Leitsätze von BGHZ 148, 1.
[95] OLG Hamburg MMR 2000, 40.
[96] Zu diesem möglichen Effekt bereits *Kur*, CR 1996, 325, 328 ff.; *Viefhues*, MMR 2000, 334, 339; *Bettinger*, CR 1997, 273, 274.
[97] So paraphrasiert der BGH (Z 148, 1, 3) das vorinstanzliche Urteil.
[98] OLG Hamburg MMR 2000, 41.
[99] Siehe dazu auch *Freys*, ZUM 2002, 114.
[100] Allgemein zu den Rechtsproblemen im Zusammenhang mit Internet-Suchmaschinen *Geiseler-Bonse*, Internet-Suchmaschinen als rechtliches Problemfeld. Die rechtliche Beurteilung von Meta-tags, Keyword Advertisement und Paid Listings, 2003.
[101] Vgl. auch *Renck*, WRP 2000, 264, 267.
[102] Der Bundesgerichtshof hat dem Berufungsgericht aufgegeben, allfällige Feststellungen zur Alleinstellungsbehauptung nachzuholen; vgl. BGHZ 148, 1, 13.
[103] BGHZ 148, 1, 8.
[104] *Ernst*, MMR 2001, 181, 182.

20   Auch mit einem markenrechtlichen Freihaltebedürfnis an der Gattungsbezeichnung „mitwohnzentrale.de" lasse sich die Unlauterkeit nicht begründen. Das Gericht begründet dies mit dem Zweck des § 8 Abs. 2 Nr. 2 MarkenG, der verhindern soll, dass an produktbezogenen Angaben **Ausschließlichkeitsrechte** entstehen.[105] Nur aus diesem Grunde seien beschreibende Angaben freizuhalten, doch bestehe diese Gefahr nicht, da mit der Registrierung des beschreibenden Begriffs „Mitwohnzentrale" keine Rechte gegenüber Dritten begründet würden.[106] Allerdings hat der Bundesgerichtshof dem Freihaltebedürfnis i. S. d. § 8 Abs. 2 Nr. 2 MarkenG insofern Geltung eingeräumt, als „dem Anmelder als Konkurrenten kein Vorteil daraus erwachsen soll, dass er Ausschließlichkeitsrechte an einem Gattungsbegriff erwirbt und sich damit einen Vorsprung gegenüber den Mitbewerbern verschafft."[107] Indes sei der durch die Registrierung des Begriffs Mitwohnzentrale erlangte Vorteil des Beklagten hier nicht unlauter oder sonst wie zu missbilligen. Im Übrigen sei stets zu erwägen, ob nicht entsprechend § 8 Abs. 3 MarkenG das Freihaltebedürfnis oder die mangelnde Unterscheidungskraft dadurch überwunden werden könnten, dass sie sich im Verkehr inzwischen durchgesetzt hätten.[108]

BGH NJW 2005, 1503: Das beklagte Unternehmen sollte für den Literaturhaus e. V. eine Internetseite errichten und sicherte sich zu diesem Zweck die Internet-Adresse „literaturhaus.de". Nachdem die geplante Zusammenarbeit nicht zustande kam, klagte der Literaturhaus e. V.

21   Ein Unterlassungsanspruch aus §§ 15 Abs. 2, Abs. 4, 5 Abs. 2 MarkenG scheitert daran, dass das betreffende Unternehmenskennzeichen nicht über die erforderliche **namensmäßige Unterscheidungskraft** verfügt.[109] Die Bezeichnung geht nicht über die bloße Zusammensetzung der kennzeichnenden Worte (Literatur und Haus) hinaus und hat nur beschreibenden Charakter ohne „einprägsame Neubildung".[110] Kennzeichenrechtlicher Schutz könnte sich demnach nur über die **Verkehrsgeltung** ergeben,[111] an der es jedoch gleichfalls fehlt. Entsprechendes gilt für einen Unterlassungsanspruch aus §§ 12, 57 BGB.[112] Allerdings kann sich ein Anspruch unter dem Gesichtspunkt der wettbewerbsrechtlichen Behinderung (§ 4 Nr. 10 UWG)[113] sowie des Verschuldens bei Vertragsverhandlungen (§§ 311 Abs. 2 Nr. 2, 280 Abs. 1, 241 Abs. 2 BGB) ergeben. Letzteres ist insbesondere dann einschlägig, wenn – was das OLG, an das zurückverwiesen wurde, festzustellen hat – anvertraute Geheimnisse gebrochen wurden;[114] dann könnte sich aus §§ 311 Abs. 2 Nr. 2, 280 Abs. 1, 241 Abs. 2 i. V. m. § 249 Abs. 1 BGB ein Anspruch auf Freigabe des Domain-Namens ergeben.

---

[105] Vgl. *Ingerl/Rohnke*, MarkenG, § 8 Rz. 52.
[106] BGHZ 148, 1, 9, mit dem weiteren – wettbewerbsrechtlich zweifelhaften – Hinweis der Benutzerfreundlichkeit von Gattungsbegriffen; vgl. auch *Härting*, BB 2001, 491, 492.
[107] BGHZ 148, 1, 10.
[108] BGHZ 148, 1, 11.
[109] Vgl. auch BGH GRUR 2002, 814, 816.
[110] Ähnlich EuGH GRUR 2004, 680, 681; vgl. auch BGH GRUR 1988, 319, 320; 2003, 1050.
[111] BGH GRUR 2004, 514, 515.
[112] Vgl. BGHZ 43, 245, 253; BGH GRUR 1953, 446, 447; 1970, 481, 482.
[113] Dazu Baumbach/Hefermehl/*Köhler*, Wettbewerbsrecht, 23. Auflage, § 4 Rz. 10.95.
[114] BGHZ 60, 221, 223 f.

VI. Das Prioritätsprinzip als medienrechtlicher Ordnungsgesichtspunkt?

Die beiden Entscheidungen „shell.de" und „mitwohnzentrale.de" sind noch **22** in anderer Hinsicht von allgemeinem medienrechtlichen Interesse. In beiden Urteilen hebt der Bundesgerichtshof nämlich ausdrücklich das „Gerechtigkeitsprinzip der Priorität" bei der Vergabe von Domain-Namen hervor.[115] Auch wenn das Gericht dies nicht als medienrechtliches Prinzip klassifiziert hat, sondern nur als allgemeinen Gerechtigkeitsgesichtspunkt, stellt sich für den vorliegenden Zusammenhang wieder die Frage, ob und inwieweit die Priorität nicht als prinzipieller Gesichtspunkt in Betracht kommt. Immerhin taucht das Gerechtigkeitsprinzip in der letztgenannten Entscheidung gerade dort auf, wo es um einen Wettbewerbsvorsprung im Umgang mit dem neuen Medium geht.

Dennoch wird man auch das Prioritätsprinzip nicht als medienrechtliches **23** Prinzip auffassen können. Es ist zu weit und zu indifferent, als dass sich daraus inhaltliche Folgerungen für das gesamte Medienrecht – sei es auch nur unter einem bestimmten Aspekt oder im Hinblick auf ein bestimmtes Medium, etwa das Internet – ziehen lassen könnten. Auch hier ist es wieder so, dass der jeweilige Gesichtspunkt, hier derjenige der Priorität, im konkreten Ausschnitt der Rechtsordnung, also vorliegend etwa dem Markenrecht, ein maßgebliches Beurteilungskriterium darstellt, wie es bei der Priorität im Markenrecht durchaus der Fall ist (vgl. §§ 6 Abs. 3, 13 MarkenG),[116] darüber hinaus aber kein das gesamte Medienrecht durchziehendes Leitprinzip darzustellen vermag.

VII. Markenrecht und Urheberrecht

Das Verhältnis von Urheber- und Markenrecht zueinander kann hier nicht **24** Gegenstand eingehender Erörterung sein. Mitunter stellen sich jedoch vom Blickwinkel des Medienrechts aus markenrechtliche Fragen in besonderer Weise, wenn das zugrunde liegende Werk zugleich urheberrechtlich geschützt ist.[117]

1. Unterscheidungskraft

Eine Vorfrage für die hier angesprochene Problematik stellt der für das **25** Markenrecht zentrale Gesichtspunkt der Unterscheidungskraft dar. Die Rechtsprechung versteht darunter „die einer Marke innewohnende Eignung, vom

---

[115] Vgl. BGH NJW 2002, 2031, 2034; BGHZ 148, 1, 10.

[116] Vgl. BGH GRUR 2001, 507, 508; BGHZ 148, 13, 22 („Kennzeichnungskraft des *prioritätsälteren* Zeichens"). Siehe zur Priorität neuestens BGH NJW 2002, 3332 (instruktiv zu den §§ 14, 15 MarkenG, wenngleich ohne spezifisch medienrechtliche Relevanz), wonach die ursprüngliche Priorität sogar wieder aufleben kann, wenn der Unternehmensname vermöge seiner Berühmtheit oder Verkehrsgeltung (hier: Hotel „Adlon") in kollektiver Erinnerung geblieben ist.

[117] Lesenswert zum Folgenden: *W. Nordemann/A. Nordemann/J. Nordemann,* Festschrift für Ullmann, 2006, S. 327.

Verkehr als Unterscheidungsmittel für die in Frage stehenden Waren und Dienstleistungen von solchen anderer Unternehmen aufgefasst zu werden."[118]

BGH NJW 2003, 1867: Es ging um die Löschung der Wortmarke „Winnetou" im Hinblick auf Druckerzeugnisse, Filmproduktionen sowie die Veröffentlichung und Herausgabe von Büchern und Zeitschriften. Die Markeninhaberin hat gegen die teilweise Löschung Beschwerde ohne Erfolg erhoben.

26   Der Bundesgerichtshof hat im Einklang mit dem Bundespatentgericht[119] dem Teillöschungsbegehren entsprochen, weil die Voraussetzungen des Löschungsgrundes des § 50 Abs. 1 Nr. 3 i. V. m. § 8 Abs. 2 Nr. 1 und 2 MarkenG vorlagen. Zum einen bestand nach übereinstimmender Auffassung der Gerichte ein **Freihaltebedürfnis**, das nicht nur Druckerzeugnisse, sondern auch Filmproduktionen und die Veröffentlichung von Büchern und Zeitschriften erfasse, da die Figur Winnetou Gegenstand von Publikationen in allen genannten Medien und als solche im allgemeinen Bewusstsein zu einem bestimmten Menschentyp geworden sei.

27   Darüber hinaus war die Marke nach § 50 Abs. 1 Nr. 3 i. V. m. § 8 Abs. 2 Nr. 1 MarkenG zu löschen, weil dem Namen „Winnetou" die für den Markenschutz nötige Unterscheidungskraft fehlt. Ungeachtet seines möglicherweise ursprünglich phantasievollen Klanges ergibt sich aus dem Namen nicht der erforderliche Verweis auf die Waren- oder Dienstleistungsherkunft. Es ist jedoch gerade die zentrale Funktion einer Marke, die **Ursprungsidentität** der bezeichneten Dienstleistungen oder Waren zu garantieren.[120] Damit geht es um die Frage, ob der Begriff „Winnetou" über eine, sei es auch noch so geringe, Unterscheidungskraft im oben dargestellten Sinne verfügt. Das haben die Gerichte unter Hinweis darauf verneint, dass der streitgegenständliche Name schon im Zeitpunkt der Eintragung „zum Synonym für einen rechtschaffenen Indianerhäuptling" (sic!) geworden sei.[121] Auch die Voraussetzung einer auf die Romane zurückgehenden Unterscheidungskraft kraft **Verkehrsdurchsetzung** lehnt der Bundesgerichtshof unter Hinweis darauf ab, dass ein damit behaupteter Erfahrungssatz lediglich zugunsten periodisch erscheinender Druckwerke,[122] nicht aber bei Einzelwerken eingreifen könne.[123] Das Urteil ist jedoch angesichts der überragenden Bekanntheit der Winnetou-Bücher von Karl May, die durchaus den Schluss auf die Herkunft zulassen, zweifelhaft.

2. Titelschutz für ein gemeinfreies Werk

28   Daran anknüpfend erhebt sich die Frage, ob und inwieweit ein kennzeichenrechtlicher Werktitelschutz auch dann möglich ist, wenn das damit geschützte Werk wegen Ablauf der urheberrechtlichen Schutzfrist gemeinfrei geworden ist. Auch dieses Problem wurde durch den soeben erörterten Sachverhalt aufgeworfen.

---

[118] BGH GRUR 2002, 1070.

[119] Vgl. BPatGE 42, 250.

[120] BGH NJW 2003, 1867, 1868. Vgl. auch *v. Becker*, AfP 2004, 25.

[121] So wörtlich BGH NJW 2003, 1868 unter Verweis auf BPatGE 42, 250.

[122] Zur Unterscheidungskraft des Titels einer Fachzeitschrift etwa LG Frankfurt a. M. GRUR-RR 2002, 68.

[123] Vgl. BGH NJW-RR 1999, 692; 1999, 1643 (dazu *Loewenheim*, LM H. 3/2000 § 5 MarkenG Nr. 17); BGH GRUR 2000, 504, 505.

BGH NJW 2003, 1869: Der Karl-May-Verlag in Bamberg klagte gegen eine Filmproduzen-
tin, die unter dem Titel „Winnetous Rückkehr" einen vom ZDF ausgestrahlten Film von und
mit dem früheren und vom Kläger insoweit lizenzierten Winnetou-Darsteller produziert hatte.
Der Karl-May-Verlag erblickte darin eine Verletzung seiner Titelrechte wegen der von ihm
verlegten Romane.

Im Unterschied zur Entscheidung des Berufungsgerichts[124] wies der Bundes- **29**
gerichtshof die Klage ab. Allerdings hat das Gericht die für den **Titelschutz**
gemäß § 5 Abs. 3 MarkenG nötige ursprüngliche Unterscheidungskraft hier,[125]
anders als im soeben genannten Fall für den Markenschutz, angenommen, weil
die Werktitel „Winnetou I-III" als solche eine hinreichende **Werkindividuali-
sierung** ermöglichen.[126] Jedoch fehlte es nach Ansicht des Gerichts an der
Verwechslungsgefahr.[127] Insoweit fällt die Abwägung von Werknähe,[128] Kennzeichnungskraft und Titelähnlichkeit zu Lasten des klagenden Verlags aus.[129]

Im Mittelpunkt der Entscheidung steht aber die Frage, ob ein Titelschutz **30**
nach dem Markenrecht überhaupt dann noch in Betracht kommt, wenn die
urheberrechtliche Schutzfrist (§ 64 UrhG), wie hier, abgelaufen ist. Das bejaht
der Bundesgerichtshof entgegen einer im Schrifttum weit verbreiteten Ansicht.[130] Im Unterschied zum urheberrechtlichen Schutz kommt es für das
Markenrecht auf die Unterscheidungskraft und die tatsächliche Ingebrauch-
nahme an. Da nämlich der Werkbegriff i. S. d. § 5 Abs. 3 MarkenG keine
urheberrechtliche Schutzfähigkeit voraussetzt und demgemäß auch nicht mit
dem des § 2 UrhG gleichbedeutend ist,[131] muss mit der urheberrechtlichen
Werkfreiheit nicht zwangsläufig der Titelschutz enden.[132]

---

[124] OLG Nürnberg WRP 2000, 1168.

[125] Vgl. *Deutsch/Mittas*, Titelschutz, 1999, Rz. 78.

[126] Vgl. Ströbele/Hacker/*Hacker*, MarkenG, § 5 Rz. 133 ff.; *Fezer*, MarkenR, § 5 Rz. 157;
Ingerl/Rohnke, MarkenG, § 5 Rz. 52.

[127] Unter Verweis auf BGH NJW-RR 2002, 1563.

[128] Zu ihr grundlegend BGHZ 26, 52, 59.

[129] Am Rande sei bemerkt, dass der Bundesgerichtshof den Begriff der Verwechslungsgefahr
der Sache nach offenbar als Typusbegriff versteht, da die genannten Merkmale gleichsam
bedingt kompensierbar sind; vgl. dazu *Leenen*, Typus und Rechtsfindung, 1971.

[130] *Goldbaum*, GRUR 1926, 297, 303; *Seligsohn*, UFITA 6 (1933) 124, 138; *Leinveber*,
GRUR 1956, 64; *ders.*, JR 1958, 371, 372; *Hertin*, WRP 2000, 889, 896.

[131] *Schricker*, UrheberR, § 64 Rz. 74.

[132] In diese Richtung bereits RGZ 104, 88, 92; BGH GRUR 1980, 227, 230.

4. Teil. Das öffentliche Medienrecht

1   Vom öffentlichen Recht war bei der Behandlung der verfassungsrechtlichen Grundlagen sowie bei den Einzelheiten zum Rundfunkstaatsvertrag bereits ausführlich die Rede. Dabei ging es vor allem um die Rechtsprechung des Bundesverfassungsgerichts zu Art. 5 GG. Damit sind freilich die öffentlich-rechtlichen Fragen des Medienrechts, so wichtig die dargestellten Maßgaben auch sind, nur rudimentär erfasst. Denn die verfassungsrechtlichen Leitlinien stehen gleichsam vor der Klammer, weil sie auch das gesamte private Medienrecht und auch das Medienstrafrecht betreffen.[1] Dagegen geht es im Folgenden um die verwaltungsrechtliche Ausformung und Konkretisierung,[2] die freilich das Verfassungsrecht nicht außer Betracht lassen kann,[3] denn auch insoweit ist Verwaltungsrecht konkretisiertes Verfassungsrecht.[4] Aber es wäre zu billig, diese Wendung einfach auf das Medienrecht anzuwenden, wie das mitunter geschieht, indem gesagt wird, Medienrecht sei konkretisiertes Verfassungsrecht.[5]

2   Dass sich letztlich aber ganz normale Fragen des Verfassungs- und Verwaltungsrechts mit lediglich medienrechtlich gefärbten Inhalten ergeben,[6] veranschaulicht folgende Entscheidung:

OVG Münster NJW 2003, 2183: Ein Internet-Zugangsanbieter ermöglicht den Zugang zu Webseiten mit nationalsozialistischem Inhalt. Die zuständige Behörde verlangte von dem Anbieter unter Androhung der sofortigen Vollziehung, die betreffenden Seiten zu sperren. Der Anbieter, der dagegen erfolglos Widerspruch eingelegt und beim Verwaltungsgericht die Wiederherstellung der aufschiebenden Wirkung beantragt hatte, beschwerte sich dagegen beim Oberverwaltungsgericht.

3   Eingriffsgrundlage für die Sperrungsverfügung gegen den Internet-Zugangsanbieter, einen Zugangsvermittler i. S. d. § 8 TMG,[7] konnte hier nur § 20 Abs. 4

---

[1] Lesenswert zu den öffentlich-rechtlichen Rahmenbedingungen einer Informationsordnung der gleichlautende Beitrag von *Schoch*, VVDStRL 57 (1998) 158.

[2] Zur so genannten „virtuellen Verwaltung" siehe *Gounalakis/Rhode*, Persönlichkeitsschutz im Internet, 2002, Rz. 388.

[3] Ein Beispiel bildet etwa die Frage des Rechtsschutzes bei Klagen gegen Pressemitteilungen von Ermittlungsbehörden, die im Hinblick auf den Rechtsweg problematisch ist und wegen Art. 19 Abs. 4 GG durchaus verfassungsrechtliche Brisanz aufweist. *Wasmuth*, NJW 1988, 1705, spricht sich mit teleologisch fundierter Argumentation gegen die Literatur und Rechtsprechung dafür aus, dass aufgrund anderweitiger Rechtswegzuweisung i. S. d. § 40 Abs. 1 S. 1 a. E. VwGO entsprechend §§ 23, 25 EGGVG die Oberlandesgerichte für derartige Klagen zuständig sind.

[4] Speziell das im nächsten Paragraphen behandelte Telekommunikationsrecht wird in weiten Teilen allerdings auch schon als „europäisiertes Verwaltungsrecht" bezeichnet; so *Hoffmann-Riem*, DVBl 1999, 125; zustimmend *Kloepfer*, Informationsrecht, § 11 Rz. 35.

[5] Zutreffend dagegen *Schoch*, JZ 2002, 798, 804; *Stürner*, AfP 2002, 291; weniger skeptisch freilich *Gounalakis*, Konvergenz der Medien – Sollte das Recht der Medien harmonisiert werden?, Gutachten C zum 64. DJT, 2002, S. 65, 81.

[6] Freilich können sich auch hier durch die Verwendung des Mediums Rechtsfragen stellen; siehe etwa zur Betätigung öffentlich-rechtlicher Anstalten und Körperschaften im Online-Bereich *Schoch*, AfP 1998, 253.

[7] Aus der Rechtsprechung zum insoweit inhaltsgleichen § 7 MDStV OLG München NJW 2002, 2398; OLG Düsseldorf NJW-RR 2002, 910; KG MMR 2004, 673; LG Köln CR 2004, 304.

JMStV i. V. m. § 59 Abs. 3, Abs. 4 RStV sein, da es sich um offensichtlich unzulässige Inhalte i. S. d. § 4 JMStV handelte. Die Entscheidung ist noch unter Geltung des Mediendienstestaatsvertrags ergangen. Die für dessen Anwendbarkeit notwendige Unterscheidung zwischen Medien- und Telediensten, die sich am konkreten Inhalt des Angebots orientierte[8] und danach bemaß, ob die redaktionelle Gestaltung[9] sowie die Eignung zur Meinungsbildung[10] im Vordergrund stand, ist inzwischen weitgehend obsolet. Die entsprechenden und im Wesentlichen inhaltsgleichen Vorschriften des TMG, JMStV und RStV gelten nunmehr einheitlich für Medien- und Teledienste, die unter dem Begriff der Telemedien zusammengefasst werden. Um solche handelt es sich nach der Negativabgrenzung des § 1 Abs. 1 TMG bei den vorliegenden, ersichtlich auf Propaganda gerichteten Seiten, die weder dem Rundfunk noch der Telekommunikation zuzuordnen sind.

Die Frage ist jedoch, ob die Eingriffsgrundlage ihrerseits verfassungsgemäß ist. **4** In formeller Hinsicht bestehen keine Bedenken: Die Gesetzgebungskompetenz für die inhaltlichen Anforderungen an Telemedien, die sich hier aus § 4 JMStV ergeben, liegt nach Art. 70 GG bei den Ländern.[11] Gleiches gilt, soweit man hier – allerdings eher fern liegend – das Presserecht für einschlägig hält, welches mit Abschaffung der Rahmengesetzgebung im Zuge der Föderalismusreform nunmehr ebenfalls der Länderzuständigkeit unterfällt. Problematisch ist dagegen die Verfassungsmäßigkeit in materieller Hinsicht. Die §§ 20 Abs. 4 JMStV, 59 Abs. 3, Abs. 4 RStV stellen allgemeine Gesetze i. S. d. Art. 5 Abs. 2 GG dar, so dass eine verfassungswidrige Einschränkung der Rundfunk- und Pressefreiheit nicht in Betracht kommt.[12] Auch eine (Vor-)Zensur fand nicht statt,[13] so dass auch das Zensurverbot des Art. 5 Abs. 1 S. 3 GG nicht entgegen stand.

Auch der landesgesetzlich ausgeformte[14] Grundsatz der **Polizeifestigkeit der Presse**, wonach ein präventives polizeiliches Einschreiten aufgrund der allgemeinen polizei- bzw. ordnungsrechtlichen Generalklausel an sich ausgeschlossen wäre,[15] steht der Verfassungsmäßigkeit nicht entgegen, da die §§ 20 Abs. 4 JMStV, 59 Abs. 3, Abs. 4 RStV eine spezielle Ermächtigungsgrundlage darstellen, die zu einem Einschreiten wegen Verstoßes gegen konkrete, spezifizierte gesetzliche Verbote ermächtigen und den Anforderungen des Art. 5 Abs. 2 GG genügen.

Die Sperrungsverfügung war auch ermessensfehlerfrei, § 59 Abs. 4 RStV. Auch **5** unter dem Gesichtspunkt der Verhältnismäßigkeit (§ 59 Abs. 3 S. 3 RStV) war die Verfügung nicht rechtswidrig. Insbesondere waren keine anderen Maßnahmen gegenüber dem Anbieter durchführbar (§ 7 TMG). Schließlich war die Maßnahme als „**Schritt in die richtige Richtung**"[16] geeignet, erforderlich und angemessen.

---

[8] *Spindler/Volkmann*, K&R 2002, 398, 399; *Zimmermann*, NJW 1999, 3145, 3146.
[9] *Spindler*, in: Roßnagel, Recht der Multimediadienste, 2002, § 2 TDG Rz. 31.
[10] *Dörr*, JuS 2004, 154, mit instruktiver Besprechung.
[11] Vgl. *Spindler*, CR 2007, 239, 240. Gleichwohl war die Gesetzgebungskompetenz für Angebote im Internet sei je her umstritten, vgl. *Hoeren*, NJW 2007, 801; *Roßnagel*, NVwZ 2007, 743.
[12] Vgl. auch *Gersdorf*, Grundzüge des Rundfunkrechts, 2003, Rz. 161 ff.
[13] Dazu oben § 2 Rz. 32 ff.
[14] Hier: durch § 1 Abs. 2 NWPresseG.
[15] Vgl. *Dörr*, JuS 2004, 155; *Löffler/Ricker*, Handbuch des Presserechts, 5. Auflage 2005, Kap. 10 Rz. 4.
[16] Zu diesem Kriterium *Greiner*, CR 2002, 620, 621 f.; *Spindler/Volkmann*, K&R 2002, 398, 406.

Da auch die Abwägung des Vollzugsinteresses gegenüber dem Interesse des Antragstellers, der Verfügung einstweilen nicht nachkommen zu müssen, nach Ansicht des Gerichts überwog, blieb die gegen die Wiederherstellung der aufschiebenden Wirkung gerichtete Beschwerde des Anbieters ohne Erfolg.

6   Auch an dieser Stelle sei an die eingangs propagierte perspektivische Betrachtung des Medienrechts erinnert, die im öffentlichen Medienrecht in besonderer Weise auf die Probe gestellt wird, sieht es doch so aus, als habe sich hier ein genuin eigener Bereich herausgebildet, der mehr ist als ein bloßer Aspekt der Rechtsordnung. Es wird sich jedoch zeigen, dass auch das so genannte öffentliche Medienrecht weithin nur besonderes Verwaltungsrecht bzw. **Wirtschaftsverwaltungsrecht**[17] darstellt und gelegentliche Bezüge zum Kartellrecht aufweist. Damit ist aber auch dieser Teil kein genuines Medienrecht in dem Sinne, dass sich eine anderweitige Zuordnung von vornherein verbieten würde. Vielmehr offenbart sich gerade hier, dass das, was man gemeinhin als Medienrecht bezeichnet, nicht zuletzt eine Frage des Blickwinkels ist. Besonders signifikant zeigt sich dies an einer Regelungstechnik, die typisch für viele öffentlich-rechtliche Kodifikationen, nicht zuletzt im Umweltrecht, ist. Der Zweck des Gesetzes wird dabei im jeweils ersten Paragraphen festgelegt. Diese Technik soll hier weniger wegen ihrer problematischen methodologischen Implikationen in den Vordergrund gestellt werden, denn immerhin ist das Verhältnis zur teleologischen Auslegungsweise durchaus erklärungsbedürftig – eine im Übrigen weitgehend noch offene Frage der Methodenlehre.

7   Vielmehr veranschaulicht diese Technik besonders deutlich das perspektivische Verständnis des Medienrechts. Wenn es etwa in § 1 **Signaturgesetz** (SigG) – einer Kodifikation, deren medienrechtliche Nähe nicht zu bestreiten ist[18] – heißt: „Zweck des Gesetzes ist es, Rahmenbedingungen für digitale Signaturen zu schaffen, unter denen diese als sicher gelten und Fälschungen digitaler Signaturen oder Verfälschungen von signierten Daten zuverlässig festgestellt werden können", so illustriert dies über die reine Schutzzweckbestimmung hinaus folgendes: Es handelt sich um eine gewöhnliche Kodifikation des besonderen Verwaltungsrechts mit Vorschriften über die zuständige Behörde (§ 3 SigG), die Genehmigung (§ 4 SigG), die Kontrolle und Durchsetzung von Verpflichtungen (§ 13 SigG) und die Ermächtigung zum Erlass von Rechtsverordnungen (§ 16 SigG), ohne dass die vermeintliche medienrechtliche Zuordnung spezifisches Eigengewicht erlangen würde. Der Zweck des Gesetzes (§ 1 SigG) bestimmt vielmehr die Perspektive durch eine Schutzzweckbestimmung.

8   Nicht anders verhält es sich beim **Telekommunikationsgesetz** (TKG), einem vermeintlichen Herzstück des öffentlichen Medienrechts. Nach dessen § 1 ist Zweck des Telekommunikationsgesetzes, durch Regulierung *im Bereich der Telekommunikation* den Wettbewerb zu fördern und flächendeckend angemessene und ausreichende Dienstleistungen zu gewährleisten. Die ungefähre Formulierung „im Bereich der Telekommunikation" zeigt besonders anschaulich, dass hier nur ein Aspekt der Rechtsordnung mit spezifisch öffentlich-rechtlichen Mitteln ins Gleichgewicht gebracht werden soll, ohne dass daraus eine genuin medienrechtliche Kodifikation würde.

---

[17] Aufschlussreich etwa zum Medienbegriff *Stober*, Besonderes Wirtschaftsverwaltungsrecht, 13. Auflage 2004, § 51 I 3, S. 169 f.

[18] So ist sie etwa aus gutem Grund in der Textsammlung TeleMediaR, 6. Auflage 2006, mit abgedruckt; siehe dazu nur *Rapp*, Rechtliche Rahmenbedingungen und Formqualität elektronischer Signaturen, 2002.

Gewiss kann man letztlich die meisten Materien des besonderen Verwal- **9** tungsrechts auf die Eigenheiten des zu regelnden Lebenssachverhaltes reduzieren – das ist schließlich „das Besondere" an ihnen – und darin nur eine Ausprägung des Vorrangs und Vorbehalts des Gesetzes feststellen.[19] Das wäre indes zu billig und im Übrigen auch nicht weiterführend. Im Medienrecht ist es jedoch so offenbar, wie vielleicht nur noch im Umweltrecht, dass kein eigenes neues Rechtsgebiet entstanden ist, sondern vielmehr ein Aspekt der Lebenswelt umfassend reglementiert wird. Das bedeutet, wie mehrfach gesehen, im Übrigen nicht, dass es nicht unter Ordnungsgesichtspunkten geboten sein kann, diesen einheitlich darzustellen, wie es hier und im Folgenden geschieht.

Zunächst sind in der gebotenen Kürze die Fragen der Kompetenzen und **10** Zuständigkeiten zu behandeln, soweit sie für das Medienrecht von Betreff sind. In diesem Rahmen ist auch auf die bereits vereinzelt angesprochenen Landesmedienanstalten einzugehen.

Im Mittelpunkt der Behandlung des öffentlichen Medienrechts wird sodann **11** das Telekommunikationsrecht stehen, von dessen privatrechtlichen Gesichtspunkten schon bei der Behandlung des Medienkartellrechts die Rede war. In konsequenter Fortführung der öffentlich-rechtlichen Parallelproblematik wird im Anschluss daran die Zulässigkeit der Werbung und des Sponsorings nach dem Rundfunkstaatsvertrag erörtert.

Schließlich wird der Jugendschutz behandelt, der dann bereits zum letzten Teil, dem Medienstrafrecht, übergeleitet.

§ 13. Kompetenzen und Zuständigkeiten

Literatur: *Astheimer*, Institutionelle Politiksteuerung: Gremienstrukturen bei den Landesmedienanstalten, RuF 1991, 185; *Büchner*, Liberalisierung und Regulierung im Post- und Telekommunikationssektor, CR 1996, 581; *Bumke*, Die öffentliche Aufgabe der Landesmedienanstalten, 1995; *Chuang*, Zur Frage der Organisation und Legitimation der rundfunkrechtlichen Kontrollorgane, 1999; *Degenhart*, Grundrechtsbeachtungsanspruch der Rundfunkanbieter und Organisationsbefugnisse der Landesmedienanstalten – Kriterien einer Verlängerung rundfunkrechtlicher Genehmigungen, dargestellt am Beispiel des BayMG, ZUM 2003, 913; *Emmerich/ Steiner*, Möglichkeiten und Grenzen der wirtschaftlichen Betätigung der öffentlich-rechtlichen Rundfunkanstalten, 1986; *Gounalakis*, Konvergenz der Medien – sollte das Recht der Medien harmonisiert werden? Gutachten zum 64. Deutschen Juristentag 2002; *Haar*, Marktöffnung in der Telekommunikation, 1995; *Hoffmann-Riem*, Personalrecht der Rundfunkaufsicht, 1991; *ders.*, Finanzierung und Finanzkontrolle der Landesmedienanstalten, 1993, 2. Auflage 1994; *Lerche*, Fernsehabgabe und Bundeskompetenz, 1974; *Martin*, Staatsaufsicht über die Landesmedienanstalten, ZUM 1993, 515; *Rottmann*, Von verfassungsrechtlichen Aspekten der Postreform II, ArchPT 1993, 193; *Rütter*, Das Monopol in der Telekommunikation, ArchPT 1991, 57; *Scherer*, Postreform II: Privatisierung ohne Liberalisierung, CR 1994, 418; *Schoch*, Die Rolle des Staates in der Informationsgesellschaft, in: Leipold (Hrsg.), Rechtsfragen des Internet und der Informationsgesellschaft, 2002, S. 49 ff.; *ders.*, Veranwortungsteilung in einer staatlich zu regelnden Informationsordnung, in: Jenseits von Privatisierung und schlankem Staat (Hrsg. Schuppert) 1999, S. 221; *Scholz*, Multimedia – Zuständigkeit des Bundes oder der Länder?, Festschrift für Kriele, 1997, S. 523 ff.; *Scholz/Aulehner*, „Postreform II" und Verfassung – Zu Möglichkeiten und Grenzen einer materiellen und formellen Privatisierung der Post, ArchPT 1993, 221; *Schote*, Die Rundfunkkompetenz des Bundes als Beispiel bundesstaatlicher Kultur-

---

[19] Vgl. nur *Manssen*, Das Telekommunikationsgesetz (TKG) als Herausforderung für Verfassungs- und Verwaltungsrechtsdogmatik, ArchPT 1998, 236.

kompetenz in der Bundesrepublik Deutschland, 1999; *Schuler-Harms*, Die Zusammenarbeit der Landesmedienanstalten, AfP 1993, 629; *Schulz*, Grundzüge der Postreform II, JA 1995, 417; *Vahrenhold*, Die Stellung der Privatfunkaufsicht; *Wagner*, Die Landesmedienanstalten, 1990; *Wasmuth*, Bemerkungen zum Rechtsschutz bei Klagen gegen Pressemitteilungen von Ermittlungsbehörden, NJW 1988, 1705.

12 Neben den verfassungsrechtlichen Grundlagen des Medienrechts in Gestalt der Entwicklung der Dogmatik und Rechtsprechung zu Art. 5 GG, von der bereits oben die Rede war, sind noch andere Regelungen des Grundgesetzes von Bedeutung für das Medienrecht. Es geht dabei zum einen um die Verteilung der Gesetzgebungskompetenzen zwischen Bund und Ländern, zum anderen um die Ausführung der Bundesgesetze und die Bundesverwaltung. Die Gesetzgebungszuständigkeiten sind in den Art. 70 ff. GG näher geregelt und sollen hier nur insoweit behandelt werden, als sie für medienrechtliche Fragen von Bedeutung sein können. Die Ausführung der Bundesgesetze wird demgegenüber in den Art. 83 ff. GG ausgeformt und ist vor allem im Hinblick auf die Telekommunikation (Art. 87 f GG) von Bedeutung für das Medienrecht.[1]

I. Gesetzgebungskompetenzen

13 Zunächst sind kursorisch die Gesetzgebungszuständigkeiten abzuhandeln. In diesem Rahmen können zwar nicht die allgemeinen Zuständigkeitsverteilungen zwischen Bund und Ländern besprochen werden; insofern muss auf die Kommentierungen zu den Art. 30, 72 ff. GG verwiesen werden. Hier werden nur die im Hinblick auf das Medienrecht relevanten Kompetenztitel herausgegriffen.

1. Ausschließliche Gesetzgebung

14 Dem Bund ist nach Art. 73 Nr. 7 GG die ausschließliche Gesetzgebungskompetenz für den Bereich des **Postwesens** und der Telekommunikation zugewiesen.[2] Mit erfasst sind die übertragungstechnischen Fragen des Rundfunks, nicht dagegen die Rundfunkinhalte.[3] Des Weiteren hat der Bund nach Art. 73 Nr. 9 GG die ausschließliche Gesetzgebungskompetenz für das Urheberrecht, dessen medienrechtliche Relevanz bereits weiter oben behandelt wurde. Zur ausschließlichen Gesetzgebung gehört schließlich Art. 143 b Abs. 1 S. 2 GG, wonach der Bund die ausschließliche Gesetzgebung über alle Angelegenheiten hat, die sich aus der Umwandlung des Sondervermögens Deutsche Bundespost in Unternehmen privater Rechtsform ergeben. Es geht dabei um die so genannte **formelle Privatisierung** der Deutschen Bundespost.[4]

---

[1] Vgl. dazu *Scherer/Hölscher*, Gestaltungsspielräume für eine Reform der Organisation der Telekommunikations- und Medienaufsicht unter dem Grundgesetz, 1999.

[2] Zur kontrovers diskutierten Frage der Gesetzgebungskompetenz für Multimediafragen *Jarass*, AfP 1998, 134; *Degenhardt*, ZUM 1998, 340; *Hochstein*, NJW 1997, 2979; *Kröger/Moos*, ZUM 1997, 470; Bullinger/*Mestmäcker*, Multimediadienste, 1997; *Engel-Flechsig*, ZUM 1997, 233.

[3] BVerfGE 12, 205; *Kloepfer*, Informationsrecht, § 3 Rz. 125; *Cole*, in: Dörr/Kreile/Cole (Hrsg.), Handbuch Medienrecht, S. 86 f.

[4] *Holznagel/Enaux/Nienhaus*, Grundzüge des Telekommunikationsrechts, § 2 a. E., S. 16.

2. Konkurrierende Gesetzgebung

Aus dem reichhaltigen Katalog des Art. 74 GG über die konkurrierende   **15**
Gesetzgebung sind für das Medienrecht zwei Gegenstände von Bedeutung.
Der erste ist das Recht der Wirtschaft (Nr. 11), obwohl unter den in der
Klammer beispielhaft bezeichneten Bereichen nichts auf das Medienrecht hin-
deutet; doch impliziert der Begriff Medienwirtschaftsrecht – wenngleich ersichtlich ohne Bedeutung für das Grundgesetz, das ihn folgerichtig auch gar
nicht kennt –, dass zumindest einige Gegenstände des Medienrechts der konkurrierenden Gesetzgebung unterfallen.[5] Was die Einzelheiten zum Medienrecht als Recht der Wirtschaft i. S. d. Art. 74 Nr. 11 GG betrifft, so sind die
Kompetenzabgrenzungsprobleme zwischen Wirtschafts- und etwa dem
Rundfunkrecht auch seitens des Verfassungsrechts noch nicht abschließend
gelöst.[6] Das zweite Gebiet ist die Verhütung des Missbrauchs wirtschaftlicher
Machtstellung (Art. 74 Nr. 16 GG). Davon war bei der Behandlung des Medienkartellrechts bereits ausführlich die Rede. Aus der Behandlung des privaten
Medienrechts erhellt, dass letztlich auch Art. 74 Nr. 1 GG für das Medienrecht
mit bedeutsam ist, weil sich der Bund danach auf den Kompetenztitel des
Bürgerlichen Rechts stützen kann. Schließlich kommt Art. 74 Abs. 1 Nr. 7
GG für die Regelung des **Jugendschutzes** in Betracht,[7] dessen medienrecht-
liche Implikationen unabweislich sind.[8]

3. Gesetzgebungskompetenz der Länder

Die Föderalismusreform brachte eine Verlagerung der Gesetzgebungszustän-   **16**
digkeit für die vormals in Art. 75 Abs. 1 Nr. 2 GG geregelten allgemeinen
Rechtsverhältnisse der Presse[9] mit sich. Diese liegt mit Abschaffung der Rahmengesetzgebung nunmehr gemäß Art. 70 GG bei den Ländern. Da der Bund
von dieser Rahmenkompetenz trotz vereinzelter Vorschläge und Bestrebungen[10] bislang ohnehin noch keinen Gebrauch gemacht hatte, sieht man einmal
ab von dem **redaktionellen Datenschutz** in § 41 Abs. 1 BDSG,[11] sind die sich

---

[5] Zu den Kompetenzfragen im Hinblick auf eine gegebenenfalls von den Rundfunkanstalten
zu entrichtende Filmhilfsabgabe siehe *Lerche*, Fernsehabgabe und Bundeskompetenz, 1974.
[6] *Lerche*, Festschrift für Henrich, 2000, S. 403, 404 f.; *Schoch*, JZ 2002, 798, 806 Fußnote
157. Beispielhaft für diese Kompetenzstreitigkeiten war die Verabschiedung im Wesentlichen
inhaltsgleicher Regelungen im TDG (Bund) und MDStV (Länder), die durch den Bundesgesetzgeber mit dem TMG – gestützt auf Art. 74 Abs. 1 Nr. 11 GG (Bundestags-Drucksache
16/3078, S. 19) – abgelöst wurden. Die inhaltlichen Anforderungen an Telemedien verbleiben
allerdings in der Zuständigkeit der Länder; vgl. hierzu *Roßnagel*, NVwZ 2007, 743 f.
[7] Eingehend zu dieser Frage *Reinwald*, ZUM 2002, 119.
[8] Dazu unten § 16.
[9] Zur Frage, ob dazu auch der Film gehört, siehe *Füchsl*, Die Rahmenkompetenz des
Bundes für die allgemeinen Rechtsverhältnisse des Films, 1968; *Weides*, Bundeskompetenz
und Filmförderung, 1971.
[10] Einzelheiten dazu bei *Bullinger*, in: Löffler, Presserecht, 4. Auflage 1997, Einleitung
Rz. 85 f.
[11] Zum Datenschutz und Medienprivileg *Michel*, Festschrift für Herrmann, 2002, S. 109;
Himmelsbach, Der Schutz des Medieninformanten im Zivilprozess, 1998. Den Datenschutz in
Redaktionen behandelt *Kloepfer*, AfP 2005, 118.

daraus ergebenen Konsequenzen eher geringer Natur. Die schon bisher (allein) bedeutsamen Landespressegesetze behalten diesen Status auch weiterhin.

II. Ausführung der Bundesgesetze und Bundesverwaltung

17   Die medienrelevanten Einzelheiten zur Ausführung der Bundesgesetze und zur Bundesverwaltung sind aufs engste mit der Postreform II verbunden.[12] Nachdem durch die **Postreform I** die Deutsche Bundespost in Postdienst, Postbank und Telekom aufgegliedert wurde, bezweckte die Postreform II, die neuen Unternehmen besser auf den Wettbewerb vorzubereiten. Die wichtigste Änderung bestand in Art. 87 Abs. 1 GG, wonach die Bundespost nicht mehr Gegenstand bundeseigener Verwaltung sein muss. In Art. 87 f Abs. 2 GG findet sich dann erstmals der Begriff der Telekommunikation im Grundgesetz. Er erfasst „die körperlose Übermittlung von Nachrichten in der Weise, dass ausgesandte Signale am Empfangsort wieder erzeugt werden können."[13]

18   Die vielleicht stärkste äußere medienrechtliche Berührung vorbehaltlich des Art. 5 GG lässt das Grundgesetz in Art. 87 f erkennen. Danach gewährleistet der Bund im Bereich des Postwesens und der Telekommunikation nach Maßgabe eines Bundesgesetzes flächendeckend angemessene und ausreichende Dienstleistungen (Absatz 1), die als privatwirtschaftliche Tätigkeiten durch die aus dem Sondervermögen Deutsche Bundespost hervorgegangenen Unternehmen und durch andere Anbieter erbracht werden (Absatz 2 Satz 1), wobei Hoheitsaufgaben im Bereich der Telekommunikation in bundeseigener Verwaltung (Art. 86 GG) erbracht werden (Art. 87 f Abs. 2 S. 2 GG).[14] Die Aufnahme der privaten Anbieter in Art. 87 f Abs. 2 GG, ein Fall der so genannten Aufgabenprivatisierung, hat Bedenken im Hinblick auf die **Grundversorgung** hervorgerufen,[15] weil kommerzielle Telekommunikationsunternehmen geneigt sein könnten, nur die privatwirtschaftlich lukrativen Aufträge auszuführen.[16] Aus diesem Grund ist es wichtig, dass der Bund nach Absatz 1 für angemessene und ausreichende Dienstleistungen zu sorgen hat (so genannter Infrastruktursicherungsauftrag).[17] Die prominenteste und zugleich wichtigste Kodifikation, die auf der Grundlage des Art. 87 f GG geschaffen worden ist, stellt das Telekommunikationsgesetz (TKG) dar, von dem im folgenden Paragraphen näher gehandelt wird.

---

[12] Gesetz zur Neuordnung des Postwesens und der Telekommunikation; Postneuordnungsgesetz (PTNeuOG) vom 27. 6. 1994, BGBl. I, 2325.

[13] *Holznagel/Enaux/Nienhaus*, Grundzüge des Telekommunikationsrechts, § 2 III.

[14] *Paschke*, Medienrecht, Rz. 268, sieht darin die Gewährleistung einer angemessenen „Kommunikationsinfrastruktur" verwirklicht, die ein grundlegendes Regelungsziel des – von ihm als eigenständiges Rechtsgebiet begriffenen – Medienrechts bilde.

[15] Allgemein dazu *Lerche*, Bemerkungen zur Auseinandersetzung um die rundfunkmäßige Grundversorgung, Festschrift für Kriele, 1997, S. 357.

[16] Allgemein zu diesem Problemkreis *Eifert*, Grundversorgung mit Telekommunikationsdienstleistungen im Gewährleistungsstaat, 1998.

[17] *Holznagel/Enaux/Nienhaus*, Grundzüge des Telekommunikationsrechts, S. 11.

III. Die Landesmedienanstalten

Nicht unmittelbar in den vorliegenden Zusammenhang gehört die Behand- **19** lung der Landesmedienanstalten,[18] die jedoch in gewisser Weise auch mit Fragen der Kompetenz und Zuständigkeit in Verbindung steht.[19]

1. Aufgaben

Die Landesmedienanstalten sind eigene Anstalten des öffentlichen Rechts, **20** welche die Länder[20] für die Zulassung und Kontrolle in der dualen Rundfunkordnung eingerichtet haben.[21] Sie üben ihre Aufgaben in eigener Verantwortung aus,[22] so dass ihnen keine staatlichen Aufgaben zur weisungsgebundenen Erfüllung übertragen werden dürfen,[23] weil sie insoweit unabhängig und „staatsfrei" sind[24], aber der staatlichen Rechtsaufsicht unterliegen.[25] Im Hinblick auf Art. 5 GG sind sie daher auch grundrechtsfähig[26] und gegebenenfalls verfassungsbeschwerdebefugt.[27] Die Landesmedienanstalten haben im Wesentlichen folgende **Aufgaben**: Entscheidungen über die Zulassung eines Bewerbers, Programm- und Konzentrationskontrolle (§ 30 RStV),[28] Einrichtung und Betreuung offener Kanäle, Mitwirkung bei der Weiterverbreitung von Rundfunkprogrammen in Kabelanlagen[29] und die Mitwirkung bei der Frequenzverteilung.[30] Bewerber um eine Lizenz können sich im Zulassungsverfahren auf das Grundrecht der Rundfunkfreiheit berufen.[31]

---

[18] Monographisch dazu *Wagner*, Die Landesmedienanstalten, 1990; *Bumke*, Die öffentliche Aufgabe der Landesmedienanstalten, 1995; *Baars*, Kooperation und Kommunikation durch Landesmedienanstalten, 1999; *Lammek*, Die Kooperation der Landesmedienanstalten, 1997.

[19] Umfassend zum folgenden *Dörr/Kopp/Closs*, Die Rechtsstellung der Landesmedienanstalten, 1996.

[20] Zur Zusammenarbeit der Landesmedienanstalten siehe *Schuler-Harms*, AfP 1993, 629. *Wagner*, Die Landesmedienanstalten, 1990, S. 132 ff., stellt die durchaus diskutable Frage, ob nicht „eine leistungsfähige nationale Kontrollinstitution – etwa nach dem Vorbild des ZDF organisiert – besser geeignet (wäre), dem länderübergreifenden Charakter der Kontrolle bundesweiter Programme gerecht zu werden". Zur Finanzierung *Hoffmann-Riem*, Finanzierung und Finanzkontrolle der Landesmedienanstalten, 1993.

[21] *Herrmann*, Rundfunkrecht, 1994, § 17 Rz. 39, dort auch mit Übersicht über die einzelnen Landesmedienanstalten.

[22] Zur Finanzierung *Hoffmann-Riem*, Finanzierung und Finanzkontrolle der Landesmedienanstalten, 1993.

[23] BVerfGE 73, 118, 165; siehe auch *Knothe*, Die neuen Institutionen des Rundfunkstaatsvertrages zwischen Rechtsaufsicht und Staatsfreiheit, 2000.

[24] *Hoffmann-Riem*, Personalrecht der Rundfunkaufsicht, 1991, S. 73 ff.

[25] Dazu *Martin*, ZUM 1993, 515; *Knothe/Wanckel*, DÖV 1995, 365; vgl. auch *Ring*, Festschrift für Lerche, 1993, S. 715 ff.

[26] Eingehend *Hepach*, Der Grundrechtsstatus der Landesmedienanstalten, 1997.

[27] *Wagner*, Die Landesmedienanstalten, S. 31 ff.

[20] Dazu bereits oben beim Medienkartellrecht; vgl. § 9. Zur umgekehrten Problematik *Motz*, Rechtsschutz gegen Handlungen der Landesmedienanstalten, 1997.

[29] Hier ist besonders die Rangfolge bei Kapazitätsengpässen von Bedeutung; siehe dazu *Castendyk*, ZUM 1993, 464.

[30] Zur Finanzierung und Finanzkontrolle der Landesmedienanstalten die gleichnamige Schrift von *Hoffmann-Riem*, 1993.

[31] BVerfG NJW 1998, 2659.

2. Die Kommission zur Ermittlung der Konzentration im Medienbereich (KEK)

21   Eine wichtige Aufgabe der Landesmedienanstalten besteht in der Bildung der Kommission zur Ermittlung der Konzentration im Medienbereich (KEK).[32] Die KEK setzt sich aus sechs, von den Ministerpräsidenten ernannten (§ 35 Abs. 3 RStV), Sachverständigen zusammen. Sie dient der Sicherung der Meinungsvielfalt (vgl. § 38 Abs. 2 RStV) und soll als länderübergreifende Institution frei sein von standortpolitischen Erwägungen.[33]

22   Die KEK beurteilt nach § 36 Abs. 1 RStV abschließend Fragestellungen der Meinungsvielfalt im Zusammenhang mit bundesweiten Fernsehveranstaltungen.[34] Das Vorliegen einer vorherrschenden Meinungsmacht ermittelt die KEK auf der Grundlage des so genannten **Zuschaueranteilsmodells**.[35] Die Beschlüsse der KEK binden die Organe der Landesmedienanstalten (Ausnahme: § 37 Abs. 2 RStV). Dagegen ist die Klage der Landesmedienanstalten vor dem Verwaltungsgericht möglich.[36] Bemängelt wird bisweilen der behauptete „Feigenblatt-Charakter" der KEK.[37]

§ 14. Das Telekommunikationsgesetz

Literatur: *Badura*, Verfassungs- und gemeinschaftsrechtliche Grenzen eines Anspruchs des Dienstanbieters auf Leistungsangebot gegen den Betreiber eines öffentlichen Telekommunikationsdienstnetzes, ZUM 2003, 797; Beck'scher TKG Kommentar, 2. Auflage 2000; *Bosch*, Alter Wein in neuen Schläuchen? – Dürfen Zusammenschaltungsentgelte nicht marktmächtiger Unternehmen unter dem neuen TKG reguliert werden?, K&R 2005, 208; *Bullinger*, Kommunikationsfreiheit im Strukturwandel der Telekommunikation, 1978; *Ditscheid*, Der neue Telekommunikationskundenschutz, MMR 2007, 210; *Doll*, Das neue Telekommunikationsgesetz, in: Kubicek (Hrsg.), Jahrbuch Telekommunikation und Gesellschaft, 1997, S. 350; *Fangmann*, Telekommunikations- und Poststrukturgesetz, CR 1989, 647; *Frevert*, Regelungen des neuen TKG zur Rundfunkübertragung, MMR 2005, 23; *Geppert/Ruhle/Schuster*, Handbuch Recht und Praxis der Telekommunikation, 2. Auflage 2002; *Gersdorf*, Die dienende Funktion der Telekommunikationsfreiheiten: Zum Verhältnis von Telekommunikations- und Rundfunkordnung, AfP 1997, 424; *ders.*, Rundfunkfrequenzpolitik zwischen Ökonomisierung und Vielfaltsicherung: Zur Reichweite des Rundfunkprivilegs, ZUM 2007, 104; *Gersdorf/Witte*, Inkasso- und Einzelverbindungsnachweispflicht bei Call by Call?, Rtkomm 2/2000, 22; *Gerspott*, Konsistente Entgeltregulierung nach dem neuen TKG, K&R 2005, 108; *Gosse*, Mutmaßung statt Gewissheit – Die Zunahme gesetzlicher Vermutungen im Wirtschaftsrecht am Beispiel der §§ 28, 42 TKG, K&R 2005, 154; *Großkopf/Taubert*, Kunden-

---

[32] Überblick über die jüngere Entscheidungspraxis der KEK bei *Hess*, AfP 2005, 162. Mit dem 10. Rundfunkänderungsstaatsvertrag, der am 1. 9. 2008 in Kraft treten soll, geht eine Reform der Landesmedienanstalten einher. Neben die KEK tritt dann ein weiteres Kontrollgremium, die Kommission für Zulassung und Aufsicht (ZAK), in deren Zuständigkeit die Zulassung und Aufsicht über bundesweite private Rundfunkveranstalter fällt.

[33] Vgl. *J. Fechner*, Die Aufsicht über den Privatrundfunk in Deutschland, 2003, S. 29 f.

[34] Näher *Neft*, ZUM 1999, 97; *Joachimsen*, KRR 1999, 432.

[35] Dazu *Stock*, Konzentrationskontrolle in Deutschland nach der Neufassung des Rundfunkstaatsvertrages, in: Stock/Röper/Holznagel (Hrsg.), Medienmarkt und Meinungsmacht, 1997, S. 1.

[36] *Bumke*, ZUM 1998, 121, 128.

[37] Vgl. *Stock*, JZ 1996, 583; *Bumke*, ZUM 1998, 121, 127.

schutz beim Mobilfunk, CR 1998, 603; *Grote*, Die Telekommunikations-Kundenschutzverordnung, BB 1998, 1117; *Hahne*, Kabelbelegung und Netzzugang, 2002; *Holznagel*, Das Telekommunikationsrecht in der Bundesrepublik Deutschland, 1999; *Holznagel/Enaux/Nienhaus*, Grundzüge des Telekommunikationsrechts, 2001; *Hufnagel/Nolte*, Multimedia und Telekommunikation, AfP 2005, 159; *Kammerlohr*, Kundenschutz im Telekommunikationsrecht, K&R 1998, 90; *Kemmler*, Telekommunikationsgesetz (TKG) – Einführung und Stand der Umsetzung, ArchPT 1996, 321; *Klaes*, Die neuen Regelungen zum Kundenschutz im TKG-Änderungsgesetz, CR 2007, 220; *Koenig/Loetz*, Fakturierung und Einziehung von TK-Entgelten nach der Inkasso-Entscheidung der RegTP – eine Kritik, K&R 2000, 153; *Ladeur*, Aktuelle Rechtsfragen der Einspeisung digitaler Fernsehprogramme ins Kabelnetz – Insbesondere: Anspruch auf Netzzugang – Bündelung von Programmen – Entgeltregulierung – „Durchleitungspflicht", ZUM 2002, 252; *Manssen*, Das Telekommunikationsgesetz (TKG) als Herausforderung für Verfassungs- und Verwaltungsrechtsdogmatik, ArchPT 1998, 236; *Mayer/Möller*, Bekämpfung von Spam mit den Mitteln des Telekommunikationsrechts durch die RegTP, K&R 2005, 251; *Möller-Bösling*, Informelles Auskunftsersuchen der Regulierungsbehörde auf den Märkten der Telekommunikation, 2001; *Paulweber*, Regulierungszuständigkeiten in der Telekommunikation 1999; *Petersen*, Eingriffsbefugnisse nach dem TKG bei Zuwiderhandlungen gegen Diensteanbieterverpflichtungen, MMR 2006, 515; *Piepenbrock/Schuster* (Hrsg.), German Telecommunication Law and the New European Regulatory Framework, 2002; *Puschke/Singelnstein*, Telekommunikationsüberwachung, Vorratsdatenspeicherung und (sonstige) heimliche Ermittlungsmaßnahmen der StPO nach der Neuregelung zum 1. 1. 2008, NJW 2008, 113; *Robert*, Die besondere Missbrauchsaufsicht nach § 42 TKG, K&R 2005, 354; *Scherer*, Das neue Telekommunikationsgesetz, NJW 1996, 2953; *ders.*, Die Entwicklung des Telekommunikationsrechts in den Jahren 1996 und 1997, NJW 1998, 1607; *ders.*, Die Entwicklung des Telekommunikationsrechts in den Jahren 1998 und 1999, NJW 2000, 772; *ders.*, Das neue Telekommunikationsgesetz, NJW 2004, 3001; *Scheurle/Lehr/Mayen*, Telekommunikationsrecht – Die aktuellen Texte mit einer Einführung, 1997; *Schoch*, Öffentlich-rechtliche Rahmenbedingungen einer Informationsordnung, VVDStRL 57 (1998) 158; *Schulz*, Kundenschutz im Bereich der Telekommunikation: Dargestellt am Beispiel der Haftung nach der Telekommunikations-Kundenschutzverordnung, NJW 1999, 765; *Spindler* (Hrsg.), Vertragsrecht der Telekommunikations-Anbieter, 2000; *Steinwärder*, Standardangebote für Zugangsleistungen – Ein neues Instrument zur Regulierung von Unternehmen mit beträchtlicher Marktmacht, MMR 2005, 84; *Trute/Spoerr/Bosch*, Telekommunikationsgesetz mit FTEG, 2001; *Twickel*, Die Deutsche Telekommunikationsordnung, NJW-CoR 1996, 226; *Vander*, Der neue Rechtsrahmen für Mehrwertdienste, NJW 2007, 2580; *Wegmann*, Regulierte Marktöffnung in der Telekommunikation, 2001; *Witte*, Das Telekommunikationsgesetz 1996 – Eine Herausforderung für Markt und Ordnungspolitik, 1996; *Zagouras*, Mehrwertdienste und Verbraucherschutz im TKG, NJW 2007, 1914.

Die europarechtlichen Vorgaben machten in der Folge die Postreform III **1** erforderlich,[1] womit die bislang bei der Bundespost verbliebenen Monopolrechte aufgehoben wurden und die Telekommunikationsmärkte vollständig liberalisiert wurden.[2] Insofern ist die **Telekommunikationsfreiheit** von besonderer Bedeutung.[3] Das zuletzt 2007 umfassend reformierte Telekommunikationsgesetz ist einerseits die wohl wichtigste Kodifikation des öffentlichen Medienrechts,[4] bereitet andererseits aber paradoxerweise im Hinblick auf die Zuordnung zum öffentlichen Recht die meisten Schwierigkeiten. Ohne in diesem Zusammenhang auf die allgemeinen Zuordnungsschwierigkeiten zwischen öffentlichem und privatem Recht überhaupt eingehen zu müssen, sticht die folgende Ambivalenz klar

---

[1] Zum Europäischen Telekommunikationsrecht *Ladeur*, K&R 2005, 198; *Maier*, K&R 2005, 362.

[2] Vgl. ursprünglich das Telekommunikationsgesetz vom 25. 6. 1996 (BGBl. I 1120), geändert durch das Begleitgesetz zum Telekommunikationsgesetz (BegleitG) vom 17. 12. 1997 (BGBl. I, 3108); siehe jetzt das Telekommunikationsgesetz vom 22. 6. 2004, zuletzt geändert am 21. 12. 2007.

[3] Zu ihr *Schoch*, VVDStRL 57 (1998) 158, 191 f.

[4] *Paschke*, Medienrecht, Rz. 105, sieht zwischen Multimediarecht und Telekommunikationsrecht ein Komplementaritätsverhältnis verwirklicht.

hervor: Es handelt sich ausweislich der zentralen Vorgaben über die Regulierung (vgl. § 2 TKG), die Meldepflicht (§ 6 TKG),[5] um nur einige Regelungen herauszugreifen, um eine öffentlich-rechtlich geprägte Kodifikation. Auf der anderen Seite enthüllt die im bereits angesprochenen[6] § 1 TKG umrissene ratio legis, dass die Wettbewerbsförderung und die flächendeckende Gewährleistung von Dienstleistungen im Bereich der Telekommunikation bezweckt wird, was auf einen wettbewerbs- und kartellrechtlichen Zusammenhang schließen lässt, von dem bereits die Rede war. Zu beachten sind freilich die entscheidenden Worte „durch Regulierung", die zwar ebenfalls eine kartellrechtliche Konnotation aufweisen und dieses Rechtsgebiet zumindest nicht ausschließen, ihrer primären Zielrichtung nach aber in das öffentliche Recht weisen. Folgerichtig stellt § 2 Abs. 3 TKG klar, dass die Vorschriften des Gesetzes gegen Wettbewerbsbeschränkungen (GWB) unberührt bleiben, aber nur zur Anwendung kommen, soweit sich im TKG keine Spezialregelungen finden. Insofern ist die Zuordnung des Telekommunikationsgesetzes zum öffentlichen Medienrecht alles andere als vorgegeben, zumal sich in den §§ 43 a ff., 66 a ff. TKG für den Kunden- und Verbraucherschutz dogmatisch interessante zivilrechtliche Sondervorschriften finden.[7] Schließlich enthält das Gesetz in § 148 TKG auch noch Strafvorschriften und mit den für die Vorratsdatenspeicherung zentralen Normen der §§ 113 a, b TKG Vorschriften der präventiven Strafverfolgung.[8] Gleichwohl soll das Telekommunikationsgesetz wegen seines öffentlich-rechtlichen Gewichts schwerpunktmäßig hier und nicht beim Medienwirtschaftsrecht erörtert werden. Dass sich aus der Vielschichtigkeit dieses Gesetzes und seiner komplexen Berührungen aller hauptsächlichen Rechtsgebiete freilich keine Eigenständigkeit des Medienrechts am Beispiel des Telekommunikationsgesetzes begründen lässt oder auch nur ein entsprechendes Querschnittsthema, wurde wohlweislich bereits eingangs aufgezeigt.[9] Der medienrechtliche Bezug zeigt sich im Übrigen an dem neu eingefügten § 2 Abs. 5 S. 1 TKG, wonach die Belange von Rundfunk und vergleichbaren Telemedien zu berücksichtigen sind.

I. Grundversorgung und Universaldienstleistung

2   Der Begriff der Grundversorgung ist bereits verschiedentlich angesprochen und verwendet worden.[10] Zuletzt war davon im vorigen Paragraphen die Rede, als es um die Kompetenznorm des Art. 87 f GG ging. Dort wurde bereits festgehalten, dass auf dieser Grundlage das Telekommunikationsgesetz erlassen

---

[5] Vgl. *Schulz*, Lizenzvergabe bei Frequenzknappheit, 2003; vgl. auch *Moos*, Die Bindung der Telekommunikationsregulierung durch das GATS-Abkommen, 2003, S. 99 f.

[6] Oben vor § 9.

[7] Hierzu *Klaes*, CR 2007, 220 ff. Zur Haftung nach § 40 TKG a. F. (jetzt: § 44 Abs. 1 S. 3 TKG) *Schulz*, NJW 1999, 765; zu beachten ist in diesem Zusammenhang auch § 44 a TKG (ehemals § 7 Abs. 2 TKV), der eine Haftungsbeschränkung für Vermögensschäden von Endverbrauchern vorsieht, die freilich nicht für Folgeschäden aus Sach- und Personenschäden gilt (*Schulz*, S. 766).

[8] *Puschke/Singelstein*, NJW 2008, 113 ff., 118 f., zudem kritisch zur gesetzlichen Regelung der Vorratsdatenspeicherung und heimlicher Ermittlungsmaßnahmen, insbesondere aus verfassungsrechtlicher Sicht. Siehe Rz. 20 f.

[9] Oben 4. Teil vor § 13.

[10] Siehe bei den verfassungsrechtlichen Grundlagen unter § 2.

wurde, das folglich dem Grundversorgungsauftrag im Telekommunikationswesen Rechnung tragen muss.[11] Dies wird in § 2 Abs. 2 Nr. 5 TKG in aller Deutlichkeit hervorgehoben. Zu den Zielen der Regulierung gehört danach „die Sicherstellung einer flächendeckenden Grundversorgung mit Telekommunikationsdienstleistungen (Universaldienstleistungen) zu erschwinglichen Preisen". Die Legaldefinition erklärt sich daraus, dass der **Infrastruktursicherungsauftrag** in der europäischen Terminologie als Universaldienstgewährleistung bezeichnet wird.[12]

Universaldienstleistungen sind nach § 78 Abs. 1 TKG ein Mindestangebot an 3 Telekommunikationsdienstleistungen für die Öffentlichkeit, für die eine bestimmte Qualität festgelegt ist und zu denen alle Nutzer unabhängig von ihrem Wohn- oder Geschäftsort zu einem erschwinglichen Preis[13] Zugang haben müssen und deren Erbringung für die Öffentlichkeit unabdingbar geworden ist.[14] Die danach geforderte qualitative und quantitative Grundversorgung ist also weniger auf einen optimalen Standard als vielmehr auf ein Minimum gerichtet.[15] Die Einzelheiten regelt die Telekommunikations-Universaldienstleistungsverordnung.[16]

Wo eine Grundversorgung gefordert ist,[17] ist eine Unterversorgung denkbar. 4 Daher finden sich weitere Regelungen über die Auferlegung von Universaldienstleistungen (§ 81 TKG), die Erschwinglichkeit der Entgelte (§ 79 TKG) sowie die Verfügbarkeit, Entbündelung und Qualität von Universaldienstleistungen (§ 84 TKG).[18]

II. Die Regulierung

Das hoheitsrechtliche Element des Telekommunikationsgesetzes zeigt sich 5 am deutlichsten in der Wahl der gesetzlichen Mittel. Schlüsselworte sind insoweit nach § 1 TKG die beiden Worte „durch (technologieneutrale) Regulierung". Die Regulierung des **Marktzutritts** erfolgt durch mehrere Instrumente. Deren erstes ist die Meldepflicht nach § 6 TKG, die durch ihre Bußgeldbewehrung die erforderliche staatliche Marktbeobachtung gewährleistet und im Übrigen Umgehungen der im Folgenden zu behandelnden Lizenzpflichten entgegenwirken soll.[19] Daneben bestehen spezielle Instrumente der

---

[11] Näher dazu *Eifert*, Grundversorgung mit Telekommunikationsdienstleistungen im Gewährleistungsstaat, 1997.

[12] *Kloepfer*, Informationsrecht, § 11 Fußnote 20; näher *Windhorst*, Der Universaldienst im Bereich der Telekommunikation, 1997; *ders.*, CR 1998, 340, 341; siehe zu den Einzelheiten auch die Richtlinie über den Zugang zu elektronischen Kommunikationsnetzen und zugehörigen Einrichtungen sowie deren Zusammenschaltungen (Universaldienst-Richtlinie); vgl. Dokumente der Kommission der Europäischen Gemeinschaften (2000), 392; Überblick hierzu bei *Kloepfer*, Informationsrecht, § 11 Rz. 54.

[13] Bestimmungen zum Preis enthält § 2 TUDLV.

[14] Näher *Windhorst*, CR 2002, 118.

[15] *Kloepfer*, Informationsrecht, § 11 Rz. 110.

[16] Abkürzung TUDLV; BGBl. 1997 I, S. 141 vom 30. 1. 1997.

[17] Allgemein dazu und insbesondere zur Grundversorgung durch private Anbieter *Schoch*, VVDStRL 57 (1998) 158, 204 f.

[18] Zu den hier nicht näher beschriebenen Vorschriften *Scherer*, NJW 2004, 3006 f.

[19] *Holznagel/Enaux/Nienhaus*, Grundzüge des Telekommunikationsrechts, § 6 IV 1, S. 51.

Bundesnetzagentur in Gestalt der Frequenzordnung und Nummerierung, die in den §§ 52 bis 67 TKG geregelt sind. Schwerpunkte der Regulierung liegen jedoch bei der Entgeltregulierung (§§ 27 ff. TKG).[20]

6   Die Entgeltregulierung ist in den §§ 27 bis 39 TKG[21] geregelt.[22] Aus leicht einsichtigen Gründen gehört die Entgeltregulierung zu den auch im Schrifttum besonders diskutierten Fragen.[23] Dass das Telekommunikationsrecht im Kern öffentliches Recht ist, sieht man besonders deutlich am Phänomen der Entgeltregulierung mit seinem Instrument staatlich dirigierter Preise.[24] Die Entgeltregulierung dient dem **Verbraucherschutz** und der Ordnung des Wettbewerbsmarktes. Daraus schließt ein Teil der Rechtsprechung, dass die §§ 30 ff. TKG nicht drittschützend sind und somit keine subjektiv-öffentlichen Rechte gewähren.[25] Die unterinstanzliche Rechtsprechung geht demgegenüber unter Hinweis auf § 24 Abs. 2 Nr. 1–3 TKG-1996 (vgl. § 28 TKG) davon aus, dass auch Individualinteressen geschützt seien.[26] Diese Ansicht kann sich immerhin darauf berufen, dass die Mitgliedstaaten nach Art. 5a Abs. 3 der EG-ONP-Richtlinie sicherstellen müssen, dass eine von einer Entscheidung der nationalen Behörde betroffene Partei das Recht hat, bei einer unabhängigen Stelle Einspruch zu erheben.[27]

1. Eingriffsbefugnisse bei Verletzung von Diensteanbieterverpflichtungen

7   Unklarheiten bestehen de lege lata bezüglich der Frage, ob die Bundesnetzagentur auf der Grundlage des § 126 Abs. 1 S. 1 TKG einschreiten kann, wenn Diensteanbieterverpflichtungen verletzt werden. Die an sich vorrangige Eingriffsbefugnis nach § 63 Abs. 2 S. 1 Nr. 2 TKG versagt in diesem Fall praktisch, weil ein **Widerruf der Frequenzzuteilung** in aller Regel unverhältnismäßig sein dürfte.

2. Regelungsbedürfnis

8   Die damit drohende Rechtsschutzlücke könnte mit einer klarstellenden Regelung des Inhalts geschlossen werden, dass die nach § 150 TKG fortgeltenden Rechte als solche nach dem Telekommunikationsgesetz gelten, so dass eine

---

[20] Zu ihr nach neuem Recht *Gerspott*, K&R 2005, 108; siehe auch *Steinwärder*, MMR 2005, 84; zu der Frage, ob die Zugangsregulierung im Ermessen der Regulierungsbehörde für Telekommunikation und Post (jetzt: Bundesnetzagentur) steht *Jochum*, MMR 2005, 161.

[21] Zum Verfahren im Einzelnen *Holznagel/Enaux/Nienhaus*, Grundzüge des Telekommunikationsrechts, § 8 VI, S. 84 ff.

[22] Vgl. *Vogelsang*, Die Zukunft der Entgeltregulierung im deutschen Telekommunikationssektor, 2002.

[23] Vgl. nur *Gerpott*, K&R 2005, 108; *Schütz/Müller*, MMR 1999, 128; *Becker*, K&R 1999, 112; *Doll/Wieck*, MMR 1999, 280; *Fuhr/Kerkhoff*, NJW 1997, 3209; *Großkopf/Ritgen*, CR 1998, 86; *Hummel*, CR 2000, 291; *Ladeur*, CR 2000, 433; *Mellewigt/Theißen*, MMR 1998, 589; *Moritz*, Rtkom 2000, 102; *Schmidt*, K&R 1999, 385.

[24] *Kloepfer*, Informationsrecht, § 11 Rz. 116, weist darauf hin, dass dies seitens der Wirtschaftswissenschaft immer wieder kritisiert wird.

[25] OVG Münster MMR 1999, 553, 554; dazu *Mayen*, MMR 2000, 117.

[26] VG Köln MMR 2000, 227; 2003, 687.

[27] Darauf weist *Scherer*, NJW 2000, 772, 776, hin; vgl. auch *Kloepfer*, Informationsrecht, § 11 Rz. 121; siehe zum Problem des Drittschutzes weiterhin *Ladeur*, CR 2000, 443.

Durchsetzung nach § 126 Abs. 1 S. 1 TKG ermöglicht würde. Entsprechendes gilt für das **Streitbeilegungsverfahren** nach § 133 TKG.[28]

III. Kompetenzen und Entscheidungen der Bundesnetzagentur

Die bereits mehrfach angesprochene Regulierungsbehörde – jetzt die Bun- 9
desnetzagentur – ist eine Bundesoberbehörde im Bereich des Bundesministeriums für Wirtschaft und Arbeit, dem gegenüber sie auch weisungsgebunden ist.[29] Sie ist in den §§ 116 ff. TKG hinsichtlich ihrer Aufgaben und Befugnisse näher ausgestaltet. Ihre generelle Aufgabe besteht in der Überwachung und Einhaltung der Vorschriften des TKG. Sie hat neben diesen **Überwachungs-** auch **Gestaltungs-** und **Schlichtungsaufgaben**.[30] Im Ganzen ähnelt die Bundesnetzagentur dem Bundeskartellamt, mit dem sie nach Maßgabe des § 123 TKG auch zusammenarbeitet. Die Bundesnetzagentur legt nach § 11 Abs. 1 TKG die sachlich und räumlich relevanten **Telekommunikationsmärkte** fest.

Von den kartellrechtlichen Vorschriften des TKG war bereits die Rede.[31] Die 10
wesentlichen Bestimmungen finden sich dort in den §§ 9 ff. TKG.[32] Der europäische Gesetzgeber hat diesen Bereich maßgeblich determiniert. Auf dieser Grundlage enthält das neue Recht gerade im Bereich der **Marktregulierung** eine Reihe von neuen Vorgaben, bei deren Umsetzung die Bundesnetzagentur ausweislich der §§ 10 ff. TKG die zentrale Instanz darstellt.

Die Einzelheiten über die Organisation und die Befugnisse der Bundesnetz- 11
agentur ergeben sich aus den §§ 116 ff. bzw. §§ 126 ff. TKG. Neu ist etwa eine Regelung über die **Mediation** (§ 124 TKG). Die Verfahrensvorschriften der §§ 132 ff. TKG müssen hier nicht weiter verfolgt werden.[33]

IV. Netzzugang und Kundenschutz

Früher galt für den allfälligen Kundenschutz die Telekommunikations-Kun- 12
denschutzverordnung (TKV),[34] deren Ermächtigungsgrundlage § 45 TKG darstellte, der allgemeinen Netzzugang zugunsten des Endverbrauchers und damit des Kunden garantierte. Im Zuge der TKG-Novellierung wurden die betreffenden Regelungen in die §§ 43 a–47 b TKG übernommen.[35] Zudem finden sich in den neu geschaffenen §§ 66 a ff. TKG verbraucherschützende Regelungen zu den allgegenwärtigen, so genannten **Mehrwertdiensten** (z.B. Auskunfts-, Kurzwahl- oder Premiumdienste). Im Einzelnen gilt folgendes:

---

[28] Ausführlich *Petersen*, MMR 2006, 515.
[29] Siehe dazu insbesondere *Bosman*, Die Beschlusskammern der Regulierungsbehörde für Telekommunikation und Post, 2002.
[30] Näher *Kloepfer*, Informationsrecht, § 11 Rz. 225.
[31] Oben § 9.
[32] Siehe oben § 9 Rz. 28 f.
[33] Zur Auskunftspflicht eines Internet-Providers gegenüber Ermittlungsbehörden nach § 113 TKG siehe LG Stuttgart NJW 2005, 614.
[34] Siehe dazu auch BGH NJW 2003, 3343.
[35] Hierzu *Ditscheid*, MMR 2007, 210, 211 ff.; *Klaes*, CR 2007, 220 ff.

1. Kunden- und Verbraucherschutz

13   Das Grundanliegen des Kunden- und Verbraucherschutzes stellt über den unmittelbaren Anwendungsbereich der Vorschriften hinaus einen allgemeinen Gesichtspunkt des Telekommunikationsrechts dar.[36] Gleichwohl wird man auch darin kein allgemeines Rechtsprinzip des Medienrechts erblicken können,[37] weil es keinen eigenständigen, d. h. spezifisch medienrechtlichen Gehalt aufweist, sondern vielmehr einer allgemeinen Tendenz entspricht, die im Zivilrecht noch verbreiteter ist – man denke nur an das Haustürwiderrufsrecht – und auch im Wettbewerbsrecht – zu nennen ist die Fallgruppe Kundenfang – allenthalben zum Ausdruck kommt. Dessen ungeachtet kommt der **Kundenschutz** als ratio legis hier natürlich besonders deutlich zum Ausdruck.[38] Folgerichtig sind Vereinbarungen, die von den Regelungen im dritten Teil des TKG zu Ungunsten des Kunden abweichen, nach § 47 b TKG unwirksam. Mit vergleichbarer Zielrichtung verbietet es § 66 l TKG, die Vorschriften der §§ 66 a ff. TKG zum Verbraucherschutz bei Mehrwertdiensten durch anderweitige Gestaltungen zu umgehen. Es sind vor allem zwei Fragen, die im Zusammenhang mit dem Telekommunikations-Kundenschutz diskutiert werden und auf die sich die vorliegende Betrachtung – neben einem Blick auf die verbraucherschützenden Normen – daher konzentrieren kann. Auch wenn es sich dabei nicht um genuin öffentlich-rechtliche Fragen handelt, sondern kartell- und zivilrechtliche Gesichtspunkte berührt werden, bietet sich die Behandlung im Rahmen der Erörterung dieses öffentlich-rechtlich geprägten Normengefüges an.

a) Die Forderungseinziehung der Deutschen Telekom

14   Zu den praktisch wichtigsten Vorschriften der TKV gehörte § 15 Abs. 1, der Anbieter eines Zugangs zum öffentlichen Telekommunikationsnetz verpflichtete, dem Kunden eine Rechnung zu stellen, die auch die Entgelte enthält, die durch die Auswahl anderer Anbieter entstanden sind. Der Rechnungsersteller, d. h. regelmäßig die Deutsche Telekom, musste also eine **Gesamtrechnung** stellen, die alle einzelnen Anbieter und die Gesamthöhe der Entgelte enthält, die auf sie entfallen. Im Zuge der Novellierung des TKG ist die Regelung des § 15 TKV in § 45 h TKG aufgenommen, zugleich aber ihr Anwendungsbereich modifiziert worden. Unter Berücksichtigung der regulatorischen Anforderungen der §§ 18, 21 Abs. 2 Nr. 7 TKG ist der Anbieter nicht mehr unbedingt zur Erstellung einer Gesamtrechnung (**Fakturierung**) verpflichtet. Die Pflicht zur Ausweisung von Drittanbietern kann sich nur auf Grundlage einer entsprechenden Vereinbarung ergeben[39] oder wenn die Bundesnetzagentur den Anbieter nach Maßgabe der §§ 18, 21 Abs. 2 Nr. 7 TKG hierzu verpflichtet hat. § 45 h TKG sieht demgemäß keinen Anspruch des Teilnehmers auf eine

---

[36] Kritisch zur Konvergenztauglichkeit der Regelungen zum Kunden- und Verbraucherschutz *Klaes*, CR 2007, 220 f.

[37] Siehe zu dieser Grundfrage oben § 1 Rz. 35 ff.

[38] Einprägsam *Küppers*, König Kunde, ArchPT 1998, 4; vgl. auch *Schulz*, NJW 1999, 765; *Kammerlohr*, K&R 1998, 90; *Großkopf/Taubert*, CR 1998, 603.

[39] Im Jahr 2004 haben die Deutsche Telekom AG und die Mitgliedsunternehmen der Branchenverbände VATM und breko eine entsprechende Vereinbarung geschlossen, vgl. Bundestags-Drucksache 16/300, S. 240.

Gesamtrechnung vor, sondern beschränkt sich auf formelle und inhaltliche Vorgaben, die im Falle einer einheitlichen Rechnungsstellung eingehalten werden müssen.[40] Nimmt der Teilnehmernetzbetreiber die Möglichkeit wahr, die Forderungen anderer Anbieter in eigenem Namen geltend zu machen, muss er dann allerdings auch die im Verhältnis des Kunden zu Drittanbietern bestehenden Einwendungen gegen sich gelten lassen.[41]

Die entscheidende dogmatische Frage in diesem Zusammenhang, die zugleich **15** eine Schnittstelle zum Kartellrecht darstellt, besteht darin, ob die Deutsche Telekom als Rechnungsersteller auch verpflichtet ist, bei einheitlicher Rechnungsstellung die Forderungen der Wettbewerber einzuziehen. Ihre zwischenzeitliche Weigerung wurde von den Wettbewerbern als wettbewerbswidrig angesehen, weil sie danach gezwungen wären, ihre Forderungen selbst einzuziehen. Das aber könnte die Kunden nach Ansicht der Wettbewerber davon abhalten, durch entsprechende Vorwahlen die Telekom zu meiden. Die damalige Regulierungsbehörde hat daraufhin die Telekom im Wege der **Missbrauchsaufsicht** nach § 33 Abs. 2 TKG a. F. verpflichtet, ihren Wettbewerbern ein neues Angebot zu unterbreiten. Hauptargument dieser praktisch vorherrschenden Richtung ist das Erfordernis der wesentlichen Leistung i. S. d. § 33 Abs. 1 TKG a. F., von dem bereits die Rede war.[42] Die Einziehung der Forderungen (**Inkasso**) der Wettbewerber sei eine solche wesentliche Leistung, zu der die marktbeherrschende Deutsche Telekom nach § 33 Abs. 1 TKG a. F. verpflichtet sei.[43] Zwar dient das Inkasso vordergründig nur der Erlöserzielung, bildet damit jedoch zugleich das wirtschaftliche Fundament für die weitere Erbringung von Telekommunikationsdienstleistungen.[44]

Die Gegenmeinung bestreitet, dass es sich beim Inkasso um eine wesentliche Leistung i. S. d. oben besprochenen[45] **Essential-Facilities-Doktrin** handelt. Es sei Sache eines jeden Unternehmens, selbst seine Forderungen einzuziehen, das sich zu diesem Zweck mit anderen Wettbewerbern zusammenschließen könne.[46] Diese Ansicht verdient keine Gefolgschaft. Gewiss könnte dem Problem geringer Rechnungsbeträge durch eine Verlängerung des Abrechnungszeitraums begegnet werden.[47] Dennoch verbleibt die grundsätzliche Schwierigkeit einer faktischen Wettbewerbshinderung, wenn die Wettbewerber ihre Rechnungen einzeln geltend machen könnten. Gerade die Gesamtrechnung hat für den Kunden eine dem Schutzzweck des § 15 TKV entsprechende abschließende Wirkung, deren faktische Aufspaltung durch mehrere Rechnungen mit womöglich kleinen Beträgen die Kunden hindern könnte, auf die Dienste anderer Wettbewerber auszuweichen. Zudem besteht die Gefahr der Benachteiligung von Wettbewerbern, die bei Zahlungssäumnis vergleichsweise kleine Rechnungsbeträge wegen unverhältnismäßig hoher

---

[40] Bundestags-Drucksache 16/2581, S. 25 f.
[41] BGH NJW 2007, 438, noch unter Bezugnahme auf § 15 Abs. 3 TKV.
[42] Oben beim Kartellrecht im 3. Teil, § 9.
[43] So im Einklang mit der Regulierungsbehörde (abgedruckt in: MMR 2000, 298, 303 mit Anm. *Schütz*) etwa OVG Münster MMR 2000, 631, 632; *Piepenbrock/Müller*, MMR 4/2000, Beilage, 1, 22 ff. Vgl. *Piepenbrock/Schuster*, Wesentlichkeit von Fakturierung und Inkasso für Telekommunikationsdienste, 2003.
[44] OVG Münster MMR 2000, 631 f.
[45] § 9 Rz. 25 ff.
[46] *Säcker/Callies*, K&R 1999, 337, 344; *Gersdorf/Witte*, Rtkom 2000, 22; in diese Richtung auch *König/Loetz*, K&R 2000, 153.
[47] Vgl. zu diesem Argument die soeben Genannten.

Beitreibungskosten nicht realisieren können.[48] Durch § 21 Abs. 2 Nr. 7 TKG erhält die Bundesnetzagentur nunmehr ausdrücklich ein Regulierungsinstrument, um ein Unternehmen mit marktbeherrschender Stellung zu Fakturierungs- und Inkassoleistungen zu verpflichten.

b) Einwendungen des Kunden

17   Eines der drängendsten Probleme aus Kundensicht ist die Möglichkeit, Einwendungen gegen die Telefonrechnung zu erheben, wenn der Gesamtsaldo ihm überhöht erscheint. Hierzu steht dem Teilnehmer (vgl. § 3 Nr. 20 TKG) eine Frist von mindestens acht Wochen zur Verfügung, § 43 i Abs. 1 S. 1 TKG. Beanstandet er innerhalb dieser Frist die Abrechnung, gebietet § 43 i Abs. 1 S. 2, 3 TKG,[49] dem Teilnehmer außer einem **Einzelverbindungsnachweis** eine Dokumentation über eine erfolgte technische Überprüfung vorzulegen. Der Anbieter muss den Nachweis erbringen, dass er die Leistungen technisch einwandfrei erbracht hat. Kann er dies nicht, kommt er dieser Pflicht nicht innerhalb von zwei Monaten nach oder offenbart die Überprüfung technische Mängel, so wird nach § 43 i Abs. 3 S. 2 TKG widerleglich vermutet, dass die Entgelte unrichtig ermittelt wurden. Etwaige Ansprüche des Anbieters aus Verzug erlöschen gemäß § 43 i Abs. 1 S. 4 TKG. Ist die genaue Höhe nicht mehr ermittelbar, so wird regelmäßig die durchschnittliche Höhe der sechs letzten Rechnungen des Kunden zugrunde gelegt (vgl. § 45 j TKG).

BGH NJW 2004, 1590: Die Betreiberin eines Telekommunikationsnetzes berechnete einem Kunden Verbindungsentgelte von über 15 000 DM für vier Monate. Der Sohn des Kunden hatte sich über eine Werbeanzeige mit den Internetseiten eines Dritten verbinden lassen und eine Gratis-Zugangssoftware herunter geladen, die er auf seinem Computer installierte. Als er bemerkte, dass dadurch nur teure Verbindungen zu Erotikseiten hergestellt wurden, löschte er die Software, die jedoch bereits heimlich die Einstellungen im Datenübertragungsnetzwerk dergestalt verändert hatte, dass nunmehr alle Verbindungen in das Internet über teure 0190-Nummern erfolgten, was die hohe Rechnung bedingte.

18   Nachdem die frühere Rechtsprechung des Bundesgerichtshofs,[50] die im Schrifttum mit wenigen Ausnahmen[51] kritisiert wurde,[52] durch die Einfügung des § 45 h Abs. 3 TKG (§ 15 Abs. 3 TKV)[53] weitgehend obsolet wurde, hat nach dieser Bestimmung der die Telefonrechnung erstellende Netzbetreiber den Kunden darauf hinzuweisen, dass er **begründete Einwendungen** gegen einzelne in Rechnung gestellte Forderungen erheben kann.

19   Im vorliegenden Fall kam es allerdings nicht auf diese Bestimmung an, sondern auf § 45 i Abs. 4 TKG (§ 16 Abs. 3 S. 3 TKV), wonach der Netzbetreiber nicht berechtigt ist, Verbindungsentgelte zu fordern, soweit der Netzzugang in vom Kunden nicht zu vertretenden Umfang genutzt wurde oder Tatsachen die Annahme rechtfertigen, dass die Höhe der Verbindungsentgelte auf Manipulationen Dritter an öffentlichen Telekommunikationsnetzen zu-

---

[48] OVG Münster MMR 2000, 631 f.
[49] Dazu *Kammerlohr*, K&R 1998, 90, 92; *Leo*, K&R 1998, 381, 385.
[50] BGH NJW 1998, 3188, 3191; 2002, 361, 362.
[51] *Draznin*, MMR 2002, 265; *Schlegel*, MDR 2004, 125, 126; *Eckhardt*, CR 2003, 109.
[52] *Klees*, CR 2003, 331, 334; *Hoffmann*, ZIP 2002, 1705, 1706; *Fluhme*, NJW 2002, 3519, 3520; *Spindler*, JZ 2002, 408; *Koos*, K&R 2002, 617, 618; *Härting*, DB 2002, 2147 f.
[53] BGBl. I S. 3365.

rückzuführen ist. Die Regelung ist zwar nicht direkt einschlägig.[54] Jedoch hält der Bundesgerichtshof sie für sinngemäß anwendbar, wenn sich – wie hier – ein Dritter durch Installation eines so genannten **Dialers** Nutzungsvorteile im Wege des Zugriffs auf einen Telekommunikationsanschluss zu Lasten des Inhabers verschafft.[55] Der Bundesgerichtshof gelangt damit im Einklang mit der Vorinstanz[56] im Wesentlichen zu einer Abweisung der Klage.

c) Verbraucherschutz

Im engen Zusammenhang mit dem Kundenschutz stehen die neu eingefügten **20** verbraucherschützenden Vorschriften der §§ 45 l, 66 a ff. TKG.[57] Sie knüpfen an die bisher im Gesetz zur Bekämpfung des Missbrauchs von 0190er/0900er Mehrwertdiensterufnummern (MWDG) enthaltenden Regelungen an. Angesichts des Missbrauchspotentials so genannter **Premiumdienste** und der vor allem bei jugendlichen Zielgruppen allseits beliebten und verbreiteten **Kurzwahldienste** sah sich der Gesetzgeber gezwungen, weitergehende gesetzliche Rahmenbedingungen für alle Arten von Mehrwertdiensten[58] zu schaffen, die gemäß § 66 l TKG auch nicht umgangen werden dürfen.[59] Die Vorschriften bezwecken durch umfassende Vorgaben eine erhöhte Transparenz der Kosten, die dem Verbraucher bei der Inanspruchnahme von Mehrwertdiensten entstehen. § 66 a S. 1 TKG schreibt bei der Werbung für die dort genannten Dienste eine Pflicht zur vollständigen Preisangabe – zeitabhängig je Minute oder zeitunabhängig je Inanspruchnahme – vor und regelt die Art und Weise der Preisangabe. Die Vorschrift erweitert damit den Anwendungsbereich von § 43 b Abs. 1 TKG a. F., der eine solche Pflicht lediglich für Premiumdienste normierte. Vor allem die oftmals gegenüber der Rufnummer stark in den Hintergrund tretenden und häufig kaum entzifferbaren Preisangaben sollen hiermit künftig verhindert werden (vgl. § 66 a Abs. 1 S. 2 TKG).[60] Zudem darf gemäß § 66 a Abs. 1 S. 3 TKG die Anzeige des Preises nicht kürzer als die der Rufnummer erfolgen. Daran anknüpfend verpflichtet § 66 b TKG bei bestimmten sprachgestützten Diensten zur Preisansage vor Beginn der Entgeltpflichtigkeit. Eine Sonderregelung trifft § 66 b Abs. 2 TKG für sprachgestützte Massenverkehrsdienste, worunter insbesondere die Teilnahme an Gewinnspielen fallen

---

[54] Vgl. auch die Beispiele bei *Elmer*, in: Beck'scher TKG-Kommentar, 2. Auflage, Anh. § 41, § 16 TKV Rz. 18.

[55] Vgl. auch schon LG Kiel CR 2003, 684, 685; AG Freiburg NJW 2002, 2959; a. A. LG Mannheim NJW-RR 2002, 995, 996; siehe auch *Braun*, ZUM 2003, 200, 203; *Koenig/Koch*, TKMR 2002, 457; *Schuster/Kemper/Schütze/Schulze zur Wiesche/Charge/Derking*, MMR 2005, 1, 19 ff.; instruktiv zur Strafbarkeit *Fülling/Rath*, JuS 2005, 598.

[56] KG NJW-RR 2003, 637; dazu *Feser*, MMR 2003, 402, 403. Vgl. auch *Rösler*, NJW 2004, 2566; *Hoffmann*, NJW 2004, 2569, 2571 f.

[57] Hierzu *Zagouras*, NJW 2007, 1914 ff., *Vander*, NJW 2007, 2580; *Ditscheid*, MMR 2007, 210, 215 ff.; *Klaes*, CR 2007, 220, 223 ff. Hierzu und kritisch zu Abgrenzungsproblemen zwischen den genannten Vorschriften und dem TMG *Taeger/Rose*, K&R 2007, 233 ff. Zum Verbraucherschutz in der Telekommunikation im europäischen Vergleich *Klaes*, MMR 2007, 21 ff.

[58] Eine einheitliche Definition der Mehrwertdienste existiert nicht, genannt sind in § 3 TKG zahlreiche Erscheinungsformen; vgl. *Zagouras*, NJW 2007, 1914; *Klaes*, CR 2007, 220, 221. Kritisch *Taeger/Rose*, K&R 2007, 233, 234 ff.

[59] Das entspricht der Regelung des § 306 a BGB, vgl. die Gesetzesbegründung, Bundestags-Drucksache 16/2581, S. 33.

[60] Vgl. die Gesetzesbegründung, Bundestags-Drucksache 16/2581, S. 30; *Zagouras*, NJW 2007, 1914, 1915 m. w. N. Fußnote 27.

kann.[61] Ergänzend sieht § 66 c TKG eine Preisanzeigepflicht vor, wenn die Preisansage technisch ausgeschlossen ist (z. B. SMS-/MMS-Dienste). Auch hier genügt es nicht, dass die Anzeige undeutlich oder gar versteckt am Ende der Nachricht erfolgt. Eine Preisobergrenze von maximal 3 Euro pro Minute bzw. 30 Euro bei zeitunabhängiger Abrechnung ist in § 66 d TKG festgeschrieben. Sie gilt allerdings nur für Premiumdienste i. S. d. § 3 Nr. 17 a TKG.[62] Bei Nichtbeachtung der genannten Vorschriften entfällt gemäß § 66 g TKG die Entgeltpflicht des Verbrauchers. Weitere Regelungen finden sich für die Zwangstrennung von Verbindungen[63] (§ 66 e TKG), für Anwählprogramme (**Dialer**) i. S. d. § 66 f TKG oder auch für R-Gespräche (§ 66 i TKG). Für Kurzwahldienste wurden im Hinblick auf ihr erhöhtes Gefährdungspotenzial spezielle Regelungen eingeführt, die insbesondere bei Abonnementverträgen zu mehr Transparenz bei den Kosten und dem konkreten Inhalt der Verträge führen sollen.[64] So ist der Anbieter verpflichtet, auf den Abschluss eines Dauerschuldverhältnisses hinzuweisen, § 66 a Abs. 1 S. 4 TKG. Der Kunde kann gemäß § 45 l Abs. 2 TKG mit einer Frist von einer Woche zum Ende des Abrechnungszeitraums kündigen. Zusätzlich ist der Kunde auf sein Verlangen hin kostenlos darauf hinzuweisen (im Regelfall durch eine so genannte Bill-Warning[65]), dass seine Entgeltpflicht die Summe von 20 Euro im jeweiligen Kalendermonat überschritten hat.

21   Zwar hat der Gesetzgeber speziell mit dem Begriff der **Neuartigen Dienste** die Tür für künftige Entwicklungen aufhalten wollen.[66] Ob die erfolgten Änderungen mit der technologischen Konvergenz Schritt halten können, muss sich allerdings erst zeigen.[67]

2. Die Zugangsregulierung

22   Die **Zugangsregulierung** ist vor allem in den §§ 16 ff. TKG geregelt. Nach § 18 Abs. 1 TKG kann die Bundesnetzagentur die Betreiber öffentlicher Telekommunikationsnetze, die den Zugang zu Endnutzern kontrollieren (also vor allem die Deutsche Telekom), auf entsprechende Nachfrage verpflichten, ihre Netze mit denen anderer Betreiber **zusammenzuschalten**. Zudem ist nach § 16 TKG jeder Betreiber verpflichtet, anderen Betreibern auf Verlangen ein Angebot zur Zusammenschaltung zu unterbreiten, um die Kommunikation der Nutzer, die Bereitstellung von Telekommunikationsdiensten sowie deren Interoperabilität gemeinschaftsweit zu gewährleisten.

---

[61] Vgl. *Vander*, NJW 2007, 2580, 2581. Am 1. Septmber 2008 soll der 10. Rundfunkänderungsstaatsvertrag in Kraft treten. Neben der Schaffung eines (zusätzlichen) Kontrollgremiums für Zulassung und Aufsicht (ZAK) sieht er u. a. in § 8a eine Regelung zu Gewinnspielen vor, wonach insbesondere die Belange des Jugendschutzes zu wahren sind und eine Deckelung des Teilnahmeentgelts auf 0,50 Euro erfolgt. Zur Rechtslage bei Gewinnspielen *Wimmer*, MMR 2007, 417 ff. Zu weiteren Änderungen *Ritlewski*, ZUM 2008, 403 ff.

[62] Kritisch *Vander*, NJW 2007, 2580, 2582.

[63] Als vertragliche Nebenpflicht, OLG Hamm NJW 2003, 760, 761.

[64] Gesetzesbegründung, Bundestags-Drucksache 16/2581, S. 30.

[65] Hierzu *Klaes*, CR 2007, 220, 223; *Ditscheid*, MMR 2007, 210, 214; *Vander*, MMR 2005, 429, 432; *Taeger/Rose*, K&R. 2007, 233, 237.

[66] Bundestags-Drucksache 16/2581, S. 30; vgl. § 66 b Abs. 4 TKG.

[67] Vgl. *Klaes*, CR 2007, 220 f.; *Zagouras*, NJW 2007, 1914, 1916 f.; *Vander*, NJW 2007, 2580, 2586, mit Ausblick auf künftiges Missbrauchspotential.

Im bereits angesprochenen § 21 TKG ist die **Zugangsverpflichtung** der 23
Betreiber öffentlicher Telekommunikationsnetze geregelt. Danach kann/soll
(vgl. Absatz 3) die Bundesnetzagentur auf Antrag oder von Amts wegen
Betreiber öffentlicher Telekommunikationsnetze, die über beträchtliche Marktmacht verfügen (vor allem die Deutsche Telekom), verpflichten, anderen Unternehmen Zugang zu gewähren. Hiervon umfasst ist auch die Pflicht zu einer
nachfragegerechten **Entbündelung**, insbesondere wenn anderenfalls die Entwicklung eines nachhaltig wettbewerbsorientierten nachgelagerten Endnutzermarktes behindert oder diese Entwicklung den Interessen der Endnutzer
zuwiderlaufen würde. Diese Entbündelungspflicht dient zum Schutz des Kunden davor, dass er nicht für Teile oder Leistungen im Rahmen der Gewährleistung offenen Netzzugangs zu zahlen hat, die er nicht in Anspruch nehmen
kann oder will. Im Mittelpunkt steht dabei die so genannte **Teilnehmeranschlussleistung** (§ 21 Abs. 3 Nr. 1 TKG), die für den Kunden ersichtlich
von größtem Interesse ist und über die hinaus er häufig gar keine weiteren
Dienste oder Leistungen bezahlen möchte. Da der beherrschende Hauptanbieter nach wie vor die Deutsche Telekom ist, muss zusätzlich dafür Gewähr
getragen werden, dass deren Wettbewerber nicht nur im rechtlichen Sinne
offenen Netzzugang, sondern auch rein tatsächlich die Möglichkeit haben,
eine eigene Infrastruktur in den Verteilerkästen der Deutschen Telekom unterzubringen und entsprechend warten zu können. Das ist Inhalt der so genannten
Kollokation,[68] die in § 21 Abs. 3 Nr. 4 TKG geregelt ist.

§§ 22 ff. TKG enthalten die diesbezüglichen Verfahrensvorschriften. Ist einem Netzbetreiber eine Zugangsverpflichtung auferlegt worden, hat er dem 24
nachfragenden Betreiber spätestens innerhalb von drei Monaten ein Zugangsangebot zu unterbreiten (§ 22 Abs. 1 TKG). Besteht für die Zugangsleistung
eine allgemeine Nachfrage, dann soll die Bundesnetzagentur nach § 23 TKG
den Betreiber zur Veröffentlichung eines Standardangebots verpflichten, das die
Bundesnetzagentur dann prüft und ggf. verändert. Kommt eine Zugangsvereinbarung nicht zustande, so ordnet die Bundesnetzagentur gemäß § 25 Abs. 1
TKG den Zugang an.

V. Vorratsdatenspeicherung

Eine Sonderstellung im TKG nehmen die Regelungen der §§ 113 a, b TKG[69] 25
ein. Sie betreffen die Pflicht der Anbieter von öffentlich zugänglichen Telekommunikationsdienstleistungen zur Speicherung von **Telekommunikations-
Verkehrsdaten.**[70] Ziel dieser Vorschriften ist die vorsorgliche Beweisbeschaffung für eventuelle künftige Ermittlungsverfahren. Die Strafprozessordnung
nimmt in § 100 g StPO auf § 113 a TKG Bezug und gestattet ein Auskunftsersuchen über die gespeicherten Daten zum Zwecke der Strafverfolgung. Die
Vorratsdatenspeicherung lässt sich damit als Maßnahme präventiver Strafver-

---

[68] *Holznagel/Enaux/Nienhaus*, Grundzüge des Telekommunikationsrechts, § 9 III 3, S. 98.
[69] Die Vorschriften sind durch das Gesetz zur Neuregelung der Telekommunikationsüberwachung und anderer verdeckter Ermittlungsmaßnahmen sowie zur Umsetzung der Richtlinie
2006/24/EG vom 21. Dezember 2007 (BGBl. I, S. 3198) neu geschaffen worden.
[70] Zum Begriff der Telekommunikationsdaten *Breyer*, StV 2007, 214.

folgung einordnen.[71] Verfassungsrechtliche Berührungspunkte ergeben sich insbesondere mit dem Schutz des Fernmeldegeheimnisses nach Art. 10 Abs. 1 GG. Bisher hatten Anbieter von Telekommunikationsdiensten lediglich die Möglichkeit, die Verkehrs- und Standortdaten ihrer Endnutzer zum Zwecke der Abrechnung zu speichern, wenn der Kunde auf eine Anonymisierung verzichtete. Nach Einfügung der §§ 113 a, b TKG sind Anbieter nunmehr gesetzlich verpflichtet, bestimmte Verkehrsdaten der Nutzer für sechs Monate aufzubewahren (§ 113 a Abs. 1 TKG). Davon erfasst sind neben herkömmlichen Festnetz- und Mobilfunkdiensten auch E-Mail- und Internetzugangsdienste (vgl. § 113 a Abs. 3, Abs. 4 TKG). Welche Verkehrsdaten unter die Verpflichtung zu Speicherung fallen, ergibt sich aus § 113 a Abs. 2–4 TKG. Dazu zählen etwa die Rufnummern der Nutzer, der Zeitpunkt und die Dauer der Verbindung und gegebenenfalls die Internetprotokolladressen. Der Verwendungszweck der gespeicherten Daten bestimmt sich nach § 113 b TKG. In der Literatur sehen sich die Regelungen neben strafprozessualen Einwänden[72] im Hinblick auf Art. 10 GG erheblichen **verfassungsrechtlichen Bedenken** ausgesetzt.[73] Angesichts der vom Bundesverfassungsgericht zum Schutz des Fernmeldegeheimnisses oder auch des Rechts auf informationelle Selbstbestimmung[74] aufgestellten Anforderungen an die Eingriffsbefugnisse staatlicher Organe, ist die tatverdachtsunabhängige Speicherung der Nutzerdaten in der Tat nicht unbedenklich. Das Bundesverfassungsgericht hat im Wege einer einstweiligen Anordnung[75] zwar bisher eine Aussetzung des Vollzugs von § 113 a TKG abgelehnt, da die umfassende Speicherung der Daten für sich genommen, trotz des möglichen Einschüchterungseffekts, noch keine schwerwiegenden und irreparablen Nachteile für den Betroffenen mit sich bringt. Dass das Gericht damit den Besonderheiten des einstweiligen Anordnungsverfahrens Rechnung trägt, steht allerdings der Annahme eines Eingriffs in das Fernmeldegeheimnis schon durch die Datenerfassung selbst nicht im Wege.[76] Zugleich hat das Gericht jedoch – bis zur endgültigen Entscheidung über die gegen die Vorschriften eingelegten Verfassungsbeschwerden – die gemäß § 113 b S. 1 Nr. 1 TKG an die Speicherung anknüpfende Nutzung der bevorrateten Daten auf Fälle beschränkt, in denen Gegenstand des Ermittlungsverfahrens schwere Straftaten nach dem Katalog des § 110 a Abs. 2 StPO sind und zusätzlich die Voraussetzungen des § 100 a Abs. 1 StPO vorliegen.

---

[71] *Puschke/Singelnstein*, NJW 2008, 113, 118.

[72] *Puschke/Singelnstein*, NJW 2008, 113, 118.

[73] Vgl. nur *Gola/Klug/Reif*, NJW 2007, 2599 ff., auch im Hinblick auf die Pressefreiheit nach Art. 5 Abs. 1 S. 2 Alt. 1 GG; *Leutheusser-Schnarrenberger*, ZRP 2007, 9, 11; *Puschke/ Singelnstein*, NJW 2008, 113, 117 ff.; *Zöller*, GA 2007, 393, 412 f., der darüber hinaus bereits die Vereinbarkeit der Richtlinie 2006/24/EG zur Vorratsdatenspeicherung mit Gemeinschaftsrecht in Frage stellt. Ebenso *Breyer*, StV 2007, 214, 218 ff.

[74] Zum Recht auf informationelle Selbstbestimmung grundlegend BVerfGE 65, 1. Zum Fernmeldegeheimnis siehe § 2 Rz. 40 ff.; vgl. auch die Ausführungen zum Grundrecht auf Gewährleistung der Vertraulichkeit und Integrität informationstechnischer Systeme, § 2 Rz. 47 f.

[75] BVerfG NStZ 2008, 290.

[76] Vgl. BVerfG NJW 2000, 55, 59.

§ 15. Werbung und Sponsoring nach dem Rundfunkstaatsvertrag

Literatur: *Berrisch*, Europäische Union und Sport-Sponsoring; *Bork*, Werbung im Programm, 1988; *ders.*, Der Sponsorhinweis beim Ereignissponsoring – Eine wettbewerbsrechtliche Zwischenbilanz, ZUM 1988, 322; *Bosman*, Rundfunkrechtliche Aspekte der Trennung von Werbung und Programm, ZUM 1990, 545; *Bruhn*, Sponsoring, 1987; *ders.*, Sponsoring als Instrument der Markenartikelwerbung, MA 1987, 190; *Bullinger*, Rundfunkwerbung im Umbruch der Medien, ZUM 1985, 121; *Fezer*, Imagewerbung mit gesellschaftskritischen Themen im Schutzbereich der Meinungs- und Pressefreiheit, NJW 2001, 580; *Greffenius/A. Fikentscher*, Werbeformen bei Sportübertragungen im Fernsehen und ihre wettbewerbsrechtliche Zulässigkeit, ZUM 1992, 526; *Hackbarth*, Titelsponsoring im Fernsehen, ZUM 1998, 974; *Henning-Bodewig*, Neuere Entwicklungen im Sponsoring, ZUM 1997, 633; *Herkströter*, Neue elektronische Werbeformen: Glaubwürdigkeit des Programms gefährdet?, Media-Perspektiven 1998, 106; *Hoeren*, Das Telemediengesetz, NJW 2007, 801; *Kitz*, Rundfunkgebühren auf internetfähige PC und Mobiltelefone, Zur Auslegung des neuen Rundfunkgebührenstaatsvertrags, NJW 2006, 406; *ders.*, Das neue Recht der elektronischen Medien in Deutschland – sein Charme, seine Fallstricke, ZUM 2007, 368; *Ladeur*, Neue Werbeformen und der Grundsatz der Trennung von Werbung und Programm. Virtuelle Werbung, Split-Screen und Vernetzung von Medien als Herausforderung der Rundfunkregulierung, ZUM 1999, 62; *Leisner*, Werbefernsehen und Öffentliches Recht, 1967; *Lerche*, Rechtsprobleme des Werbefernsehens, 1965; *ders.*, Werbung und Verfassung, 1967; *Mückl*, Die Konvergenz der Medien im Lichte des neuen Telemediengesetzes, JZ 2007, 1077; *Otten*, Sponsoring – Erscheinungsformen und Bedeutung für die Finanzierung des öffentlichen Rundfunks, 1999; *Roßnagel*, Das Telemediengesetz – Neuordnung für Informations- und Kommunikationsdienste, NVwZ 2007, 743; *Spindler*, Das neue Telemediengesetz – Konvergenz in sachten Schritten, CR 2007, 239; *Volpers/Herkströter/Schnier*, Die Trennung von Werbung und Programm im Fernsehen. Programmliche und werbliche Entwicklungen im digitalen Zeitalter, 1998; *v. Wallenberg*, Strukturelle Vorgaben für den öffentlich-rechtlichen Rundfunk im 8. Rundfunkänderungsstaatsvertrag, MMR 2005, 88; *Weiand*, Kultur- und Sportsponsoring im deutschen Recht, 1993; *ders.*, Rechtliche Aspekte des Sponsoring, NJW 1994, 227.

I. Werbung

Vom Wettbewerbsrecht war bereits ausführlich bei der Behandlung des **1** Medienwirtschaftsrechts die Rede.[1] Im Folgenden geht es daher nurmehr um die Beschränkungen, die den Sendern durch den Rundfunkstaatsvertrag auferlegt sind. Diese betreffen einerseits die öffentlich-rechtlichen Sendeanstalten, denen nach § 16 Abs. 1 S. 3 Rundfunkstaatsvertrag (RStV) die Werbung nach 20 Uhr und an Sonn- und bundesweiten Feiertagen generell untersagt ist. Andererseits wirken sich auch für die privaten Sender Werbebeschränkungen besonders nachhaltig aus, weil sie sich überwiegend aus Werbeeinnahmen finanzieren. Die rundfunkrechtlichen Maßgaben finden sich im Rundfunkstaatsvertrag, in dem die Länder im Rahmen ihrer Zuständigkeit die wesentlichen Vorgaben für Werbung und Sponsoring geregelt haben.

---

[1] Oben § 8.

1. Die Trennung von Werbung und Programm

2   Eines der wichtigsten Prinzipien des Rechts der Werbung im Rundfunk besteht in der Trennung von Werbung und Programm. Nach § 7 Abs. 3 RStV muss Werbung im Fernsehen klar als solche erkennbar und deshalb durch optische Mittel von anderen Programmteilen getrennt sein.[2] Optische Mittel in diesem Sinne sind etwa die aus dem ZDF bekannten „Mainzelmännchen". Der Verbraucher soll klar und deutlich erkennen können, wann das redaktionelle Programm zugunsten der Werbung (und damit der Sender) unterbrochen wird und keiner diesbezüglichen Irreführung unterliegen.[3] Daneben soll das Trennungsgebot die Unabhängigkeit des Rundfunks von Einflussnahmen der Werbewirtschaft sichern.[4]

a) Instrumentale und mediale Werbung

3   Umstritten ist, ob nur die eigentliche Werbung dem Trennungsgebot unterliegt, also der Werbespot als solcher[5] (instrumentale Werbung) oder auch werbende Effekte, die sich einstellen, wenn im Fernsehen beiläufig Hersteller oder Produkte erwähnt werden[6] (mediale Werbung).[7] Zu folgen ist der letztgenannten Ansicht. Gerade bei der medialen Werbung ist das Trennungsgebot seinem Schutzzweck nach besonders gefordert, weil nicht nur eine unterschwellige Einflussnahme von Seiten der Werbeindustrie droht, sondern vor allem auch der Verbraucher solchen Einwirkungen „ungeschützt" ausgesetzt ist. Ein Verstoß gegen das Trennungsgebot liegt unter der gebotenen Berücksichtigung der Rundfunk- und Informationsfreiheit aus Art. 5 GG demnach vor, wenn die medialen Werbeeffekte im konkreten Fall dasjenige übersteigen, was aus dramaturgischen oder redaktionellen Gründen unvermeidbar oder zumutbar ist.[8] Die Zahlung eines **Entgelts** für die Herausstellung eines bestimmten Produkts ist entgegen vereinzelter Ansicht im Schrifttum[9] ein deutli-

---

[2] Vgl. auch Art. 3 e Abs. 1 lit. a) der Richtlinie für audiovisuelle Mediendienste, ABlEU Nr. L 332/27 vom 18. 12. 2007. Zur künftigen wettbewerbsrechtlichen Unzulässigkeit eines Verstoßes gegen den Trennungsgrundsatz vgl. § 8 Fußnoten 75, 77, 87, 110.

[3] Näher zur ratio legis *Greffenius/A. Fikentscher*, ZUM 1992, 526, 528; *Starck*, JZ 1983, 405, 414.

[4] *Bork*, Werbung im Programm, 1988, S. 16, 83.

[5] So KG AfP 1987, 712, 713; LG Mainz BB 1970, 463, 464; *Steimer*, Grundprobleme der Rundfunkfinanzierung, 1985, S. 67; *Kühn*, ZUM 1986, 370, 373 f.

[6] *Fette*, FuR 8/1970, 231, 237; *Sack*, ZUM 1987, 103, 117; *Henning-Bodewig*, GRUR Int. 1987, 538, 543; *Bork*, Werbung im Programm, 1988, S. 83 mit guten Gründen.

[7] Die Unterscheidung zwischen instrumentaler und medialer Werbung geht auf öffentlich-rechtliche Vorarbeiten zurück; vgl. *Krause-Ablass*, RuF 1963, 129, 131; *Bachof*, Verbot des Werbefernsehens durch Bundesgesetz?, 1966, S. 6; *Lerche*, Rechtsprobleme des Werbefernsehens, 1965, S. 2; vgl. auch *Klinger*, Die Werbe- und Verlegertätigkeit des Bayerischen Rundfunks als anstaltsfunktionale Aufgabenerfüllung, 1970, S. 31 ff.

[8] In diese Richtung OLG München AfP 1986, 348, 350; vgl. auch BGH NJW 1987, 2746, 2747. *Bork*, Werbung im Programm, S. 84, nennt den Fall, dass der Fernsehkommissar im Dienstwagen einer beliebigen Marke im Tatort fährt; in Bayern etwa wird man aus Gründen der regionalen Authentizität nicht beanstanden können, wenn dies in einem BMW geschieht – inwieweit dieser freilich herausgestellt werden darf, ist eine Frage des Einzelfalles.

[9] *Gottschalk/Scheele*, MA 1987, 532, 533; *Scheele*, Neue Medien 10/1986, 22, 28; sowie für das presserechtliche Trennungsgebot *Hefermehl*, AfP 1971, 111, 112; *Spengler*, UFITA 27 (1959) 169, 179.

ches Indiz für die Vermeidbarkeit[10] und damit die Unzulässigkeit der jeweiligen Werbung, weil das jeweilige Produkt dann in aller Regel austauschbar und zumeist auch völlig ausblendbar wäre.[11] Durch die Zahlung und Entgegennahme des Entgelts wird der Werbeeffekt gleichsam den Zufälligkeiten enthoben und gezielt zugunsten eines Auftraggebers gewollt. Damit wird aber auch ein Verstoß gegen das Trennungsgebot mehr als in Kauf genommen.[12]

b) Gewinnspiele

Besonders bedenklich sind vor dem Hintergrund des Trennungsgebots die **4** gerade in Sportsendungen[13] favorisierten Gewinnspiele,[14] bei denen mit einfachen Fragen Interesse erzeugt wird und vor allem die dem Gewinner winkenden Preise der Reihe nach zeitaufwendig mit allen Vorzügen vorgestellt werden („Erster Preis: Ein Mazda 323F mit serienmäßigem...") und das eigentliche Gewinnspiel in den Hintergrund rücken. Zwar sind derartige Präsentationen regelmäßig in den Fortgang der Sendung eingebettet, indem etwa die Quizfrage auf einen vorherigen Beitrag Bezug nimmt. Der Sache nach handelt es sich jedoch um lupenreine Werbung.[15] Der Verstoß gegen das Trennungsgebot ist hier sogar besonders eklatant, weil mitunter äußerst schwer erkennbar ist, wo die werbende Einflussnahme beginnt und dies ganzen Verkehrskreisen, z.B. Kindern, gänzlich verborgen bleiben dürfte. Derartige Gewinnspiele stellen einen Verstoß gegen das Gebot der Trennung von Werbung und Programm dar, der leider selten als solcher erkannt und praktisch nie geahndet wird.

c) Verbot der Schleichwerbung

Das Verbot der so genannten „Schleichwerbung und entsprechender Prakti- **5** ken" statuiert § 7 Abs. 6 S. 1 RStV. Schleichwerbung ist Werbung im Programm, die die Allgemeinheit über den Werbezweck irreführen kann und zu Werbezwecken eingesetzt wird.[16] Darunter wird insbesondere eine Firmen-, Marken- oder Produktpräsentation verstanden, die das Produkt nicht durch gezielten Einsatz sichtbar platziert, wie beim bereits behandelten **Product Placement**, sondern gleichsam schleichend einführt. Dies abzugrenzen ist freilich nicht immer leicht, zumal es sich für den Zuschauer häufig gleich darstellt. Unzulässig ist derzeit das eine wie das andere, wenn die Einblendung

---

[10] *Sack*, ZUM 1987, 103, 116.

[11] So im Ergebnis auch *Ricker*, NJW 1988, 453, 456; *Bork*, Werbung im Programm, 1988, S. 86.

[12] Vgl. aber zum grundsätzlich zulässigen Product Placement oben § 8 Rz. 32 ff.; die Grenzziehung kann im Einzelfall Schwierigkeiten bereiten.

[13] Vor allem von Seiten des Privatfernsehens; zur – zu befürwortenden – Anwendung des Trennungsgebotes auf private Anbieter *Bork*, Werbung im Programm, 1988, S. 83 Fußnote 102.

[14] Speziell zu Telefongewinnspielen *Eichmann/Sörup*, MMR 2002, 142. Zum Reformbedarf im Zuge der 10. Rundfunkänderungsstaatsvertrages *Wimmer*, MMR 2007, 417.

[15] Großzügiger *Bork*, Werbung im Programm, 1988, S. 108, der diese Form der Werbung für zulässig hält, sofern Kennzeichnungsgebot, Blockwerbegebot und die Unterbrecherwerberegelung eingehalten sind. Doch besteht der Zweck derartiger Gewinnspiele nicht selten darin, gerade diese Vorgaben zulässiger Werbung zu umgehen.

[16] *Greffenius/A. Fikentscher*, ZUM 1992, 529; vgl. auch Art. 1 lit. j) AVMD-Richtlinie. Zu den Anforderungen an das Tatbestandsmerkmal der Werbeabsicht OVG Berlin-Brandenburg NVwZ-RR 2007, 681.

erkauft wird.[17] Das Verbot der Schleichwerbung ist ein Unterfall des allgemeinen Gebots der Trennung von Werbung und Programm.[18]

6   Eine für die TV-Ausstrahlung von Sportveranstaltungen praktisch wichtige
Ausnahme vom Verbot der Schleichwerbung ist die Werbung durch Firmenlo-
gos auf Hemdkragen und durch andere Werbebotschaften, die von der Kamera
nahezu zwangsläufig eingefangen werden, wenn sie die Hauptsache filmt.[19]
Zwar versuchen die Sender diesen notwendigen Nebeneffekt in der Regel durch
entsprechende Kameraführung gering zu halten,[20] doch ist ein Rest unfreiwil-
liger Werbung praktisch unvermeidbar. So kann der **Trikotwerbung** bei der
Sendung von Sportveranstaltungen schlechterdings nicht ausgewichen werden.
Dagegen liegt ein Fall unzulässiger Schleichwerbung vor, wenn bei einer
kurzen animierten Szene eines Fußballspiels die Bandenwerbung überdimen-
sional und unübersehbar eingeblendet wird.[21]

7   Das **Sanktionspotential** bei Verstößen gegen das Verbot der Schleichwerbung ist allerdings gering: Die Beanstandung durch die Medienanstalten ist
nicht einmal eine nach § 49 RStV zu ahndende Ordnungswidrigkeit, sondern
hat nur den Charakter einer Verwarnung. Ein Entzug der Sendelizenz wäre in
jedem Fall unverhältnismäßig.[22] Dementsprechend werden die wenigsten Fälle
der Schleichwerbung überhaupt verfolgt.[23]

d) Bandenwerbung bei Sportveranstaltungen

8   Von der Bandenwerbung war bereits kurz die Rede.[24] Es handelt sich dabei
um Werbung auf Banden in Sportstadien. Da sie häufig unterschwellig beim
Betrachter wirkt, wurde sie seitens des Schrifttums anfänglich argwöhnisch
betrachtet.[25] Man sah darin einen Verstoß gegen das Gebot der Trennung von
Werbung und Programm,[26] weil redaktioneller Inhalt und Werbung ineinander
fallen können.[27] Aber auch die feinsinnigsten Kritiker haben eingesehen, dass
ein Verzicht auf Bandenwerbung wirklichkeitsfremd und ein Ausstrahlungs-

---

[17] Freilich kann sich durch die Änderung der europäischen Fernsehrichtlinie für das Product
Placement zukünftig eine andere Bewertung ergeben, soweit es der deutsche Gesetzgeber bei
den dort statuierten Ausnahmen vom grundsätzlichen Verbot der Produktplatzierung belässt.
Schleichwerbung hingegen bleibt gemäß Art. 3 e Abs. 1 lit. a) AVMD-Richtlinie auch europa-
rechtlich grundsätzlich verboten. Vgl. auch Nr. 11 des Anhangs zu § 3 Abs. 3 UWG-E,
Bundesratsdrucksache 345/08.

[18] Eingehend *Gounalakis*, WRP 2005, 1476.

[19] *Duvinage*, Der Sport im Fernsehen, Die Sicht der Rechtsagenturen, Arbeitspapiere des
Instituts für Rundfunkökonomie an der Universität zu Köln, 2000, S. 10, spricht von einer
„quasilegitimierten Form der programmintegrierten (Schleich-)Werbung."

[20] *Greffenius/A. Fikentscher*, ZUM 1992, 526, 533.

[21] OLG Frankfurt ZUM 1995, 800; vgl. dazu *Henning-Bodewig*, ZUM 1997, 633, 639.

[22] *Hackbarth*, ZUM 1998, 974, 982.

[23] Davon zu trennen ist die Frage nach dem zivilrechtlichen Verhältnis und den Folgen
seiner Rückabwicklung: Die Rechtsprechung sieht Vereinbarungen über unzulässige Werbung
als nichtig nach § 134 BGB bzw. § 138 BGB an (OLG München NJW-RR 1992, 1460). Das
für Schleichwerbung gezahlte Honorar ist aber nach § 817 S. 2 BGB gleichwohl nicht zurück-
zuzahlen (OLG München AfP 1988, 452; vgl. auch *Hauschka*, AfP 1988, 254).

[24] Soeben oben unter Rz. 6.

[25] Vor allem von *Bork*, Werbung im Programm, 1988, S. 11 ff., 100 ff.

[26] *Volpers/Herkströter/Schnier*, Die Trennung von Werbung und Programm im Fernsehen.
Programmliche und werbliche Entwicklungen im digitalen Zeitalter und ihre Rechtsfolgen,
1998.

[27] *Herkströter*, Media Perspektiven 1998, 106, 110.

verbot wegen der genannten Verstöße letztlich nicht vermittelbar wäre.[28] Begründet wird dies mit einer teleologischen Reduktion des § 7 Abs. 3 RStV aus Gründen der Rundfunkfreiheit.[29] Auch der Bundesgerichtshof hält Werbung im Programm für zulässig, soweit sie vom Programm unvermeidbar ausgeht.[30]

2. Virtuelle Werbung

In neuerer Zeit aus den USA hinzugekommen und insbesondere in Frankreich erfolgreich ist ein Bereich der Werbung, den es in dieser Form früher nicht gab, weil er sich technischer Hilfsmittel bedient, die erst seit kurzer Zeit verfügbar sind. Die Rede ist von der virtuellen Werbung,[31] mittels derer über **Computeranimationen** Schriftzüge und Logos auf den Bildschirm projiziert werden, die bei der gefilmten Veranstaltung als solche nicht existieren.[32] Die virtuelle Werbung erfreut sich gerade im Sportsektor großer Beliebtheit. Der Vorteil dieser Werbeart besteht darin, dass Werbeflächen auf einen bestimmten Verbraucherkreis in zeitlicher und räumlicher Hinsicht zugerichtet werden können. Die virtuelle Werbung kommt häufig bei Bandenwerbung vor, indem etwa bei der Übertragung einer ausländischen Sportveranstaltung die dortige Bandenwerbung virtuell durch einen einheimischen Anbieter ersetzt wird.

Die virtuelle Werbung ist nach § 7 Abs. 6 S. 2 RStV grundsätzlich zulässig, 10 soweit am Anfang und Ende der betreffenden Sendung darauf hingewiesen wird und durch die virtuelle Werbung eine am Ort der Übertragung ohnehin bestehende Werbung ersetzt wird. Vereinzelt wurde die Zulässigkeit virtueller Werbung im Schrifttum zwar bestritten.[33] Jedoch ist es gleichgültig, ob die Werbebotschaft tatsächlich in dieser Form am Ort der Veranstaltung existiert oder nur vom Fernsehen simuliert wird, solange nur klar ist, dass es sich um Werbung handelt. Dann aber schadet die Simulation nicht, weil die Ausstrahlung schließlich nicht um der Authentizität der Werbebotschaft willen erfolgt. Die virtuelle Werbung kann aber zu wettbewerbsrechtlichen Problemen führen, weil und sofern der Werbeinhalt im Gegensatz oder auch nur in Konkurrenz steht zu anderen Anbietern oder Sponsoren der jeweiligen Sendung.[34]

II. Sponsoring

Das Sponsoring ist heutzutage von kaum zu überschätzender Bedeutung für 11 das Medienrecht, weil es gerade im Profisport eine immer größer werdende

[28] Vgl. nur OLG München WPR 1976, 393: dort hatte eine Werbeagentur allen Ernstes mit der Begründung geklagt, die Spiele der Fußball-Weltmeisterschaft 1974 (!) hätten wegen der Bandenwerbung nicht übertragen werden dürfen.

[29] Vgl. *Bork*, Werbung im Programm, S. 68 f.

[30] BGHZ 110, 278.

[31] Monographisch dazu *F. Petersen*, Virtuelle Werbung und Split-Screening, 2002.

[32] Dazu näher *Ladeur*, ZUM 1999, 673.

[33] Grundsätzlich gegen die virtuelle Werbung *Herkströter*, Media Perspektiven 1998, 106, 112, der die Glaubwürdigkeit des Fernsehens dadurch gefährdet sieht.

[34] Zu weiteren Problemen im Zusammenhang mit der virtuellen Werbung *Petersen*, Fußball im Rundfunk- und Medienrecht, S. 122 f.

Rolle spielt und die mediale Vervielfältigung für die Sponsoren von ausschlaggebender Bedeutung ist. In der Praxis begegnet ferner das mit dem Sponsoring verwandte **Bartering**,[35] bei dem den Medien – regelmäßig von Werbetreibenden – fremd produzierte Beiträge, bei denen die Trennung von Werbung und Programm mitunter zu wünschen übrig lässt, zu marktüblichen Lizenzbedingungen offeriert werden.

12   Es gibt verschiedene Erscheinungsformen des Sponsorings, für die jeweils unterschiedliche Vorgaben und Grenzen bestehen. Weniger wichtig bezüglich der Voraussetzungen und Rechtsfolgen ist zunächst die Unterscheidung zwischen **gestaltetem Sponsoring**, das vorliegt, wenn zwischen wirtschaftlichen Interessen des Sponsors und dem Inhalt der Sendung ein Zusammenhang besteht, und dem sprachlich unschön so genannten ungestalteten Sponsoring, bei dem dies nicht der Fall ist.[36] Wichtiger ist zu unterscheiden zwischen Sendungs- und Ereignissponsoring einerseits und dem so genannten Titelsponsoring andererseits.

1. Sendungs- und Ereignissponsoring

13   Für die rechtliche Behandlung des Sponsorings grundlegend ist zunächst die Trennung zwischen Sendungs- und Ereignissponsoring. Daneben begegnet in der Praxis noch das so genannte **Doppelsponsoring**, bei dem der Hinweis auf den Sponsor des Ereignisses und den der Sendung eingeblendet wird.[37] Beim Sendungssponsoring ist die Sendung selbst das Förderungsprojekt, wohingegen beim Ereignissponsoring das Ereignis gefördert werden soll. Beim Ereignissponsoring gibt es eine strenge Trennung zwischen Werbung und Programm, die in § 7 Abs. 3 RStV verankert ist. Der wesentliche Unterschied zwischen den beiden genannten Arten des Sponsorings besteht darin, dass beim Ereignissponsoring die Einblendung des Sponsors nicht geboten ist, während dieser beim Sendungssponsoring nach Art. 8 Abs. 1 RStV gerade genannt werden muss, damit die Zuschauer nicht im Unklaren darüber sind, dass und von wem die Sendung gesponsert und mithin fremdfinanziert wird.[38]

a) Sendungssponsoring

14   Als Sendungssponsoring bezeichnet man nach § 2 Abs. 2 Nr. 7 RStV den Beitrag „einer natürlichen oder juristischen Person oder Personenvereinigung, die an Rundfunktätigkeiten oder an der Produktion audiovisueller Werke nicht beteiligt ist, zur direkten oder indirekten Finanzierung einer Sendung, um den Namen, die Marke, das Erscheinungsbild der Person oder Personenvereinigung, ihre Tätigkeit oder ihre Leistungen zu fördern." Der Sendungssponsor beabsichtigt in aller Regel so genannte „Imagewerbung", bei der ihm die **Benennungspflicht** nach § 8 Abs. 1 RStV natürlich reflexartig zugute kommt. Allerdings muss die Benennung von „vertretbarer Kürze"[39] sein und dadurch

---

[35] Näher dazu *Bosman*, ZUM 1990, 545, 553.
[36] *Bork*, Werbung im Programm, 1988, S. 12 f.
[37] Näher zum Doppelsponsoring *Greffenius/A. Fikentscher*, ZUM 1992, 526, 537; *Westerholt*, ZIP 1996, 264, 269.
[38] Vgl. nur *Steemers*, Media Perspektiven 1998, 287, 289.
[39] In der Praxis sind dies maximal zehn Sekunden; vgl. *Greffenius/A. Fikentscher*, ZUM 1992, 526, 530 Fußnote 41.

zusätzliche Werbeeffekte für den Sponsor vermeiden. Das bedeutet, dass der Hinweis keine weitere Werbebotschaft enthalten darf (vgl. § 8 Abs. 3 RStV).[40] Es braucht jedoch nicht zwingend der Name selbst genannt zu werden, sondern auch die Marke oder das Logo der Firma kann gezeigt werden. Werden diese Vorgaben eingehalten, so handelt es sich weder um unzulässige Schleichwerbung[41] noch um einen Verstoß gegen das **Beeinflussungsverbot** des § 8 Abs. 2 RStV. Das Sendungssponsoring ist auch bei den öffentlich-rechtlichen Rundfunksendern nach 20 Uhr noch erlaubt[42] und macht daher die besondere Attraktivität dieser medialen Präsentation und Finanzierungsquelle aus. Das Sendungssponsoring betrifft auch die Privatsender, wohingegen der Rundfunkstaatsvertrag für das im Folgenden zu behandelnde Ereignissponsoring keine Regelungen bereithält.[43]

b) Ereignissponsoring

Beim Ereignissponsoring wird eine Veranstaltung oder eben ein Ereignis **15** zum Gegenstand der Unterstützung gemacht. Hier muss der Sponsor nicht genannt werden, weil typischerweise keine Gefahr besteht, dass der Sponsor auf die **Unabhängigkeit** der Rundfunkberichterstattung einwirkt.[44] Das Ereignis spricht gewissermaßen für sich; mit seiner Übertragung hat der Sender die maßgebliche Entscheidung selbst getroffen. Paradigmatisch für das Ereignissponsoring ist folgender Fall:

BGH ZIP 1992, 804: Die ARD zeigte für insgesamt 15 Sekunden vor und nach einem Fußball-Länderspiel das Logo des Sponsors AGFA-Gevaert und wies so auf die finanzielle Förderung durch diese Firma hin („AGFA sponsert das Fußball-Länderspiel Deutschland-Italien im Müngersdorfer Stadion in Köln"). Der Privatsender Sat.1 klagt dagegen auf Unterlassung.

Der klagende Privatsender bekam in erster Instanz Recht,[45] unterlag in zweiter **16** Instanz[46] und obsiegte schließlich beim Bundesgerichtshof. Dieser sah in der Einblendung des Sponsors ein wettbewerbswidriges Verhalten zu dem Zweck, sich den Sponsor für die Zukunft gewogen zu halten.[47] Dass auch das Ereignissponsoring Werbung ist, hält der Bundesgerichtshof ausdrücklich fest und legt folgerichtig auch die gesetzlichen Maßgaben zugrunde.[48] Der Sender habe gegen das Verbot der **Wirtschaftswerbung** im redaktionellen Programm verstoßen.[49]

Die öffentlich-rechtlichen Sender haben darauf reagiert, indem sie es ver- **17** meiden, ausdrücklich von Sponsoring zu sprechen und stattdessen auf die Präsentation oder Unterstützung abheben. Übliches Ereignissponsoring sind demnach **Vorab-Einblendungen**, die den Hinweis auf die Finanzierung hinreichend deutlich machen („Das WM-Qualifikationsspiel mit freundlicher Unterstützung von..."). Man muss allerdings einräumen, dass der Unterschied zur monierten AGFA-Werbung allenfalls marginal ist. Beanstandet wurde deshalb

---

[40] *Greffenius/A. Fikentscher*, ZUM 1992, 526, 530.
[41] *Westerholt*, ZIP 1996, 264, 269.
[42] *Hackbarth*, ZUM 1998, 975.
[43] Vgl. *Bork*, Werbung im Programm, 1988, S. 110.
[44] BGH ZIP 1992, 804, 807; *Bork*, ZUM 1988, 322, 325.
[45] LG Franfurt a. M. SpuRt 38/16, S. 5.
[46] OLG Frankfurt SpuRt 36/16, S. 8.
[47] BGH ZIP 1992, 804, 806.
[48] BGH ZIP 1992, 804, 807; im Anschluss an *Sack*, AfP 1991, 704, 710.
[49] BGH ZIP 1992, 804, 806.

das zu unbestimmte: „Nescafé wünscht viel Spaß mit…".[50] Ob explizit von der Sponsoring-Tätigkeit oder zurückhaltender von „Unterstützung" gesprochen wird – die werbende Grundausrichtung ist allenthalben erkennbar. Nicht ganz frei von Bedenken ist vor diesem Hintergrund auch das gängige „Das WM-Qualifikationsspiel, präsentiert von ARD und Bitburger", zumal es in einem früheren Fall schon einmal für unzulässig gehalten wurde, dass beim Hinweis auf den Sponsor „Becks" das für diese Brauerei typische grüne Segelschiff vorbeifuhr. Der konkurrierende Sender RTL setzte sich dagegen im Wege einer einstweiligen Verfügung mit dem Vorwurf durch, dass Elemente aus einem Werbespot der Firma zu sehen waren.[51]

18   Man kann sich fragen, ob die Rechtsprechung in diesem Punkt nicht zu sensibel auf entsprechende Werbepraktiken reagiert. Angesichts der fehlenden Gefahr einer tendenziösen Einflussnahme beim Ereignissponsoring wiegt der geargwöhnte Verstoß gegen den **Trennungsgrundsatz** ohnehin weniger schwer. Es bleibt lediglich der denkbare, aber weithin unausgesprochene Vorwurf, dass die **20 Uhr-Grenze** für öffentlich-rechtliche Sender auf diese Weise unterlaufen wird. Solange freilich die konkurrierenden Privatsender mit fragwürdigen Gewinnspielen die Grenze zwischen Werbung und Programm verwischen (dürfen),[52] kann der Vorwurf der Umgehung der 20 Uhr-Grenze schwerlich bestehen.

2. Titelsponsoring

19   In neuerer Zeit hat sich eine weitere Form des Sponsorings herausgebildet, die gerade für Sportsendungen besonders werbeträchtig und günstig ist, nämlich das Titelsponsoring. Teilweise wird darunter verstanden, dass der Sponsor als Gegenleistung für die Unterstützung eines bestimmten Ereignisses die Nennung seines Namens verlangt,[53] doch ist dies eher ein Fall des Ereignissponsorings. Den Begriff des Titelsponsorings sollte man dem Fall vorbehalten, dass der Titel der Sendung selbst den Sponsor verrät und mit ihm verbunden wird. So verhält es sich etwa bei Sportsendungen („Doppelpass – Der Krombacher-Fußballstammtisch").[54]

20   Die Einordnung als Titelsponsoring bereitet Schwierigkeiten. Ein Teil der Lehre ordnet es der Werbung zu und sieht darin entgegen dem begrifflichen Inhalt keinen Fall des Sponsorings verwirklicht.[55] Die Zielrichtung von Sendungs- und Titelsponsoring sei eine unterschiedliche, weil beim Sendungssponsoring keine direkte Beziehung zwischen Sendung und Produkt bestehe. Beim Titelsponsoring werde dagegen der **Trennungsgrundsatz** durch eine Vermengung von Werbung und Produkt bewusst unterlaufen.[56] Das ist gewiss richtig, soweit bei der entsprechenden Sendung bewusst und scheinbar zufällig Requisiten verwendet werden, die auf den Sponsor schließen lassen.[57]

---

[50] Vgl. *Bork*, ZUM 1988, 322, 325.

[51] Vgl. *Weiand*, NJW 1994, 227, 228 Fußnote 15.

[52] Dazu und dagegen oben Rz. 4.

[53] In diese Richtung *Hartstein*, in: Hartstein/Ring/Kreile/Dörr/Stettner, Kommentar zum Rundfunkstaatsvertrag, § 7 Rz. 16 ff.; *Greffenius/A. Fikentscher*, ZUM 1992, 526, 534 f.

[54] Weitere Beispiele bei *Petersen*, Fußball im Rundfunk- und Medienrecht, 2001, S. 126.

[55] *Hackbarth*, ZUM 1998, 974, 977.

[56] *Hackbarth*, ZUM 1998, 974, 978.

[57] Beispiel: Sichtbares Aufstellen von Biergläsern des Sponsors der Sendung; vgl. *Hackbarth*, ZUM 1998, 974, 979.

Dies ist jedoch nicht der Regelfall. In den meisten Fällen des Titelsponsorings **21** verhält es sich so, dass keine unmittelbare inhaltliche Verbindung von Produkt und Sendung besteht oder auch nur herstellbar ist. Es handelt sich daher beim Titelsponsoring um eine Unterart des Sponsorings,[58] die unter den Voraussetzungen des § 8 RStV zulässig ist. Die bloße Titelbezeichnung verstößt aber noch nicht gegen das Gebot der Trennung von Werbung und Programm, sofern der Titel nicht öfter verwendet wird, als es aus Gründen der Information erforderlich ist.[59] Man kann also das Titelsponsoring nicht pauschal als Verstoß gegen das Verbot der Schleichwerbung ansehen.[60] Es besteht daher auch kein nachvollziehbares Bedürfnis, Titelsponsoring für Sportsendungen generell zu unterbinden.[61]

3. Product Placement beim Sponsoring

Eine praktisch bedeutsame Problematik betrifft die Frage, ob und inwieweit **22** auch beim Sponsoring das Product Placement zulässig ist. Kann der Sponsor einer Sendung zulässigerweise darauf hinwirken, dass seine Produkte gleichsam zufällig in den Blick geraten? Dann könnte eine Pharmafirma etwa eine Arztserie sponsern und so erreichen, dass ihre nicht verschreibungspflichtigen Produkte ungebührlich gezeigt werden. Oder ein Getränkekonzern könnte darauf Wert legen, dass gelegentlich Getränke aus seinem Haus von der Kamera eingefangen werden.

Auf den ersten Blick scheint nichts dagegen zu sprechen, die Frage ebenso zu **23** beantworten wie bei der normalen Werbung und das Product Placement für zulässig zu halten. Dennoch steht dem § 8 Abs. 3 RStV entgegen, wonach die gesponserte Sendung nicht zum Kauf von Produkten oder zur Inanspruchnahme von Leistungen des Sponsors anregen darf.[62] Als tragfähiges Kriterium wird für derartige Fälle der **wirtschaftliche Zusammenhang** zwischen der gewerblichen Tätigkeit des Sponsors und dem Inhalt der Sendung genannt;[63] besteht dieser, so wäre die Werbeart unzulässig. Das würde für die Medikamentenwerbung in der Arztserie bedeuten, dass diese unzulässig wäre, während der Blick auf die Coca Cola-Flasche in einem beliebigen Spielfilm unverfänglich wäre.

III. Werbung und Sponsoring bei Telemediendiensten

Neben dem Rundfunkstaatsvertrag fanden sich bisher auch im Mediendiens- **24** testaatsvertrag (MDStV) Regelungen und Maßgaben für die Werbung und das Sponsoring, die in § 13 MDStV zusammengefasst waren. Die Vorschriften des MDStV sind nunmehr nahezu inhaltsgleich in das neu geschaffene **Telemedien-**

---

[58] Ebenso *Volpers/Herkströter/Schnier*, Die Trennung von Werbung und Programm, 1998, S. 142 f.

[59] *Greffenius/A. Fikentscher*, ZUM 1992, 526, 535, die unter diesen Voraussetzungen dem Titelsponsoring generell wettbewerbsrechtliche Bedeutung absprechen; doch lässt sich diese wohl nicht hinweg diskutieren.

[60] Insoweit zutreffend *Hackbarth*, ZUM 1998, 974, 980.

[61] So aber *Hackbarth*, ZUM 1998, 974, 984.

[62] Vgl. *Fechner*, Medienrecht, Rz. 939.

[63] So mit guten Gründen *Bork*, Werbung im Programm, 1988, S. 112.

gesetz (TMG)[64] und den VI. Abschnitt des Rundfunkstaatsvertrags integriert worden. Während das TMG die bisherigen Regelungen des MDStV zur Haftung und zu den Informationspflichten übernimmt, richten sich die inhaltlichen Anforderungen an Telemedien nach dem RStV (§ 1 Abs. 4 TMG).[65]

25   Der **Mediendienstestaatsvertrag** bezweckte, in allen Ländern einheitliche Rahmenbedingungen für die verschiedenen Nutzungsmöglichkeiten der darin geregelten elektronischen Informations- und Kommunikationsdienste zu schaffen (§ 1 MDStV). Die Neuregelungen des TMG und RStV knüpfen hieran an, indem sie die bereits aus dem **Jugendmedienschutz-Staatsvertrag** bekannte Vereinheitlichung von Mediendiensten und Telediensten unter dem Begriff der Telemedien fortführen[66] und auf diese Weise der zunehmenden Verschmelzung der medialen Erscheinungsformen Rechnung tragen wollen. Die alte Unterscheidung zwischen Medien- und Telediensten richtete sich gemäß § 2 Abs. 2 Nr. 2 TDG im Wesentlichen danach, ob die redaktionelle Gestaltung zur Meinungsbildung für die Allgemeinheit im Vordergrund stand (Mediendienste) oder ob es sich um individuell nutzbare elektronische Informations- bzw. Kommunikationsdienste handelte, etwa Telebanking oder Waren- und Dienstleistungsangebote im Internet (vgl. § 2 TDG). Die Gesamtheit dieser elektronischen Informations- und Kommunikationsdienste unterfällt nunmehr einheitlich dem TMG. Ausgenommen sind hiervon nach der Negativabgrenzung in § 1 Abs. 1 TMG (vgl. auch § 2 Abs. 1 RStV) neben dem Rundfunk i. S. d. § 2 RStV auch Telekommunikationsdienste nach § 3 Nr. 24 TKG, sofern sich die Dienstleistung ganz oder überwiegend in der Übertragung von Signalen über Telekommunikationsnetze erschöpft, und telekommunikationsgestützte Dienste nach § 3 Nr. 25 TKG,[67] so dass im Einzelfall Acess-Provider oder die Internet-Telefonie nicht hierunter fallen, solange die Transportleistung gegenüber dem transportierten Inhalt Übergewicht hat.[68] Auf die vormals in § 2 Abs. 2 MDStV enthaltenen Differenzierungen zwischen verschiedenen Mediendiensten, wozu vor allem bestimmte **Verteil-** und **Abrufdienste** wie Fernsehtext oder Teleshopping zählten, hat der Gesetzgeber verzichtet; sie unterfallen dennoch dem neuen TMG. Für das so genannte **Teleshopping,**[69] also Verteildienste in Form von direkten Angeboten an die Öffentlichkeit für den Absatz von Waren oder die Erbringung von Dienstleistungen (vgl. § 2 Abs. 2 Nr. 1 MDStV), stellt § 2 Abs. 1 S. 4 RStV dies ausdrücklich klar. Gleiches gilt für die verschiedenen Fallgruppen der Teledienste nach § 2 Abs. 2 TDG.[70] Für den Bereich der Werbung und des Sponsorings bei Telemedien gilt nunmehr § 58 RStV. Die Vorschrift verweist für Sponsoring bei Fernsehtext auf die bereits behandelte Vorschrift des § 8 RStV. Für Teleshoppingkanäle ordnet § 58 Abs. 2 RStV darüber hinaus die entsprechende Anwendung insbesondere der §§ 7 f. RStV an. § 6 Abs. 2 TMG enthält eine Neuregelung zu so genannten Spam-Mails, wonach dem Empfänger bereits vor der Einsichtnahme die Identität des

---

[64] Hierzu *Kitz*, ZUM 2007, 368 ff.; *Roßnagel*, NVwZ 2007, 743 ff.; *Spindler*, CR 2007, 239 ff.; *Hoeren*, NJW 2007, 801 ff.; *Mückl*, JZ 2007, 1077 ff.

[65] Vgl. § 1 Rz. 20.

[66] *Spindler*, CR 2007, 239, 240.

[67] Zum bisherigen und neuen Regelungssystem *Mückl*, JZ 2007, 1077, 1079 ff. Kritisch zu verbleibenden Abgrenzungsproblemen *Kitz*, ZUM 2007, 368, 369 ff.

[68] Vgl. *Hoeren*, NJW 2007, 801, 802 f.

[69] Dazu *Ridder*, Media Perspektiven 1995, 414.

[70] *Spindler*, CR 2007, 239, 240.

Absenders und der kommerzielle Charakter der Nachricht erkennbar sein muss und nicht verheimlicht oder verschleiert werden darf.

Daher gelten auch unter dem TMG für Telemedien die Bestimmungen zur   **26** Werbung und zum Sponsoring, die vormals im Wesentlichen inhaltsgleich dem MDStV zugeordnet waren. Es leuchtet ein, dass vor allem bei **Verteil-** und **Abrufdiensten** die Gefahr und Verlockung werbender Einflussnahme auf die Nutzer beträchtlich ist, zumal beachtliche finanzielle Interessen im Hintergrund stehen. Daher enthalten die sogleich noch zu erörternden[71] Vorschriften des Jugendmedienschutz-Staatsvertrags, die im Bereich der Telemedien unbeschadet der Regelungen des Telemediengesetzes und des Rundfunkstaatsvertrags gemäß § 2 Abs. 1, Abs. 3 JMStV Anwendung finden, detaillierte Vorschriften zum Schutze der Jugendlichen. Hervorzuheben ist in diesem Zusammenhang vor allem § 6 JMStV, der den Jugendschutz in Werbung und Teleshopping zum Inhalt hat.

§ 58 Abs. 1 RStV wiederholt den zentralen Trennungsgrundsatz, indem ver-   **27** langt wird, dass Werbung als solche klar erkennbar und vom übrigen Inhalt der Angebote eindeutig getrennt sein muss. Das entspricht § 7 RStV, so dass auf die dortigen Ausführungen, insbesondere zur Schleichwerbung, verwiesen werden kann.[72] Spezifische Bedeutsamkeit erlangt die Regelung aber bei so genannten **Hyperlinks,**[73] die durch Anklicken zu den jeweiligen eigenen werbenden Seiten des Unternehmens oder eines anderen Unternehmens führen, weil dem Nutzer dabei häufig nicht hinreichend klar ist, ob er eine Seite mit redaktionellem Inhalt oder lediglich mit Werbung lädt.[74] Es reicht daher nicht, wenn nur die Internetadresse des Werbenden angegeben wird, da hieraus der Werbecharakter nicht hinreichend deutlich wird.[75] Dieser muss vielmehr durch ausdrücklichen Hinweis für den Nutzer erkennbar sein.[76] Vermengt der Anbieter von Telemediendiensten Werbung und Programm, so kann dies zugleich einen Verstoß gegen § 5 UWG darstellen und einen zivilrechtlichen Unterlassungsanspruch nach sich ziehen.[77] § 58 Abs. 1 S. 2 RStV stellt schließlich klar, dass in der Werbung keine unterschwelligen Techniken eingesetzt werden dürfen.

IV. Europäische Vorgaben

Vor allem im Bereich der (Fernseh-)Werbung werden die nationalen Bestim-   **28** mungen maßgeblich vom europäischen Gemeinschaftsrecht determiniert. Die jüngste Modifizierung der bereits mehrfach angesprochenen EU-Richtlinie „Fernsehen ohne Grenzen" (**Fernsehrichtlinie**)[78] bringt neben einer allgemeinen

---

[71] Unter § 16 Rz. 12 ff.

[72] Auch wettbewerbsrechtlich soll ein Verstoß gegen den Trennungsgrundsatz nach der Begründung zum Entwurf eines UWG-Änderungsgesetzes künftig in allen Arten von Print- und elektronischen Medien, einschließlich des Internet, unzulässig sein; vgl. § 8 Fußnote 86.

[73] *Gummig,* ZUM 1996, 573, 580.

[74] *Gounalakis,* NJW 1997, 2993, 2996.

[75] *Beucher/Leyendecker/v. Rosenberg,* § 9 Rz. 3.

[76] *Dethloff,* NJW 1998, 1596, 1598.

[77] *Leupold,* ZUM 1998, 99, 105.

[78] Durch die Richtlinie 2007/65/EG vom 11. 12. 2007 (Richtlinie über audiovisuelle Mediendienste – AVMD-Richtlinie), ABlEU Nr. L 332/27 vom 18. 12. 2007. Vgl. hierzu *Leitgeb,* ZUM 2006, 837 ff.

Liberalisierung der Regelungen für Werbung speziell für das im Wettbewerbs-recht näher beleuchtete[79] Product Placement einige Änderungen mit sich. Gleich-wohl reicht ihr Einflussbereich weiter. So ergeben sich umfassende Neuregelun-gen auch im Bereich des Jugend-, Verbraucher- und Minderheitenschutzes oder dem Recht der Kurzberichterstattung, auf das bereits eingegangen wurde.[80] Der vielleicht markanteste Eckpunkt der Neuregelung besteht jedoch in der Schaf-fung europaweiter Rahmenbedingungen für alle Arten von audiovisuellen Diens-ten unabhängig vom Übertragungsweg.[81] Der Geltungsbereich der Richtlinie erstreckt sich nunmehr auch auf die **nicht-linearen** Dienste, deren Verbreitung nicht nach einem festgelegten Programm erfolgt, sondern die dem Nutzer nach Bedürfnis auf Abruf bereitstehen (z. B. „Video-on-Demand"). Demgemäß wur-den althergebrachte Terminologien wie „Fernsehsender" oder „Fernsehveranstal-ter" weitgehend durch die Begriffe „audiovisueller Mediendienst" und „Medien-dienstanbieter" ersetzt und damit der Anwendungsbereich der Richtlinie erweitert. Als Werbung gilt nunmehr jede Form **audiovisueller kommerzieller Kommunikation**. Damit ist nochmals der bereits mehrfach erörterte Gesichts-punkt der Medienkonvergenz angesprochen,[82] dem die Richtlinie im Hinblick auf die stetig neu aufkommenden audiovisuellen Mediendienste Rechnung tragen will.[83] Damit entfaltet die Erweiterung auch eine Auffangfunktion im Hinblick auf künftige Entwicklungen.[84] Für das **Sponsoring** und das Product Placement gelten hierbei vergleichbare Anforderungen,[85] wobei sich das Sponsoring vom Product Placement vor allem dadurch unterscheidet, dass der werbende Hinweis nicht in die Handlung des Films bzw. der Sendung eingebettet ist.[86] Die Anforderungen an gesponserte audiovisuelle Mediendienste entsprechen hierbei im Wesentlichen den Vorgaben, die auf nationaler Ebene derzeit schon in den §§ 8, 58 Abs. 3 RStV normiert sind.

§ 16. Jugendmedienschutz

Literatur: *Baum*, Jugendmedienschutz als Staatsaufgabe, 2007; *Bornemann*, Der Jugendmedien-schutz-Staatsvertrag der Länder, NJW 2003, 787; *Döring/Günter*, Jugendmedienschutz: Alters-kontrollierte geschlossene Benutzergruppen im Internet gem. § 4 Abs. 2 Satz 2 JMStV, MMR 2004, 231; *Empt*, Virtuelle Kinderpornografie als verfassungsrechtlich geschützte Meinungs-freiheit?, ZUM 2002, 613; *Engels/Stülz-Herrenstadt*, Einschränkungen für die Presse nach dem neuen Jugendschutzgesetz, AfP 2003, 97; *Faber*, Jugendschutz im Internet – Klassische und neue Regulierungsansätze zum Jugendmedienschutz im Internet, 2005; *Hopf*, Rechtliche Grundlagen des Jugendmedienschutz-Staatsvertrags und die Verantwortlichkeit von Chatbetreibern, ZUM 2008, 207; *Kreile/Diesbach*, Der neue Jugendmedienschutz-Staatsvertrag – was ändert sich für

---

[79] § 8 Rz. 32 ff.
[80] § 9 Rz. 58 ff.
[81] Zum Regelungskonzept *Schulz*, EuZW 2008, 107 ff.; *Kleist/Scheuer*, MMR 2006, 127 ff.
[82] § 1 Rz. 24 ff.
[83] Erwägungsgrund (6) der AVMD-Richtlinie. Ob die vollzogenen Änderungen dem gerecht werden, muss sich allerdings erst noch zeigen; grundsätzlich zustimmend *Mückl*, JZ 2007, 1077, 1083 f.; skeptisch insoweit *Schulz*, EuZW 2008, 107 ff. („Medienkonvergenz light").
[84] Näher zum Anwendungsbereich *Leitgeb*, ZUM 2006, 837, 838 f.
[85] Kritisch hierzu *Leitgeb*, ZUM 2006, 837, 842 f.
[86] Erwägungsgrund (61) zur AVMD-Richtlinie.

den Rundfunk?, ZUM 2002, 849; *Ladeur*, „Regulierte Selbstregulierung" im Jugendmedienschutzrecht, ZUM 2002, 859; *Leible/Sosnitza*, Haftung von Internetauktionshäusern – reloaded, NJW 2007, 3324; *Liesching*, Jugendmedienschutz in Deutschland und Europa, 2002; *ders.*, Das neue Jugendschutzgesetz, NJW 2002, 3281; *ders.*, Zur Gesetzgebungskompetenz der Bundesländer für den Bereich „Jugendschutz in Rundfunk und Telemedien", ZUM 2002, 868; *ders.*, Neue Entwicklungen und Problemstellungen des strafrechtlichen Jugendmedienschutzes, AfP 2005, 496; *Lober*, Jugendschutz im Internet und im Mobile Entertainment, K&R 2005, 65; *Meirowitz*, Gewaltdarstellungen auf Videokassetten, 1993; *Palzer*, Co-Regulierung als Steuerungsform für den Jugendschutz in den audio-visuellen Medien – eine europäische Perspektive, ZUM 2002, 875; *Raue*, Literarischer Jugendschutz, 1970; *Reinwald*, Jugendmedienschutz im Telekommunikationsbereich in Bundeskompetenz?, ZUM 2002, 121; *Schippan*, Pornos im Briefkasten? – Persönliche Aushändigung beim Erwachsenenversandhandel nach dem Jugendschutzgesetz erforderlich, K&R 2005, 349; *Scholz*, Jugendschutz, 3. Auflage 1999; *Schulz/Korte*, Jugendschutz bei non-fiktionalen Fernsehformaten, ZUM 2002, 719; *Sellmann*, Die FSM zwischen staatlicher Lenkung und Selbstregulierung – Die (regulierungsfreien) Beurteilungsspielräume der FSM am Beispiel der geschlossenen Benutzergruppen i. S. d. § 4 Abs. 2 Satz 2 JMStV, MMR 2006, 723; *Sieber*, Kinderpornographie, Jugendschutz und Providerverantwortlichkeit im Internet, 1999; *Schraut*, Jugendschutz und Medien, 1993; *Walther*, Zur Anwendbarkeit der Vorschriften des strafrechtlichen Jugendmedienschutzes auf im Bildschirmtext verbreitete Mitteilungen, NStZ 1990, 523; *Weigend*, Gewaltdarstellung in den Medien, Festschrift für Herrmann, 2002, S. 35.

Auf der Schwelle zum Medienstrafrecht steht ein Aspekt des öffentlichen **1** Medienrechts, der in der Praxis von erheblicher Bedeutung ist, nämlich der Jugendmedienschutz, also derjenige Teil des Jugendschutzes, der sich mit dem schädlichen Einfluss **gewaltverherrlichender** oder sonst wie jugendgefährdender Medien beschäftigt.[1] Vom Jugendmedienschutz war bereits mittelbar die Rede bei der Selbstzensur und Selbstregulierung im Bereich der Freiwilligen Selbstkontrolle Film und Fernsehen.[2] Auch mit der grundgesetzlich gewährten Kunstfreiheit ist es seit jeher zu Konflikten mit dem Jugendschutz gekommen.[3]

BVerfGE 83, 130: Gestritten wurde über den Roman „Josefine Mutzenbacher – die Lebensgeschichte einer wienerischen Dirne, von ihr selbst erzählt". Der Verleger wehrt sich dagegen, dass das Buch seit langem auf dem Index jugendgefährdender Schriften steht, weil dort u. a. die Kinderprostitution positiv beurteilt werde, und beruft sich auf den künstlerischen Gehalt der Darstellung.

Das Bundesverfassungsgericht hat dabei in erster Linie die seit langem **2** kontrovers diskutierte Frage, ob Pornographie Kunst i. S. d. Art. 5 Abs. 3 S. 1 GG sein kann, bejaht. Auf dieser Grundlage hat das Gericht postuliert, dass die Indizierung einer als Kunstwerk anzusehenden Schrift auch dann eine **Abwägung** des durch Art. 2 Abs. 1 i. V. m. Art. 1 Abs. 1 GG abgesicherten Rechts auf ungestörte Persönlichkeitsentwicklung[4] mit der Kunstfreiheit voraussetzt, wenn die Schrift offensichtlich geeignet ist, Kinder oder Jugendliche sittlich schwer zu gefährden.[5] So müsse etwa auch berücksichtigt werden, in welcher Weise die jugendgefährdenden Schilderungen Ausdruck und Inhalt eines künstlerischen Gesamtkonzepts und darin entsprechend verwirklicht seien.

Spezialgesetzlich ist der Jugendmedienschutz nach einer grundlegenden Neu- **3** ordnung im Jugendschutzgesetz (JuSchG)[6] und im Jugendmedienschutz-Staats-

---

[1] Vgl. auch *Kreile/Detjen*, ZUM 1994, 78.
[2] Oben § 2 Rz. 33 ff.
[3] Vgl. nur BVerwG ZUM 1998, 947; sowie die Rechtsprechung zum berühmt-berüchtigten Film „Die Sünderin"; vgl. OVG Lüneburg DVBl 1953, 83, 88; hierzu *Ridder*, JZ 1953, 249.
[4] Vgl. zum Recht auf kindgemäße Entwicklung auch oben § 3 Rz. 12 ff.
[5] In diesem Sinne die ersten beiden Leitsätze der Entscheidung; instruktiv dazu *Borgmann*, JuS 1992, 916; vgl. auch *Hufen*, JuS 1992, 249.
[6] Vom 23. 7. 2002; BGBl. I, S. 2730.

vertrag der Länder (JMStV)[7] verankert. Während das JuSchG in den §§ 11 ff. das Recht der Trägermedien einschließlich der Kinofilme behandelt, regelt der JMStV den Jugendschutz in den Telemedien und im Rundfunk (§ 2 Abs. 1 JMStV), den § 16 JuSchG ausdrücklich dem Landesrecht vorbehält.

I. Die medienrelevante Unterscheidung

4   Die für die Frage der Anwendbarkeit des JuSchG oder des JMStV maßgebliche Unterscheidung, die letztlich auf kompetenzrechtliche Kollisionen zurückzuführen ist,[8] findet sich in § 1 Abs. 2, Abs. 3 JuSchG. Der Gesetzgeber hat den herkömmlichen Oberbegriff der „Schriften" für den Bereich des Jugendschutzes[9] aufgegeben,[10] weil er im Hinblick auf die moderne Medientechnik unzeitgemäß erschien. Nunmehr unterscheidet das Gesetz zwischen Trägermedien und Telemedien. Diese für das neue Jugendschutzrecht konstitutive Unterscheidung sei im Folgenden näher umrissen.

1. Trägermedien

5   Trägermedien sind nach der Legaldefinition des § 1 Abs. 2 JuSchG alle „Medien mit Texten, Bildern oder Tönen auf gegenständlichen Trägern, die zur Weitergabe geeignet, zur unmittelbaren Wahrnehmung bestimmt oder in einem Vorführ- oder Spielgerät eingebaut sind." Trägermedien in diesem Sinne sind etwa Disketten, CD-Roms oder DVDs, also alle mobilen Datenträger sowie Audio- bzw. Videokassetten.[11] Diese Medien sind nämlich zur Weitergabe geeignet, wie es § 1 Abs. 2 JuSchG vorsieht, weil sie – anders als etwa Festplatten[12] oder fest installierte Speicherchips – ohne weiteres aus einem Betriebssystem entnommen und einem anderen gegeben werden können.[13]

6   Zwar hält das Gesetz grundsätzlich an dem traditionellen Merkmal der Verkörperung fest, jedoch wird nach § 1 Abs. 2 S. 2 JuSchG die unkörperliche **elektronische Verbreitung** der körperlichen Verbreitung gleichgestellt. Hierdurch soll das Verbreiten von Medien z. B. als Attachement einer E-Mail erfasst werden.[14] Die Vorschrift ist aber missverständlich formuliert und hat wohl nur einen sehr begrenzten Anwendungsbereich. Es ist nämlich technisch unmöglich, Trägermedien ohne eine vorherige Digitalisierung elektronisch zu verbreiten.[15]

---

[7] Vom 10. 9. 2002.

[8] Siehe dazu näher *Schraut*, Jugendschutz und Medien, 1993, S. 26; *Liesching*, Jugendmedienschutz in Deutschland und Europa, 2002, S. 249 ff.; *Beisel/Heinrich*, NJW 1996, 491; *Reinwald*, ZUM 2002, 119; zu den Kompetenzen auch oben § 13 Rz. 13 ff.

[9] Im Strafrecht findet er sich nach wie vor (§ 11 Abs. 3 StGB); dazu im nächsten Teil ausführlich.

[10] Die Amtliche Begründung (Bundestags-Drucksache 14/9013, S. 17) spricht von „ersetzt", wiewohl es sich nicht um eine inhaltliche Identität handelt; vgl. *Liesching*, NJW 2002, 3281, 3283 mit Fußnote 25.

[11] Bundestags-Drucksache 14/9013, S. 18.

[12] Etwas anderes wiederum gilt für Harddisks, also ohne größeren Aufwand ausbaubare Festplatten; vgl. *Liesching*, NJW 2002, 3281, 3283.

[13] *Liesching*, NJW 2002, 3281, 3283, mit dem ergänzenden Hinweis, dass die Rechner selbst als Daten verarbeitende Medien keine Trägermedien sind.

[14] Vgl. Bundestags-Drucksache 14/9013, S. 18.

[15] *Liesching*, NJW 2002, 3281, 3283; zustimmend *Bornemann*, NJW 2003, 787, 788.

Werden Trägermedien aber z. B. durch Einscannen digitalisiert und auf dem Rechner gespeichert, handelt es sich nicht mehr um Träger-, sondern um Telemedien, auf die das JuSchG gerade keine Anwendung findet, § 16 JuSchG. Daher dürften neben der Faxübermittlung wohl nur die Fälle erfasst sein, bei denen die Inhalte eines Trägermediums (z. B. Diskette, CD-Rom) ohne Zwischenspeicherung als Attachement einer E-Mail übermittelt werden oder anderen Nutzern zum Beispiel über eine Online-Tauschbörse durch unmittelbaren Online-Zugriff über das Internet zur Verfügung gestellt werden.[16]

Die zweite Möglichkeit, nämlich dass die entsprechenden Medien zur Wahrnehmung bestimmt sind, ist vor allem für den klassischen Aushang, etwa von Kinoplakaten oder an Litfasssäulen von Bedeutung.[17] Ob der PC-Rechner als Vorführ- bzw. Spielgerät im Sinne der dritten Alternative angesehen werden kann, ist zweifelhaft. Soweit die Daten- oder Textverarbeitung im Vordergrund steht, ist dies wohl zu verneinen. Wenn dagegen jugendgefährdende Daten lokal gespeichert und den Minderjährigen in einer rechtswidrigen Weise bewusst über ihren Bildschirm präsentiert werden, kann im Einzelfall anders zu entscheiden sein.[18] 7

2. Telemedien

Telemedien sind demgegenüber nach § 1 Abs. 3 JuSchG diejenigen Medien, die durch elektronische Informations- und Kommunikationsdienste nach dem Telemediengesetz (vgl. § 1 Abs. 1 TMG) übermittelt oder zugänglich gemacht werden.[19] Der Regelungsbereich der Telemedien bleibt den Ländern vorbehalten.[20] Erfasst werden damit insbesondere die im Internet abrufbaren **Online-Angebote**, aber auch das Teleshopping, das Herunterladen von Computerspielen sowie das Abrufen von Datenbanken im Wege des Video-Streaming (Video-on-Demand).[21] Es geht also um sämtliche Datenangebote, die via Telekommunikation elektronisch übermittelt werden.[22] Hier zeigt sich der Bezug zum zuletzt behandelten Bereich des Öffentlichen Medienrechts. 8

II. Das Jugendschutzgesetz

Die Unterscheidung zwischen Träger- und Telemedien ist vor allem für eine zentrale Kategorie des Jugendmedienschutzes von Bedeutung. Die Rede ist von 9

---

[16] *Liesching*, NJW 2002, 3281, 3283; weiter offenbar *Fechner*, Medienrecht, Rz. 431.

[17] *Liesching*, NJW 2002, 3281, 3283.

[18] Vgl. *Liesching*, NJW 2002, 3281, 3283.

[19] Zu den früheren Abgrenzungsproblemen in diesem Zusammenhang v. *Heyl*, ZUM 1998, 115; *Waldenberger*, MMR 1998, 124; *Kröger/Moos*, AfP 1997, 675. Zwar wurde das Konzept der rechtlichen Vereinheitlichung von Tele- und Mediendiensten hin zum Oberbegriff der Telemedien auch außerhalb des Jugendschutzes weiterverfolgt, wirft dort indes neue Abgrenzungsfragen auf, vgl. *Kitz*, ZUM 2007, 368 ff. Siehe auch § 1 Rz. 20 f.

[20] Die Länder haben bundeseinheitlich geltende Bestimmungen in Gestalt des Jugendmedienschutz-Staatsvertrages, der am 1. 4. 2003 in Kraft getreten ist, verabschiedet.

[21] Näher dazu die Kommentierungen von *Spindler* und *Meier* in: Roßnagel, Recht der Multimedia-Dienste, Stand Dez. 2004; vgl. auch *Engel-Flechsig/Maennel/Tettenborn*, Beck'scher IuKDG-Kommentar, 2001, § 2 TDG Rz. 47 ff.

[22] *Liesching*, NJW 2002, 3281, 3284.

der Indizierung jugendgefährdender Medien, die von der entsprechenden Bundesprüfstelle (§ 18 JuSchG) nur für Trägermedien vorgenommen wird und den öffentlich-rechtlichen Charakter der Kodifikation veranschaulicht, wenngleich § 4 Abs. 2 JMStV für Angebote in Telemedien hierauf Bezug nimmt. Die Besonderheit nach neuem Recht besteht darin, dass die Bundesprüfstelle für jugendgefährdende Medien (BPjM) nunmehr auch von Amts wegen tätig werden darf, falls die Durchführung eines Indizierungsverfahrens nach Anregung durch eine Behörde oder einen Träger der Jugendhilfe vom Vorsitzenden der Prüfstelle für geboten gehalten wird (§ 21 Abs. 4 JuSchG). Mit der Indizierung gehen erhebliche Vertriebsbeschränkungen (§ 15 Abs. 1 Nr. 3 JuSchG) sowie ein Versandhandels-[23] und Werbeverbot für derartige Medieninhalte einher (vgl. §§ 12 Abs. 3 Nr. 2, 1 Abs. 4, 15 Abs. 1 JuSchG).[24] Allerdings gilt das **Versandhandelsverbot** der §§ 12 Abs. 3, 15 Abs. 1 Nr. 3 JuSchG nur für Trägermedien im oben genannten Sinne sowie für zur Weitergabe geeignete Bildträger (vgl. § 12 Abs. 1 JuSchG). Eine praktisch bedeutsame Einschränkung vom Versandhandelsverbot besteht dann, wenn eine effektive Alterskontrolle gewährleistet ist. Ein derartiges **Altersverifikationssystem** stellt etwa das PostIdent-Verfahren der Deutschen Post dar, bei dem eine „Face-to-Face-Kontrolle" durch Postbedienstete durchgeführt wird.[25] Eine weitere wesentliche Neuregelung enthält § 18 Abs. 2 JuSchG mit seiner zwar unübersichtlichen aber effektiven Listenaufteilung, die indizierte Online-Inhalte nicht als solche veröffentlicht, um zu verhindern, dass es zu „Hitlisten" unter Jugendlichen kommt, die gerade das Gegenteil erreichen, indem sie auf verbotene Inhalte aufmerksam machen.[26] Auch ohne Indizierung ist es verboten, bestimmte Inhalte durch **Trägermedien** Jugendlichen zugänglich zu machen.[27] Dazu gehören außer den kriegsverherrlichenden Trägermedien alle Arten menschenwürdeverletzender (§ 15 Abs. 2 Nr. 3 JuSchG) oder geschlechtsbetonter (§ 15 Abs. 2 Nr. 4 JuSchG) Darstellungen von Minderjährigen sowie alle strafbaren Inhalte, von denen im folgenden Teil über das Medienstrafrecht noch die Rede sein wird.

10   Eine Schnittstelle zwischen öffentlichem und Privatrecht findet sich bei **Online-Plattformen**, auf denen indizierte jugendgefährdende Medien i. S. d. §§ 18, 24 JuSchG angeboten und versteigert werden. Hierbei ist vor allem der Umfang der jeweiligen Kontrollpflicht der Plattformbetreiber für fremde Inhalte problematisch.[28] Diese Thematik war bereits bei den Unterlassungsansprüchen relevant. Auf sie wird beim Medienstrafrecht nochmals zurückzukommen sein.[29]

BGH GRUR 2007, 890: Die Betreiberin der Internet-Plattform „eBay" wurde von einem Interessenverband des Videofachhandels auf Unterlassung in Anspruch genommen. Obwohl die Beklagte nach Hinweisen des Klägers auf jugendgefährdende Verkaufsangebote auf ihrer Webseite diese unverzüglich entfernt hatte und zudem regelmäßig umfangreiche Stichproben vornahm, hatte die Revision Erfolg.

---

[23] Zum Begriff OLG Düsseldorf NJW 1984, 1977; OLG Stuttgart NJW 1976, 526, 530.
[24] Aus der Rechtsprechung KG MMR 2004, 478; OLG Düsseldorf NJW 2004, 3344; LG Düsseldorf MMR 2004, 764; dazu *Möller*, NJW 2005, 1607, 1609; *Liesching*, NJW 2004, 3304; *Berger*, MMR 2003, 773; *Erdemir*, MMR 2004, S. V; *Döring/Günter*, MMR 2004, 231.
[25] *Liesching*, NJW 2002, 3284.
[26] Andernfalls „pervertierte der Index insoweit zu einem Wegweiser für jugendgefährdende Inhalte", *Liesching*, NJW 2002, 3281, 3285.
[27] Siehe dazu nur *Meirowitz*, Gewaltdarstellungen auf Videokassetten, 1993, S. 211 ff.
[28] Instruktiv zur Entwicklung der Prüfungspflichten *Leistner/Stang*, WRP 2008, 535 ff.
[29] Dazu bereits § 5 Rz. 9, § 8 Rz. 37; siehe auch § 18 Rz. 10.

Zunächst stellte der Bundesgerichtshof nochmals fest, dass dem Anbieter fremder Informationen das Haftungsprivileg des § 10 TMG bei Unterlassungsansprüchen nicht zugute kommt, er sich daher nicht von vornherein von seiner Verantwortung freizeichnen kann.[30] Zwar kam aufgrund des automatisierten Registrierungsverfahrens der jeweiligen Angebote durch eBay kein vorsätzlicher Verstoß gegen § 3, 4 Nr. 11 UWG in Betracht. Allerdings bejahte der Bundesgerichtshof eine Verletzung wettbewerbsrechtlicher Verkehrssicherungspflichten. Vor allem die durch Internetauktionsplattformen ermöglichte Anonymität der potentiellen Vertragspartner begründet die besondere Gefahr der Verbreitung jugendgefährdender, volksverhetzender oder gewaltverherrlichender Medien. Der Betreiber einer solchen Plattform hat dieser von ihm geschaffenen Gefahr im Rahmen des Möglichen und Zumutbaren entgegenzutreten. Die wettbewerbsrechtliche Verkehrspflicht des Diensteanbieters mündet insbesondere in eine **Prüfungspflicht.** Zwar entbindet § 7 Abs. 2 TMG den Diensteanbieter von der Überwachung und Erforschung der von ihm übermittelten oder gespeicherten Informationen, weshalb nicht bereits die Bereitstellung der Internet-Auktionsplattform derartige Verkehrs(sicherungs)pflichten begründen kann. Dies ändert sich jedoch, wenn der Betreiber solcher Plattformen von rechtswidrigen Inhalten Kenntnis erlangt. Der Schutz von Kindern und Jugendlichen gebietet in diesem Fall nicht nur nachträgliche Maßnahmen, namentlich die Sperrung der jeweiligen Angebote, sondern auch vorsorglich – etwa durch den Einsatz entsprechender **Filtersoftware** (z. B. Altersverifikationssysteme) – die Verhinderung erneuter Angebote der konkret benannten jugendgefährdenden Medien durch andere Anbieter. Die besondere Gefahr der Anonymität des Internet zeigt sich überdies in den so genannten **Chat-Rooms.** Hier können die Beeinträchtigungen von unerkannten Beschimpfungen bis hin zu sexueller Belästigung reichen. Auch in diesem Fall stellt sich die Frage nach der Verantwortlichkeit der Betreiber, um die Sicherstellung des Jugendschutzes zu gewährleisten.[31]

Eine praktisch besonders bedeutsame Neuregelung findet sich ferner in § 12 **11** JuSchG, nach dem nun auch bei **Computerspielen** – und nicht nur wie bisher bei Kino- und Videofilmen – eine zwingende Alterskennzeichnung durch die USK stattfindet. Eine Herausgabe dieser Medien an Kinder oder Jugendliche, die das Alter der Kennzeichnung noch nicht erreicht haben, kann gemäß § 28 Abs. 1 Nr. 15, Abs. 5 JuSchG mit einem Bußgeld von bis zu 50 000 Euro geahndet werden.

III. Der Jugendmedienschutz-Staatsvertrag

Im JMStV wird der Jugendschutz und der Schutz der Menschenwürde[32] in den **12** Telemedien, mit Ausnahme des öffentlich-rechtlichen Rundfunks, geregelt (vgl.

---

[30] Kritisch hierzu *Leible/Sosnitza*, NJW 2007, 3324; *Kitz*, ZUM 2007, 368, 374; *Wimmers/Heymann*, MR-Int. 2007, 222 ff.
[31] Hierzu *Hopf*, ZUM 2008, 207 ff., unter Heranziehung der Rechtsprechung zur Verantwortlichkeit von Betreibern von Meinungsforen, Auktionshäusern und Suchmaschinen.
[32] Vgl. auch VG Hannover AfP 2007, 293: Verstoß gegen die Menschenwürde durch Ausstrahlung eines Nachrichtenbeitrags, in dem die Misshandlung eines alten und hilflosen Pflegebedürftigen dargestellt wird, wobei die Länge der Darstellung das für die Berichterstattung erforderliche Maß überschreitet.

§ 3 Abs. 2 Nr. 1 JMStV). Der JMStV unterscheidet inhaltlich zwischen absolut
unzulässigen, eingeschränkt zulässigen und entwicklungsbeeinträchtigenden Angeboten.[33] **Generell unzulässig** sind die in § 4 Abs. 1 JMStV genannten Inhalte,
d. h. insbesondere Propagandamittel, Kennzeichen verfassungswidriger Organi-
sationen, Volksverhetzung, Verbreitung der Auschwitzlüge, Verherrlichung und
Verharmlosung von grausamen Gewalttätigkeiten, Kriegsverherrlichung, gegen
die Menschenwürde verstoßende Inhalte, Abbildungen von Kindern in unnatür-
licher geschlechtsbetonter Körperhaltung und pornografische Inhalte, die Gewalttätigkeiten, sexuellen Missbrauch von Kindern oder sexuelle Handlungen
von Menschen und Tieren zeigen, sowie nach dem JuSchG indizierte Werke mit
absolutem Verbreitungsverbot.

> VG Neustadt a.d.W. MMR 2007, 678: In den vom Kläger bereitgestellten Internetangeboten
> waren 15–17-jährige Mädchen in unterschiedlichen Posen zu sehen. In der Bezeichnung der
> Angebote und weiteren Erläuterungen auf den Internetseiten wurde auf das jugendliche Alter
> hingewiesen. Die zuständige Behörde untersagte die weitere Verbreitung der Angebote,
> nachdem die Prüfungskommission für Jugendmedienschutz der Landesmedienanstalten (KJM)
> einen Verstoß gegen § 4 Abs. 1 Nr. 9 JMStV festgestellt hatte. Daneben forderte sie den Kläger
> zur künftigen Beachtung der jugendschutzrechtlichen Vorschriften auf. Zugleich wurde ein
> Bußgeldverfahren gegen ihn eingeleitet. Die hiergegen gerichtete Klage blieb ohne Erfolg.

Das Gericht stellte zunächst klar, dass das Verbot von Internetinhalten mit
unnatürlich geschlechtsbetonten Körperhaltungen von Kindern oder Jugendlichen dem **Bestimmtheitsgebot** genüge. Durch die volle gerichtliche Überprüf-
barkeit der Begriffe „unnatürlich" und „geschlechtsbetont" sei sichergestellt, dass
ihre nähere Ausgestaltung nicht allein von der Anschauung einzelner Personen
abhänge. Bei der somit gebotenen Bewertung darf zudem nicht isoliert auf die
Körperhaltung der dargestellten Personen abgestellt werden. Vielmehr müssen
für den jeweiligen Einzelfall alle Begleitumstände, insbesondere die Kleidung der
Minderjährigen, die Umgebung und der Kontext, in den die Abbildungen gestellt
sind, Berücksichtigung finden. Danach wertete das Gericht die Posen der im
Internet dargestellten Mädchen als geschlechtsbetont, weil sie deren Geschlechts-
merkmale in den Mittelpunkt der Abbildung rückten. Ferner waren die Körperhaltungen nach Auffassung des Gerichts unnatürlich, da sie nicht das übliche und
dem jeweiligen Alter entsprechende Verhalten widerspiegelten, sondern den
Eindruck sexuell anbietenden Verhaltens erweckten. Durch die Regelung des
§ 4 Abs. 1 Nr. 9 JMStV soll insbesondere der Eindruck für Jugendliche vermie-
den werden, solches Verhalten sei normal und könne zu Recht erwartet werden.
Auch war nach Ansicht des Gerichts unerheblich, dass nicht alle der als zusam-
menhängende Bilderfolge gezeigten Abbildungen dem Verbot unterliegen. Daher
war die auf § 20 Abs. 1, 4, 6, § 4 Abs. 1 Nr. 9 JMStV gestützte Entscheidung der
beklagten Behörde rechtmäßig.

13   Die in § 4 Abs. 2 JMStV aufgeführten Inhalte, d. h. sonstige pornografische
und indizierte bzw. offensichtlich schwer entwicklungsgefährdende Angebote,
sind in Telemedien[34] nach § 4 Abs. 2 S. 2 JMStV **eingeschränkt zulässig**,
nämlich wenn von Seiten des Anbieters sichergestellt ist, dass sie nur Erwachsenen zugänglich gemacht werden (geschlossene Benutzergruppe). Hier ist
umstritten, welche Anforderungen an das „Sicherstellen" der geschlossenen
Benutzergruppe zu stellen sind.[35] Zwar ist die Effektivität der Barriere nicht

---

[33] Vgl. hierzu auch *Bornemann*, NJW 2003, 787 ff.
[34] Im Rundfunk sind sie nach § 4 Abs. 2 S. 1 JMStV per se unzulässig.
[35] Vgl. hierzu *Döring/Günter*, MMR 2004, 231.

schon dann in Frage gestellt, wenn sie nur aufgrund besonderer Kenntnisse und Fähigkeiten überwunden werden kann. Jedenfalls aber müssen offensichtliche und nahe liegende Umgehungsmöglichkeiten ausgeschlossen werden. [36] Die bloße Eingabe der Identitätsnummer eines Personalausweises (**Altersverifikationssystem**) stellt keine „effektive Barriere"[37] dar, da sich die Jugendlichen die dazu erforderlichen Dokumente oft ohne größere Schwierigkeiten besorgen können, und wird daher zu Recht als unzureichend angesehen.[38]

Bei **entwicklungsbeeinträchtigenden Angeboten** muss der Anbieter nach **14** § 5 Abs. 1 JMStV lediglich sicherstellen, dass die betroffenen Altersstufen sie üblicherweise nicht wahrnehmen. Bei Angeboten, für die eine FSK-Freigabe besteht, wird nach § 5 Abs. 2 JMStV die Eignung zur Entwicklungsbeeinträchtigung für solche Kinder und Jugendliche vermutet, für deren Altersstufe die Trägermedien nicht freigegeben sind. Die Sicherstellung kann nach § 5 Abs. 3, 4 JMStV insbesondere durch eine bestimmte Sendezeitwahl erfolgen. Zu beachten ist insofern noch das Berichterstattungsprivileg in § 5 Abs. 6 JMStV.

Die **Aufsicht** erfolgt im Anwendungsbereich des JMStV, anders als beim **15** JuSchG, nicht allein durch eine öffentliche Stelle, sondern durch ein neues Aufsichtsmodell der so genannten **regulierten Selbstregulierung**.[39] Danach sind die Landesmedienanstalten die für Jugendschutzfragen zuständigen Aufsichtsbehörden, die auch Angebote in Telemedien untersagen und deren Sperrung anordnen können (§ 20 Abs. 1 JMStV). Bei länderübergreifenden Angeboten (§ 13 JMStV) ist die neu geschaffene **Kommission** für **Jugendmedienschutz** (KJM) das für alle Landesmedienanstalten funktional zuständige Willensbildungsorgan (§ 14 Abs. 2 S. 2 JMStV). Die Zuständigkeiten der KJM sind vor allem in § 16 JMStV geregelt. Neben der Aufsicht durch die KJM werden nach § 19 JMStV Einrichtungen der freiwilligen Selbstkontrolle für Rundfunk oder Telemedien zugelassen, die jedoch durch die KJM anerkannt worden sein müssen, wobei für die Anerkennung bestimmte Voraussetzungen erforderlich sind. Solche Einrichtungen, denen sich die Anbieter anschließen können (nicht müssen), sind für den Rundfunkbereich die bereits erwähnte[40] Freiwillige Selbstkontrolle Fernsehen (FSF) und für den Bereich der neuen Medien die **Freiwillige Selbstkontrolle Multimedia-Diensteanbieter** (FSM).[41] Die Selbstkontrolleinrichtungen entscheiden für ihre Mitglieder über Sendezeitbeschränkungen (§ 8 JMStV) und Ausnahmen hiervon (§ 9 Abs. 1 JMStV). Ihnen kommt hierbei ein von der KJM nur begrenzt überprüfbarer Beurteilungsspielraum zu (§ 20 Abs. 3 JMStV). Es liegt auf der Hand, dass es in diesem Spannungsfeld leicht zu Kompetenzabgrenzungsproblemen kommen kann.

---

[36] Hierzu BGH NJW 2008, 1882.
[37] Vgl. zu diesem Begriff BVerwG NJW 2002, 2966 ff.; BGH NJW 2003, 2838. Zur Übertragbarkeit dieses Begriffs auf § 4 Abs. 2 S. 2 JMStV auch OLG Düsseldorf MMR 2005, 611, 612 ff. m. w. N.; *Döring/Günter*, MMR 2004, 231, 234; *Gerke/Liesching*, CR 2003, 456, 457; dagegen *Berger*, MMR 2003, 773, 775 ff.
[38] BGH NJW 2008, 1882, OLG Düsseldorf MMR 2005, 611 m. w. N.; OLG Nürnberg MMR 2005, 464; KG NStZ-RR 2004, 249; LG Aachen MMR 2005, 721; *Döring/Günter*, a. a. O., S. 236 f. m. w. N.; a. A. *Berger*, a. a. O., S. 777.
[39] Vgl. dazu *Ladeur*, ZUM 2002, 859; *Schulz/Held*, Regulierte Selbstregulierung als Form modernen Regierens, Arbeitspapiere des Hans-Bredow-Instituts Nr. 10, 2002.
[40] Siehe oben § 2 Rz. 34.
[41] Lesenswert zur Selbstregulierung in diesem Bereich *Sellmann*, MMR 2006, 723.

VG Berlin MMR 2006, 704: In der von MTV jeweils sonntags um 21.30 Uhr ausgestrahlten Sendung „I want a famous face" wurden junge Menschen dabei begleitet, wie sie durch Schönheitsoperationen ihr Aussehen an dasjenige prominenter Persönlichkeiten angleichen wollten. Die FSF hielt die Ausstrahlung dieses Sendeformats im Tagesprogramm für unbedenklich. Die Bayrische Landeszentrale für neue Medien (BLM) untersagte dem Sender die Ausstrahlung vor 23.00 Uhr. Gegen die vorangegangenen Äußerungen der KJM setzte sich die FSF gerichtlich zur Wehr.

16   Die nach § 42 Abs. 2 VwGO notwendige Klagebefugnis der FSF[42] ergibt sich hierbei nicht aus dem JMStV, sondern vielmehr aus der grundrechtlich geschützten Betätigungsfreiheit der FSF als juristischer Person des Privatrechts und damit aus ihrer autonomen Funktion als außerstaatliches Kontrollorgan. Die Kommission für Jugendmedienschutz hatte öffentlich geäußert, dass die Präsentation von Schönheitsoperationen zu Unterhaltungszwecken die Gefahr einer Beeinträchtigung der Entwicklung von Kindern und Jugendlichen mit sich bringe, weshalb derartige Sendungen grundsätzlich einer Sendezeitbeschränkung nach § 5 Abs. 4 JMStV unterliegen. Mit den beanstandeten Äußerungen der KJM war die Gefahr der Entwertung gegenläufiger Entscheidungen der FSF verbunden. Zwar konnte mangels eigener Rechtspersönlichkeit der KJM nicht unmittelbar gegen diese, wohl aber gegen die Landesmedienanstalt(en), als deren Organ die KJM tätig wurde, geklagt werden. Das Verwaltungsgericht beanstandete nicht nur den Inhalt der Äußerungen der KJM, der die sorgfältige Prüfung des in Rede stehenden Sendeformats durch die FSF in Frage stellte. Entscheidend für die Rechtswidrigkeit der Äußerungen war vor allem der durch die KJM erweckte Eindruck einer für die Fernsehveranstalter verbindlichen Entscheidung. Zwar kann die KJM im Rahmen öffentlicher Diskussion auf die Problematik und Gefahren solcher Sendeformate hinweisen. Sie darf hierbei jedoch nicht den Anschein **vorrangiger Kompetenz** gegenüber der FSF erwecken, woran das Gericht im Übrigen Zweifel äußerte und bei Kompetenzstreitigkeiten insoweit auf das koordinierte Verfahren nach § 15 JMStV verwies.

IV. Jugendschutz als Prinzip des Medienrechts?

17   Es stellt sich die Frage, ob der Jugendschutz als Ganzer womöglich als Prinzip des Medienrechts angesehen werden kann.[43] Gewiss handelt es sich dabei um ein überragend wichtiges Gemeingut, das gerade durch die modernen Massenmedien, ihre weitgehende Fungibilität – vor allem im Bereich des Internet – und die jederzeitige Abrufbarkeit von problematischen Inhalten bei weitgehender Zugänglichkeit der vermittelnden Medien gefährdet ist. Da es sich zudem um ein hochrangiges, d. h. insbesondere verfassungsmäßig geschütztes Regelungsziel handelt, das nicht nur im Öffentlichen Recht, sondern auch im Strafrecht angesiedelt ist, liegt es nahe, diesem auch im Hinblick auf das Medienrecht Prinzipienrang zuzuerkennen. Damit wird der Jugendschutz freilich noch kein Prinzip *des Medienrechts*. Auch wenn der Jugendschutz gleichsam als eine Art personenbezogene Eingrenzung im negativen Sinne und ein

---

[42] Zu ihr bereits oben § 2 Rz. 34.
[43] *Paschke*, Medienrecht, Rz. 280 f., sieht in der Verwirklichung des Jugendschutzes eines der übergreifenden Regelungsziele des Medienrechts.

Optimierungsgebot im positiven Sinne fungiert,[44] lässt sich doch nicht ohne weiteres sagen, dass er das Medienrecht als Ganzes durchdringt. Man darf schließlich nicht übersehen, dass der Jugendmedienschutz nur ein – wenn auch praktisch äußerst wichtiger – Aspekt des Jugendschutzes ist, zu dem u. a. das Fernhalten Jugendlicher von Alkohol, Drogen, bestimmten Lokalen etc. gehört, die allesamt mit dem Medienrecht nichts zu tun haben.

---

[44] Zur Zielsetzung des Jugendschutzes im Zeitalter moderner Medien *Schulz*, MMR 1998, 127.

5. Teil. Das Medienstrafrecht

1   Auch und erst recht das Medienstrafrecht ist entgegen weit verbreiteter Anschauung kein eigenständiges Gebiet oder Teil eines solchen mit medienrechtlicher Prägung, sondern nicht mehr als die Gesamtheit der strafbewehrten Vorschriften, die mit der Verbreitung durch Medien zu tun haben. Auch hier sind also die Medien nur der lebensweltliche Ausschnitt, aus dem heraus sich kein spezifisches Sonderrecht ergibt. Die Medien sind also auch hier nur der Blickwinkel, unter dem die Strafvorschriften aus den jeweiligen Kodifikationen betrachtet werden. Das wird besonders deutlich, wenn man sich vor Augen hält, dass in diesem Zusammenhang nicht nur Spezialgesetze, die auf die Erfordernisse der Medien- und Informationsgesellschaft reagieren, behandelt werden, sondern auch Bestimmungen des Strafgesetzbuchs, dessen Schöpfer das Medienrecht ersichtlich noch nicht im Blick hatten. Dass man es heute auch aus dieser Perspektive betrachten kann, ist – insoweit nicht anders als beim Bürgerlichen Gesetzbuch – eher ein Zeichen der Unverbrüchlichkeit der darin zum Ausdruck kommenden Wertungen und seiner praktischen Tauglichkeit.

2   Aber auch in anderer Hinsicht sei eine Vorbemerkung in Erinnerung gerufen, die eingangs gemacht wurde.[1] Es wird im Folgenden nur um das *spezifische* Medienstrafrecht gehen,[2] so dass jene Tatbestände ausgeklammert und der allgemeinen strafrechtlichen Literatur überantwortet werden,[3] die zwar häufig durch die Angehörigen von Presse- und Medienunternehmen verwirklicht werden, jedoch darüber hinaus keine medienspezifische Relevanz aufweisen. Das gilt etwa für die Behandlung der §§ 185 ff. StGB,[4] die mitunter in medienrechtlichen Darstellungen mitbehandelt werden.[5] So häufig die üble Nachrede (§ 186 StGB) etwa gerade durch Medienschaffende verübt wird,[6] kann man doch nicht sagen, dass der Strafzweck der Vorschrift genuin medienrechtliche Bedeutung hätte.[7] Dass die Verbreitung durch die modernen Massenmedien die Wirkungen für das Opfer potenziert, ändert daran nichts, weil das jeweilige Medium buchstäblich nur Mittel der Begehungsweise ist.[8] Allenfalls die Wahrnehmung berechtigter Interessen nach § 193 StGB weist,[9] weil bei ihr das

---

[1] Oben § 1 Rz. 2 ff.

[2] Zu den Ordnungswidrigkeiten in Rundfunk und Mediendiensten *Bornemann*, 2001.

[3] So etwa § 206 StGB, der im Rahmen der Spamfilterung diskutiert wird; *Kitz*, CR 2005, 450.

[4] Zur Ehrbeeinträchtigung gerade durch mediale Verbreitung im Internet siehe *Gounalakis/ Rhode*, Persönlichkeitsschutz im Internet, 2002, Rz. 141 ff.

[5] Siehe nur *Paschke*, Medienrecht, Rz. 977 ff.

[6] Sie ist im Übrigen ein wichtiges Schutzgesetz i. S. d. § 823 Abs. 2 BGB.

[7] Obwohl *Barton* in den einleitenden Bemerkungen zu seinem Multimedia-Strafrecht durchaus treffend von „Kommunikationsdelikten" spricht (S. 7).

[8] Rechtsvergleichend dazu *Kretschmer*, Strafrechtlicher Ehrenschutz und Meinungs- und Pressefreiheit im Recht der Bundesrepublik Deutschland und der Vereinigten Staaten von Amerika, 1994.

[9] Zur Wahrnehmung berechtigter Interessen grundlegend *Eser*, Wahrnehmung berechtigter Interessen als allgemeiner Rechtfertigungsgrund, 1969; instruktiv *Geppert*, Jura 1985, 25; siehe auch bereits oben § 5 Rz. 13 ff. zum Unterlassungsanspruch; zum diesbezüglichen Verhältnis zwischen Straf- und Zivilrecht *J. Hager*, AcP 196 (1996) 168, 188.

Informationsbedürfnis der Öffentlichkeit einen wesentlichen Gesichtspunkt darstellt,[10] eine medienspezifische Relevanz auf, die etwa darin zum Ausdruck kommt, dass zugunsten des Publizisten angenommen wird,[11] dass er in erster Linie seinen Informationspflichten nachkommen und keine leichtfertigen Behauptungen aufstellen will,[12] was etwa im Hinblick auf die Wahrheit der Tatsachenbehauptung einer Beweislastumkehr gleichkommt.[13]

Anders sieht es freilich bei der **Multimedia-Kriminalität** aus. Das gewerbliche Angebot und die Verbreitung strafbarer Pornographie und Gewaltdarstellungen, die Nutzung des Internet durch extremistische Kreise oder die Piraterie-Tatbestände des Urheberrechtsgesetzes knüpfen unmittelbar an das Medium an, indem das strafrechtliche Unwerturteil gerade auf der Verbreitung – typischerweise durch das Internet – beruht.[14] Diese Fragen werden daher im Mittelpunkt stehen. Daher werden die medienrelevanten Tatbestände des Strafgesetzbuchs nur kursorisch behandelt und der Schwerpunkt auf die genannten Delikte gelegt. Außer Betracht bleiben muss freilich die gerade in diesem Bereich äußerst komplexe Problematik des internationalen Strafrechts, insbesondere der Frage, welches Recht bei Delikten, die im Internet begangen werden, im Einzelfall anwendbar ist.[15] **3**

Schließlich enthalten einige der behandelten Gesetze medienrelevante Strafvorschriften. Stellvertretend dafür sei die strafbewehrte vorsätzliche Verletzung des Rechts am eigenen Bild genannt. Wer entgegen den §§ 22 f. KUG ein Bild verbreitet oder öffentlich zur Schau stellt,[16] wird nach § 33 KUG mit Freiheitsstrafe bis zu einem Jahr oder Geldstrafe bestraft. Eine berühmte Zuwiderhandlung stellte sich in der Entscheidung **4**

> AG Ahrensböck DJZ 1920, 196: Das Gericht hatte über die Veröffentlichung eines Fotos zu befinden, das den Reichstagspräsidenten Ebert und den Reichswehrminister Noske in der Badehose zeigte.

Das damit befasste Schöffengericht hat dies nicht für strafbar gehalten. Der Reichspräsident und der Reichswehrminister seien als solche Personen der Zeitgeschichte, so dass es ihrer Einwilligung zur Veröffentlichung nicht bedurft habe. So richtig dies für sich betrachtet ist, stellt sich doch die Frage, ob die beiden Personen damit unter allen Umständen schutzlos vor desavouierenden Ablichtungen sind. Zu berücksichtigen ist nämlich, dass § 23 Abs. 1 Nr. 1 KUG nur für Bildnisse aus dem *Bereich* der Zeitgeschichte gilt. Daraus lässt sich folgern, dass nicht nur die abgebildete Person, sondern auch der gezeigte **5**

---

[10] BVerfGE 34, 169, 183.

[11] Siehe aber allgemein zur strafrechtlichen Haftung des verantwortlichen Redakteurs *Engels*, AfP 2005, 39.

[12] BGH NJW 1987, 2225, 2227.

[13] *Paschke*, Medienrecht, Rz. 997.

[14] Bedenkenswert insoweit *Sieber*, MMR 1998, 329, der die Strafverfolgung von Anbietern für eine Alibi-Lösung hält und sich an deren Stelle eher für die verstärkte Verfolgung der eigentlichen Urheber einsetzt. Aber abgesehen von der allfälligen Warnung vor unrealistischen Regelungszielen (hierzu *Engel*, AfP 1996, 220, 224) sind die Provider zum einen leichter fassbar und zum anderen ist deren Verfolgung unter generalpräventiven Gesichtspunkten durchaus effektiv, abgesehen davon, dass der Unrechtsgehalt ihrer Taten als Vermittler zur eigentlichen Kriminalität auch ein spezialpräventives Vorgehen gegen sie erfordert.

[15] Siehe dazu nur *Hilgendorf*, NJW 1997, 1873; *Breuer*, MMR 1998, 141; *Derksen*, NJW 1997, 1878, 1880. Zu einem Sonderproblem unten § 17 Rz. 11 ff.

[16] Zu § 22 KUG ausführlich oben beim Recht am eigenen Bild; vgl. § 3. Zum Urheberstrafrecht im engeren Sinne unten § 19.

Vorgang dem Bereich der Zeitgeschichte zugehören muss.[17] Werden also Persönlichkeiten des öffentlichen Lebens, wie hier, ohne sachlichen Grund in der Badehose abgelichtet, so ist dies entgegen der Ansicht des Gerichts unzulässig.

Die Staatsanwaltschaften sind freilich bei Verstößen gegen § 33 KUG mitunter über Gebühr zurückhaltend, wie folgender Fall zeigt:

> OLG München NJW-RR 1996, 93: Bei der Taufe eines Kindes der weltberühmten Violinistin Anne Sophie Mutter wurde in der Kirche eine Fotoaufnahme gemacht und hernach veröffentlicht. Die Geigerin stellte Strafanzeige.

6　Beim hier in Betracht kommenden Verstoß gegen § 33 KUG handelt es sich um ein Privatklagedelikt gemäß § 374 Abs. 1 Nr. 8 StPO. Die Staatsanwaltschaft lehnte es daher trotz Erstattung der Strafanzeige ab, den Fall strafrechtlich zu verfolgen.[18] Nach den soeben getroffenen Feststellungen ist der Verstoß gegen § 33 KUG jedoch mit Händen zu greifen: Zwar ist die Geigerin Mutter fraglos eine absolute Person der Zeitgeschichte, deren Bildnisse nach § 23 Abs. 1 Nr. 1 KUG ohne die nach § 22 KUG erforderliche Einwilligung verbreitet werden dürfen. Dies gilt jedoch nicht für ihren Sohn. Bereits weiter oben wurde aber darauf hingewiesen,[19] dass Fotografien von Angehörigen sowie solche aus der Familien- und Privatsphäre von Personen der Zeitgeschichte grundsätzlich nicht verbreitet werden dürfen. Hier entstammt die Abbildung nicht dem Bereich der Zeitgeschichte, sondern der reinen Privatsphäre, die nicht ohne sachlichen Grund aufgehoben werden darf. Die Staatsanwaltschaft hätte diesen Fall also durchaus weiterverfolgen können. Die Staatsanwaltschaft hätte eine Weiterverfolgung in Betracht ziehen können, weil und sofern dies im öffentlichen Interesse gemäß § 376 StPO liegt. Ein öffentliches Interesse hätte man angesichts der Prominenz der Betroffenen und der damit einhergehenden öffentlichen Resonanz durchaus begründen können.

Mitunter wird § 33 KUG von den Gerichten offenbar auch ganz schlicht übersehen. Stellt jemand beispielsweise Nacktbilder der ehemaligen Freundin bzw. des ehemaligen Freundes ohne deren Einverständnis ins Internet,[20] so ist dies nicht einfach nur eine Beleidigung i. S. d. § 185 StGB, sondern ein besonders eklatanter Verstoß gegen §§ 33, 22 KUG. Wenn zusätzlich Name und Telefonnummer des oder der Abgebildeten vermerkt werden, so kommt dies strafverschärfend hinzu.[21]

§ 17. Die medienrelevanten Tatbestände des StGB

Literatur: *Barton*, Multimedia-Strafrecht, 1999; *Beisel*, Die Strafbarkeit der Auschwitzlüge, NJW 1996, 997; *Beisel/B. Heinrich*, Die Strafbarkeit der Ausstrahlung pornographischer Sendungen in codierter Form durch das Fernsehen, JR 1996, 95; *Berger-Zehnpfund*, Kinderpornographie im Internet, Kriminalistik 1996, 635; *Borgmann*, Von Datenschutzbeauftragten und

---

[17] Auf dieses Wortlautargument weist *Canaris* (*Larenz/Canaris*, Schuldrecht II/2, § 76 II 4 d mit Fußnote 71) hin, der das „berüchtigte" Urteil daher für verfehlt hält. Siehe zu diesem Urteil auch oben § 3 Rz. 20.
[18] Vgl. auch *Prinz/Peters*, Medienrecht, Rz. 784 mit Fußnote 17.
[19] Siehe § 3 Rz. 8 ff.
[20] LG Kiel NJW 2007, 1002; dazu bereits oben § 1 Rz. 16.
[21] So lag es in dem soeben zitierten Fall.

Bademeistern – der strafrechtliche Schutz am eigenen Bild durch den neuen § 201 a StGB, NGW 2004, 2133; *Bosch*, Der strafrechtliche Schutz vor Foto-Handy-Voyeuren und Paparazzi, JZ 2005, 377; *Brockhorst/Reetz*, Repressive Maßnahmen zum Schutz der Jugend im Bereich der Medien, Film, Video und Fernsehen, 1989; *Cornelius/Tschope*, Strafrechtliche Grenzen der zentralen E-Mail-Filterung und -Blockade, K&R 2005, 269; *Derksen*, Strafrechtliche Verantwortung für in internationalen Computernetzen verbreitete Daten mit strafbarem Inhalt, NJW 1997, 1878; *Engau*, Straftäter und Tatverdächtige als Personen der Zeitgeschichte, 1993; *Ernst*, Gleichklang des Persönlichkeitsschutzes im Bild- und Tonbereich, NGW 2004, 1277; *Franke*, Strukturmerkmale der Schriftenverbreitungstatbestände des StGB, GA 1984, 452; *M. Heinrich*, Neue Medien und klassisches Strafrecht – § 184 b IV StGB im Lichte der Internetdelinquenz, NStZ 2005, 361; *Holznagel/Kussel*, Möglichkeiten und Risiken bei der Bekämpfung rechtsradikaler Inhalte im Internet, MMR 2001, 347; *Huster*, Das Verbot der „Auschwitzlüge" und das Bundesverfassungsgericht, NJW 1996, 487; *Jofer*, Strafverfolgung im Internet, 1993; *Kitz*, Meine E-Mails les' ich nicht! Zur Einwilligung in die Spamfiltrierung, CR 2005, 450; *Körber*, Rechtsradikale Propaganda im Internet, 2003; *Liesching/M. v. Münch*, Die Kunstfreiheit als Rechtfertigung pornographischer Schriften, AfP 1999, 37; *Mitsch*, „Saddam Hussein in Unterhose" – Strafbares Fotografieren, Jura 2006, 117; *Peglaus*, Der Schutz des allgemeinen Persönlichkeitsrechts durch das Strafrecht, 1996; *Rinker*, Strafbarkeit und Strafverfolgung von „IP-Spoofing" und Portscanning", MMR 2001, 663; *Schlottfeldt*, Die Verwertung rechtswidrig beschaffener Informationen durch Presse und Rundfunk, 2002; *Sieber*, Kinderpornographie, Jugendschutz und Providerverantwortlichkeit im Internet, 1999; *Stange*, Pornographie im Internet, Versuche einer strafrechtlichen Bewältigung, CR 1996, 424; *Uebbert*, Die strafrechtliche Haftung des verantwortlichen Redakteurs bei der Veröffentlichung strafbarer Inhalte, 1995; *Wagner*, Beschlagnahme und Einziehung staatsgefährdender Massenschriften, MDR 1961, 93; *Willms*, Verfassungsfeindliche Schriften, JZ 1958, 584; *Wormer*, Der strafrechtliche Schutz der Privatsphäre vor Missbräuchen mit Tonaufnahme- und Abhörgeräten, 1977.

I. Online-Delikte

Als Online-Delikte werden hier verkürzend diejenigen Straftatbestände bezeichnet, die typischerweise im Rahmen der Online-Kommunikation verübt werden.[1] Die Bezeichnung Online-Delikte darf freilich nicht darüber hinwegtäuschen, dass die folgenden Tatbestände nicht notwendigerweise – aber eben, im Sinne größtmöglicher Verbreitung, typischerweise – „online" begangen werden. Zu nennen sind vor allem die §§ 86 f., 111 StGB.[2] Am Rande in Betracht kommt auch § 129 StGB, der u. a. das „Werben" für eine terroristische Vereinigung unter Strafe stellt, weil die Werbung am nachhaltigsten durch Massenmedien erfolgt.[3] Hinzu kommt die unzulässige Verbreitung von Pornographie (§§ 184 ff. StGB), bei der die Verbreitung – und damit das mediale Element – bereits im Tatbestand angelegt ist. Dabei geht es im Folgenden weniger um eine kommentarmäßige Darstellung der einzelnen Tatbestandsvoraussetzungen, als vielmehr um die Herausstellung des jeweiligen medienrechtlichen *Aspekts* der einzelnen Delikte.   7

---

[1] Zum Unterschied zwischen online und offline *Salmony*, in: Internet- und Multimediarecht (Hrsg. Lehmann), S. 2 f.

[2] Ferner ist § 131 StGB zu nennen; vgl. dazu *Weigend*, Festschrift für Herrmann, 2002, S. 40 ff.

[3] Zu eng freilich *Giehring*, StV 1983, 296, 306, der nur die Werbung mittels Schriften i. S. d. § 11 Abs. 3 StGB (zu ihm sogleich unter 1.) anerkennt; wie hier *Schönke/Schröder/Lenckner*, § 129 Rz. 14 a.

1. Verbreiten von Propagandamitteln und öffentliche Aufforderung zu Straftaten

8   Die medienrechtliche Relevanz des § 86 StGB ergibt sich tatbestandlich unter zwei Gesichtspunkten. Zunächst lautet das zentrale Wort des Tatbestandes „Propagandamittel" und ist damit bereits medienrechtlich konnotiert. Da die Propaganda im Dritten Reich, wie in allen anderen Unrechtsregimen, für die bezeichnend ist, dass gleich nach der Machtergreifung der Rundfunk eingenommen und gleichgeschaltet wird, eine überragende und im negativsten Sinne des Wortes systemkonstituierende Rolle eingenommen hat, bedarf der Hinweis auf § 86 StGB in einer medienrechtlichen Darstellung im Kern keiner Begründung. Zum anderen ist die Begehungsweise des Verbreitens, die bezeichnenderweise noch vor dem Herstellen oder Vorrätighalten genannt wird, aus medienrechtlicher Sicht bedeutsam.[4] Für das Verbreiten genügt es nunmehr, dass der Inhalt übermittelt wird;[5] eine körperliche Übergabe ist nicht mehr erforderlich.[6] Somit unterfällt auch der **Provider**, nicht aber der bloße Netzknotenbetreiber, dem Anwendungsbereich des § 86 StGB.[7]

9   Was die Propagandamittel betrifft, so werden diese in § 86 Abs. 2 StGB vordergründig betrachtet eingeschränkt, durch die in Bezug genommene verweisungstechnische Zusammenfassung[8] der Schriften i. S. d. § 11 Abs. 3 StGB[9] aber auch erweitert,[10] weil danach Ton- und Bildträger, Datenspeicher, Abbildungen und andere Darstellungen den Schriften gleichstehen. **Datenspeicher** in diesem Sinne sind auch Festplatten oder CD-ROMs sowie alle Inhalte, gleichviel ob dauerhaft oder vorübergehend gespeichert;[11] § 11 Abs. 3 StGB gilt sowohl in der Online- als auch in der Offline-Kommunikation.[12] Bei Licht betrachtet, kennt somit auch der Allgemeine Teil des Strafgesetzbuchs in seinem „Sprachgebrauch" – wie der Zweite Titel überschrieben ist – die Medien.[13] Doch wäre es unter dem Aspekt des Bestimmtheitsgebots nicht hinreichend und im Übrigen auch nicht zweckmäßig, den Oberbegriff der Medien gesetzlich – etwa in § 11 Abs. 3 StGB zu verankern.[14]

---

[4] Zu dem ebenfalls relevanten § 86 a StGB aus informationsrechtlicher Sicht siehe *Sieber*, JZ 1996, 494, 496; *Ringel*, CR 1997, 302.

[5] *Barton*, Multimedia-Strafrecht, Rz. 186, unter Verweis auf § 11 Abs. 3 StGB; zu ihm sogleich im Text.

[6] So die frühere Rechtsprechung; vgl. BGHSt 18, 63; OLG Frankfurt StV 1990, 209; aus dem Schrifttum *Wagner*, NStZ 1990, 523, 524 f.; *Franke*, GA 1984, 452, 460 f.

[7] *Barton*, Multimedia-Strafrecht, Rz. 187.

[8] Es handelt sich bei § 11 Abs. 3 StGB nicht um eine Legaldefinition; vgl. *Schönke/Schröder/Eser*, Strafgesetzbuch, § 11 Rz. 78.

[9] Eingeführt durch das IuKDG; vgl. BGBl. I 1997, S. 1870.

[10] Zu der insoweit uneinheitlichen Rechtsprechung zu den in Betracht kommenden Medien im Einzelnen OLG Stuttgart NStZ 1992, 38; OVG Münster NJW 1983, 1494; VG Köln NJW 1991, 1773.

[11] Zum Beispiel des so genannten Proxy-Cache-Servers siehe *Barton*, Multimedia-Strafrecht, Rz. 175.

[12] Bundestags-Drucksache 13/7385, S. 36.

[13] Vgl. *Schönke/Schröder/Eser*, Strafgesetzbuch, § 11 Rz. 78: „Obgleich somit die Schrift stellvertretend für die übrigen *Medien* steht, bildet doch den eigentlichen Oberbegriff die Darstellung." (Hervorhebung nur hier).

[14] Allgemein zur dogmatischen Struktur des § 11 Abs. 3 StGB *Franke*, GA 1987, 452.

Es verwundert nicht, dass auch § 111 StGB auf die soeben behandelte **10** Verbreitung von Schriften im Sinne des § 11 Abs. 3 StGB Bezug nimmt, denn auch und gerade die öffentliche Aufforderung zu Straftaten legt naheliegenderweise einen so weit gefassten und zugleich tatbestandlich im Sinne größtmöglicher Bestimmtheit ausgestalteten Begriff der verwendeten Medien zugrunde.[15]

2. Volksverhetzung

Auch § 130 Abs. 2 Nr. 1, Abs. 4 StGB knüpft folgerichtig an § 11 Abs. 3 **11** StGB an, weil die Volksverhetzung medial wirksam durch die dort bezeichneten Schriften erfolgen kann. In medienrechtlicher Hinsicht bemerkenswert ist aber auch § 130 Abs. 2 Nr. 2 StGB, der auch die Verbreitung entsprechender Äußerungen und Inhalte „durch Rundfunk" unter Strafe stellt. Die Grundrechte des Art. 5 GG sind insoweit im Interesse der Erhaltung der freiheitlich demokratischen Grundordnung eingeschränkt.[16] So kann sich nicht auf die Meinungs- oder gar Wissenschaftsfreiheit berufen, wer der Überzeugung zu sein vorgibt oder durch wissenschaftliche Forschungen herausgefunden zu haben glaubt, dass die NS-Judenverfolgung kein geschichtliches Faktum sei (**Auschwitzlüge**).[17] Mediales Forum dieser Taten ist häufig das Internet.

BGHSt 46, 212: Ein Australier stellt von ihm verfasste, volksverhetzende Äußerungen, die den Holocaust leugnen, auf einem ausländischen Server ins Internet. Der Server ist Internetnutzern in Deutschland zugänglich. Das Landgericht konnte nicht feststellen, dass der Angeklagte von sich aus Online-Anschlussinhaber in Deutschland angewählt hatte, um ihnen die jeweiligen Webseiten zu übermitteln („pushen"). Es ließ sich auch nicht feststellen, dass außer den ermittelnden Polizeibeamten Internetnutzer in Deutschland die Homepage des Angeklagten angewählt hatten.

Der Bundesgerichtshof hat den Angeklagten ungeachtet der Tatsache, dass er **12** von Australien aus handelte, der qualifizierten Auschwitzlüge[18] für schuldig befunden, weil sowohl die Beschimpfungs-Alternative des § 130 Abs. 1 Nr. 1 StGB als auch die Aufstachelungs-Alternative des § 130 Abs. 1 Nr. 2 StGB durch den Angeklagten verwirklicht worden seien. Die Taten waren nach Ansicht des Bundesgerichtshofs auch geeignet, den öffentlichen Frieden zu stören, weil „im Hinblick auf die Informationsmöglichkeiten des Internets" damit gerechnet werden musste, dass „die Publikationen einer breiteren Öffentlichkeit in Deutschland bekannt wurden."[19] Hier zeigt sich der medienrechtliche Einschlag der Entscheidung besonders deutlich.[20]

Die entscheidende Frage nach der Anwendbarkeit deutschen Strafrechts **13** bejaht der Bundesgerichtshof.[21] Nach § 9 Abs. 1 StGB ist eine Tat an jedem

---

[15] Zur Anwendung der Vorschrift im Internetbereich mit Auslandsberührung *Derksen*, NJW 1997, 1880; *Collardin*, CR 1995, 618, 629; *Engel*, AfP 1996, 220, 226.

[16] Siehe nur *Beisel*, Die Kunstfreiheitsgarantie des Grundgesetzes und ihre strafrechtlichen Grenzen, 1997.

[17] Zur Auschwitzlüge *Huster*, NJW 1996, 487; *Beisel*, NJW 1995, 997. Siehe auch BVerfG NJW 2003, 660.

[18] Vgl. BGHSt 40, 97; BGH NStZ 1994, 140.

[19] BGHSt 46, 212, 219.

[20] Weiter heißt es in BGHSt 46, 212, 219: „Es ist offenkundig, dass jedem Internet-Nutzer in Deutschland die Publikationen des Angeklagten ohne weiteres zugänglich waren. Die Publikationen konnten zudem von deutschen Nutzern im Inland *weiter verbreitet* werden." (Hervorhebung nur hier).

[21] Zur Problematik instruktiv *Körber*, Rechtsradikale Propaganda im Internet, 2003.

Ort begangen, an dem der Täter gehandelt hat oder im Fall des Unterlassens hätte handeln müssen oder an dem der zum Tatbestand gehörende Erfolg eingetreten ist. Dies sieht der Senat in den – wie es in der Entscheidung mehrfach heißt – „Internet-Fällen" als gegeben an. Bei abstrakt-konkreten Gefährdungsdelikten sei der **Erfolg** i. S. d. § 9 Abs. 1 Alt. 3 StGB dort eingetreten, wo die Tat ihre Gefährlichkeit hinsichtlich des tatbestandlich umschriebenen Rechtsguts entfalten könne.[22] Das wäre hier auch das Staatsgebiet der Bundesrepublik Deutschland.[23] § 9 Abs. 1 Alt. 3 StGB soll nämlich nicht nur Erfolgsdelikte betreffen,[24] sondern lediglich klarstellen, dass der Erfolgseintritt auf den Straftatbestand bezogen ist und im Zusammenhang damit zu sehen ist.[25]

14   Der Bundesgerichtshof hat die Entscheidung schließlich noch zum Anlass genommen, zu erwägen, ob der Angeklagte nicht auch nach § 9 Abs. 1 Alt. 1 StGB im Inland gehandelt hätte, wenn ein inländischer Internet-Nutzer die Seiten mit dem verbotenen Inhalt auf dem ausländischen Server aufgerufen und die Dateien nach Deutschland heruntergeladen hätte. Diese Erwägungen seien aufgrund der medienrechtlichen Relevanz und der aufschlussreichen Tendenz für die künftige Rechtsprechung wörtlich wiedergegeben: „Der Senat hätte allerdings Bedenken, eine auch bis ins Inland wirkende Handlung darin zu sehen, dass der Angeklagte sich eines ihm zuzurechnenden Werkzeugs (der Rechner einschließlich der Proxy-Server, Datenleitungen und der Übertragungssoftware des Internets) zur – physikalischen – Beförderung der Dateien ins Internet bedient hätte. Eine Übertragung des im Zusammenhang mit der Versendung eines Briefs entwickelten Handlungsbegriffs auf die Datenübertragung des Internets liegt eher fern."[26] Interessant ist dabei aus medienrechtlicher Sicht, dass das Gericht den Vergleich mit anderen Medien nicht scheut und übrigens auch ausdrücklich auf Rundfunk- und Fernsehübertragungen Bezug nimmt.

3. Verbreitung pornographischer Schriften und Darbietungen

a) Der medienrechtliche Bezug

15   Auch im Tatbestand der §§ 184 ff. StGB ergibt sich das medienrechtliche Element daraus, dass das Verbreiten im Tatbestand angelegt ist und – insofern besonders medienwirksam – heutzutage typischerweise im Internet erfolgt. Daraus erklärt sich die zunehmende Bedeutung der §§ 184 ff. StGB, deren hauptsächlicher Schutzzweck der **Jugendschutz** ist.[27] Die medialen Elemente sind im Sinne der Vermeidung etwaiger Strafbarkeitslücken auf der einen und der Gewährleistung größtmöglicher Bestimmtheit auf der anderen Seite hier sogar beispielhaft: Der Tatbestand des § 184 StGB zählt u. a. gewerbliche Leihbüchereien, Lesezirkel (§ 184 Abs. 1 Nr. 3 StGB), öffentliche Filmvorführun-

---

[22] BGHSt 46, 212, 221.

[23] Vgl. auch *B. Heinrich*, GA 1999, 72; *Beisel/Heinrich*, JR 1996, 95; *Collardin*, CR 1995, 618.

[24] *Sieber*, NJW 1999, 2065, 2069.

[25] BGHSt 46, 212, 223.

[26] BGHSt 46, 212, 224 f.

[27] Dazu grundlegend *Raue*, Literarischer Jugendschutz, 1970; siehe auch *Schroeder*, Pornographie, Jugendschutz und Kunstfreiheit, 1992; *Liesching*, Jugend-Medien-Schutz-Report, 1998, S. 56 ff.

gen (§ 184 Abs. 1 Nr. 7 StGB) sowie den Rundfunk, die Medien- und Teledienste (§ 184 c StGB) als Verbreitungsmedien auf.[28] Zu Beginn und im Mittelpunkt stehen wiederum die Schriften i. S. d. § 11 Nr. 3 StGB. Dementsprechend
kommt es nur auf die konkrete Möglichkeit der Kenntnisnahme des pornographischen Inhalts und nicht auf das körperliche Überlassen der Darstellung
an.[29] Es genügt also, dass die Inhalte in elektronischer Form in Computernetze
eingespeist werden und vom Empfänger via Internetanschluss abrufbar sind.[30]

Der Bundesgerichtshof hat unlängst entschieden, dass das Verbreiten i. S. d.   **16**
§ 184 b Abs. 1 Nr. 1 StGB (§ 184 Abs. 3 Nr. 1 StGB a. F.) nicht auf die körperliche Weitergabe beschränkt, sondern der Tatbestand des § 184 b Abs. 1 Nr. 1
StGB auch dann erfüllt ist, wenn der Täter den Online-Zugriff auf die dort
bezeichneten verbotenen Inhalte ermöglicht.[31] Hintergrund dieser Rechtsprechung ist § 176 a Abs. 2 StGB, wonach beim Missbrauch von Kindern schwerer
bestraft wird, wer in der Absicht handelt, die Tat zum Gegenstand einer pornographischen Schrift (§ 11 Abs. 3 StGB) zu machen, die nach § 184 b Abs. 1 bis 3
StGB *verbreitet* werden soll.[32] Der Bundesgerichtshof geht dabei davon aus, dass
für die Strafverschärfung des § 176 a Abs. 2 StGB bei Online-Angeboten nur
dann Raum ist, wenn auch im Rahmen des § 184 b Abs. 1 StGB das gleichlautende Merkmal des **Verbreitens** (Nr. 1) erfüllt ist und nicht das weiter gefasste
Zugänglichmachen (Nr. 2). Das ist jedoch mitnichten zwingend, weil § 176 a
Abs. 2 StGB trotz des deckungsgleichen Wortlauts – jeweils verbreiten – auf den
ganzen § 184 b Abs. 1 StGB und somit auch auf dessen Nr. 2 verweist, so dass
auch bei Annahme der Nr. 2 der Weg zu § 176 a Abs. 2 StGB nicht versperrt ist.[33]

b) Straf- und rundfunkrechtliches Verbot

Im Zusammenhang mit der nach §§ 184 ff. StGB strafbaren Verbreitung por-   **17**
nographischer Schriften war § 3 Abs. 1 Nr. 1 RStV zu beachten, wonach Sendungen unzulässig waren, wenn sie gegen Bestimmungen des StGB verstießen.[34]
Daraus konnte entnommen werden, dass die rundfunkrechtliche Unzulässigkeit
deckungsgleich ist mit dem strafrechtlichen Verbot.[35] Das brisante Verhältnis von
Pornographie und Rundfunk ist vor allem für die Betreiber des **Pay-TV** von
Bedeutung, da pornographische Filme neben Sportrechten nach wie vor ein
essentieller wirtschaftlicher Faktor des Abonnementfernsehens sind. Umso wichtiger sind die Maßgaben, die das Bundesverwaltungsgericht zum rundfunkstaats-
vertraglichen Verbot pornographischer Sendungen statuiert hatte:

BVerwG JZ 2002, 1057: Der Pay-TV-Sender Premiere wendet sich gegen einen Bescheid,
mit dem der wiederholte Verstoß gegen das Verbot pornographischer Sendungen festgestellt
und dem Sender aufgegeben wurde, künftig keine vergleichbaren Filme in sein Programm
aufzunehmen. Der Fernsehsender wehrt sich dagegen.

---

[28] Zur Frage der Strafbarkeit virtueller Kinderpornographie im Hinblick auf die Online-
Welt „Second Life" *Hopf/Braml*, ZUM 2007, 354 ff.

[29] BGH NJW 1976, 1984; OLG Celle MDR 1985, 592.

[30] *Barton*, Multimedia-Strafrecht, Rz. 206. Zur Konkurrenzproblematik bei § 184 StGB
siehe BayObLG NJW 2003, 839.

[31] BGH JR 2002, 204.

[32] Speziell zu § 184 b Abs. 4 StGB *M. Heinrich*, NStZ 2005, 361.

[33] Zutreffend *Gehrke*, MMR 2001, 678; *Lindemann/Wachsmuth*, JR 2002, 207; *Kudlich*, JZ
2002, 310.

[34] Vgl. dazu auch *Albrecht*, Rundfunk und Pornographieverbot, 2002.

[35] *Hörnle*, JZ 2002, 1062.

18	Die Entscheidung des Bundesverwaltungsgerichts ist aus medienrechtlicher Sicht bedeutsam, weil das Gericht eine Festlegung zu § 184 c StGB (§ 184 Abs. 2 StGB a. F.) getroffen hat, wonach bestraft wird, wer eine pornographische Darbietung durch Rundfunk, Medien- oder Teledienste verbreitet. Aus dem Wortsinn des Tatbestandsmerkmals „Darbietung" ergebe sich nämlich, dass die Beschränkung nur für Live-Sendungen gelte, nicht jedoch für die Ausstrahlung von „Reproduktionen unter Verwendung von Ton- und Bildträgern".[36] Für diese sei nur § 184 Abs. 1 Nr. 2 StGB anzuwenden, dessen entscheidendes Strafbarkeitskriterium die Zugänglichkeit der pornographischen Inhalte für Jugendliche ist. Das ist deshalb bedeutsam, weil bei Anwendung des absoluten Sendeverbots des § 184 c StGB auf Filme nicht nur im Free-TV, sondern auch im Pay-TV keine pornographischen Filme mehr gezeigt werden dürften.[37]

19	Des Weiteren ist in medienrechtlicher Hinsicht aufschlussreich, dass sich das Bundesverwaltungsgericht mit der Frage auseinander gesetzt hat, inwieweit die **Decodierung** beim Pay-TV geeignet ist, den durch die §§ 3 Abs. 1 Nr. 1 RStV a. F., 184 ff. StGB verfolgten Jugendschutz hinlänglich zu verwirklichen. Bemerkenswert ist vor allem folgende Vorgabe: „Erfordert die Wahrnehmung pornographischer Filme über den Einsatz der Decodiereinrichtungen hinaus die Überwindung zumindest eines weiteren im System angelegten wirkungsvollen Hindernisses und ist sichergestellt, dass die dafür notwendigen Voraussetzungen ebenfalls nur Erwachsenen zugänglich gemacht werden, ist jedoch wegen des Zusammenwirkens der Wahrnehmungshindernisse die Annahme einer ‚effektiven Barriere' zwischen dem pornographischen Film und dem Minderjährigen gerechtfertigt." Mit dem „weiteren im System angelegten Hindernis" dürfte die Vorsperre gemeint sein, die nur durch Eingabe eines Pin-Codes überwunden werden kann.[38] Die Anforderungen an die Effektivität des Zugangshindernisses für den Minderjährigen bestehen hierbei unabhängig von der Art des Mediums und gelten daher ebenso für Angebote bei einer Automatenvideothek[39] und im Internet.[40] Gerade im Internet wirft jedoch deren Realisierung insbesondere bei ausländischen Diensteanbietern große praktische Schwierigkeiten auf.[41]

20	Die Zulässigkeit pornographischer Angebote in elektronischen Medien bemisst sich nunmehr nach § 4 MDStV, der sowohl für Rundfunk als auch Telemedien gilt (§ 2 Abs. 1 MDStV). Pornographische Angebote bleiben gemäß § 4 Abs. 1 Nr. 10, Abs. 2 Nr. 1 MDStV im Rundfunk generell unzulässig. Allerdings nimmt die Vorschrift keinen Bezug auf das StGB. Die angespro-

---

[36] BVerwG JZ 2002, 1058. Unter Rückgriff auf den Duden judiziert das Gericht: „Das wesentliche Merkmal einer Darstellung besteht darin, dass eine über ein Medium vermittelte Wiedergabe eines Vorgangs oder eines Zustands erfolgt".

[37] *Hörnle*, JZ 2002, 1062, 1063 f.

[38] Vgl. *Schorb/Theunert*, Jugendmedienschutz im Fernsehen, in: Jugendschutzbericht der Landesmedienanstalten 2000/2001, S. 43 ff. Das VG München (ZUM 2003, 160) hält es nicht für hinreichend effektiv, lediglich die Eingabe der Personal Identifikation Number (PIN) für die Empfangbarkeit erforderlich zu machen. Siehe des Weiteren AG Neuss MMR 2002, 837. Zur gleichgelagerten Problematik im Rahmen des § 4 Abs. 2 JMStV siehe oben § 16 Rz. 13.

[39] BGH NJW 2003, 2838.

[40] OLG Düsseldorf MMR 2004, 409. Jüngst BGH NJW 2008, 1882 („ueber18.de").

[41] Zu den Problemen im Hinblick auf die Sperrung von Internetseiten durch die Internet-Service-Provider (ISP) siehe das juristische Gutachten von *Sieber/Nolde*, Sperrverfügungen im Internet, Territoriale Rechtsgeltung im globalen Cyberspace, Berlin 2008.

chene Deckungsgleichheit zwischen rundfunkrechtlicher und strafrechtlicher Unzulässigkeit ist damit durchaus in Frage gestellt. Da das Verbot nach § 4 MDStV die Verwirklichung des objektiven Tatbestandes von § 184 StGB nicht mehr zwingend voraussetzt,[42] können die der Verwirklichung von § 184 Abs. 1 Nr. 2 StGB entgegenstehenden Zugangsbarrieren für den Rundfunk gegenstandslos werden. Die mutmaßliche Erleichterung der Pay-TV-Betreiber, insbesondere über die enge Auslegung des § 184 c StGB, die im Wortlautbereich einigen Argumentationsaufwand erfordert hat,[43] ist daher nicht zwangsläufig von Dauer. Erlaubt sind pornographische Angebote jedoch in Telemedien, soweit es sich nicht um so genannte harte Pornographie i. S. d. § 4 Abs. 1 Nr. 10 MDStV handelt und sie nur Erwachsenen zugänglich gemacht wird.[44] Sowohl in diesem Bereich als auch bei der strafrechtlichen Verantwortlichkeit nach § 184 Abs. 1 Nr. 2 StGB bleibt es daher unabhängig von der Ausgestaltung des rundfunkrechtlichen Pornographieverbots beim Erfordernis effektiver Barrieren.[45] Auch wenn ein weiteres Verständnis des § 184 c StGB den Dolchstoß für einige ohnehin gefährdete und angeschlagene Medienunternehmen bedeuten könnte und somit unter Umständen auch die wirtschaftliche Betätigungsfreiheit (Art. 2 Abs. 1 GG) mit in die Betrachtung eingestellt werden müsste, streiten die besseren Gründe dafür, auch solche Filme den Darbietungen i. S. d. § 184 c StGB zu subsumieren und damit zu verbieten.[46]

II. Computerkriminalität

Im weiteren Sinne zum Medienrecht zählen diejenigen Delikte, die später in das Strafgesetzbuch Eingang gefunden haben, um der zunehmenden Wirtschaftskriminalität im Bereich des Einwirkens auf Datenverarbeitungsvorgänge zu begegnen. Medium ist insoweit der Computer. Am bekanntesten ist dabei der Tatbestand des § 263 a StGB, der in das Gesetz aufgenommen wurde, weil der Missbrauch von Bankautomaten unter Verwendung gefälschter Codekarten mangels täuschungsbedingten Irrtums nicht als Betrug strafbar ist.[47] Aber auch der „gewöhnliche" Betrug gemäß § 263 StGB wird vielfach gerade im Schutze der Anonymität moderner Kommunikationsmittel (vor allem des Internet) begangen, wie z. B. im Rahmen von Internet-Auktionen[48] oder durch die Verwendung von Internet-Dialern.[49]

21

[42] Vgl. *Palzer*, Anm. zu VG München MMR 2003, 292, 296.

[43] Sie entspricht freilich dem Willen des Gesetzgebers und dem überwiegenden strafrechtlichen Schrifttum; vgl. Bundestags-Drucksache 15/350, S. 21; *Schreibauer*, Das Pornographieverbot des § 184 StGB, 1999, S. 287 f.; *Mahrenholz*, ZUM 1988, 525, 526; *Beisel/Heinrich*, JR 1996, 95, 98; *Tröndle/Fischer*, StGB, § 184 c Rz. 3; *Laubenthal*, Sexualstraftaten, 2000, Rz. 833; a. A. *Weigend*, ZUM 1994, 133 Fußnote 3; *Lackner/Kühl*, StGB, 24. Auflage 2001, § 184 Rz. 7 (zweifelnd jetzt aber in der 25. Auflage, § 184 c Rz. 3); *Albrecht*, Rundfunk und Pornographieverbot, 2002, S. 54 ff.; *Ory*, NJW 1987, 2967, 2968.

[44] *Hörnle*, JZ 2002, 1062. Siehe dazu bereits oben § 16 Rz. 12 ff.

[45] *Palzer*, Anm. zu VG München MMR 2003, 292, 296.

[46] Ebenso *Ladeur*, ZUM 2001, 471, 476 f.

[47] Zur Strafbarkeit im Zusammenhang mit dem so genannten „phishing" vgl. *Popp*, NJW 2004, 3517.

[48] Vgl. hierzu *Popp*, JuS 2005, 689.

[49] Vgl. hierzu *Fülling/Rath*, JuS 2005, 598.

22   Des Weiteren ist in diesem Zusammenhang das unerlaubte Ausspähen von Daten gemäß § 202 a StGB zu nennen. Danach macht sich strafbar, wer sich oder einem anderen unbefugt Daten, die nicht für ihn bestimmt sind und die gegen unberechtigten Zugang besonders gesichert sind (Beispiel: Passwort), verschafft. Damit wird das Recht am gedanklichen Inhalt der Daten ohne Rücksicht auf das Eigentum am jeweiligen Datenträger als formelle Verfügungsbefugnis geschützt.[50] Nicht von § 202 a StGB – wohl aber gegebenenfalls von den §§ 43 f. BDSG – erfasst ist dagegen das bloße **Hacking**, also das Eindringen in ein Computersystem ohne Datenverschaffung.[51] Das gilt grundsätzlich auch für das so genannte **Portscanning**, bei dem der Hacker sich gleichsam noch außerhalb des Systems befindet, weil und sofern der Verfügungsberechtigte sein System mit Software-Vorrichtungen geschützt hat, die es vor einem unbefugten Eindringen schützen sollen („Firewall").[52]

23   Medienrechtlich relevant ist auch die Verletzung des Post- und Fernmeldegeheimnisses gemäß § 206 StGB. Dessen Absatz 2 hat im Zusammenhang mit der Bekämpfung von Werbe-E-Mails (so genanntes **Spamming**)[53] Bedeutung erlangt. Nach einer Entscheidung des OLG Karlsruhe kann nämlich das zentrale Ausfiltern von E-Mails nach § 206 Absatz 2 Nr. 2 StGB strafbar sein, was selbst für nicht-gewerbliche Einrichtungen wie Hochschulen gelte.[54]

24   Schließlich unterfällt die Computersabotage dem medienrechtsrelevanten Ausschnitt des Strafgesetzbuchs. § 303 b StGB stellt daher Datenveränderungen und Störungen der Datenverarbeitung sowie Veränderungen einer Datenbearbeitungsanlage oder eines Datenträgers unter Strafe, wenn sie von wesentlicher Bedeutung sind.[55] So ist etwa das Einspeisen von Viren in ein Computersystem ein typischer Anwendungsfall der Computersabotage, wenn dadurch Viren in das Programm eines Computersystems gelangen und dieses nachhaltig schädigen.[56] Auch das oben genannte Portscanning kann darunter fallen.[57]

III. Unbefugt hergestellte Bildaufnahmen

25   Wie zu Beginn dieses Teils dargestellt, ist die Verbreitung und öffentliche Schaustellung eines Bildnisses ohne Einwilligung des Betroffenen nach § 33 KUG i. V. m. § 22 KUG strafrechtlich geschützt.[58] Bislang galt dies jedoch nicht bezüglich der Herstellung von Bildaufnahmen ohne Einverständnis des Betroffenen. Das wurde als Strafbarkeitslücke angesehen. Der Gesetzgeber hat daher einen § 201 a StGB eingefügt, nach dessen Absatz 1 bestraft wird, wer von einer anderen Person, die sich in einer Wohnung oder einem gegen Einblick besonders

---

[50] OLG Celle CR 1990, 277.

[51] *Barton*, Multimedia-Strafrecht, Rz. 20; a. A. *Sieber*, CR 1995, 103.

[52] *Rinker*, MMR 2001, 663, 665.

[53] Siehe dazu bereits oben § 8 Rz. 36 ff., § 15 Rz. 26. Vgl. zur Werbung per elektronischer Post auch § 6 Abs. 2 TMG.

[54] OLG Karlsruhe MMR 2005, 178; dazu *Kornelius/Tschoepe*, K&R 2005, 269; *Heidrich*, MMR 2005, 181.

[55] Siehe dazu *Sieber*, CR 1995, 103 Fußnote 15.

[56] *Barton*, Multimedia-Strafrecht, Rz. 18.

[57] *Rinker*, MMR 2001, 663, 665.

[58] Bedenken bezüglich der Harmonisierung dieser Vorschriften mit der Neuregelung des § 201 a StGB sieht *Bosch*, JZ 2005, 377, 378.

geschützten Raum befindet, unbefugt Bildaufnahmen herstellt oder überträgt und dadurch deren höchstpersönlichen Lebensbereich verletzt.[59] Herstellen in diesem Sinne ist auch das Abspeichern des Bildes auf einem Bild- oder Datenträger. Mit der Alternative des Übertragens ist zudem klargestellt, dass auch **Echtzeitübertragungen** ohne dauerhafte Speicherung – also etwa mittels so genannter „Web Cams" oder „Spy Cams" – erfasst sind.[60]

Im Rahmen der Auslegung des § 201a StGB sollte jedoch berücksichtigt **26** werden, dass die heimliche Herstellung von Bildaufnahmen für bestimmte Formen des **investigativen Journalismus** von vitaler Bedeutung ist. Viele schwerwiegende Delikte sind nur dadurch dokumentierbar, dass sie mit versteckter Kamera gefilmt werden. Gerade die Praktiken der organisierten Kriminalität, die in besonderer Weise auf Heimlichkeit ausgelegt sind, dürfen nicht dadurch privilegiert und unaufklärbar werden, dass man die heimliche Herstellung entlarvender Bildaufnahmen rundweg personalisiert.[61]

IV. Mediale Beschimpfung von Bekenntnissen

Für große Aufregung hat unlängst die vom privaten Fernsehsender MTV **27** ausgestrahlte Fernsehserie Popetown gesorgt:

LG München I ZUM 2006, 578:[62] Bei der Fernsehserie Popetown handelt es sich um eine Cartoonserie, in welcher der Papst und seine Kardinäle Hauptrollen einnehmen. Ort der Handlung, sofern man von einer solchen überhaupt sprechen kann, ist erkennbar der Vatikan. Der Papst wird als infantil dargestellt und seine Kardinäle als korrupt. Sprache, Inhalt, und Anspielungen der Serie sind auf niedrigstem Niveau. Das erzbischöfliche Ordinariat München hat gegen die Ausstrahlung der Serie eine einstweilige Verfügung beantragt.

Das Ordinariat hat sich vor allem auf § 166 StGB berufen. Nach dessen **28** Absatz 1 wird bestraft, wer öffentlich oder durch Verbreiten von Schriften – dazu gehören auch Ton- und Bildträger – den Inhalt des religiösen oder weltanschaulichen Bekenntnisses anderer in einer Weise beschimpft, die geeignet ist, den öffentlichen Frieden zu stören. Nach § 166 Abs. 2 StGB wird ebenso bestraft, wer öffentlich oder durch Verbreiten von Schriften eine im Inland bestehende Kirche oder andere Religionsgesellschaften oder Weltanschauungsvereinigungen, ihre Einrichtungen oder Gebräuche in einer Weise beschimpft, die geeignet ist, den öffentlichen Frieden zu stören. Das Landgericht München hat diesen Antrag abgewiesen. Das Gericht sah die Tatbestandsvoraussetzungen des § 166 StGB nicht als erfüllt an. Selbst wenn man davon ausgeht, dass der Inhalt des religiösen oder weltanschaulichen Bekenntnisses anderer beschimpft wird, so stellt sich die Frage, ob dies auch den öffentlichen Frieden stört. Hier hatte das Gericht offenbar Zweifel, zumal zwar der innerkirchliche Friede gestört sein kann, damit jedoch nicht zugleich

---

[59] Vgl. *Ernst*, NJW 2004, 1277, 1278; *Mitsch*, Jura 2006, 117ff
[60] Vgl. die amtliche Begründung, Bundestags-Drucksache 15/2466, S. 5; siehe zu § 201a StGB, *Ernst*, NGW 2004, 1277; *Borgmann*, NJW 2004, 2133; *Kühl*, ZUM 2004, 190; *Flechsig*, ZUM 2004, 605.
[61] Vgl. zu dieser Problematik auch OLG München ZUM 2005, 399 (verdeckte Videoaufzeichnung in der Schleichwerbungsaffäre).
[62] Mit Anm. *Liesching*.

gesagt ist, dass der öffentliche Friede im Sinne des Gesetzes tangiert ist.[63] Bezüglich der Störung des öffentlichen Friedens führt das Landgericht München I aus, dass „nicht jede Veröffentlichung, die an den Empfindungen anderer rührt, mag sie auch geschmacklos oder schlicht dümmlich sein, eine Beeinträchtigung des öffentlichen Friedens zu besorgen geeignet ist. Neben der Beschimpfung eines religiösen Bekenntnisses hat das Tatbestandsmerkmal der Eignung zur Störung des öffentlichen Friedens durchaus eigenständige Bedeutung."[64]

§ 18. Verantwortlichkeit im Internet

Literatur: *Altenhain*, Die strafrechtliche Verantwortung für die Verbreitung missbilligter Inhalte in Computernetzen, CR 1997, 485; *ders.*, Die gebilligte Verbreitung missbilligter Inhalte – Auslegung und Kritik des § 5 Teledienstegesetz, AfP 1998, *Bär*, Wardriver und andere Lauscher – Strafrechtliche Fragen im Zusammenhang mit WLAN, MMR 2005, 434; *Barton*, Multi-Mediastrafrecht, 1999; *Bleisteiner*, Rechtliche Verantwortlichkeit im Internet, 1999; *Breuer*, Anwendbarkeit des deutschen Strafrechts auf exterritorial handelnde Internet-Benutzer, MMR 1996, 141; *Brauneck*, Zur Verantwortlichkeit des Teledienstanbieters für illegal ins Netz gestellte Musikdateien nach § 5 TDG, ZUM 2000, 480; *Bremer*, Strafbare Internet-Inhalte in internationaler Hinsicht, 2000; *Dieselhorst*, Anwendbares Recht bei internationalen Online-Diensten, ZUM 1998, 293; *Flechsig/Gabel*, Strafrechtliche Verantwortlichkeit im Netz durch Einrichten und Vorhalten von Hyperlinks, CR 1998, 351; *Fröhle*, Web Advertising, Nutzerprofile und Teledienstedatenschutz, 2003; *Gercke*, Straftaten im Internet, 2. Auflage 2002; *ders.*, Einführung in das Internetstrafrecht, JA 2007, 839; *Gounalakis/Rhode*, Persönlichkeitsschutz im Internet, 2002; *dies.*, Haftung des Host-Providers – ein neues Fehlurteil aus München?, NJW 2000, 2168; *Köster/Jürgens*, Haftung professioneller Informationsvermittler im Internet, MMR 2002, 420; *v. Lackum*, Verantwortlichkeit der Betreiber von Suchmaschinen, MMR 1999, 697; *Liesching/Günter*, Verantwortlichkeit von Internet-Cafe-Betreibern, MMR 2000, 260; *Park*, Die Strafbarkeit von Internet-Providern wegen rechtswidriger Internet-Inhalte, GA 2001, 23; *Pelz*, Die strafrechtliche Verantwortlichkeit von Internet-Providern, ZUM 1998, 530; *Satzger*, Strafrechtliche Verantwortlichkeit von Zugangsvermittlern, CR 2001, 109; *Sieber*, Verantwortlichkeit im Internet, 1999; *ders.*, Kinderpornographie, Jugendschutz und Providerverantwortlichkeit im Internet, 1999; *ders.*, The international emergence of criminal information law, 1992; *ders.*, Information Technology Crime, National legislations and international initiatives, 1994; *ders.*, The international handbook on computer crime, computer related economic crime and the infringements of privacy, 1986; *ders.*, Kriminalitätsbekämpfung und freie Datenkommunikation im Internet, MMR 1998, 329; *Spindler*, Verantwortlichkeit und Haftung für Hyperlinks im alten und neuen Recht, MMR 2002, 495; *Vassilaki*, Strafrechtliche Haftung nach §§ 8 ff. TDG, MMR 2001, 659; *Wimmer/Michael*, Der Online-Provider im neuen Multimediarecht, 1998.

1   Wie eingangs des medienstrafrechtlichen Teils erwähnt, ist gerade das Internet zum zentralen Forum der Strafbarkeit geworden.[1] So werden die meisten der vorgenannten Delikte dort verübt. Daher müssen die besonderen Maßgaben und Beschränkungen der strafrechtlichen Verantwortlichkeit beachtet werden, die den Anbietern von Telemediendiensten durch das TMG auferlegt

---

[63] Für das Tatbestandsmerkmal des Beschimpfens wird eine schwerwiegende Verletzung des aus § 166 StGB folgenden Toleranzgebotes verlangt; vgl. OLG Köln NJW 1982, 567; OLG Karlsruhe NStZ 1986, 364; LG Bochum NJW 1989, 727.

[64] LG München I ZUM 2006, 578 mit Anm. *Liesching*.

[1] Es kann sich freilich auch um Verantwortlichkeit in zivilrechtlicher Hinsicht handeln; siehe etwa zur Haftung kommerzieller Meinungsportale im Internet *Schmitz*, MMR 2005, 208.

sind.[2] Zweck dieser Regelungen ist nicht zuletzt, die Betreiber und Benutzer der modernen Medien vor nicht mehr kalkulierbaren Strafbarkeits- und Haftungsrisiken zu befreien.[3]

I. Verantwortlichkeit und Zurechnung

Die zentrale Vorschrift für die Verantwortlichkeit im Rahmen der Bereit- **2** stellung von Telemediendiensten ist nunmehr § 7 TMG.[4] Die dort geregelte umfassende Verantwortlichkeit betrifft nicht nur das Strafrecht, sondern auch das Zivilrecht,[5] insbesondere das Urheberrecht, und sogar das Öffentliche Recht.[6] Das ergibt sich aus dem denkbar weiten und undifferenzierten Wortlaut. Demgemäß sind die Voraussetzungen der Verantwortlichkeit nach § 7 TMG als anspruchsbegründende Merkmale für eine Haftung des fremde Inhalte anbietenden Internetproviders nach § 823 BGB anzusehen.[7] Da im strafrechtlichen Bereich das größte Problempotential der Vorschrift liegt, soll sie hier und nicht im Rahmen des öffentlichen oder privaten Rechts[8] behandelt werden.[9] Wie vielschichtig und schwierig zu handhaben die Vorschrift ist, zeigt das so genannte **Compuserve-Urteil**. Es ist zum alten § 5 TDG ergangen, aber auch nach der Neuregelung noch aufschlussreich.

LG München NJW 2000, 1051: Der Geschäftsführer der Compuserve-Deutschland, einer hundertprozentigen Tochtergesellschaft der Compuserve-USA, war angeklagt, zusammen mit der amerikanischen Muttergesellschaft, einem weltweit tätigen Online-Service-Provider, den deutschen Kunden des amerikanischen Unternehmens gewalt- und kinderpornographische Darstellungen zugänglich gemacht zu haben, die auf dem Server der Compuserve-USA bereitgehalten wurden. Vertragspartner der deutschen Kunden ist die Compuserve-USA, wobei die deutsche Tochtergesellschaft die Einwahlknoten bereit stellt, die zum Abruf der Inhalte in den USA erforderlich sind. Das Verfahren war so ausgestaltet, dass die deutschen Kunden auf ihre Mitgliedschaft überprüft wurden und daraufhin Zugriff auf die unternehmenseigenen Dienste erhielten.

---

[2] Die bisherigen Regelungen von Bund und Ländern für die Verantwortlichkeit bei Telediensten (§§ 8 ff. TDG) und Mediendiensten (§§ 6 ff. MDStV) sind von den nahezu inhaltsgleichen Vorschriften des TMG übernommen worden.

[3] Vgl. nur *Sieber* in: Handbuch Multimedia Recht (Hrsg. Hoeren/Sieber), Rz. 221.

[4] Siehe BGH NJW 2004, 3102, 3103 f.; 2007, 2558 f. und GRUR 2007, 890, 891 f. sowie oben § 8 Rz. 37, § 16 Rz. 10, wonach das Haftungsprivileg nach § 7 Abs. 2 TMG (früher § 8 Abs. 2 TDG) für Anbieter fremder Informationen nur die strafrechtliche Verantwortlichkeit und die Schadensersatzhaftung betrifft, jedoch auf zivilrechtliche Unterlassungsansprüche keine Anwendung findet.

[5] Siehe nur BGH NJW 2004, 3102. Speziell zur Verantwortlichkeit für Persönlichkeitsverletzungen im Internet siehe *Gounalakis/Rhode*, Persönlichkeitsschutz im Internet, 2002, Rz. 262 ff.

[6] *Barton*, Multimedia-Strafrecht, Rz. 118; man kann insoweit von einer „querschnittartigen Normierung" sprechen; vgl. *Spindler*, NJW 1997, 3193, 3194.

[7] BGH NJW 2003, 3764 zum früheren § 5 Abs. 2 TDG.

[8] Dazu *Hoffmann*, MMR 2002, 284.

[9] Umstritten ist, ob § 7 TMG auch auf strafbare Urheberrechtsverletzungen anwendbar ist; siehe hierzu *Schaefer/Rasch/Braun*, ZUM 1998, 451; *Waldenberger*, MMR 1998, 124; *Müller-Terpitz*, MMR 1998, 478 zum gleichlautenden § 8 TDG. Dagegen wird der Hergang des Gesetzgebungsverfahrens (zu ihm näher *Lewinski*, GRUR Int. 1997, 667 sowie in UFITA 134/1997, 276; vgl. auch Bundestags-Drucksache 13/7385, S. 19 sowie *Barton*, Multimedia-Strafrecht, Rz. 397 m. w. N.) ins Feld geführt. Gleichwohl dürfte das TMG auch für das Urheberrecht gelten; vgl. auch § 19 Rz. 6.

3		Das Amtsgericht hatte Compuserve-Deutschland als verantwortlich i. S. d. § 5 Abs. 1 TDG a. F. (vgl. § 7 Abs. 1 TMG) angesehen und den Geschäftsführer zu einer zweijährigen Bewährungsstrafe nebst 200 000 DM Geldstrafe verurteilt.[10] Indem die deutsche Tochtergesellschaft den Nutzern die Einwahlknoten zur Verfügung stellte, haben die Verantwortlichen von Compuserve-Deutschland nach Ansicht des Gerichts den Tatbestand des § 5 Abs. 2 TDG a. F. (vgl. § 10 TMG) verwirklicht, was insofern bedeutsam ist, als es sich dann nicht um eine straffreie **Zugangsvermittlung** i. S. d. § 5 Abs. 3 TDG a. F. handelt. Der Angeklagte Geschäftsführer hatte auch die für § 5 Abs. 2 TDG a. F. (vgl. § 10 TMG) erforderliche positive Kenntnis und nicht lediglich – unschädliche – fahrlässige Unkenntnis von den fremden, strafrechtsrelevanten Inhalten,[11] so dass die umstrittene Frage dahinstehen konnte, ob bedingter Vorsatz genügt[12] oder dolus directus erforderlich ist.[13] Daher muss auch nicht auf die bei juristischen Personen mitunter schwierige Frage der Kenntniszurechnung eingegangen werden.[14]

4		Die konstruktive Schwierigkeit der Strafbarkeitsbegründung rührte freilich daher, dass das isolierte Verhalten der deutschen Tochtergesellschaft für sich allein schwerlich geeignet wäre, den Tatbestand des § 5 Abs. 2 TDG a. F. (vgl. § 10 TMG) zu verwirklichen, weil Compuserve-Deutschland selbst keine fremden Inhalte zur Nutzung bereit gehalten hat, wie es § 5 Abs. 2 TDG a. F. verlangte. Die Voraussetzungen dieser Vorschrift liegen also nur dann vor, wenn die von der Compuserve-USA bereit gehaltene Nutzung der deutschen Tochtergesellschaft zuzurechnen ist. Nur unter Zugrundelegung dieses Zurechnungsmoments, das im Gesetz selbst nicht ausdrücklich angesprochen ist, aber für die wechselseitige **Zurechnung** der unterschiedlichen Tatbeiträge der ins Visier genommenen Mittäter erforderlich ist,[15] lässt sich die (Mit-)Täterschaft der Compuserve-Deutschland begründen.

5		Das Amtsgericht hat die Zurechenbarkeit unter Hinweis auf die Gesamtorganisation in Gestalt des arbeitsteiligen Zusammenwirkens von Mutter- und Tochtergesellschaft angenommen.[16] Die Kooperation der Compuserve-USA mit dem Geschäftsführer des Diensteanbieters, der es erst ermöglichte, dass

---

[10] AG München MMR 1998, 429; dazu *Hoeren*, NJW 1998, 2792; *Paetzel*, CR 1998, 625; *Eichler*, K&R 1998, 412; *Ernst*, NJW-CoR 1998, 362.

[11] Eine präventive Kontrollpflicht des Anbieters ist jedenfalls vom Gesetzgeber nicht gewollt; vgl. *Sieber*, MMR 1998, 441; *Barton*, Multimedia-Strafrecht, Rz. 337. Das wirkt der Tendenz einer freiwilligen Selbstkontrolle im Multimedia-Recht, die allenthalben befürwortet wird, freilich entgegen; vgl. *Rath-Glawatz/Waldenberger*, CR 1997, 766. Denn so wird sich der Anbieter davor hüten, alles über die Inhalte wissen zu wollen; vgl. *Pichler*, MMR 1998, 87.

[12] So *Barton*, Multimedia-Strafrecht, Rz. 286 f., 335.

[13] Das verlangen *Engel-Flechsig/Maennel/Tettenborn*, NJW 1997, 2985; *Sieber*, MMR 1998, 441; wohl auch *Vassilaki*, MMR 1998, 634; vgl. auch *Spindler*, NJW 1997, 3196.

[14] Zu ihr BGH NJW 1996, 1205; für den vorliegenden Zusammenhang auch *Spindler*, NJW 1997, 3196.

[15] Es geht m. E. weniger um die Zurechnung als besondere Voraussetzung des § 5 TDG a. F. als vielmehr um die allgemeinen Voraussetzungen der Zurechenbarkeit gegenseitiger Tatbeiträge im Rahmen der Mittäterschaft. Deshalb läuft auch *Bartons* Überlegung (Multimedia-Strafrecht, Rz. 334), wonach „bei der Prüfung des Merkmals der Zurechenbarkeit die materiell-rechtlichen Grundsätze herangezogen werden könnten, wie sie im Rahmen der Mittäterschaft i. S. d. § 25 Abs. 2 StGB Anwendung finden", auf eine dogmatische Selbstverständlichkeit hinaus. Dies veranschaulicht, wie wichtig auch im vermeintlichen Multimedia-Recht die Fortgeltung der allgemeinen dogmatischen Grundprinzipien ist und wie wenig Raum für die vielfach postulierten besonderen Voraussetzungen des Internet-Rechts in Wahrheit besteht.

[16] AG München MMR 1998, 429.

die Nutzer die pornographischen Inhalte abrufen konnten, die auf dem Server der amerikanischen Gesellschaft gespeichert waren, dokumentierte nach Ansicht des Gerichts den für die gemeinschaftliche Begehung erforderlichen, von beiderseitiger Taterrschaft getragenen gemeinsamen Täterwillen. Für die Annahme funktionaler Mittäterschaft konnte dabei vom Gericht das trotz des vermeintlich untergeordneten Tatbeitrags eigene wirtschaftliche Interesse der Compuserve-Deutschland angeführt werden. Dieses bestand konkret in der Gewinnung von Nutzern mit entsprechend erhöhter Nutzungsdauer sowie in der damit verbundenen Erweiterung der Marktanteile.

Im Schrifttum wurde die vom Gericht vorgenommene Gesamtbewertung **6** zum Teil mit dem Argument abgelehnt, dass der Geschäftsführer der Compuserve-Deutschland keine Sachherrschaft über den amerikanischen Server gehabt habe und somit die Gefahrenquelle nicht beherrschen konnte.[17] Es wird insoweit von einigen für ausreichend erachtet, dass der Angeklagte über den **Netzknoten** verfügen konnte, der den Zugang zu den verbotenen Inhalten überhaupt ermöglichte und die Quelle der Gefahr darstellte.[18] Des Weiteren wurde im Zusammenhang mit dem Compuserve-Urteil erwogen, ob und inwieweit die gesellschaftsrechtlichen Beherrschungsmöglichkeiten über die strafrechtliche Verantwortlichkeit im Internet entscheiden können.[19] So könnte man sich etwa fragen, ob ähnlich wie bei der steuerrechtlichen Betriebsaufspaltung eine bedingt kompensierbare persönliche und sachliche Verflechtung,[20] wie sie im Compuserve-Fall vorgelegen hatte, geeignet wäre, die funktionale Mittäterschaft zu begründen.

Das Landgericht hat den Angeklagten dessen ungeachtet freigesprochen.[21] **7** Infolge der gesellschaftsrechtlich völlig untergeordneten Stellung der Compuserve-Deutschland habe dem Angeklagten die Taterrschaft gefehlt.[22] Eine Verantwortlichkeit nach § 5 TDG a. F. sah das Gericht unter Hinweis auf § 5 Abs. 3 TDG a. F. nicht als gegeben an.[23] Dogmatisch interessant ist, dass das Landgericht die Vorschrift entgegen einer im Schrifttum vertretenen Ansicht[24] nicht als einen auf der Tatbestandsebene angesiedelten Filter für die Haftungsbegrenzung von Mediendiensteanbietern ansieht, sondern entsprechend dem herkömmlichen dreistufigen Deliktsaufbau als schuldbegrenzende Sondervorschrift.[25] Auch wenn die besseren Gründe gleichwohl für die Annahme der vom Landgericht abgelehnten **Filterfunktion** sprechen, ist die Entscheidung im Ergebnis richtig. CompuServe-Deutschland war lediglich **Access-Provider**[26]

---

[17] So *Sieber*, MMR 1998, 438, 445.

[18] *Barton*, Multimedia-Strafrecht, Rz. 334 Fußnote 500.

[19] Skeptisch insoweit *Barton*, Multimedia-Strafrecht, Rz. 332; siehe auch *Spindler*, NJW 1997, 3197.

[20] Näher dazu *Petersen*, Unternehmenssteuerrecht und bewegliches System – Betriebsaufspaltung, Mitunternehmerschaft, verdeckte Gewinnausschüttung, 1999, S. 17 ff.

[21] Dazu *Kühne*, NJW 2000, 1003; *Moritz*, CR 2000, 119; *Barton*, K&R 2000, 195.

[22] LG München NJW 2000, 1051. Vgl. auch BGH NJW 2004, 3102 zur zivilrechtlichen Haftung.

[23] LG München NJW 2000, 1052; zu § 5 Abs. 3 TDG a. F. bereits oben.

[24] *Sieber*, Verantwortlichkeit im Internet, 1999, Rz. 216 („tatbestandsintegrierte Vorfilterlösung"); ähnlich *Satzger*, CR 2001, 109; vgl. auch *Spindler*, MMR 1998, 639, 643; *Heghmanns*, JA 2001, 71, 78, votiert für einen Strafausschließungsgrund.

[25] Vgl. LG München NJW 2000, 1050, 1051: „Eine solche Filterfunktion ist dem deutschen Strafrecht fremd."

[26] Zur zivilrechtlichen Haftung von Access-Providern bei Zugangsstörungen *Gey*, K&R 2005, 120.

und konnte sonach zwar den Zugang vermitteln, die Inhalte aber praktisch nicht überprüfen. Die Gesellschaft hatte keine eigenen Kunden, so dass eine Verantwortlichkeit nach § 5 Abs. 3 S. 1 TDG a. F. (jetzt § 8 Abs. 1 S. 1 TMG) ausschied. Im Übrigen gibt es keine gesetzliche Regelung, wonach der Zugangs-Provider eigene Kunden haben muss.[27]

8   Eines zeigt freilich auch das Compuserve-Urteil ganz deutlich: Es geht bei den damit aufgeworfenen, überaus schwierigen Zurechnungsfragen nicht um spezifisches Internet-Recht,[28] wie dies auch eingangs schon festgestellt wurde,[29] sondern um die Dogmatik des Allgemeinen Teils des Strafgesetzbuchs, das aus dem Blickwinkel der neuen Medien betrachtet wird und dessen Grundsätze und Prinzipien auch hier fortwirken.

II. Die Haftung nach den Folge- und Neuregelungen des TMG

9   Die soeben auf der Grundlage des alten Rechts dargestellten Zurechnungsgesichtspunkte sind nunmehr durch ergänzende Vorschriften präzisiert und umfassend geregelt worden.[30] Mit der Umsetzung der E-Commerce-Richtlinie haben neue Vorschriften Eingang in das Telemediengesetz gefunden, welche die Haftung der Diensteanbieter auf eine zum Teil neue Grundlage stellen, zugleich aber Grundkategorien strafrechtlicher Verantwortlichkeit auch in diesem Bereich beleben.[31] Der neue § 7 Abs. 1 TMG (bzw. der im Zuge der Neuregelung weggefallene § 8 Abs. 1 TDG) ist im Wesentlichen an die Stelle des alten § 5 Abs. 1 TDG getreten, wobei freilich nicht mehr von „Inhalten", sondern von „Informationen" gesprochen wird. Dabei handelt es sich in den §§ 7 ff. TMG, von denen die Rede ist, um strafrechtliche Haftungsprivilegierungen der Diensteanbieter. Die „Sozialadäquanz der Informationsvermittlung" kennzeichnet die §§ 7 ff. TMG.[32] § 7 Abs. 2 S. 1 TMG stellt die Anbieter im Interesse weitgehend ungehinderter Informationsvermittlung von allgemeinen Überwachungspflichten frei. Dies bezieht sich grundsätzlich[33] nicht auf die Informationsvermittlung durch **Links**,[34] doch kommt auch eine solche Haftung nur dann ernstlich in Betracht, wenn der Informationsvermittler Kenntnis vom rechtswidrigen Inhalt haben konnte.[35] Die Verbreitung von rechtswidrigen Informationen wird also den Anbietern nicht zugerechnet, wenn sie die Voraussetzungen der Folgevorschriften (§§ 8 ff. TMG) einhalten.[36] Diese Vorschriften sind damit vor der Annahme der strafrechtlichen Verantwortlichkeit von Informationsvermittlern zu prüfen. In diesem Sinne normiert § 8 Abs. 1

---

[27] LG München NJW 2000, 1051.

[28] So aber etwa *Hoffmann*, NJW 2002, 2602, zur „Entwicklung des Internet-Rechts" in einem bestimmten Zeitraum.

[29] Oben § 1 Rz. 2 ff.

[30] Instruktiv dazu *Kudlich*, JA 2002, 800 ff.

[31] Zur zivilrechtlichen Haftung nach diesen Vorschriften *Hoffmann*, MMR 2002, 284 ff. Vgl. auch BGH NJW 2004, 3102 zur Störerhaftung bei der Internet-Versteigerung.

[32] *Vassilaki*, MMR 2002, 659.

[33] Siehe aber auch *Spindler*, MMR 2002, 495, 503 („unausweichlich diffizile, den zahlreichen Formen der Hyperlinks letztlich nur im Einzelfall gerecht werdende Abwägung").

[34] *Freytag*, CR 2000, 606.

[35] *Köster/Jürgens*, MMR 2002, 420, 424.

[36] *Vassilaki*, MMR 2000, 659.

S. 1 TMG die Voraussetzungen, unter denen die an sich erlaubte Informationsdurchleitung zu einem nicht mehr hinnehmbaren Risiko für die Allgemeinheit wird.[37] Zunächst betrifft § 8 Abs. 1 S. 1 TMG das so genannte Routing, also die Übermittlung fremder Informationen durch Computer, die die Daten vom Absender zum Empfänger durch das Netz steuern, ohne deren Inhalt zu kennen.[38] Die Vorschrift gilt aber auch für die **Zugangsvermittlung**, d. h. insbesondere den Access-Provider, der Dritten den Zugang zum Internet vermittelt.[39] Überschreitet der Informationsvermittler die in § 8 Abs. 1 S. 1 TMG aufgestellten Voraussetzungen und damit das erlaubte Risiko, so kann sich das nach § 8 Abs. 1 S. 2 TMG strafrechtlich gesehen als Mittäterschaft bei der Verbreitung von rechtswidrigen Inhalten auswirken.[40]

Der Durchleitung gleichgestellt ist nach § 8 Abs. 2 TMG die kurzzeitige **10** Zwischenspeicherung, die letztlich eine technische und rechtliche Folgerung des gerade bezeichneten Routings (§ 8 Abs. 1 S. 1 Alt. 1 TMG) darstellt.[41] Alle anderen Formen der Zwischenspeicherung regelt § 9 TMG. Gedacht ist an Server, die im Wege des **Mirror-Verfahrens** in zeitlichen Abständen automatisch ganze Bereiche der Festplatten fremder Server kopieren oder die vom Nutzer abgerufenen Seiten speichern.[42] § 10 TMG entspricht den früheren §§ 5 Abs. 2 TDG a. F., 11 TDG, wovon bereits oben[43] die Rede war. Da hier konsequent von Informationen statt wie bisher von Inhalten gesprochen wird, dürfte die Vorschrift nunmehr auch auf die Verbreitung von urheberrechtlich geschützten Musikstücken[44] sowie auf das Markenrecht[45] anwendbar sein.[46] Zu beachten ist jedoch, dass das Haftungsprivileg des § 10 S. 1 TMG nur für die strafrechtliche Verantwortlichkeit und für Schadensersatzansprüche gilt, nicht dagegen für Unterlassungsansprüche. Hierfür gelten vielmehr die allgemeinen Grundsätze der Haftung als Täter oder Teilnehmer nach § 830 BGB bzw. der Störerhaftung.[47]

Im Zusammenhang mit der Zugangsvermittlung sind insbesondere die Kri **11** terien der Prüfungs- und Überwachungspflichten des Betreibers von Interesse, die auch an anderer Stelle bereits mehrfach begegnet sind.

LG München MMR 2007, 453: Sony BMG Music klagte gegen den Betreiber eines so genannten News-Servers (UseNet), den sie für illegale Musik-Downloads verantwortlich machte, die von dem Server heruntergeladen werden können.

---

[37] Vgl. auch *Hoffmann*, MMR 2002, 284, 286 f.
[38] Vgl. nur *Tettenborn/Lübben/Karenfort*, BB 2001, Beilage 10, S. 29; *Hoffmann*, MMR 2002, 284, 286.
[39] Siehe zur Rechtsnatur solcher Verträge BGH MMR 2005, 373; zum Auskunftsanspruch gegen den Access-Provider siehe oben § 5 Rz. 21.
[40] *Vassilaki*, MMR 2002, 659, 660.
[41] *Hoffmann*, MMR 2002, 284, 287.
[42] Proxy-Cache-Server; vgl. *Hoffmann*, S. 287, dort auch näher zu den Bedingungen, unter denen die Haftungsprivilegierung steht. *Vassilaki*, MMR 2002, 659, 661, spricht insoweit von „objektiven Bedingungen", wobei unklar bleibt, ob sie solche der Strafbarkeit im technischen Sinne meint.
[43] Unter Rz. 3 ff.
[44] Ablehnend zum alten Recht noch OLG München MMR 2001, 375 mit Anmerkungen von *Waldenberger* (S. 387) und *Hoeren* (S. 379); vgl. auch *Spindler*, CR 2001, 324.
[45] Dies hatte das OLG Köln MMR 2002, 110, noch bezweifelt; vgl. dazu *Hoeren*, CR 2002, 50.
[46] *Hoffmann*, MMR 2002, 284, 288.
[47] BGH NJW 2004, 3102, 3103 f.; 2007, 2558 f.; BGH GRUR 2007, 890, 891 f. sowie oben § 5 Rz. 9, § 8 Rz. 37; kritisch hierzu *Leible/Sosnitza*, NJW 2007, 3324; *dies.*, NJW 2004, 3225, 3226; *Kitz*, ZUM 2007, 368, 374.

Das Landgericht hat den Antrag auf Erlass einer einstweiligen Verfügung nach § 97 Abs. 1 UrhG, § 1004 BGB, § 9 TMG abgelehnt. Zwar können dem (Access-) Provider Prüfungs- und Überwachungspflichten obliegen, die eine Störerhaftung begründen. Allerdings bestimme sich der Umfang der Prüfungspflicht danach, ob und inwieweit dem als Störer in Anspruch Genommenen nach den Umständen eine Prüfung zuzumuten ist.[48] Das Gericht verneinte die Zumutbarkeit, da in Anbetracht der Datenmenge nicht jedes Angebot vor Veröffentlichung im Internet auf seine mögliche Rechtsverletzung hin untersucht werden könne. Als entscheidendes Abwägungskriterium für den Umfang der Prüfungspflichten sei insbesondere die **wirtschaftliche Nutzziehung** durch den Vermittler heranzuziehen, an der es hier fehle. Zudem müsse berücksichtigt werden, ob dem Vermittler eine Filterung von Inhalten zugemutet werden kann und wie effektiv die zu ergreifenden Maßnahmen wären. Zwar könne sich der potentielle Störer nicht mit Hinweis auf hypothetische Rechtsverletzungen exkulpieren, doch seien angesichts einer derart offensichtlichen Ineffektivität der Maßnahme auch Umgehungsmöglichkeiten in die Beurteilung der Zumutbarkeit mit einzubeziehen.

§ 19. Urheberstrafrecht

Literatur: *Barton*, Multimedia-Strafrecht, 1999; *Bechtold*, Multimedia und Urheberrecht – einige grundsätzliche Anmerkungen, GRUR 1998, 19; *Beermann*, Strafbarkeit von Raubkopien, Jura 1996, 610; *Bortloff*, Erfahrungen mit der Bekämpfung der elektronischen Tonträgerpiraterie im Internet, GRUR Int. 2000, 665; *v. Gravenreuth*, Das Plagiat aus strafrechtlicher Sicht, 1986; *ders.*, Strafverfahren wegen Verletzung von Patenten, Gebrauchsmustern, Warenzeichen oder Urheberrechten, GRUR 1983, 349; *Heghmanns*, Musiktauschbörsen im Internet aus strafrechtlicher Sicht, MMR 2004, 14; *B. Heinrich*, Die Strafbarkeit der unbefugten Vervielfältigung und Verbreitung von Standardsoftware, 1993; *Hentschel*, Die Verschärfung des Urheberstrafrechts und ihre Auswirkung in der Film- und Videopraxis, ZUM 1985, 498; *ders.*, Die rechtswidrige Vervielfältigung aktueller Kinospielfilme, FuR 1982, 237; *Hildebrandt*, Die Strafvorschriften des Urheberrechts, 2001; *Katzenberger*, Elektronische Printmedien und Urheberrecht; *Köster/Jürgens*, Haftung professioneller Informationsvermittler im Internet, MMR 2002, 420; *Lieben*, Strafrechtliche Bekämpfung der Videopiraterie durch die §§ 257 ff. StGB?, GRUR 1984, 572; *Meier*, Softwarepiraterie – eine Straftat?, JZ 1992, 657; *Oeler*, Wesen und Bekämpfung der Videopiraterie, 1993; *v. Olenhusen*, Das Urheberstrafrecht und die Multimedia-Kriminalität, UFITA (76) 1976, 141; (83) 1978, 15; (87) 1980, 107; *Rehbinder*, Die rechtlichen Sanktionen bei Urheberrechtsverletzungen nach ihrer Neuordnung durch das Produktpirateriegesetz, ZUM 1990, 462; *Rochlitz*, Der strafrechtliche Schutz des ausübenden Künstlers, des Tonträger- und Filmherstellers und des Sendeunternehmens, 1987; *Sieg*, Unzulässiges Anbringen der unrichtigen Urheberbezeichnung, 1987; *Spautz*, Urheberstrafrecht – wohin geht die Entwicklung?, ZUM 1990, 164; *Spindler*, Urheberrecht und Tauschplattformen im Internet, JZ 2002, 60; *Sternberg-Lieben*, Musikdiebstahl, 1985; *Weber*, Der strafrechtliche Schutz des Urheberrechts, 1976; *Wiebe/Funkat*, Multimedia-Anwendungen als urheberrechtlicher Schutzgegenstand, MMR 1998, 69; *Zscherpe*, Urheberrechtsschutz digitalisierter Werke im Internet, MMR 1998, 404.

1   Ein aus medienrechtlicher Sicht relevanter Ausschnitt des Nebenstrafrechts liegt im Bereich der in den §§ 106 ff. UrhG normierten Urheberrechtsverletzungstatbestände.[1] Danach ist die unerlaubte Verwertung urheberrechtlich

---

[48] Vgl. BGH GRUR 1997, 313, 315 f.; BGH NJW 1999, 418.
[1] Instruktiv *Beermann*, Jura 1996, 610.

geschützter Werke strafbar. Urheberrechtsverletzungen sind gerade bei multimedialen Produktionen oder Werken häufig anzutreffen. So werden insbesondere musikalische Werke von Unbefugten digitalisiert, d. h. auf dasselbe informationstechnische **Datenformat** gebracht,[2] und an Interessenten (vgl. § 108 a UrhG) – d. h. mit Gewinnerzielungsabsicht[3] – online weitervermittelt. Auch wenn sich die Werkarten mit der Digitalisierung strukturell auflösen, unterliegen sie nach wie vor dem Urheberschutz.[4] Den Berechtigten entstehen dadurch jedes Jahr Schäden und Gewinnausfälle in exorbitanter Höhe.[5] Insbesondere die **Softwarepiraterie** ist zu einem veritablen Wirtschaftsfaktor geworden.[6] Das hat sich in den letzten Jahren zunehmend verschärft, zumal Raubkopien immer häufiger über Mailboxen vertrieben werden,[7] wie die folgende Entscheidung zeigt:[8]

AG München CR 1997, 749: Die Angeklagte hatte im Jahre 1994 insgesamt 2 000 Raubkopien für je 45 DM erworben und davon etwa 400 Kopien über Mailboxen vertrieben und zu je 49 DM weiterveräußert.

Das Gericht hat die Täterin wegen eines Vergehens der gewerbsmäßigen, **2** unerlaubten Verwertung urheberrechtlich geschützter Werke nach den §§ 106 Abs. 1, 108 a Abs. 1, 69 a UrhG verurteilt.[9] Als unorthodoxer[10] Strafmilderungsgrund wurde der Täterin immerhin zugute gehalten, dass das Vergehen zum Tatzeitpunkt 1994 noch als „Kavaliersdelikt" galt.[11] Strafverschärfend wertete das Gericht, dass die Angeklagte einen Vermögensvorteil erlangt hatte, obwohl der erlangte Vorteil von 4 DM pro Raubkopie im Bagatellbereich liegt.[12] Ob es freilich richtig vom Gericht ist, einerseits von einem Kavaliersdelikt zugunsten des Täters zu sprechen, andererseits aber bei der Strafbemessung ausdrücklich generalpräventive Ziele zu bekennen, ist eine andere Frage und wohl zu verneinen.[13]

---

[2] *Barton*, Multimedia-Strafrecht, Rz. 363.

[3] In diesem Fall handelt es sich um ein Offizialdelikt, während die Staatsanwaltschaft ansonsten nur auf Antrag des Verletzten oder bei Vorliegen eines besonderen öffentlichen Interesses tätig wird.

[4] *Loewenheim*, GRUR 1996, 830, 831; *Zscherpe*, MMR 1998, 404; *Dreier*, GRUR Int. 1993, 742, 744; *Koch*, GRUR 1997, 417.

[5] Zur Situation im europäischen Ausland *Bortlof*, GRUR Int. 1997, 387; *ders.*, ZUM 1997, 167.

[6] Vgl. die Zahlen bei *Schaefer/Rasch/Braun*, ZUM 1988, 451.

[7] Vgl. *v. Gravenreuth*, CR 1995, 309.

[8] Ähnlich AG Nagold CR 1996, 240.

[9] Zu einem ähnlichen Fall mit zusätzlicher Strafbarkeit wegen Kinderpornographie AG Hamburg CR 1998, 33. Zur strafprozessualen Arrestanordnung beim Eingriff in verwandte Schutzrechte gemäß § 108 UrhG (Music-on-Demand-Dienste) OLG Stuttgart NJW 2008, 1605.

[10] In einem ähnlich gelagerten Fall wurde die Strafe sogar wegen „Computersucht" gemildert; vgl. zu dem Fall *Vassilaki*, MMR 1998, 247.

[11] Vgl. auch *Hildebrandt*, in: Wandtke/Bullinger, § 106 UrhG Rz. 2.

[12] Allgemein zu Raubkopien und ihren Vertriebswegen in rechtlicher Hinsicht *v. Gravenreuth*, CR 1995, 309; *ders.*, GRUR 1993, 349; *ders.*, BB 1985, 1568; *ders.*, CR 1986, 111.

[13] Bahnbrechend zum richtigen Verständnis der Generalprävention *Roxin*, Kriminalpolitik und Strafrechtssystem, 1973.

I. Irrige Annahme einer Einwilligung oder der urheberrechtlichen Zulässigkeit

3   Die Schnittstelle von Urheber- und Strafrecht ist also praktisch äußerst wichtig. Auf der Täterseite ergibt sich die praktische Bedeutung nicht zuletzt daraus, dass die urheberrechtliche Zulässigkeit bei der Herstellung und Weiterleitung multimedialer Werke häufig nicht hinreichend berücksichtigt wird.[14] So ist beispielsweise das digitale **Sampling** missbrauchsanfällig,[15] bei dem einzelne Tonfolgen aus Musikfolgen übernommen[16] oder in digitalisierter Form umgestaltet oder bearbeitet werden.[17] In den Schutz des Urheberrechtsgesetzes fallen derartige Samples, wenn es sich nicht nur um einzelne Töne, sondern eine erkennbar dem Werk entnommene Melodie (vgl. § 24 Abs. 2 UrhG) handelt.[18]

4   Das Beispiel zeigt, dass gerade im Urheberstrafrecht vielfältige Anwendungsspielräume für strafrechtliche Irrtumsfragen bestehen.[19] Hat sich der Täter überhaupt nicht vergewissert, dass die Übernahme eines Werks urheberrechtlich geschützt sein könnte, so liegt in der Regel ein vermeidbarer Verbotsirrtum vor (§ 17 StGB). Die dem Täter zumutbare „Gewissensanspannung" bedeutet im Urheberstrafrecht, dass sich der Betreffende gegebenenfalls auch bei solchen Personen über die Zulässigkeit seines Handelns erkundigen muss, die derartige Geisteswerke berufsmäßig verwerten. Sind diese selbst Täter, so ist ein noch strengerer Maßstab anzulegen.[20] Nimmt jemand fälschlich das Vorliegen einer rechtfertigenden Einwilligung an, so handelt es sich um einen Erlaubnistatbestandsirrtum, der entsprechend § 16 StGB die Vorsatzschuld entfallen lässt.[21] Da die fahrlässige Begehungsweise der §§ 106 ff. UrhG nicht strafbar ist, scheidet eine Bestrafung in diesem Fall aus.

5   Die Schwierigkeiten, die sich in diesem Zusammenhang bei der Vervielfältigung zum privaten oder sonstigen eigenen Gebrauch nach bisheriger Rechtslage gemäß § 53 UrhG a. F. ergaben, sind mit der Novellierung des Urheberrechts entfallen. Die Problematik hatte sich durch den Austausch von urheberrechtsgeschützten Inhalten über so genannte **Internet-Tauschbörsen** (P2P–Filesharing) verschärft.[22] Während das Zurverfügungstellen der Inhalte in aller Regel als rechtswidrige öffentliche Zugänglichmachung (§ 19 a UrhG) strafbar ist,[23] war beim Download fraglich, ob es sich um offensichtlich rechts-

---

[14] *Hoeren*, Multi-Media – eine Herausforderung für das Urheber- und Wettbewerbsrecht, in: Heymann (Hrsg.), Der europäische Informationsmarkt, 1994, S. 80.

[15] Zum Sampling insbesondere im Bereich der Popmusik *Köhn*, ZUM 1994, 278, 279.

[16] *Bortloff*, ZUM 1993, 476.

[17] *Jaeger*, NJW 1995, 3273.

[18] *Lewinski* in: Internet- und Multimediarecht, (Hrsg. Lehmann), 1997, S. 151 ff.

[19] Monographisch dazu *Kircher*, Tatbestandsirrtum und Verbotsirrtum im Urheberrecht, 1973; *Lauer*, Der Irrtum über Blankettstrafgesetze am Beispiel der §§ 106 ff. UrhG, 1997.

[20] *Rehbinder*, Urheberrecht, Rz. 944.

[21] Zum überaus kontrovers diskutierten Streitstand siehe *Roxin*, Strafrecht, Allgemeiner Teil Band 1, § 14 Rz. 51 ff.

[22] Vgl. dazu *Frank*, K&R 2004, 576; *Heghmanns*, MMR 2004, 14; zu den Problemen im Rahmen der strafrechtlichen Verfolgung solcher Taten vgl. *Abdallah/Gerke*, ZUM 2005, 368.

[23] *Frank*, K&R 2004, 576, 578; *Heghmanns*, MMR 2004, 14, 15; im Ergebnis auch AG Cottbus CR 2004, 782, das jedoch unzutreffend § 17 UrhG heranzieht, der eine körperliche Verbreitung voraussetzt, an der es beim Bereitstellen zum Download gerade fehlt.

widrig *hergestellte* Vorlagen im Sinne des § 53 Abs. 1 S. 1 a. E. UrhG a. F.
handelt, da es sich bei den auf dem Rechner des anbietenden Tauschpartners
befindlichen Dateien ja um zulässige Privatkopien handeln kann, die ursprünglich rechtmäßig hergestellt und lediglich rechtswidrig öffentlich zugänglich
gemacht (§ 19 a UrhG) wurden.[24] Nunmehr ist eine Vervielfältigung nach § 53
UrhG auch bei offensichtlich rechtswidrig öffentlich zugänglich gemachten
Vorlagen vom Schutz der Privatkopie ausgenommen und damit selbst dann
unzulässig, wenn als Vorlage eine an sich zulässige Privatkopie dient.[25] Mit
dieser Gleichstellung, die entsprechend dem Willen des Gesetzgebers bereits
nach alter Rechtslage befürwortet wurde,[26] ist auch die sich daraus im Rahmen
der §§ 106 ff. UrhG ergebende Problematik des strafrechtlichen Analogiever-
bots obsolet.[27] Nach wie vor straffrei sind die Betreiber der Tauschbörsen,
sofern sie nur die für das P2P–Filesharing benötigte Software zur Verfügung
stellen.[28] Angesichts der außerordentlich schwierigen und kontrovers diskutierten Urheberrechtslage[29] wird man zudem die an sich zu Recht hohen Anforderungen an die Annahme der Berechtigung in diesem Bereich nicht überspannen
dürfen.

II. Begehungsformen

Schwierig zu beurteilen ist im Multimedia-Strafrecht die schon im normalen **6**
materiellen Strafrecht alles andere als einfache Frage nach der Täterschaft und
Teilnahme.[30] So ist etwa für den Setzer eines **Hyperlinks**[31] nicht leicht zu
entscheiden, ob es sich um Beihilfe oder mittäterschaftliche Begehungsweise
des § 106 UrhG handelt, wenn vermittels eines Links der Zugriff auf eine
Webseite, in die widerrechtlich eine Raubkopie eingestellt worden ist, eröffnet
wird.[32] Diese Frage ist vor allem in den Vereinigten Staaten vieldiskutiert.[33] Will
der Setzer nur die Verbreitung fördern und reicht auch sein objektiver Tatbei-
trag nicht weiter, so liegt regelmäßig lediglich Beihilfe i. S. d. § 27 StGB vor.[34]
Erforderlich ist freilich stets der so genannte doppelte Gehilfenvorsatz, d. h. der
Gehilfe muss den strafbaren Inhalt zumindest billigend in Kauf genommen
haben, auf den sein Link verweist.[35]

---

[24] Vgl. *Koch*, ITRB 2004, 277.

[25] Vgl. § 10 Rz. 50 ff.

[26] So *Jani*, ZUM 2003, 842, 847; ohne nähere Begründung auch *J. Nordemann/Dustmann*,
CR 2004, 380, 381.

[27] So auch *Frank*, K&R 2004, 576, 579 f.; *Heghmanns*, MMR 2004, 14, 15 f.

[28] Dazu *Heghmanns*, MMR 2004, 14, 16 ff.

[29] Vgl. *Schack*, Urheber- und Urhebervertragsrecht, Rz. 495 a; vgl. auch *Spindler*, JZ 2002,
60 ff.

[30] Grundlegend dazu *Roxin*, Täterschaft und Tatherrschaft, 7. Auflage 2000.

[31] Dazu *Flechsig/Gabel*, CR 1998, 351; sowie *Spindler*, MMR 2002, 495 ff., zur Haftung für
Hyperlinks.

[32] Siehe dazu auch BGH NJW 2003, 3406.

[33] Vgl. *Wenning*, jur-pc 9/10/95, S. 3321, 3330.

[34] *Barton*, Multimedia-Strafrecht, Rz. 398, der jedoch hier nur die animus-auctoris-Formel
der Rechtsprechung zugrundelegt; unscharf auch der Hinweis auf „nebentäterschaftliches
Verhalten".

[35] RGSt 60, 23, 24; BGH MDR 1985, 284; auf den vorliegenden Zusammenhang bezogen
Barton, Multimedia-Strafrecht, Rz. 326.

7 Besonders problematisch ist die Qualifizierung der Begehungsweise bei der strafrechtlichen Verantwortlichkeit von gewerblichen Anbietern,[36] also so genannten Providern. Grundsätzlich ist derjenige Täter i. S. d. § 25 StGB, der als **Content-Provider**, also als solcher, der selbst on- oder offline Inhalte anbietet,[37] mit einer CD-ROM oder im Wege einer Online-Präsentation vorsätzlich gegen das Urheberrechtsgesetz verstößt.[38] Allerdings findet § 8 TMG (früher: § 9 TDG) auch im Rahmen des Urheberstrafrechts Anwendung. Nach § 8 Abs. 1 S. 1 TMG kommt jedoch eine Haftung dann nicht in Frage, wenn der Diensteanbieter nur den Zugang zu fremden Inhalten vermittelt. Auch im Übrigen ist eine Verantwortlichkeit ausgeschlossen, wenn der Diensteanbieter keine Kenntnis von der rechtswidrigen Information hat (§ 10 TMG). Erst wenn dies der Fall ist, kann die weitergehende Frage gestellt werden, ob der Provider als Täter strafbar ist.

8 Probleme bereitet auch die strafrechtliche Verantwortlichkeit von **Host-Providern**, die ihren Server für die Speicherung fremder Daten zur Verfügung stellen, auf denen gespeicherte urheberrechtliche Inhalte abgerufen werden können, und **Access-Providern**.[39] In Betracht kommen auch hier jeweils Mittäterschaft und Beihilfe zur Urheberrechtsverletzung. Es kommt dabei darauf an, ob sie nur eine fremde Tat fördern (§ 27 StGB) oder Tatherrschaft besitzen, d. h. den tatbestandsmäßigen Geschehensablauf in den Händen halten. In diesem Sinne dürfte bei Access-Providern – vorbehaltlich der soeben in Erinnerung gerufenen §§ 8, 10 TMG – tendenziell allenfalls Beihilfe vorliegen, weil sie nur den Zugang zu ihren Diensten vermitteln.[40] Aber auch bei Host-Providern wird man nicht kategorisch von Mittäterschaft ausgehen können. Nicht ohne weiteres lässt sich ferner von einer Gehilfenschaft durch Unterlassen (§§ 27, 13 StGB) ausgehen,[41] denn dafür müsste eine Garantenstellung, gegebenenfalls infolge Ingerenz,[42] vorliegen, doch müsste ein solches vorangegangenes gefährdendes Tun erst festgestellt werden. Diskutiert wird in diesem Zusammenhang die Garantenstellung kraft Sachherrschaft über eine Gefahrenquelle. Dieser Fragenkreis betrifft aber weniger Urheberrechtsverletzungen als vielmehr allgemeine Rechtsgutsgefährdungen durch Hyperlinks.[43]

III. Die urheberrechtlichen Straftatbestände

9 Auf dieser Grundlage sollen nun kursorisch die einzelnen Strafvorschriften dargestellt werden, wobei es weniger um dogmatische Einzelfragen, als vielmehr um die medienspezifischen Besonderheiten gehen soll.

---

[36] Allgemein dazu *Conradi/Schlömer*, NStZ 1996, 366; *Altenhain*, CR 1995, 485; *Derksen*, NJW 1997, 1878; *Jäger/Collardin*, CR 1996, 236; *Stange*, CR 1996, 424.
[37] Siehe zum Content-Provider *Sieber*, JZ 1996, 484; *dens.*, CR 1997, 598.
[38] *Barton*, Multimedia-Strafrecht, Rz. 395.
[39] Vgl. auch *Köster/Jürgens*, MMR 2002, 421 f., zu den Neuregelungen des TDG, die inzwischen nahezu inhaltsgleich im TMG verankert sind.
[40] *Sieber*, CR 1997, 589.
[41] Vgl. auch *Barton*, Multimedia-Strafrecht, Rz. 396, zu § 5 TDV.
[42] Die §§ 7 ff. TMG (§§ 8 ff. TDG) begründen keine genuine gesetzliche Garantenpflicht, vgl. hierzu *Sieber*, MMR 1999, 115, 116 (zu § 5 TDG a. F.).
[43] Vgl. *Spindler*, MMR 2002, 495, 500 ff.

1. Die unerlaubte Verwertung urheberrechtlich geschützter Werke

§ 106 UrhG stellt die in anderen als den gesetzlich zugelassenen Fällen[44] ohne 10
Einwilligung[45] des Berechtigten geschehende Vervielfältigung, Verbreitung
oder öffentliche Wiedergabe eines Werkes – sei dieses auch in einer bearbeiteten
oder umgestalteten Form wiedergegeben – unter Strafe.[46] Bezüglich der aufgezählten Begehungsformen kann auf das oben[47] zu den §§ 15 f. UrhG Fest-
gestellte verwiesen werden. Insoweit besteht nur in den Nuancen keine völlige
Übereinstimmung.[48] Praktisch wichtig ist dabei, dass nach Absatz 2 auch der
Versuch strafbar ist. Das entschärft einen alten Streit, wonach unterschiedlich
beurteilt wird, ob das Angebot von Raubkopien etc. an eine bestimmte Öffentlichkeit nur dann den Tatbestand des § 106 i. V. m. § 17 Abs. 1 UrhG
verwirklicht, wenn die angebotenen Werkexemplare bereits vorliegen, wie dies
das Kammergericht einmal für das Angebot von **Videoraubkassetten** angenommen hat.[49] Der Bundesgerichtshof geht demgegenüber nicht davon aus,
dass eine Voraussetzung dieses Inhalts besteht.[50] Das ist sachgerecht, weil auch
diejenigen Fälle strafwürdig sind, in denen die Raubkopien erst auf Bestellung
angefertigt werden.[51]

2. Das unzulässige Anbringen der Urheberbezeichnung

§ 107 UrhG ergänzt diesen Schutz dadurch, dass auch das unzulässige 11
Anbringen der Urheberbezeichnung (vgl. § 10 UrhG) auf dem Original eines
Werkes bzw. die Verbreitung eines derart bezeichneten Werkes (Nr. 1) sowie
das unzulässige Anbringen der Urheberbezeichnung auf dem jeweiligen Vervielfältigungsstück, durch das der Anschein der Originalität erweckt wird
(Nr. 2), strafbar ist. Der Unterschied dieser beiden Ziffern besteht darin, dass
die Strafbarkeit nach der Nr. 1, in der es um die Anbringung auf dem Original
geht, durch die **Einwilligung** des Urhebers aufgehoben wird, wohingegen diese
Einwilligung im Fall des § 107 Nr. 2 UrhG dem Delinquenten nicht hilft, weil
dort auch Interessen der Allgemeinheit berührt werden, deren Verletzung nicht

---

[44] Zu nennen sind insbesondere die §§ 69 d f. UrhG; vgl. *Meier*, JZ 1992, 657, 661.
[45] Die nachträgliche Zustimmung durch den Berechtigten hilft dem Täter nach h. M. nicht;
vgl. *Kann*, Musikpiraterie, 1995, S. 92; *Kircher*, S. 171; *Schack*, Urheber- und Urhebervertragsrecht, Rz. 746; *Sternberg-Lieben*, Musikdiebstahl, 1985, S. 67 f.; a. A. *Hildebrandt*, Die Strafvorschriften des Urheberrechts, 2001, S. 152 ff., mit nicht überzeugender zivilrechtlicher
Begründung über die §§ 398 ff. BGB.
[46] Zudem können Gegenstände, auf die sich die Straftat bezieht, nach § 110 UrhG eingezogen werden.
[47] Vgl. § 10 Rz. 6 ff.
[48] Vgl. *Hildebrandt*, Die Strafvorschriften des Urheberrechts, 2001, S. 60 f., 84 f., 117 ff.;
Etter, CR 1989, 115, 117; *Franzheim*, CR 1993, 101, 103; *Letzgus*, Festschrift für Rebmann,
1989, S. 277, 288 f.
[49] KG GRUR 1983, 174; ablehnend *Hildebrandt*, in: Wandtke/Bullinger, § 106 UrhG
Rz. 18; *Flechsig*, NStZ 1983, 562, 563; *Ganter*, NJW 1986, 1479, 1480; *B. Heinrich*, S. 228, 351.
[50] BGHZ 113, 159, 163.
[51] *Schack*, Urheber- und Urhebervertragsrecht, Rz. 387.

disponibel ist.[52] Die praktische Bedeutung des § 107 UrhG ist allerdings so gering,[53] dass schon seine Streichung vorgeschlagen wurde.[54]

3. Unerlaubte Eingriffe in verwandte Schutzrechte

12   Nach § 108 UrhG schließlich sind auch die dort aufgeführten Eingriffe in Leistungsschutzrechte strafbar. Nicht strafrechtlich geschützt ist danach die Leistung des Veranstalters i. S. d. § 81 UrhG. Im Zeitalter der Musik-,[55] Software- und Videopiraterie sind vor allem die Nr. 4 und 5 von Bedeutung.[56] Dabei geht es vor allem um unzulässige Mitschnitte (**Bootlegs**).[57] Von medienspezifischer Relevanz ist auch die Nr. 7, welche die Verwertung von Bild- und Tonträgern entgegen den §§ 94 f. UrhG betrifft. Der Anwendungsbereich liegt nämlich nicht nur in der Bekämpfung der Videopiraterie, sondern auch beim Vorgehen gegen Raubkopien von Computerspielen. Geschützt werden von der Nr. 7 Filmwerke und Laufbilder.[58] Ein besonderer urheberrechtlicher Straftatbestand findet sich in § 108 Abs. 1 Nr. 8 UrhG,[59] wonach die Verwertung einer **Datenbank** entgegen § 87 b Abs. 1 UrhG unter Strafe gestellt ist.[60] Datenbankwerk in diesem Sinne ist ein Unterfall des Sammelwerks i. S. d. § 4 Abs. 2 S. 1 UrhG.[61] Entsprechend dem Schutzzweck der dieser Vorschrift zugrunde liegenden Richtlinie, die dem Datenbankersteller ein ausschließliches Verwertungsrecht für die schöpferisch gestaltete Datenbank gegen unbefugte Übernahme[62] sichert,[63] enthalten die §§ 87 a ff. UrhG Regelungen, die sicherstellen sollen, dass als Datenbanken diejenigen Sammlungen geschützt werden, bei denen die Beschaffung, Überprüfung oder Darstellung ihres Datenbestandes[64] eine nach

---

[52] Vgl. nur *v. Gravenreuth*, in: Computerrechts-Handbuch (Hrsg. Kilian/Heussen), Teil 10, S. 2 f.

[53] *Schack*, Urheber- und Urhebervertragsrecht, Rz. 742; *Lampe*, UFITA 1978, 15; siehe aber auch *Katzenberger*, GRUR 1982, 715, 718.

[54] *Sieg*, Das unzulässige Anbringen der richtigen Urheberbezeichnung (§ 107 UrhG), 1985, S. 176; *Rochlitz*, Der strafrechtliche Schutz des ausübenden Künstlers, des Tonträger- und Filmherstellers und des Sendeunternehmens, 1987, S. 259; *Burger*, FuR 1978, 796, 801. *Hildebrandt*, Die Strafvorschriften des Urheberrechts, 2001, S. 202, hält ihn gar für verfassungswidrig.

[55] *Kann*, Musikpiraterie, 1995, S. 50 ff.; *Sternberg-Lieben*, Musikdiebstahl, 1985, S. 74.

[56] Zum Verstoß gegen §§ 108 Nr. 5, 85 Abs. 1 UrhG bei Music-on-Demand-Diensten OLG Stuttgart NJW 2008, 1605.

[57] *Hildebrandt*, in: Wandtke/Bullinger, UrhG, § 108 Rz. 1.

[58] *Weber*, JZ 1993, 106, 107.

[59] Vgl. Art. 7 IuKDG; BGBl. I 1997, S. 1870, 1877.

[60] Ausgangspunkt war die Richtlinie 96/9/EG des Europäischen Parlaments und des Rates vom 11. 3. 1996 über den Schutz von Datenbanken; vgl. ABlEG Nr. L 77, S. 20; zum Schutzzweck der Richtlinie allgemein *Engel/Flechsig/Maennel/Tettenborn*, NJW 1997, 2991, 2992; zur Kontroverse vor Inkrafttreten siehe *Gaster*, ZUM 1995, 740.

[61] Rechtsvergleichend *Westkamp*, Der Schutz von Datenbanken und Informationssammlungen im britischen und deutschen Recht, 2003.

[62] Nicht erforderlich ist es, dass auch die Anordnung der Daten übernommen wird, sondern es reicht aus, wenn Daten entnommen und auf andere Weise zusammengefasst werden, BGHZ 164, 37 – Hitbilanz.

[63] Siehe auch *Leßmann*, Datenbank-Zugang zu urheberrechtlich geschütztem Material in der Informationsgesellschaft, 1999; *dens.*, ZUM 1999, 623.

[64] Nicht vom Investitionsbegriff umfasst sind nach Ansicht des EuGH (GRUR 2005, 244 – BHB Pferdewetten; GRUR 2005, 252 und 254 – Fixtures-Fußballspielpläne I und II) dagegen Mittel, die eingesetzt werden, um die Elemente einer Datenbank zu erzeugen, aus denen der Inhalt einer Datenbank besteht.

Art oder Umfang[65] wesentliche Investition erfordern.[66] Derartige Datenbanken dürfen nach § 55 a UrhG nicht über den zulässigen üblichen Gebrauch in Gestalt der Bearbeitung und Vervielfältigung hinaus verwertet werden.[67]

Eine bedenkliche Tendenz veranschaulicht die von Seiten des Schrifttums **13** angestellte Überlegung, die Anwendung des § 108 UrhG dürfe bei neuen Medien nicht am Analogieverbot scheitern.[68] Damit wird nicht nur in eklatanter Weise Art. 103 Abs. 2 GG missachtet,[69] was den Vorschlag schon von vornherein diskreditiert, sondern auch etwas Grundsätzliches im rechtlichen Umgang mit den modernen Medien verkannt. Sie schaffen nämlich niemals neues Recht, indem sie etwa die Grundwertungen des bestehenden Rechts aufweichen (dürfen).

Diese – wenn auch nur vereinzelt geäußerte – Unbedenklichkeit im Hinblick **14** auf die Entäußerung systemkonstituierender Prinzipien des Strafrechts veranschaulicht erneut eines der Grundanliegen der vorliegenden Darstellung: Die jeweiligen – also gerade nicht medien- bzw. informationsrechtlichen – Prinzipien wirken auch und gerade dort, wo neue Sachverhalte unter dem Blickwinkel der Mitwirkung moderner Medien zu würdigen sind.

Gerade das Strafrecht gibt Anlass zu der Mahnung, dass nicht über die Rede **15** von den „Herausforderungen der Informationsgesellschaft" zentrale Grundsätze voreilig aufgegeben werden. Damit ist natürlich nicht gesagt, dass nicht de lege ferenda auch strafrechtlich auf die erwähnten Herausforderungen dort reagiert werden kann und muss, wo ansonsten nicht hinnehmbare Strafbarkeitslücken entstünden.[70]

§ 20. Die Medienöffentlichkeit im Strafprozess

Literatur: *Alwart*, Personale Öffentlichkeit (§ 169 GVG), JZ 1990, 877; *Britz*, Fernsehaufnahmen im Gerichtssaal, 1999; *Burbulla*, Die Fernsehöffentlichkeit als Bestandteil des Öffentlichkeitsgrundsatzes, 1998; *v. Coelln*, Zur Medienöffentlichkeit der dritten Gewalt, 2005; *Ernst*, Informations- oder bloßes Illustrationsinteresse? Fernsehöffentlichkeit von Gerichtsverfahren, Festschrift für Herrmann, 2002, S. 73; *Finger/Baumanns*, Die Öffentlichkeit von Gerichtsverhandlungen bei medienwirksamen Prozessen, JA 2005, 717; *Gounalakis*, Kameras im Gerichtssaal, Freundesgabe für Kübler, 1997, S. 173; *Huff*, Justiz und Öffentlichkeit, 1996; *ders.*, Saalöffentlichkeit auch in Zukunft ausreichend – Keine Änderung des § 169 S. 2 GVG, NJW 2001, 1622; *ders.*, Notwendige Öffentlichkeitsarbeit der Justiz, NJW 2004, 403; *Kuß*, Öffentlichkeitsmaxime der Judikative und das Verbot von Fernsehaufnahmen im Gerichtssaal, 1999; *Pernice*, Öffentlichkeit und Medienöffentlichkeit, 2000; *Ranft*, Verfahrensöffentlichkeit und „Medienöffentlichkeit" im Strafprozess, Jura 1995, 573; *Ricker*, Rechte und Pflichten der

---

[65] Der Begriff des Umfangs bezieht sich nach Ansicht des EuGH (GRUR 2005, 244) auf das entnommene und/oder weiterverwendete Datenvolumen der Datenbank und ist nach dem Verhältnis zum Gesamtvolumen des Inhalts der Datenbank zu beurteilen.

[66] *Barton*, Multimedia-Strafrecht, Rz. 372 f. („Leistungsergebnis des Datenbankherstellers").

[67] Zu den Privilegierungstatbeständen des Urheberrechts bereits oben § 10 Rz. 36 ff.

[68] So *v. Gravenreuth*, Das Plagiat aus strafrechtlicher Sicht, 1986, S. 24.

[69] Zutreffend *Hildebrandt*, Die Strafvorschriften des Urheberrechts, 2001, S. 221 f.; *ders.*, in: Wandtke/Bullinger, UrhG, § 107 Rz. 4.

[70] Ein Beispiel stellt etwa der im Rahmen des oben (§ 10 Rz. 43 ff.) behandelten Gesetzes zur Regelung des Urheberrechts in der Informationsgesellschaft in Kraft getretene § 108 b UrhG dar, der unerlaubte Eingriffe in technische Schutzmaßnahmen und zur Rechtswahrnehmung erforderliche Informationen (§§ 95 a, c UrhG; zu ihnen oben § 10 Rz. 58 ff.) unter Strafe stellt. Siehe dazu *Bär/Hoffmann*, MMR 2002, 654, 656; *v. Rom*, ZUM 2003, 128.

Medien unter Berücksichtigung des Rechtsschutzes des einzelnen, NJW 1990, 297; *Scheerer*, Gerichtsöffentlichkeit als Medienöffentlichkeit, 1979; *Scheertz*, Die Verfilmung tatsächlicher Ereignisse, ZUM 1998, 757; *Senfft*, Begehungsgefahr bei Recherchen der Presse, NJW 1980, 367; *Soehring*, Presse, Persönlichkeit und „Vorverurteilungen", ZUM 1986, 518; *Sorth*, Rundfunkberichterstattung aus Gerichtsverfahren, 1999; *Stapper*, Presse und Unschuldsvermutung, AfP 1996, 349; *Wasmuth*, Bemerkungen zum Rechtsschutz bei Klagen gegen Pressemitteilungen von Ermittlungsbehörden, NJW 1988, 1705; *Widmaier*, Gerechtigkeit – Aufgabe von Justiz und Medien?, NJW 2004, 399.

1   Medienrechtliche Aspekte ergeben sich nicht nur aus dem materiellen Recht, sondern auch in prozessualer Hinsicht.[1] Obwohl die Medienöffentlichkeit kein Spezifikum des Strafprozesses darstellt, soll sie doch im vorliegenden Abschnitt erörtert werden, weil sie dort am häufigsten behandelt wird. Der gesetzlichen Regelung nach handelt es sich freilich um ein allgemeines Problem, das daher auch im Gerichtsverfassungsgesetz seinen Regelungsort gefunden hat. Systematisch geht es um die Öffentlichkeit der Verhandlung, die in § 169 S. 1 GVG statuiert ist.[2] Dessen zweiter Satz reglementiert die so genannte Medienöffentlichkeit.[3]

2   Nach § 169 S. 2 GVG sind Ton- und Fernseh-Rundfunkaufnahmen sowie Ton- und Filmaufnahmen zum Zwecke der öffentlichen Vorführung oder Veröffentlichung ihres Inhalts unzulässig. Anders als in den Vereinigten Staaten etwa soll der Prozess nicht zum Spektakel für die Öffentlichkeit werden können.[4] Der Gesetzgeber sah sich dazu durch gravierende Bedenken veranlasst, die ihre Wurzel letztlich in der dadurch befürchteten **Gefährdung der Wahrheitsfindung** haben.[5] Zugleich wird befürchtet, dass die am Prozess beteiligten Personen der Verhandlung nicht mehr unbefangen beiwohnen. So könnten Zeugen abgelenkt werden, und auch der Angeklagte und dessen Verteidiger würden womöglich mit Blick auf die anwesenden Medien und die dadurch zugeschaltete Öffentlichkeit anders reagieren.[6] Das wäre nicht zuletzt im Hinblick auf die Unschuldsvermutung problematisch,[7] weil hier Vorverurteilungen durch die Medien drohen.[8] Daher darf der Angeklagte im Gerichtssaal auch nicht heimlich abgelichtet werden.[9] So heißt es in der Begründung des Gesetzgebers denn auch: „Den noch nicht verurteilten Angeklagten zerren sie in einer oft unerträglichen Weise in das Scheinwerferlicht einer weiten Öffentlichkeit."[10] Daraus erklärt sich, dass das Verbot des § 169 S. 2 GVG nicht der Disposition der Verfahrensbeteiligten unterliegt.[11]

---

[1] Beim Rechtsschutz gegen Pressemitteilungen, die im Rahmen von Strafverfahren von Seiten der Ermittlungsbehörden abgegeben werden, kann die medienrechtliche Berührung sogar mit der prozeduralen Rechtsdurchsetzung in Berührung kommen; vgl. hierzu *Wasmuth*, NJW 1988, 1705, 1707.

[2] Instruktiv für die Fallbearbeitung *Lutz*, Jura 2007, 230.

[3] *Ranft*, Jura 1995, 573, 576, kennzeichnet sie als „mittelbare Öffentlichkeit".

[4] Zum Spannungsverhältnis zwischen dem Informationsinteresse der Öffentlichkeit und dem allgemeinen Persönlichkeitsrecht des Betroffenen *Müller*, NJW 2007, 1617 ff.

[5] Bundestags-Drucksache 4/178, 45.

[6] Der Vorsitzende kann die Anwesenheit der Pressevertreter davon abhängig machen, dass diese sich verpflichten, das Bild des Angeklagten zu anonymisieren, vgl. BVerfG NJW 2003, 2523.

[7] *Prinz/Peters*, Medienrecht, Rz. 819; siehe zum Verhältnis von Presse und Unschuldsvermutung *Stapper*, AfP 1996, 349.

[8] Vgl. auch *Soehring*, ZUM 1986, 518.

[9] LG Berlin AfP 1994, 332.

[10] Bundestags-Drucksache 4/178, 45.

[11] BVerfG NJW 1968, 804, 806; BGHSt 23, 123.

Für das Bundesverfassungsgericht findet sich eine partielle Durchbrechung **3** des § 169 S. 2 GVG in § 17 a BVerfGG.[12] Das Gericht hatte im Übrigen über die Verfassungsmäßigkeit des § 169 S. 2 GVG zu entscheiden und diese bestätigt.[13] Danach ist § 169 S. 2 GVG mit Art. 5 Abs. 1 GG vereinbar. Als Informationsquelle im Sinne des Art. 5 Abs. 1 GG versteht das Gericht auch die Gerichtsverhandlung. Neben dem Persönlichkeitsrecht des Verfahrensbeteiligten und seinem Anspruch auf ein faires Verfahren ist es vor allem die Funktionsfähigkeit der Rechtspflege – und damit nicht zuletzt die ungestörte Rechts- und Wahrheitsfindung – die es richtig erscheinen lassen, dass als Gerichtsöffentlichkeit nur die **Saalöffentlichkeit** in Betracht kommt.[14] Zudem besteht kein Recht auf Eröffnung einer Informationsquelle.[15] Eine weiträumige Zulässigkeit erschien dem Gericht zu riskant, weil dies die Belange der Verfahrensbeteiligten in unzumutbarer Weise beeinträchtigen könnte.[16] Schon vor der Entscheidung des Bundesverfassungsgerichts[17] war ein rechtspolitischer Streit um § 169 S. 2 GVG entbrannt.[18]

Außerhalb dieses Verbots sind Ton-, Film- und Fernsehaufnahmen zuläs- **4** sig,[19] so dass Aufnahmen vor und nach der Verhandlung sowie in den Pausen nicht schlechterdings unzulässig sind. Im Umfeld der Hauptverhandlung haben die Medien also weitergehende Rechte, weil insoweit ein berechtigtes Informationsinteresse der Allgemeinheit besteht.[20] Gegen solche **Umfeldaufnahmen** können sich dann auch die anderen Verfahrensbeteiligten, wie zum Beispiel die Staatsanwälte, nicht zur Wehr setzen, es sei denn, dass eine nachweisliche persönliche Gefährdung besteht, die das Informationsinteresse gegenüber dem Persönlichkeitsrecht des Betroffenen als nachrangig erscheinen lässt.[21] Dabei kann es aber genügen, dass am ersten Verhandlungstag die Möglichkeit zu Fernseh-, Rundfunk- und Fotoaufnahmen bestand.[22] Darüber entscheidet der Vorsitzende (vgl. § 176 GVG),[23] der freilich das Informationsbedürfnis der Öffentlichkeit und die Informationsfreiheit angemessen berücksichtigen muss.[24] Hier kommt es nicht selten zu Streitigkeiten, wie folgender Fall zeigt:

---

[12] Vgl. BGBl. I 1998, 1823.

[13] BVerfG NJW 2001, 1633; allerdings nicht einhellig, wie auch die diesbezüglichen Sondervoten zeigen. Hierzu *Lerche*, AfP 2007, 52.

[14] Siehe auch *Krausnick*, ZUM 2001, 230; *Dieckmann*, NJW 2001, 2451; *Gersdorf*, AfP 2001, 29.

[15] *Ernst*, Festschrift für Herrmann, 2002, S. 73, 74; dort auch zu den diskutierten Änderungen de lege ferenda.

[16] Zustimmend *Huff*, NJW 2001, 1622, der auf die Parallele zur Wortberichterstattung aufmerksam macht.

[17] Neuestens zur Verfassungsmäßigkeit BVerfG NJW 2001, 1633.

[18] Vgl. nur *Benda*, NJW 1999, 1524; *Bamberger*, ZUM 2001, 373; *Eberle*, NJW 1994, 1637; *Hamm*, NJW 1995, 760; *Hofmann*, ZRP 1996, 399; *Huff*, NJW 1996, 571; *Gounalakis*, Festschrift für Kübler, 1997, S. 173; *Stürner*, JZ 1995, 573; *G. Wolf*, ZRP 1994, 187; *ders.*, JR 1997, 441; *ders.*, NJW 1994, 681; *Kortz*, AfP 1997, 443; *Gerhard*, ZRP 1993, 377; *Wanckel*, ZRP 1996, 106; *Gründisch/Dany*, NJW 1999, 256; *Enders*, NJW 1996, 2712; *Wyss*, EuGRZ 1996, 1; *Plate*, NStZ 1999, 319; *Lehr*, NStZ 2001, 63.

[19] Zu Fotoaufnahmen LG Berlin NJW 1994, 332.

[20] BVerfG-K NJW 2000, 2890; dazu *Ernst*, NJW 2001, 1624. Auch das Prioritätsprinzip für Presseberichterstatter („Prinzip der Schlange") ist verfassungsrechtlich nicht zu beanstanden; BVerfG-K NJW 2003, 500.

[21] *Huff*, NJW 2001, 1623.

[22] Vgl. BVerfG NJW 2003, 2671.

[23] BGH NJW 1998, 1420; BGHSt 23, 123.

[24] BVerfG NJW 1992, 3288; 1995, 184.

BVerfG NJW 1995, 184: Im Prozess gegen den früheren Staatsratsvorsitzenden und Parteichef der DDR, Erich Honecker, entbrannte Streit darüber, ob und inwieweit die Medien außerhalb der eigentlichen Verhandlung Aufnahmen im Gerichtssaal machen durften. Der Vorsitzende der zuständigen Strafkammer hatte angeordnet, dass keine Fernsehaufnahmen mehr aus dem Sitzungssaal gemacht werden durften.[25]

5 Das Bundesverfassungsgericht hat dort für den Fall besonders spektakulärer Verfahren einen Anspruch der Medien aus der grundgesetzlich verbrieften Rundfunkfreiheit (Art. 5 Abs. 1 S. 1 GG) anerkannt, auch außerhalb der Verhandlung Aufnahmen zu machen.[26] Das Gericht prägte dort den Begriff der „medieneigentümlichen Formen der Berichterstattung".[27] Zur Verwirklichung dieser Ausprägung des Grundrechts kann es geboten und zweckmäßig sein, dass nur ein Kamerateam im Gerichtssaal Aufnahmen macht und diese hernach den Vertretern anderer Sender zugänglich macht (**Pool-Lösung**).[28] Der Entscheidung ist entgegengehalten worden, dass es sich hier nicht um die Verbreitung, sondern um die Herstellung von Bildern gehandelt habe, für die auch unter dem Gesichtspunkt der Pressefreiheit kein Rechtsgrund vorgelegen habe.[29]

BVerfG-K NJW 2000, 2890: In einem Verfahren vor dem LG Mannheim erwirkte ein Sender vor dem Bundesverfassungsgericht eine einstweilige Anordnung, mit der die entgegenstehende sitzungspolizeiliche Maßnahme des Vorsitzenden Richters ausgesetzt wurde, der zuvor die Anfrage des Senders abgelehnt hatte, vor und nach der Verhandlung sowie in den Pausen zu filmen.

6 Die Kammer sah in der sitzungspolizeilichen Entscheidung des Vorsitzenden einen Eingriff in den Schutzbereich des Art. 5 Abs. 1 S. 2 GG. Die allfällige **Folgenabwägung** darf das Interesse der Allgemeinheit nicht außer Betracht lassen.[30] Ohne die beantragte einstweilige Anordnung hätte die Fernsehbildberichterstattung womöglich nur unzureichend stattfinden können, womit die Möglichkeit der Dokumentation unwiederbringlich verloren ginge.[31]

BVerfG NJW 2008, 977: Das ZDF wendet sich im Wege einer einstweiligen Anordnung gegen einen vom Landgericht angeordneten zeitlichen Ausschluss von Fernsehteams bei einem Prozess gegen Bundeswehrausbilder, die Untergebene misshandelt haben sollen.

7 Das Bundesverfassungsgericht gab dem ZDF Recht und dem Vorsitzenden der Strafkammer auf, die Fertigung von Filmaufnahmen vor Beginn und am Ende der Verhandlungen in Anwesenheit der Richter und Schöffen zuzulassen, dabei aber die Gesichter der Angeklagten zu anonymisieren. Die Persönlichkeitsrechte der abgebildeten Richter und Rechtsanwälte, die angesichts eines Falles von derart öffentlichem Interesse eben auch in der Medienöffentlichkeit stehen, müssten angesichts des überwiegenden Informationsinteresses der Allgemeinheit zurückstehen. Bemerkenswert hieran ist die jeweilige normative Verankerung: Bezüglich der Richter argumentiert das Bundesverfassungsgericht mit dem Grundsatz der Öffentlichkeit der Verhandlung, hinsichtlich der Rechtsanwälte wird auf ihre Stellung als Organ der Rechtspflege Bezug genommen.

Nach § 171 b GVG kann die Öffentlichkeit auf Antrag des Betroffenen ausgeschlossen werden, soweit Umstände aus dem persönlichen Lebensbereich eines Prozessbeteiligten zur Sprache kommen, deren öffentliche Erörterung

---

[25] Zuvor bereits BVerfG NJW 1992, 3288.
[26] Zustimmend *Scholz*, NStZ 1995, 42.
[27] BVerfG NJW 1995, 184, 185.
[28] Vgl. *Prinz/Peters*, Medienrecht, Rz. 819; BVerfG NJW 1995, 184.
[29] *Ranft*, Jura 1995, 573, 580.
[30] BVerfGE 12, 276, 270.
[31] Näher *Ernst*, Festschrift für Herrmann, 2002, S. 73, 77 f.

schutzwürdige Interessen verletzen würde und das Interesse an der öffentlichen Erörterung dieser Umstände nicht überwiegt. Auch diese Vorschrift ist ersichtlich für die Problematik der Medienöffentlichkeit von praktischer Bedeutung.[32]

BVerfG-K NJW 2007, 672: Der Verleger einer Monatszeitschrift, die über den Rechtsanwaltsmarkt berichtet, möchte über ein Verfahren vor dem Senat für Anwaltssachen des Bundesgerichtshofs berichten, in dem ein sich zurückgesetzt fühlender Rechtsanwalt seine Zulassung beim Bundesgerichtshof zu erwirken sucht.

Die Kammer hat den Erlass einer einstweiligen Anordnung abgelehnt, weil **8** die allfällige Folgenabwägung zu Lasten des Verlegers ausfiel, und hat im Anschluss an die Rechtsprechung des Bundesverfassungsgerichts einmal mehr klargestellt, dass die §§ 169 ff. GVG – und damit auch der einschlägige § 171 b GVG – verfassungsrechtlich unbedenklich sind, zumal sie unter anderem auch dem von Art. 1 Abs. 1, 2 Abs. 1 GG geschützten Persönlichkeitsrecht des Betroffenen Rechnung tragen.[33] Hier könnte zwar das gleichfalls verfassungsrechtlich geschützte Informationsinteresse der Öffentlichkeit tangiert sein, doch überwogen letztlich die Belange des Persönlichkeitsschutzes, zumal diese durch die Medienberichterstattung noch intensiviert würden.

---

[32] Aus der Rechtsprechung etwa BGH NStZ 1999, 371; 2002, 106; BGH NStZ-RR 2002, 262; 2004, 274.

[33] BVerfGE 103, 44, 64.

Gesetzesverzeichnis

(Fette Zahlen = §§; magere Zahlen = Randnummern)

Stichwortverzeichnis

Die **fett** gesetzten Zahlen verweisen auf die Paragraphen dieses Buches, die mageren auf deren Randnummern.